GÉOGRAPHIE
PHYSIQUE, POLITIQUE ET ÉCONOMIQUE
DE
L'EUROPE
MOINS LA FRANCE

PAR

L. GRÉGOIRE
PROFESSEUR D'HISTOIRE ET DE GÉOGRAPHIE AU LYCÉE CONDORCET

PARIS
GARNIER FRÈRES, LIBRAIRES-ÉDITEURS
6, RUE DES SAINTS-PÈRES, ET PALAIS-ROYAL, 215

1873

GÉOGRAPHIE
DE
L'EUROPE

PARIS. — IMP SIMON RAÇON ET COMP., RUE D'ERFURTH, 1

GÉOGRAPHIE

PHYSIQUE, POLITIQUE ET ÉCONOMIQUE

DE

L'EUROPE

MOINS LA FRANCE

PAR

L. GRÉGOIRE

PROFESSEUR D'HISTOIRE ET DE GÉOGRAPHIE AU LYCÉE CONDORCET

PARIS

GARNIER FRÈRES, LIBRAIRES-ÉDITEURS

6, RUE DES SAINTS-PÈRES, ET PALAIS-ROYAL, 215

1874

Tous droits réservés

DEUXIÈME PARTIE

GÉOGRAPHIE GÉNÉRALE DE L'EUROPE

GÉOGRAPHIE

PHYSIQUE, POLITIQUE ET ÉCONOMIQUE

DE L'EUROPE

INTRODUCTION

Nous avons donné (page 50 de la 1ʳᵉ Partie) la description de la *géographie physique* de l'Europe Nous avons dit (page 69) qu'on pouvait la diviser en trois parties distinctes : l'Europe occidentale, l'Europe centrale et l'Europe orientale L'EUROPE OCCIDENTALE comprend la *France*, le pays le plus anciennement constitué ; — l'*Espagne* et le *Portugal*, l'*Italie*, grands pays de race latine et de religion catholique, que beaucoup de raisons doivent rattacher à la France ; — la *Suisse*, la *Belgique*, qui font partie de la région gauloise ou française ; — la *Hollande*, qui, malgré l'origine de ses habitants, leur langue, leur religion, est depuis longtemps entraînée par ses intérêts, comme par ses idées, dans le cercle des nations occidentales ; — enfin, la *Grande-Bretagne*, qui marche avec la France à la tête des peuples civilisés.

Nous avons exposé, avec détails, la géographie de la France ; nous suivrons l'ordre qui nous a paru le plus rationnel dans la description des autres pays de l'Europe occidentale

Cependant, nous devons faire observer qu'on donne souvent une autre division de l'Europe : 1° *Europe septentrionale*, comprenant la Grande-Bretagne et l'Irlande, le Danemark, la Suède et la Norvége ; — 2° l'*Europe centrale*, comprenant la France, la Belgique, la Hollande, la Suisse, l'empire d'Allemagne et l'empire d'Autriche-Hongrie ; — 3° l'*Europe méridionale*, comprenant l'Espagne et le Portugal, l'Italie, la Turquie, la Grèce ; — 4° l'*Europe orientale*, comprenant la Russie.

LIVRE VII

EUROPE OCCIDENTALE

CHAPITRE PREMIER

PÉNINSULE IBÉRIQUE OU RÉGION HISPANIQUE
ESPAGNE ET PORTUGAL

§ 1. — Position Limites

Ces deux États sont compris dans la région Ibérique (Hispania, Hesperia, Iberia). Située au S.-O. de l'Europe, elle en est bien plus séparée par la chaîne des Pyrénées qu'elle n'est séparée de l'Afrique par le détroit de Gibraltar. Elle est entre 36°0′30″ et 43°46′40″ lat. N., et entre 1°0′35″ long. E. et 11°50′10″ long. O. C'est un vaste quadrilatère massif, qui a pour bornes : au N., les Pyrénées et le golfe de Gascogne ou de Biscaye ; à l'O., l'océan Atlantique ; au S., l'océan Atlantique, le détroit de Gibraltar et la Méditerranée ; à l'E., la Méditerranée. La plus grande largeur de la péninsule est de 905 kil.; sa plus grande longueur du S.-O. au N.-E. est de 1,025 kil.

§ 2. — Côtes.

Deux choses sont avant tout à considérer dans la géographie physique de la Péninsule Ibérique, les côtes et la topographie intérieure. La vaste étendue des côtes de la péninsule sur les deux mers lui donne une belle position maritime, qui explique le rôle de l'Espagne et du Portugal, au temps de leur grandeur. Mais la Péninsule est trop séparée du reste de l'Europe, et sa configuration intérieure a été une cause de désunion, de morcellement dans le passé ; elle s'oppose encore de nos jours à la facilité des communications et à la fusion des populations par le rapprochement des intérêts.

Le littoral du golfe de Biscaye se dirige en droite ligne de l'embouchure de la Bidassoa au cap Ortegal ; la côte abrupte, rocheuse, présente plusieurs caps, *Machichaco*, de *Ajo*, de *Peñas*, de *los Aguillones*.

Elle est découpée au N.-O., du cap Ortegal à l'embouchure du Miñho : baie de la *Corogne*, cap *Finisterre* (Artabrum), célèbre par la bataille navale de 1805, baies de *Noya*, de *Aroza*, de *Pontevedra*, de *Vigo*. Du Miñho à l'embouchure du Guadiana, la côte appartient au Portugal; elle se dirige du N au S., d'abord basse, sablonneuse, marécageuse jusqu'au Mondego; puis, elle se relève, forme la petite presqu'île de *Peniche*, que termine le cap *Carboeyra* ou *Carvoeiro*, en face des îles *Berlengas* et *Farilhao*; les caps de *la Roca* et *Espichel* s'avancent des deux côtés de l'embouchure du Tage. Après la baie de *Setubal*, la côte, sauf au cap *Sines*, est droite jusqu'au cap *Saint-Vincent* (Sacrum promontorium), en face duquel ont été livrées les batailles de 1693 et de 1797. Ensuite, la côte se dirige vers l'E., s'avance au cap *Santa-Maria*, et atteint l'embouchure du Guadiana. De là jusqu'au cap *Trafalgar*, sur le golfe de Cadix, elle est basse et sablonneuse; après l'embouchure du Guadalquivir, on rencontre l'île de *Leon*, où est le port de Cadix. Du cap Trafalgar, tristement célèbre par la bataille de 1805, jusqu'à la pointe *d'Europe* s'étendent les côtes tortueuses et peu découpées du détroit de Gibraltar (anciennes Colonnes d'Hercule ou détroit de Gadès); le cap de *Tarifa* forme la pointe la plus méridionale; la baie d'*Algésiras* est en avant du rocher de Gibraltar, sur la Méditerranée. De Gibraltar au cap de *Gata*, la côte méridionale de l'Espagne, formée de hautes falaises ou de rochers, s'étend encore de l'O. vers l'E.

La côte orientale, dirigée du S. O. au N.-E., dessine trois échancrures, larges et peu profondes, aux courbes gracieuses; la première, où est Carthagène, du cap de *Gata* au cap de *Palos*, est élevée; la seconde, où est Alicante, de forme semblable et d'égale grandeur, du cap *Palos* au cap *Saint-Martin*, est plate, sablonneuse et offre la lagune de *Mare Menor* ou *Encañzada de Murcie*; la troisième, beaucoup plus étendue, mais également plate, forme d'abord la baie concave de *Valence*, où sont la lagune d'*Albufera* et le *Grao de Valence*; puis, tout à fait au N., on trouve le golfe de *Roses*, le cap *Creuz* et le cap *Cerbera*, qui sont aux extrémités de la chaîne des Pyrénées et au commencement du golfe du Lion.

Les côtes de l'Espagne ont un développement de 2,800 kil. environ.

§ 3 — Relief du sol — Montagnes.

La Péninsule, si l'on veut se rendre compte de sa topographie générale, peut être assimilée à un tronc de pyramide quadrangulaire. Elle se compose en effet d'un vaste plateau central et de quatre terrasses inclinées vers les quatre points cardinaux. — Le plateau central, qui s'élève de 5 à 700 mèt , est un quadrilatère irrégulier, dont la pente est surtout vers l'O.; c'est la direction des fleuves. Ce plateau est divisé en deux grandes parties que séparent les sierras de Guadarrama et de Somo; au N., c'est le plateau de la Vieille-Castille et de Léon ; au S., le plateau de la Nouvelle-Castille et de l'Estrémadure. Le plateau central a pour talus : au N., les monts *Cantabres* et une partie des monts des *Asturies;* à l'O., les contre-forts des monts *Carpétaniens* et *Lusitaniens;* au S., la *Sierra Morena;* à l'E., la chaîne confuse des monts *Ibériens*.

C'est un pays généralement aride, stérile, composé de vastes plaines que recouvrent les bruyères et les genêts, traversé par des rivières profondément encaissées.

Les terrasses sont accidentées dans le voisinage du plateau et se terminent par des plaines basses vers la mer.

Au N., sont les terrasses de Galice, des Asturies, de la province de Santander, et au N.-E., celle de l'Aragon ; — à l'E., les terrasses de Valence et de Murcie ; — au S., les terrasses de l'Andalousie et de Grenade ; — à l'O., la terrasse du Portugal.

Cette situation topographique de la péninsule est encore compliquée par les nombreuses chaînes de montagnes qu'elle renferme. Elles ne sont pas généralement très-élevées, mais présentent presque partout des crevasses, des défilés profonds, des ravins impraticables. Aussi le pays est-il très-favorable à la guerre défensive, à la guerre de partisans, aux *guerillas,* depuis les temps du patre Viriathe jusqu'à nos jours; aussi l'unité de l'Espagne s'est-elle établie péniblement ; car elle est divisée par la nature en régions distinctes, qu'il n'est pas facile de relier entre elles par des routes.

1°; Système des Pyrénées.

Cette vaste chaîne de montagnes, qui sert de limite à la Péninsule du côté de la France, et dont nous avons déjà parlé, se divise en deux parties distinctes : les Pyrénées continentales, a l'E., entre la France et l'Espagne; et les Pyrénées maritimes ou espagnoles, à l'O.

Les Pyrénées continentales forment une ligne brisée vers le milieu, qui s'étend du cap Creuz sur la Méditerranée, à l'E., au col de Goritty, à l'O. C'est vers le mont Vallier qu'on voit un coude presque rectangulaire de 32 kil. jusqu'au mont Maladetta, entre la vallée de la Garonne et celle des Noguera. La direction générale de la chaîne est du S.-E. au N.-O.; la longueur est d'environ 360 kil.; l'épaisseur au centre est de 110 kil.; elle est deux fois moins grande aux extrémités.

Les Pyrénées, sans avoir des sommets très-élevés, forment un massif considérable, épais, compact, dont les passages ou *ports* sont parfois plus hauts et surtout plus difficiles que ceux des Alpes. La ligne de faîte, assez peu déterminée, n'est indiquée le plus souvent que par des sommets isolés qui s'élèvent de distance en distance au-dessus de la masse montagneuse ; voilà pourquoi les passages sont très-contournés et d'une traversée presque toujours pénible.

Les pentes des Pyrénées sont plus raides, plus nues, plus tourmentées, au sud qu'au nord, quoique le sol de la Catalogne et de l'Aragon soit plus élevé que celui du territoire français. Les plus hauts sommets ne sont pas dans la ligne de faîte, mais dans les rameaux qui s'en détachent au N. et au S.; les principaux appartiennent à l'Espagne ; citons le *Nethou*, dans le massif de la Maladetta (3,482 mèt.), le *pic Posets* (3,437 mèt.), le mont *Perdu* (3,404 mèt.).

Les Pyrénées, malgré les nombreuses sources thermales qu'on y trouve, ne présentent aucune trace d'éruptions volcaniques, si ce n'est dans les montagnes de la Catalogne. Au sud comme au nord, le fer est abondant aux deux extrémités, le plomb, le cuivre, souvent unis à l'argent, dans la partie centrale, comme le cobalt et le zinc ; il y a des carrières de marbre et d'albâtre, et surtout beaucoup de sel gemme dans le versant espagnol. Les neiges perpétuelles ne commencent qu'à la hauteur de 2,700 mèt.; il n'y a que quelques glaciers, à la teinte bleuâtre ; les principaux se trouvent du Cylindre de Marboré au massif de la Maladetta. Les pentes des Pyrénées, du côté de l'Espagne, sont couvertes de chênes-liege, au-dessus desquels s'élèvent les sapins, les pins, les ifs ; puis les arbrisseaux comme le rhododendron et le genévrier ; enfin, plus haut, les plantes alpestres et les mousses.

On n'y trouve pas les magnifiques pâturages des Alpes ; mais on y rencontre encore des ours, et l'isard rappelle le chamois, quoiqu'il ait moins d'agilité.

Nous avons vu comment on divisait la chaîne des Pyrénées et quels étaient les principaux passages entre l'Espagne et la France. Rappelons seulement que les Pyrénées orientales, terminées en éventail et à pic sur la Méditerranée, s'étendent du cap Creuz au pic de Corlitte ou plutôt au Puy-Peyric, et qu'une partie de la Cerdagne, au S. des montagnes, est à la France, — que les Pyrénées centrales s'étendent jusqu'au mont Perdu, vers les sources de la Cinca, et que le val d'Aran, au N. de la chaîne, est à l'Espagne ; — enfin que les Pyrénées occidentales vont jusqu'au col de Goritty.

Deux rameaux de cette partie des Pyrénées se détachent vers le Nord et appartiennent à l'Espagne : le premier, qui aboutit à la pointe du Figuier, sur le golfe de Biscaye, renferme la montagne de *Haya* et forme la ceinture occidentale de la Bidassoa ; — le second, plus important, forme la ceinture orientale et septentrionale ; ce sont les montagnes de *Basse-Navarre*, qui séparent l'Espagne de la France ; c'est là qu'on voit la célèbre vallée de *Bastan* ou *Baztan*.

Les principaux contre-forts des Pyrénées dans le versant méridional ou espagnol sont en général dirigés du N. vers le S. et couvrent une partie du pays entre la chaîne et l'Ebre. Des Pyrénées orientales se détachent les montagnes entre la Fluvia, le Ter, le Llobrégat, dans le N.-E. de la Catalogne ; puis les *monts de la Sègre*, entre le Llobrégat, la Sègre et l'Ebre, élevés, avec des cols très-difficiles, projetant vers l'E. le *Montserrat* (mont scié), groupe de montagnes aiguës, escarpées, profondément ravinées.

Des Pyrénées centrales se détachent les montagnes entre la Sègre, la Bahra, les Noguerra, l'Essera, la Cinca, l'Ara ; elles couvrent le N.-O. de la Catalogne et dans l'Aragon les pays appelés *Ribagorza* et *Sobrarbe*. Enfin des Pyrénées occidentales se détachent les contre-forts entre l'Ara, le Gallego, l'Aragon, l'Arga, qui couvrent l'Aragon occidental et la Navarre.

2° Les Pyrénées maritimes ou espagnoles, continuation des Pyrénées continentales, se dirigent vers l'O., parallèlement à la côte du golfe de Biscaye. Elles comprennent trois parties : les monts Cantabres ou de Biscaye, entre le col de Goritty et les sources de l'Ebre, sont âpres et s'élèvent de 1,500 à 2,000 mètres ; ils renferment les sierras d'*Aralar*, *Salinas*, de *Salvada* et le *paramera de Reinosa* ; — les monts des Asturies, entre les sources de l'Ebre et celles de la Navia, sont également élevés, avec des pics aigus, boisés, ravinés, mais ils renferment de délicieuses vallées et leurs contre-forts sont généralement courts et épais ; on y remarque les sierras de *Séjos*, *Albas*, *Cobadonga*, où Pélage se fortifia contre les Arabes au viii° siècle, de *las Peñas de Europa* (2,904 mèt.), *Peña de Peñaranda* (3,362 mèt.), de *Penamarella* (2,885 mèt.) ; vers le sud, à l'E. du Sil, se détache un contre-fort important, qui porte différents noms (Sierra Jistredo, monts de Léon, sierra de Santa-Mamed, etc.), et dont les nombreuses ramifications couvrent tout le nord du Portugal jusqu'au Douro ; — les monts de Galice, depuis le mont *Orbio* (2,285 mèt.), près des sources de la Navia, contournent celles du Minho et finissent au cap Finisterre, en envoyant beaucoup de rameaux qui aboutissent aux pointes du N.-O. de la péninsule (sierras Miranda, de Loba, Teyra, de Barbanza, Testeyro, Faro, etc.).

› 3° Les MONTS IBÉRIENS forment une longue chaîne, dirigée du N. au S., de *parameras* ou hautes terres, nues, désertes, que couronnent des montagnes élevées, souvent enchevêtrées les unes dans les autres. Ils commencent vers la source de l'Èbre au plateau de *Reinosa*; on y remarque la sierra d'*Occa*, le mont *Urbion*, la sierra *Madera* ou de *Madero*, les sierras *Moncayo* (2,925 mèt.), l'une des plus belles montagnes de l'Espagne, de *Muedo*, *Ministra*, *Solorio*, *Molina*, le massif d'*Albarracin* (1,950 mèt.), nœud de montagnes arides ; puis les sierras de *Cuenca*, *Alcaraz*, *Segura*, *Sagra*, de *Huescar*, *Maria*, qui se rattachent, dans une confusion extrême, à la chaîne de la sierra Nevada.

Des monts Ibériens se détachent vers la Méditerranée, à l'E., trois contre-forts principaux : du Moncayo, la sierra *Gader*, qui se prolonge parallèlement à la mer par les sierras de *Peñagolosa*, de *Arès*, jusqu'à l'Ebre, en face de la sierra de *Almenara*; et qui envoie vers le S.-E. plusieurs ramifications, sierra d'*Espadan*, sierra *Martes*, sierra de *Avora* ; — des monts de Cuenca se détache une chaîne (*Peña Nigra*, *Sierras Caroche*, de *Aitana*) qui vient aboutir au cap Saint-Martin — de la sierra de Huescar part la sierra de *los Estancias*, qui aboutit au cap de Palos.

Des monts Ibériens se détachent également vers l'O. trois chaînes beaucoup plus longues, qui traversent tout le plateau central les monts Carpétaniens, les monts entre Tage et Guadiana, qu'on nomme parfois Lusitaniens, la sierra Morena.

4° Les MONTS CARPÉTANIENS, entre le Douro et le Tage, se détachent de la sierra Ministra ; on les nomme sierras *Siguenza* et de *Ayllon*; *Somo-Sierra*, au N. de Madrid, montagnes âpres, escarpées, franchies par les Français en 1808 ; sierra de *Guadarrama*, montagnes hautes de 2,700 mètres ; parameras sauvages d'*Avila*, de *Gredos*, de *Bejar*; *Peña de Francia*, sierra de *Gata* ; puis la chaîne se bifurque à la limite de la terrasse du Portugal, envoyant au N.-O. les *monts du Beira*, et au S.-O. la sierra de *Estrella*, qui renferme les gorges célèbres d'Abrantès, et vient finir par les collines de *Cintra* au cap de la Roca. Cette chaîne granitique est généralement âpre et sauvage.

5° Les MONTS LUSITANIENS, entre le Tage et le Guadiana, commencent dans les hautes plaines au S. de Tolède ; les parties principales sont la sierra de *Consuegra*, les monts de *Tolède*, les sierras de *Guadalupe*, de *Montanchez*, de *San-Mamed*; la chaîne entre alors en Portugal, où l'on trouve les sierras de *Portalègre*, d'*Estremoz*, d'*Ossa*, et elle finit dans les plaines de Beja et d'Ourique, qui la séparent des Algarves, où on trouve les sierras de *Caldeirao*, de *Monchique*, de *Figueira*, qui aboutit au cap Saint-Vincent.

1.

6° La Sierra Morena ou Montagnes Noires (Marianus mons) forme le talus méridional du plateau de Castille, entre le Guadiana et le Guadalquivir; elle commence à l'O. de la plaine de Murcie, et renferme les sierras de *Alcaraz*, de *Morena*, de *Constantina*, de *Aroche*. Elle est surtout escarpée vers le S.; dans la sierra Morena se trouve le défilé de *Despeña-Perros*, célèbre dans les campagnes de 1808 à 1812.

7° La Sierra Nevada est un massif bouleversé, confus, couvert de neiges perpétuelles, entre le Guadalquivir et la Méditerranée, du cap de Gata aux caps Tarifa et Trafalgar; on y remarque les sierras *Filabres*, *Alhamilla*, de *Gador*, de *Alhama*, de *Nieve*, de *Ronda*, de *Pinar*. Les Alpujarras à l'E. et les *Almijarras* à l'O. sont des plateaux montueux, qui forment le contre-fort méridional du *Cerro de Mulhacen* ou *Muleyhacem* (5,554 mèt.) et du *Picacho de Velata* (3,470 mèt.), les plus hauts pics de l'Espagne. Ces montagnes sont riches en minéraux, surtout en plomb. C'est là que les Maures résistèrent longtemps aux chrétiens dans la longue croisade de huit siècles.

§ 4. — Versants : bassins, cours d'eau

La Péninsule se divise en deux grands versants inégaux, celui de la Méditerranée à l'E., et celui de l'océan Atlantique à l'O., qui est beaucoup plus considérable. La ligne générale du partage des eaux, qui par ses sinuosités rappelle la forme de l'S, commence au pic de Corlitte et est formée par les Pyrénées centrales, les Pyrénées occidentales, les monts Cantabres, les monts Ibériens, les plateaux confus de Cuenca, de la Manche, de Murcie, la sierra Nevada; elle vient aboutir à la pointe de Tarifa.

1° Les principaux cours d'eau du versant de la Méditerranée sont, en allant du N. au S. :

La *Mouga*; — la *Fluvia*; — le *Ter* (Campredon, Ripoll, Gerone), qui vient du col des Aires, et dont la vallée constitue en partie l'Ampurdan (Lampourdan), pays de montagnes et de marais, symétrique au Roussillon.

Le *Llobrégat* vient des monts de la Sègre; sa vallée montueuse est la partie la plus difficile de la Catalogne.

L'Ebre (Iberus) vient du paramera de Reinosa, coule d'abord dans une vallée étroite, en coupant plusieurs contre-forts des monts Cantabres et des monts Ibériens, plutôt torrent que fleuve, ayant des crues très-fortes pendant les pluies; son lit est d'abord parsemé de rochers; au-dessous de Tudela, le *Canal Impérial* supplée à la navigation insuffisante; dans la partie inférieure de son cours il traverse le long défilé de las Armas. Il passe par Miranda,

Haro, Logroño, Calahorra, Tudela, Saragosse, Mequinenza, et finit vers Tortose et Amposta. Il a 700 kilom. de longueur. Ses principaux affluents sont : à gauche, descendant des Pyrénées, le *Zadorra* (Vittoria); l'*Aragon* (140 kil.), qui passe à Jacca, grossi de l'*Irati* et de l'*Arga* (Pampelune); le *Gallego* (130 kil.); la *Sègre* (Sicoris), qui vient du col de la Perche en France, par où on peut tourner les rivières de Catalogne, mais dont la vallée est étroite et gênée par de nombreux défilés; elle arrose Puycerda, dans la Cerdagne, Belver, la Seu d'Urgel, Balaguer, Lerida, Mequinenza; elle a 240 kil. de cours; ses affluents sont : la *Cinca*, les deux *Noguerra* (Pallaresa et Ribagorzana), la *Balira*, qui arrose le Val d'Andorre, le *Carol*; ces affluents, qui descendent des Pyrénées, fournissent surtout de l'eau au fleuve; — à droite, l'Ebre reçoit le *Jalon* (Calatayud), qui vient de la sierra Siguenza et est grossi du *Jiloca*; le *Guadalupe*, qui vient de la sierra Penagolosa.

Le *Guadalaviar* (200 kil.) vient de la sierra Albarracin, traverse un pays très-accidenté, passe à Teruel, Valence, et arrose la plaine ou huerta de Valence ; il finit au Grao.

Le *Jucar* (280 kil.) vient de l'Albarracin, arrose Cuenca, traverse la terrasse de Valence et reçoit le *Cabriel*.

La *Segura* (220 kil.) vient de la sierra d'Alcaraz, arrose, dans la huerta de Murcie, Orihuela.

L'*Almeria*; — le *Guadaljore* ou *Guadalorze* (Antequera); — le *Guadiaro* (Ronda), qui descendent de la sierra Nevada.

2° Le versant de l'océan Atlantique comprend d'abord les petits cours d'eau qui se jettent dans le golfe de Biscaye : la *Bidassoa* (Irun, Fontarabie, Andaye), qui vient du col de Maya dans la vallée de Bastan ; — la *Deba*; — le *Nervion* ou *Ansa* (Bilbao), — la *Sella*; le *Nalon* et la *Navia*.

Puis les cours d'eau, qui coulent au N.-O. sur la terrasse de Galice et la frontière du Portugal : le *Tambre*; — le *Ulla*; — le *Lerez*.

Le *Miño* (Minius), long de 240 kil., vient de la sierra de Mondoñedo dans les monts de Galice et passe à Lugo ; son bassin est montagneux et confus; il arrose la Galice, la sépare du Portugal, et reçoit à gauche le *Sil*, qui vient de la sierra Penamarella et coule souvent dans des gorges très-profondes.

Les autres fleuves, Douro, Tage et Guadiana, traversent le plateau central de Castille et arrosent la terrasse du Portugal.

Le *Douro* ou *Duero* (Durius) coule au S. du mont Urbion, traverse la Vieille-Castille dans un lit étroit, profond, au milieu de plaines désertes; puis sa vallée s'élargit dans le Léon; il sépare ensuite l'Espagne du Portugal, et, dans ce dernier royaume, Tras-os-Montes, Miñho, de la province de Beira ; son embouchure est encombrée de bancs de sable et de rochers d'un accès difficile ; mais la vallée, dans sa partie inférieure, est couverte de vignobles. Il passe près des ruines de Numance, à Soria, Aranda, Tordesillas, Toro, Zamora ; puis, en Portugal, à Miranda et Porto. Les principaux affluents sont sur la rive droite : le *Pisuerga* (Torquemada, Valladolid), qui vient des monts Asturiens et qui est grossi du *Carrion*, de l'*Arlanza* et de l'*Arlanzon* (Burgos); — le rio *Sequillo* ou rio *Seco* et l'*Esla*, qui viennent des monts des Asturies ; — le rio *Sabor*, le rio *Tua*, le rio *Tamega*, qui arrosent le pays montueux de Tras-os-Montes ; — a gauche, le Duero reçoit : l'*Eresma* (Ségovie), grossie de l'*Adaja* (Avila), qui viennent de la sierra de Guadarrama ; — le *Tormès* (Alba, Salamanque, les Arapiles), de la sierra Gredos ; — l'*Agueda* (Ciudad-Rodrigo) et le *Coa* (Almeida) de la sierra de Gata. Le cours du Douro est d'environ 850 kil., mais il est peu navigable.

La *Vouga*, torrent qui finit dans la baie d'Aveiro ; — le *Mondego* (150 kil.), qui vient de la serra de Estrella, passe à Coimbre et coule dans un lit encaissé entre des montagnes presque impraticables, — n'arrosent que le Portugal.

Le TAGE, *Tajo* ou *Tejo* (Tagus), vient de l'Albarracin, roule ses eaux jaunâtres et bourbeuses à travers la Nouvelle-Castille et l'Estrémadure espagnole, dans des plaines presque désertes, surtout au-dessus d'Aranjuez ; entre en Portugal par les gorges qui s'étendent d'Alcantara à Abrantès ; s'élargit dans l'Estrémadure portugaise et forme devant Lisbonne la rade magnifique nommée *Mer de la Paille*, longue de 16 kil. sur 8 de large ; il se jette dans la mer par un goulet étroit au-dessous de Belem. Son cours est de 950 kil. Il passe à Almonacid, Aranjuez, près d'Ocaña, à Tolède, Talaveyra de la Reyna, Puente de l'Arzobispo, Almaraz, Alcantara ; puis, en Portugal, arrose Abrantès, Santarem, Lisbonne. Ses affluents sont peu considérables ; à droite : le *Tajuna*, qui rejoint le *Henarès*, grossi du *Jarama* et du *Manzanarès*; le *Guadarrama*, l'*Alberche*, l'*Alagon*, grossi du *Xerte*; le *Zezère* en Portugal, — à gauche, le *Guadiela*, dans sa partie supérieure, le *Zatos*, près de son embouchure.

Le *Caldao* ou *Sadao* (140 kil.), qui vient de la sierra de Monchique, se jette dans la baie de Setubal.

Le *Guadiana* (Anas) vient des hautes plaines de la Manche, sans arbres et presque sans eaux, au nord de la sierra Alcaraz, se perd sous les joncs et les roseaux près de Tomelloso ; sort par les *yeux* du *Guadiana*, à 20 kil. plus loin, conserve un cours marécageux, arrose dans l'Estrémadure un pays plus fertile, mais ravagé par les moutons ; sépare deux fois le Portugal de l'Espagne, s'élargit, mais reste peu navigable. Son cours est d'environ 850 kil. Il passe près de Ciudad-Real, a Medellin, Mérida, Badajoz, près d'Olivença, finit entre Ayamonte (Espagne) et Castro-Marim (Portugal). Ses affluents sont également peu considérables : à droite, le *Zangara* et le *Giguela*, qui ne sont séparés du Jucar que par des marécages ; — à gauche, le *Zujar*, le *Guadamez*, le *Matachel*, l'*Albuera*, l'*Ardila*.

Le *Tinto*, grossi de l'Odiel, finit près de Palos.

Le *Guadalquivir*, c'est-à-dire l'*Oued el Kebir*, la grande rivière (Bætis), vient de la Sierra del Pozo et de la Sierra de Cazorla, arrose l'Andalousie, dans une vallée profonde et resserrée ; au-dessous de Cantillana, il entre dans une plaine basse, forme plusieurs grandes îles, *Ile Menor*, *Ile Major*, et traverse une bande de terre, large de 8 kil., longue de 60 kil., jusqu'à l'embouchure ; c'est ce qu'on nomme la *Marisma*, à gauche du fleuve, terre de poussière ou de boue noirâtre ; en face, sur la rive droite, est un désert de 240 kil. carrés. Son cours est de 550 kil. environ ; il passe près d'Ubeda, de Baeza, à Andujar, Cordoue, Séville, et finit à San Lucar de Barrameda. Il reçoit : a droite, le *Guadalimar*, grossi du Guadarmena, à gauche, le *Guadiana menor* et le *Genil*, qui arrose la plaine ou *vega* de Grenade (Grenade, Loja, Ecija).

Le *Guadalete*, vient de la sierra de Ronda ; il passe à Xérès, est célèbre par la bataille de 711, et se jette dans la baie de Cadix.

§ 5. — Géographie politique de la Péninsule.

La Péninsule Ibérique comprend deux États : l'Espagne et le Portugal. La superficie totale est de 589,118 kilom., dont 499,763 kilom. carrés pour l'Espagne, sans compter la province des Canaries, et 89,355 pour le Portugal, sans compter les îles (Açores et Funchal ou Madère). L'Espagne occupe donc près des 5/6 de la Péninsule. Les deux États, comme nous le verrons en parlant du Portugal, sont séparés géographiquement ; leurs frontières sont naturelles ; les traditions historiques les ont encore plus séparés, malgré la ressemblance d'origine et de langage des populations, malgré les intérêts qui pourraient être communs.

L'Espagne comprend les plateaux du centre et les trois versants du Nord ; de l'Est et du Sud.

L'Espagne est aujourd'hui divisée en 49 provinces, en y joignant les Canaries. Les nouvelles circonscriptions militaires ou capitaineries générales ne correspondent pas exactement aux anciennes provinces, qui n'ont plus, par conséquent, qu'une valeur historique. Mais elles subsistent et subsisteront longtemps encore dans les habitudes des populations ; voici pourquoi nous les conservons, en les rapprochant des provinces nouvelles qui y correspondent.

§ 6. — **Espagne septentrionale** — Anciennes divisions, provinces, villes

I. La CATALOGNE, au N.-E. de l'Espagne, pays couvert par les Pyrénées et leurs ramifications, présente un entassement de sierras, de pics, de roches. Le sol est fertile et cultivé partout où il y a un morceau de terre ; cependant il faut importer des céréales. Les richesses minérales sont considérables ; aussi y a-t-il de nombreuses industries, dont Barcelone est comme le centre. Les Catalans donnent de bons soldats et d'excellents marins, qui se rendirent très-célèbres au moyen âge. Ils ont conservé une sorte d'esprit d'indépendance ; ils sont avant tout Catalans. La Catalogne renferme 4 nouvelles provinces.

1° Dans la province de GERONE, au N.-E. : *Gerone* (9,000 hab.), place forte sur le Ter. Évêché ; lainages et cotonnades ; — *Ampurias* (Emporiæ), au N.-E., dans l'Ampurdan, ville déchue, — *Rosas* ou *Roses*, port sur le golfe, jadis place forte, souvent prise ; — *Figueras* ou *Figuières* (8,000 hab.), place forte, au N.-E. de Gerone ; — *Castelfolit*, *Olot* (14,000 hab.), *Ripoll*, vers l'O ; lainages, draps, cotonnades, tanneries ; fabrique d'armes à Ripoll ; — *Campredon*, sur le Ter, au N.-O. ; — *Hostalrich*, place forte au S., sur la Tordera, domine la route de Figueras et de Gerone à Barcelone ; — *Palamos*, petit port au S.-E. de Gerone ; — *Puycerda*, sur la Sègre, chef-lieu de la Cerdagne espagnole.

2° Dans la province de BARCELONE, au S.-O. de la précédente :
BARCELONE (Barcino), grande ville maritime, commerçante et industrielle, fortifiée, défendue par le château du *Mont-Jouy* ou *Montjuich* ; elle renferme de beaux monuments et a une université. Industrie cotonnière, dentelles, blondes ; lainages, draps ; soieries ; travail du fer, machines, armes, papier ; c'est la ville la plus commerçante et la plus turbulente de l'Espagne ; elle a plus de 190,000 habitants, en y comprenant *Barcelonette*, qui y est annexée ; — *Badalona*, petit port au N.-E. (12,000 hab.), *Martorell*, *Igualada*, *Sabadell*, *Tarrasa*, *Manresa* (13,000 hab.), participent à son activité industrielle ; — *Mataro* (18,000 hab.) est un port au N.-E., — *Vich* ou *Vique* (12,000 hab.), au N. ; évêché ; mines de cuivre et de houille ; — *Montserrat*, au N.-O. de Barcelone ; abbaye de bénédictins, célèbre par son pèlerinage, sur une montagne de rochers gigantesques haute de 1,240 mètres.

ESPAGNE ET PORTUGAL.　15

3° Dans la province de Tarragone, au S.-O. :

Tarragone (Tarraco), port fortifié, déjà important sous les Romains, a un archevêché et une belle cathédrale ; l'exportation est considérable ; 18,000 hab. ; — Les *Alfaques*, salines et port à l'embouchure de l'Èbre ; — *Amposta*, port sur l'Èbre, près de son embouchure, à l'endroit où commence le delta du fleuve ; — *Tortose* (25,000 hab.), place forte sur l'Èbre ; évêché ; cuirs, poteries, papier ; — *Reus* (28,000 hab.), à l'O. de Tarragone ; soieries, cotonnades, cuirs, savons ; ville de commerce, — *Valls*, au N.-O. de Tarragone (11,000 hab.).

4° Dans la province de Lérida, à l'O. des précédentes :

Lérida (16,000 hab.), place forte sur la Sègre, souvent assiégée ; évêché ; — *Balaguer*, *Urgel*, évêché, *Belver*, au N. E., places fortes sur la Sègre ; — *Solsona*, à l'E de la Sègre ; fabriques de lames catalanes ; — *Cervera*, à l'E. de Lérida, ancienne ville romaine. La petite république d'Andorre, enclavée dans cette province, dépend de l'évêque d'Urgel.

II. — L'ARAGON, dans le bassin moyen de l'Èbre, est entouré de montagnes et renferme de belles vallées, mal cultivées, des pâturages abondants ; mais l'industrie est arriérée et il y a peu de commerce. Les habitants sont fiers, sobres, courageux et ont un renom d'opiniâtreté ; ils aiment surtout les aventures, la chasse, la contrebande, la guerre. L'Aragon renferme trois provinces.

5° Dans la province de Saragosse, des deux côtés de l'Èbre :

Saragosse (Cæsarea-Augusta), sur l'Èbre ; archevêché, université ; industrie des draps et soieries ; grand commerce de vins communs et d'eau-de-vie. Bataille de 1710 ; siège fameux de 1809, soutenu par Palafox contre Lannes (58,000 hab.), — *Mequinenza*, place forte sur l'Èbre, au S -E. ; — *Caspe* (10,000 hab.), sur le Guadalupe ; laines, savons, eaux-de-vie ; — *Belchite*, au S.-E. de Saragosse, sur l'Aguas ; bataille de 1809 ; — *Calatayud*, anc. Bilbilis (10,000 hab.), au S -O., sur le Jalon dans un territoire fertile : draps, lainages ; — *Tarazona* (10,000 hab.), au N.-O., dans un pays riche.

6° Dans la province de Huesca, au N.-E. : *Huesca*, jadis *Osca* (10,000 hab.) ; évêché, université, fut la capitale d'un royaume arabe ; — *Jacca*, au N -O , place forte sur l'Aragon ; — *Fraga*, sur la Cinca ; bataille de 1154 ; — *Monzon* près de Barbastro, sur la Cinca ; traité de 1626 ; — *Barbastro*, vieille ville, siège d'un évêché ; — *Venasque*, au N., près de l'Essera, dans le pays appelé Sobrarbe, qui ne fut jamais soumis par les Arabes. — Le pays appelé Ribagorze est au S., arrosé par la Cinca et l'Essera.

7° Dans la province de Teruel, au S.-E. de Saragosse :

Teruel (10,000 hab.), près du Guadalaviar. Evêché; toiles, chaussures, poterie; — *Alcañiz*, sur le Guadalupe, au N.-E. de Teruel (6,000 hab.); — *Albarracin*, à l'O., ville forte qui domine le cours du Guadalaviar; gros draps.

III. La NAVARRE, des Pyrénées à l'Èbre, possède des mines, de fer surtout, et des forêts. Au N., elle renferme la belle vallée de *Bastan*, sur le versant français des Pyrénées. C'est un pays assez âpre, n'ayant pas beaucoup de vallées cultivables, mais traversé par de belles routes, avec d'excellents pâturages; il est habité par une population laborieuse, opiniâtre, attachée à ses vieux priviléges; c'est un pays de guerre civile. Elle n'a formé qu'une province.

8° PAMPELUNE ou *Pamplona* (25,000 hab.), ancienne capitale de la Navarre, place forte sur l'Arga; draps, armes; — *Tudela*, au S. sur l'Èbre, évêché; bataille de 1808; 4,000 hab.; — *Roncevaux*, à l'entrée du col d'Ibagnetta dans les Pyrénées, célèbre par la mort de Roland, en 778; — *Elizondo*, au N., dans la vallée de Bastan; — *Viana*, au S.-O., près de l'Èbre; ancienne principauté; — *Estella*, au S.-O. de Pampelune; commerce de draps, étoffes de laine, eaux-de-vie; 6,000 hab.

IV. Les PROVINCES BASQUES, PROVINCIAS VASCONGADAS, à l'O. de la Navarre, entre l'Èbre et le golfe de Gascogne, sont dans un pays de montagnes, difficile, aride, mais qui renferme des mines de fer, de zinc, de cuivre; des eaux minérales. Elles sont bien cultivées, assez fertiles en céréales, lin, chanvre, fruits et surtout pommiers. L'industrie est active; ouvrages en fer, serrurerie, quincaillerie, armes; lainages, toiles, cuirs, peaux, faïence, etc.

Les trois provinces sont:

9° ALAVA, au S. des monts Cantabres: le chef-lieu est *Vittoria* (12,000 hab.), sur le Zadorra; bataille de 1813; route de Bayonne à Madrid; — *Salvatierra*, à 1 E. près des sources du Zadorra; — *Orduña*, au N.-O., vers les sources de l'Ansa, dans un pays fertile; 4,000 hab.

10° GUIPUZCOA, au N. des montagnes, sur la frontière de France.

Le chef-lieu, *Saint-Sébastien* (12,000 hab.), port sur le golfe de Biscaye, est une place forte; bains de mer; — *Irun*, sur la rive gauche de la Bidassoa; antiquités romaines (4,000 hab.); — *Fontarabie*, port médiocre à l'embouchure de la Bidassoa; — *Le Passage* (los Passages), port sûr et profond, mais d'une entrée difficile; chantiers de construction, à l'E de Saint-Sébastien, — *Tolosa*, au S. de Saint-Sébastien; armes blanches et à feu, commerce actif; 8,500 hab., — *Vergara*, au S.-O. de Saint-Sebastien; convention de 1859, pour la soumission des Carlistes.

11° BISCAYE, à l'O., entre les monts Cantabres et la mer.

Le chef-lieu est *Bilbao* (20,000 hab.), sur le Nervion ; commerce actif, forges, hauts fourneaux ; toiles à voiles, corderies ; — *Portugalète* lui sert de port ; commerce de laine ; — *Durango*, au S.-E ; dans une plaine bien cultivée ; — *Bermeo*, au N.-E. de Bilbao ; port ; pêche assez active, 5,000 hab.

V. Les ASTURIES, entre les monts Cantabres et Asturiens et la mer, forment une province, habitée par un peuple laborieux, patient, brave, qui résista à l'invasion des Arabes et d'où les chrétiens partirent pour reconquérir la Péninsule. C'est un pays riche en minéraux, en eaux minérales et en bois.

12° Le chef-lieu est OVIEDO (10,000 hab.), près du Nalon ; évêché, cathédrale antique ; première capitale de la monarchie ; fabriques d'armes à feu ; — *Gijon*, au N.-E , bon port, commerce de charbon de terre ; pêche active, 6,200 hab ; — *Aviles*, petit port, au N -O. d'Oviedo ; toiles, chaudronnerie, quincaillerie ; 6,000 hab. ; — *Navia*, port, à l'O. ; toiles et draps.

VI. La GALICE, au N.-O. de l'Espagne, traversée par les ramifications des monts de Galice, est habitée par des peuples probes, laborieux, économes, qui émigrent chaque année en grand nombre dans les villes d'Espagne et de Portugal, pour y exercer les petits métiers comme nos Auvergnats ; ils ont contribué beaucoup à la colonisation de l'Amérique du Sud. Le pays n'est pas très-riche, mais il est bien peuplé ; il y a des forêts, des pâturages excellents, beaucoup de bêtes à cornes et de moutons-merinos. On exploite le cuivre, le plomb, l'étain ; les eaux minérales sont abondantes. L'industrie est peu active. Elle a formé quatre provinces.

13° LA COROGNE, *Coruña* (20,000 hab.), port défendu par 4 forts ; fabriques de cigares, toiles, cordes, chapeaux ; commerce considérable ; batailles de 1805 et 1809 ; — Le *Ferrol* (18,000 hab.), au N.-E , port de guerre fortifié, arsenal, chantiers de construction, fonderies ; école de navigation, — *Santiago*, ou *Saint-Jacques de Compostelle* (30,000 hab), ancienne capitale de la Galice, au S de la Corogne ; archevêché, université, cathédrale, fameux pèlerinage au tombeau de saint Jacques le Mineur, jadis chef-lieu de l'ordre de Saint-Jacques ; toiles, bas de soie.

14° LUGO, (Lucus Augusti), à l'E., sur le Miñho ; évêché ; eaux thermales ; 8,000 hab. — *Mondonedo*, au N., évêché, toiles, tanneries ; — *Ribadeo*, au N.-E., petit port de commerce.

15° PONTEVEDRA, au S. de Santiago, port de pêche ; — *Vigo*, au S.-O., port de commerce ; bataille navale de 1702, *Tuy*, évêché, place forte sur le Miñho, en face de Valence, en Portugal ; 7,000 hab.

16° ORENSE, à l'E., sur le Miñho ; évêché ; toiles et fils ; commerce de vins, chocolat, jambons.

§ 7. — Espagne centrale · anciennes divisions, provinces, villes

VII. Le royaume de LÉON, dans le bassin du Douro, entre les monts Cantabres, des Asturies et les monts Carpétaniens, sur la frontière du Portugal, a formé 5 provinces L'aspect du pays ressemble à celui de la Galice; on y trouve des bois, du charbon, des richesses minérales, des pâturages étendus. Les habitants sont encore d'une grande simplicité ; ils sont laborieux, actifs, volontiers nomades.

17° LÉON (7,000 hab.), vieille place fortifiée sur le Torio et la Bornesya, affluents de l'Esla; évêché, cathédrale remarquable ; étoffes de laine, bonneterie, gants; elle s'appelait sous les Romains *Legio septima gemina;* — *Astorga* (Asturica Augusta), au S.-O., sur le Tuerto, affluent de l'Esla ; évêché, cathédrale gothique.

18° ZAMORA (0,000 hab.), au S. sur le Douro; cathédrale gothique; souvenirs du Cid; — *Toro,* au S.-E., sur le Douro; commerce de vins.

19° SALAMANQUE (15,000 hab.), au S. de Zamora, sur le Tormès ; évêché ; belle cathédrale ; université, fondée en 1239 ; position militaire importante; — *les Arapiles,* un peu au S. ; bataille de 1812 ; — *Alba de Tormès,* au S.-E. ; bataille de 1809 ; — *Ciudad-Rodrigo,* au S.-O. ; place forte sur l'Agueda, défense contre le Portugal ; évêché ; lainages, toiles, cuirs ; — *Fuentes de Oñoro,* a l'O. sur la frontière de Portugal ; bataille de 1811 ; *Ledesma,* au N.-O. de Salamanque, sur le Tormès ; bains célèbres aux environs.

20° VALLADOLID (40,000 hab.), à l'E., sur la Pisuerga, centre des routes sur Burgos, Astorga, la Corogne. Evêché, université importante; marchés de grains ; fonderies ; tanneries ; — *Medina de Rio Seco,* au N.-O., sur le Sequillo ; église gothique ; bataille de 1808 ; — *Simancas,* près du confluent de la Pisuerga et du Douro ; château où sont les archives de Castille ; — *Tordesillas,* sur le Douro, à l'O., a de nombreux couvents.

21° PALENCIA (13,000 hab), au N., sur le Carrion ; évêché, grande cathédrale , commerce de céréales ; couvertures et étoffes de laine, cuirs, poterie, armes à feu. — Ces deux dernières provinces ont été souvent rattachées a la Vieille Castille

VIII. La VIEILLE-CASTILLE est allongée du N au S., depuis le golfe de Biscaye jusqu'aux monts Carpétaniens. Elle comprend la province de Santander, au N. des monts Cantabres, et une partie du plateau central, arrosé par le haut Douro. Elle tire son nom des forteresses (castillos), élevées par les chrétiens dans leurs guerres contre les

Arabes. Le pays a un aspect désolé, triste ; il paraît presque désert ; les habitants fiers, rudes, taciturnes, drapés dans les pans de leur manteau brun, ont conservé leur renom de bravoure. Néanmoins la Vieille-Castille produit surtout des céréales ; les vignes sont nombreuses, mais les vins mal préparés ; la laine des troupeaux est recherchée. — Elle a formé 6 provinces et même 8, en comptant les provinces de Valladolid et de Palencia.

22° Burgos (15,000 hab.), sur l'Arlanzon, ancienne capitale de la Vieille-Castille, archevêché, belle cathédrale du xiii° siècle ; patrie et tombeau du Cid ; — *Aranda*, au S., sur le Douro et sur la route de Burgos à Madrid ; — *Lerma*, au S. de Burgos ; ruines d'un château célèbre, sur l'Arlanza ; — *Miranda*, sur l'Èbre ; bons vins aux environs ; — *Espinosa*, au N. de Burgos ; bataille de 1808.

23° Santander (21,000 hab.), au N. de la Vieille-Castille ; port de commerce sur le golfe de Biscaye ; chantiers de construction et fonderie de canons ; fabriques de cigares ; farines ; raffineries de sucre ; évêché ; — *Laredo*, *Santoña*, arsenal, à l'E., et *Santillana*, à l'O., petits ports ; — *Reinosa*, vers la source de l'Èbre ; commerce de laines.

24° Logroño (12,000 hab.), sur l'Èbre, au S.-E. de Santander ; commerce assez actif ; — *Calahorra* (Calagurris), sur l'Èbre, au S.-E. de Logroño ; évêché ; ville très-ancienne ; — *Haro* (8,000 hab.), au N.-O., sur l'Èbre, dans un pays fertile ; distilleries, tanneries, faïence ; — *Najara*, à l'O. de Logroño ; bataille de 1367, entre Najara et Navarrette.

25° Soria, au S., sur le Douro ; commerce de laines fines ; près de là sont les ruines de Numance ; — *Osma*, au S.-O. (10,000 hab.) ; évêché ; — *Calatanazar*, entre Osma et Soria ; grande bataille de 998 ; — *Agreda*, au N.-E., couvent célèbre de franciscains ; — *Almazan*, sur le Douro, et *Medina-Celi*, sur le Jalon, au S.-E., connus par leurs palais princiers.

26° Segovie (12,000 hab.), au S.-O., au pied de la sierra de Guadarrama, sur l'Eresma. Évêché ; aqueduc romain ; école d'artillerie ; manufactures d'armes, fonderie de canons ; draps ; — *Saint-Ildefonse*, à peu de distance, au S.-E., célèbre par le palais de *la Granja*, bâti par Philippe V ; par la sedition de 1836 et par une manufacture royale de glaces.

27° Avila (6,500 hab.), au S.-O. près de l'Adaja ; évêché ; patrie de sainte Thérèse. Bonneterie, fabriques de cotonnade.

IX. La NOUVELLE-CASTILLE, entre la sierra de Guadarrama et la sierra Morena, au centre de la péninsule, est composée de plateaux élevés, souvent dénudés, desséchés, habités par une population assez indolente. Les villes sont rares, les campagnes déboisées, couvertes de sable et de poussière, avec quelques fermes isolées. Les rives du Tage et du Guadiana dessinent au milieu de ces steppes deux lignes de verdure et de fraîcheur. Elle a formé 5 provinces.

28° MADRID (mot arabe qui signifie *la maison du bon air*), sur le Manzanarès, qui manque d'eau, et le canal Isabelle II, au milieu de plaines stériles, à 680 mètres au-dessus du niveau de la mer, est la capitale de l'Espagne depuis le xvi° siècle. Elle renferme de belles promenades, comme celle du Prado, des édifices remarquables, une université, une école des beaux-arts; des manufactures d'orfévrerie, de tapis, de faïence, de porcelaine, de tabac et de poudre; patrie de Lope de Vega et de Calderon ; la population est de 330,000 hab. ; — *El Pardo*, au N.-O., château royal ; — *L'Escurial*, au N.-O., monastère et château, élevé par Philippe II, vers 1565, en souvenir de la victoire de Saint-Quentin ; — *Aranjuez*, sur le Tage, au S., palais royal, célèbre par les événements de 1808 ; — *Alcala de Henarez*, au N.-E de Madrid ; elle a eu jadis une fameuse université ; patrie de Cervantes ; on y voit le tombeau de Ximénès ; — *Chinchon*, au S.-E. ; eaux minérales ; — *Vicalvaro*, combat de 1854.

29° GUADALAJARA, au N.-E., sur le Henarès ; école du génie militaire ; draps ; — *Siguenza*, au N.-E., sur le Henarès ; avec une belle cathédrale ; évêché ; — *Somo-Sierra*, au N., près du défilé célèbre dans la campagne de 1808 ; — *Brihuega* et *Villa-Viciosa*, au N.-E. de Guadalajara ; batailles de 1710.

30° CUENCA, à l'E. de Madrid, sur le Jucar ; 9,000 hab. ; — *Tarancon*, à l'O., dans une position centrale.

31° TOLÈDE (20,000 hab.), au S.-O. de Madrid, sur le Tage, ancienne capitale des Wisigoths ; archevêché, cathédrale gothique très-curieuse ; université ; collège militaire ; la fabrique, jadis célèbre, d'armes blanches n'existe plus ; — *Talavera de la Reyna* (8,000 hab.), sur le Tage, à l'O., faïences, monuments remarquables ; bataille de 1809 ; — *Ocana*, à l'E. de Tolède ; savons, draps ; bataille de 1809 ; — *Almonacid*, au S.-E. ; bataille de 1809 ; — *Madridejos*, au S.-E., dans un territoire fertile.

32° CIUDAD-REAL (11,000 hab.), chef-lieu de la MANCHE, nom de la Castille méridionale ; commerce d'ânes et de mulets ; de laines et de cuirs ; bataille de 1809 , — *Almagro* (8,000 hab.), au S.-E. ; dentelles de soie ; commerce de mulets ; — *Calatrava*, au S.-E., ancien chef-lieu d'un ordre militaire religieux ; — *Valdepeñas* (12,000 hab.), au S.-E ; commerce de vins ; — *Almaden* et *Almadenejos*, au S.-O. (10,000 hab.), mines de mercure très-abondantes ; — *Villa Nueva de los Infantes*, au S.-E. de Ciudad-Real ; 8,000 hab. ; près de la est *Montiel*, célèbre par la bataille de 1369. — La Manche, illustrée par le génie de Cervantes, l'auteur de *Don Quichote de la Manche*, est l'un des pays les plus tristes et les plus pauvres de l'Espagne.

X. L'ESTRÉMADURE, à l'O., traversée par le Tage et le Guadiana, sur la frontière du Portugal, est un pays à demi sauvage, pauvre, parce qu'il n'est pas cultivé, aux habitants taciturnes. Elle a formé 2 provinces.

33° BADAJOZ (Pax Augusta), ancienne capitale de l'Estrémadure, place forte sur le Guadiana, en face de la forteresse portugaise d'Elvas ; elle a été plusieurs fois assiégée et prise ; 22,000 hab. ; — *Olivença* (10,000 hab.), au S.-O., place forte près du Guadiana ; les Portugais l'ont plus d'une fois réclamée ; — *Merida* (Emerita Augusta), à l'E., sur le Guadiana, ville jadis florissante ; ruines de monuments romains ; elle fut la capitale de la Lusitanie ; — *Medellin*, à l'E., sur le Guadiana, bataille de 1809 ; — *Xeres de los Caballeros*, au S. ; toiles, cuirs, chapeaux, savons ; elle appartenait aux chevaliers du Temple ; 9,000 hab. ; — *Llerena*, au S.-E. ; étoffes de laine ; — *Albuquerque*, au N., près de la frontière de Portugal ; draps.

34° CACÉRÈS, au N. E. de Badajoz ; nombreuses tanneries, faïences ; 12,000 hab. ; — *Placencia*, au N. du Tage ; évêché ; manufacture d'armes, fonderie de canons ; quincaillerie ; — *Truxillo*, à l'E. de Cacérès ; — *Valencia*, au S.-O. ; place forte ; toiles, chapeaux ; — *Alcantara*, sur le Tage, pont romain magnifique ; jadis chef-lieu de l'ordre militaire religieux d'Alcantara ; — *Almaraz*, pont fortifié sur le Tage ; route de Badajoz à Madrid ; — *San-Geronimo de Just*, au N.-E., dans une belle vallée ; monastère de Just ou Yuste, où se retira et mourut Charles-Quint, 1556-1558.

§ 8 — Espagne méridionale : anciennes divisions, provinces, villes.

XI. L'ANDALOUSIE (ancienne Bétique) s'étend de la sierra-Morena à la mer ; la vallée du Guadalquivir est maintenant presque abandonnée et stérile par l'incurie des hommes ; mais les belles plaines du Jenil (Vega de Grenade) et plusieurs des vallées de la sierra Nevada sont toujours d'une admirable fertilité. Un soleil brûlant crevasse et calcine le sol ; le vent soulève des flots de poussière ardente ; mais partout où un ruisseau répand la fraîcheur et la fertilité, partout où un rocher donne un peu d'ombre, la végétation est luxuriante et rappelle les splendeurs de l'Orient. Les Andalous sont, dit-on, les *Gascons* de l'Espagne. L'Andalousie proprement dite a formé 5 provinces.

35° CORDOUE (26,000 hab.), sur le Guadalquivir, ancienne capitale des khalifes, conserve encore des monuments de sa grandeur passée, comme la cathédrale moresque ; son industrie, jadis florissante, est déchue. C'est l'ancienne *Corduba*, patrie des Sénèque, de Lucain, d'Averroes ; — *Bujalance*, à l'E ; draps et lainages ; 10,000 hab. ; — *Montilla* (13,000 hab.), au S.-E. ; toiles, cuirs ; — *Lucena* (10,000 hab.), au S.-E. ; salines, toiles, poteries, grandes jarres en terre cuite.

36° Séville, ancienne *Hispalis*, au S.-O., sur le Guadalquivir, a de beaux monuments, la cathédrale, l'Alcazar, la tour de Giralda, haute de 85 mètres, un superbe aqueduc romain. Elle a une université, une académie des beaux-arts, un musée de peinture, une école de navigation, une fonderie de canons ; elle fabrique du tabac, des cigares, des cigarettes, des soieries, de la faïence, du jus de réglisse ; elle a des mégisseries ; elle fait un grand commerce de blé. Patrie de Murillo, Velasquez, Barthélemy de Las-Casas ; 82,000 hab. ; — *Ecija* (24,000 hab.), au N.-E., sur le Jenil ; serges, toiles grossières ; c'est l'ancienne *Astigis* ; — *Osuna* (16,000 hab.), au S.-E, près du Rio Salado, dans une fertile vallée ; spaterie ; — *Utrera* (11,000 hab.), au S.-E. de Séville ; salines ; — *Carmona* (16,000 hab.), au N -E. ; ville d'industrie, entourée de murailles moresques, avec des ruines curieuses ; — *Marchena*, à l'E. de Séville ; 13,000 hab.

37° Huelva, à l'O. de Séville, port à l'embouchure de l'Odiel ; cuivre, soufre ; pêcheries ; — *Palos*, petit port à l'embouchure du Tinto, d'où partit Christophe Colomb, en 1492 ; — *Niebla*, au N.-E. ; — *Ayamonte*, à l'embouchure du Guadiana.

38° Cadix, l'ancienne *Gadès* (62,000 hab.), port fortifié au N. de l'île de Léon, fait un commerce considérable et a joué un grand rôle, à diverses époques, dans l'histoire d'Espagne. Sur sa rade vaste et sûre on trouve : le *Trocadéro*, forteresse enlevée par les Français en 1823 ; — *Puntalès*, chantiers de construction ; — *San-Fernando* ou *Léon* (20,000 hab) ; observatoire ; écoles de marine et d'artillerie de marine ; célèbre dans la révolution de 1820 ; — *la Carraca* ; arsenal de la marine. — *Puerto Real*, port magnifique ; vastes salines, pêcheries ; — *Sainte-Marie* (18,000 hab.) est un port à l'embouchure du Guadalete ; — *Xérès de la Frontera* (39,000 hab.), sur le Guadalète ; grand commerce de vins ; bataille célèbre de 711, — *Rota*, à l'O. ; vins renommés ; — *San Lucar de Barrameda* (18,000 hab.), port à l'embouchure du Guadalquivir ; commerce de vins, liqueurs ; filatures de coton, tanneries ; — *Chiclana* (20,000 hab.), au S.-E. de Cadix, — *Medina-Sidonia* (16,000 hab.) ; poteries ; antiquités romaines ; — *Tarifa*, ville fortifiée sur le détroit ; — *Algésiras* (11,000 hab.), port fortifié, à l'E., sur une vaste

rade; — le camp retranché de *San Roque*, au N.-O. de Gibraltar;
— *Arcos*, au N.-E. de Cadix; tanneries, mégisseries.

39° JAEN (22,000 hab.), à l'E. de Cordoue, ancienne capitale d'un royaume musulman; évêché; les environs sont très-fertiles; — *Baeza* (13,000 hab.), au N.-E., à côté de *Ubeda*; évêché; bataille de 1810; — *Andujar* (12,000 hab.), sur le Guadalquivir; faïence; alcarazas ; — *Baylen*, à l'E., célèbre par la capitulation de 1808. — *la Carolina*, au N., colonie allemande fondée en 1767; — *as Navas de Tolosa*, près de la Carolina, grande bataille de 1212; — *Martos*, à l'O. de Jaen, 10,000 hab.

XII. L'ancien royaume de GRENADE est au S. de la péninsule, sur la Méditerranée. Il a formé 3 provinces.

40° GRENADE OU GRANADA (62,000 hab.), près du Jenil, la capitale du dernier royaume musulman d'Espagne, prise par Ferdinand et Isabelle en 1492, renferme encore le magnifique palais de l'Alhambra. Archevêché, cathédrale; université. Commerce de bois de construction et de planches; manufactures de salpêtre et de poudre; raffineries de sucre, mégisseries; fabriques d'eau-de-vie; — *Santa Fé*, près de la ville, à l'O., élevée par Isabelle en 1491; — *Guadix* (10,000 hab.), à l'E.; évêché; poteries ; — *Baza* (14,000 hab.), à l'E., dans un territoire riche en vins; — *Huescar*, au N.-E.; étoffes de laine; — *Adra* (10,000 hab.), au S.-E.; riches mines de plomb; — *Motril* (14,000 hab.), port au S.-E. de Grenade; salines, mines de plomb, cannes à sucre, — *Alhama*, au S.-O. de Grenade ; salines, eaux thermales ; — *Loja*, à l'O. de Grenade, sur le Jénil; indiennes, papier; fonderie de cuivre; 14,000 hab.

41° MALAGA (95,000 hab.), au S.-O. de Grenade, bon port, fait commerce de vins, liqueurs, raisins secs, fruits, huile, anchois; a des fabriques de soieries, chapeaux, poterie, faïence; des raffineries de sucre, de hauts fourneaux; évêché ;— *Velez-Malaga* (14,000 hab.), port à l'E.; commerce de raisins secs, vins, liqueurs; — *Ronda* (20,000 hab.), à l'O., sur le Guadiaro; fabrique d'armes à feu; — *Antequera* (25,000 hab.), au N.-O. de Malaga, sur le Guadaljore; — *Archidona* (8,000 hab.), à une faible distance.

42° ALMERIA, jadis *Portus Magnus* (27,000 hab.), à l'E. de Malaga. Évêché; port de commerce actif, fonderie de plomb; soufre, salpêtre; *Velez-Rubio* et *Velez-Blanco*, villes d'industrie au N.-E. de la province; — *Berja*, à l'O. d'Alméria, mines de plomb.

§ 9. — Espagne orientale. anciennes divisions, provinces, villes.

XIII. Le royaume de MURCIE, situé sur la terrasse orientale de la Méditerranée, à l'E. de l'Andalousie, est un pays qui jouit d'un beau climat, qui a de belles plaines, mais qui souffre de la sécheresse et de l'indolence des habitants; même soleil qu'en Andalousie, même végétation; mais la production est plus variée. Il a formé 2 provinces.

43° Murcie (90,000 hab.), sur la Segura, dans une fertile huerta, fabrique des soieries, des rubans, des draps, des cuirs; a des verreries; — Carthagène, jadis *Carthago nova* (35,000 hab.), port fortifié au S.-E. de Murcie, avec une rade excellente et un arsenal; évêché; — Lorca (40,000 hab.), au S.-O. de Murcie; commerce actif, de laines surtout; — las Aguilas, port au S.-O. de Carthagène; sparterie, cordages, filets; — Totana (10,000 hab.), au centre, dans une admirable campagne; — Molina, à quelque distance; eaux thermales.

44° Albacète (12,000 hab.), au N.-O. de Murcie; coutellerie, lames dites de *Tolède* de médiocre qualité; foire de bestiaux, — Chinchilla (9,000 hab.), au S.-E.; lainages; — Hellin (10,000 hab.), au S.-E.; jolie ville; — Almanza, à l'E. (9,000 hab.); victoire de Berwick, en 1707; — Alcaraz, à l'O.

XIV. Le royaume de VALENCE s'étend le long de la Méditerranée, entre la Murcie et la Catalogne; il renferme de belles campagnes (huertas de Valence), mais est souvent atteint par le solano. Les habitants sont renommés pour leur vivacité et leur amour du plaisir. C'est peut-être la plus riche partie de l'Espagne. Il a formé 3 provinces.

45° Valence (90,000 hab.), près de l'embouchure du Guadalaviar, archevêché, belle cathédrale; université fréquentée. Soieries, velours, satins, damas, rubans, tulles de soie, éventails, faïence; commerce de librairie; vins, oranges, safran, etc.; — le *Grao*, à 4 kil., dont la rade est peu sûre, lui sert de port; — Murviedro, au N. sur les ruines de Sagonte, dans une position stratégique importante; bataille de 1810; — au sud, lagunes ou *Albufera de Valence*; — Alcira (11,000 hab.), dans une île du Jucar, — Gandia (8,000 hab.), au S.-E. de Valence, près de la mer; — San Felipe ou *Jativa* (15,000 hab.), au S. de Valence; ville ancienne (Sœtabis) et fortifiée; — Liria (12,000 hab.), au N.-O. de Valence, ville d'industrie.

46° Alicante (30,000 hab.), au S. de Valence, bon port très-commerçant, défendu par une forte citadelle. Commerce de vins, fruits secs, sparterie, huile; fabriques de cigares et de cigarettes; — Denia, au N.-E., port d'où l'on exporte des oranges et des raisins secs; — Alcoy (20,000 hab.), au N. d'Alicante; draps, flanelles, couvertures, papier; — Elche (20,000 hab.), à l'O. d'Alicante; dattes, sparterie; — Orihuela (25,000 hab.), au S.-O., sur la Segura, dans une plaine fertile surnommée le Jardin de l'Espagne; évêché; — *Monovar* (9,000 hab.), plus au N.; toiles, serges, sparterie.

47° CASTELLON DE LA PLAÑA (20,000 hab.), au N. de Valence, près de la mer; commerce important; — *Ségorbe* (7,000 hab.), à l'O., sur le Palencia; évêché; antiquités romaines; — *Benicarlo*, port de pêche, au N.-E de Castellon; commerce de vins; — *Vinaroz* (9,000 hab.), port de pêche; — *Peñiscola*, place forte maritime; — ces trois villes sont au N.-E. de la province; — *Morella*, place forte à l'O., a joué un rôle important dans les dernières guerres civiles.

XV. — 48° Les ILES BALÉARES (jadis îles *Gymnèses* ou *Baléares* et îles *Pithiuses* ou *des Pins*), ainsi nommées à cause de l'habileté de leurs frondeurs dans l'antiquité (βαλ/ω, je jette), sont situées à l'E. de la province de Valence et semblent la continuation de la chaîne qui vient aboutir aux caps Saint-Antoine, Saint-Martin, de la Nao. Elles sont entre 39°6′ et 40°5′ lat. N. et entre 0°2′ long. O. et 1°58′ long. E. Les deux plus grandes, Majorque et Minorque avec l'îlot de Cabrera forment les *Baléares proprement dites;* Iviza et Formentera, plus près de la côte, forment les îles *Pithiuses.* Les habitants, qui rappellent les Catalans, émigrent en grand nombre dans notre Algérie.

MAJORQUE OU MALLORCA, a 3,480 kilom. carrés de superficie et 170,000 habitants. Le climat est sain et tempéré. Elle est montueuse, bien arrosée, et la terre est fertile, mais l'agriculture est négligée; elle produit blé, huiles, vins, oranges, citrons, figues, safran, lin, chanvre. On y trouve des bois de chênes-verts, de pins, d'oliviers sauvages. On y exploite du marbre et les salines sont productives.

La capitale est PALMA, au S.-O.; évêché, cathédrale gothique; port fortifié; lainages, soieries, ouvrages plaqués; patrie de Raymond Lulle; 40,000 hab.; — *Pollenza*, au N.-E., ville fortifiée, commerce de vins; — *Alcudia*, au N.-E., sur la baie de ce nom; pêche du corail; — *Soller*, à l'O., port d'exportation.

MINORQUE OU MENORCA, au N.-E., a 152 kil. de tour; c'est une terre rocheuse, avec de faibles collines, peu fertile, produisant du vin, des câpres, du miel, de la cire, des fromages et donnant de la laine. La population est de 50,000 hab.

PORT-MAHON (Portus Magonis), sur la côte S.-E., est un port dont l'excellence avait été reconnue par les Carthaginois qui s'y établirent. La ville est une bonne position militaire, défendue par les forts *San Carlos* et *San Felipe;* elle a été souvent prise, par les Anglais en 1708, par les Français en 1756; occupée de nouveau par les Anglais de 1763 à 1782, elle fut reprise par eux de 1798 à

1802, et définitivement rendue aux Espagnols à la paix d'Amiens. C'est un bon port de relâche entre la France et Oran; 20,000 hab.; — *Ciudadela*, port au N.-O., était jadis très-florissant; 7,000 hab.

CABRERA, au S. de Majorque, est un rocher désert de 12 kil. sur 3, où l'on ne trouve que des chèvres; il est tristement célèbre par le séjour des prisonniers français qui y furent entassés par les Espagnols de 1808 à 1814.

IVIÇA (Ebusus), à l'O., entre Majorque et la côte, a 88 kil. de tour et 18,000 hab. Elle renferme de vastes salines; le sol est fertile et peu cultivé; on exporte du goudron. *Iviça*, au S., est un petit port; évêché.

FORMENTERA (Ophiusa), au S. d'Iviça, a 100 kil. carrés et 2,000 hab. Le sol, également fertile, est peu cultivé.

49° Les ÎLES CANARIES, au N.-O. de l'Afrique, forment la 49ᵉ province du royaume d'Espagne. La capitale est *Palma*. Nous les décrirons, en parlant de l'Afrique.

§ 10 — Climat — Richesses minérales, agricoles, animales. — Industrie

Le climat de l'Espagne est loin d'être toujours le même; dans la région du Nord, il est sain et tempéré; sur le plateau, où la pluie est rare, les hivers sont froids et les étés chauds et secs; au Sud, l'hiver est pluvieux, l'été brûlant, la température généralement élevée; la nature est plus africaine qu'européenne; mais les belles plaines de la région méditerranéenne sont souvent exposées aux ravages du *solano* ou vent du Midi. Dans le Nord, la température moyenne oscille entre 10° et 14° centigrades; dans la zone centrale, où le printemps et l'automne sont agréables, elle est de 13° à 15°; dans la zone méridionale, où le climat est délicieux au printemps et à l'automne, elle est de 17° à 21°.

En général, les côtes sont d'une grande fertilité et sont couvertes de moissons, de prairies, de vignes, d'arbres fruitiers, surtout à l'E. et au S.; puis on rencontre, en s'élevant vers le plateau central, la zone des oliviers, du maïs, du seigle; enfin on arrive aux plateaux de la région centrale où sont les *parameras*, les *muelas*, plaines immenses, souvent sans eau et sans arbres, tristes, jaunes ou grises, avec des villages à demi ruinés, couronnées par des sierras dénudées ou montagnes dentelées; les rivières sont encaissées; leurs eaux sont rares, coupées de barres, de rapides, de gués dangereux; elles se changent, à la suite des orages, en torrents dévastateurs; les bords seuls des fleuves sont verdoyants; encore leurs affluents ont souvent des rives désolées, à l'exception du Jenil, dont la magnifique vallée fait la beauté de l'Andalousie.

« Ce qui manque à l'Espagne, c'est l'eau ; les rivières s'écoulent comme des torrents ou sont à sec pendant l'été ; les grands fleuves eux-mêmes ne sont navigables que dans la partie inférieure de leur cours. Cela tient sans doute à la configuration du sol, mais surtout à l'incurie des habitants, qui ont dans beaucoup de régions défriché imprudemment les forêts, et n'ont pas su par des digues et des canaux retenir et discipliner les eaux naturelles. Aussi, quoique le plateau central soit fertile en blé, le pays est sombre et monotone ; en hiver, il est couvert de fange ou de neige ; en été, il est brûlé par le soleil, et les vents, presque toujours violents, y soulèvent des nuages de poussière. La Manche surtout, partie méridionale de la Nouvelle-Castille, n'est qu'une plaine désolée, traversée par quelques ruisseaux sales.

Dans l'antiquité, l'Espagne a été célèbre par la richesse de ses mines ; elle est encore assez considérable, mais assez mal exploitée. La *houille*, abondante, dit-on, mais qui ne donne que 360,000 tonnes, se trouve dans les Asturies autour d'Oviédo (Turbia, Barcena, Reinosa, Alar del Rey), dans l'Aragon (Montalvan, Teruel), dans Léon et Castille, dans l'Estrémadure, la Catalogne, l'Andalousie (mines de Belmez) ; — le *fer* ne produit que 50,000 tonnes, dans la Galice, les Asturies, Alava (Salvatierra), Guipuzcoa (Mondragon, Hernani), Biscaye (Bilbao, Somorrostro), dans l'Estrémadure et dans l'Andalousie (Marbella près de Gibraltar) ; — le *plomb* produit 275 à 300,000 tonnes, vers Carthagène, Malaga, Jaen (mines de Linares), Murcie, Almeria, Alpujarras surtout (Motril et Adra) ; — le *mercure* donne 2 millions de kilogrammes dans les mines près d'Almaden, les plus abondantes de l'Europe ; — on exploite encore *l'argent* dans la sierra Almagrera près de Carthagène ; — le *cuivre* (Salvatierra dans Alava) donne 3,000 tonnes ; — le *zinc*, 2,000 tonnes ; — il y a du *soufre*, du *sulfate de soude*, du *manganèse*, de *l'antimoine*, de *l'alun*, du *kaolin*, des *marbres*, de *l'albâtre*, du *jaspe*, de *l'argile*, des *pierres lithographiques*, des *meules*, des *pierres à aiguiser*, des *ardoises*, du *granit*, etc. On recueille du *sel gemme*, du sel provenant des sources salées ou des marais salants. On compte plus de 700 sources d'eaux minérales de toute nature, dont plusieurs sont très-renommées et 350 utilisées.

On peut diviser l'Espagne en quatre RÉGIONS AGRICOLES : 1° au N.-O., la *région du golfe de Biscaye*, dont les montagnes sont couvertes de chênes, de châtaigniers, de noisetiers ; dont les plaines, bien cultivées par une population laborieuse, produisent du maïs et du seigle et nourrissent du gros bétail ; — 2° au N.-E., *région de l'Èbre*, montagneuse dans la Navarre ; fertile, mais mal cultivée, dans l'Aragon; stérile à l'O. de la Catalogne, mais assez riche sur les bords de la mer. Dans ces deux régions, les productions sont à peu près celles des plaines de la Gascogne: blé, orge, chanvre, vins; et dans les montagnes, bois et pâturages; — 3° au S.-E. et au S., la *région de la Méditerranée*, fertile partout où il y a de l'eau, surtout dans les riches huertas de Valence, de la Segura (Murcie), du Jenil (Grenade); mais présentant les plaines en friche de l'Andalousie et les déserts brûlants des montagnes; c'est la région des oliviers, des vins de liqueur, de l'oranger, du citronnier, du mûrier, des fruits du Midi, des plantes aromatiques; 4° au centre, la *région du plateau Castillan*, dont nous avons montré la physionomie générale; les parameras n'offrent pour ainsi dire que des bruyères, des genêts, des chênes nains; mais la *vallée du Sil* (Léon) a de beaux pâturages; le pays voisin de l'Èbre ou *Rioja* (Vieille-Castille) a des champs fertiles en céréales et en vins; le N.-E. de la Nouvelle-Castille produit du blé; l'Estrémadure a des steppes désolés et des pâturages sans eau au Nord, mais le Sud donne aussi des céréales.

On peut dire que l'agriculture est arriérée, surtout faute de communications; l'Espagne, malgré la stérilité de plusieurs de ses parties, pourrait produire davantage, cependant ses récoltes sont encore assez abondantes en blé, orge, seigle, maïs et riz; les pommes de terre et les patates sont partout cultivées, mais surtout en Galice et au Sud. Il y a beaucoup de fruits, abricots, amandes, pistaches, noisettes, caroubes, grenades, figues, citrons, oranges (600 millions), etc.; les olives de Grenade et du Guadalquivir sont estimées, mais l'huile qu'on en retire est mal travaillée et de qualité médiocre. Les vignes sont nombreuses et produisent 10 millions d'hectolitres de vin, quoiqu'elles soient mal cultivées, les raisins secs d'Alicante, de Malaga, de Denia, donnent lieu à une exportation considérable; les vins des provinces du Centre et de l'Est sont médiocres et se conservent mal dans les outres de peaux qui les contiennent; mais l'on connaît partout les vins fins et de liqueur de Xérès, Rota, San Lucar, Moscatel, Grenache, Malaga, Velez-Malaga, Alicante; on fabrique beaucoup d'eau-de-vie. — Le lin et le chanvre sont cultivés de la Galice à la Catalogne et sur le littoral de la Méditerranée; — la soie, dans l'Andalousie, à Valence, à Murcie; — le coton, dans les Alpujarras et les îles Baléares; — la garance, à Penafiel; — le safran, dans l'Aragon, la Manche et Valence; — la cochenille, à Malaga et Motril; — le tabac, en Andalousie; — la canne à sucre, à Grenade, Malaga; — la réglisse, à Cordoue, Séville, et en Navarre. On récolte la sparte (espèce de jonc), entre Alicante et Alméria, pour nattes, tapis, filets, etc., etc.

Il y a peu de combustibles, car les forêts ont été ou brûlées ou détruites par le passage des moutons ; cependant elles couvrent 8 millions d'hectares, mais se composent le plus souvent de rares arbrisseaux ; il y a encore de belles forêts, au N., dans les Asturies et la province de Santander ; au Centre, dans la sierra de Guadarrama ; elles sont remplies de pins, de hêtres, de châtaigniers, de chênes-verts, de chênes-liége, de chênes du kermès.

Les pâturages et les pâtis occupent 10 millions d'hectares ; ils nourrissent de nombreux troupeaux. On compte 600,000 chevaux, légers dans l'Andalousie, robustes dans les Asturies et la Galice ; — 1 million de mulets estimés dans la Manche et la province de Jaen ; — 1 million d'ânes, surtout dans la Galice et l'Estrémadure ; — plus de 2 millions de bêtes à cornes, — 3 millions de chèvres ; — 2 millions de porcs, en Galice, Léon et dans la province de Huelva ; — 3,000 chameaux, au Sud. La volaille et les œufs sont abondants. Mais les moutons surtout ont été l'une des richesses de l'Espagne ; on en compte environ 20 millions, dont 13 de race commune et 7 de merinos ; le plus grand nombre appartient à la société de *la Mesta*, qui depuis trop longtemps jouit de priviléges exorbitants ; les troupeaux passent l'été sur les plateaux des Asturies, du Léon et de la Vieille-Castille ; ils descendent pour l'hiver vers les plaines de l'Estrémadure, de Murcie et de la Manche ; ces migrations, au printemps et à l'automne, causent les plus grands ravages sur les terres qui ne sont pas encloses ; elles ont amené sur de vastes espaces le déboisement du sol. — On recueille beaucoup de miel dans toutes les provinces et l'on élève les vers à soie, surtout à l'E. et au S.

L'industrie, jadis très-florissante en Espagne, après une période de longue décadence, semble de nos jours dans une voie de progrès renaissants. Parmi les industries métallurgiques on peut citer : au N., les forges de fer et les aciéries de Saint-Sébastien, Oñate, Mondragon, Bilbao, les armes à feu d'Oviédo et du Guipuzcoa : les armes blanches de Tolosa ; les produits chimiques de Barcelone, Oviédo, etc. ; — au centre, les fabriques d'armes blanches de Madrid et de Tolède (auj. déchues) ; les produits chimiques de Madrid ; — au S., les armes, la quincaillerie, l'orfévrerie de Séville ; la coutellerie d'Albacète, les produits chimiques de Valence, Cadix, Alicante.

Parmi les industries textiles, le coton est surtout travaillé à Barcelone et dans les villes voisines de Catalogne, à Malaga, à Motril, aux Baléares, dans le Guipuzcoa et la Vieille-Castille : — le chanvre et le lin, dans la Galice, la Navarre, la Catalogne, à Ségovie, Logroño, Malaga ; on estime les toiles fines et les toiles à voiles du Ferrol et de la Corogne; les toiles et les dentelles de Barcelone, les toiles peintes de Madrid; — la laine est surtout travaillée à Barcelone, Sabadell, Palencia, Tarrasa, Manresa, Valls, Bejas, Ségovie, Burgos, Cordoue, Lorca (Murcie), etc.; — la soie, à Valence, Murcie, Barcelone, Reus, Manresa, Grenade.

Il y a des fabriques de porcelaine et de faïence à Séville, Monclova, Alcaraz; on fabrique de grandes jarres dans la Manche, des alcarazas à Cordoue; il y a des verreries à Malaga, la Corogne, Gijon, Carthagène, Barcelone: etc.; les glaces de la Granja sont renommées, comme le papier d'Alcoy.

Les cuirs et les peaux sont bien préparés à Barcelone, en Aragon, dans les Asturies, en Galice, à Séville, Grenade, Malaga, Arcos, etc.

Enfin on peut rappeler les fabriques de pâtes alimentaires, d'huiles, de chocolat, de charcuterie, de cigares, etc.

§ 11. — Canaux; chemins de fer — Commerce

L'Espagne n'est pas sans doute complétement dépourvue de canaux, mais il sont peu nombreux, lorsqu'ils devraient être très-multipliés. La Catalogne, Valence, Murcie, Grenade, ont des canaux d'irrigation qui contribuent à la fertilité de ces provinces. Parmi les canaux de navigation on peut citer : le *canal Impérial*, commencé par Charles-Quint; il longe la rive droite de l'Èbre, de Tudela jusqu'au-dessous de Saragosse; il doit être prolongé; — le *canal de Castille*, ayant 143 kilom. de longueur; il a pour but de mettre en communication le bassin du Douro (Valladolid, Palencia, Burgos) avec celui de l'Èbre (Calahorra); — le *canal du Manzanarès*, long de 40 kil., de Madrid au confluent du Manzanarès et du Jarama; le *canal de Murcie*, qui n'est que commencé; — le *canal d'Albacète*, qu'on a récemment agrandi; — le *canal de Guadarrama*, à Madrid; etc.

L'Espagne, à l'exception des provinces Basques et de la Navarre, est très-mal pourvue de voies de communication. Il y a peu de chemins vicinaux; et on compte à peine 20,000 kilomètres de routes de toute nature, récemment construites; aussi dans beaucoup d'endroits voyage-t-on encore à dos de mulets. Mais les chemins de fer, qui commencent à traverser la péninsule dans les principales directions, doivent amener des changements notables dans la situation économique et politique de l'Espagne. Il y a déjà 5,500 kilom. exploités, plus de 2,000 en construction, et 7,500 concédés.

Voici les principales lignes de chemins de fer :

1° La *ligne du Nord* (633 kilom.), qui unit la Péninsule à la France et au reste de l'Europe, d'Irun à Madrid, passe par Saint-Sébastien, franchit les monts Cantabres, par d'immenses travaux, entre Beasain et Alsasua, touche Vittoria, Miranda del Ebro, Burgos, Torquemada, Venta del Banos, Valladolid, Medina del Campo, Avila; franchit les cimes du Guadarrama à des hauteurs inusitées, et, par l'Escurial, aborde Madrid. Il y a des embranchements : — de Miranda del Ebro à Bilbao ; — de Palencia à Santander ; — de Palencia à Léon, vers Oviédo, vers Astorga, Lugo, la Corogne, — de Medina del Campo à Zamora et a Salamanque.

2° La *ligne du Sud* est en quelque sorte la prolongation de la première ; elle va de Madrid à Cadix (727 kil.), passe par Aranjuez, Alcazar, Manzanarès, à travers les plaines de la Manche ; franchit la sierra Morena, suit le cours du Guadalquivir par Cordoue, Séville et joint l'Océan à Cadix. Il y a deux embranchements principaux : l'un, de Cordoue sur Grenade et sur Malaga ; l'autre embranchement secondaire, plus au N., d'Aranjuez à Tolède.

3° La *ligne de l'Ouest* s'embranche sur la précédente à Manzanarès, et, par Ciudad-Real, Almaden, Merida, Badajoz, rejoint les chemins portugais à Elvas. La distance entre Madrid et Lisbonne, par cette voie, est de 880 kilomètres.

4° Le *chemin du Sud-Est* se sépare du chemin du Sud à Alcazar, touche Albacète, Chinchilla, Hellin, Murcie, Carthagène, avec des embranchements sur Alicante et Valence. Il y a 1160 kilomètres d'Irun à Carthagène ; — de Madrid à Alicante, 455 kilom.; — à Valence, 490 kilom.

5° Le *chemin du Nord-Est* part de Madrid, passe par Guadalajara, Siguenza, Medina-Celi, Calatayud, Saragosse, Lerida, Barcelone. Il a un embranchement sur Huesca. De plus, la *ligne de l'Èbre* relie ce charmant chemin à celui du Nord, d'Alagon à Miranda del Ebro, par Tudela, Alfaro, avec embranchement sur Pampelune, par Calahorra, Logroño, Haro ; — une seconde ligne va de Barcelone, par Gérone, rejoindre le chemin français de Perpignan (elle n'est pas terminée) ; — une troisième, suivant les bords de la Méditerranée, relie Barcelone à Valence, par Tarragone, Tortose, Castellon de la Plana.

Des paquebots à vapeur font un service régulier, de Marseille à Barcelone, Alicante, Carthagène, Malaga, Cadix, et même en tournant la Péninsule jusqu'à Santander. De Saint-Nazaire (en France) d'autres paquebots vont à Malaga, en faisant station à Vigo, Lisbonne, Cadix, Gibraltar.

Malgré le grand développement de ses côtes, l'Espagne fait peu de commerce par mer ; sa marine, destinée au cabotage, compte

120,000 tonneaux; sa marine pour le long cours 180,000 tonneaux; en tout 300,000 tonneaux; c'est bien peu. Le mouvement total de la navigation nationale et étrangère, entrées et sorties, n'atteint pas 5 millions de tonneaux.

Le commerce de l'Espagne avec l'étranger, en y comprenant les métaux précieux, était dans ces derniers temps de 445 millions environ pour l'importation et 390 millions pour l'exportation. On exporte surtout des vins en Angleterre; des métaux, en France et en Angleterre; des fruits secs, de l'huile, en France, aux États-Unis. C'est avec la France que l'Espagne fait le plus grand commerce; les importations s'élèvent à 180 millions; vient ensuite l'Angleterre, puis Cuba et les Antilles.

MONNAIES, POIDS, MESURES. — L'unité monétaire est le *réal*, qui vaut 26 centimes. L'*once d'or* = 84 francs 50 cent.; la *piastre* = 20 réaux. La *pesata d'argent* = 4 réaux. Le *cuarto* de cuivre = 5 centimes; le *maravedis* est le quart du cuarto.

Le *quintal* vaut 46 kilogrammes; l'*arroba* = 11 kilog. 500 gram.; la *libra* = 450 grammes; la *onza* = 28 grammes, 755.

La *legua* (lieue) vaut 5 kilom., 555; la *vara* = 85 centimètres, 6 millimètres; le kilomètre égale donc 1,196 varas.

La *arroba* (pour le vin) égale 16 litres, 13 centilitres; — (pour l'huile) = 12 lit., 56; la *fanega* (pour les grains) = 55 litres.

§ 12. — Statistique

Le gouvernement a été, jusqu'en 1873, une monarchie constitutionnelle et héréditaire. Les cortès constituantes, élues par le suffrage universel, avaient voté une constitution démocratique, en 1869. Il y avait deux chambres : la *chambre des députés* élus pour 3 ans (un député par 40,000 habitants), et le *sénat*, dont les membres étaient élus pour 12 ans (4 sénateurs par province). Après l'abdication du roi Amédée, la république a été proclamée en Espagne; elle est encore en état de révolution.

L'Espagne, en y comprenant les Canaries, est divisée en 49 provinces, administrées chacune par un *gouverneur*, espèce de préfet, assisté d'un conseil provincial et d'une députation provinciale.

La population est d'environ 16,700,000 habitants dans les 49 provinces, ou de 55 habitants par kilomètre carré. Cette population est d'origine ibérienne, avec un mélange de Pélasges et de Celtes, dans les temps anciens; de Germains (Wisigoths, Vandales, Suèves) et surtout d'Arabes, au moyen âge.

La langue est une langue romane, dérivée du latin; elle est parlée dans toute sa pureté par les Castillans; les Galiciens parlent un dialecte qui se rapproche du portugais; les Aragonais et les Catalans parlent une sorte de dialecte provençal. Au nord, les Basques, qui se nomment eux-mêmes *Escualdunac*, ont conservé, avec leurs mœurs et leurs traditions particulières, la langue des anciens Ibères, qui ne ressemble que fort peu aux autres langues connues.

La religion est le catholicisme; il y a 8 archevêques, Tolède, Santiago, Saragosse, Valence, Séville, Grenade, Burgos, Tarragone; et 51 évêques.

Au point de vue militaire, l'Espagne est divisée en capitaineries générales : Nouvelle-Castille, Vieille-Castille (avec Asturies), Galice, Estrémadure, Andalousie, Grenade, Valence, Catalogne, Aragon, Navarre, provinces Basques, îles Baléares; il y a de plus les petits gouvernements de Mahon, Iviça, Campo de Gibraltar, Ceuta et des Canaries. Il faut noter que cette division militaire ne correspond plus exactement a l'ancienne division par grandes provinces. Il y a de plus les capitaineries générales de Cuba, Porto-Rico, et des Philippines aux colonies.

L'armée, d'après la loi du 29 mars 1870, doit s'élever, en temps ordinaire, à 216,000 hommes pour l'Espagne, 60,000 pour Cuba; 10,000 pour Porto-Rico; 9,000 pour les Philippines.

L'Espagne est divisée en 3 départements maritimes : le Ferrol, Cadix et Carthagène. La flotte, en 1871, comptait 120 bâtiments à vapeur, armés de 787 canons, d'une force de 25,540 chevaux, avec 14 à 15,000 marins de tout grade et 5,500 soldats de marine.

Le budget, toujours en déficit, a été d'environ 628 millions pour les dépenses et de 588 millions pour les recettes, en 1871. La dette publique doit être d'environ 7 milliards.

Les colonies de l'Espagne, outre les Canaries, qui, bien qu'appartenant à l'Afrique, sont considérées comme une province du royaume, sont : en Amérique, Cuba et Porto-Rico. — En Afrique, les îles du golfe de Guinée; l'Espagne possède, sur les côtes du Maroc, les positions militaires de *Ceuta*, qui dépend de la province de Cadix; et les *Présides; Tétouan*, conquise en 1860. — En Océanie, les Philippines, les îles Carolines et Palaos, les îles Mariannes ou des Larrons.

La population de ces colonies, en y comprenant les Canaries, est d'environ 6,400,000 habitants.

§ 13 — Gibraltar — République d'Andorre

GIBRALTAR, l'ancienne *Calpé*, doit son nom, *Djebel Tarik* (montagne de Tarik), au chef des Arabes qui y débarquèrent en 711. Cette place est située sur un rocher de 4 à 500 mèt., inaccessible du côté de la terre, hérissé de batteries dressées dans des galeries souterraines, dans une presqu'île étroite, longue de 4 kil., large de 1 kil., que termine la pointe d'Europe. Elle a été surprise par les Anglais en 1704; les Espagnols, unis aux Français, ont vainement cherché à la reprendre dans le fameux siége de 1782. C'est une station importante pour la marine militaire ; de là les Anglais dominent le détroit, surveillent le Maroc ; par Gibraltar et par Malte, ils ont deux des positions les plus importantes de la Méditerranée occidentale. C'est un port franc, un entrepôt de commerce, une relâche très-fréquentée ; 20,000 hab.

République d'Andorre. — Ce petit État est situé sur le versant méridional des Pyrénées, dans la province de Lérida, en Catalogne. Il occupe la vallée d'Andorre, arrosée par la Balira, affluent de la Sègre. Il a 40 kil. de l'E. à l'O., sur 32 kil. du S. au N., et environ 400 kil. carrés. C'est une république dont l'indépendance date de Louis le Débonnaire ; elle comprend 6 communes ou paroisses, peuplées de 10,000 hab. environ ; *Andorre*, sur la Balira, est la capitale ; il y a beaucoup de fer à Canillo. Elle est gouvernée par un conseil général de 24 membres, que président les deux syndics ; le pouvoir judiciaire est exercé par deux viguiers et un juge civil ; la France et l'évêque d'Urgel, protecteurs de la république, nomment chacun un viguier ; le juge civil est nommé alternativement par la France et par l'évêque d'Urgel.

PORTUGAL

§ 14. — Limites. — Climat. — Productions.

Le Portugal (Lusitania) est situé à l'O. de la Péninsule Ibérique, entre 42°7' et 36°56' lat. N., et entre 8°35' et 11°50' long. O. Il a la forme d'un rectangle, ayant 550 kil. du N. au S., et 175 de l'E. à l'O. La superficie est d'environ 89,355 kil. carrés, sans tenir compte des Açores et de Madère ; c'est le sixième de la Péninsule.

Borné par l'océan Atlantique à l'O. et au S., il touche à l'Espagne au N. et à l'E. Au premier abord, on pourrait croire que le Portugal est une dépendance nécessaire de l'Espagne ; il n'en est rien ; des limites naturelles, fortement tracées, ont depuis longtemps nettement séparé les deux pays. Au N., le Miñho, dans la partie la plus large de son cours ; puis la serra de Gerès (les montagnes se nomment *serra*, en Portugal ; *sierra*, en Espagne) et la serra de

Montezinho, entre le Miñho et le Duero, séparent le Portugal de la province de Galice ; — à l'E., le Duero forme d'abord la frontière, protégée en arrière par les montagnes parallèles qui séparent le Sabor, le Tua, la Tamega ; puis, la serra de Estrella envoie vers le N. des contre-forts entre l'Agueda et le Coa, vers le S. un contrefort épais, qui aboutit au Tage ; le fleuve forme pendant quelques kilomètres la frontière, mais coule dans une étroite coupure où l'on ne peut même pas établir une chaussée ; il est resserré par les contre-forts septentrionaux de la sierra de San Mamed ; la frontière du S.-E. est formée par le Guadiana, à deux reprises différentes et par le pays montagneux et désert qu'il traverse ; les serras de Estremoz et de Caldeirão la protégent encore en arrière. Les fleuves ne pénètrent donc en Portugal que par de véritables brèches impraticables ; leurs bords ne peuvent servir de routes et ils ne sont pas navigables. Aussi l'invasion du Portugal par l'Espagne a-t-elle presque toujours échoué, d'autant plus que les envahisseurs rencontraient un pays difficile, sans routes, sans agriculture ; aussi derrière ses fortes barrières la nationalité portugaise a pu se développer depuis les guerres contre les Maures et s'affermir.

Il n'y a véritablement que trois routes pour aller d'Espagne en Portugal : la route de Saint-Jacques de Compostelle à Porto, par Tuy et Valença, où elle traverse le Miñho ; — la route de Salamanque à Coimbre, par Ciudad-Rodrigo et Almeida ; la route de Madrid à Lisbonne, par Badajoz, Olivença, Elvas. Lorsque Junot, en 1807, envahit le Portugal, en voulant suivre le cours du Tage, il perdit la plupart de ses soldats dans les gorges épouvantables d'Abrantès, quoiqu'il n'y eût pas de résistance, et arriva presque seul à Lisbonne. On a parlé plus haut des côtes, des montagnes et des fleuves du Portugal (pages 5 à 12).

Le climat du Portugal varie suivant la latitude et surtout l'altitude des localités ; il est beaucoup plus chaud sur les côtes du S.-O. et du S.; il est généralement sain, si ce n'est vers les rivages de l'O., vers l'embouchure du Mondego, et, au N., vers Chaves et Bragance. Il pleut beaucoup à l'O., dans l'Estrémadure et le Beira, vers Coimbre surtout. La province d'Alemtejo a des landes humides, qui donnent des fièvres dangereuses. L'Algarve a le climat des tropiques ; — c'est l'Andalousie portugaise ; — les provinces du Nord rappellent la Galice espagnole, avec laquelle elles ont beaucoup de rapport par la physionomie comme par les relations.

Le sol renferme, à ce qu'il semble, de grandes richesses minérales, encore peu exploitées. On trouve un peu d'or, roulé par le Tage et le Mondego ; de l'argent (dans la serra de Estrella); du mercure dans l'Algarve, l'Alemtejo, à Porto même, dans le district de Béja ; du cuivre, du plomb (a Braçal), du manganèse, du fer ; de la houille près de Porto ; des marbres de toute couleur (Cintra, Mafra, dans l'Alemtejo, dans la serra de Estremoz) ; du granit gris et rose, des ardoises, du grès, du kaolin, des pierres à bâtir, des pierres meulières, etc. On commence à exploiter avec succès le fer de l'Estrémadure. Le sel est l'une des richesses du Portugal ; on le recueille surtout près de Sétubal, Aveiro, Figueiras, Tavira, Faro, Viana, Porto ; il est estimé ; les eaux thermales et minérales sont nombreuses ; on cite celles de Chaves, Gerez, Amarante, Lisbonne, Rio-Mayor près de Santarem, etc.

Le Portugal est un pays généralement montueux avec quelques belles vallées ; la terre serait fertile, si l'aridité n'était pas aussi grande ; il y a cependant de nombreux cours d'eau ; mais l'art des irrigations est maintenant presque inconnu, et l'agriculture est très-négligée dans la plupart des provinces. On peut dire qu'il y a trois régions agricoles principales : la *région montagneuse* ou *orientale* comprend la province de Tras-os-Montes et une grande partie de Beira et de l'Estrémadure ; c'est la terre des pâturages, des vignobles, des oliviers, du seigle et du maïs ; — la *région méridionale* (Alemtejo, Algarve) est chaude, desséchée, peu fertile, possède quelques forêts, donne du blé, des fruits excellents, beaucoup d'huile de mauvaise qualité, et renferme de bons vignobles ; — la *région occidentale* ou *maritime* comprend une grande partie de l'Estrémadure et du Beira, produisant du riz, du maïs, un peu de blé, des fruits, mais elle est mal cultivée ; il y a des palmiers vers Lisbonne ; de bons vignobles près de Coïmbre ; au N.-O., la province de Minho est plus riche, parce qu'elle est habitée par une population plus laborieuse ; on y récolte des céréales, du maïs, des pommes de terre ; il y a des vignes et des chataigniers ; on élève de beaux bœufs dans les pâturages.

En général l'agriculture est arriérée et le défaut de communications paralyse les efforts ; c'est ainsi qu'on est forcé d'importer du blé de l'étranger, quoique les provinces du Nord surtout puissent produire une quantité assez considérable de maïs, seigle, riz, blé, etc. La récolte des fruits seule est abondante, amandes, figues, grenades et surtout citrons et oranges (500 millions). On recueille une grande quantité d'olives d'excellente qualité. Les vignobles du Minho, du Haut-Duero, des environs de Bragance donnent les vins fins de l'Orto ; le Bas-Beira (vins de Bairrada), l'Estrémadure (vins de Sétubal), l'Alemtejo et l'Algarve produisent aussi des vins estimés, les crus les plus célèbres sont encore ceux de Bucellas, de Carcavelos (vins blancs); de Barra-à-Barra, de Torres, de Lavradio, de Collares (vins rouges). On exporte en Angleterre la plus grande partie des vins dits de Porto. — Les montagnes sont pour la plupart boisées de châtaigniers, de chênes, de chênes-liége, de sapins; les caroubiers abondent dans l'Algarve.

Il y a peu de gros bétail en Portugal; au Nord seulement, on élève des bœufs magnifiques; il y a beaucoup de moutons à laine fine (2,500,000), des mérinos, de beaux mulets, des porcs, des chèvres; on fait des fromages de brebis; on élève des vers à soie dans plusieurs provinces; enfin la pêche est active sur toutes les côtes.

§ 15. — Géographie politique : provinces, villes.

Le Portugal comprend aujourd'hui 6 *provinces*, formant 17 *districts* ou *comarcas*, subdivisés en *communes* et en *paroisses*. Les principales villes de ces provinces sont :

1° Entre Douro et Miño ou simplement Miño, au N.-O., province partagée en 3 districts : Braga, Porto et Viana; Braga (Bracara Augusta), jadis capitale des Suèves; archevêché, belle cathédrale antique ; toiles, chapeaux, couteaux ; manufacture d'armes; 20,000 hab.; — Porto (Portus Cale), grand port de commerce, près de l'embouchure du Duero ; malheureusement cette embouchure est gênée par les sables et les rochers. Évêché, académie, école de commerce et de navigation ; exportation considérable de vins, d'oranges, d'huile, de liége; draps, cotonnades communes, soieries, toiles, cordages, chapeaux; faïence, tabac, objets de parure en or et en argent. Le commerce se fait surtout avec l'Angleterre et le Brésil ; de là partent chaque année beaucoup d'émigrants pour ce dernier pays. 90,000 hab, — *Villanova* et *Gaya*, faubourgs de Porto, sont l'entrepôt du commerce des vins ; — *Guimaraens*, jolie ville de 17,000 hab., au S.-E. de Braga, sur l'Ave; toiles, linge damassé; coutellerie, quincaillerie ; eaux thermales ; grand commerce de vins et d'eaux-de-vie. — Vianna, 8,000 hab., au N. de Porto, port de pêche fortifié, à l'embouchure de la Lima ; commerce actif; 8,000 hab.; — *Caminha*, forteresse à l'embouchure du Miño, opposée à Guardia; — *Villanova de Cerveira* opposée à Goyan; — *Valença* en face de Tuy; — *Monçao* en face de Salvatierra.

2° La province de Tras os Montes (au delà des monts), au N.-E., comprend 2 districts : Bragance et Villa-Real.

Les villes principales sont : BRAGANCE, ville fortifiée; évêché de Miranda et Bragance; manufactures de soie; elle a donné son nom à la maison royale qui règne sur le Portugal et le Brésil; 5,000 hab.; — VILLA REAL, au S.-O.; huile, vins : 6,000 hab. ; — *Chaves* (Aquæ Flaviæ), à l'O. de Bragance, sur la Tamega ; eaux minérales ; 6,000 hab.

3° La province de BEIRA, au S. des deux précédentes, entre le Duero et le Tage, comprend 5 districts : Coimbre, Aveiro, Viseu, Guarda, Castello Branco.

Les villes principales sont : COIMBRE, sur le Mondego; évêché, université; ancienne capitale du royaume jusqu'en 1433. Imprimeries, poteries, cuirs; commerce assez actif; 20,000 hab.; — AVEIRO, à l'embouchure de la Vouga; évêché; manufacture royale de cristaux et de porcelaine de Vista Alegre; — VISEU, au N.-E. de Coimbre; évêché; foire considérable; 9,000 hab.; — GUARDA, au S.-E. de Viseu; évêché; — CASTELLO BRANCO, au S.-E. de Coimbre, sur la Liria; évêché; tanneries, poteries; commerce de vins; 6,000 hab.; — *Almeida*, place très-forte sur la Coa, en avant de la serra Estrella, opposée à Ciudad Rodrigo ; 6,000 hab.; — *Busaco*, au N.-E. de Coimbre; bataille de 1810 ; — *Pinhel*, au N.-O. d'Almeida ; évêché ; — *Figueira*, port de pêche et de commerce sur la baie du Mondego; 6,000 hab.; — *Lamego*, au N., près du Duero; évêché; commerce de vins et de fruits; célèbre par les cortès de 1143 qui fondèrent le royaume de Portugal; 9,000 hab.; — *Ovar*, port de pêche au fond de la lagune d'Aveiro ; 11,000 hab.

4° La province d'ESTRÉMADURE, au centre, sur les deux rives du Tage, comprend 3 districts : Lisbonne, Leiria, Santarem.

LISBONNE ou LISBOA (Olisippo), la capitale du Portugal, est sur la rive droite du Tage, qui forme devant ses quais le vaste estuaire appelé *Mer de la Paille*. Son archevêque prend le titre de patriarche; le port est sûr et magnifique; mais l'entrée du fleuve est difficile. C'est une belle ville, centre de toutes les administrations, qui renferme des monuments remarquables, le palais royal d'Ajuda, le théâtre San Carlos, l'arsenal. Le commerce est considérable, surtout le commerce d'importation avec l'Angleterre; il y a quelques fabriques. Patrie du Camoëns, 250,000 hab. avec les faubourgs de Belem et d'Olivaes; — LLIRIA, place forte au N.-E.; évêché; verrerie de *Marinha Grande* aux environs; 6,000 hab.; — SANTAREM, au N.-E. de Lisbonne, sur le Tage, ancienne résidence des rois; commerce de vins; 12,000 hab.; — *Belem*, forteresse, faubourg de Lisbonne; magnifiques jardins ; — *Queluz*, un peu à l'O.; château royal; — *Cintra*, à l'O. de Lisbonne; palais royal avec beaux jardins; capitulation de Junot en 1808 ; — *Torres Vedras* (les Vieilles Tours), camp retranché de Wellington en 1810, lignes formidables entre le Tage et la mer pour couvrir Lisbonne ; — *Vimeiro*, au N.-O. de Torres-Vedras; bataille de 1808 ; — *Setubal*, port à l'embouchure du Sadao, au S.-E. de Lisbonne ; commerce de sel, d'oranges, de liége, de vins blancs; pêche des sardines ; 16,000 hab.; — *Cezimbra*, sur la baie de Setubal, à l'O., port de pêche ; — *Abrantès*, au N.-E. de Lisbonne, à l'endroit où le Tage devient large et majestueux ; 5,000 hab.; — *Thomar*, au N.-O. d'Abrantès ; ancien couvent de Templiers ; Cortès célèbres dé 1581 ; — *Caldas da Rainha* (bains de la Reine), a 1 O. de Santarem, eaux sulfureuses très-fréquentées ; 6,000 hab.; — *Peniche*, port fortifié, près du cap Carboeyra, en face des îles Berlengas. — *Aljubarolta*, au N.-E.; bataille de 1385 ; — *Batalha*, au N., beau monastère gothique bâti par Jean Ier ; — *Mafra*, vaste couvent, au N -O. de Lisbonne, palais royal, le plus beau du Portugal , ¯ *Pombal*, au N.-E de Leiria, seigneurie du fameux marquis de Pombal au xviii° siècle.

5° La province d'ALEMTEJO (au delà du Tage) comprend 3 districts . Evora, Portalègre, Beja.

Les villes principales sont : EVORA (Liberalitas Julia), à l'E. de Lisbonne ; archevêché, belle cathédrale gothique ; lainages grossiers, poteries; 12,000 hab. ; — PORTALÈGRE, au N.-E. d'Evora, près de la frontière d'Espagne ; évêché, draps ; carrières de beaux marbres ; 6,000 hab. ; — BÉJA (Pax Julia), au S.-O. d'Evora ; évêché, antiquités romaines ; — *Campomayor*, place forte ; — *Elvas;* évêché ; grande place forte près du Guadiana ; toutes deux sont en avant de la serra Estremoz, en face de Badajoz; manufactures d'armes et de canons à Elvas; 11,000 hab. ; — *Jerumenha*, place forte sur le Guadiana, en face d'Olivença ; — *Estremoz*, place forte en arrière d'Elvas; alcaïazas, marbres ; 7,000 hab , — *Villa Viciosa*, au S.-O. d'Elvas ; bataille de 1665 ; — *Ourique*, au S.-O. de Beja; bataille de 1139 , — *Sines*, port, sur la baie de ce nom; grand commerce de liége.

6° La province de l'ALGARVE (El Gharb, pays de l'Ouest), appelée par les Romains *Cuneus* (le Coin), au S. du Portugal, ne forme qu'un seul district.

FARO, évêché, port de commerce et de pêche, fruits secs, oranges, liége ; 8,000 hab. ; — *Loulé*, au N.-O.; mines d'argent; 13,000 hab.; — *Lagos*, à l'O. de Faro ; port de pêche et de cabotage ; aux environs vins assez estimés ; — *Sagres*, petit port près du cap Saint-Vincent, où s'établit l'infant dom Henri au xv° siècle pour diriger les découvertes en Afrique; = *Monchique*, au N.-E. de Faro ; eaux sulfureuses; — *Tavira*, à l'E. de Faro, port de pêche et de commerce; vins blancs; 11,000 hab. ; — *Castro-Marim*, à l'embouchure du Guadiana; salines : pêche active; 3,000 hab.

La division administrative de 1823, qui comprenait 12 provinces, avec les Açores et Madère, et 26 comarcas, est restée assez populaire. Les 12 provinces étaient : Haut-Minho, Bas-Minho, Tras-os-Montes, Haut Beira, Beira-oriental, Beira-maritime, Haute-Estrémadure, Basse-Estrémadure, Haut-Alemtejo, Bas-Alemtejo, Algarve, Madère.

Nous décrirons les Açores et Madère, en parlant de l'Afrique, à laquelle elles appartiennent. Les Açores ont 2,581 kilom. carrés et 252,000 habitants; Madère, qui forme le gouvernement de *Funchal*, à 815 kilom. carrés et 115,000 habitants.

§ 16 — Industrie, commerce — Statistique.

L'industrie. malgré quelques efforts tentés dans ces dernières années, est encore peu avancée; le commerce extérieur se fait presque exclusivement par les Anglais. Il y a quelques fonderies de métaux, des fabriques d'armes, de draps, d'étoffes de laine, de toiles peintes, de soieries, velours, rubans, galons ; des filatures de coton, chanvre, laine ; des manufactures de faïence, de porcelaine ; des verreries, papeteries, raffineries de sucre, tanneries, chapelleries; des fabriques de produits chimiques, d'ouvrages en fer-blanc, d'orfévrerie, de bijouterie, etc. ; les constructions navales sont assez importantes.

Le commerce maritime, qui se fait principalement par Lisbonne et Porto, représente un mouvement général de 2,600,000 tonneaux et atteint environ 500 millions de francs. la marine marchande du Portugal ne dépasse pas 100,000 tonneaux. Le Portugal exporte au Brésil des huiles assez mal préparées, des vins, des farines et du sel; en Angleterre, des bestiaux, des œufs, des légumes, des vins ; en Irlande, du maïs ; des oranges dans tout l'univers ; du vin.

Le commerce intérieur est encore beaucoup trop gêné par l'absence de canaux, de rivières navigables ; les routes sont trop peu nombreuses, cependant on en a construit 2,500 kilomètres depuis vingt ans, et l'on a établi plus de 700 kil. de chemins de fer.

Les principales lignes sont :

1° La ligne de l'O. à l'E., allant de Lisbonne, par Santarem, Abrantès, Elvas, vers Badajoz et les lignes espagnoles,

2° la ligne du N., qui s'embranche sur la première après Santarem, et, par Coïmbre, Aveiro, Ovar, arrive à Porto;

3° La ligne du S., qui de Lisbonne va vers Setubal et vers Béja, avec embranchement sur Evora, et doit se prolonger jusque dans l'Algarve.

Le gouvernement est une monarchie constitutionnelle, héréditaire dans la maison de Bragance, même pour les femmes, à défaut d'enfants males. Les Cortés se composent de deux chambres : la chambre des pairs, héréditaires ou nommés par le souverain pour la vie; — la chambre des députes, nommés pour quatre ans, à raison de 1 député pour 25,000 habitants.

La population est d'environ 4 millions d'habitants ou de 44 hab. par kilomètre carré; elle est d'origine celtibérienne, mêlée de Romains, d'Arabes, de Germains (Wisigoths et Suéves). Beaucoup de Portugais émigrent au Brésil, mais sont continuellement remplacés par des Gallegos espagnols, hommes de peine, portefaix, vendangeurs, etc.

La langue, dérivée de l'ancien gallego, est une langue romane, qui a beaucoup de rapports avec l'espagnol.

La religion est le catholicisme ; il y a trois archevêques : le patriarche de Lisbonne, l'archevêque-primat de Braga et l'archevêque d'Evora; il y a de plus 14 évêques.

L'armée compte 32,000 hommes, en temps de paix, et 70,000, en temps de guerre ; — la marine se compose de 45 à 50 bâtiments environ, montés par 4,000 hommes.

Le budget est d'environ 120 millions ; la dette publique s'élève à plus de 2 milliards. Les mille reis (milreis) valent 5 fr. 62 (valeur réelle) ou 6 fr. 12 (valeur de change); la couronne, monnaie d'or, vaut 10,000 reis.

Les colonies du Portugal, bien diminuées de nombre et de grandeur, sont :

En AFRIQUE : les îles du Cap-Vert et les Bissagos, avec les comptoirs du Sénégal (80,000 hab.), les îles Saint-Thomas et du Prince (23,000 hab); — les capitaineries d'Angola et de Benguela, à l'O. (2,000,000 hab. ?); de Mozambique, a l'E. (300,000 hab.).

En ASIE : Goa, Diu, Damaun, dans les Indes, — Macao, en Chine (625,000 hab.).

En OCÉANIE : le N. de Timor et les îles de Kambing (850,000 hab.).

CHAPITRE II

RÉGION ITALIENNE

§ 1. — Situation ; description des côtes

La région Italienne, séparée de la France au N.-O., de la Suisse au N., de l'Autriche au N.-E. par la grande chaîne des Alpes, s'étend du N. au S., de manière à diviser la Méditerranée en deux parties : la Méditerranée occidentale et la Méditerranée orientale, elle s'avance vers l'Afrique, qu'elle semble rejoindre par la Sicile et le groupe de Malte. Cette position centrale a été l'une des causes de la puissance de Rome dans l'antiquité; maîtresse de l'Italie, elle a pu étendre sa domination à l'E., à l'O., au S., et faire de la Méditerranée un véritable *lac Romain;* c'est encore de nos jours une magnifique situation, surtout depuis que la Méditerranée semble appelée à reprendre son ancienne importance maritime et commerciale. Malheureusement l'Italie est trop longue pour sa largeur, et une chaîne de montagnes qui la traverse du N. au S. est encore une nouvelle cause de séparation pour les peuples qui l'habitent. Dans l'antiquité, Rome a établi l'unité de l'Italie par la force des armes et la supériorité de son gouvernement; dans les temps modernes, l'unité, récemment conquise, ne pourra se maintenir que par la vertu des institutions libérales et le puissant intérêt de la civilisation.

L'Italie, comprise entre 4°15′ et 16°10′ long. E., du mont Tabor au canal d'Otrante; entre 35°45′ et 47°10′ lat. N., de Malte au Pic des Trois-Seigneurs, a environ 296,000 kil. carrés[1]; elle comprend la grande vallée continentale du Nord, ou Haute-Italie ; la presqu'île proprement dite ; trois grandes îles, Sicile, Sardaigne et Corse, avec plusieurs petites.

L'Italie est une région essentiellement maritime, entourée de trois côtés, par la mer Tyrrhénienne, à l'O.; par la mer Ionienne, au S.; par la mer Adriatique, à l'E.; elle entre en rapport, par ses rivages très-développés, avec tous les pays baignés par la Méditerranée Ces côtes n'ont pas partout le même aspect.

A l'O., depuis la frontière de France, on trouve le beau golfe de *Gênes* ou *mer de Ligurie,* qui se divise en deux parties : la *Ri-*

---

[1] Sans tenir compte des parties de la région, Corse, Malte, Tyrol italien, canton suisse du Tessin, qui ne sont pas dans le royaume d'Italie.

vière (littoral) *du Ponant*, à l'O. de Gênes; la *Rivière du Levant*, à l'E. La côte est rocheuse, escarpée, laissant à peine quelque place à la magnifique route de la *Corniche*; la mer est profonde, et depuis les temps anciens le littoral de la Ligurie a été occupé par des pêcheurs habiles et d'intrépides marins. A l'E. du golfe de Gênes, le golfe remarquable de *la Spezzia* est une position maritime surtout appréciée de nos jours. On entre alors dans la MER TYRRHÉNIENNE (Inferum mare des Romains); la côte est généralement basse, sablonneuse, bordée de *Maremmes*, landes marécageuses et malsaines, formées par les dunes qui s'opposent à l'écoulement des eaux venues de l'intérieur; c'est le pays de la *mal'aria* (mauvais air) et des fièvres. En face de la pointe de *Piombino* est l'île d'*Elbe*, avec les îlots de *Capraja* et de *Gorgona* au N., de *Pianosa* et de *Monte Christo* au S.; l'île *Giglio* est à l'O. de la presqu'île formée par le mont *Argentaro*.

La côte continue à être assez basse, surtout vers l'embouchure du Tibre et plus au Sud; là sont des marais pestilentiels, des lagunes et au delà les fameux *Marais Pontins*, qui ont 32 kil. du N.-O. au S.-E. jusqu'à Terracine, et de 7 à 15 kil. de largeur jusqu'aux monts Lépiniens; c'est une région, couverte de roseaux, d'oseraies, de marécages; un canal, le *Naviglio Grande*, traverse les marais, en longeant la Voie Appienne; ce pays, malgré les travaux qu'on a faits pour l'assainir, est toujours malsain, les bergers, qui y conduisent leurs troupeaux de buffles, de bœufs et de chevaux, y construisent quelques huttes pendant l'hiver, s'empressent de le quitter au printemps et souffrent souvent de la fièvre.

Depuis le mont *Circeo* ou *Circello*, le rivage forme une suite de golfes aux courbes gracieuses; c'est l'une des parties les plus charmantes de l'Italie: le *golfe de Gaete*, en face duquel est le groupe des îles *Ponza;* le *golfe de Naples*, entre le cap Misène, en face duquel sont *Procida* et *Ischia*, et le cap *della Campanella* ou presqu'île de *Sorrente*, en face de *Capri*; le *golfe de Salerne*, que termine la *Pointe della Licosa*. Le rivage se relève et est rocheux le long du *golfe de Policastro;* puis, il s'abaisse vers le *golfe de Santa-Eufemia*, devient plat et malsain jusqu'à l'extrémité de la Calabre. Le détroit ou *phare de Messine* sépare l'Italie de la Sicile; le passage de *Scylla* et de *Charybde*, si fameux dans l'antiquité, est loin d'être redoutable.

LA MER IONIENNE baigne l'Italie méridionale, depuis les caps *dell' Armi* et *Spartivento*, au S.-O., jusqu'au cap *Santa Maria di Leuca*, au S.-E. Elle forme le *golfe de Squillace*, entre la *Pointe di Stilo* et le cap *Rizzuto*, et le grand GOLFE DE TARENTE, entre les caps *di Nao* et *Santa Maria di Leuca*. Le rivage est plat, bordé de lagunes, et la mer peu profonde ; mais les pêcheries (thons, anchois, mulets, huîtres) sont abondantes.

La mer Adriatique, également formée par la Méditerranée, baigne toute la côte orientale de l'Italie, depuis le canal d'Otrante, qui la sépare de la Turquie. Le rivage est droit, bas, sablonneux, bordé de lagunes jusqu'à la presqu'île du mont *Gargano*, massif montagneux, qui forme comme l'éperon de la botte italienne, au S., est le *golfe de Manfredonia*; au N., un golfe à peine dessiné où sont les petites îles *Tremiti*. — Après les lagunes de Varano et de Lesina, après l'embouchure du Fortore, le rivage est droit et élevé jusque vers Rimini ; puis il s'abaisse sur la côte de l'Italie continentale, est sablonneux, vaseux et couvert de lagunes jusque vers l'embouchure de l'Isonzo dans le *golfe de Trieste*; c'est la partie de la mer Adriatique qu'on appelle habituellement *golfe de Venise*. Les *lagunes de Comacchio*, entre le Pô di Primaro et le Pô di Volano, ayant 30 kil. en tous sens et 1 ou 2 mèt. de profondeur, sont malsaines, mais ont des pêcheries abondantes ; des cordons de sable, appelés *lidi*, séparent les lagunes de la mer et supportent une route, qui va de Ravenne à Venise, en passant près de Comacchio ; le principal chenal, qui fait communiquer la mer à la lagune, est le *Porto di Magnavacca*, — viennent ensuite les lagunes vaseuses formées par le delta du Pô ; — après l'embouchure de l'Adige, commencent les *lagunes de Venise*, larges de 12 à 16 kil., composées de bas-fonds, de fange recouverte d'un mètre d'eau, coupées de canaux tortueux ; des îles basses forment le rivage (aggere), — les lagunes continuent après l'embouchure de la Piave sur le littoral du *Frioul*.

Plusieurs géographes prolongent la région italienne jusqu'aux montagnes qui viennent aboutir près de Fiume, au fond du *golfe de Quarnero*; la presqu'île de l'*Istrie*, habitée par une population italienne, et possédée par l'Autriche, serait alors rattachée à l'Italie. Mais on peut dire que ces montagnes ne sont pas assez considérables pour former une limite géographique bien déterminée, et voilà pourquoi on peut borner la région italienne au cours de l'Isonzo, qui lui a servi de limite politique dans l'antiquité comme dans les temps modernes.

§ 2. — Volcans.

L'Italie est une terre volcanique ; dans beaucoup d'endroits de la péninsule on trouve des traces de volcans éteints, d'anciens cratères qui forment des lacs. « Il semble qu'une longue traînée de matières volcaniques se soit prolongée sous le sol, du Pô jusqu'à la Sicile. A quelques lieues de Plaisance, on a trouvé sous terre la grande cité de Velia, le chef-lieu de 50 villes. Les lacs de Trasimène, de Bracciano, de Bolsena, un autre encore dans la forêt Ciminienne, sont des cratères de volcans, et l'on a vu souvent où cru voir au fond de leurs eaux des villes ensevelies. L'Albano, le mont de Préneste et ceux des Herniques ont jeté des flammes. De Naples à Cumes seulement, on retrouve soixante-neuf cratères. » (Michelet, *Hist. romaine.*)

Le Vésuve, près de Naples, haut de 1,270 mèt.; l'Etna, en Sicile, haut de 3,313 mèt., et le volcan de Stromboli, dans les îles Lipari, font une espèce de triangle et paraissent communiquer ensemble. Entre Naples et Pouzzoles sont les *Champs Phlegréens* ou *Solfatare*, collines de 500 mèt., d'où s'échappent des vapeurs sulfureuses ; on peut citer encore les *terrains ardents de Velleja*, de *Pietra-Mala* et de *Barigazzo;* — les *Salses* (Fumacchi et Soffioni), lançant des vapeurs aqueuses (hydrogène sulfuré), à Sassuolo dans le Modénais, près de Volterra, de Sienne. Les *îles Ponza*, d'*Ischia*, de *Procida*, sont également volcaniques.

§ 3 — Description des montagnes Alpes et leurs ramifications.

Deux grandes chaînes de montagnes déterminent la configuration de l'Italie : les Alpes et les Apennins.

« Si, de Parme, comme centre, vous tracez une demi-circonférence du côté nord avec un rayon égal à la distance de Parme aux bouches du Var ou aux bouches de l'Isonzo (60 lieues), vous aurez tracé le développement de la chaîne supérieure des Alpes qui sépare l'Italie du continent. Ce demi-cercle forme le territoire de la partie dite continentale dont la surface est de 5,000 lieues carrées. » (Napoléon Ier.)

1° Les Alpes proprement dites (du mot celtique *Alp*, élévation) s'étendent du col de Cadibone où elles se rattachent aux Apennins jusqu'au mont Kernicza et même jusqu'au mont Kleck, où commencent les Alpes Dinariques (quelques-uns finissent les Alpes au mont Bittoray en Illyrie)

On les divise en trois grandes parties :

I Les ALPES OCCIDENTALES s'étendent en arc de cercle du col de Cadibone, au N. de Savone, jusqu'au massif du Saint-Gothard; elles séparent les bassins du Pô (Italie) et du Rhône (France) ; elles comprennent 4 sections [1] :

1° Les Alpes Liguriennes et Maritimes, du S.-E. au N.-O. jusqu'au

[1] Voy *Region française*, page 92.

mont Viso, sur une longueur de 200 kil., s'élèvent progressivement par le mont *Gioge* (2,626 mèt.), le mont *Longet* (3,153 mèt.), le mont *Viso* (3,836 mèt.), et séparent la France du Piémont ; excepté au N., elles perdent leur neige pendant l'été. — Les principaux passages sont les cols de *Cadibone* (490 mèt.), de *Settepani*, de *San Bernardo* (1,006 mèt.), de *Nava* (955 mèt.), de *Tende* (1,795 mèt.), de *Finestre*, de l'*Argentière* (2,031 mèt.), aux sources de la Stura, du *Longet*, d'*Agnello* (2,796 m.), à la source de l'Ubaye (France).

2° Les ALPES COTTIENNES s'étendent du mont Viso au mont Cenis, sur une longueur d'environ 100 kil., en formant au mont Tabor un angle dont la pointe est tournée vers la France ; les points culminants sont le mont *Genèvre* (3,680 mèt.), le *Tabor* (3,180 mèt.), le mont *Ambin* (3,372 mèt.) et le mont *Cenis* (3,495 mèt.). Les principaux passages sont : les cols d'*Abriès*, de *Thures*, du mont *Genèvre*, du mont *Cenis*.

3° Les ALPES GRÉES (Alpes Graiæ) se dirigent du S. au N., sur une longueur de 100 kil., du mont Cenis au mont Blanc, entre le Piémont et la Savoie française ; elles renferment des sommets élevés, des gorges sauvages, de nombreux glaciers ; les principaux sommets sont : la *Roche-Melon* (3,493 mèt.), le mont *Iseran* (4,045 mèt.), l'aiguille de la *Sassière* (3,765 mèt.), le *Petit-Saint-Bernard*. Les cols sont généralement sauvages, âpres, peu praticables, comme ceux du *Lautaret*, d'*Arnaz*, de *Galesia*, etc. ; le plus fréquenté est celui du *Petit-Saint-Bernard*.

4° Les ALPES PENNINES, du S.-O. au N.-E., s'étendent sur une longueur d'environ 160 kil., jusqu'au massif du Saint-Gothard, entre la Savoie et le Valais (Suisse) au N.-O., le Piémont au S. ; elles renferment les plus hauts sommets des Alpes : le *mont Blanc* (4,810 mèt.), le *Géant* (4,206 mèt.), le *Grand-Saint-Bernard* (3,571 mèt.), le *Grand-Combin* (4,305 mèt.), le *mont Cervin* (4,522 mèt.), le *mont Rosa* (4,618 mèt.), le *Simplon* (3,518 mèt.). Les passages sont difficiles et dangereux, comme les cols du *Géant*, du *Grand-Saint-Bernard*, du *Simplon*, de *Gries*, etc. Un contre-fort se détache du mont Rosa vers le S. ; c'est l'*Albaredo* entre la Sesia et la Dora Baltea ; il ferme à l'E. la vallée d'Aoste.

II. Les ALPES CENTRALES font seules partie de la chaîne de partage des eaux de l'Europe, entre le Saint-Gothard et le massif du Maloïa. Sur une longueur de 90 kil., de l'O. à l'E., elles comprennent les plateaux les plus élevés et la masse la plus imposante de la chaîne. Les sommets les plus remarquables sont : le *Saint-Gothard* (3,171 mèt.), le *Vogelberg* (3,340 mèt.), le *Bernardino* (3,089 mèt.), le *Splügen* (3,198 mèt.), le *Maloïa* (3,500 mèt.). La chaîne sépare le canton suisse du Tessin (région italienne) des Grisons (Suisse); les passages, peu nombreux, sont difficiles : cols du *Saint-Gothard* (2,075 mèt.), du *Plattenberg*, du *Luchmanier*, du *San Bernardino* (2,138 mèt.), du *Splügen* (2.077 mèt.) Le principal contre-fort, vers le S., sépare les bassins du Tessin et de l'Adda.

III. Les ALPES ORIENTALES sont entre les régions italienne et germanique ; elles se dirigent d'abord vers le N.-E., jusqu'au Pic des Trois-Seigneurs, puis vers le S.-E., formant une courbe tortueuse d'environ 650 kil. de développement ; elles s'abaissent graduellement vers l'Adriatique, n'ont pas l'aspect d'une muraille abrupte, comme le reste de la chaîne, et ouvrent de grandes vallées, parallèles à la crête.

Elles comprennent trois sections :

1° Les Alpes Rhétiques ou du Tyrol forment jusqu'au Pic des Trois-Seigneurs une chaîne âpre, peu accessible, aux murailles gigantesques, aux pyramides aigues. Les principaux sommets sont : le *Bernina* (2,353 mèt.), le *monte dell'Oro* (3,212 mèt.), le *Muntcrasch*, le *Piz Roseisch* (3,968 mèt.), la *chaine du Brenner* (3,600 mèt.), le *Pic des Trois-Seigneurs* (3,150 mèt). Les passages les plus importants sont : les cols du *Maloia*, de *Bernina*, de *Tschierfs*, de *Rescha* (1,420 mèt.), du *Brenner* (1,450 mèt.). — Au S , un contre-fort considérable se détache du faîte entre les sources de l'Adda et de l'Etsch (Adige); on peut l'appeler *Alpes de l'Ortler et du Tonal;* il sépare le Tyrol italien de la Valteline; l'*Ortler* a 3,917 mèt., le *Tonal*, 3,345 mèt. ; le *col du Stelvio* (2,800 mèt.) renferme la route du Tyrol à Milan par la vallée de l'Adda. — Vers le mont Gavio se détachent de cette chaîne les montagnes entre l'Adda et l'Oglio ; elles forment la ceinture méridionale de la Valteline, renferment le col d'Apriga et se terminent par les collines du Bergamasque. — Du Tonal se détachent les collines qui viennent finir près de Brescia ; elles ferment le *Val Camonica* ou vallée supérieure de l'Oglio, dans lequel on pénètre du Tyrol par le col du Tonal, route stratégique importante qui conduit dans le Milanais. — Du Tonal partent également deux rameaux . celui de l'O., entre la Chiese, la Sarca et le lac de Garde, vient finir au S. du lac par les hauteurs de Castiglione et de Solférino ; celui de l'E., entre la Nos et l'Adige d'une part, la Sarca et le lac de Garde de l'autre, s'appelle d abord *mont Braglio*, puis *Montebaldo*, forme le plateau de Rivoli, et vient finir par des collines abruptes entre Vérone et Peschiera.

2ª Les Alpes Carniques s'étendent sur une longueur de 190 kil., du N.-O. au S.-E., du pic des Trois-Seigneurs au col de Brédil ou au mont Terglou. Les principaux sommets sont l'*Antola*, le *Brédil*, le *Terglou* (3,113 mèt.); les passages sont le col *de Toblach*, qui fait communiquer le Tyrol italien et la Carinthie; les cols de *Santa Croce*, de *Tarvis*, de *Brédil*, de *Ponteba*, entre la Carinthie et le Frioul Vénitien. — Le principal contre fort est formé par les *Alpes Cadoriques*, qui se dirigent vers le S.-O. et séparent le Tyrol Italien de la Vénétie, l'Adige de la Piave, de la Brenta et du Bacchiglione ; on les appelle *monts Lésiniens* vers les sources de la Brenta, la ou un contre-fort allant vers l'E. forme avec la chaîne principale les gorges affreuses du *Val Sugana* ou de la Brenta supérieure; puis les montagnes (monts Euganéens), serrant de près la rive gauche de l'Adige, se terminent par plusieurs ramifications vers les hauteurs de Caldiero à l'E de Vérone. — Les Alpes Rhétiques, les Alpes Cadoriques, la chaîne du Tonal, du Braglio et du Montebaldo forment une sorte de triangle qui enferme le bassin de l'Adige; le fleuve n'en sort que par une vallée très-étroite ; ce qui explique comment le Tyrol italien est presque autant séparé de l'Italie que de l'Allemagne et reste possédé par l'Autriche.

3° Les Alpes Juliennes ou de *Carniole* s'étendent au S.-E. jusque vers le mont Kernicza, où elles se rattachent aux Alpes Dinariques; les principaux sommets sont le *Zucha-Berg* (3,300 mèt.), le *Wocheiner* (2,370 mèt.), le *Schneeberg* (2,273 mèt.), le passage le plus important est le col d'*Adelsberg*. Elles séparent la Carniole du Frioul et de l'Istrie.

Le versant des Alpes, incliné vers l'Italie, est beaucoup plus abrupt et plus rapide; ce qui a empêché ces montagnes d'être une barrière assez forte pour empêcher les invasions venant de l'Allemagne ou de la France; c'est ce qui explique aussi la formation des lacs italiens au pied des Alpes, au commencement de la grande plaine du Nord. Des plaines du Piémont et de la Lombardie la chaîne des Alpes se présente comme une haute muraille demi-circulaire, formée de roches nues, presque verticales, avec des pentes souvent arides et des torrents impétueux. La largeur des Alpes varie de 130 à 260 kil. Sans être très-riches en minéraux, elles renferment cependant du fer, du plomb, du mercure, du cuivre, du zinc, de l'alun, de la houille, etc. La vigne prospère jusqu'à 500 mèt., on cultive les céréales et on a quelques arbres fruitiers jusqu'à 1,000 mèt.; puis on trouve le chêne, l'orme, le frêne, l'aune, le hêtre jusqu'a' 1,330 mèt., le pin d'Ecosse, le bouleau, le pin commun, le mélèze, le sapin jusqu'à 1,800 mèt.; les pâturages s'étendent jusqu'à la limite des neiges, 2,700 mèt.; on trouve des lichens et quelques plantes même à 3,600 met. — Les

Alpes sont surtout remarquables par leurs glaciers, placés sur les sommets, et dans les vallées longitudinales, depuis le N. des Alpes Maritimes jusque vers les Alpes de Carinthie ; aussi beaucoup de cours d'eau considérables descendent en tous sens de ce grand réservoir, source de fécondité pour les régions qui l'environnent. Dans la première partie du siècle, de grands travaux ont été faits pour établir des routes praticables à travers les Alpes ; l'une des plus belles est celle *du Simplon,* construite en 1805, de nos jours des chemins de fer doivent franchir les montagnes sur plusieurs points ; le *mont Cenis* vient d'être percé entre Modane et Bardonèche par un tunnel de 16 kil., et les chemins de fer italiens sont unis aux chemins de fer français. On est en train de percer également le massif du Saint-Gothard.

§ 4. — Description des montagnes. — Les Apennins.

• 2° Les APENNINS (probablement du celtique *pen,* tête, élévation) forment une chaîne de montagnes bien inférieure aux Alpes, qui parcourt la péninsule du N.-O. au S.-E., depuis le col de Cadibone jusqu'aux caps Spartivento et Leuca, sur une longueur d'environ 1,330 kil. et sur une largeur très-variable, assez grande au centre, bien moindre au N. et au S. Leurs formes sont douces, leurs flancs sont nus, leur aspect est triste.

1° L'APENNIN SEPTENTRIONAL comprend l'APENNIN LIGURIEN et l'APENNIN TOSCAN, sur une longueur de 500 kil. jusqu'au mont Cornaro ; il s'élève de 1,000 à 2,000 mèt., longe d'abord le golfe de Gênes, forme la ceinture méridionale du bassin du Pô, puis s'éloigne de la mer Tyrrhénienne et se rapproche de l'Adriatique. Ses principaux sommets sont · le *San Pelegrino* (1,575 mèt.), le *Boscolungo* (1,557 mèt.), le *mont Cimone* (2,126 mèt.), le *Falterona* (1,648 mèt.) et le *mont Cornaro* (2,092 mèt.). Les passages les plus importants sont ceux de la *Bocchetta,* de Gênes à Alexandrie ; de *Giovi,* par où passe le chemin de fer de Gênes à Turin ; de *Monte Bruno,* de Gênes à Plaisance ; de *Pontremoli,* de Pontremoli à Fornovo ; de *Fiumalbo,* de Pistoia à Modène ; de *Pietra Mala,* par où passe la grande route de l'Italie intérieure, de Florence à Bologne. Les flancs du versant méridional sont en général abrupts, les pentes septentrionales, aux formes arrondies, s'abaissent progressivement vers le Pô. Du mont *Gottero* se détachent vers la mer Tyrrhénienne les ALPES APUANES, entre la Magra et le Serchio ; elles laissent à peine une route étroite le long de la côte, de Gênes à Livourne. — Du Monte Bruno se détache vers le Pô un autre contre-fort, qui couvre le pays entre la Scrivia et la Trebbia ; il forme, près du fleuve, l'assez long défilé de la *Stradella*, position stratégique très-importante qui commande la route de Voghera à Plaisance, et qui permet de tourner la ligne du Tessin ; c'est là qu'on trouve Montebello et Casteggio, célèbres dans les campagnes de 1800 et 1859.

2° L'APENNIN CENTRAL comprend l'APENNIN ROMAIN et le PLATEAU DES ABRUZZES. L'Apennin romain est formé, surtout vers le S., de plateaux accidentés, nus, arrondis, qui se rapprochent de plus en plus de l'Adriatique. Les principaux sommets sont le *mont Catria* (1,670 mèt.), le *mont Pennino*, les *monts della Sibila*, qui renferment le *Vettore* (2,478 mèt.). — Du Monte Cornaro se détache à l'O. le SUBAPENNIN TOSCAN, qui forme la ceinture occidentale du bassin du Tibre ; il projette trois contre-forts, entre l'Arno et l'Ombrone jusqu'à la presqu'île de Piombino ; entre l'Ombrone et la Fiora jusqu'au mont Argentaro ; le dernier finit à Civita Vecchia.

Vient ensuite le PLATEAU DES ABRUZZES (abrupti montes), pays âpre, composé de ravins escarpés, de vallées sauvages, arrosé par la Pescara ; il s'étend sur une longueur de 140 kil., et sur une largeur de 60 à 70, entre le Tronto et le Trigno. On y remarque, au N.-E., le *Pizzo di Sevo* (2,547 mèt.), le *Gran Sasso*, massif épais où est le plus haut sommet de la chaîne, le *Monte Corno* (2,992 mèt.) ; plus au S.-E., le *mont Amara* (2,855 mèt.) ; et à l'O., le *mont Velino* (2,505 mèt.) et le *mont Meta*. Plus au S. sont les plateaux moins rudes du *Sannio* et de *Bénévent*, qui s'inclinent en pentes douces vers l'E. Du Monte Forcone se détachent les *monts de Tivoli* qui forment le bassin du Teverone et projettent au S. les *collines d'Albe* ; puis les *monts Lépiniens*, qui finissent vers Terracine et Gaete ; c'est ce qu'on nomme encore le SUBAPENNIN ROMAIN.

3° L'APENNIN MÉRIDIONAL s'étend d'abord tortueusement jusqu'au mont Caruso ; ses sommets diminuent de hauteur, *monts Ortasco, Azo, Sangio, Sant' Angelo, Matese* (2,000 mèt.), et descendent jusqu'à 800 mèt. Puis l'Apennin se bifurque vers le *mont Acuto*, à la source du Bradano. Cette partie de l'Apennin napolitain envoie vers le N.-E. le contre-fort des *monts Gargani*, et vers le S.-O. le SUBAPENNIN NAPOLITAIN qui se détache des *monts Matese*, et est traversé par le fameux défilé des Fourches Caudines ; il vient finir à la presqu'île de Sorrente entre les golfes de Naples et de Salerne.

L'Apennin, en se bifurquant, envoie une branche vers le S.-E., une autre vers le S.-O. ; celle-ci, qui est la plus importante, traverse la presqu'île de Calabre ; elle renferme les *monts della Maddalena, Serino, Polino*, puis le massif boisé de *la Sila*, entre les golfes de Santa Eufemia et de Squillace, enfin celui de l'*Aspromonte*,

La chaîne du S.-E. se compose des collines peu élevées de la Terre de Bari et de la Terre d'Otrante.

Les Apennins n'ont pas les beautés des Alpes, ni leurs glaciers, ni leurs neiges éternelles ; les sommets sont trop souvent dénudés et tristes ; les vallées ressemblent à de grands ravins d'un aspect sauvage. Il y a de nombreux volcans éteints, surtout au centre et au sud, et beaucoup de lacs qui sont d'anciens cratères. Ces montagnes renferment peu de métaux, mais de beaux marbres.

§ 5. — Hydrographie, cours d'eau de l'Italie

Au point de vue hydrographique, on doit diviser l'Italie en 4 parties : les cours d'eau de l'Italie continentale, au N.; ceux du versant de la mer Adriatique, à l'E.; de la mer Ionienne, au S.; de la mer Tyrrhénienne, à l'O.

1° BASSIN DE L'ITALIE CONTINENTALE. — La ceinture est formée par la chaîne des Alpes, dans tout son développement, et par les Apennins Liguriens et Toscans. Il comprend le Pô et les cours d'eau, qui coulent au N.-E., et se jettent également dans l'Adriatique.

Le Pô (Padus, Eridanus) est formé par deux sources qui descendent du superbe mont Viso, il coule d'abord dans une vallée étroite, sur une pente très-inclinée, et il est rapide jusqu'à Bassignano. La vallée s'élargit et le fleuve arrose les plaines du Piémont, au N. du Montferrat; puis la Lombardie, qu'il sépare des pays de Plaisance, Parme et Reggio ; enfin la Vénétie, qu'il sépare du pays de Ferrare. La rive droite domine généralement la rive gauche, qui est très-basse. Les ramifications des Apennins forment sur la rive droite le défilé de la Stradella. Depuis Plaisance, le fleuve est endigué, mais, dans ses crues fortes et rapides, au printemps et à l'automne, menace les pays riverains; au-dessous de Guastalla, la vallée devient marécageuse. Le Pô passe près de Saluces, à Staffarde, Carmagnole, Carignan ; à *Turin*, Chivasso, Crescentino, Verrue, Trino, Casale, *Valenza*, Bassignano, Stradella, *Plaisance*, *Crémone*, Casalmaggiore, Brescello, *Guastalla*, Luzzara ; au-dessous de cette ville commencent les dérivations du fleuve. Depuis sa jonction avec le Panaro, il forme, comme le Rhône, un vaste delta, roulant sans cesse des masses de sable et de limon, qui, depuis quinze siècles, ont reculé le rivage de 35 kil.; c'est la distance qui sépare maintenant Adria de la pointe du delta; et Ravenne, un peu plus au S., jadis port de mer, est maintenant dans la plaine. Les principaux bras du Pô sont, en allant du S. au N. : le *Pô di Primaro* et le *Pô di Volano*, maintenant canalisés, qui enferment les lagunes de Comacchio ; le *Pô di Goro* et le *Pô della Gnocca*, le bras actuellement le plus navigable; le *Pô delle Tolle* et le *Pô della Maestra*, qui est la principale branche, mais qui est souvent ensablé.

La longueur du Pô est de 550 kil.; il est navigable sur 450; mais la navigation est embarrassée par des bancs de sable et des îles nombreuses; néanmoins c'est un fleuve difficile à franchir, car il est souvent profond et sa largeur atteint parfois 900 met. Il roule presque autant d'eaux que le Rhône.

Il reçoit de nombreux affluents; ce qui lui avait fait donner dans l'antiquité le surnom de *Roi des fleuves* (fluviorum Rex); les affluents de droite descendent des Alpes Maritimes et des Apennins; leurs eaux torrentueuses sont bourbeuses et malsaines.

La *Vraita* et la *Maira* sont des torrents qui viennent du col d'Agnello.

Le *Tanaro* vient du mont Gioje, coule à peu près parallèlement au Pô, et reçoit à gauche, l'*Elero* (Mondovi) et la *Stura* (Demonte, Coni, Fossano), qui vient du col de l'Argentière; — à droite, la *Bormida*, formée des deux Bormida, qui avec le torrent de l'*Erro* viennent du col de Cadibone; la Bormida finit à Alexandrie. Le Tanaro, long de 200 kil., arrose Ceva, Cherasco, Asti, Alexandrie, Bassignano.

La *Scrivia* (Tortone), la *Staffora* (Voghera) et le *Coppo* (Casteggio) descendent des Apennins et coulent dans un pays accidenté.

La *Trebbia*, longue de 80 kil., descend du Monte Bruno, est guéable partout, mais, à sec pendant l'été, déborde en hiver; c'est une ligne importante, qui a vu de nombreux combats depuis Annibal jusqu'à Macdonald; elle finit près de Plaisance.

Le *Taro* coule d'abord dans un lit sablonneux, puis dans un lit vaseux qui devient plus profond et qu'il a fallu endiguer; les Français de Charles VIII y furent victorieux à Fornovo, en 1495.

La *Parma* (Parme), le *Crostolo* (Reggio et Guastalla), véritables torrents.

La *Secchia*, longue de 150 kil., large de 50 à 100 mèt., est profonde de 3 à 6 mèt.

Le *Panaro* vient du mont Cimone, passe près de Modène et contribue à former le Pô di Primaro.

Le *Reno* canalisé se réunit au même bras, dans lequel se jettent également le *Santerno* (Imola) et le *Senio* (Lugo).

Les affluents de gauche sont en général plus considérables et leurs eaux sont limpides, ils descendent des Alpes, coulent du N. au S., et ont servi de lignes de défense dans les guerres dont ce pays a été si souvent le théâtre :

Le *Clusone* (Fenestrelles, près de Pignerol), long de 75 kil., vient du mont Genèvre.

La *Dora Riparia* (Exilles, Suse), longue de 105 kil., vient du col d'Abriès près du mont Genèvre et reçoit la *Cenise*, qui vient du mont Cenis, elle forme la vallée de Suse.

La *Dora Baltea* (Aoste, Bard, Ivrée), longue de 150 kil., vient du mont Blanc et du Petit-Saint-Bernard; elle reçoit de nombreux affluents.

La *Sesia* (Sessites), (Romagnano, Verceil), longue de 170 kil., large, rapide, mais peu profonde, descend du mont Rosa.

L'*Agogna*, passe près de Novare, arrose le Novarais et la plaine appelée Lomelline entre la Sesia et le Tessin.

Le *Tessin* ou *Ticino* vient du Saint-Gothard, arrose en Suisse Airolo, Bellinzona, forme le lac Majeur, qui reçoit à droite la *Toce* ou *Toccia* (Domo d'Ossola); il est large, au lit profond, au cours rapide, il renferme de grandes îles et forme une ligne importante de défense avec le Pô et la Trebbia; derrière est le *Naviglio Grande*, canal ancien, profond, sur les bords duquel s'est livrée la bataille de Magenta; il finit au-dessous de Pavie.

L'*Olona* sort des collines qui séparent le lac Majeur du lac de Lugano, il passe près de Varèse, de la Bicoque, à Milan.

Le *Lambro* vient des collines situées entre les deux bras du lac de Côme; il passe à Monza, Marignan, près de Landriano.

L'*Adda* (Addua) vient de l'Ortler, coule dans la Valteline, est d'une importance militaire assez considérable, reçoit la *Maira* (Chiavenna), qui vient du mont Maloia, forme presque immédiatement le lac de Côme, puis reçoit le *Brembo* et le *Serio*. L'Adda a un lit large, parfois guéable, c'est une ligne de défense médiocre; il coule au milieu de prairies et forme des îles nombreuses; il passe à Bormio, Tirano, Sondrio, dans la Valteline; a Cassano, Agnadel, Lodi, Pizzighettone. Entre le Tessin et l'Adda, est le quadrilatère célèbre de la Lombardie, couvert de plaines riches et peuplées, dont Milan est le centre, arrosées, coupées par de nombreux canaux d'irrigation, comme le *Martesana*, qui va de Milan à Cassano.

L'*Oglio* descend du Tonal, arrose le Val Camonica, forme le lac d'Iseo, reçoit la *Mella* (près de Brescia) et la *Chiese* (Calcinato, Montechiaro), qui est alimentée par le lac d'Idro; il est peu rapide, peu profond, a beaucoup d'îles et forme une ligne de médiocre importance, à cause de sa direction.

Le *Mincio* vient du Tonal sous le nom de *Sarca*, forme le beau lac de Garde, en sort à Peschiera, sépare la Lombardie de la Vénétie, arrose Borghetto, Pozzolo, Goito, puis devient une sorte de marécage au milieu duquel est Mantoue; il est peu large, mais rapide; c'est une bonne ligne de défense, quoiqu'il soit souvent guéable; un canal, qui de Mantoue va rejoindre le Pô au S.-O., enferme la plaine fertile appelée le *Seraglio*.

La plupart des affluents du Pô étant des torrents, qui entraînent sans cesse quelques fragments des montagnes d'où ils s'échappent, leur lit s'exhausse, et, pour prévenir les débordements, il a fallu construire des digues, qui ont toujours eu une grande importance dans les opérations militaires ; en les coupant, on inonde le pays ; derrière ces digues on peut s'abriter comme derrière des murailles. Malgré tous les soins, l'eau passe encore souvent à travers les digues et forme des marécages.

L'Adige (Athesis) arrose d'abord le triangle du Tyrol Italien; il est formé de 3 cours d'eau : à l'O., l'*Etsch* vient du col de Rescha dans les Alpes Rhétiques; l'*Eysach* descend du Brenner, et reçoit à Brixen la *Rienz* qui vient de l'E., du col de Toblach dans les Alpes Carniques. L'Etsch et l'Eysach, réunis au-dessous de Botzen, forment l'Adige véritable. La vallée se resserre vers Trente, entre le mont Braglio et le Montebaldo à l'O., les Alpes de Cadore et les monts Euganéens à l'E.; il passe à Calliano, Roveredo, près du plateau de Rivoli. A Vérone, il tourne vers le S.-E.; il a alors 100 mèt. de largeur et la vallée s'élargit ; son fond devient vaseux, son cours est sinueux et parsemé de petites îles, l'Adige passe devant Caldiero, à Ronco, à Legnago; il tourne à l'E., vers Carpi et Castel Baldo, arrose un pays inondé et fournit plusieurs dérivations, qui avec le Pô forment la *Polésine*; tels sont le *canal Blanc* qui se réunit au Pô di Levante, et l'*Adigetto* qui passe à Rovigo; des canaux le mettent également en communication avec le Bacchiglione. Il finit à travers des marais dans l'Adriatique, après un cours de 400 kil. — Ses principaux affluents sont : dans le Tyrol Italien, la *Nos*, à droite, torrent qui coule dans une vallée importante, à gauche, la *Lavis* ou *Avisio*, qui vient des Alpes Cadoriques ; plus au S., dans la partie inférieure de son cours, l'*Alpon*, à gauche, qui traverse les marais d'Arcole; à droite, le *Tartaro* et son affluent la *Molinella*, qui viennent rejoindre le Canal Blanc. — Le pays entre le bas Mincio, le Pô et l'Adige est couvert de marais et de rizières ; il est très-fertile, mais malsain. — L'Adige est la meilleure ligne qui couvre le Pô et l'Italie du côté de l'Allemagne; il est large, profond, rapide, facile à défendre ; il double la ligne du Mincio et du Pô; il est presque impossible de l'aborder au N. et au S.; on peut seulement l'attaquer au centre, de Vérone à Legnago. Il est navigable de Trente à la mer ; mais déborde souvent, malgré les digues et les canaux de dérivation. C'est entre l'Adige et le Mincio qu'est le fameux quadrilatère italien du N.-E., avec les 4 places de Vérone et Legnago, de Peschiera et de Mantoue.

Le *Bacchiglione* vient des monts Lésiniens, coule du N.-O. au S.-E. dans le pays accidenté de Vicence et de Padoue et déverse ses eaux jaunâtres dans les lagunes en face de Chioggia.

La *Brenta* prend naissance dans les gorges redoutables du val Sugana, au S.-E. de Trente; passe à Primolano, Bassano, et se jette dans les lagunes verdâtres et malsaines qui sont en face de Venise.

La *Piave* vient des Alpes Carniques, est partout guéable, arrose Cadore et Bellune, reçoit la *Sille* qui passe à Trévise et se perd dans les lagunes.

La *Livenza*, moins étendue, peu large, aux eaux marécageuses, passe à Sacile.

Le *Tagliamento*, formé de deux ruisseaux, l'un qui naît à l'E. de Cadore, l'autre qui descend du col de Tarvis, renferme beaucoup d'îles et finit aussi dans les lagunes; c'est une route vers l'Autriche.

L'*Isonzo* (Sontius) vient du mont Terglou, traverse des montagnes presque impraticables; passe à Gœritz, Gradisca; et, après avoir reçu l'*Idria*, qui arrose Idria, le *Wippach*, qui descend du col d'Adelsberg, il se jette dans le golfe de Trieste. Il est large, profond, rapide.

2° Dans l'Italie péninsulaire, le VERSANT DE LA MER ADRIATIQUE ne renferme que de véritables torrents, courts et violents, qui coulent directement des Apennins à la mer et forment autant de petites vallées difficiles :

Le *Ronco* vient du mont Falterona et reçoit le *Montone* (Forli).

Le *Savio* (Cesena) vient du mont Cornaro.

Le *Rubicon* ou *Pisciatello* ou *Fiumesino*; — la *Marecchia* (Rimini); — la *Foglia* (Pesaro); — le *Metauro* (Fossombrone); — l'*Esino* (Jesi); — le *Musone* (Osimo); — la *Potenza*, — le *Chienti* (Tolentino); — le *Tronto* (Ascoli), sur la limite des Marches et des Abruzzes; — le *Tordino*; — le *Vomano*.

La PESCARA ou ATERNO, de 140 kil., arrosant les Abruzzes, formée de l'*Aterno* (Aquila), qui vient du mont Velino, et du *Gizio*, qui coule du S.-O.; à son embouchure sont des marais malsains; la Pescara passe à Chieti et finit à Pescara.

Le *Sangro*, long de 130 kil., vient du mont Forcone et arrose le Sud des Abruzzes.

Le *Trigno* a 110 kil. de cours; — le *Biferno*; — le *Fortore*, le *Candelaro*, la *Carapella* arrosent la Capitanate.

L'OFANTO (Aufidus); plus considérable, a 150 kil. de cours, et coule au N. de la Terre de Bari.

3° Les TRIBUTAIRES DE LA MER IONIENNE ne sont pas plus importants : le *Bradano* (Acerenza) et le *Basente* ont de 70 à 80 kil.; — l'*Agri* (Aciris); — le *Crati* (Cosenza), avec son affluent le *Coscile*, a 90 kil. de cours.

4° Le VERSANT DE LA MER TYRRHÉNIENNE comprend des cours d'eau plus considérables, surtout dans la partie septentrionale de l'Italie péninsulaire. Aussi, c'est dans les bassins plus larges de ces fleuves que se développèrent jadis les civilisations les plus brillantes de l'Italie, celle de la Campanie, sur les bords du Volturno et du Garighano, au S.; — celle de l'Etrurie, dans la molle vallée de l'Arno, au N., — et surtout celle de Rome, la grande ville du Tibre, au centre. On peut citer, en allant du S. au N. :

·La *Sele*, qui coule dans une vallée marécageuse et finit dans le golfe de Salerne.

Le *Volturno*, qui descend par plusieurs sources du plateau du Sannio, a de nombreux affluents, comme le *Calore*, et 180 kil. de cours; il passe à Capoue.

Le *Garighano*, qui coule du N -O.'au S.-E., est formé du *Liri*, qui naît au S.-O. du lac Fucino desséché maintenant, passe par Sora; et du *Sacco;* puis il arrose Ponte-Corvo et finit près des marais de Minturnes dans le golfe de Gaete, comme le Volturno.

Le TIBRE ou TEVERE (Tiberis) vient du monte Cornaro, coule du N. au S., d'abord dans une vallée étroite, profonde, accidentée, puis dans la plaine qu'on nomme la *Campagne de Rome*, qui s'étend sur la rive gauche jusqu'aux collines d'Albano, plaine nue, avec de faibles ondulations, où l'on ne trouve que quelques cabanes de pâtres et leurs troupeaux. Les eaux, chargées de limon, sont epaisses et jaunâtres en arrivant à Rome, où le Tibre a 75 mèt. de largeur; au-dessous de la ville, il se partage en deux bras qui forment l'*Ile Sacrée;* celui du N. ou'*Fiumicino* est navigable, le port abandonné d Ostie est sur celui du S. Le Tibre a 300 kil. de cours et reçoit de nombreux affluents : à gauche, le *Topino* (Foligno), grossi du *Clituno;* le *Nera* (Terni), qui descend des monts de la Sibilla, coule dans une vallée étroite et rocheuse, et reçoit le *Velino* (Rieti), grossi du *Salto* (Taghacozzo); le *Teverone* ou *Anio*, aux cascades renommées, aux paysages célébrés par les poètes et les artistes, qui a souvent des crues énormes ; à droite, le Tibre reçoit la *Paglia* (Urvieto), qui par le canal de la *Chiana* communique avec l'Arno.

L'*Ombrone*, dont le cours est de 180 kil., reçoit à droite l'*Arbia*.

L'ARNO descend du mont Falterona, coule de l'E. à l'O., dans une vallée très-fertile jusqu'à Pontedera ; il a 200 mèt. de largeur à Florence ; en arrivant à la mer, il traverse un pays de landes, de prairies désertes, de maremmes ; un canal, *Fossa dei Navicelli*, va de Pise à Livourne. L'Arno, dont le cours est de 250 kil., est navigable pendant 150 kil. depuis Florence. Il reçoit : à gauche, la *Chiana*, maintenant canalisée, qui unit l'Arno et le Tibre ; à droite, le *Stieve* et l'*Ombrone de Pistoja*.

Le *Serchio* passe a Lucques, il a 100 kil., est peu profond, mais fertilise le pays qu'il arrose.

La *Magra* (Pontremoli, Sarzane) traverse le pays difficile appelé Lunigiana et se jette dans le golfe de la Spezzia.

Le *Polcevera* et le *Bisagno* sont deux torrents près de Gênes.

La *Roja* ou *Roya* vient du col de Tende et a une partie de son cours en France.

§ 6. — Lacs de l'Italie.

Les LACS d'Italie se divisent en deux classes bien distinctes : les uns sont au pied des Alpes, dans la partie supérieure des rivières qui se jettent dans le Pô par la rive gauche ; ce sont peut-être les plus beaux lacs du monde, non par la masse de leurs eaux, mais par la beauté de leurs rives et des paysages qui les entourent ; le *lac d'Orta*, d'où vient l'Agogna ; — le lac *Majeur* (Verbanus), formé par le Tessin, au S. de l'embouchure de la Toccia, a 84 kil. de long sur 9 de large, 20,000 hectares de superficie et 850 mèt. de profondeur ; on y voit les charmantes *îles Borromées*, dont la plus belle est *Isola Bella* ; il touche, vers le N., au canton du Tessin, qui est à la Suisse, et il s'allonge vers le S., entre des montagnes escarpées ; — le *lac de Varese*, à l'E., près de la ville de ce nom ; — le *lac de Lugano*, au N.-E. du précédent (20 kil. sur 4) ; — le *lac de Côme* (Larius), que traverse l'Adda, se termine par deux longues pointes vers le S., a 68 kil. de longueur, sur 4 à 6 de largeur, 16,000 hectares de superficie et près de 600 mèt. de profondeur ; il est renommé pour ses belles vues sur les glaciers des Alpes au N. sur un charmant pays au S., — le *lac d'Iseo* traversé par l'Oglio, a 26 kil. de long sur 3 à 5 de large ; — le *lac d'Idro* (10 kil. sur 3) se déverse par la Chiese, — le *lac de Garde* (Benacus), formé par le Mincio, a 60 kil. sur 4 à 16 ; il couvre 35,000 hectares de ses eaux limpides, mais il n'a pas plus de 300 mèt. de profondeur. Il touche au Tyrol Autrichien vers le Nord.

Les autres lacs, situés dans l'Italie péninsulaire, au pied de l'Apennin central, sont généralement d'anciens cratères de volcans, que remplissent les eaux des vallées supérieures ; quelques-uns sont sans écoulement; d'autres déversent le trop-plein de leurs eaux par des émissaires artificiels creusés par les Étrusques ou les Romains.

Les principaux sont : le *lac de Pérouse* ou de *Trasimène* (19,000 hectares), en Toscane, entre la Chiana et le Tibre, avec les petits lacs de *Chiusi* et de *Montepulciano*, au S.-O.; — le *lac de Trasimène*, près duquel les Romains furent vaincus par Annibal, en 217 avant J-C., est à 560 mèt. d'altitude; — le *lac de Bolsena* (10,000 hectares), dont les eaux s'écoulent dans la mer par la *Marta*; — les *lacs de Vico* et *de Bracciano* (8,500 hectares), au N.-O. de Rome; — le *lac d'Albano*, ancien volcan éteint, au S.-E., n'a pas de déversoir apparent; — le *lac Nemi*, à 26 kil. S.-E. de Rome; — le *lac Fucino* ou *Celano*, à l'E. de Rome, dans les Abruzzes, redouté jadis pour ses débordements périodiques, est aujourd'hui desséché; — les *lacs de Varano* et de *Lesina* sont plutôt des lagunes le long de l'Adriatique, au pied du mont Gargano.

§ 7 — Géographie politique de l'Italie.

La région Italienne renferme le royaume d'Italie, la république de Saint-Marin; puis le canton du Tessin, qui appartient à la Suisse; le Tyrol Italien, qui est à l'Autriche; la Corse, qui depuis plus d'un siècle fait partie de la France et le groupe de Malte, qui est aux Anglais.

Le ROYAUME D'ITALIE, dont la capitale est ROME, comprend les 7 États, qui étaient encore séparés en 1859 : les ÉTATS SARDES (Piémont, Ligurie, île de Sardaigne); — la LOMBARDIE, abandonnée par l'Autriche en 1859; — les DUCHÉS DE PARME, de MODÈNE, le GRAND-DUCHÉ DE TOSCANE, réunis à la suite de la guerre de 1859, avec la plus grande partie des ÉTATS PONTIFICAUX (Romagne, Marches, Ombrie); — l'ÉTAT PONTIFICAL, réuni en 1870; — le ROYAUME DES DEUX-SICILES, conquis en 1860; — la VÉNÉTIE, cédée par l'Autriche, en 1866.

Le royaume d'Italie, constitué dès 1861, s'est complété par l'acquisition de la Vénétie (1866), des restes de l'État pontifical (1870).

Il comprend 12 régions principales :

1° Dans le Nord, ou Italie continentale, ou haute Italie : le *Piémont*, au N.-O.; le *Milanais* ou *Lombardie* et la *Vénétie*, au N. du Pô; la *Ligurie*, le long du golfe de Gênes; l'*Émilie*, au S. du Pô, renfermant les anciens pays de Parme et Plaisance, de Modène, et la Romagne.

2° Au Centre, dans l'Italie péninsulaire : la *Toscane*, à l'O.; l'*Ombrie*, au Centre; les *Marches*, à l'E.; et le *Latie*, ou *province de Rome*, au S. de la Toscane et de l'Ombrie.

3° Au Sud, les *Provinces Napolitaines*.
4° Les deux grandes îles de *Sicile* et de *Sardaigne*.

Le royaume est aujourd'hui partagé en 69 provinces, portant presque toujours le nom de leur chef-lieu, et administrées par des préfets; les provinces sont divisées en arrondissements, mandements ou cantons et communes.

§ 8 — Prémont; provinces, villes.

Le PIÉMONT, situé au pied des Alpes, au N.-O. de l'Italie, est un pays bien arrosé, surtout depuis les travaux d'irrigation qui l'ont transformé du xiii° au xv° siècle. Il renferme plusieurs parties, dans les montagnes sont les pâturages alpestres, entremêlés de quelques champs d'avoine et de seigle; sur le plateau, on cultive les céréales, la vigne, le mûrier; dans les terres d'alluvion de la plaine sont les grandes cultures, les rizières, les prairies fécondes, entourées d'arbres, de peupliers surtout, auxquels s'enlacent les vignes. Au sud du Pô est le MONTFERRAT, moins bien arrosé, où l'on cultive également la vigne et le mûrier.

Les 4 préfectures et les villes principales sont :

1° TURIN (Augusta Taurinorum), au confluent du Pô et de la Dora Riparia, ancienne capitale des États Sardes et du royaume d'Italie jusqu'en 1865. Archevêché, Université; académies militaire, des sciences, des beaux-arts; musées, observatoire. Hôtel des monnaies; manufactures de tabac, d'armes; fonderie de canons. Industrie développée : soieries, velours, draps, lainages, cotonnades, gants, cuirs; coutellerie, verreries; typographie, machines, produits chimiques, liqueurs; commerce de soie. Siége fameux de 1706; 208,000 hab.; — aux environs, *Aglie*, *Moncalieri*, au S., sur le Pô; — *la Vénerie*, au N.-O.; — la *Villa-Madame*, châteaux royaux, — *la Superga*, a l'E., basilique, jadis lieu de sépulture des rois; — *Chieri* ou *Quiers*, au S.; 15,000 hab.; — *Aoste* (Augusta Prætoria), sur la rive droite de la Dora Baltea, au débouché du Grand et du Petit-Saint-Bernard; évêché, cathédrale gothique; patrie de saint Anselme ; 8,000 hab.; — *Bard*, forteresse sur un rocher à pic, qui ferme la vallée de la Dora Baltea, a joué un rôle important dans la campagne de 1800, *Ivrée* (Eporedia), sur la rive gauche de la Dora Baltea; évêché; école militaire; commerce de bestiaux et de fromages; 10,000 hab.; — *Chivasso*, sur le Pô, au N.-E. de Turin, 9,000 hab.; — *Carignano*, près du Pô, au-dessus de Turin; 8,000 hab., et *Carmagnola*, un peu plus au S., près du Pô; 13,000 hab.; commerce de soie, de toiles, de grains et de bestiaux; — *Cérisoles*, près de Carmagnola; bataille de 1544; — *Rivoli*, près de la Dora Riparia, draps; château; — *Suse* (Segusio), sur la Dora Riparia, au confluent de la Cenise, à l'entrée du Pas-de-Suse, forcé par les Français en 1629; évêché; *Pignerol* ou *Pinerolo*, près du Clusone; jadis forteresse importante, qui appartint à la France de 1536 a 1696, et servit de prison d'État où furent enfermés des personnages célèbres, aujourd'hui démantelée. École militaire de cavalerie. Soieries, draps, papiers; 10,000 hab.; — entre Pignerol et Turin, *la Marsaille*; bataille de 1693; — *Fénestrelle*, place forte sur le Clusone, au débouché du mont Genèvre; — *Exilles*, place forte sur la Dora Riparia, au débouché du même col; combat de 1747.

2° ALEXANDRIE, au confluent du Tanaro et de la Bormida; évêché; grande place de guerre défendue surtout par une citadelle située sur la rive gauche du Tanaro. Toiles, soieries, draps, bougies; commerce important; 57,000 hab.; le village ancien de *Marengo*, à 4 kil. S.-E. d'Alexandrie, sur la Bormida et les rives marécageuses du Fontanone, est célèbre par la bataille du 14 juin 1800; — *Verrue*, sur le Pô, au N.-O.; *Casale*, sur la rive droite du Pô, ancienne capitale du Montferrat, place forte qui dominait jadis le N.-O. de l'Italie; siége de 1630, bataille de 1640, évêché, 28,000 hab.; — *Bassignano*, au confluent du Pô et du Tanaro; batailles de 1745 et de 1799; — *Valence* ou *Valenza*, sur le Pô, est un lieu de passage important; — *Tortone*, à l'E. d'Alexandrie, sur la Scrivia, place jadis très-forte, aujourd'hui démantelée; soieries; évêché, 13,000 hab.; — *Novi*, au S -E. d'Alexandrie, a gauche de la Scrivia; bataille de 1799; 11,000 hab.; *Acqui* (Aquæ Statiellæ), au S.-O., sur la Bormida; évêché; bains sulfureux; vins; soie; 10,000 hab.; — *Asti* (Asta Pompeia), à l'O., sur le Tanaro; évêché; vins, étoffes de soie; patrie d'Alfiéri; 21,000 hab.

3° CONI ou CUNEO, sur la Stura, au S. de la province de Turin, au débouché des cols de Tende et de l'Argentière, place forte, arsenal, évêché; 28,000 hab ; — *Demonte*, sur la Stura, au-dessus de Coni; vieux château; — *Fossano*, au-dessous de Coni, sur la Stura; manufacture de poudre, soieries, eaux minérales; évêché; bataille de 1799; 16,000 hab ; — *Cherasco*, au confluent de la Stura et du Tanaro; traités de 1631' et de 1796; 10,000 hab.; — *Bra*, au N. 0., près de la Stura; 13,000 hab.; près de là est *Pollenza*, bataille de 403; — *Savigliano*, sur la Maira; soieries, draps, toiles; combat de 1799; 20,000 hab.; — *Racconigi*, près de la Maira; filatures de soie: château royal; 14,000 hab., — *Casteldelfino* ou *Château-Dauphin*, sur la Vraita, défense du col d'Agnello; *Saluces*, près du confluent de la Vraita et du Pô; chef-lieu d'un ancien marquisat qui appartint à la France, au xvi° siècle. Évêché; commerce de soieries, cuirs, chapeaux; 15,000 hab.; près de la est l'abbaye de *Staffarde*, victoire de Catinat en 1690; *Tende*, au S., sur la route de Coni a Nice, près d'un col célèbre; — *Garessio*, vers les sources du Tanaro; marbres, 5,000 hab.; — *Ceva*, sur le Tanaro; — *Mondovi*, a l'O., sur l'Elero; ville forte; évêché; draps, cotonnades; tanneries, forges; bataille de 1796, 15,000 hab; — *Alba* sur le Tanaro, évêché, commerce de bestiaux; 8,000 hab.

4° Novare, à l'E. de la province de Turin, près de l'Agogna. Évêché, vieille cathédrale, grande citadelle, soieries, toiles, cuirs; batailles de 1513, 1821 et 1849; 30,000 hab.; — *Verceil*, au S-O., sur la Sesia, archevêché, magnifique cathédrale du xvi° siècle. Soies, grains, riz, vins; à quelque distance, victoires de Marius sur les Cimbres; 27,000 hab.; — *Palestro*, à l'E., sur un affluent de la Sesia et sur la route de Verceil a Mortara; combat de 1859; — *Romagnano*, sur la Sesia; combat de 1524 où Bayard fut tué; — *Crescentino* et *Trino*, sur la rive gauche du Pô; commerce de riz, — *Biella* au N.-O. de Novare; évêché; lainages, soieries, faïences; châtaignes; 10,000 hab.; — *Arona*, port sur le lac Majeur, commerce de transit; *Domo d'Ossola*, au N., sur la Toce, au débouché de la route du Simplon; manufacture de cristaux.

§ 9. — Ligurie; provinces, villes.

4° La Ligurie ou pays de Gênes, le long du golfe de Ligurie, est une région aride dans les montagnes du Nord, dont les flancs sont peu boisés; le rivage, assez étroit, arrosé par de petits torrents a sec pendant l'été, produit oliviers, figuiers, amandiers, orangers, citronniers, châtaigniers, vignes, et renferme d'assez beaux pâturages. C'est une belle région maritime, couverte de ports; et les marins, les pêcheurs de Gênes ont conservé leur vieille réputation.

5° Gênes, Genova ou Genua, s'élève en amphithéâtre demi-circulaire au fond du golfe de Gênes, entre la Polcevera et le Bisagno. C'est une place forte, dont l'enceinte forme un triangle isoscèle jusqu'à la montagne du Diamant avec le *fort de l'Éperon* au sommet; Masséna y a soutenu un siège fameux en 1800; arsenal maritime, fonderie de canons, manufacture d'armes, ateliers de construction. Le port est beau: les rues sont laides; mais les palais, royal, ducal, etc., sont magnifiques; les églises sont très-ornées; il y a de nombreux établissements de bienfaisance, six théâtres une Université, une Académie des beaux-arts, des bibliothèques, une école de navigation. On y fabrique soieries, velours, rubans, bonneterie de coton, gants, conserves, pâtes alimentaires, ouvrages de corail, de marbre et d'albâtre, en filigrane d'or et d'argent, fleurs artificielles, parfumerie, tabac, papier, etc. Le commerce est très-actif. Patrie de Christophe Colomb, elle a été jusqu'en 1805 la capitale d'une république indépendante, puis réunie aux États Sardes en 1815; 130,000 hab.; — *Alassio; Albenga* (Album·Ingaunum), evêché, à à l'O.; *Loano*, .combat de 1795; *Finale; Noli; Vado;* sont des petits ports sur la rivière du Ponant; — *Savone*, a l'O. de Gênes, port fortifié a un évêché, une belle cathédrale, un arsenal, une école de navigation; savon, faïence, verres : patrie de Jules II; 25,000 hab.; — au N. dans les montagnes sont : *Montelegino, Montenotte* sur l'Erro; *Dego* près de la Bormida; *Millesimo, Cossaria,* celèbres par les combats de 1796; *Voltri;* draps, papeteries, pâtes alimentaires; port de 12,000 hab.; — *Sestri di Ponante*, a l'O. de Gênes; — *Portofino*, à l'E. ; — *Rapallo,* au fond d'une petite baie; combat de 1494; pêche du thon et du corail, dentelles; 10,000 hab.; — *Chiavari,* port commerçant; fabrique, de châles; 10,000 hab.; — *Sestri di Levante;* marbres; — *la Spezzia,* place forte, port vaste et sûr; chantiers de construction; belle position maritime, sur le beau golfe du même nom; 25,000 hab.; — *Sarzane*, sur la Magra; évêché, 10,000 hab.; — l'île de *Capraja* dépend de la province; elle est à 30 kil de la Corse, à 55 kil. de l'île d'Elbe; elle a 2,500 hab., le petit port de Capraja, et nourrit surtout des chèvres.

6° PORTO-MAURIZIO ou PORT-MAURICE, à l'O. de la province de Gênes, ville maritime; 6,000 hab.; — *Oneglia* ou *Oneille*, port à l'E.; — *San Remo;* 10,000 hab.; et *Ventimiglia* ou *Vintimille* (Album Intemelium), ports de commerce à l'O

§ 10. Milanais; provinces, départements

Le MILANAIS ou LOMBARDIE, entre les montagnes et le Pô, du Tessin à l'O. au Mincio à l'E., renferme, comme le Piémont, deux parties : la *Montagne* et la *Plaine*. La Plaine, arrosée par de nombreux cours d'eau, rivières, canaux, est dotée depuis le xii° siècle d'un magnifique système d'irrigation (*Naviglio Grande, canal de Pavie, canal de la Muzza, Martesana,* etc.). — Aussi produit-elle en abondance maïs, blé, vignes, mûriers, trèfle, luzerne; c'est surtout le pays des rizières, très-productives, mais malsaines, et des belles prairies. Cette contrée, où les villes et les bourgs sont en grand nombre, où les villages sont rares, est d'une circulation généralement très-difficile; et presque partout la vue est bornée par des haies ou par les arbres qui environnent les *villas*.

Il renferme sept provinces; mais on pourrait y attacher la province de Mantoue.

7° MILAN (Mediolanum), sur le canal de Martesana près de l'Olona, ancienne capitale du duché de Milan, a des murailles bastionnées de 12 kil. de circuit. Archevêché, Université, Observatoire, bibliothèque Ambroisienne, musée de peinture, école des beaux-arts. Cathédrale magnifique ou *Dôme*, églises de Saint-Ambroise, de Sainte-Marie; théâtres et surtout celui de la Scala. Soieries, velours, cotonnades, produits chimiques, papiers peints; instruments de musique, librairie, carrosserie, porcelaine, bijouterie. Commerce assez actif; plus de 200,000 hab., avec les faubourgs; *Corpi Santi*, qui y touche, a 63,000 hab. ; — *la Bicoque*, à 7 kil. de Milan, près de l'Olona ; château et parc des anciens ducs de Milan ; défaite de Lautrec en 1522 ; — au N., *Monza*, sur le Lambro ; basilique où était la couronne de fer des anciens rois lombards ; beau jardin botanique ; soieries, cotonnades, draps, cuirs ; 25,000 hab. ; — au N.-E., *Gorgonzola*; fromages dits *stracchino*; — *Cassano*, sur l'Adda ; route de Milan à Brescia ; batailles de 1705 et de 1799 ; — au S.-E., *Melegnano* ou *Marignan*, sur le Lambro, à 14 kil. de Milan ; batailles de 1515 et de 1859 ; = *Lodi* (Laus Pompeia), sur la rive gauche de l'Adda ; évêché; faïence (majolique), filatures de soie; commerce de riz, blé, vins, fromages de Parmesan ; combat de 1796 ; 20,000 hab ; ¯ *Codogno*;·filatures de soie, fromages de Parmesan ; 10,000 hab. ; = *Abbiategrasso*, sur le Naviglio Grande, 8,000 hab. ; — *Bufalora*, près du Tessin, sur la route de Novare à Milan ; pont enlevé en 1859; — *Magenta* (Maxentia), près du Naviglio Grande, sur la route de Buffalora à Milan ; bataille de 1859; — *Turbigo*, près du Tessin; passage des Français en 1800 et en 1859 ; — au N.-O., *Legnano*, sur l'Olona ; bataille de 1176.

8° PAVIE (Ticinum), au S.-O. de la province de Milan, sur le Tessin, à 2 kil. du Pô et à 32 kil. de Milan, est dans une position stratégique très-importante. Ancienne capitale des rois lombards, elle a de mauvaises fortifications, un évêché et une Université; commerce de fromage, riz, chanvre, soie; bataille de 1525 entre la ville et Mirabello au N. ; 30,000 hab. ; — *la Chartreuse*, ou *Certosa de Pavie*, entre cette ville et Milan, est un monastère où les ducs de Milan étaient enterrés; — à l'E., *Belgiojoso*, près du Pô , — *Landriano*, sur le Lambro , bataille de 1529 ; — au N.-O , *Vigevano*, entre la Sesia et le Tessin ; évêché; soieries, bonneteries ; 18,000 hab. ; — à l'O., *Mortara*, dans la Lomelline; = au S. du Pô, *Voghera*, sur la Staffora ; 12,000 hab. ; — *Casteggio, Montebello, Stradella*, dans le défilé de Stradella, célèbres dans les campagnes de 1800 et de 1859 ; — *Bob-*

bio, plus au'S., sur la Trébie ; la bibliothèque de son ancien couvent est riche en palimpsestes.

9° Côme, au N. de la province de Milan, au S.-O. du lac de Côme ; évêché: soieries, draps; instruments de physique et d'optique; commerce avec la Suisse et l'Allemagne. Évêché, belle cathédrale ; patrie de Volta ; 24,000 hab. ; — *Lecco*, au S.-E. du lac de Côme ; commerce, fonderies de fer ; 8,000 hab. ; — *Varèse*, entre le petit lac de Varèse et l'Olona ; soieries ; commerce de vins et de bestiaux ; 11,000 hab.

10° La province de Sondrio, au N.-E., est l'ancienne Valteline ou vallée de l'Adda. *Sondrio*, sur l'Adda, a 5,000 hab. ; — *Chiávenna*, sur la Maira ; où se réunissent les routes du Splugen et du Maloia ; — sur l'Adda, *Morbegno* à l'O. de Sondrio ; — *Tirano*, à l'E. : *Bormio*, au débouché de la grande route du Stelvio.

11° Bergame, à l'E. de la province de Côme, près du Serio, affluent de l'Adda, à 40 kil. N.-E. de Milan. Évêché, foires importantes pour les soieries ; commerce de vins et de fer ; 37,000 hab. ; — *Clusone*, au N.-E, ; manufactures de draps, quincaillerie ; — *Treviglio*, près de l'Adda ; draps, soieries, 10,000 hab. ; — *Camonica*; commerce de transit ; 12,000 hab. ; — *Caravaggio*, au S.-E. de Treviglio ; patrie du Caravage,

12° Crémone, à l'E. de la province de Milan, sur la rive gauche du Pô, ville fortifiée. Évêché, belle cathédrale et campanile célèbre , grands palais du moyen âge. Toiles, soieries, verreries, poteries ; violons ; combat de 1702 ; 31,000 hab. ; — *Casalmaggiore*, sur le Pô, au S.-E. de Crémone ; verreries, poteries ; tanneries ; 15,000 hab. ; — *Viadana*, sur le Pô ; fabriques de toiles ; 13,000 hab. ; — *Pizzighettone*, à 20 kil. O. de Crémone, place forte près du confluent de l'Adda et du Serio ; — *Crema*, sur le Serio ; lin excellent, toiles, fils ; 8 000 hab. ; — *Agnadel*, près de l'Adda, à 14 kil. N. de Lodi ; bataille de 1509.

13° Brescia (Brixia), à l'E. des provinces de Crémone et de Bergame, sur un affluent de la Mella. Évêché, vaste cathédrale moderne ; vieux château, monuments nombreux. Coutellerie, armes, marqueterie ; commerce de soie et de toiles, patrie d'Arnaud de Brescia ; prise en 1512 ; 40,000 hab. ; — *Montechiaro*, sur la Chiese, à 20 kil. E. de Brescia, filatures de soie, toiles ; 8,000 hab. ; — *Calcinato*, sur la Chiese, bataille de 1706 ; — *Goito*, sur le Mincio ; bataille de 1848 ; plus au N., *Volta*, *Borghetto*, combats de 1796 et de 1814 ; puis *Cavriana*, *Solferino*, bataille de 1859 ; — *Castiglione*, batailles de 1706 et de 1796 ; *Desenzano*, au S.-O. du lac de Garde ; — *Lonato*, à peu de distance ; filatures de soie ; combats de 1796 ;

7,000 hab., — *Salo*, à l'O. du lac; belle soie, orangers, oliviers; combat de 1796; 8,000 hab.; — *la Rocca d'Anfo*, place forte, à l'O. du lac d'Idro; — *Edolo*, plus au N., dans le Val Camonica, au débouché du col d'Apriga dans la vallée de l'Oglio.

§ 11. — La Vénétie; provinces, villes.

La VÉNÉTIE, au N.-E. de la Péninsule, réunie à l'Italie depuis 1866, commence à se relever de ses anciennes souffrances. Elle rappelle la Lombardie par la nature de son sol et par ses productions; les côtes, nous l'avons vu, sont basses et couvertes de lagunes. Les 9 provinces qu'elle a formées, en y comprenant celle de Mantoue, sont ·

14° VÉRONE, à l'E. du Mincio et du lac de Garde, place forte sur l'Adige. Évêché; commerce actif de soie; teintures renommées. Congrès de 1822; patrie de Catulle, Pline l'Ancien, Cornelius Nepos, Paul Véronèse; 67,000 hab ; — *Legnago*, place forte sur l'Adige; 10,000 hab.; — *Peschiera*, place forte sur le Mincio à sa sortie du lac de Garde, peut inonder le pays en ouvrant ses écluses; 15,000 hab ; ces trois villes avec Mantoue formaient la défense du fameux quadrilatère occupé jadis par les Autrichiens; — sur les bords du Mincio, *Valeggio*; filatures de soie; — sur l'Adige ou près de l'Adige, en descendant le fleuve, *la Corona, Rivoli, Bussolengo, Pastrengo, Magnano, Custozza, Caldiero, Ronco, Arcole*, célèbres par les combats qui s'y sont plus d'une fois livrés; — *Villafranca*, à l'E. de Valeggio, par l armistice de 1859, 7,000 hab.; — *Cologna*, à l'E.; corderies, tanneries; filatures de soie; 7,000 hab.

15° MANTOUE, au S. de la province de Vérone, grande place forte au milieu de trois lacs formés par le Mincio, reliée a la terre par cinq digues Évêché, belle cathédrale; musée de sculpture et d'antiques; ancienne capitale des Gonzague, célèbre par deux grandes écoles de peinture. Siège fameux de 1796-97; 27,000 hab.; près de là *Pietole* (Andes), patrie de Virgile; — *Curtatone*, sur le lac de Mantoue combat de 1848; — *Pozzolo*, sur le Mincio; — *Gonzaga*, au S. du Pô, gros bourg très-peuplé.

16° ROVIGO, a l E. de la province de Mantoue, dans la Polésine entre le Pô et l'Adige, ville forte, est sur l'Adigetto; salpêtre; commerce de grains. Évêché; 12,000 hab.; — *Adria*, a l E., sur le canal Blanc, maintenant à 35 kil. de la mer; tanneries, poteries.

17° PADOUE, au N. de la province de Rovigo, ville ancienne (Patavium), mal fortifiée, sur le Bacchiglione. Évêché, université; observatoire, établissements scientifiques et littéraires. Draps, patrie de Tite-Live; 66,000 hab.; — *Abano*, au S.-O., et *la Battaglia*,

bains sulfureux renommés; — *Monselice*, à l'O.; 8,000 hab.; —
Este, commerce de grains, poteries; ancienne résidence des marquis d'Este; 9,000 hab.; — *Montagnana*; commerce de chanvre; laines, cuirs; 10,000 hab.

18° VENISE, au N.-E. de Padoue, dans les lagunes, sur 60 à 80 îlots, que réunissent 450 ponts, séparée de la mer par le Lido (rivage), qui a 6 ouvertures, Tre Porti, Lido, Saint-André, Malamocco, Chioggia, Brondolo; séparée de la terre par un canal de six kilomètres, qui menace sans cesse d'être comblé; elle est réunie au continent par un chemin de fer que supporte un long viaduc de 222 arches. On y voit beaucoup de monuments et de palais, la place et l'église Saint-Marc, le palais ducal, les églises de Saint-George et du Rédempteur; les archives du couvent des Frari, la bibliothèque de Saint-Marc; des musées, une académie des beaux-arts. C'est une place forte avec un arsenal maritime; c'est toujours un port de commerce important, mais ses malheurs et le voisinage de Trieste lui ont enlevé le sceptre de l'Adriatique. Archevêque-primat; 150,000 hab.; au N.; dans les lagunes, l'île de *Murano* a des verreries, des glaces renommées et fabrique de la conterie (perles, émaux, verroteries); dans l'île *Saint-Lazare des Arméniens* est le couvent célèbre des mékhitaristes; au S., l'île de *Palestrina* a des digues magnifiques; — *Chioggia*, un peu au N. de l'embouchure de l'Adige, place forte, port de pêche; construction de navires; salines. Évêché; bataille de 1380; 26,000 hab. — *Mestre*, sur le chemin de fer, au sortir des lagunes; 5,000 hab.

19° VICENCE, au N.-E. de la province de Mantoue, sur le Bacchiglione. Évêché; vieux château; taffetas renommés, faience; au centre d'une belle région agricole; patrie de Palladio; 38,000 hab.; — *Lonigo*, au S.-O.; 7,000 hab.; — *Cittadella*, au N.-E.; industrie agricole; 7,000 hab.; — *Bassano*, sur la Brenta; 12,000 hab.; et *Primolano*, sur la Brenta; combats en 1796; — *Tiène* et *Schio*, au N.-O. de Vicence; manufactures de draps; — *Asiago*, au N, dans le voisinage du Tyrol, chef-lieu des *Sept-Communes*, dont les habitants, jadis venus de l'Allemagne, travaillent la paille et ont des teintureries.

20° TRÉVISE, à l'E. de la province de Vicence, sur le Sile, affluent de la Piave, a de vieilles fortifications. Évêché; soieries, toiles, faience, papeteries; ouvrages en cuivre et en fer; commerce actif; armistice de 1801; 28,000 hab.; — *Coneghano*, près de la Piave; *Ceneda*, plus au N.; *Serravalle; Monte Belluna* et *Asolo* sont des petites villes assez florissantes de 7 à 8,000 hab.

21° BELLUNE, au N. de la province de Trévise, près de la Piave.

Évêché; commerce actif de bois; poteries; 12,000 hab.; — *Feltre*, *Cadore*, petites villes sur la Piave; — *Agordo*, au N.-O.; mines de cuivre; — *Auronzo*, dans les Alpes Carniques; mines de calamine; commerce de bois.

22° Udine, dans l'ancien Frioul, au N.-E. de l'Italie, sur la Roja, affluent de l'Ausa. Archevêché; toiles, filatures de soie; 30,000 hab.; — *Campo Formio*, à 8 kil. S.-O. d'Udine; traité de 1797; — *Palma Nova*, place forte entre le Tagliamento et l'Isonzo; — *Pordenone*, à l'O.; filatures de soie, toiles; — *Sacile*, près de la Livenza; combat de 1809; — *Porto Gruaro*, au S.; évêché; — *Cividale* (Forum Julii), sur un affluent de l'Isonzo; ruines nombreuses; 6,000 hab.

§ 12 — Émilie — Provinces, villes

L'ÉMILIE est une région de l'Italie, entre le Pô et l'Apennin, du Piémont à l'O. jusqu'à la mer Adriatique; elle tire son nom de l'ancienne *voie Émilienne* qui allait de Plaisance à Rimini, par Parme, Reggio, Modène, Bologne, Faenza, Forli, Césène. Elle comprend les anciens duchés de Parme et de Modène; le Bolonais, le Ferrarais et la Romagne, qui faisaient partie des États de l'Église. Les pays de Parme et de Modène, fertiles dans les plaines, sont pierreux et boisés dans les parties montueuses; ils sont généralement pauvres et mal cultivés; on y trouve des oliviers, des noyers, des châtaigniers, des mûriers et des pâturages. — Le Bolonais, le Ferrarais, la Romagne renferment des plaines plus fertiles et mieux cultivées, arrosées par de nombreux canaux et produisant blé, maïs, riz, chanvre, mûriers, etc.; il y a de belles prairies naturelles; les collines boisées sont couvertes d'arbres à fruits, de vignobles, etc. La côte, entre le Pô et le Savio, est une région marécageuse, couverte de roseaux et de prairies inondées. Les 9 provinces sont de l'O. à l'E.:

23° Plaisance ou¹ Piacenza, sur la rive droite du Pô, près de la Trébie; place forte à l'extrémité orientale du défilé de la Stradella. Position militaire fort importante; bataille de 1746; 55,000 hab.; — *Fiorenzuola*, à l'E.

24° Parme (Julia Augusta), sur la Parma, avec une enceinte fortifiée. Évêché, cathédrale; palais ducal, théâtre; université, musée de peinture. Soieries, futaines, toiles de ménage, chapeaux; typographie célèbre de Bodoni; bataille de 1734; 46,000 hab.; — *Borgo San Donnino*, à l'O.; — *Fornovo*, sur le Taro; bataille de 1495; — *Borgotaro*, près des sources du Taro.

¹25° Reggio, sur le canal de Molini, ville fortifiée; musée d'histoire naturelle. Soieries, objets en bois, corne, ivoire; patrie de l'Arioste; 50,000 hab.; — *Correggio*, au N.-E., patrie du Corrège; — *Guas-*

talla, place forte sur le Pô, bataille de 1734 ; 10,000 hab. ; — *Luzzara*, au N. ; bataille de 1702 ; — *Brescello*, à l'O., place forte sur le Pô, — *Canossa*, vers la source du Crostolo ; ruines d'un château jadis célèbre.

26° Modène, entre la Secchia et le Panaro, avec une citadelle. Archevêché, cathédrale ; université ; palais ducal ; fabriques d'instruments d'optique ; 57,000 hab. ; — *Carpi*, au N. ; chapeaux de paille de riz ; combat de 1701 ; 7,000 hab. ; — *la Mirandole*, près de la Secchia, place forte prise par Jules II, en 1511, 10,000 hab ; — *Finale*, à l'E. ; 7,000 hab.

27° Bologne (Bononia), sur un canal entre le Reno et la Savena, belle ville fortifiée. Archevêché ; université, école des beaux-arts, musées de peinture et de sculpture ; jardin botanique ; riche bibliothèque de l Instituto ; tours de Garisenda et des Asinelli. Draps, soieries, velours, chapeaux de paille, produits chimiques, charcuterie renommée. Patrie des Carrache, du Dominiquin, du Guide, de l'Albane, etc. ; 116,000 hab. ,— *Imola*, à l'E., sur le Santerno, évêché ; 28,000 hab.

28° Ferrare (Forum Allieni), sur le Pô di Volano, dans une plaine marécageuse. Archevêché, université ; ancienne capitale de la maison d'Este ; palais ducal. Citadelle vaste et régulière ; 73,000 hab ; — *Ponte di Lagoscuro*, ville de commerce sur le Pô ; — *Comacchio*, ville fortifiée dans les lagunes. Évêché ; pêcheries fort importantes, mais climat malsain.

29° Ravenne, à quelque distance de la mer, près du Ronco, dans un pays marécageux. Archevêché ; université ; bataille de 1512 ; 59,000 hab. ; — *Bagnacavallo; Lugo*, à l'O. ; commerce de grains, riz, chanvre, 9,000 hab. ; — *Faenza* (Faventia), sur le Lamone. Évêché ; soieries, faïence ; 56,000 hab.

30° Forli (Forum Livii), sur le Montone. Évêché ; soieries, raffineries de soufre ; 38,000 hab. ; — *Forlimpopoli* (Forum populi), au S.-E. ; — *Cesena*, sur le Savio. Évêché ; patrie de Pie VI et de Pie VII ; 36,000 hab. ; — *Rimini* (Ariminium), sur la Marecchia. Évêché ; son port est peu praticable aujourd'hui ; antiquités romaines ; 34,000 hab.

31° Massa et Carrara, au S. des provinces de Parme et de Reggio, dans les Apennins, a jadis formé un petit duché. *Massa*, près de la mer ; évêché ; belles carrières de marbre ; 9,000 hab. ; — *Carrara*, au N.-O. ; magnifiques marbres blancs pour la statuaire ; école de sculpture ; 24,000 hab. ; — *Pontremoli* (Apua), sur la Magra, dans la Lunigiane ; 10,000 hab.

§ 13 — Marches — Ombrie. — Provinces, villes.

Les MARCHES, anciennes légations pontificales, sont situées entre l'Apennin et l'Adriatique : c'est un pays accidenté, coupé par un grand nombre de rivières ou de torrents, divisé en beaucoup de petites vallées. Elles ont formé 4 provinces.

32° La province de PESARO ET URBIN, au S. de la province de Forli, a pour villes principales : *Pesaro* (Pisaurum), port à l'embouchure de la Foglia. Évêché; patrie de Rossini; 12,000 hab. ; — *Fano* (Fanum Fortunæ), à l'embouchure du Metauro ; 9,000 hab. ; — *Fossombrone*, sur le Metauro ; évêché, commerce de soie ; — *Urbin*, près du Metauro. Archevêché ; université ; patrie de Raphael; 9,000 hab.

33° ANCÔNE, bon port de commerce, défendu par une forte citadelle. Laines, soie, toiles à voiles, cordages, grains, soufre, alun; la ville fut occupée par les Français de 1831 à 1838 ; 46,000 hab. ; — *Sinigaglia* (Sena Gallica), petit port au N.-O. ; évêché ; patrie de Pie IX ; foire célèbre ; 22,000 hab. ; — *Loreto* ou *Lorette*, près de l'embouchure du Musone ; célèbre pèlerinage à la Santa Casa ; 8,000 hab., — au N.-O., *Castelfidardo*, combat de 1860 ; — *Osimo* (Auximum), à 1 O., sur le Musone; — *Jesi*; soieries ; — *Fabriano*, dans l'Apennin ; fabriques de parchemin ; musée d'ivoires ; 10,000 hab.

34° MACERATA, près du Chienti, évêché; 10,000 hab. ; — *Recanati*, au N., évêché, petit port près du Musone ; 7,000 hab. ; — *Camerino*, près du Chienti, archevêché ; soieries ; — *Tolentino*, sur le Chienti ; traité de 1797, défaite de Murat en 1815.

35° ASCOLI (Asculum), sur le Tronto; évêché ; draps communs, papier, faïence, verreries ; 23,000 hab. ; — *Fermo* (Firmum), au N.-E., près de l'Adriatique. Archevêché, université ; 7,000 hab.

36° L'OMBRIE ou province de Pérouse, à l'O des Apennins, est un pays montueux, bien cultivé, avec de beaux pâturages, qui ressemble aux Marches. Elle est traversée du N. au S. par le Tibre. — PÉROUSE ou PERUGIA, entre le Tibre et le lac de Trasimène, est défendue par une citadelle. Évêché ; université, école des beaux-arts, musées de peinture et d'antiquités ; au XV° siècle, l'école d'Ombrie, avec le Pérugin pour maître, eut la plus grande célébrité. Soieries; draps, tapis communs, savonneries, tanneries ; commerce de vins et d'huile; 50,000 hab. ; — *Assisi*, à l'E. ; vieille citadelle ; patrie et tombeau de saint François ; — *Todi*, au S , sur le Tibre ; — *Orvieto*, au confluent de la Paglia et de la Chiana, sur un rocher escarpé. Évêché ; belle cathédrale gothique ; commerce de vins blancs, grains, bestiaux; 7,000 hab. ; — *Gubbio* (Iguvium), au N.; évêché, antiquités étrusques, tables eugubines ; étoffes de laine ; 25,000 hab.; — *Foligno*, au S.-E. de Pérouse, sur le Topino. Évêché ; parchemins, papier, bougies ; commerce assez actif ; 22,000 hab. ; — *Spolète*, au S. ; archevêché ; belles ruines ; 21,000 hab. ; — dans la vallée de la Nera, *Norcia* (Nursia), près du mont Vettore, évêché, patrie de saint Benoît ; — *Terni* (Interamna), près du confluent de la Nera et du Velino. Évêché ; patrie de Tacite ; près de la belles cascades du Velino ; 10,000 hab. — *Rieti* (Reate), sur le Velino ; évêché. Cuirs, draps ; 10,000 hab. ; *Narni*, sur la Nera.

§ 14 — Toscane. — Provinces, villes

La TOSCANE (anc. Étrurie), entre l'Apennin et la mer Tyrrhénienne, arrosée par l'Arno et l'Ombrone, renferme de hauts plateaux couverts de chênes, de hêtres, de châtaigniers, de pâturages ; et sur les sommets plus élevés de mélèzes, de pins et de sapins ; les plaines sont fertiles et bien cultivées, grâce à un bon système d'irrigation ; elles produisent du blé, du maïs, des fèves ; on y trouve des vignes, des oliviers, des mûriers, des arbres fruitiers ; la côte est le plus souvent marécageuse et malsaine ; c'est le pays des *Maremmes* de Piombino et d'Orbetello, de la *mal'aria*. C'est dans l'Apennin toscan qu'on trouve les plus beaux marbres du monde. Le pays de Lucques, au N., qu'on rattache à la Toscane, parfaitement cultivé, produit de l'huile et de la soie.

La Toscane, où jadis le peuple étrusque atteignit une brillante civilisation et où il a laissé tant de traces de ses richesses et de son luxe, exerça la plus grande influence sur les commencements de Rome. Plus tard, au temps où Florence devint l'*Athènes de l'Italie*, c'est en Toscane que la langue italienne se perfectionna surtout ; et aucune partie de l'Italie n'a produit plus de grands hommes dans les arts, dans les lettres et dans les sciences, aux xv° et xvi° siècles principalement. Elle a formé 7 provinces.

57° FLORENCE ou FIRENZE, sur l'Arno, par 43°46′41″ lat. N. et 8°55′30″ long. E., a servi de capitale au royaume d'Italie jusqu'en 1871. C'est une belle ville, aux rues tortueuses, aux places nombreuses, qui possède beaucoup de monuments remarquables : églises (Santa Maria del Fiore, Santa Croce, Saint-Laurent, des Saints-Apôtres, du Saint-Esprit, dôme, baptistère, campanile, etc.), palais (palazzo Vecchio, Loggia dei Lanzi, palais Pitti, Medicis, etc.). Archevêché ; université, observatoire, écoles de médecine, des beaux-arts ; académie de la Crusca ; musées magnifiques, bibliothèques Laurentienne, Maglia, Becchiana, etc. Soieries, velours, coutellerie, fabriques d'acier, d'objets en albâtre, de couleurs, de porcelaine, de violons, d'instruments de physique, de mosaïques, de chapeaux de paille, d'essences, de rosolio, etc. Patrie de Dante, Boccace, Machiavel, Guichardin, Michel-Ange, André del Sarto, Cellini, Cimabue, Giotto, Léonard de Vinci, Galilée, Côme, Laurent de ·Médicis, Léon X, etc. etc. ; 167,000 hab. ; — *Fiésole* (Fœsulæ), a 5 kil N.-E. de Florence; évêché ; antiquités ; — *Signa*, a l'O.,*sur l'Arno, chapeaux de paille ; — *Prato*, au N.-O. de Florence; draps; teintureries ; quincaillerie, armes ; chapeaux de paille , 40,000 hab., — *Pistoja*, au N.-O. de Prato, sur l'Ombrone de l'Arno ; armes, quincaillerie; fabrique d'orgues; chapeaux de paille. Catilina y fut tué, 63 av J.-C, 12,000 hab. ; — *San Miniato*, au S.-O. de Florence, évêché ; belle église du xi° siècle, — *Empoli* (Emporium), un peu à l'E., sur l'Arno; chapeaux de paille; 7,000 hab ; — *Rocca San Casciano*, au S. de Florence.

38° Arezzo (Arretium), au S.-E. de Florence, sur l'Arno. Évêché, belle cathédrale ; draps pour ·l'armée, étoffes de laine; peignes, épingles ; patrie de Mécènes, de Pétrarque, de Gui, de l'Arétin, de Vasari ; etc., etc.; 39,000 hab.; — *Bibbiena*, au N.-O.; — les *Camaldules*, couvent célèbre sur la route d'Arezzo à Florence dans la Vallombrosa; *Cortone*, au S. d'Arrezzo, dans le val Chiana ; murailles étrusques ; — *Borgo San Sepolcro*, au N.-E. d'Arezzo, près du Tibre supérieur ; évêché.

39° Sienne, près d'un affluent de l'Ombrone ; archevêché, cathédrale; université, académie des sciences. Soieries, draps, chapeaux de paille, instruments de musique, potasse; marbres. Patrie de sainte Catherine ; 23,000 hab. ; — *Montepulciano*, au S.-E., évêché; vins renommés ; — *Chiusi* (Clusium), au S.-E., près du lac de Chiusi et de la frontière de l'Ombrie ; collection d'antiquités étrusques; — *Colle*, au N.-O. de Sienne ; évêché ; papeteries.

40° Grosseto, près de la rive droite de l'Ombrone. Évêché, salines importantes; — *Orbetello*, port fortifié dans un étang près du mont Argentaro, ancien chef-lieu des Présides de Toscane ; débris étrusques, — *Massa Maritima*, au N.-O. de Grosseto; évêche, — les petites îles de *Giglio* et de *Giannutri* en dépendent.

41° Pise (Pisæ), sur l'Arno, à quelque distance de l'embouchure ensablée, entourée de marais. Archevêché, université ; citadelle. Dôme, baptistère, tour penchée , cimetière ou Campo·Santo. Cotonnades ; 50,000 hab. Près de là, bains de *San Juliano* et *Chartreuse de Pise;* — *Pontedera*, à l'E., sur l'Arno, toiles, pâtes alimentaires; — *Volterra* (Volaterræ), au S.-E. ; évêché ; carrières d'albâtre; murs étrusques , fabrique d'armes ; patrie de Perse, — *Piombino*, petit port en face de l'île d'Elbe.

42° Livourne, port franc sur la mer Tyrrhénienne, au S -O. de Pise, a hérité de son importance. Son commerce d'importation et d'exportation est considérable ; elle a des fonderies de cuivre, de bronze et de caractères d'imprimerie ; des manufactures d'armes, des tanneries, des fabriques de cordages, de liqueurs, de fruits confits, d'essence de roses ; de la bi outerie de corail ; des chantiers de construction, un arsenal, une école de marine ; 97,000 hab. ; — en face est l'ilot de la *Meloria*, célèbre par deux batailles navales en 1241 en 1284 ; — l'île d *Elbe* en depend ; elle a 730 kil. carrés et 20,000 hab., les côtes sont sinueuses et on y pêche le thon ; l'intérieur est montueux ; le sol est fertile, mais peu cultivé ; on y trouve des bois, des châtaigniers, des vignes, des fruits. Les mines de fer sont abondantes, mais négligées ; il y a des salines ; — *Porto Ferrajo*, bon port, chef-lieu de l'île d Elbe ; bagne ; 4,000 hab., — *Rio*, à 10 kil. E. ; mines de fer, sources ferrugineuses ; — *Porto Longone*, port fortifié à l'E. ; château sur un roc inaccessible. *Pianosa*, boisée et fertile, au S. ; *Gorgona*, à l'O. de Livourne. renferment des colonies pénales ; *Monte-Christo*, au S. de l'île d'Elbe, n'est qu'un rocher.

43° Lucques (Lucca), près de la rive gauche du Serchio. Archevêché ; beau palais ducal, riches archives. Soieries, draps, violons ; bains célèbres de Lucques ; 68,000 hab., — *Pescia*, au N.-E., évêché ; — *Monte Catini* ; eaux minérales ; — *Viareggio*, à l'O. de Lucques, lui sert de port; bains de mer ; 6,000 hab. ; — *Pietrasanta*, port au N. ; — *Serravezza*, au N. ; carrières de beau marbre statuaire.

§ 15 — Latie ou Rome — Province, villes

44 La province nouvelle de Rome, entre le lac Bolsena, au N., et Terracine au S., comprend les plateaux du nord avec les lacs Bolsena, de Vico et Bracciano ; la Sabine, à l'E. ; la Campagne de Rome, les Marais Pontins et la région des monts Lépiniens. On y trouve de vastes plaines aux aspects sévères, des champs de blé ou des pâturages médiocres ; les habitants, retirés sur les collines, ne descendent dans la région marécageuse de la côte que pour couper rapidement le foin, labourer et moissonner, et encore sont-ils exposés aux ravages de la fièvre. On a desséché une partie des Marais Pontins ; mais ils ne renferment que des troupeaux de bœufs, de buffles, de chevaux, avec quelques pâtres misérables.

Avant les événements de septembre 1870, les États de l'Église comprenaient la *Comarca* ou *province de Rome*, les *délégations de Viterbe* au N., de *Civita Vecchia* au N.-O., de *Velletri* et de *Frosinone* au S.-E. Maintenant la province de Rome comprend, outre la préfecture de Rome, les sous-préfectures de Viterbe, Civita Vecchia, Velletri et Frosinone.

Rome, sur le Tibre, par 41°53'54" lat. N. et 10°9'32" long. E., a 25 kil. de la mer, a 12 de ses quartiers sur la rive gauche et 2 sur la rive droite; elle s'étend sur 10 collines que défend le château Saint-Ange; elle est entourée d'une vieille muraille de 23 kil., flanquée de tours carrées; 4 ponts unissent les deux parties de la ville; la partie méridionale est presque inhabitée. Antique résidence des papes, capitale nouvelle du royaume d'Italie, c'est la ville des grands souvenirs, des monuments célèbres et des ruines; on y voit les débris du Colisée, des palais des empereurs, des thermes de Titus, de Caracalla, de Dioclétien, les arcs de Titus, de Septime Sévère, de Constantin; la colonne Trajane, le Forum antique, aujourd'hui Campo Vaccino; le Panthéon d'Agrippa, aujourd'hui Sainte-Marie de la Rotonde; le mausolee d'Adrien, aujourd'hui Château Saint-Ange; les égouts (Cloaca Maxima), creusés par les Tarquins, les catacombes, etc., 150 places, 50 fontaines, près de 300 églises ou chapelles, Saint-Pierre, Saint-Jean de Latran, Sainte-Marie Majeure, le Vatican, le Quirinal, le Capitole; des musées, des bibliothèques; des palais, Farnése, Barberini; Doria, Colonna, Rospighosi, Ruspoli; les villas Albani, Borghèse, Pamphili, Aldobrandini, Ludovisi, Médicis (où réside l'École française des beaux arts), etc., etc.

Rome possede l'Université de la Sapienza, le College romain, le collége de la Propagande, un Observatoire, l'Académie de Saint-Luc, une École de mosaique, etc. L'industrie peu considérable consiste en soieries, velours, draps, tapisseries, mosaiques, camées, bijoux de corail, etc.; 245,000 hab., — *Albano*, sur le lac Albano (8 kil. de tour), a un évêche et de nombreuses villas; 6,000 hab.; — *Castel Gandolfo*, sur le même lac, est la résidence d'été du pape; — *Marino*, près du lac, 4,500 hab., — *Genzano*, au S.-E., près du lac Nemi, ancien cratère, de 6 kil. de tour, — *Porto d'Anzio* (Antium), petit port, au S., en face de la Torre d'Astura, — *Ostie*, maintenant bourg miserable et presque désert, — *Fiumicino*, port à l'embouchure septentrionale du Tibre; — *Bracciano*, sur le lac de ce nom, qui a 15 kil de tour et est profond, — *Frascati* (Tusculum), à l'E. de Rome; évêché; ruines célèbres, 5,000 hab.; — *Palestrina* (Préneste), à l'E, dans le bassin du Teverone, antiquités; 5,000 hab.; — *Tivoli* (Tibur), sur le Teverone; évêché; célèbre par ses paysages et ses ruines; — *Subiaco*, à l'E., sur les flancs du Monte Cavo, dans une gorge de l'Apennin; — *Isola*, ruines de Veies; *Palazzuolo*, ruines d'Albe, etc., etc.

Civita Vecchia (Centumcellæ), port assez commerçant, à 60 kil.

N.-O. de Rome; place forte, arsenal, chantiers de construction; évêché; 10,000 hab.; — Corneto (Tarquinies), à 4 kil. de l'embouchure de la Marta; antiquités étrusques; — Cervetri, sur les ruines de Cœré.

Viterbe, au N. de Rome, au pied du mont Cimino; évêché; collection d'antiquités étrusques et romaines; 21,000 hab.; — Bolsena (Vulsinies), au N.-E. du lac de ce nom, qui a 44 kil. de tour; — Montefiascone, au S.-E. du lac; évêché; bons vins, 6,000 hab.; — Civita Castellana, près de la rive droite du Tibre; combat de 1799, 4,000 hab.; — Ronciglione, au S. du lac de Vico; — Sutri (Sutrium), tout à côté.

Velletri (Velitræ), au S. du mont Albano, à l'entrée des Marais Pontins; évêché; patrie d'Auguste; 12,000 hab.; — Terracine (Anxur), port à l'extrémité méridionale des Marais Pontins; évêché; ville à demi ruinée.

Frosinone, au S.-E., dans le bassin de Garigliano; foires importantes; 8,000 hab.; — Alatri, au N.; évêché; murs cyclopéens; 10,000 hab.; — Ferentino, au S.-O.; 8,000 hab.; — Anagni au N.-O.; évêché, patrie de Boniface VIII; 6,000 hab.

§ 16. — Naples. — Provinces, villes.

L'ancien ROYAUME DE NAPLES comprend toute l'Italie méridionale et la Sicile. Les provinces napolitaines du N.-O., le long de la mer Tyrrhénienne, Terre de Labour, province de Naples, Principauté citérieure, sont les plus belles parties, les plus fertiles, sauf une région insalubre dans la Principauté citérieure. Ces plaines, toujours riches, quoique mal cultivées et sans engrais (Campania felix), produisent des céréales, du maïs, des légumes, du chanvre, et sont couvertes d'orangers, de citronniers, d'oliviers, de mûriers, de peupliers. — Les provinces montagneuses du Centre et de l'Est, Abruzzes, Molise, Bénévent, Basilicate, Principauté ultérieure, renferment de vastes pâturages abandonnés pendant l'hiver, avec de belles forêts de châtaigniers sur leurs pentes. C'est l'ancien Samnium, qui opposa une si longue résistance aux Romains. — Les plaines du S.-E., Capitanate, Terre de Bari, Terre d'Otrante (ancienne Pouille), sont arides, mal cultivées, mais renferment des pâturages d'hiver où descendent les troupeaux de moutons des montagnes; l'été, les marécages sont malsains; il y a beaucoup d'oliviers. — Les Calabres, au S.-O., forment un pays montueux, boisé, sauvage, avec de vastes plateaux incultes, comme la Sila, avec des vallées fertiles et un littoral malsain, avec un climat et des productions qui rappellent l'Afrique. On y élève une bonne race de petits chevaux. Le sol est souvent ébranlé par des tremblements de terre; celui de 1783 porta partout la désolation et fit périr des milliers de personnes.

45° La TERRE DE LABOUR (Terra di Lavoro), au N.-O., a pour villes principales : *Caserte*, au N. de Naples ; magnifique palais royal ; riches étoffes de soie ; 29,000 hab.; — *Capoue* (Casilinum), place forte sur le Volturno, près des ruines de l'ancienne Capoue, à 25 kil. N. de Naples ; foires importantes, archevêché ; 10,000 hab.; — *Aversa*, entre Capoue et Naples; évêché, grande maison d'enfants trouvés, maison modèle de fous ; 21,000 hab.; — *Sora*, au N. de la province, sur le Garigliano ; draps, papiers, 12,000 hab., — *Arpino*, au S. de Sora ; parchemins, draps ; patrie de Marius et de Cicéron ; 10,000 hab.; — *Atina*, à l'E.; — *Aquino*, sur un affluent du Garigliano ; patrie de Juvénal et de saint Thomas ; — *San Germano* ; 8,000 hab.; près de là est l'abbaye du Mont-Cassin sur une montagne volcanique et escarpée ; — *Calvi* (Calès); évêché ; dans une position fort insalubre ; on y récoltait les vins jadis renommés de Falerne ; — *Isola*, dans une île du Garigliano ; draps, toiles ; — *Pontecorvo*, sur le Garigliano ; évêché, titre de principauté donné à Bernadotte ; — *Gaete*, place forte sur le golfe de ce nom, à 70 kil. N.-O. de Naples, et sur un rocher qui ne tient à la terre que par un col de 800 mètres fortifié. Archevêché, cathédrale ; siéges de 1799, 1806 et 1860-61; 12,000 hab.; — *Fondi*, au N.-O.; évêché ; murailles cyclopéennes ; aux environs on récoltait le Cécube ; — *Acerra*, au milieu des marais ; évêché ; 8,000 hab.; — *Sessa*, près de la mer ; évêché ; 20,000 hab.; — *Teano*, dans une position importante, à l'E.; — *Piedimonte*, au pied des monts Matese, cotonnades, 6,000 hab.; — *Maddaloni*, au S.-E. de Caserte ; — *Nola*, au S.-E., évêché ; patrie de Giordano Bruno ; 10,000 hab.; — le groupe des îles *Ponza* (Ponza, Zannone, Palmarola) dépend de la province.

46° NAPLES (Parthenope, Neapolis), dans un site admirable au fond du golfe, entre le Vésuve à l'E. et le Pausilippe à l'O., par 40°50'15" lat. N. et 11°55'30" long. E. Le port est petit, mais la rade est sûre ; les forts Saint-Elme (aujourd'hui détruit) et de l'Œuf défendaient la ville. On y remarque le château, le palais royal, œuvre de Fontana, la cathédrale de Saint-Janvier, le théâtre Saint-Charles. Archevêché ; université ; arsenal, manufacture d'armes ; écoles des beaux-arts, de marine, musée Bourbon, bibliothèques. Velours, rubans, bas de soie, gants ; porcelaine, faïence, bijouterie de corail, fleurs artificielles, chapeaux de paille, parfumeries ; pâtes alimentaires, confitures, sucreries ; instruments de musique, etc. Commerce considérable. Patrie de Stace, Velleius

Paterculus, Bernin, Vico, Pergolèse, etc.; 450,000 hab.; — une route curieuse, percée à travers le Pausilippe, conduit de Naples aux Champs Phlégréens et de là à Pouzzoles; — *Pouzzoles* ou *Pozzuoli* (Puteolæ), bon port sur le golfe de Pouzzoles ou de Baia, près des ruines de Cumes et de Baies; commerce de terre volcanique ou pouzzolane; près de là est la *Solfatare;* 10,000 hab.; — *Marano* et *Giugliano*, au N. de Naples; — *Casoria*, au N.-E., et *Afragola;* mûriers, magnaneries; — *Portici*, au pied du Vésuve, près de la mer; château royal; — *Resina*, près des ruines d'Herculanum, ensevelies sous les laves en 79 et retrouvées vers 1711; 10,000 hab.; — *Torre del Greco*, au pied du Vésuve, port; pâtes alimentaires, vin de Lacryma Christi, bijouterie de corail; 15,000 hab.; — *Torre dell' Annunziata*, port au S.-E.; commerce actif; macaroni; fabrique d'armes blanches; 15,000 hab.; près de là sont les ruines de Pompei, retrouvées au milieu du xviii° siècle; — *Castellamare*, grand port militaire au fond du golfe de Naples; chantiers de construction; pâtes alimentaires; cotonnades, soieries; eaux thermales; là sont les ruines de Stabies; 26,000 hab.; — *Sorrente*, port à l'entrée méridionale du golfe de Naples; archevêché; patrie du Tasse; — *Somma, Ottajano, Santa Anastasia*, petites villes au N. du Vésuve — Plusieurs îles dépendent de cette province : Capri, à 5 kil. du cap Campanella, jouit d'un heureux climat. On y voit une grotte de stalactites et un rocher auquel on monte par un escalier de 500 marches. Elle rappelle le séjour de Tibère; elle a deux petites villes : le port de *Capri* et *Anacapri* sur la hauteur; — Ischia (Œnaria), à 12 kil. S.-O. du cap Misène, a 32 kil. de tour. Le sol est volcanique; on y trouve des sources minérales, du soufre, d'excellents vins, de l'huile, de la soie; 15,000 hab.; le chef-lieu, *Ischia*, a un évêché; *Forio*, à l'O., est un port de 6,000 hab.; — Procida (Prochyta), entre Ischia et le continent, a un sol volcanique, qui porte des orangers, des figuiers, des vignes; on y pêche le thon et le corail; 12,000 hab.; *Procida*, port au S.-E., a des chantiers de construction; — Nisita, dans le golfe de Naples, à la pointe du Pausilippe, a un lazaret; — San Stefano et Vendotena (Pandataria), à l'O. d'Ischia.

47° La Principauté Citérieure, au S.-E. de Naples, a pour villes principales : *Salerne*, à 60 kil. de Naples, mauvais port sur le golfe de Salerne. Archevêché, belle cathédrale, université. Filatures et fabriques de coton; foires importantes. Jadis école de médecine célèbre; 28,000 hab.; — *Amalfi*, à l'O., port autrefois très-commerçant sur le golfe; archevêché; — *Cava*, près et au N.-O. de Salerne; monastère célèbre de bénédictins; 13,000 hab.; — *Nocera* (Nuceria), au N.-O.; évêché; Frédéric II y avait établi une colonie de Sarrasins: 10,000 hab.; — *Sarno*, au N.; — *San Severino*, au N.-E.; — *Campagna*; 10,000 hab., et près de là *Eboli*; *Vallo*, chef-lieu du Cilento, pays difficile; — *Sala*, à l'E.; 8,000 hab.; — *Policastro* (Buxentum); évêché; port ruiné sur le golfe de ce nom; — *Capaccio*, près des ruines de Pæstum.

48° L'ABRUZZE ULTÉRIEURE Ire, entre l'Apennin et l'Adriatique, du Tronto à la Pescara, a pour villes principales : *Teramo*; évêché, belle cathédrale, sur le Tordino; cuirs, chapeaux, 10,000 hab.; — *Penne*, évêché; chapeaux de paille; 10,000 hab.; — *Civitella del Tronto*, ville fortifiée, au N. de Teramo.

49° L'ABRUZZE ULTÉRIEURE IIe, à l'O., dans les Apennins, a pour chef-lieu *Aquila*, sur l'Aterno, aux environs d'Amiternum; évêché, commerce de safran: patrie de Salluste; 10,000 hab.; — *Avezzano*, à l'O., et *Celano*, près du lac Celano ou Fucino, maintenant desséché, — *Tagliacozzo*, a l'O., près de la source du Salto; bataille de 1268; — *Solmona*, au S.-E.: d'Aquila; évêché; confitures, papier; patrie d'Ovide; 10,000 hab.

50° L'ABRUZZE CITÉRIEURE, entre l'Apennin et l'Adriatique, de la Pescara au Trigno, a pour chef-lieu *Chieti* (Teate), près de la Pescara; évêché; 25,000 hab.; — *Lanciano*, au S.-E.; archevêché; commerce de vins muscats; 15,000 hab.; — *Pescara*, place fortifiée à l'embouchure de la Pescara; — *Ortona*, petit port; — *Vasto*, port, sources d'eaux minérales; 9,000 hab.

51° La province de MOLISE ou SANNIO, au S. des Abruzzes, a pour chef-lieu *Campobasso*, près du Biferno; coutellerie; 10,000 hab.; — *Termoli*, petit port; évêché; — *Venafre*, à l'O.; — *Boiano*, *Isernia*, près des sources du Volturno; siéges d'évêché; — *Larino*, au N.; 7,000 hab.; — *Agnone*, à l'E., manufacture de cuivre; 12,000 hab.

52° BÉNÉVENT, sur le Calore, affluent du Volturno; archevêché; titre de principauté donné à Talleyrand; bataille de 1266; 20,000 hab.; — *Cerreto*, au N.-O.; vins, grains, olives; 7,000 hab.

53° LA CAPITANATE ou TAVOGLIERE DI PUGLIA, du Fortore à l'Ofanto, comprend la presqu'île du mont Gargano. Le chef-lieu est *Foggia*; commerce de vins, grains, laine, foires importantes; 38,000 hab.; — *Lucera*, sur la Salsola, au N.-O.; antiquités; 12,000 hab.; — *Troja*, *Bovino*, *Ascoli* (Asculum), au S.-O.; siéges d'évêché; — *Cerignola*, au S., à la gauche de l'Ofanto; toiles, cotonnades; bataille de 1503; 15,000 hab.; — *Manfredonia* (Sipontum), port assez bon sur le golfe de ce nom; archevêché; 5,000 hab.; *Monte San Angelo*, sanctuaire célèbre un peu au N.-E.; — *Sansevero*; commerce de grains; 17,000 hab.; — les îles *Tremiti* (Diomedæ insulæ), au N.-O. du mont Gargano, dépendent de la Capitanate : *San Domenico* a 8 kil. de tour, mais pas d'eau ; — *San Nicolo* a un petit cratère ; — *Caprara, Crettacio, la Vecchia.* Elles produisent de l'huile excellente et des fruits.

54° La Principauté Ultérieure, à l'E. de la province de Naples, a pour chef-lieu *Avellino;* évêché ; draps communs, teintureries ; pâtes alimentaires ; commerce d'avelines ; 16,000 hab. ; — *Ariano,* au N.-E. de la province, au pied de l'Apennin ; évêché ; 15,000 hab. ; — *Conza,* au S.-E. ; archevêché ; — *Bisaccia,* à l'E. ; — *Solofra,* au S.-O. ; tanneries, draps.

55° La Terre de Bari, le long de la mer Adriatique, a pour villes principales : *Bari* (Barium), bon port avec une citadelle ; archevêché. Toiles, draps, chapeaux ; commerce d'huile surtout ; 50,000 hab. ; — La côte offre un grand nombre de ports de commerce : *Barletta,* place forte ; salines ; 28,000 hab. ; — *Trani,* archevêché ; port petit et mauvais ; 24,000 hab. ; — *Bisceglie;* évêché ; vins estimés ; 21,000 hab. ; — *Molfetta;* chantiers de construction, toiles, salpêtre ; 27,000 hab. ; — *Giovinazzo,* archevêché ; — *Bitonto;* bons vins ; bataille de 1734 ; 25,000 hab. ; — *Mola;* — *Monopoli;* évêché ; commerce, industrie active ; 15,000 hab. ; — dans l'intérieur des terres : *Altamura,* au S.-O. de Bari ; belle cathédrale ; 15,000 hab. ; — *Gravina,* un peu à l'O. ; — *Andria,* à l'O. de Trani ; *Canosa* (Canusium), près de l'Ofanto ; évêché ; — entre Canosa et Barletta, sur la rive droite de l'Ofanto, est le champ de bataille de *Cannes,* aujourd'hui Campo di Sangue.

56° La Terre d'Otrante, à l'extrémité S.-E. de l'Italie, a pour villes principales : *Lecce;* évêché ; commerce actif ; cotonnades, gomme odoriférante ; vases immenses en pierre de Lecce ; 23,000 hab. ; — *Brindisi* ou *Brindes* (Brundusium), ville forte, port ensablé dans un pays marécageux. Archevêché ; commerce de vins, huiles, macaroni ; 8,000 hab. ; — *Otrante* (Hydruntum), ville forte, port sur le canal d'Otrante ; archevêché ; — *Gallipoli,* port de commerce à l'entrée du golfe de Tarente ; évêché ; ville fortifiée ; pêche du thon ; 10,000 hab. ; — *Tarente,* port fortifié au fond du golfe, avec une rade magnifique. Archevêché ; salines, commerce d'huile et de grains ; 28,000 hab. ; — dans l'intérieur : *Francavilla;* lainages, cotonnades ; 10,000 hab. ; — *Ostuni,* au N. ; 10,000 hab. ; — *Castellaneta, Oria, Nardo,* siéges d'évêché.

57° La Basilicate, entre les deux ramifications de l'Apennin, a pour villes principales : *Potenza* sur le Basente ; évêché ; 12,000 hab. ; — *Melfi,* au N., près du mont Vultur, à la droite de l'Ofanto ; évêché ; 10,000 hab. ; — *Venosa* (Venusium), à l'E. ; patrie d'Horace ;

— *Acerenza*, ville fortifiée, sur le Bradano ; — *Avigliano;* bestiaux ; 9,000 hab. ; — *Montepeloso;* évêché ; — *Matera*, à l'E. ; archevêché ; 14,000 hab. ; — *Molitorno;* — *Lauria*, au S.-O. ; 8,000 hab. ; — *Torre a Mare*, sur les ruines de Metaponte, vers l'embouchure du Bradano ; — *Policoro*, l'ancienne Héraclée.

58° La Calabre Citérieure, au S. de la·Basilicate, a pour villes principales : *Cosenza* (Consentia), sur le Crati et le Busento, au pied de la Sila ; archevêché ; faïence, coutellerie ; Alaric y mourut ; 10,000 hab. ; — *Paola*, port de la mer Tyrrhénienne ; patrie de saint François ; 5,000 hab. ; — *Rossano*, près du golfe de Tarente, archevêché ; commerce d'huile ; 8,000 hab. ; — *Cariati*, au S.-E. ; évêché ; — *Castrovillari*, au N., sur le Coscile ; fromages renommés ; coton, mûriers, fruits ; 7,000 hab. ; — *Cassano*, au S.-E. ; évêché.

59° La Calabre Ultérieure II°, au S., a pour villes principales : *Catanzaro*, à 8 kil. du golfe de Squillace. Evêché ; commerce actif ; draps, tapis ; 25,000 hab. , — *Squillace*, au S. ; évêché ; petit port sur le golfe ; — *Cotrone* (Crotone), port sur la mer Ionienne ; commerce de grains, vins, soie ; — *Santa Severina*, au N.-O. ; archevêché ; — *Strangoli* (Petilia), près de la mer Ionienne, évêché ; — *Santa Eufemia*, petit port sur le golfe de ce nom ; — *Pizzo*, port sur le même golfe, au S. ; forges d'acier ; Murat y fut fusillé en 1815 ; 6,000 hab , — *Monteleone*, près du même golfe ; vins, huiles ; 10,000 hab. ; — *Nicastro*, au N.-O. de Catanzaro ; évêché.

60° La Calabre Ultérieure I**, au S.-O. de l'Italie, a pour villes principales : *Reggio* (Rhegium), sur le détroit de Messine. Archevêché. Commerce de soieries, toiles, vins, huiles, essences ; 35,000 hab. ; à l'E. se trouve l'Aspromonte ; — *Scylla* (Scyllæum), en face du cap Faro ; pêcheries ; là est le rocher de Scylla, percé de cavernes ; l'abîme de Charybde a disparu ; — *Palmi*, au N., sur un rocher qui domine le golfe de Gioja ; soieries, lainages ; 8,000 hab. ; — près de là est *Seminara;* batailles de 1495, 1503, 1807 ; — *Oppido* et *Casalnuovo*, à l'E., villes de 8,000 hab. ; récolte de soie ; — *Bova*, vers le S. ; évêché ; — *Gerace* (Locri Epizephiri), à l'E., près de la mer Ionienne ; évêché ; 5,000 hab.

§ 17. — Sicile   Provinces, villes

1 La Sicile est une grande île, séparée de l'Italie par le détroit ou phare de Messine, large de 6 à 8 kil. dans sa partie la plus resserrée. Elle a 250 kil de l'E. à l'O. sur 100 du N. au S., et 26,800 kil. carrés avec les petites îles qui en dépendent. Les côtes ont un développement de 1,300 kil. Elle a la forme d'un triangle, terminé par le cap *Faro* ou *Peloro* (Pelorum), au N.-E. ; le cap *Passero* ou

Passaro (Pachynum), au S -E. ; le cap *Boeo* (Lilybæum), à l'O. Cent kil. séparent à peine la Sicile de la côte d'Afrique ; aussi l'île a-t-elle été souvent occupée ou menacée dans les temps anciens par les maîtres de la Berbérie, Carthaginois, Arabes, pirates africains. C'est un vaste plateau, accidenté, sans bois, sans culture, sans routes, de 4 à 500 mètres de hauteur. Dans le Nord est la chaîne assez elevée des *monts Nebrodi* ; le *Pizzo dell' Antenna* et le *Pizzo di Case*, dans les *monts Modonia*, au S. de Cefalù, atteignent 2,000 mètres. L'*Etna*, volcan redoutable, vers l'E., n'appartient pas à la chaîne ; il a 160 kil. de base et 3,313 mètres de hauteur. C'est une montagne superbe, d'où la vue embrasse presque toute la Sicile ; le sommet, avec ses deux pointes et ses nombreux cratères, est couvert de laves ; puis, en descendant, on trouve les neiges, la région des bouleaux, des hêtres, des pins, des châtaigniers, des chênes, souvent tordus et brûlés par les flammes du volcan, sur les dernières pentes, les jardins, les vignobles, tant de fois détruits et tant de fois replantés. Les plaines du N. et de l'E. sont peuplées et fertiles ; ainsi la plaine de Catane, au S -E. de l'Etna, ayant 50 kil. de longueur sur 15 de large et baignée par la *Giaretta* ; la vallée de Taormina, au N.-E., baignée par l'*Alcantaro*, sont d'une végétation luxuriante. Il n'y a que des cours d'eau torrentiels. Le pays est déboisé, excepté sur les flancs de l'Etna et des monts Nebrodi. Le climat est généralement sain ; mais la côte méridionale est insalubre. La Sicile possède de l'albâtre, des marbres, du fer, du plomb, du cuivre, et surtout du soufre ; il abonde, principalement près de Caltanisetta, vers le centre. Le plateau central, peu habité, renferme une population d'origines diverses, où l'influence normande et arabe se fait surtout sentir, et qui est très-peu italienne ; les habitants des côtes sont d'origine grecque ou napolitaine.

La Sicile est divisée en sept provinces.

61° PALERME (Panormus), bon port au N. de l'île, à 360 kil. S.-O. de Naples, au fond du golfe de Palerme. Elle est entourée d'une forte enceinte, protégée par des châteaux. Archevêché ; cathédrale gothique ; observatoire, palais royal! Cotonnades, soieries, chapeaux de paille ; commerce assez actif ; massacre des Vêpres siciliennes en 1282 ; bataille navale de 1676 ; 220,000 hab. ; — *Montreal* ou *Morreal*, au S.-O., archevêché, abbaye célèbre de bénédictins ; belle cathédrale ; 15,000 hab, ; — *Partinico*, à l'O.; — *Carini* (Hyccara) ; 7,000 hab. ; — *Corleone*, au S. ; 14,000 hab., — *Termini* (Himera), port fortifié, école de navigation ; eaux thermales ; 25,000 hab. ; — *Cefalù*, à l'O.; port, école de navigation ; pêcheries. Evêché ; 10,000 hab.; — l'île *Ustica*, au N., dépend de Palerme.

62° Trapani (Drepanum), au N.-O. de la Sicile; bon port fortifié; évêché, belle cathédrale. Salines aux environs; pêche du corail, albâtre; 34,000 hab.; au N. est le mont Eryx; — *Castellamare*, port à l'E. sur le golfe de ce nom; — *Alcamo*, près des ruines de Ségeste; 21,000 hab.; — *Calatafimi*, au S.-O., 10,000 hab.; — *Salami*, ville peuplée au centre de la province; — *Castelvetrano*, vers le S., vins blancs; bijoux de corail, ouvrages en albâtre; située sur un rocher à 10 kil. de la mer; 20,000 hab.; — *Marsala*, à l'O., près de l'ancienne Lilybæum; port; commerce de sel, huile, blé, vins recherchés en Angleterre; Garibaldi y débarqua en 1860; 34,000 hab.; — *Mazzara*, port, plus au S., grand et sûr; commerce de vins, eaux-de-vie, huile, soude, coton; 8,000 hab. Les îles Egades dépendent de cette province; les principales sont: *Levanzo*, *Favignana* et *Maritimo*; elles ont 12,000 hab.; les Romains y furent victorieux, en 242 av. J.-C.

63° Girgenti, près de la côte méridionale, port mal fortifié, au S. de Palerme. Évêché; à 2 kil. sont les ruines d'Agrigente; 21,000 hab.; — *Sciacca*, port à l'O. près de l'ancienne Sélinonte; commerce de grains; 15,000 hab.; — *Licata*, port fréquenté, à l'embouchure du Salso, vers l'E., près des ruines de Géla; grand commerce de grains, soufre, soude; pâtes alimentaires, amandes; 14,000 hab., — *Naro*, 12,000 hab., et *Canicatti*, au N.; soufrières; 21,000 hab.; — *Regalmuto*, au N.-E. de Girgenti; soufrières; 8,000 hab. — Près de là sont quelques petites îles: *Pantellaria* (Cossyra) a 30 kil. de tour, est montueuse, volcanique et peuplée de 5,000 hab.; — *Oppidolo*, au N.; 3,500 hab.; — *Lampedousa*, au S.-O.; — *Lampione*, à l'O.; ces îles dépendent de la province de Girgenti.

64° Caltanisetta, à l'E. de Girgenti, ville forte sur le Salso;· grandes soufrières, sources de pétrole, de gaz hydrogène; 26,000 hab.; — *Castro Giovanni*, au N.-E., vers le centre de l'île; soufrières, mines de sel gemme; 12.000 hab.; — *Terra Nova*, petit port assez commerçant; 10,000 hab.; — *Piazza*, ville importante à l'E. de Caltanisetta.

65° Syracuse ou Siracusa, sur la côte de l'E.; port fortifié, mais en partie ensablé. Archevêché; belles ruines; 22,000 hab.; — *Noto*, port au S., ancien chef-lieu de la province; évêché; 12,000 hab.; — *Agosta*, port fortifié au N. de Syracuse; ·bataille de 1676; 10,000 hab.; — *Lentini*, à l'O. d'Agosta; — *Scicli*, au S.; lainages, tanneries; 10,000 hab.; — *Modica*; beaux bestiaux; 53,000 hab.; — *Ragusa*; soieries, commerce de produits agricoles; 22,000 hab.

66° Catane, au N. de la province de Syracuse, port important, place forte au pied de l'Etna qui l'a souvent ravagée. Archevêché, cathé-

5.

drale, couvent des bénédictins de San-Niccolo d'Arena; université, musée Biscari. Soieries, tissus de coton, distilleries, ouvrages en marbre; 85,000 hab.; — *Acireale*, port au N.; commerce actif; 36,000 hab.; = *Mascali*, port de commerce; exportation de vins rouges; 14,000 hab.; = *Paterno*, à l'O. de Catane; — *Aderno*, au S.-O. de l'Etna; ruines romaines; 10,000 hab.; = *Nicosia*, au N.-O. de la province; évêché; mine de mercure, pétrole, soufre, bitume; 14,000 hab.; — *Leonforte*, au S.; grains, vins, soie, soufre; 10,000 hab.; — *Caltagirone* (Hybla minima), au S.-O.; évêché; coton, poteries; 26,000 hab.

67° Messine, au N.-E. de la Sicile, bon port sur le détroit, défendu par une citadelle, des forts, des batteries; arsenal; Archevêché; université. Soieries et cotonnades; essences de citron et de bergamote; 112,000 hab.; — *Milazzo* (Mylæ), bon port à l'O.; 10,000 hab.; — *Castroreale*, au S.-O. de Messine; = *Taormina* (Tauromenium), port fortifié, au S. de Messine; ruines remarquables.

Les îles Lipari dépendent de cette province; on les nomme encore *Eoliennes* ou *Vulcaniennes*; elles sont au nombre de 16; les 7 principales sont : *Vulcano* (Hiera ou Vulcania), au S., de 25 kil. de tour, avec deux cratères dont l'un jette de la fumée, et des grottes curieuses; pas d'habitants; — *Lipari* (Meligone), au N.; elle a 245 kil. carrés et 20,000 habitants; c'est une terre essentiellement volcanique; la capitale, *Lipari*, a un port peu sûr, une citadelle, un évêché, et exporte des vins dits de Malvoisie; 10,000 hab.; — *Salina*, au N.-O. de Lipari, a 4,000 hab. et produit huile, fruits, vins estimés; — *Filicudi* (Phœnicusa), à l'O., montagneuse, produit blé, vignes, oliviers; — *Alicudi* (Ericusa), à l'O.; — *Panaria* (Hycesia), au N.-E. de Salina, blé, olives, raisins; — *Stromboli* (Strongyle), au N.-E., volcan escarpé, dont le cratère jette des flammes; bataille de 1676; 3,000 hab.

§ 18. — Sardaigne — Provinces, villes

L'île de SARDAIGNE (*Ichnusa* dans l'antiquité, parce qu'elle a la forme d'une sandale), séparée de la Corse par les bouches de Bonifacio, est longue de 268 kil. du N. au S., jusqu'au cap Spartivento, large de 140 kil.; elle a 24,000 kil. carrés de superficie. Le cap della Testa au N. forme avec le cap Falcone et l'île dell' Asinara le vaste golfe dell' Asinara; le golfe d'Oristano est à l'O.; le golfe de Palmas, au S.-O., est formé par l'île di San Antioco et le cap Teulada; le golfe de Cagliari est au S., le golfe d'Orosei à l'E. Elle est plus rapprochée de l'Afrique que de l'Italie. — C'est une terre montueuse, sans montagnes élevées, sans chaînes bien déterminées, mais avec de nombreux plateaux ; au N., les monts *Limbara* ont 1,320 mètres ; à l'E., les monts *Gennargentu* ont 1,917 mètres. Il y a beaucoup de petits cours d'eau ; le *Tirso* ou *Oristano* n'a que 100 kil. ; les étangs sont nombreux, surtout sur le bord de la mer. Le climat est tempéré au N., mais les étés sont brûlants dans le *Campidano* au S.-O., plaine d'ailleurs très-fertile ; le vent du S.-E. (Levante) est mauvais ; les côtes sont malsaines, aussi les Romains y envoyaient-ils leurs déportés. Il y a peu de routes ; les habitants sont indolents et l'ignorance est universelle ; les animaux utiles sont peu nombreux ; petit est le nombre des agriculteurs. La terre est fertile, mais peu cultivée, sous un ciel avare de pluies, on exporte des bestiaux (chevaux et poneys surtout), des vins, de l'huile d'olive, du tabac ; les chèvres sont très-nombreuses. Il y a des mines de plomb, de fer, de cuivre, peu exploitées, et de magnifiques forêts, de chênes-hége surtout. Cette île, qui fut jadis florissante, conserve de nombreux souvenirs des temps anciens : menhirs, murs cyclopéens, grottes, statuettes, etc. ; et surtout des *nuraghe*, tours coniques en pierres sèches, probablement d'origine phénicienne ; il y en a plus de 3,000 répandues dans toute l'île. Les Phéniciens et les Étrusques occupèrent en effet la Sardaigne avant les Grecs, les Carthaginois et les Romains. La population n'est que de 600,000 habitants, qui ont dans leurs veines beaucoup de sang arabe ou ibère et sont les moins italiens de toute la région. Leur dialecte est un langage tout à fait à part.

L'île est divisée en deux provinces,

68° CAGLIARI (Caralis), port sur la côte méridionale, au fond du golfe de ce nom. Archevêché ; université ; citadelle ; riches salines ; commerce de coton, savon, cuirs ; pâtes alimentaires. 35,000 hab. ; — *Iglesias*, au S.-O. ; évêché ; fait quelque commerce ; — *Oristano*, au fond du golfe de ce nom ; archevêché ; pêcheries de thon surtout ; — *Bosa*, au N. de la province ; évêché ; commerce de blé, vins, fromages ; pêche du corail ; 6,000 hab. ; — deux îles en dépendent au S.-O. : *San Pietro*, qui a 42 kil. carrés et où on pêche le corail, la sardine, l'anchois ; et *San Antioco*, qui a 70 kil. carrés, des marais salants, un petit port, et est assez fertile.

69° SASSARI, au N.-O. ; archevêché ; université ; 35,000 hab. ; *Porto-Torres*, à 14 kil., lui sert de port ; — *Alghero*, petit port, à l'O. ; évêché ; pêche du corail ; commerce d'exportation ; — *Porto Conte*, au N.-O., port vaste et sûr ; — *Castel Sardo*, port sur la côte septentrionale ; évêché ; — *Tempio*, dans l'intérieur ; place forte ; salaisons ; 10,000 hab. ; — *Nuoro*, au S.-E. de la province ; évêché. — De cette province dépendent : l'île *dell'Asinara* (insula Herculis), qui a 20 kil. sur 10 et est fertile; — *Tavolara*, rocher sur la côte N.-E.; — les *Isole Intermedie*, au S des Bouches de Bonifacio: *Caprera* (2,700 hab.), *Maddalena* (1,800), avec un port vaste et sûr, etc., etc.

§ 19. — Géographie économique — Climat, richesses minérales, agricoles, etc

Climat. — Le climat de l'Italie varie suivant la latitude et la hauteur des localités. En général, il est tempéré dans la vallée du Pô, comme au centre de la France, dans la Toscane, l'Ombrie, les Marches, les Abruzzes, les étés sont longs et chauds; il n'y a de la neige que sur les sommets des montagnes, — dans les provinces Napolitaines, le climat est chaud, c'est la région de l'oranger; — dans les Calabres, la Sicile et Malte, il est brûlant; c'est le pays du palmier, de la canne à sucre, du coton. On a surtout à redouter les vents d'Ouest et de Sud-Ouest, le *sirocco*, qui dessèche tout. Les pluies sont abondantes dans la vallée du Pô et en Toscane. Le climat est généralement sain, excepté dans les lagunes de la mer Adriatique, les rivières de la vallée du Pô, les Maremmes, la Campagne de Rome, les Marais Pontins, une partie de la Calabre citérieure.

Richesses minérales. — L'Italie n'est pas riche en métaux. On ne trouve qu'un peu de houille à Monte Bamboli (Toscane) et surtout en Sicile, près de Messine, des lignites, de la tourbe en plus grande abondance, au pied des Alpes, dans l'Apennin toscan, en Calabre; de l'anthracite, du pétrole.

Il y a des minerais de fer en Lombardie, dans la Valteline, le Val Camonica, en Sardaigne, à Garfagnana (Modénais), au S. de la Calabre, et surtout dans l'île d'Elbe, dont les exploitations sont depuis longtemps renommées; — du cuivre, dans les montagnes de Lombardie, à Agordo (Vénétie), à Monte Catini (Toscane), dans l'île d'Elbe, — du plomb, dans la Sardaigne, le nord de la Toscane; — du mercure en Toscane. — du zinc près de Bellune; — de l'antimoine près d'Orbetello (Toscane), — du manganèse, dans le Piémont, en Ligurie, à San Casciano, Prato (Toscane), etc; — du soufre, près de Naples, mais principalement dans la Sicile, aux environs de Caltanissetta, qui en fournit à toute l'Europe, la production est d'environ 250,000 tonnes.

Les minéraux sont au contraire beaucoup plus abondants. On trouve beaucoup de belles pierres calcaires et d'albâtre en Toscane; — de granit rouge dans les Alpes et en Sardaigne; — des ardoises, des pierres à aiguiser, du kaolin (île d'Elbe); — de la pouzzolane en Toscane; — des argiles colorées, terre de Sienne, terre de Vérone; — mais surtout des marbres renommés, près de Suse, de

Bergame, de Vérone ; et en Toscane, où les marbres blancs statuaires de Massa, de Carrare et de Serravezza sont magnifiques.

Il y a des salines abondantes près de Venise, à Comacchio, Cervia, Tarente, dans l'île d'Elbe, en Sardaigne, en Sicile ; et des mines de sel gemme, près de Volterra (Toscane), de Salso Maggiore (Parmesan).

Entre Volterra et Massa, les *soffioni*, jets de vapeurs sulfureuses, donnent beaucoup d'acide borique.

L'Italie renferme un assez grand nombre d'eaux minérales ; les plus célèbres sont : 1° dans le Piémont : Acqui, Courmayeur, Valdieri, près de Coni, Vinadio ; — 2° dans la Vénétie : Abano, Civillina, Recoaro ; — 3° dans la Toscane : Chianciano, San Giuliano près de Pise, Lucques, Monte Alceto, Monte Catini ; — 4° dans l'Emilie : la Porretta, Tabiano près de Parme ; — 5° Viterbe près de Rome ; — 6° dans les provinces Napolitaines : Castellamare, Ischia ; etc.

RICHESSES AGRICOLES. — L'Italie est généralement une terre fertile, mais elle n'est bien cultivée que dans la plaine du Pô, dans la Toscane et la Terre de Labour. Elle produit beaucoup de céréales, mais pas encore assez pour sa population souvent très-pressée. On récolte le *froment*, surtout dans le Modenais, le Parmesan, la Toscane, la Terre de Labour, la Pouille, la Sicile (le blé dur, employé pour la fabrication des pâtes, vient des provinces Napolitaines et de la Sicile) ; — du *maïs* dans le Montferrat, la vallée du Pô, la Toscane ; — un peu de *seigle* et de *sarrasin* ; — du *riz* en abondance, dans toute la vallée du Pô, surtout dans la Lombardie et la Vénétie ; — des *pommes de terre*.

Le *chanvre* vient dans la Romagne, la Toscane, la Terre de Labour et le N.-O. de la Sicile ; on en exporte une grande quantité d'une qualité excellente ; — le *lin*, dans la vallée du Pô, surtout vers Crémone et Crême ; — le *coton*, dans la Pouille, la Calabre, la Sicile, le sud de la Sardaigne ; — la *garance*, en Toscane, près de Salerne ; — le *safran*, dans la Pouille, — le *tabac*, dans les Marches, l'Ombrie, la Sardaigne ; — l'*anis*, dans la Pouille et la Romagne. — Dans toutes les parties de l'Italie on cultive la *vigne*, dont les produits, bien qu'estimés, pourraient être meilleurs et plus abondants, si l'on renonçait à la vieille habitude de la marier à d'autres arbres. On cite les vins du Montferrat (Asti), des coteaux d'Aoste, de Novare, etc. ; des coteaux des monts Euganéens dans la Vénétie ; des coteaux de l'Apennin dans l'Emilie et les Marches (Lambrusco, Cisolo, etc.) ; de la Toscane (Montepulciano) ; de la Campagne de Rome (Albano, Montefiascone) ; des provinces Napolitaines

(Lacryma Christi, Pouzzoles, Ischia, Procida, Capri), de la Pouille (Nocera, Lecce); et surtout ceux de Sicile (Catane, Syracuse, Milazzo, Marsala).

Les *oliviers* donnent une huile, généralement médiocre, parce qu'elle est mal préparée, sur les côtes de Gênes, en Toscane, dans la Pouille, la Calabre et la Sicile. On estime la production annuelle à 270,000,000 kilogrammes d'une valeur de 350 millions environ.

Les *mûriers*, qui nourrissent les vers à soie, sont nombreux dans le Piémont, la Lombardie, le Frioul, l'Ombrie, les Marches, la Vénétie. Aussi la récolte de la soie, quoique compromise par la maladie des vers à soie, est l'une des richesses de l'Italie.

Les provinces Napolitaines et la Sicile produisent des oranges, citrons, figues, prunes, amandes, avelines, pistaches, etc., ainsi que la côte de Gênes; les Abruzzes et la Calabre donnent beaucoup de réglisse. Les châtaigniers et les noyers sont abondants dans le pays de Lucques, la Toscane, les Abruzzes. On cultive les cannes à sucre dans le midi de la Sicile.

Il y a des forêts sur une grande étendue de territoire; mais les arbres sont très-clairsemés; aussi le bois est-il rare dans toute l'Italie.

Les *chevaux* sont relativement peu nombreux; les meilleurs sont élevés dans la Vénétie, aux environs de Padoue, dans la Capitanate, dans la Calabre. Les *mulets* et les *ânes* se trouvent surtout dans le Piémont et au sud de l'Italie. — Il y a des *bêtes à cornes* dans toutes les parties de l'Italie; on estime la belle race laitière de la vallée du Pô, qui fournit de bons fromages (Parmesan), les bœufs et les buffles des Maremmes, des Marais Pontins, de la Terre de Labour. — Les *moutons* sont relativement peu nombreux (8 millions); — on cite les races *piémontaise* et *bergamasque*, qui sont bonnes laitières (fromage *stracchino*); les races de la *Vénétie* et du *Modenais*, bonnes pour la laine; la race de la *Sicile*, la meilleure de toutes; dans les provinces Napolitaines, les moutons passent, par grands troupeaux, des plaines de la Pouille dans les pâturages plus froids des Abruzzes. — Les *porcs* sont engraissés dans la Pouille, le long du golfe de Tarente, puis au N. de l'Apennin, dans l'Émilie (Parme, Plaisance, etc.), d'où la réputation de la charcuterie de Bologne. — Les *chèvres* sont en assez grand nombre. Nous avons déjà remarqué que l'Italie est l'un des pays de l'Europe où on se livre avec le plus de succès à l'élève des *vers à soie*. Il y a beaucoup d'abeilles et la *pêche* est abondante sur toutes les côtes, dans les lacs et les torrents de l'Italie septentrionale.

§ 20 — Industrie — Voies de communication ; commerce.

INDUSTRIE. — L'industrie, si florissante en Italie pendant le moyen âge et qui fit la fortune de la plupart de ses villes, est tombée en décadence pendant les temps modernes et n'a pris encore qu'une part secondaire au développement rapide de l'époque contemporaine. Les principales régions industrielles sont la vallée du Pô et la Toscane.

L'*industrie métallurgique*, à cause de l'insuffisance des métaux surtout, est dans une situation inférieure. Citons seulement la coutellerie de Milan, Brescia, Florence ; — la quincaillerie de Turin, Novare, Gênes ; de Pistoia, de Scarperia (Toscane), de Campo Basso (au S. de l'Italie) ; — les fabriques d'armes de Brescia, Bergame, Clusone, Volterra, Pistoia ; — les bronzes de Milan et Naples ; — l'orfèvrerie et la bijouterie de Milan, Gênes, Asti, Florence, Rome, etc.

Les *industries chimiques* sont plus prospères ; on fabrique des acides borique, sulfurique, citrique ; de la céruse, de la potasse, des essences, etc., dans un grand nombre de villes ; — il y a des cireries à Livourne, Florence, Rome, Naples ; — de grandes fabriques de bougies stéariques, surtout à Turin ; des savonneries à Livourne, Naples, Gênes, etc. ; — des tanneries en Ligurie, dans la Vénétie, à Ancône, Rome, dans les provinces Napolitaines, à Messine ; — des papeteries à Gênes, Lucques, Serravezza, Fabiano ; — des parchemineries à Rome, Fabriano, en Piémont.

Les industries textiles sont encore arriérées ; on fait peu de toiles de chanvre et de lin ; cependant on file le coton dans plusieurs parties de l'Italie, à Milan, à Varèse, à Lecco, en Ligurie, mais particulièrement à Livourne qui s'efforce de rivaliser, quoique de loin, avec Manchester. Il y a des fabriques de draps et de lainages à Turin, à Biella (Piémont), à Milan, à Gênes, en Toscane, à Naples, à Salerne ; beaucoup de bonnets de laine pour le Levant à Gênes et à Prato (Toscane). L'industrie principale est celle des soieries et velours ; elle est prospère dans beaucoup de villes, Turin, Verceil, Ivrée, Novare, Pavie, Milan, Crémone, Brescia, Vérone, Venise, Gênes, Lucques, Ancône, Florence, Naples, Caserte, Palerme, Messine, Catane, etc. ; les crêpes de Bologne sont renommés, comme la blonde de Gênes, comme la passementerie de Milan. Les dentelles et broderies ont pour centres principaux Gênes et Milan.

Il y a une variété d'industries, qui tiennent à l'art et dans lesquelles les Italiens ont conservé une véritable supériorité. On fait des ouvrages en marbre, albâtre, corail, lave, écaille, agate, ambre, à Gênes, Livourne, Pise, Volterra, Naples, Catane, Castelvetrano (Sicile); — des mosaïques, des camées à Florence, Rome, etc.; — de la faïence à Pise, Pescia, Florence, Pesaro, Faenza; — de la porcelaine à Florence, Vicence, Turin; — des cristaux, des glaces, à Milan, Lodi, Rome, Venise; — de la verroterie, des perles fausses (conterie), à Venise, dans l'île de Murano, à Rome; — des fleurs artificielles à Gênes, Turin, Bologne, Rome; — des instruments d'optique à Modène, à Turin; — des violons à Crémone; — des cordes de boyaux pour les instruments de musique à Naples, Rome; — des chapeaux de paille à Florence, Turin, Gênes, Naples, etc., etc. On travaille le bois pour la marqueterie et l'ébénisterie à Florence, Savone, Milan. — Naples et Milan ont de la réputation pour leurs voitures.

N'oublions pas les industries alimentaires, qui ont une certaine importance. L'Italie a des fromages estimés, le parmesan, le gorgonzola, le stracchino (fromage de brebis du Bergamasque); — des pâtes, vermicelle, macaroni, fabriquées surtout avec les blés durs des provinces Napolitaines; — la confiserie de Bergame, Gênes, des Calabres; — les liqueurs de Brescia, Turin, etc.

Enfin depuis dix ans, aucune industrie n'a fait en Italie autant de progrès que l'art des constructions navales.

Voies de communication. — Commerce. — Les communications par les routes de terre étaient assez difficiles et mal entretenues; mais, dans ces dernières années, le gouvernement et le peuple ont fait de grands efforts, dans un intérêt national d'unité et de civilisation, pour multiplier les chemins de fer. La nature semble avoir indiqué les grandes directions qu'ils suivent, la vallée du Pô de l'O. à l'E.; et les côtes de la mer Tyrrhénienne et de la mer Adriatique, qu'il s'agit de relier entre elles par des lignes à travers l'Apennin.

1° Ligne du Nord ou des Alpes. Elle se relie aux chemins français du S.-E. par le tunnel du mont Cenis; et, suivant la vallée du Pô, au N. du fleuve, elle passe par Suse, Turin, Chivasso, Verceil, Novare, Milan, Treviglio, Bergame, Brescia, Vérone, Vicence, Padoue, Venise, Trévise, Udine, Trieste, où elle se joint au chemin de l'Allemagne du Sud.

Des embranchements se dirigent vers les Alpes, au N.: de Chivasso à Ivrée; — de Novare vers le col du Simplon; — de Milan sur Varèse ou sur Côme; — de Bergame vers le Saint-Gothard et le Splugen; — de Vérone, en remontant la vallée de l'Adige, vers Trente, le col du Brenner, puis Innsbruck, et le chemin du S.-O. de l'Allemagne. — Vers le Sud: de Turin à Pignerol; — à Saluces;

— à Coni; — de Verceil ou de Novare à Alexandrie; — de Milan à Plaisance; — de Treviglio à Crémone; — de Vérone à Mantoue; — de Padoue, par Rovigo et Ferrare, à Bologne.

2° LIGNE DE L'OUEST OU DE L'APENNIN. Elle se relie au chemin français de Marseille à Nice, par Vintimille, Albenga, Gênes, et de là doit rejoindre la Spezzia. De la Spezzia, elle va, par Carrare à Pise, d'où 3 chemins conduisent à Rome : celui du littoral, par Livourne, Grosseto, Civita Vecchia; — celui du plateau de Toscane, par Empoli, Sienne, Orvieto, la vallée du Tibre; — celui qui longe l'Apennin, par Lucques, Pistoia, Florence, Arezzo, Pérouse, Foligno, Orte. De Rome, la ligne conduit à Naples, à Salerne, à Eboli, où elle s'arrête.

3° LA LIGNE DE L'EST ou de l'ADRIATIQUE part de Turin, passe par Asti, Alexandrie, Plaisance; suit en ligne droite la direction de l'ancienne voie Emilienne par Parme, Reggio, Modène, Bologne, Imola, Faenza, Forli, Rimini, Pesaro, Fano, Ancône, puis elle longe l'Adriatique, par Loreto, Pescara, Vasto, Foggia, Bari, Brindisi, Lecce.

Il y a des embranchements d'Imola à Ravenne d'un côté; puis d'Alexandrie à Gênes ; — de Bologne à Pistoia ; — d'Ancône à Foligno ; — de Foggia, par Bénévent, vers Naples.

Ajoutons les chemins de Sicile : de Messine à Catane ; — de Palerme à Termini.

Le commerce, jadis très-florissant, n'est pas encore dans l'état de prospérité où doivent l'amener la constitution de l'unité italienne et le développement des nouvelles voies de communication. Il doit approcher de 2 milliards ; c'est avec la France et l'Angleterre d'abord; puis avec l'Autriche; et en seconde ligne, avec la Suisse, les États-Unis, la Turquie, la Russie, les Pays-Bas, que l'Italie fait le plus de commerce. Elle exporte surtout des soies grèges, des céréales, farines et pâtes, des bestiaux, des peaux, de l'huile d'olive, du soufre, des marbres, du chanvre et du lin, des tissus de soie, des parfums et essences, du riz, des pailles tressées, des pierres, terres et autres fossiles, de la mercerie, etc.

La marine marchande est d'environ 18 à 19,000 navires, de toute grandeur, jaugeant 1,200,000 tonneaux. Le mouvement général de la navigation était récemment de 7,850,000 tonneaux environ (entrées et sorties), pour la navigation au long cours ; et de 11,400,000 tonneaux pour le cabotage.

Des services réguliers de bateaux à vapeur unissent les principaux ports, Gênes, Livourne, Civita Vecchia, Naples, Messine, Palerme, Brindisi, Ancône, Venise.

§ 21. — Gouvernement. — Statistique.

La superficie du royaume d'Italie est de 296,013 kil. carrés. La population doit approcher de 27 millions d'habitants (1872), c'est-à-dire de 90 hab. par kil. carré. Elle est ainsi répartie à peu près : Piémont, 2,950,000 hab., Ligurie, 840,000; Lombardie, 3,470,000; Vénétie, 2,640,000; Émilie, 2,274,000; Ombrie, 550,000; Marches, 945,000; Toscane, 2,000,000; Rome, 835,000; Abruzzes, 1,290,000; Campanie, 2,755,000; Pouille, 1,417,000; Basilicate, 502,000; Calabre, 2,210,000; Sicile, 2,565,000; Sardaigne, 640,000.

La population est presque tout entière catholique; on compte tout au plus 33,000 protestants et 23,000 israélites. La population, comme nous l'avons vu, est un mélange depuis longtemps nationalisé d'hommes de diverses origines; il y a quelques Français dans les vallées des Alpes Occidentales; quelques Allemands dans la vallée supérieure de la Sesia; quelques Grecs et 50 à 60,000 hommes, qui descendent des Albanais, exilés volontaires après la mort de Scanderbeg, dans la Calabre et la Pouille. La langue italienne, directement dérivée du latin, comprend une vingtaine de dialectes ou patois; elle est surtout bien parlée dans la Toscane. Il y a dans les vallées des Alpes Occidentales (Dora Baltea et Riparia, vallées de Pignerol et de Luserne, de l'Angrogne, du Chisone, etc.) plus de 100,000 Italiens qui parlent français; c'est là qu'on trouve les débris du peuple vaudois, qui a défendu avec tant d'héroïsme sa foi religieuse et son indépendance contre les persécuteurs de France et d'Italie.

Le gouvernement est une monarchie constitutionnelle; le roi, assisté de ministres responsables et d'un conseil d'État, exerce le pouvoir exécutif. Le Corps législatif est composé d'un *Sénat*, dont les membres sont choisis à vie par le roi, et d'une *Chambre de députés* dont les membres sont élus pour 5 ans par les citoyens. Les 69 provinces sont administrées chacune par un préfet, assisté d'un conseil de préfecture nommé par le roi; par un conseil provincial élu par les habitants et par la députation provinciale composée des députés de la province au Corps législatif.

Le budget de l'État a été de 1,558 millions pour les dépenses et 1,397 millions pour les recettes en 1871; celui des provinces s'est élevé en 1869, à 72 millions; en 1870, à 79 millions; celui des communes, à 366 millions; en 1870, à 330 millions. La dette publique en 1871 était de plus de 9 milliards; les intérêts se sont élevés en 1872 à 403,738,462 francs.

L'armée, à la fin de 1871, était de 334,000 hommes, dont 163,000 en congé; en temps de guerre, elle doit s'élever à 750,000 hommes.
La flotte comprenait 76 bâtiments, armés de 653 canons, montés par 12,000 marins, avec 5,900 soldats de marine.
L'Italie n'a pas de colonies.

§ 22. — Saint-Marin. — Malte.

La petite république de Saint-Marin, entre Urbin et Rimini, a 57 kilom. carrés et 7,300 hab. Son budget est de 70,000 francs. Elle date du x° siècle, se compose du mont Titano, de quelques collines voisines, et renferme la petite ville de *Saint-Marin* et quelques villages.

Le groupe de Malte, qui appartient à l'Angleterre, fait partie de la région italienne. Situé à 75 kil. S. du cap Passaro, il se compose de *Malte, Gozzo* et *Comino*. La superficie est de 370 kil. carrés ; la population de 140,000 hab. Ce sont des îles rocheuses, mais bien arrosées par beaucoup de sources, cultivées avec soin et fertiles, quoiqu'il pleuve rarement et qu'on ait été forcé d'y apporter beaucoup de terre végétale de la Sicile. Elles produisent des céréales, des pommes de terre, du coton, des oranges et des figues excellentes, du carmin, de l'anis ; les forêts ont disparu. On y exploite les carrières de pierre ; on fabrique des cotonnades, des pâtes alimentaires, des biscuits. Le commerce avec l'Angleterre, l'Égypte, est très-actif. La population, d'origine italienne et arabe, est active et surtout adonnée à la marine et au commerce ; beaucoup de Maltais émigrent vers la Tunisie et la province de Constantine.

La capitale, *la Valette*, a un beau port, bien fortifié, au centre de la Méditerranée ; elle rappelle les souvenirs des chevaliers de Malte et fait un commerce important ; — *Citta Vecchia* est dans l'intérieur de l'île.

CHAPITRE III

SUISSE

§ 1. — Situation : limites. — Grandes divisions naturelles

La Suisse, ou Confédération Helvétique, est en quelque sorte placée au centre de l'Europe, entre les régions française, allemande, italienne. Elle a pour limites : au N., le Rhin, qui la sépare du grand-duché de Bade, à l'exception du canton de Schaffhouse, qui est à la droite du fleuve; au N.-E., le lac de Constance, auquel touchent Bade, le Wurtemberg, la Bavière et le Vorarlberg autrichien ; à l'E., le Rhin, le Rhæticon, et une ligne montueuse traversant la vallée supérieure de l'Inn jusque vers le mont Ortler, qui la séparent du Tyrol autrichien; au S., les Alpes Rhétiques, Centrales et Pennines, formant la limite du royaume d'Italie, à l'exception du canton du Tessin, situé au sud des montagnes dans la région italienne ; au S-O., elle est séparée de la France par un contre-fort des Alpes Pennines, les Alpes du Valais, puis par le lac de Genève; à l'O., la frontière française est tracée par une ligne conventionnelle, quelquefois par le Jura et par le Doubs; enfin, au N.-O., une autre ligne conventionnelle sépare la Suisse de l'Alsace.

Elle est située entre 45°50' et 47°48' lat. N.; et entre 3°44' et 7°36' long. E. Elle a environ 350 kil. de l'O. à l'E., et 225 du N. au S. Sa superficie est de 41,418 kil. carrés.

Si la Suisse ne forme pas une région véritablement distincte, si jadis elle a été considérée, lorsqu'elle se nommait l'*Helvétie*, comme une partie de la région Gauloise, on ne peut pas dire cependant qu'elle appartienne naturellement à la France, dont elle est séparée par la chaîne du Jura, ou à l'Allemagne, dont elle est séparée par des montagnes et par la haute vallée du Rhin. Par sa position exceptionnelle au milieu du massif de l'Europe centrale, par l'origine de ses habitants, qui, rattachés aux familles germanique et celtique, ne sont pourtant ni allemands, ni français ; mais surtout par son histoire, elle a mérité d'avoir une place à part dans la géographie physique et politique de l'Europe; elle s'est formée, elle s'est développée en se séparant de l'Allemagne ; et les traités solennels de 1648 et de 1815 ont proclamé sa neutralité. Elle est une barrière heureusement élevée entre deux grandes puissances trop longtemps rivales, et cette neutralité est un avantage véritable pour la France comme pour l'Autriche, en diminuant les points de rencontre et d'attaque entre les deux États.

La Suisse comprend trois régions distinctes de grandeur inégale : 1° à l'O., la *région du Jura*, bande longue et étroite, du Rhône au Rhin, près de la frontière française ; — 2° la *plaine de l'Aar* et de ses affluents, haute de 300 à 400 mèt. et déjà sillonnée, surtout vers l'E. et le S.-E., par plusieurs contre-forts des Alpes ; elle est comprise entre deux lignes ; l'une est formée par l'Orbe, le lac de Neuchâtel, le lac de Bielle et l'Aar ; l'autre, depuis la Saane supérieure, se dirige par Lucerne, Zug, Saint-Gall jusqu'au lac de Constance ; — 3° la *région des Alpes*, au S. et au S.-E., de beaucoup la plus considérable, couverte de montagnes et de glaciers, arrosée par des eaux abondantes, qui forment comme le grand réservoir d'une partie de l'Europe, donne surtout à la Suisse son caractère particulier. Aussi faut-il d'abord étudier les montagnes et les cours d'eau de ce pays. Depuis que le sentiment de la nature s'est développé chez les peuples modernes, la Suisse est généralement admirée et visitée, comme l'un des pays les plus beaux et les plus curieux de l'Europe. Dans un espace, relativement resserré, on y rencontre, en effet, les spectacles les plus variés ; ici, les paysages sublimes des hauts sommets, des vastes glaciers, des cascades bouillonnantes ; — là, les prairies, arrosées par mille ruisseaux ; les paisibles vallées, les lacs charmants, aux eaux bleues et tranquilles, et sur leurs bords, les villes, les bourgs, habités par l'une des populations les plus intéressantes de l'Europe.

§ 2 — Montagnes

Le massif du Saint-Gothard doit être considéré comme le nœud véritable des montagnes de la Suisse ; de là descendent les principaux cours d'eau, Rhône, Aar, Reuss, Rhin, Tessin ; de là partent cinq chaînes considérables dont nous allons parler. Le massif du Saint-Gothard figure une sorte de quadrilatère, qui renferme deux vallées abruptes, la vallée d'*Urseren* ou de la *Reuss*, au N., et la vallée supérieure du *Tessin* ou val *Lévantine*, au S. ; les principaux sommets sont le *Galenstock* (3,800 mèt.), au N.-O. ; la *Furka* (3,200 mèt.) avec le beau glacier du Rhône a l'O. ; le *Saint-Gothard*, au Centre.

Du massif se détachent vers le S.-O. les Alpes Pennines (Summæ Alpes), la chaîne qui renferme les sommets les plus élevés, depuis le mont Furka jusqu'au mont Blanc : *Simplon* (3,518 mèt.), *Rosa* (4,618 mèt.), *Cervin* (4 522 mèt.), *Grand-Saint-Bernard* (3,571 mèt.). On donne souvent le nom d'Alpes Lépontiennes à l'extrémité orientale de cette chaîne depuis le Simplon, et à la partie occidentale des Alpes Centrales, jusqu'au Bernardino.

Les Alpes Bernoises s'étendent de l'E. à l'O., du Galenstock à l'Oldenhorn (3,124 mèt.) ; elles appartiennent à la ligne générale du partage des eaux et séparent le Rhône (Valais) de l'Aar et de ses affluents (Berne). Les principaux sommets sont : le *Grimsel*, le *Finster-Aar-Horn* (4,400 mèt.), le *Monch* (4,114 mèt.), la *Jungfrau* (4,180 mèt.), le vaste glacier d'*Aletsch*, long de 24 kil. et couvrant 12,000 hectares, le *Tschingel*, l'*Altels*, la *Gemmi* (2,257 mèt.), etc. Cette chaîne, l'une des masses les plus épaisses et les plus élevées de l'Europe, a des cimes couvertes de neiges éternelles, d'énormes glaciers, et les passages sont rares et difficiles. — Des Alpes Bernoises se détachent des contre-forts hauts et courts dans la vallée du Rhône ; le plus important est celui qui est comme la continuation de la chaîne à l'Ouest, culmine aux *Diableretz* (3,106 mèt.) et finit par la *Dent de Morcles* (2,974 mèt.), au N. de Martigny. — Vers le nord de nombreux contre-forts entre Saane, Simmen, Kander, Aar, couvrent tout le pays appelé *Oberland Bernois*, jusque vers les lacs de Thun et de Brienz.

De l'Oldenhorn, à l'O. de la chaîne, les ALPES VAUDOISES et le JORAT vont en s'abaissant vers l'Ouest, formant un arc de cercle autour du lac de Genève et se reliant par la *Dent de Vaulion* au système du Jura. La *Dent de Jaman*, à l'E. du lac, a encore 1,950 mèt.; mais au nord de Lausanne les collines sont bien moins élevées.

Les ALPES CENTRALES, qui séparent les Grisons du Tessin (Suisse) et de la Valtehne (Italie), s'étendent de l'O. à l'E. jusqu'aux monts Septimer et Maloia ; c'est la masse la plus imposante des montagnes de l'Europe ; on y remarque le *Lukmanier*, le *Vogelberg* (3,310 m.), le *Bernardino* (2,140 m.), le *Splugen* (3,198 m.). —
Les ALPES RHÉTIQUES, qui sont comme la continuation des Alpes Centrales, séparent l'Engadine (vallée de l'Inn) de la Valtehne (vallée de l'Adda), du mont *Septimer* au *Vernung Spitz*, puis continuent entre le Tyrol allemand et le Tyrol italien ; on y trouve le mont *Bernina*. Du mont Septimer les ALPES GRISES OU ALGAVIENNES se dirigent vers le N.-E. jusqu'au mont *Selvretta* entre le Rhin et l'Inn ; on y remarque les monts *Albula* et *Scaletta*. De nombreux contre-forts couvrent toute la partie orientale des Grisons ; le plus important, le RHÆTICON, entre l'Ill tyrolien et la Landquart, sépare la Suisse du Tyrol ; le *Scesaplana* dépasse 3,000 mèt.

A l'angle N.-E. du massif du Saint-Gothard commence la chaîne orientale de la Suisse intérieure ; on la désigne sous le nom d'ALPES GRISES OU d'URI, entre le canton des Grisons au S., et les cantons d'Uri, de Glaris, de Schwytz et de Saint-Gall au N. ; elle finit vers le Rhin, près de Sargans. Ce sont des montagnes élevées, sauvages, couvertes de plus de 200 glaciers ; les principaux sommets sont le *Crispalt*, le *Tœdi* ou *Dodiberg* (3,586 mèt.), le *Haut-Stock*, le *Trinshorn*, le *Piz-Sol*. Les ramifications des Alpes Grises, nombreuses et hautes, couvrent tout le pays entre la Reuss et le Rhin ; les plus célèbres sont : la *chaîne entre Reuss et Muotta;* on y rattache le *Righi* (1,875 mèt.), à l'E. du lac des Quatre-Cantons, célèbre par un admirable panorama ; la *chaîne entre Muotta et Linth*, qui renferme le mont *Bragel;* l'*Alpstein*, entre la Linth, la Thur, la Sitter, dont le sommet le plus considérable, le *Sœntis* (2,568 mèt.), est au S. d'Appenzell.

Du Galenstock, au N.-O. du massif du Saint-Gothard, se détache une chaîne, dont les ramifications couvrent la Suisse centrale, entre la Reuss et l'Aar. On y trouve le mont *Titlis* (3,479 mèt.), groupe gigantesque sur la limite des trois cantons de Berne, d'Unterwalden et d'Uri ; de là partent deux chaînes : celle du Nord vient finir sur la Reuss et le lac des Quatre-Cantons ; celle de l'Ouest détermine le cours de l'Aar et finit près de Thun; en dirigeant vers le nord plusieurs ramifications qui parcourent le canton de Lucerne ; la plus célèbre est celle qui aboutit au mont *Pilate* (2,150 mèt.), à l'O. du lac des Quatre-Cantons, en face du Righi.

A l'O. de la Suisse, la chaîne du Jura se dirige du S.-O. au N.-E.; elle se rattache au système des Alpes par le Jorat, à la *Dent de Vaulion*. Vers le S., un chaînon, qui renferme le mont *Tendre* (1,684 mèt.) et la *Dôle*, va finir en France, à l'O. du lac de Genève.

Depuis la Dent de Vaulion jusqu'au mont Terrible, près du coude du Doubs à Sainte-Ursanne, le Jura central et le Jura septentrional couvrent de leurs chaînons parallèles le canton de Neuchâtel et le N.-O. du canton de Berne. Vers les sources de la Birse, le Jura Helvétique ou Leberberg s'en détache, longe la rive gauche de l'Aar et vient finir près du Rhin.

La Suisse est traversée par la ligne de partage des eaux de l'Europe, depuis le mont Selvretta jusqu'au mont Terrible ; cette ligne y est formée par les Alpes Algaviennes, les Alpes Centrales, les Alpes Bernoises, les Alpes Vaudoises et le Jorat, le Noirmont qui dépend du massif du Jura, de la Dent de Vaulion à la Dôle, puis par le Jura central jusqu'au plateau d'Etalières et par le Jura septentrional jusqu'au mont Terrible.

§ 5. — Glaciers. — Cours d'eau.

La grande chaîne des Alpes, en Suisse, renferme plus de 600 glaciers ; plusieurs forment des *mers de glace*, lorsqu'ils se réunissent et recouvrent des sommets voisins les uns des autres. Ces glaciers se meuvent lentement dans le sens de leur pente, et tendent ainsi à s'agrandir et à envahir les vallées jusqu'à une altitude de 1,000 mètres seulement. Lorsque l'inclinaison est forte et qu'ils se détachent de leur base aux premières chaleurs, ils font souvent entendre un bruit considérable. On a calculé que leur superficie était de plus de 2,000 kil. carrés. La limite des neiges perpétuelles est à 2,700 ou 2,900 mètres, suivant les expositions. Des sommets neigeux se détachent souvent des masses plus ou moins considérables de glace et de neige ; ce sont les *avalanches*, qui brisent et détruisent tout sur leur passage, le moindre bruit, la plus faible commotion détermine parfois leur chute, pour en prévenir les terribles effets, beaucoup de villages sont protégés par des forêts ou même par des bastions en pierre.

De ces masses de neige et de ces glaciers descendent une multitude de ruisseaux et de rivières, qui font de la Suisse, comme nous l'avons dit, le plus vaste réservoir d'eaux de l'Europe. Ces ruisseaux, ces rivières vont alimenter quatre grands fleuves, qui se jettent dans quatre mers séparées : le Rhin, dans la mer du Nord ; le Rhône dans la Méditerranée ; le Pô dans la mer Adriatique ; le Danube dans la mer Noire.

Le Rhin. — Il est formé d'une multitude de ruisseaux qui descendent du massif oriental du Saint-Gothard, des Alpes Centrales, des Alpes Algaviennes et des Alpes Grises ; la plupart portent le nom de *Rhein*, qui devient celui du fleuve. Les deux principaux sont : le *Vorder-Rhein* (Rhin inférieur), qui vient du mont Baduz dans le Saint-Gothard, coule dans une étroite vallée par Disentis et Ilanz, et reçoit surtout à droite le *Mittel-Rhein* (Rhin du milieu), qui vient du S. ; le *Hinter-Rhein* (Rhin supérieur), qui vient du mont Adula dans le Rheinwald (Alpes Centrales), passe par Splugen et Thusis, et par lui-même ou par son affluent l'*Albula* recueille toutes les eaux qui descendent au N. des Alpes Centrales et des Alpes Algaviennes. Les deux grandes sources du Rhin se réunissent à Reichenau ; puis le fleuve coule vers le N., passe près de Coire, de Mayenfeld, de Sargans, et, au-dessous de Rheineck, forme le lac de Constance. Près de Sargans, le Rhin s'est ouvert un passage par une étroite trouée ; il suffirait de quelques travaux ou d'une hauteur plus considérable de quelques mètres pour que le fleuve reprît son ancien cours probable par les lacs de Wallenstadt et de Zurich. Il a traversé les Grisons et séparé le canton de Saint-Gall de la principauté de Liechtenstein et du Vorarlberg autrichien.

Le *lac de Constance* et sa prolongation le *lac de Zell* séparent les cantons de Saint-Gall et de Thurgovie de l'Autriche, de la Bavière, du Wurtemberg et de Bade. Le Rhin sort du lac de Stein, passe à Schaffhouse, forme près du château de Laufen une chute de 15 à 20 mètres (Rheinfall), arrose Eglisau, Coblenz et Waldshut au confluent de l'Aar, Lauffenbourg, où il forme des rapides, Rheinfeld et Bâle, où il change de direction et sort de Suisse. Les cantons de Thurgovie, de Schaffhouse, de Zurich, d'Argovie et de Bâle sont arrosés par le Rhin depuis le lac de Constance, sur la frontière de Bade.

Le Rhin recueille la plus grande partie des eaux qui coulent en Suisse. Il ne reçoit sur sa rive droite que la *Plessur*, qui passe à

Coire, et la *Landquart*, qui vient du mont Selvretta. Ses affluents de gauche sont beaucoup plus importants : 1° la *Thur* arrose les cantons de Saint-Gall, de Thurgovie et de Zurich ; elle reçoit la *Sitter*, qui passe à Appenzell ; 2° la *Toss* passe près de Winterthur (Zurich) ; 3° la *Glatt* reçoit les eaux du lac de Greiffensée ; — 4° l'*Aar*, dont le bassin comprend une grande partie de la Suisse, décrit un arc de cercle de plus de 400 kil., depuis le Finster-Aar-Horn, forme la belle cascade d'An der Handeck, passe par Meyringen, le lac de Brienz, Unterseen, le lac de Thun, Thun, Berne, Aarberg, Soleure, Aarbourg, Olten, Aarau, Brugg et finit en face de Waldshut. Cette rivière importante recueille les eaux froides qui coulent des glaciers des Alpes et les eaux limpides du Jura. — Ses affluents sont à droite : la *Grande-Emmen*, qui passe à Burgdorf ; — le *Suren*, qui vient du lac de Sempach ; — la *Reuss*, qui descend par trois sources du Saint-Gothard, coule du S. au N. vers le centre de la Suisse, dans une vallée étroite, escarpée, où l'on voit le Pont-du-Diable et le Trou d'Uri, passe près d'Altorf, traverse le lac des Quatre-Cantons, en sort à Lucerne et finit dans l'Aar près de Brugg. Elle reçoit à gauche l'*Aa*, qui passe près de Stanz ; l'*Aa* occidental, qui forme le lac de Sarnen, la *Petite-Emmen*, qui finit près de Lucerne ; à droite, la *Muotta*, qui arrose le canton de Schwytz ; la *Lorze*, qui sort du lac d'Egeri et reçoit les eaux du lac de Zug ; — L'Aar reçoit enfin la *Limmat*, qui, sous le nom de *Linth*, vient du mont Tœdi, recueille les eaux du lac de Wallenstadt, traverse le lac de Zurich, en sort à Zurich, sous le nom de Limmat, puis passe à Baden. — Les affluents de gauche de l'Aar sont : la *Simmen*, qui finit dans le lac de Thun ; la *Saane* ou *Sarine* qui vient de l'Oldenhorn, passe à Saanen, près de Gruyères, de Bulle, à Fribourg ; la *Thièle*, qui, sous le nom d'*Orbe*, vient des Rousses (France), traverse le lac de Joux, se perd dans un vaste entonnoir, pour reparaître 4 kil. plus loin, passe à Orbe, à Yverdun, forme le lac de Neuchâtel, prend le nom de Thièle, forme le lac de Bienne ; et reçoit la *Broye*, qui vient du lac de Morat, la *Reuse*, qui arrose le Val Travers, et le *Seyon*, qui passe à Vallengin ; — 5° la *Birse* vient du Jura, arrose Délémont, Laufen, Saint-Jacques et finit dans le Rhin au-dessus de Bâle.

Rhône. — Le Rhône se précipite comme un torrent des glaciers de la Furka, coule dans la vallée profonde, étroite et sauvage du Valais, arrose Brieg, où sa fougue se ralentit, Louèche, Sierre, Sion, Martigny, Saint-Maurice, puis entre dans le lac de Genève, en sort à son extrémité occidentale, traverse le canton de Genève et pénètre en France. Le Rhône reçoit dans le Valais une multitude de torrents ;

les plus importants, la *Visp*, la *Borgne*, la *Dranse*, le *Trient*, descendent des Alpes Pennines ; — l'*Arve*, qui vient de la Savoie, arrose une partie du canton de Genève, ainsi que le *London*, qui vient de France et est un affluent de la rive droite.

Le *Doubs*, qui, par la Saône, rejoint le Rhône, sert de limite à la Suisse et à la France depuis les Brenets jusque vers le coude de Sainte-Ursanne.

BASSIN DU PÔ. — Le TESSIN, qui traverse le canton du Tessin dans la région italienne, est formé de deux sources qui viennent du mont Gries et du Saint-Gothard ; il arrose Airolo, le Val Levantine, Bellinzona et forme le lac Majeur. Il reçoit : à droite, la *Maggia*, qui se jette dans le lac ; à gauche, la *Tresa*, qui vient du lac Lugano.

La *Maira*, affluent de l'Adda, vient du mont Maloia et arrose une petite partie des Grisons.

BASSIN DU DANUBE. — L'INN, affluent du Danube, que plusieurs même regardent comme la véritable source du grand fleuve, vient également du mont Maloia, coule dans une vallée étroite et sauvage qu'on appelle la Haute-Engadine (Grisons), forme le lac de Sils, arrose Saint-Moriz et Zernetz, puis entre dans le Tyrol.

Quelques canaux, peu étendus, méritent cependant d'être nommés ; ceux de l'Aar entre Thun et Berne; de l'Emmen, de la Simmen; de la Glatt ; de la Linth ; et surtout le canal de l'Orbe pour unir les lacs de Neuchâtel et de Genève.

§ 4. — Lacs

Nous avons déjà nommé la plupart des lacs de Suisse ; quelques détails sont nécessaires. Ces lacs sont nombreux ; beaucoup sont célèbres par les beautés pittoresques de leurs rives qui attirent tant de voyageurs ; beaucoup sont très-favorables aux communications et au commerce, surtout depuis l'emploi de la vapeur. Voici les plus importants, en suivant l'ordre des cours d'eau. Dans le bassin du Rhin : le lac de *Constance* ou *Boden see* (Thurgovie, Saint-Gall), séparant la Suisse de l'Allemagne ; il a 80 kil. de longueur et 12 de largeur, couvre 45,000 hectares et a 320 mètres de profondeur, il se termine au N.-O. par deux lacs plus petits, celui de *Uberlingen*, au N., celui de *Zell* au S. ; ce dernier forme lui-même deux bras ; c'est par le plus méridional que sort le Rhin. Il a une très-grande importance militaire et commerciale. — Le lac de *Wallenstadt* (Saint-Gall, Glaris) a 17 kil. sur 4 ; il reçoit un grand nombre de torrents. Le lac de *Zurich* (Zurich, Saint-Gall, Schwytz), formé par la Linth, a 40 kil. sur 5 à 6 ; en avant, vers l'Est, se trouve le petit lac de *Greiffen*. — Le lac de *Zug* (Zug, Schwytz) a 12 kil. sur 4 à 6 ; à l'E.

est le petit lac d'*Egeri* (Zug), long de 5 kil. sur 3. — Le lac de *Lucerne* ou des *Quatre-Cantons* forestiers (Lucerne, Unterwalden, Schwytz, Uri) a une forme très-irrégulière. Il a 35 kil. dans sa plus grande longueur et 4 à 5 de large. La partie S.-E., qui reçoit la Reuss, s'appelle lac d'*Uri*; le centre, lac de *Buochs*; la branche N.-O. est le lac de *Lucerne* proprement dit; au N. est le golfe de *Kussnacht*; au S., celui de *Stanzstadt* ou d'*Alpnach*. C'est l'un des plus beaux de l'Europe. — On peut y rattacher: au N.-O. le lac de *Sempach*, long de 6 kil., large de 3; au S.-O., le lac de *Sarnen*, qui a 5 kil. sur 2. — Les lacs de *Brienz* et de *Thun* sont formés par l'Aar dans le canton de Berne; le premier a 12 kil. sur 5; le second, 17 kil. sur 4; Unterseen, l'une des plus jolies positions de la Suisse, est entre les deux lacs — Les lacs de *Neuchâtel* (Vaud, Neuchâtel, Fribourg) et de *Bienne* (Berne), à l'O. de la Suisse, sont formés par l'Orbe, au pied du Jura; le premier, long de 39 kil. sur 8 de large, a sur ses bords Granson, Boudri, Neuchâtel, Estavayer; le second, qui a 16 kil. sur 5, renferme l'île Saint-Pierre, célèbre par le séjour de J.-J. Rousseau; à l'E. du lac de Neuchâtel est le petit lac de *Morat* (Fribourg), long de 8 kil., large de 4.

Dans le bassin du Rhône, le lac de *Genève* ou *Leman* (Vaud, Valais, Genève) a la forme d'un croissant, long de 75 kil., large de 12; il se divise en grand lac, de Villeneuve à Ivoire, et en petit lac dans sa partie occidentale; plus de 40 rivières se jettent dans le lac; les principales sont la Dranse, qui arrose la Savoie, et la Venoge, qui traverse le canton de Vaud. On trouve sur ses bords charmants Saint-Gingolph et Hermance (Valais), Villeneuve, Montreux, Clarens, Chillon, Vevey, Ouchy et Lausanne, Morges, Rolle, Nyon, Coppet, Versoix et Genève.

Dans le bassin du Pô, le lac *Majeur* et le lac *Lugano* sont sur les confins du canton du Tessin et de l'Italie.

§ 5. — Géographie politique . cantons arrosés par le Rhin — Villes.

La Suisse a fait partie de l'ancienne Gaule, sous le nom d'Helvétie, de l'empire de Charlemagne, du royaume de Bourgogne Transjurane, qui fut réuni à l'empire d'Allemagne, en 1033. Elle était alors divisée en un grand nombre de fiefs, laïques et ecclésiastiques. En 1308, les trois cantons forestiers d'Uri, de Schwytz et d'Unterwalden se soulevèrent contre les prétentions tyranniques de l'empereur Albert Ier d'Autriche; ils formèrent une Confédération, qui résista victorieusement aux armées autrichiennes, et qui s'accrut successivement des pays voisins. De 1513 à la révolution française, la Confédération Suisse ou Helvétique compta 13 cantons, avec leurs alliés et leurs sujets; son indépendance fut reconnue au traité de Westphalie en 1648. Son organisation et son étendue furent plusieurs fois modifiées de 1789 à 1815. A cette époque, elle se composa de 22 cantons; en 1833, le canton de Bâle s'est partagé en deux : Bâle-Ville et Bâle-Campagne.

Voici les cantons de la Confédération et les localités les plus connues, en suivant un ordre géographique.

CANTONS ARROSÉS PAR LE RHIN.

1° Les GRISONS ou LIGUES-GRISES, au S.-E., le plus grand des cantons (718,000 hectares), formant la partie supérieure du bassin du Rhin. C'est l'un des pays les plus tourmentés, les plus sauvages et les plus arriérés de l'Europe ; il renferme peu de terres cultivables, quelques mines à peine exploitées ; il est sans industrie ; mais il a de belles forêts et de magnifiques pâturages. Trois ligues (*Ligue Grise*, ch.-l. Disentis ; *Ligue-Caddée* ou de *la maison de Dieu*, ch.-l. Coire ; *Ligue des Dix-Droitures*, ch.-l. Davos) forment 26 juridictions ou petites républiques presque indépendantes. Longtemps alliés de la Confédération, les Grisons ne formèrent un canton qu'en 1803.

COIRE, à 2 kil. du Rhin, sur la Plessur, le chef-lieu, est le centre d'un commerce de transit assez actif entre l'Allemagne et l'Italie ; 6,000 hab. ; — *Disentis, Ilanz, Reichenau, Mayenfeld*, sur le Rhin ; *Thusis, Splugen; Saint-Moriz*, avec ses eaux minérales, sur l'Inn ; ne sont que des bourgs peu importants.

2° SAINT-GALL (201,900 hectares), au N. des Grisons, renferme des montagnes couvertes de pâturages au S., des plaines assez fertiles au N. On y fait des broderies, des dentelles, des toiles, des cotonnades. C'est un pays généralement pauvre, dont la population est peu laborieuse. La ville de Saint-Gall, avec ses dépendances, alliée de la Confédération, forma, en 1798, le *canton de Sæntis*, et, en 1803, le canton de Saint-Gall.

SAINT-GALL, le chef-lieu, est une ville d'industrie (mousselines, broderies, mouchoirs, filatures, teintureries, etc.), elle possédait jadis une abbaye célèbre ; 17,000 hab. ; — *Sargans*, au S., près du Rhin, est une position importante par les routes qui s'y rencontrent ; — *Rheineck*, près de l'embouchure du Rhin dans le lac de Constance ; — *Rorschach*, port de commerce sur le lac ; — *Rapperschwyl*, au S. du lac de Zurich, avec un pont de 1,600 mèt. sur le lac ; — *Pfæffers* a des eaux minérales renommées, dans la curieuse vallée de la *Tamina*.

3° Le canton d'APPENZELL est entièrement enclavé dans le canton de Saint-Gall ; il entra dans la Confédération, en 1513 ; il se divise depuis 1597 en deux États : les RHODES (Communes) INTÉRIEURES

(15,898 hectares), au S.-E., dont la population catholique est pauvre ; chef-lieu, APPENZELL; et les RHODES-EXTÉRIEURES (26,058 hectares), habitées par des protestants, où l'agriculture, l'industrie, l'instruction sont développées ; ch.-l., TROGEN et HÉRISAU.

Appenzell n'a que 5,000 hab. ; — *Hérisau*, 8,500 hab., **Heiden**, *Gais* fabriquent des dentelles et des mousselines ; beaucoup de malades viennent à Gais pour la cure du petit-lait ; — *Trogen* fait un commerce assez considérable.

4° Le canton de THURGOVIE (Thurgau ou pays de la Thur) (98,796 hectares) est généralement plat, fertile en céréales, chanvre, lin ; renferme forêts et pâturages ; a une industrie active (soieries, toiles, cotonnades) et fait beaucoup de commerce par le lac de Constance. — Le Thurgau, sujet des Suisses, a formé un canton depuis 1798.

FRAUENFELD, le chef-lieu, a des fabriques de soieries et des filatures de lin et de coton ; — *Arbon* et *Romanshorn* sont des ports commerçants sur le lac ; — *Arenenberg* est un château célèbre près du lac de Zell.

5° Le canton de SCHAFFHOUSE (29,998 hectares), situé au N. du Rhin, est fertile et donne des vins estimés. On y trouve des prairies, des forêts, du fer, de la houille. Il est entré dans la Confédération, en 1501. — SCHAFFHOUSE (*Schiffhausen*, la maison des bateaux), sur le Rhin, a conservé l'aspect d'une ville du moyen âge, et possède des fabriques d'acier, de coutellerie, de soieries et de cotonnades ; 10,000 hab. ; — les vignobles de *Stein* et de *Laufen* sont renommés.

6° Le canton de ZURICH (172,339 hectares), à l'O. de Thurgovie et de Saint-Gall, est très-bien arrosé ; l'agriculture y est florissante ; l'industrie et le commerce sont très-développés. Il est entré dans la Confédération dès 1351.

ZURICH est à l'endroit où la Limmat sort du lac de Zurich. L'industrie y est très-active (soieries, filatures de coton, teintureries, impression d'indiennes, ateliers de machines, construction de bateaux à vapeur, imprimeries, etc.) ; commerce considérable. Cette ville renferme beaucoup d'établissements littéraires et scientifiques, une université, une École polytechnique ; 21,000 hab. ; et, avec les communes voisines, 56,000 hab. ; — *Winterthur*, sur l'Eulach, fabrique des indiennes, des machines, a des filatures de coton et des teintureries ; 6,000 hab. ; — *Wadenschwyl*, à l'O. du lac de Zurich, fabrique draps, toiles, mousselines ; à l'O., le village de *Cappel* est célèbre par la bataille de 1530 dans laquelle Zwingle fut tué ; — *Bulach* fait le commerce de ses vins.

7° Le canton d'ARGOVIE (Aargau ou pays de l'Aar) (140,544 hectares), à l'O. de Zurich, donne de belles récoltes dans les plaines, renferme de nombreux pâturages, et a des bois dans les dernières ramifications du Jura Helvétique. L'industrie y est très-développée. Il a formé un canton depuis 1798.

AARAU, sur l'Aar, ville de fabriques : fonderie de canons, coutellerie, instruments de précision, cotonnades ; 6,000 hab. ; — *Zurzach*, sur le Rhin ; foires très-importantes ; — *Rheinfelden*, sur le Rhin, l'une des quatre villes forestières ; — *Schinznach*, sur l'Aar, avec des eaux sulfureuses fréquentées, près des ruines du château de Habsbourg ; — *Aarbourg*, sur l'Aar, dont la citadelle sert d'arsenal à la Confédération ; —*Zoffingen*, au S.-E., avec des fabriques de cotonnades, d'indiennes, de rubans de soie ; — *Wohlen*, au S. du canton, centre d'une grande fabrication de passementerie et de chapeaux de paille ; — *Baden*, au N.-E., sur la Limmat, célèbre par ses eaux sulfureuses et le traité de 1714, etc.

8° Le canton de BALE, au N.-O. de la Suisse, assez accidenté par les dernières ramifications du Jura, est fertile en céréales, en vins, et possède des bois et des pâturages. L'industrie est active, le commerce très-florissant. Bâle est entrée dans la Confédération, en 1501 ; le canton, depuis 1833, forme deux États séparés : BALE-VILLE (3,686 hectares) et BALE-CAMPAGNE (42,163 hectares).

BALE (Basel), sur le Rhin, est une ancienne ville, qui possède une belle cathédrale, une université, beaucoup d'établissements d'instruction, et dont les imprimeries ont été célèbres. Elle fabrique des rubans de soie, du papier, des gants, des cuirs, etc. ; mais elle est surtout importante par son commerce d'importation et d'exportation, par ses relations avec la France, l'Angleterre, l'Amérique, la Hollande et l'Allemagne ; 45,000 hab. ; *Saint-Jacques*, sur la Birse, est un hameau connu par ses vignobles et par la bataille de 1444.

LIESTALL, dans la belle vallée de l'Ergolz, est le chef-lieu de Bâle-Campagne ; forges, fils de fer, rubans, gants ; 3,000 hab. ; — *Sissach* a d'importantes papeteries.

§ 6. — Cantons de la Suisse intérieure arrosés par la Reuss et par la Linth.

9° Le canton d'URI (107,597 hectares) est un pays entièrement montagneux, qui occupe la profonde vallée de la Reuss, du Saint-Gothard au lac des Quatre-Cantons, entre le Crispalt et le Tœdi à l'E., le Gallenstock et le Titlis à l'O. Le climat est rude dans la partie méridionale ; la terre est généralement stérile, il y a de belles forêts et quelques pâturages sur les flancs des montagnes. Le commerce de transit est assez actif par la route du Saint-Gothard.

Altorf, le chef-lieu, est une petite ville près de la Reuss, où l'on place la naissance de Guillaume Tell ; un peu plus au N., près du lac d'Uri, est la chapelle de Guillaume Tell, à l'endroit où il tua, dit-on, le bailli Gessler ; a l'O. du lac est la prairie du *Grutli*, où se conjurèrent, en 1307, les premiers fondateurs de la république suisse. On remonte la route du Saint-Gothard par *Amstœg*, les horreurs sauvages du *Trou d'Uri*, du *Pont-du-Diable*, par *Andermatt*, jusqu'au fameux col où est établi l'hospice du Saint Gothard.

10° Le canton de GLARIS (69,120 hectares), entre Uri et Saint-Gall, est aussi un pays montagneux, avec des glaciers, des torrents, des petits lacs. Il y a peu de cultures, mais on exploite les forêts, on élève les bestiaux. Il est entré dans la Confédération, en 1352.

Glaris, le chef-lieu, sur la Linth, au fond d'une sorte d'entonnoir, est une vieille ville aux maisons de bois, peintes sur la façade. On y trouve des filatures de coton, des fabriques de draps et d'indiennes, de mouchoirs imprimés pour le Levant ; 4,000 hab. ; *Stachelberg*, au S., sur la Linth ; bains renommés ; — *Nœfels*, au N., sur la Linth, célèbre par les deux combats de 1388 et de 1799.

11° Le canton de SCHWYTZ (90,847 hectares), à l'O. de Glaris, s'étend du lac des Quatre-Cantons au lac de Zurich. Il est célèbre par ses beautés naturelles, montagnes et lacs, qui attirent beaucoup de voyageurs ; on exploite de grandes forêts de sapins et on élève une belle race de bestiaux.

Schwytz, le chef-lieu, à l'E. des dernières pentes du Righi, a 5,500 hab. ; — *Einsiedeln*, au N., possède une abbaye de bénédictins où l'on va de très-loin en pèlerinage ; — *Arth*, au S. du lac de Zug, à l'entrée de la vallée de Goldau, célèbre par un terrible éboulement de montagnes en 1806 ; — *Kussnacht*, où s'élève une statue de Guillaume Tell ; — *Brunnen*, près de l'embouchure de la Muotta dans le lac des Quatre-Cantons ; près de là fut conclue, en 1315, l'alliance des trois cantons de Schwytz, d'Uri et d'Unterwalden.

12° Le canton d'UNTERWALDEN (76,538 hectares), au S. du lac des Quatre-Cantons, est couvert des ramifications confuses du mont Titlis. On y voit de beaux pâturages et de grandes forêts. Il se divise en deux parties gouvernées séparément.

Sarnen, sur le lac et la rivière de ce nom, est le chef-lieu de l'Oberwald ou Obwald, à l'entrée de la belle vallée du *Melchthal*.

Stanz, chef-lieu du *Niederwald* ou *Nidwald*, sur l'Aa, dans une vallée profonde et obscure, a quelques fabriques.

13° Le canton de LUCERNE (150,083 hectares), le quatrième des cantons qui entourent le lac des Quatre-Cantons, est de beaucoup le plus important par son étendue et ses richesses. Toute la partie orientale est assez accidentée ; c'est un pays essentiellement agricole, qui produit beaucoup de céréales, de fruits, de légumes et dont les pâturages nourrissent de beaux bestiaux. Il est entré dans la Confédération dès 1332.

Lucerne, à l'endroit où la Reuss sort du lac, est dans une charmante position entre les monts Pilate et Righi. Elle a quelques monuments curieux et fabrique des draps; 15,000 hab. ; — *Sempach*, au N.-O., près du lac de ce nom, est célèbre par la victoire des Suisses en 1386.

14° Le canton de ZUG (23,916 hectares), le plus petit de la Confédération, au N.-O. de Schwytz, a quelques montagnes au S. et des plaines fertiles au N. On y élève des bestiaux et des abeilles. Il fait partie de la Confédération depuis 1352.

Zug, le chef-lieu, est une jolie ville, vers le N.-E. du lac de Zug, — dans la vallée d'Egeri est le défilé de *Morgarten*, où les Suisses vainquirent les Autrichiens en 1315.

§ 7. — Cantons dans la vallée de l'Aar.

15° Le canton de BERNE, le plus important de la Confédération, et le second par la superficie (689,000 hectares), s'étend des Alpes Bernoises au S. jusqu'à la frontière française, au N.-O. La partie méridionale ou *Oberland* est très-montagneuse, et renferme de nombreux glaciers, de belles cascades, une multitude de sites pittoresques. Dans le centre, les plaines, parfois accidentées, sont fertiles et bien cultivées ; le Nord se compose de longues collines et de vallées peu profondes. Il y a dans les montagnes de vastes forêts et de beaux pâturages, dans la plaine de magnifiques prairies. Les richesses minérales se trouvent au Nord; il y a beaucoup d'eaux thermales. L'industrie est assez développée. Il fait partie de la Confédération depuis 1353.

Le Mittelland (pays du milieu) renferme Berne, sur l'Aar, capitale fédérale de la Suisse, siège d'une université et d'un grand nombre d'établissements littéraires et scientifiques. Elle fabrique des étoffes de coton et de soie, des chapeaux de paille fine, de la bijouterie, de l'orfévrerie ; elle a des teintureries, des tanneries, des lithographies, etc. Son commerce est assez actif ; 36,000 hab , — près de la est l'institut agricole d'*Holfwyl;* — *Laupen*, à l'O., est célèbre par la victoire des bourgeois de Berne sur la noblesse, en 1339; — *Gurnigel*, au S.-O., a des bains sulfureux renommés.

Dans le Seeland, *Aarberg* sur l'Aar, et *Bienne*, à l'extrémité septentrionale du lac de ce nom ; 4,000 hab.

Dans le Jura bernois, au N.-O., *Porentruy*, avec des fabriques de coton et d'armes; — *Délémont*, où l'on voit le château des anciens évêques de Bâle; fabriques d'horlogerie et de toiles peintes.

Dans la HAUTE ARGOVIE, *Langenthal*, où l'on fabrique des toiles et des rubans.

Dans l'EMMENTHAL, *Langnau* et *Burgdorf*, où l'on fabrique des toiles et où l'on fait commerce d'excellents fromages.

Dans l'OBERLAND, *Thun*, sur l'Aar; école militaire; — *Brienz*, où l'on sculpte le bois; — *Unterseen* avec *Interlaken*, entre les deux lacs; — *Meyringen*, dans la vallée de l'Ober-Hasli, à l'E.; — *Grindenwald*, dans la romantique vallée de ce nom, qui conduit au Finster-Aar-Horn; — *Lauterbrunnen*, dans la vallée du même nom, où se trouve la magnifique cascade de Staubach, et qui conduit à la Jungfrau; — *Saanen*, au S.-O. du canton; fromages renommés dits de Gessenai; — *Weissembourg*, dans le Simmenthal; bains sulfureux; etc.

16° Le canton de SOLEURE (78,474 hectares), au N de celui de Berne, arrosé par l'Aar et couvert par les ramifications du Jura Helvétique, a un sol fertile en céréales, de belles prairies, des forêts de chênes et de hêtres; du fer, des marbres, de belles pierres, des sources ferrugineuses. Il entra dans la Confédération en 1481.

SOLEURE (Solothurn), sur l'Aar, est la résidence de l'évêque catholique de Bâle; sa cathédrale est la plus belle église de la Suisse; elle fait un grand commerce; 6,000 hab; — *Olten*, sur l'Aar, important comme point de jonction de routes et chemins de fer; cotonnades, bonneterie de laine; — *Dornach*, dans la vallée de la Birse, vins renommés.

17° Le canton de FRIBOURG (166,902 hectares), à l'O. de celui de Berne, en grande partie dans la vallée de la Saane, est assez fertile, a de riches prairies, des forêts, des vignes, et produit beaucoup de fromages. Il est entré dans la Confédération en même temps que Soleure.

FRIBOURG, sur la Saane; tanneries, brasseries, fromages, chapeaux de paille et paille tressée; 11,000 hab.; — *Gruyères*, à gauche de la Saane, et *Charmey*, à droite dans la vallée de Bellegarde, centres d'une grande fabrication de fromages; — *Morat*, a l'E. du lac de ce nom, célèbre par la bataille de 1476; — *Romont*, sur la Glane, grand marché de chevaux et de bestiaux; — *Bulle*, sur la rive gauche de la Saane; poteries, paille tressée; fromages; — *Estavayer*, à l'E. du lac de Neuchâtel, dans un district, enclave du canton de Vaud.

18° Le canton de NEUCHATEL (80,778 hectares), entre le lac de ce nom et la France, est traversé par les chaînons parallèles du Jura. Il produit peu de céréales, mais du chanvre, des fruits, des vins, et il est riche en forêts et en pâturages. Une population industrieuse s'adonne à la fabrication de l'horlogerie, de l'orfèvrerie, de la bijouterie, des dentelles, des toiles, de l'absinthe (Couvet); l'exportation est considérable. — Le comté, allié des Suisses depuis le xiv° siècle, possédé par les rois de Prusse depuis 1713, forma une principauté de l'empire français, en 1806; fut rendu au roi de Prusse en 1815, mais fit dès lors partie de la Confédération. En 1848, il se souleva contre la Prusse, qui ne reconnut son indépendance qu'en 1857.

Neuchatel, le chef-lieu, au N.-O. du lac, a 13,500 hab.; — *Le Locle* (10,000 hab.) et la *Chaux-de-Fonds* (20,000 hab.), au N.-O. du canton, sont les centres d'une fabrication très-active d'horlogerie, de bijouterie et de dentelles; — *Vallengin*, au N.-O de Neuchâtel, ch.-l. de l'ancien comté de ce nom; — *Boudri*, à l'O. du lac, renommé pour ses vins; — *Motiers* et *Couvet* dans le Val Travers.

§ 8. — Cantons dans le bassin du Rhône.

19° Le canton du VALAIS (524,713 hectares) comprend tout le bassin supérieur du Rhône, entre les Alpes Bernoises et les Alpes Pennines, jusqu'à la Savoie et jusqu'au lac de Genève. Le sol, très-tourmenté, coupé de ravins et de torrents, est peu favorable à la culture. Il y a du fer, des marbres, des pierres, des sources minérales. Les prairies sont nombreuses; mais la population pauvre et indolente, qui compte beaucoup de crétins, néglige l'élève des bestiaux. Le Valais, allié des Suisses depuis 1475, forma un canton, en 1798; une république indépendante, en 1803, fut réuni à l'empire français, en 1810 (département du Simplon), et rentra dans la Confédération en 1815.

Sion, le chef-lieu, sur le Rhône, a un aspect très-pittoresque; — *Brieg*, à l'E., sur le Rhône, est au débouché de la route du Simplon; — *Louèche* ou *Leuk*, également sur le fleuve, à l'endroit où passe la route du col de la Gemmi, a des eaux thermales; — *Martigny* (Octodunum), au confluent de la Dranse, est au commencement de la route du Grand Saint-Bernard.

20° Le canton de VAUD (522,284 hectares), au N. du lac de Genève, s'étend du Valais à la France, est traversé par les collines du Jorat, et est en partie dans le bassin du lac de Neuchâtel. On y cultive les céréales, la vigne, le lin, le chanvre, le tabac, les fruits, on exploite les forêts du Jura. L'exportation est assez considérable. — Le pays de Vaud, sujet des Suisses, forma le *canton du Léman*, en 1798, qui devint le canton de Vaud en 1803.

Lausanne, le chef-lieu, à 4 kil. du lac de Genève, a des tanneries renommées; c'est une ville lettrée, qui possède une académie célèbre; 27,000 hab.; — *Avenches* (Aventicum), au S. du lac de Morat; — *Yverdun*, au S. du lac de Neuchâtel; — *Granson*, au S.-O. du lac, célèbre par la victoire des Suisses en 1476 ; — *Bex*, au S.-E. du canton, près du Rhône, a des salines importantes; — sur les bords du lac de Genève on trouve de l'E. à l'O. un grand nombre de localités, bien connues par leurs sites pittoresques ou leurs vignobles. — *Villeneuve*, *Chillon* et son vieux château; *Montreux*, *Clarens*, *Vevey*, où l'on fabrique de l'horlogerie, de la bijouterie et des vins de Champagne vaudois, *Cully*, *Lutry*, *Ouchy*, qui sert de port à Lausanne; *Morges*, dont le port est très-actif, *Aubonne*, dont la vue est admirable; *Rolle*, *Nyon* avec sa manufacture de porcelaines; *Coppet* et son château célèbre.

21° Le canton de GENÈVE, l'un des plus petits de la Confédération (28,270 hectares), au S.-O. de la Suisse, coupé en deux par le Rhône, a un sol très-bien cultivé et possède des vignes renommées. L'industrie et le commerce de Genève ont une grande importance. — La république de Genève, alliée de la Confédération depuis le xvi° siècle, fut réunie à la France en 1798, et devint un canton en 1815.

Genève, sur le Rhône, à sa sortie du lac de Genève, est une vieille ville, d'où l'on jouit d'une vue magnifique. Depuis Calvin, qui en fit le centre de sa reforme, elle a été animée d'un grand mouvement intellectuel; elle renferme de nombreux établissements littéraires, un musée, un jardin botanique, une belle bibliothèque, une académie. Elle fabrique de l'horlogerie, de la bijouterie, de l'orfèvrerie, des tissus de soie et de laine, son commerce est très-actif; 47,000 hab. et avec les communes voisines, 68,000; — *Carouge* est un bourg de 5,000 hab., sur l'Arve ; — *Versoix* est sur la rive occidentale du lac de Genève.

§ 9 Dans le bassin du Pô (région italienne)

22° Le canton du TESSIN (283,555 hectares), dans la région italienne au S. des Alpes Centrales, est en grande partie couvert par les ramifications de ces montagnes. Les vallées sont fertiles en céréales, vignes, arbres fruitiers; il y a de belles forêts de chênes, hêtres, pins, bouleaux, dans le N.; on élève des vers à soie dans le S. L'industrie est presque nulle; le commerce de transit assez important; la population est pauvre, et plusieurs milliers d'habitants émigrent chaque année. Trois villes sont tour à tour capitales du canton pendant six ans. Les bailliages italiens du Tessin, enlevés au Milanais de 1515 à 1516, sujets des Suisses, formèrent, en 1798, le *canton de Bellinzona*, qui devint le canton du Tessin en 1803.

Bellinzona, sur le Tessin, à la jonction des routes du Saint-Gothard, du Bernardino, de Lugano et de Locarno ; — Lugano, sur le lac de Lugano, dans une charmante position, est une ville tout italienne, qui fait un commerce actif de transit, a de grands marchés de bestiaux, des filatures de soie, des forges de fer et de cuivre, des papeteries ; 6,000 hab.; — LOCARNO, au N. du lac Majeur, au milieu de vignobles et d'arbres fruitiers ; 5,000 hab.

§ 10. — Géographie économique — Climat. — Richesses minerales, agricoles. — Industrie

CLIMAT. — Le climat de la Suisse varie suivant les hauteurs et l'exposition des localités ; les vallées italiennes jouissent naturellement d'un climat beaucoup plus doux. La température des régions alpestres paraît s'être progressivement refroidie, puisque la ligne des neiges perpétuelles a baissé et que les glaciers se sont agrandis. L'air est en général pur et sain, sauf dans quelques cantons du Valais. Le fœhn ou vent du S.-O. fait fondre les neiges des pâturages alpestres ; il est souvent terrible et desséchant. 'Les orages et les tremblements de terre sont fréquents.

RICHESSES MINÉRALES ; — AGRICOLES — INDUSTRIE. — La Suisse a peu de richesses minérales ; du *fer* dans le Leberberg, à Sargans, dans la vallée de la Tamina (Saint-Gall) ; du *plomb* et du *zinc* a Davos (Grisons) ; trop peu de *houille*, mais de l'*anthracite* dans le Valais et de la *tourbe* partout. Il y a des *salines* à Bex et dans l'Argovie. Les *eaux minérales* sont nombreuses et plusieurs sont renommées : Baden, Schinznach, Wildegg (Argovie) ; Blumenstein, Gurnigel, Weissembourg (Berne) ; Lavey, Yverdun (Vaud) ; Louèche, Saxon (Valais) ; Pfælfers (Saint-Gall) ; Saint-Moriz, Tarasp (Grisons) ; Stachelberg (Glaris), etc.

Au point de vue de la végétation, la Suisse se divise en plusieurs zones.

La *vigne*, surtout au bord des lacs et des rivières, s'élève jusqu'à 550 mètres. — La région des *chênes*, où l'on cultive encore le blé, va jusqu'à 800 ou 850 mètres ; les prairies y donnent deux récoltes.

La région des *hêtres*, où l'on cultive le seigle, l'orge, les arbres fruitiers, où les prairies sont excellentes, va jusqu'à 1,500 mètres. — La région des *pins* et des *sapins*, où l'on cultive encore les pommes de terre, s'élève jusqu'à près de 1,800 mètres. — La *région alpine inférieure*, jusqu'à 2,200 mètres, n'a plus de culture, mais de beaux pâturages à herbe courte et forte, très-favorable au bétail. — La *région alpine supérieure*, jusqu'à 2,700 ou 2,900 mètres, produit encore des plantes magnifiques, mais l'hiver y dure presque toute l'année. — Enfin, dans la *région des neiges éternelles*, on ne trouve que des mousses et des lichens.

La Suisse a 580,000 hectares de terres cultivées, principalement dans les plaines qui s'étendent du canton de Vaud au canton de Thurgovie. La récolte des céréales n'est pas suffisante et la Suisse achete a l'étranger 2,500,000 hectolitres de blé. Mais les pommes de terre fournissent 9 millions d'hectolitres. La vigne donne 900,000 hectolitres de vin, surtout dans les cantons de Vaud et de Zurich; plusieurs crus sont estimés, et l'on fabrique beaucoup de vins de Champagne, qui sont exportés aux Etats-Unis. On recueille des fruits en abondance, des pommes, des noix, des châtaignes, des cerises dans l'E., dont on fait du kirschwasser, de l'absinthe dans le Jura. On cultive le tabac dans les cantons de Vaud et de Fribourg; le lin et le chanvre, surtout dans le Nord. Les pâturages de la Suisse sont une source plus abondante de richesses. On compte plus de 100,000 chevaux, bons pour le trait, surtout dans le Jura; il n'y a que 400,000 moutons et autant de chèvres. Mais les bêtes à cornes sont au nombre de 900,000 environ, qui couvrent tous les pâturages des hautes terres, et qui se rattachent plus ou moins aux deux belles races de Schwytz et de Berne.

La Suisse, presque entièrement privée de houille et de métaux, ne semble pas devoir être un pays d'industrie florissante. Mais les chutes d'eau si nombreuses paraissent devoir être de plus en plus utilisées; les droits de douane sont modérés et n'entravent en rien l'importation et l'exportation; la main-d'œuvre n'est pas chère en général, et dans beaucoup de localités les travaux industriels s'unissent heureusement a la vie agricole; enfin le génie des habitants, surtout dans les cantons du Nord et de l'Ouest, a permis aux Suisses de rivaliser avec la France et l'Allemagne dans plusieurs branches d'industrie. Le fer est travaillé à Liestall (forges, fil de fer), à Aarau (canons, coutellerie, instruments de précision), à Schaffhouse (acier, coutellerie fine), a Zurich, à Winterthur (machines, fonderies de caractères d'imprimerie). On connaît l'horlogerie et la bijouterie de Genève, du Locle, de la Chaux-de-Fonds, de Délémont, de Porentruy, de Bienne, de Vevey; l'orfévrerie de Genève, Bâle, Saint-Gall, Neuchatel; les instruments de mathématiques de Berne, les instruments de musique de Glaris.

L'industrie textile a pris de grands développements depuis quarante ans. Le tissage du lin a encore quelque importance dans les cantons de Lucerne, de Berne et d'Argovie. La filature de coton est très-active à Zurich, à Winterthur, dans les cantons d'Argovie, de Zug, de Glaris et de Saint-Gall, où l'on fabrique également beaucoup de cotonnades; Hérisau, Gais, Wallenstadt, Hundweil ont de la réputation pour leurs mousselines ; Saint-Gall et Appenzell, pour leurs batistes brodées ; Berne, Zurich, Winterthur, Glaris et Saint-Gall, pour leurs étoffes teintes et imprimées. L'industrie de la soie a pour centres principaux : Bâle et Aarau pour les rubans ; Zurich, Winterthur, Frauenfeld, pour les tissus et taffetas.

La fabrication des fromages donne lieu à une exportation considérable ; les principaux centres sont Gruyères dans le canton de Fribourg et la vallée de l'Emmenthal (Berne) ; le commerce s'en fait surtout par Romont, Langnau et Soleure.

La Suisse a encore quelques autres branches d'industrie moins importantes : on fait des tresses de paille pour chapeaux dans les campagnes d'Argovie, de Fribourg, du Tessin, etc. ; des parquets, des chalets, surtout dans l'Oberland ; des objets en bois sculpté ; des boîtes à musique à Genève, etc., etc.

§ 11. — Commerce ; voies de communications. — Statistique.

Le commerce de la Suisse est relativement très-considérable. Coire et Genève sont les principaux centres du transit avec l'Italie ; Bâle, Schaffhouse, Saint-Gall, avec l'Allemagne, Bâle, Neuchâtel et Genève avec la France. La Suisse nous envoie des soieries, des cotonnades, de l'horlogerie, des bois communs, des laines, des peaux brutes, des fromages, des bestiaux, des jouets d'enfants, etc. ; — elle reçoit des céréales, des tissus de coton, de laine et de soie, des vins, des outils, de la mercerie, du papier et des livres, etc. On n'a pas de données récentes et précises sur la valeur du commerce extérieur de la Suisse. On l'a estimée à 460 millions pour l'importation et 420 millions pour l'exportation.

Les voies de communication sont nombreuses et bien entretenues ; les routes du Saint-Gothard, du Bernardino et du Splugen traversent les Alpes Centrales et unissent la Suisse à la Lombardie. La navigation est active sur les lacs, principalement sur celui de Constance.

Les chemins de fer sont nombreux, malgré les accidents du sol. Les principales lignes sont :

1° La *ligne du Nord*, de Bâle, par Olten, Brugg, Baden, Zurich, Winterthur, Frauenfeld, Romanshorn jusqu'au lac de Constance ; une ligne de paquebots conduit aux ports de Frederikshafen (Wurtemberg) et Lindau (Bavière), et met en communication avec les chemins de fer de ces deux pays. Il y a embranchements : de Turgi, près Brugg, à Waldshut sur le Rhin ; de Zurich à Bulach et à Regensberg ; de Winterthur à Schaffhouse, où l'on rejoint le chemin allemand qui suit la rive droite du Rhin.

2° Le *chemin de l'Est* a deux lignes : — l'une part de Winterthur, passe par Saint-Gall, Rorschach, Sargans ; — l'autre part de Zurich, remonte la vallée de la Linth et aboutit au même point de Sargans. De là le chemin se dirige vers Coire, et par la vallée du Rhin postérieur doit franchir le col du Splugen et se rattacher vers Lecco aux chemins italiens.

3° Le *chemin de l'Ouest*, parallèle au Jura, part de Bâle, et par Olten, Soleure, Bienne, Neuchâtel, Granson, Yverdun, Lausanne, arrive à Genève. Il a deux embranchements : l'un de Neuchâtel sur le Locle et la Chaux-de-Fonds ; — l'autre, de Neuchâtel sur Pontarlier. Cette ligne est en communication avec les chemins français par Bâle, Pontarlier, Genève.

4° Le *chemin du Sud* se détache du précédent à Lausanne, suit la rive septentrionale du lac de Genève, remonte la vallée du Rhône par Martigny, Sion, et, par Brieg, doit se diriger par le col du Simplon vers Arona et les chemins italiens.

5° Le *chemin du Centre* se compose de plusieurs lignes qui unissent les précédentes. Une ligne conduit de Lausanne, par Fribourg, à Berne. De Berne, il y a des lignes vers Thun, vers Bienne, vers Langnau, vers Burgdorf et Herzogenbuchsee sur la ligne de l'Ouest. Olten est uni à Lucerne, à Zug, à Zurich. Cette dernière ligne doit remonter la vallée de la Reuss et par le Saint Gothard, puis par le canton du Tessin, rejoindre à Côme les chemins italiens.

La population de la Confédération est d'environ 2,670,000 hab. sur une superficie de 41,418 kil. carrés, ou de plus de 65 hab. par kil. carré (une partie de la superficie, couverte de montagnes et de glaciers, n'est pas habitable). Elle appartient à quatre familles, distinguées par la langue : 1° les *Français* (640,000) dans le bas Valais, Fribourg, Vaud, Genève, Neuchatel, le Jura Bernois ; ils ont contribué pour une part considérable au mouvement scientifique et littéraire de la France ; — 2° les *Italiens* (144,000) dans le Tessin et l'O. des Grisons ; — 3° les *Roumanches* (42,000) dans l'Engadine principalement ; leur langue dérive d'un latin corrompu ; mais ils n'ont pas de littérature, et la langue roumanche ou ladine recule chaque jour devant l'allemand. Les Roumanches ont la spécialité de fournir aux grandes villes de l'Europe des confiseurs et des pâtissiers ; — 4° les *Allemands* (1,843,000) dans le reste de la Suisse.

Il y a environ 1,566,000 protestants et 1,084,000 catholiques, avec 5 évêchés, Bâle (l'évêque réside à Soleure), Lausanne, Sion, Coire, Saint-Gall.

Chaque canton forme un État particulier, république démocratique pure ou représentative. Les affaires d'un intérêt général et les affaires extérieures sont administrées par le gouvernement fédéral. Il se compose de DEUX CONSEILS et du POUVOIR EXÉCUTIF : les deux conseils sont le *Conseil des États*, ayant 44 membres, 2 par canton, et le *Conseil national*, formé de députés des cantons, à raison de 1 député par 20,000 hab. Le Conseil fédéral ou *Vorort* est chargé du pouvoir exécutif, il se compose de 7 membres nommés pour 3 ans par les deux assemblées; le président est nommé pour un an. BERNE est la résidence du gouvernement fédéral.

Le budget fédéral est de 25 à 26 millions environ ; les budgets des cantons s'élèvent à peu près à la même somme.

L'instruction est obligatoire, mais non gratuite, au-dessus des écoles primaires et secondaires, qui sont florissantes, il y a les universités de Bâle, de Berne, de Zurich, les académies de Genève et de Lausanne, l'École polytechnique de Zurich, qui dépend du gouvernement fédéral.

Il n'y a pas d'armée permanente, mais seulement des cadres permanents. Tout citoyen suisse doit le service militaire, de 20 à 30 ans dans l'armée régulière; de 30 à 40 dans la réserve; la landwehr comprend tous les hommes valides âgés de moins de 44 ans qui ne servent pas dans l'armée régulière ou dans la réserve.

L'armée régulière est de . . . . 84,000 hommes.
La reserve. . . . . 50,000 —
La landwehr. . . . . 67,000 —

En tout, 200,000 hommes environ.

CHAPITRE IV

ROYAUME DE BELGIQUE

§ 1. — Situation ; limites

Le royaume de Belgique, séparé des Pays-Bas depuis 1830, fait partie de la région gauloise ou française, dont il est la prolongation vers le N. Il a pour bornes : au S., la France (départements de la Meuse, des Ardennes, de l'Aisne, du Nord); a l'O., la mer du Nord; au N , les Pays-Bas (provinces de Zélande, Brabant), au N.-E., les Pays-Bas (province de Limbourg); à l'E., la Prusse et le Luxembourg hollandais. La Belgique est située entre 49°30' et 51°30' lat. N.; et entre 0°12'.et 3°47' long. E. Elle a 277 kil. du N. au S.; 160 kil. de l'E. à l'O., et 29,455 kil. carrés de superficie.

Les côtes n'ont que 70 kil. de longueur, sans cesse menacées par la mer, elles sont bordées de dunes et de digues. La Belgique est un pays de plaines; on aperçoit quelques ondulations entre l'Escaut et la Meuse; sur la rive gauche de la Sambre et de la Meuse, les *collines de Belgique* n'ont que 100 à 150 mèt. d'élévation; mais entre la Meuse et la Moselle, on trouve le plateau accidenté des *Ardennes*, formé de rochers, d'escarpements pittoresques, et couvert de forêts; le point culminant de ce plateau ou *Hautes-Fagnes*, la *Baraque Michel*, au S.-E. de Liége, a 680 mèt. de hauteur.

§ 2. — Cours d'eau. — Canaux.

La Belgique est un pays bien arrosé; elle est tout entière dans le bassin de la mer du Nord. Voici les principaux cours d'eau.

L'*Yser*, venant de France, arrose Dixmude et finit à Nieuport.

L'Escaut (Schelde) sort de France, au-dessous de Condé, et passe à Tournay, Pont-à-Chin, Audenarde, Gand, Dendermonde, Anvers, puis entre en Hollande. Les conventions de 1839 et de 1863 ont assuré la liberté complète du fleuve, moyennant une indemnité de 36 millions payés aux Hollandais, dont 13 millions par la Belgique, et le reste par les nations intéressées.

Ses principaux affluents sont : à gauche, la *Lys*, qui vient de France, passe à Courtray, Deynse et finit à Gand ; — à droite, le *Haine*, qui passe à Mons; le *Dender*, qui passe à Ath, Grammont, Ninove et Alost; le *Rupel*, qui réunit toutes les eaux de la Belgique centrale : *la Senne*, venant du Sud et passant à Bruxelles ; *la Dyle*, venant de l'E., par Genappe, Wavre, Louvain, Malines, et grossie de la *Demer* (Hasselt, Aerschot), qui reçoit la *Grande-Geete* (Tirlemont), grossie de la *Petite-Geete* (Ramillies); enfin le Rupel est encore formé par les deux *Nethes*, qui viennent du N.-E.

La Meuse (Maas) vient de France, entre en Belgique au-dessous de Givet, arrose Dinant, Namur, Huy, Seraing, Liége, Herstall, sépare le Limbourg belge du Limbourg hollandais, puis pénètre dans les Pays-Bas. Ses principaux affluents sont : à gauche, la *Sambre*, qui vient de France, arrose Erquelinne, Thuin, Marchienne, Charleroi, et finit à Namur ; — le *Geer*, qui passe à Tongres et finit à Maestricht; — à droite, la *Semoy* ou *Semois*, qui arrose, dans le Luxembourg, Chiny et Bouillon ; — la *Lesse*, qui traverse le plateau des Ardennes; — l'*Ourthe*, qui finit à Liége, après avoir reçu l'*Amblève* (Stavelot) et la *Vesdre* (Limbourg, Verviers).

De nombreux canaux, sur une longueur de plus de 1,500 kil., unissent ces différents cours d'eau et facilitent la navigation entre toutes les parties de la Belgique. Les principaux sont : le *canal de Gand à Bruges et à Ostende*, — le *canal de l'Écluse*, de Bruges à l'Écluse; — le *canal de Lieve*, de Gand à l'Écluse; — le *canal d'Ostende à Nieuport*, Furnes, Dunkerque; — le *canal de Mons à Condé*; — le *canal d'Antoing*, entre la Sambre et l'Escaut; — le *canal de Charleroi*, de Bruxelles à Charleroi; — le *canal de Willebrock*, de Bruxelles à Anvers; — le *canal du Nord*, qui traverse la Campine, d'Anvers sur l'Escaut, par la Nèthe, vers la Meuse à Maestricht et vers Liège.

§ 3. Géographie politique.

La Belgique est divisée en 9 provinces, qui toutes sont sur la frontière, à l'exception du Brabant; en 41 arrondissements, en 202 cantons de justices de paix et en plus de 2,500 communes.

1° La FLANDRE OCCIDENTALE, à l'O., la seule province qui touche à la mer, compte 8 arrondissements.

Le chef-lieu est BRUGES (Brugge), (48,000 hab.), port spacieux formé par les canaux de Gand à Ostende, de Bruges à l'Écluse. Elle était jadis bien plus florissante et conserve encore de nombreux souvenirs de sa grandeur passée, comme sa belle cathédrale. La peinture à l'huile y fut, dit-on, trouvée par van Eyk au xve siècle. Son industrie consiste en toiles, linge de table, dentelles, — *Ostende*, à l'O. (17,000 hab.), chef-lieu d'arrondissement, port fortifié, a de l'importance par ses communications avec l'Angleterre, ses bains très-fréquentés, ses pêcheries et ses huîtres. Elle a soutenu un siège célèbre contre Spinola (1601-1604); — *Nieuport*, au S.-O. d'Ostende, port de pêche fortifié; — *Blankenberghe*, au N.-E., port de pêche et de refuge, et *Dixmude*, chefs-lieux d'arrondissement, au S.-O. de Bruges, sur l'Yser; — *Furnes*, au S.-O., chef-lieu d'arrondissement, commerce de chevaux, de bestiaux, de produits agricoles; — *Ypres* (17,000 hab.), chef-lieu d'arrondissement, au S.; dentelles, dites de Valenciennes; — *Courtray* (Cortryck) (25,000 hab.), chef-lieu d'arrondissement, sur la Lys; marche des lins et toiles de Flandre; bataille de 1302; — *Roulers* ou *Rousselaer* (13,600 hab.); — *Thielt* (10,500 hab.), chef-lieu d'arrondissement au S. de Bruges; — *Commines*; villes importantes par leurs toiles de lin; — *Menin* (10,000 hab.) et *Warneton*, sur la Lys, par leurs dentelles; — *Poperinghe* (11,000 hab.), à l'O. d'Ypres, par son commerce de houblon.

2° La FLANDRE ORIENTALE, le pays le plus peuplé relativement de l'Europe, renferme le *Waesland*, qui est très-bien cultivé; elle compte 6 arrondissements.

GAND ou GENT (122,000 hab.), le chef-lieu, au confluent de l'Escaut et de la Lys, a un évêché, une université; elle possède de beaux monuments, la cathédrale de Saint-Bavon, l'hôtel de ville, etc. C'est un grand centre d'industrie cotonnière; filatures et tissage de lin; construction de machines; commerce considérable de fleurs. Patrie de Charles-Quint; — *Saint-Nicolas* (24,000 hab.), chef-lieu d'arrondissement, au N.-E.; — *Beveren* (7,000 hab.); — *Lokeren* (18,000 hab.), villes importantes par leurs fabriques de cotonnades, de rubans, d'épingles; — *Alost* ou *Aalst*, au S.-E. de Gand, (20,000 hab.), chef-lieu d'arrondissement; cotonnades, blanchisseries de toiles; — *Ninove*, plus au S., sur la Dender; fils; — *Audenarde* (5,500 hab.), au S-O. de Gand, chef-lieu d'arrondissement, sur l'Escaut; bataille de 1708; — *Renaix* (12,000 hab.), au S.; chapeaux; — *Deynze*, sur la Lys, distillerie de genèvre; — *Wetteren*, sur l'Escaut, au S.-E. de Gand, poudre de guerre; — *Termonde* ou *Dendermonde*, à l'E. de Gand, sur l'Escaut, chef-lieu d'arrondissement, — *Eecloo* (10,000 hab.), au N.-O. de Gand, chef-lieu d'arrondissement; laines, flanelles.

3° ANVERS, à l'Est de l'Escaut, contient 3 arrondissements.

Le chef-lieu, ANVERS ou ANTWERPEN (127,000 hab.), port considérable sur la rive droite de l'Escaut, grande place fortifiée, avec citadelle et forts détachés, possède un vaste arsenal. Jadis très-florissante au xvi° siècle, presque ruinée depuis la fermeture de l'Escaut, en 1648, elle reprend de nos jours une partie de son ancienne prospérité commerciale. Parmi ses industries on distingue l'orfévrerie et la taille des diamants. Elle a des monuments remarquables, son hôtel de ville, sa cathédrale dont la flèche est très élevée. Elle a soutenu trois siéges célèbres, en 1585, en 1814 et en 1832. Patrie de Téniers et de Van Dyk, elle a été le séjour habituel de Rubens; — *Malines* ou *Mechelen* (36,000 hab.), chef-lieu d'arrondissement, sur la Dyle, au S.-E. d'Anvers; archevêché, belle cathédrale; draps et dentelles; — *Turnhout* (14,000 hab.), au N.-E. dans la Campine, chef-lieu d'arrondissement; papeteries, coutils, dentelles; — *Geel* (10,000 hab.), dans la Campine, au S.-E. de Turnhout; colonie célèbre de fous; — *Wortel*, colonie libre de pauvres; — *Herenthals*, à l'E. d'Anvers, sur la Petite-Nèthe; draps, tanneries; (3,500 hab.); — *Lierre* ou *Lier* (15,000 hab.), au confluent des Nèthes; brasseries, instruments de musique en cuivre; — *Boom*, sur le Rupel; commerce de briques.

4° LIMBOURG, au N.-E. de la Belgique, en grande partie dans la Campine, renferme 3 arrondissements.

Le chef-lieu est HASSELT (10,000 hab.), sur le Demer; eaux-de-vie de grains; — *Tongres*, *Tongeren*, au S.-E., chef-lieu d'arrondissement, ville très-ancienne, a des eaux minérales; — *Maeseijck*, sur la rive gauche de la Meuse, au N.-E. d'Hasselt; chef-lieu d'arrondissement; — *Saint-Trond* (11,600 hab.), au S.-O. de Hasselt; armes, dentelles; — *Beverloo*, au S.-E. de Hasselt, camp d'instruction militaire; — *Laufeld*, au N.-E. de Tongres; bataille de 1747.

5° LIÉGE, à l'E., que traverse la Meuse, contient 4 arrondissements. Le chef-lieu est LIÉGE, LUIK ou LITTICH (106,000 hab.), au confluent de la Meuse et de l'Ourthe. Évêché, cour suprême de justice, université, école des mines. Armes de guerre et de luxe; fonderie de canons; fabriques de machines, de quincaillerie, d'épingles, etc., travail du fer et de l'acier; produits chimiques, glaces, cristaux, draps. Patrie de Grétry. Aux environs sont de riches mines de houille; — les trois autres chefs-lieux d'arrondissement sont: *Waremme*, au N.-O.; — *Verviers* avec *Dison* (34,000 hab.), à l'E., sur la Vesdre, centre de l'industrie des draps et flanelles, forges; — *Huy* (10,000 hab.), au S.-O., sur la Meuse; — *Seraing* et *Grivegnée* (18,000 hab.), sur la Meuse; hauts fourneaux, fonderies; travail du fer, de l'acier, de la tôle; machines, locomotives; chaudronnerie; — *Herstal*, sur la Meuse au-dessous de Liége, berceau des Carlovingiens; industrie du fer; — *Landen*, au N.-O.; — *Theux*, au S.-E. de Liége; fonderie de fer; marbres noirs; — *Limbourg*, près de Verviers; draps; - *Spa* (5,000 hab.), au S.-E. de Liége; eaux minérales très-fréquentées, ouvrages en bois; — *Glons* au N. de Liége; centre de la fabrication des chapeaux de paille, — *Vieille-Montagne*, mines de zinc; — l'Abbaye de la vallée de *Saint-Lambert*; grandes verreries; — *Rocoux* ou *Raucoux*, au N. de Liége, bataille de 1746; *Nerwinden*, au N.-O. de la province, près de Landen; batailles de 1693 et 1793.

6° LUXEMBOURG, au S.-E., pays montagneux, pittoresque, avec beaucoup de bois, divisé en 5 arrondissements.

Les chefs-lieux d'arrondissement sont: ARLON (6,000 hab.), au S.-E. de la province, avec des fonderies aux environs; — *Virton*, au S.-O. d'Arlon; *Neufchâteau*, au N.-O.; *Bastogne*, au N.; *Marche*, au N.-O. — *Bouillon* (5,000 hab.), forteresse sur le Semoy, capitale d'un ancien duché, enlevé à la France en 1815; — *Saint-Hubert*, lieu de pèlerinage jadis célèbre par le tombeau de saint Hubert, au N.-O. d'Arlon.

7° NAMUR, entre le Luxembourg et le Hainaut, arrosé par la Meuse et par la Sambre, renferme le pays appelé le *Condroz*, au N.-E.; il y a 3 arrondissements.

NAMUR, *Namen* (27,000 hab.), au confluent de la Meuse et de la Sambre, place forte, a soutenu des siéges nombreux; armes, coutellerie; tanneries, poterie commune; — *Dinant* (8,000 hab.), chef-lieu d'arrondissement, sur la Meuse, au S. de Namur; pierres et marbres estimés ; jadis chaudronnerie artistement travaillée ou *dinanderie;—* *Philippeville,* chef-lieu d'arrondissement, et *Marienbourg,* au S.-O., jadis places fortes destinées à défendre le pays entre Sambre et Meuse, enlevées à la France en 1815 et démantelées ; — *Ligny,* au N.-O. de Namur ; bataille de 1815 ; —*Gembloux,* au N.-O. ; coutellerie ; elle possédait autrefois une célèbre abbaye.

8° Le HAINAUT, le long de la frontière française, arrosé par l'Escaut, la Sambre, le Haine, comprend 6 arrondissements.

Le chef-lieu est MONS ou *Bergen* (28,000 hab.), dans un riche bassin houiller ; — *Tournay* ou *Doornyk* (5,000 hab.), au N.-O., chef-lieu d'arrondissement sur l'Escaut ; tapis, toiles, porcelaine ; les 4 autres chefs-lieux d'arrondissement sont : *Soignies* ou *Soignes,* au N.-E. de Mons ; — *Thuin,* sur la Sambre, au S.-E. ; — *Charleroi* (14,000 hab.), à l'E., place forte sur la Sambre ; dans un grand bassin houiller ; et *Ath* (8,000 hab.), au N.-O. sur la Dender ; — *Enghien,* au N.-E. d'Ath ;—*Braine-le-Comte,* près de Soignies ; — *Binche* (7,000 hab.), au S.-E. de Mons ; — *Chimay,* au S.-E., principauté célèbre ; — puis beaucoup de lieux connus par des batailles ; *Fleurus,* près de Charleroi ; 1690, 1794 ; —*Jemmapes,* à l'O. de Mons ; 1792 ; — *Leuze,* au S.-O. d'Ath ; 1691 ; — *Fontenoy,* près de Tournai ; 1745, — *Seneffe,* au N.-E. de Mons, 1674 ; *Steinkerque,* au N. de Soignies, 1692 ; etc.

9° Le BRABANT belge ou méridional, au centre, a 3 arrondissements.

BRUXELLES ou BRUSSEL, capitale de la Belgique, sur la Senne, est une belle ville qui renferme de nombreux monuments, et possède toutes les ressources industrielles, artistiques, scientifiques d'une capitale, Université, établissements littéraires, conservatoire de musique ; industries de luxe, commerce considérable de librairie ; avec les 8 communes voisines, qui forment en quelque sorte ses faubourgs, elle compte plus de 314,000 hab., — au N.-O. est le château royal de *Laeken;* — *Vilvorde,* au N.-E., a une maison de correction ; — *Louvain* ou *Lowen* (32,000 hab.), sur la Dyle, à l'E. ; chef-lieu d'arrondissement ; université catholique, hôtel de ville admirable, église de Saint-Pierre ; brasseries renommées. L'industrie des draps, jadis très-florissante, est presque abandonnée ; — *Nivelles* (8,000 hab.), au S., chef-lieu d'arrondissement, entre Mons et Bruxelles ; toiles ; — *Tirlemont* ou *Theenen* (12,000 hab.), au S.-E., sur la Grande-Geete, — *Diest* (8,000.), au N.-E. de Louvain, sur le Demer ; —*Hal* (8,000 hab.), au S.-O. de Bruxelles ; — *Waterloo, Braine l'Alleud,* la *Belle-Alliance, Genappe,* les *Quatre-Bras, Wavre,* célèbres dans les combats de juin 1815, au S. de Bruxelles ; — *Ramillies,* bataille de 1706, au S.-E. de la province.

7.

§ 4   Climat — Productions — Industrie. — Commerce
      Voies de communication

Le climat de la Belgique est généralement humide et assez froid ; l'hiver est long et rude sur le plateau des Ardennes.

Sur le littoral on trouve les prairies des polders défendues par des dunes, des digues et des écluses ; on y cultive l'orge, le seigle et le froment, on y élève de beaux bestiaux. Dans les Flandres et surtout dans le *Waesland*, la terre, quoique parfois sablonneuse et maigre, offre de magnifiques cultures grâce au travail de l'homme ; il y a de belles prairies dans la vallée de la Lys ; on récolte des céréales, des pommes de terre, des plantes fourragères et oléagineuses, colza, pavot, du lin, du chanvre, de la chicorée, du tabac, des betteraves. Le *Hesbaye*, entre l'Escaut, la Sambre et la Meuse (Hainaut, Brabant, parties de Namur, Liége, Anvers, Limbourg), a des terres grasses, très-fertiles, produisant beaucoup de blé, de betteraves, de houblon ; le pays, généralement déboisé, ne présente que des champs cultivés, entourés de haies ; aussi les grandes armées se sont-elles souvent rencontrées dans ces plaines fécondes et ouvertes. — Le *Condroz*, le long de la rive droite de la Meuse, est un pays triste et froid, on y cultive surtout l'épeautre. — L'*Ardenne*, comme nous l'avons vu, est âpre, accidentée, formée de masses schisteuses, avec des plateaux marécageux et des forêts ; mais la culture est peu avancée ; on y récolte de l'avoine. — Le *Bas-Luxembourg*, qu'on a surnommé la Petite-Provence, jouit d'un heureux climat et la terre est fertile. — Au Nord, dans une partie des provinces d'Anvers et de Limbourg, s'étendent les grandes landes de la *Campine*, qui produisent du sarrazin, au milieu des bruyères et des marais ; quelques cantons ont été fertilisés.

En somme, l'agriculture est florissante, surtout dans le bassin de l'Escaut ; les céréales fournissent à la nourriture d'une population qui commence à devenir trop pressée ; le lin, le chanvre procurent des matières à l'industrie textile, le colza, le pavot, etc. donnent de l'huile, la chicorée, le houblon, la betterave, le tabac, alimentent des industries florissantes ; les cultures maraîchères sont très-développées ; la vallée de la Meuse, le pays de Malines, le Luxembourg, ont des fruits abondants. Il y a tout au plus 500,000 hectares de forêts : pins maritimes, sapins de l'Ardenne, etc.

Mais les pâturages nourrissent de nombreux bestiaux, principalement dans le bassin de la Meuse : on compte 1,200,000 bœufs ou vaches de la bonne race flamande, surtout dans les Flandres et le Hainaut ; — 300,000 chevaux de gros trait, dans le Hainaut et le

Brabant, ou de la petite race ardennaise ; — 1,200,000 moutons, dans le Luxembourg, les provinces de Namur et de Liége;—4 à 500,000 porcs.

Si les campagnes sont bien cultivées et bien peuplées, les villes sont nombreuses grâce à l'industrie des habitants et aux richesses minérales que renferme la Belgique. Une bande de terrain carbonifère, longue de 200 kilomètres, large de 6 a 12, s'étend le long de la rive gauche de la Sambre, de Valenciennes en France, à Eschweiler en Prusse, par Mons, Charleroi, Namur, Liége. Elle se divise en deux bassins principaux ; à l'E., sur la rive gauche de la Sambre, de Huy a Liége, puis dans la vallée de la Vesdre ; à l'O., sur les deux rives de la Sambre et de l'Haisne, dans le pays de Namur et de Mons, et surtout dans ce qu'on nomme le *Borinage*. Ces mines de houille produisent environ 12 millions de tonnes, dont le tiers est exporté en France. — Le fer, également abondant, vers Charleroi, Liége, Namur, Florenne, donne 1 million de tonnes de minerai et 500,000 tonnes de fonte. — Le zinc est surtout exploité dans les mines de la Vieille et de la Nouvelle Montagne, près de Moresnet dans la province de Liége, et dans celle de Corphalie. Il y a aussi du plomb, du cuivre, de l'argile à poteries et à verres ; des marbres à Franchimont, a Ecausine, près de Dinant, à Theux, à Esneux, etc.; des pierres de taille, des pierres à meules, à aiguiser, du porphyre, des ardoises dans l'Ardenne, de la chaux vers Tournay et Charlemont. Les eaux minérales sont nombreuses ; celles de Spa, Chaud-Fontaine, Tongres, Marimont, etc., ont une réputation européenne.

Aussi l'industrie est-elle florissante en Belgique. Les principaux centres du travail métallurgique sont : pour la fabrication des machines, Liége, Huy, Seraing, Ougrée, Grivegnée, Verviers, Charleroi, Mons, Bruxelles, Gand ; — pour la taillanderie, Liége, Namur ; — pour les armes, Liége, — pour la contellerie, Namur ; — pour la clouterie, Liége, Charleroi, Bruxelles ; — pour la quincaillerie, la tôlerie, Bruxelles et les Ardennes ; — pour les produits chimiques, le Hainaut, la Flandre orientale, les provinces d'Anvers et de Namur ; — pour la verrerie, Charleroi, Mons ; — pour les glaces, Floreffe et Sainte-Marie d'Oignies ; — pour la faience et la porcelaine Saint-Servais, etc.

Les principaux centres d'industrie textile sont : pour le coton, exporté d'Angleterre, la Flandre orientale, Gand et les villes d'alentour, Eecloo, Saint-Nicolas, Termonde, Lokeren, Alost, puis Anvers, Bruxelles ; — pour le lin, toiles, etc., les Flandres, Gand, Tournay, Roulers, Turnhout, Alost, Courtray, Menin, Ypres, Thielt, Iseghem, Renaix, Ninove, etc.; — pour les dentelles, Anvers, Malines, Lierre,

Turnhout, Louvain, Grammont, Alost, Bruxelles, Ypres, Courtray, Gand, Bruges; — pour la laine et l'industrie des draps, jadis source féconde de la richesse des Flandres, mais dont la fabrication s'est principalement transportée de l'O. à l'E., Saint-Nicolas, Eecloo, Gand, Renaix, Courtray, Tournay; et surtout Verviers, Dison, Hodimont; puis Herenthals dans la province d'Anvers; etc.; — pour les tapisseries et étoffes d'ameublement, Tournay; — pour la soie, dont le travail est peu développé, Anvers; — pour la bonneterie, Tournay. Il y a de nombreuses brasseries, raffineries (cette industrie a fait de grands progrès, dans ces dernières années), distilleries d'alcool; on prépare des cuirs; on construit des navires à Anvers; Bruxelles a toutes les industries de luxe, papeteries, librairies, etc.; Turnhout fabrique des cartes à jouer; Louvain et Bruges vendent des livres et des ouvrages de piété, etc.

Le commerce maritime est peu considérable ; car la Belgique n'a pas de colonies, a peu de ports, et les Belges ont été comme exclus de la mer, pendant la longue période de la fermeture de l'Escaut, de 1648 à 1795. Aussi la marine belge n'a-t-elle pas plus de 35,000 tonneaux, 25,000 pour la marine a voiles, 10,000 pour la marine à vapeur, sans compter 266 barques de pêcheurs jaugeant 9,074 tonneaux (fin de 1870). Mais le commerce de transit et celui d'exportation sont considérables; le mouvement général est évalué (1870) à près de 3,300,000,000 francs ; c'est avec la France, l'Angleterre, les Pays-Bas qu'il est surtout considérable. On exporte en France de 230 à 250 millions de houille, de lin, de laines, de fers, de peaux, de zinc, de machines, et de bestiaux surtout. — Le commerce spécial a été (en 1870) de 920 millions pour l'importation et de 690 millions pour l'exportation.

La Belgique a 7,000 kil. de grande routes; 17,000 kil. de chemins vicinaux, et plus de 3,500 kil. de chemins de fer. Les quatre grandes lignes, exploitées par l'État, sont : la *ligne de l'Ouest de Malines à Ostende*, par Gand et Bruges; la *ligne du Sud*, de Malines vers Valenciennes, par Bruxelles et Mons; — la *ligne de l'Est*, de Malines à Verviers sur Aix-la-Chapelle et l'Allemagne; — la *ligne du Nord*, de Malines à Anvers sur les Pays-Bas. Il y a de plus : la ligne de *Sambre-et-Meuse*, de Maubeuge à Charleroi, Namur, Liége, Maestricht, vers la grande ligne européenne; — la *ligne de Guillaume-Luxembourg*, de Bruxelles à Namur, Arlon, Luxembourg ; — celle de la *Meuse à la mer du Nord*, de Maëstricht à Hasselt, Anvers, Gand, Bruges, etc., etc. De nombreux embranchements mettent les chemins belges en communication avec Lille, Tourcoing, Roubaix, Cambrai, Maubeuge, Sedan.

ROYAUME DE BELGIQUE.

§ 5 — Statistique

La population de la Belgique dépasse 5 millions (5,087,000 en 1871) d'hab., ou 173 hab. par kil. carré. Par sa superficie, elle occupe le 17ᵉ rang parmi les États de l'Europe; par sa population relative, le 10ᵉ rang; par sa population absolue, le 1ᵉʳ.

Cette population se compose de Flamands, d'origine germanique, à l'O., dans la basse Belgique (Flandres, Anvers, Brabant, Limbourg), au nombre de plus de 2,800,000; de Wallons, d'origine gauloise ou française, à l'E., dans la haute Belgique (Hainaut, Namur, Liége, Luxembourg), au nombre de plus de 2 millions. On parle trois langues : le *flamand*, dialecte du bas allemand; le *wallon*, patois français avec un mélange d'allemand; mais le *français* est partout la langue de la civilisation, du gouvernement et des tribunaux.

L'allemand est répandu dans le Luxembourg.

Le gouvernement est une monarchie constitutionnelle; le roi exerce le pouvoir conjointement avec le sénat, composé de 51 membres élus pour 8 ans, et avec la Chambre des représentants, composée de 102 membres élus pour 4 ans. Les provinces sont administrées par des gouverneurs que nomme le roi et par les états provinciaux, qui sont représentés par une commission permanente ou députation, il y a des commissaires d'arrondissements; dans les communes, le conseil municipal est élu par les habitants, le bourgmestre est nommé par le roi.

Les Belges sont catholiques; il y a à peine quelques milliers de protestants et de juifs. Malines a un archevêché; les 5 évêchés sont à Bruges, Gand, Liége, Namur et Tournay.

Pour l'administration de la justice, il y a une cour de cassation à Bruxelles; 3 cours d'appel à Bruxelles, Gand, Liége; 26 tribunaux de première instance; les juges sont élus; la justice criminelle est rendue dans 9 cours d'assises avec l'assistance du jury.

L'instruction primaire est donnée dans près de 5,600 écoles; l'instruction secondaire, dans 63 écoles, dont 10 athénées royaux; l'instruction supérieure, dans 4 Universités : 2 de l'État, à Gand, et à Liége; 2 libres, à Bruxelles et à Louvain. Il y a de plus des écoles spéciales.

L'armée est de 80,000 hommes en temps ordinaire; de 100,000 en temps de guerre, avec 100,000 hommes de garde nationale mobilisée. La flotte ne compte que quelques bâtiments, pour protéger les pêcheries.

Les revenus publics varient de 160 à 180 millions; la dette publique est de 840 millions.

PAYS-BAS

§ 6 — Situation — Littoral.

Le royaume des PAYS-BAS ou de NEERLANDEN (*Niederlande*), souvent appelé *Hollande* du nom de sa province la plus importante, est situé entre 50°45' et 53°30' lat. N., et entre 1°4' et 4°53' long. E. Il a pour limites : au N. et à l'O., la mer du Nord ; à l'E., les provinces prussiennes de Hanovre, de Westphalie, du Rhin ; au S., les provinces belges de Limbourg, Anvers et Flandres. Le grand-duché de Luxembourg, qui appartient au roi des Pays-Bas, est séparé géographiquement et administrativement du reste du royaume.

Deux choses sont d'abord à considérer dans la géographie physique de ce pays ; — les *côtes*, car il est essentiellement maritime ; — la nature du sol, car il a mérité par là d'être appelé *Pays-Bas*.

C'est en effet une plaine de sable et de marécages, fort peu élevée au-dessus du niveau de la mer, qui sans cesse menace de l'envahir et a formé par ses inondations les îles et les golfes de ses rivages ; dans plusieurs endroits le littoral est au dessous du niveau des hautes mers. Aussi la lutte incessante de l'homme contre les éléments a-t-elle commencé depuis longtemps ; des dunes de 12 à 15 mèt. d'élévation et le plus souvent très larges, surtout de l'embouchure de la Meuse au Texel, sont solidifiées par des plantations d'ajoncs, de roseaux des sables, de thym, de genêts, de bruyères. Dans d'autres endroits, sur les côtes du Zuyder-Zee, de Frise et de Groningue, aux embouchures de la Meuse et de l'Escaut, au Texel, dans les îles de la Zélande, on a élevé de fortes digues, qui ont jusqu'à 15 mèt. de hauteur sur 40 mèt. de largeur à la base, ces *murs de mer*, construits en pilotis et en blocs de granit apportés de Norvège, sont sans cesse entretenus avec le plus grand soin ; sur plusieurs points on a même endigué des portions du rivage en avant des digues, et ces polders qui font reculer la mer, sont mis au rang des terres les plus fertiles. Des écluses ou portes à flot, ouvrages hydrauliques très-remarquables, ont été construites à l'embouchure des fleuves, comme à Katwyk et a Muiden, sur le Rhin ; fermées pendant la haute mer, elles s'ouvrent, lorsque la marée baisse pour laisser passage aux eaux qui viennent de l'intérieur.

Malgré ces travaux, la mer a souvent envahi le littoral des Pays-Bas et en a dessiné les contours actuels. En venant de Belgique on rencontre le pays maritime formé par les embouchures de l'Escaut et de la Meuse, avec ses îles basses qui composent la province de Zélande ; puis la côte est droite jusqu'à la pointe du Helder, où commence le golfe du Zuyder-Zée (mer du Sud) C'est l'exemple le plus remarquable des grandes inondations de l'Océan; jadis le lac *Flevo* était uni a la mer par le *fleuve Flevo;* deux terribles invasions des eaux, en 1287 et 1421, ont rompu les digues, submergé les terres et réuni le lac à la mer; c'est maintenant un golfe presque fermé de 100 kil. de longueur sur 40 de largeur, encombré de bancs de sable et de bas-fonds, surtout dans la partie récemment submergée; le chenal plus profond, appelé le *Vlie-Strom*, est à la place de l'ancien fleuve Flevo; le *Pampus* est une sorte de détroit, vers le S.-O , qui mène au petit golfe de l'*Y*, ainsi nommé de sa forme (on prononce *aie*). L'ancien rivage est nettement marqué par une suite d'îles, qui sont comme le prolongement de la pointe du Helder et se continuent jusqu'à l'embouchure du Weser, en Allemagne : *Texel, Vlieland, Ter-Schelling, Ameland, Schiermonnik-Oog, Bosch, Rottum;* a marée basse on peut encore aller de la Frise à Rottum; l'île de *Wieringen* est dans le Zuyder-Zée même.

Sur la côte de Frise est le Lauwer-Zée, beaucoup moins considérable; plus à l'E., à l'embouchure de l'Ems, le Dollart est un long golfe, également formé en 1277 par une inondation de la mer; il est aujourd'hui endigué.

§ 7 — Fleuves   Canaux.

Les Pays-Bas sont une plaine très-basse d'alluvions ; c'est une sorte de delta sablonneux et marécageux formé par les fleuves, et l'on dit même que le sol, à des époques récentes, s'est encore abaissé insensiblement. Aussi la lutte de l'homme et de l'eau continue-t-elle sans cesse; au moyen des digues il contient les fleuves, tandis que par des travaux souvent gigantesques il enlève l'eau des lacs et des marécages et transforme en prairies ou en terres cultivables (*polders*) les terrains jadis inondés.

Les cours d'eau qui arrosent les Pays-Bas sont :

L'Escaut (Schelde), qui se partage en deux bras, à sa sortie de Belgique, l'*Escaut occidental* ou *meridional*, appelé encore *Hont* (le chien) et l'*Escaut oriental* ou *septentrional*, moins navigable; ils sont séparés par les îles de *Sud-Beveland, Nord-Beveland* et *Walcheren*.

La Meuse (Maas), après avoir séparé le Limbourg belge du Limbourg hollandais, pénètre dans les Pays-Bas, se dirige vers le N., à quelque distance de la frontière prussienne; tourne vers l'O.; forme avec le Wahal l'île de *Bommel*, du fort Saint-André à Gorkum ; puis, au-dessous de cette ville, se partage en deux bras : le plus méridional, ou *Hollands-Diep*, traverse le Bies-Bosch ou *bois des joncs*, formé en 1421 par une inondation de la Meuse qui engloutit 72 villages et 100,000 personnes, dit-on ; par le *Krammer-Vliet* il rejoint l'Escaut oriental ; par le *Haring-Vliet* il arrive a la mer ; les îles de *Schouwen* et d'*Over-Flakkee* sont formées par l'Escaut oriental et la Meuse méridionale ; — la Meuse septentrionale ou *Merwede* se partage également en deux bras au-dessous de Dordrecht ; la *Vieille-Meuse* au S., au ht rétréci et encombré ; la *Meuse* proprement dite, qui se joint au Leck, et finit entre l'île de Voorne et la pointe méridionale de la Hollande ; les îles de *Beijerland*, d'*Ysselmonde* et de *Voorne* sont formées par la Meuse. — Les affluents de la Meuse sont : à droite, la *Roer*, la *Niers*, qui viennent de Prusse ; à gauche, la *Dommel*, qui vient de la Campine belge

Le RHIN (*Rhein* ou *Ryn*) sort de Prusse et entre dans les Pays-Bas au-dessous d'Emmerich ; il forme le *Waal* ou *Wahal*, qui coule vers l'O. et rejoint la Meuse au fort Saint-André, puis à Gorkum ; le Rhin passe aux ruines de Tolhuis et forme l'*Yssel*, ancien canal de Drusus, qui rejoint le *Vieil-Yssel* a Doesburg, et finit dans le Zuyder-Zée, au-dessous de Kampen ; le Rhin se partage ensuite en deux bras au-dessous de Durstède ; le bras méridional ou *Leck* joint la Meuse au-dessus de Rotterdam et forme une dérivation appelée le *Petit-Yssel* ; le bras septentrional ou *Rhin courbé*, qui n'est plus qu'un faible cours d'eau, se divise encore à Utrecht, il forme au N. le *Vecht*, qui se jette dans le Zuyder-Zée à Muiden, ou se réunit à l'*Amstel*, qui finit a Amsterdam ; le *Vieux-Rhin* se jette dans la mer du Nord, au-dessous de Leyde, a Katwyk, où l'on a construit de gigantesques écluses, qui permettent à l'eau du fleuve accumulée de chasser les sables pendant les mers basses

Les autres cours d'eau sont peu importants : le *Vecht* vient du Hanovre et se jette dans le Zuyder-Zée ; la *Linde* et le *Kunder* arrosent la Frise ; la *Hanse* passe à Groningue ; l'*Aa* vient des marais de Bourtange et se jette dans le Dollart.

Il y a beaucoup de petits lacs et de grands marécages dans les Pays-Bas ; le *marais de Peel* est entre la Meuse et le Dommel, dans les provinces de Limbourg et de Brabant, — le *marais de Bourtange* s'étend à l'O. de l'Ems, sur les limites du Hanovre et de la province de Drenthe ; — le *Bies-Bosch*, peu profond, couvert d'herbes, commence à être en partie desséché ; — la *mer de Harlem*, au S. de Harlem, a été complétement rendue à la culture, a la suite de grands travaux qui, de 1840 à 1855, ont coûté 20 millions ; par la vente des 18,000 hectares de terres, l'État est rentré dans ses frais.

Les canaux des Pays-Bas sont nombreux, larges, profonds, endigués ; les principaux sont :

Le *canal du Nord*, qui conduit de Bucksloot, en face d'Amsterdam, à Nieuw-Diep, près du Helder, par Alkmaar ; il est long de 80 kil., large de 42 mèt., profond de 7 ; c'est un beau et utile travail ; mais le parcours est lent, les frais de halage sont assez considérables ; aussi a-t-on récemment creusé un canal, qui du fond du golfe de l'Y conduit directement vers l'O. à la mer ;

Le *canal Zederik*, de Gorkum à Utrecht par Vianen ;

Le *canal Nieuwersluis*, d'Utrecht a Amsterdam ;

Le *canal d'Amsterdam à Rotterdam;*

Le *canal Guillaume du Sud*, qui unit la haute à la basse Meuse, de Bois-le-Duc à Maestricht, par Helmond; Weert, Bochold; le territoire belge; il se continue vers le Rhin jusqu'à Dusseldorf ;

Les *canaux de la Frise* : celui de *Harlingen à Delfzyl*, sur le Dollart, par Leeuwarden, Dokkum, Groningue ; celui de *Groningue à Zwolle*, sur le Zwarte-Water et a l'Yssel, etc., etc.

Presque tous les cours d eau, fleuves et canaux, sont endigués, ce qui n'empêche pas de fréquentes inondations, malgré les soins vigilants du *Waterstaat*, dont les ingénieurs se recrutent a l'école du génie hydraulique, établie d'abord à Delft, récemment transférée à Bréda. Les digues de l'Escaut commencent à Anvers ; celles de la Meuse à Grave ; celles du Rhin a Wesel dans la Prusse rhénane ; celles de l'Yssel à Deventer ; celles du Vecht a Zwolle.

§ 8 — Géographie politique — Provinces, villes.

Le royaume des Pays-Bas est divisé en 11 provinces et en 34 arrondissements

1° La HOLLANDE SEPTENTRIONALE, entre le Zuyder-Zée et la mer, est divisée en 4 arrondissements.

AMSTERDAM (265,000 hab.), à l'embouchure de l'Amstel dans le golfe de l'Y, est bâtie sur pilotis ; on y compte 90 îlots et 280 ponts ; les maisons sont pour la plupart en briques ; il y a beaucoup de monuments remarquables et surtout le palais du roi, ancien hôtel de ville, élevé sur 13,659 pilotis. C'est un séjour malsain ; mais c'est toujours une grande ville de commerce ; il y a des fabriques d'huile, de tabac, de céruse, de papier ; des distilleries de genièvre ; c'est le centre de la taille et du commerce des diamants, exercé surtout par des juifs ; — *Harlem* (30,000 hab.), chef-lieu d'arrondissement, à l'O.; toiles, blanchisseries renommées, soieries ; culture perfectionnée de jacinthes, de tulipes, etc. Patrie de Laurent Coster, à qui les Hollandais attribuent l'invention de l'imprimerie, des peintres van Ostade, Wouwerman et Berghem ; siége célèbre de 1573 ;

— *Alkmaar* (11,000 hab.), près de la mer du Nord, et *Hoorn*

(10,000 hab.), sur le Zuyder-Zée, chefs-lieux d'arrondissement, centres du commerce des fromages et du beurre; — *Zaandam* ou *Saardam* (12,000 hab.), au N. de l'Y, marché aux grains; huiles végétales; papeteries; chantiers de construction dans lesquels Pierre le Grand travailla en 1697; — *Muiden*, à l'embouchure du Vecht, clef des écluses; — *Edam* (4,500 hab.); port sur le Zuyder-Zée, au N.-E. d'Amsterdam, commerce de fromages; — *Enkhuizen* (7,000 hab.), plus au N.; pêche du hareng; fonderie de canons; — *Le Helder* (19,000 hab.), ville forte au N. de la presqu'île du Zyp; la flotte hollandaise y fut prise en 1795; — *Nieuw-Diep*, un peu à l'E., à l'extrémité du canal du Nord; port de guerre; grands travaux hydrauliques; — *Bergen* et *Castricum*, à l'O., près de la mer du Nord; victoires de Brune, qui amenèrent, en 1799, la capitulation d'*Alkmaar*.

2° La HOLLANDE MÉRIDIONALE, au S., jusqu'à la Meuse et au Haring-Vliet, est divisée en 6 arrondissements.

La HAYE ou 'S GRAVEN-HAGE (la haie des comtes), ancien rendez-vous de chasse des comtes de Hollande, à quelque distance de la mer du Nord, capitale du royaume, résidence du gouvernement, est une belle ville de 90,000 hab., patrie de Huygens et de Guillaume III; à côté se trouvent le beau parc *du Bois*, le château royal de *Petit-Loo*, le village de *Ryswyck*, où fut signée la paix de 1697, et *Scheveningen*, dont les bains sont très-fréquentés; — *Rotterdam* (116,000 hab.), sur la rive droite de la Meuse, chef-lieu d'arrondissement, est peut-être maintenant la ville la plus commerçante du royaume; elle a de nombreuses raffineries de sucre, c'est la patrie d'Érasme, à qui on a élevé une statue; — *Delft* (22,000 hab.), au S.-E. de la Haye, chef-lieu d'arrondissement, grand arsenal d'artillerie; faïence commune; — *Leyde*, l'ancienne Lugdunum Batavorum (40,000 hab.), sur le Rhin; chef-lieu d'arrondissement; université célèbre; fabriques de couvertures de laine; fameux siège de 1574; patrie des peintres Rembrandt, Gérard Dow, Miéris, van de Velde; imprimeries des Elzévirs; — *Fyenoord*; grandes usines; — *Brielle*, dans l'île de Voorne, à l'embouchure de la Meuse; chef-lieu d'arrond.; prise par les Gueux de mer, au début du soulèvement contre Philippe II; patrie de l'amiral Tromp; — *Dordrecht* (25,000 hab.), dans une île de la Meuse, chef-lieu d'arrondissement; école d'artillerie; commerce actif; union de 1574; patrie de Jean de Witt; — *Schiedam* (19,000 hab.), sur la rive droite de la Meuse, à l'O. de Rotterdam; pêche du hareng; distilleries de genièvre; — *Vlaardingen* (8,000 hab.), un peu plus bas sur la Meuse; pêche du hareng, chantiers de construction; — *Gouda* (16,000 hab.), u

N.-E. de Rotterdam ; faïence commune, pipes ; distilleries de genièvre ; — *Gorkum* (7,000 hab.), au S.-E., ville fortifiée sur la Meuse; — *Hellevoetsluis*, au S. de l'île de Voorne, sur le Haring-Vliet ; chantiers de construction de la marine militaire ; — *Katwyk*, à l'embouchure du Rhin ; écluses gigantesques.

3° La ZÉLANDE (terre de la mer), composée des îles aux embouchures de la Meuse, de l'Escaut, et de l'ancienne Flandre hollandaise, est divisée en 3 arrondissements.

MIDDELBOURG (16,000 hab), le chef-lieu, est dans l'île de Walcheren ; — *Goes*, chef-lieu d'arrondissement, est dans l'île de Sud-Beveland ;— *Zierikzée* (7,000 hab), chef-lieu d'arrondissement, dans l'île de Schouwen ; bataille de 1303 ; bon port ; — *Flessingue* (8,000 hab.), place forte, port militaire sur l'Escaut occidental; au S. de Walcheren ; chantiers de construction ; patrie de Ruyter ; bombardement de 1809 par les Anglais : — *Veere*, bon port au N. de Walcheren ; — *L'Écluse* ou *Sluis*, port comblé dans la Flandre hollandaise : bataille navale de 1340 , — *Terneuse*, sur l'Escaut occidental ; grands travaux hydrauliques.

4° Le BRABANT SEPTENTRIONAL, au S de la Meuse, ancien pays de la *Généralité*, renferme 3 arrondissements.

BOIS-LE-DUC ou 'S HERTOGENBOSCH (25,000 hab.), le chef-lieu, est sur la Dommel ; ville fortifiée ; tapis, rubans de fil ; instruments de musique, orfévrerie ; — *Bréda* (15,000 hab.), ville forte, au S.-O., chef-lieu d'arrondissement ; Académie royale militaire ; école du génie hydraulique ; tapis, fils d'or, passementerie ; traité de 1667 ; — *Eindhoven*, au S.-E , chef-lieu d'arrondissement; — *Berg-op-Zoom* (10,000 hab.), ville forte sur l'Escaut oriental, prise par les Français en 1747 ; — *Gertruydenberg*, place forte sur le Bies-Bosch ; conférences célèbres de 1710 ; — *Tilburg* (25,000 hab.), au S.-O de Bois-le-Duc ; draps.

5° UTRECHT, entre le Rhin et le Zuyder-Zée, a deux arrondissements.

UTRECHT, jadis *Trajectum ad Rhenum* (60,000 hab.), le chef-lieu, est sur le Vieux-Rhin. Université, école de médecine militaire; grand commerce ; fabriques de soieries, de draps, de velours ; célèbre par l'Union des Sept-Provinces en 1579, et par les traités de 1713 ; — *Amersfoort* (13,000 hab.), au N.-E. ; fabriques de lainages, tabac renommé ; patrie de Barnevelt.

6° La GUELDRE (Gelderland) comprend le *Betuve* (ancienne île des Bataves), entre le Rhin, le Leck et le Wahal; puis, le *Veluwe*, à l'O. de l'Yssel ; elle a 4 arrondissements.

ARNHEIM (32,000 hab.), le chef-lieu, place forte sur le Rhin ;

commerce de grains ; — *Nimègue*, jadis *Noviomagus* (25,000 hab.), chef-lieu d'arrondissement, place forte sur la rive gauche du Wahal ; commerce avec l'Allemagne ; traités de 1678 ; — *Zutphen* (15,000 hab.), place forte sur l'Yssel, chef-lieu d'arrondissement ; tanneries, fabriques d'indiennes ; — *Tiel* (7,000 hab), sur la rive gauche du Wahal ; commerce de grains et de bestiaux ; *Doesburg*, place forte sur l'Yssel ; — *Loo*, au milieu du Weluwe, château royal, ancienne résidence de Guillaume III.

7° L'OVER-YSSEL, à l'E. de l'Yssel, comprend 5 arrondissements.

Zwolle (21,000 hab.), le chef-lieu, sur la Zwarte-Water (eau noire), fabrique du tabac et a des tanneries ;—*Deventer* (18,000 hab.), chef-lieu d'arrondissement, ville forte sur l'Yssel, au S. de Zwolle, a des brasseries et fait un grand commerce avec l'Allemagne ; — *Almelo*, au S.-E *;* chef-lieu d'arrondissement ; toiles ; — *Kampen* (16,000 hab.), place forte vers l'embouchure de l'Yssel ; commerce de grains, chevaux et bestiaux, surtout avec l'Allemagne.

8° La DRENTHE, au N. de l'Over-Yssel, est une province couverte encore de marécages, qui ne forme qu'un arrondissement ; elle ne touche pas à la mer.

Assen, le chef-lieu, n'est qu'une bourgade ; — *Meppel* (6,000 hab.), au S.-O., est la ville la plus industrieuse de la province ; brasseries ; — *Koeverden*, au S., est une place forte ; — *Frederiksort* est une colonie de 2,000 familles pauvres, qui a su fertiliser un sol stérile.

9° La FRISE (Vriesland), a l'E. du Zuyder-Zée, a 3 arrondissements.

Leeuwarden (28,000 hab.), le chef-lieu, a un commerce actif et une industrie assez importante ; — *Sneek*, au S.-O., chef-lieu d'arrondissement ; fabrication d'horloges en bois ; — *Heerenveen*, au S.-E., chef-lieu d'arrondissement ; — *Harlingen* (8,000 hab.), port sur le Zuyder-Zée ; commerce de produits agricoles ; — *Franeker*, entre Harlingen et Leeuwarden ; athénée qui remplace l'ancienne université.

10° GRONINGUE, au N.-E. du royaume, a 3 arrondissements.

Groningue (40,000 hab.), le chef-lieu, est une belle ville qui fait un commerce considérable ; université ; — *Appingadam*, au N.-E., *Vinschoten*, à l'E., près de grandes tourbières incendiées en 1835, sont des chefs-lieux d'arrondissement ; — *Delfzyl*, place forte sur le Dollart.

11° Le LIMBOURG, au S.-E *;* le long de la Meuse, a 2 arrondissements.

Maestricht, jadis *Trajectum ad Mosam* (28,000 hab.), place forte au confluent du Geer et de la Meuse ; la citadelle s'élève sur le mont Saint-Pierre, célèbre par ses carrières de pierre tendre et crayeuse, exploitées depuis 2,000 ans. Grand commerce; armes à feu, épingles; draps; — *Roermonde* (9,000 hab.), au N.-E., chef-lieu d'arrondissement, place forte sur la Meuse; papeteries; — *Venloo* (6,500 hab.), place forte sur la Meuse, plus au N.

§ 9 — Grand-duché de Luxembourg

Ce pays fut donné en 1815 au roi des Pays-Bas, comme compensation des pertes que la maison d'Orange-Nassau avait éprouvées en Allemagne. Le Luxembourg fit partie de la Confédération Germanique jusqu'en 1866; la partie occidentale en avait été détachée après 1830, et donnée à la Belgique, malgré l'opposition du roi des Pays-Bas. En 1867, le traité de Londres, en laissant le grand-duché à ce dernier, l'a déclaré *Etat perpétuellement neutre*, et a décidé la démolition des fortifications de Luxembourg. Il a donc une administration tout à fait à part, et une Chambre de députés de 40 membres.

C'est un pays, couvert par les ramifications des *Ardennes* et surtout arrosé par l'*Alzette*. Il a 2,587 kil. carrés de superficie et 200,000 habitants, Allemands et catholiques.

Luxembourg (14,000 hab.), la capitale, sur un rocher escarpé près de l'Alzette, a longtemps passé pour imprenable; 4 chemins de fer s'y réunissent; — *Diekirch* est plus au N.

§ 10 — Climat — Productions du sol. — Industrie — Commerce — Chemins de fer

Le climat des Pays-Bas est froid et humide; l'hiver est long et rude; les fleuves, les canaux, le Zuyder-Zée sont même souvent gelés; la navigation est alors interrompue. Les vents soufflent habituellement du N. et du N.-E.; ceux de N.-O. sont désastreux; car ils poussent la mer contre les dunes et les digues; ils font rebrousser l'eau des fleuves et préparent les inondations. La température moyenne est de 8° 35 centigrades.

Les richesses minérales ne sont pas considérables; il y a un peu de houille et de fer dans le Limbourg; mais beaucoup de tourbe, surtout au N.-E., les tourbières épuisées deviennent des lacs, qu'on transforme en polders, prairies ou terres arables; l'argile est abondante; les briques remplacent la pierre. Toutes les contrées voisines de la mer forment une plaine très-basse d'alluvions; vers l'E. et le S. sont des terres un peu plus élevées, avec des bruyères, des tourbières, des marécages; ces tourbières (*hooge veenen*) sont maintenant exploitées; on en retire de la tourbe; souvent on la brûle pour obtenir des cendres fertiles où l'on sème du sarrazin, et la fumée de ces vastes incendies, poussée par le vent de N.-O., se répand sur une partie de l'Allemagne ; ou bien on entoure de digues une partie de la tourbière, on en fait des *fehn*, qu'on plante de chênes ou qu'on cultive. Dans la Campine au S. et dans le Weluwe ou Welau (Gueldre orientale), il y a quelques collines sablonneuses et beaucoup de bruyères où on élève des moutons. Les forêts ont presque entièrement disparu : il n'y a pas plus de 220,000 hectares de bois. La région des cultures est surtout vers le littoral, c'est comme un immense tapis du vert le plus frais, avec de charmants jardins remplis de fleurs qu'on soigne avec amour ; on dirait dans beaucoup d'endroits des parcs avec leurs allées bien entretenues ; c'est la qu'on cultive le seigle, le blé, le sarrazin, l'orge, l'avoine, les pommes de terre, les betteraves, le colza, le chanvre, le lin, surtout dans les Hollande et la Zélande; le tabac, dans l'île de Texel, dans les provinces de Gueldre et d'Utrecht ; la garance, la chicorée, le houblon dans l'Over-Yssel ; c'est la qu'on récolte de nombreux légumes ; la Hollande, principalement aux environs de Harlem, la Zélande, Utrecht, sont célèbres par la culture des fleurs. Mais les pâturages sont surtout nombreux, abondants, salins, dans les terres d'alluvion comme dans les terres de bruyère ; les provinces de l'O. et du N. nourrissent 1,500,000 bêtes à cornes, vaches laitières excellentes, qui donnent un beurre renommé (Frise), plus de 50 millions de kilogrammes de fromage (Hollande), ou qui sont exportées principalement en Angleterre ; il n'y a que 900,000 moutons ; on compte 250,000 chevaux, de race frisonne, grands et robustes, dont le commerce se fait surtout à Kampen ; 300,000 porcs et 100,000 chèvres.

Les habitants des côtes se livrent depuis des siècles à la pêche ; ce qui a formé une population d'excellents marins, braves, habiles, sobres; plus de 1,000 bateaux sont encore occupés à rechercher la morue, la sole, le turbot, le merlan, le flétan, le hareng, la pêche des harengs a bien diminué d'importance ; jadis c'était la pêche nationale, qui a commencé la fortune de la pauvre Hollande.

Les Pays-Bas ont une industrie assez florissante, celle des toiles, *dites de Hollande*, a encore conservé sa vieille réputation ; on fabrique des velours, tapis, draps, surtout à Utrecht, Amersfoort, Tilburg, Roermonde, Maestricht, — des toiles, soieries, cotonnades, à Harlem, Amsterdam, Leyde, Tilburg ; — du papier, a Zwolle, à Saardam ; — des armes à feu, à Maestricht et a Delft ; de la faïence, à Delft ; — du tabac, des cigares, de la garance (Zélande), — des cordages, etc.; il y a beaucoup de brasseries, de distilleries, de raffineries de sucre ; on taille les diamants à Amsterdam ; on construit des navires dans plus de 200 chantiers, à Amsterdam, au Helder, à

Rotterdam, à Flessingue, etc.; enfin il y a des huileries et des fabriques de liqueurs.

Mais le commerce est la principale source des richesses du royaume, si les Hollandais n'ont plus le monopole qui fit leur puissance au xvii° siècle, s'ils ne sont plus les *rouliers des mers*, ils ont encore une marine marchande, qui compte plus de 2,500 bâtiments, et le commerce maritime roule sur 3 à 4 millions de tonneaux, grâce à l'importance des colonies, grâce enfin aux nombreuses voies de communication qui sillonnent les Pays-Bas. Les fleuves et les canaux sont les routes principales dont se servent les Hollandais pour leurs relations et surtout pour leur commerce. Jusqu'à ces derniers temps, on avait négligé les chemins de fer, beaucoup plus coûteux et difficiles à établir sur le terrain marécageux de la Hollande, dans un pays partout coupé de fleuves, de canaux et entremêlé d îles nombreuses. Mais les Hollandais ont senti le besoin de multiplier les voies de communication pour ne pas perdre les avantages du commerce qu'ils font avec la Belgique et l'Allemagne.

Les principales lignes de chemins de fer ont pour centre Utrecht, où viennent également aboutir plusieurs canaux.

1° La *ligne de l'O.* va d'Utrecht à Harlem, par Rotterdam, la Haye, Leyde; Harlem est unie à Amsterdam;

2° La *ligne du N.* va d'Utrecht à Amsterdam et se prolonge par Alkmaar jusqu'au Helder;

3° La *ligne du N.-E* va d'Utrecht par Amersfoort, Hardewijk, Zwolle avec un embranchement sur Kampen, Meppel, Leeuwarden avec un embranchement sur Harlingen, Groningue, Winschoten, et rejoint la ligne prussienne de l'Ems;

4° La *ligne de l'E.* va d Utrecht par Arnheim, Zutphen, Oldenzaal, Salzenbergen, et rejoint le même chemin prussien; un embranchement, celui de l'Yssel, va de Zutphen à Zwolle; un autre, celui du Rhin, va d'Arnheim a Elten où sont les chemins de la Prusse rhénane,

5° La *ligne du S.* va d'Utrecht par Bois-le-Duc, Boxtel, Eindhoven, Helmont, Venlo, Roermonde, Maestricht; — un embranchement part de Boxtel vers Tilburg, Bréda, Berg-op-Zoom, Goes, Middelbourg et Flessingue; — cet embranchement est uni à la ligne de l'O. par Rozendaal, le Bies-bosch, Moerdijk, Dordrecht et Rotterdam, — vers le S., il se rattache aux chemins belges par Rozendaal sur Anvers, Tilburg sur Turnhout, Eindhoven sur Hasselt; — les embranchements de la Meuse sont ceux de Venlo vers Dusseldorf et les chemins de la Prusse rhénane, — de Maestricht sur Aix-la-Chapelle; — de Maestricht sur les chemins belges et français par Hasselt ou Liége.

§ 11. — Statistique

La superficie du royaume, en y ajoutant celle du Luxembourg, est de 35,400 kil. carrés (32,840 pour le royaume, 2,587 pour le Luxembourg); la population dépasse 3,800,000 habitants; la population relative est de 110 hab. par kilomètre carré. Les Pays-Bas sont donc au 15° rang pour la superficie, au 13° pour la population, au 2° pour la densité de population.

La population se compose de Hollandais, anciens Bataves, au S.-O., et de Frisons, au N.-E., d'origine germanique. On parle le hollandais, le flamand, le frison, l'allemand, également dérivés de l'ancienne langue germanique.

Tous les cultes sont libres; il y a environ 2,200,000 calvinistes; 70,000 luthériens; 1,400,000 catholiques; des jansénistes formant une petite église séparée à Utrecht; des juifs, etc. L'archevêque catholique d'Utrecht réside à Haren près de Bois-le-Duc; les évêques sont ceux de Harlem, Bréda, Ruremonde, Bois-le-Duc.

Le gouvernement est une monarchie constitutionnelle; la royauté est héréditaire, même pour les femmes, dans la maison d'Orange—Nassau. Il y a deux Chambres: la première, composée de 40 membres élus par les conseils généraux parmi les plus imposés; la seconde, composée de 58 députés, élus par les électeurs à raison d'un député par 45,000 habitants; on est électeur quand on est Néerlandais, domicilié, majeur et payant de 20 à 60 florins de contributions directes.

Chaque province a ses états provinciaux, avec un comité permanent et un gouverneur nommé par le roi. Les communes sont administrées par un conseil communal avec un bourgmestre nommé par le roi.

Il y a, pour la justice, une cour suprême à Amsterdam, des cours provinciales et des tribunaux d'arrondissement, sans assistance du jury.

L'instruction est répandue; elle est donnée par plus de 4,000 écoles primaires; par les écoles moyennes, les gymnases, les lycées; par les athénées d'Amsterdam, de Deventer, de Franeker; par les universités de Leyde, Utrecht et Groningue. Il y a des écoles spéciales pour la marine, l'armée, le Waterstaat à Bréda.

L'armée régulière est d'environ 60,000 hommes, recrutés par le tirage au sort avec remplacement; le service est de 5 ans depuis l'âge de 20 ans; ils sont soutenus, en temps de guerre, par 80,000 hommes de *Schuttery* ou *Landwehr*. — La marine militaire se compose de 118 bâtiments, portant 974 canons et 11,500 marins.

Les recettes nationales sont d'environ 220 millions, avec 70 millions de taxes provinciales et communales. La dette est de 2,150,000,000 de francs. Le florin vaut 2 fr. 13 centimes.

Les colonies hollandaises sont nombreuses et florissantes ; elles sont pour le pays une source de richesses commerciales. pour le gouvernement, une source de revenus. Elles comptent 23 millions et demi d'habitants sur une superficie de 1,750,000 kil. carrés. Les principales sont :

1° En *Afrique :* Quelques comptoirs sur les côtes de Guinée, dont le chef-lieu est El-Mina. (La Hollande vient de les vendre à l'Angleterre.)

2° En *Amérique* : La Guyane hollandaise, Curaçao, Aruba. Bonair, Saint-Eustache, Saba, une partie de Saint-Martin.

3° Dans la *Malaisie :* Java et Madura, une partie de Sumatra, Riow, Banca, Billiton; Célèbes, les Moluques, une partie de Bornéo, de Timor, Bali, Lombok, etc.

CHAPITRE V

ILES BRITANNIQUES

(UNITED KINGDOM OF GREAT BRITAIN AND IRELAND)

§ 1 — Situation. — Littoral de la Grande-Bretagne (Angleterre, Écosse)

L'ARCHIPEL BRITANNIQUE, situé au N.-O. de l'Europe, entre 49°57′ et 60°50′ lat. N., entre 0°34′ et 12°50′ long. O , se compose de deux grandes îles, la Grande-Bretagne et l'Irlande, que baignent la mer du Nord à l'E., la Manche au S., l'océan Atlantique au S.-O., à l'O., et au N.-O ; elles sont séparées par le *canal du Nord,* assez étroit, *la mer d'Irlande* et le *canal Saint-George ;* le *pas de Calais,* ou *canal de Douvres,* large de 34 kil , entre l'Angleterre et la France, unit la mer du Nord à la *Manche. —* Les petites îles sont: *Wight* dans la Manche, les *Sorlingues* ou *Scilly* au S.-O. de l'Angleterre, *Anglesey* (Anglesea) et *Man* dans la mer d'Irlande, les îles disséminées le long de la côte occidentale de l'Ecosse, les *Hébrides* ou *Western* (Occidentales) plus à l'O.; les groupes des *Orkney* ou *Orcades* et des *Shetland* au N. de l'Ecosse La superficie totale des îles Britanniques est de 343,675 kil. carrés, les trois cinquièmes de la France ; mais la population dépasse 31,500,000 hab.

Cette position insulaire, qui n'a pas toujours mis le pays à l'abri des invasions venues du continent (Romains, Angles et Saxons, Danois, Normands), est cependant une garantie d'indépendance, surtout depuis que les Anglais sont résolûment entrés dans la voie que la nature leur avait tracée, et sont devenus un peuple essentiellement maritime.

La GRANDE-BRETAGNE, à l'E., à tous égards la plus importante des deux îles, comprend trois parties distinctes : l'ANGLETERRE au S., le PAYS DE GALLES à l'O., l'ÉCOSSE au N. Sa longueur est de 800 kil. du N.-O. au S.-E., et sa largeur de 275 kil. au N., de 124 kil. au centre, de 488 kil. au S. La superficie de l'Angleterre et du pays de Galles est de 151,043 kil. carrés, dont 20,797 pour le pays de Galles ; l'Écosse a 79,475 kil. carrés. Prise dans son ensemble, elle a la forme d'un triangle isocèle, dont les trois angles sont : au N. les caps *Wrath* et *Duncansby*; au S.-E. les caps *Nord* et *Sud-Foreland*; au S.-O. les caps *Lizard* et *Land's-End* (Finisterre). Les côtes, généralement très-découpées, offrent un développement de plus de 7,200 kil., c'est un premier avantage pour la navigation ; de plus, la mer y est presque partout assez profonde pour l'établissement de ports sûrs et commodes.

La côte du Sud, sur la MANCHE, que les Anglais appellent le *Canal Britannique* (Bristish Channel), est haute, formée de falaises crayeuses et blanches, qui firent donner au pays le nom d'*Albion* (*albus*, blanc) par les Romains ; la mer est profonde et sans écueils, les ports ne sont jamais ensablés, parce que les vents d'ouest et les courants dérivés du Gulf-Stream portent les eaux, les sables, les détritus marins vers la côte de France. Depuis le cap Sud-Foreland, sur le pas de Calais, on remarque : le cap *Dungeness*, en face de Boulogne ; le cap *Beachy-Head* ou *Béveziers*, en face de Dieppe, célèbre par la victoire de Tourville en 1692 ; l'île de *Wight*, qui forme avec la côte les belles rades de Spithead et de Solent, et qui protége les ports de Portsmouth et de Southampton ; en face de Cherbourg, la pointe de *Portland*; puis les baies d'*Exmouth*, et de *Torbay*, le cap *Start*, la baie de *Plymouth*, les caps *Lizard* et *Land's End* au S.-O. de la presqu'île de Cornouailles. En face sont les *Sorlingues* ou *Scilly*, groupe de 145 îlots dont 6 sont habités.

Les côtes de l'Ouest élevées, escarpées, découpées, en baies et golfes profonds, creusés par la mer que poussent les vents d'ouest, présentent les rivages rocailleux de *Cornouailles* et la baie de *Barnstaple*; le long et beau canal de BRISTOL, aux pentes douces vers le sud, aux côtes âpres et hautes vers le nord, avec les baies de *Cardiff*, de *Swansea*, de *Caermarthen*, de *Milford*, de *Saint-Brides*; les marées y sont très-élevées. Au cap *Saint-David* commence la vaste baie de *Cardigan*, puis on voit celle de *Caernarvon*, formée par la côte occidentale du pays de Galles et l'île d'*Anglesey*, que sépare du continent le long détroit de *Menai*, traversé par le hardi pont tubulaire Britannia, au-dessous duquel les navires passent à toutes voiles ; la baie de *Holyhead* est formée par l'île de ce nom et la côte septentrionale d'Anglesey. La MER D'IRLANDE creuse sur les côtes d'Angleterre les baies de *Lancastre*, de *Morecambe*, puis le beau golfe de *Solway*, qui sépare l'Angleterre de l'Écosse. L'île de *Man* s'élève au milieu de la mer d'Irlande.

La côte orientale de l'Angleterre, baignée par la MER DU NORD, est moins favorable à la navigation ; la mer est mauvaise, peu profonde, féconde en naufrages ; les rivages sont souvent formés de plages sablonneuses ou bordées de dunes, de falaises crayeuses, exposées aux envahissements de la mer ; mais ils sont encore découpés, et les fleuves qui s'y jettent forment généralement de vastes et profonds estuaires, sur lesquels les ports sont établis. En allant du S. au N. on trouve entre les caps *Sud* et *Nord-Foreland* les sables de *Goodwin*, à 6 kil. de la côte de Kent, longs de 12 kil., protégeant la rade des Dunes ; le vaste estuaire de la *Tamise*, avec les îles *Thanet*, *Sheppey* et *Foulness*; puis les côtes assez élevées de Suffolk et de Norfolk, qui s'avancent dans la mer du Nord ; mais le *Wash* (le marécage) est un golfe vaseux, et toute la côte de Lincoln, basse, marécageuse, n'a été préservée de la mer ou rendue à la culture que par de grands travaux, digues, desséchements, drainages, qui lui ont fait donner le nom de *Hollande*. C'est vers cette partie de la côte que sont poussés les débris que la mer enlève continuellement aux côtes françaises de la Manche et que les courants entraînent par le Pas de Calais vers les *fens* du Wash et de l'Humber. L'estuaire de l'*Humber* pénètre dans l'intérieur des terres et forme une presqu'île que termine le cap *Spurn*; plus au N, la côte est droite, en inclinant vers le N.-O., et la mer assez profonde ; le cap *Flamborough* en est le point le plus saillant jusqu'à la Tweed, qui sépare l'Angleterre de l'Ecosse.

Les côtes de l'ÉCOSSE sont très-découpées, grâce à la disposition des montagnes granitiques, dirigées du S.-O. vers le N.-E.; leurs extrémités forment un grand nombre de caps, de presqu'îles, de *firth* ou *loch* (golfes allongés) : il semble que la violence des eaux et des courants qui viennent de l'ouest ait détaché de la terre les îles nombreuses, disséminées le long des côtes occidentales, les Orcades et les Shetland qui sont comme la prolongation septentrionale de l'Ecosse. A l'E., sur la mer du Nord, entre la chaîne des Cheviot et celle des Grampians, les deux *Firth du Forth* et du *Tay* s'enfoncent dans les terres ; au nord du massif des Grampians, que termine le cap *Kinnaird*, ce sont les *Firth de Murray* et de *Dornoch*. Le cap *Dun-*

cansby est à l'entrée du détroit de *Pentland*, qui sépare l'Écosse des *Orkney*, montueuses, rocheuses, presque stériles ; et à 60 kil. au N.-E. sont les *Shetland*, également rocheuses et couvertes de bruyères et de pâturages.

Du cap Duncansby au cap *Wrath* la côte est droite de l'E. à l'O. — Du cap Wrath au *canal du Nord*, la côte de l'O. sur l'océan Atlantique est granitique, découpée, comme la côte de Norvége, c'est un enchevêtrement bizarre d'îles, de détroits, de loch, dont les plus remarquables sont le loch *Linnhe*, le loch *Fyne* et le *Firth de la Clyde ;* les principales îles sont *Skye*, *Rum*, *Coll*, *Tiree*, *Mull*, avec les petites îles d'*Iona* et de *Staffa* , célèbre par la belle grotte basaltique de Fingal ; *Colonsay*, *Oronsay*, *Jura*, *Islay;* puis, après la longue presqu'île de *Cantyre*, terminée par la *Mull* de *Cantyre*, le point le plus rapproché de l'Irlande, les îles d'*Arran* et de *Bute* dans le golfe de la Clyde ; la péninsule formée par les golfes de la Clyde et de Solway et par le canal du Nord renferme la presqu'île étroite de *Galloway*, terminée au S. par la *Mull de Galloway*, et les baies de *Luce* et de *Wigton*. Le *Passage de Barra*, le *Petit Minch* et le *Minch septentrional* séparent les îles de la côte du groupe des *Hébrides*, *Western* ou *Occidentales*.

Ces côtes sur des mers très-poissonneuses offrent d'abondantes pêcheries, qui exercent et nourrissent une nombreuse population de marins; on pêche surtout la morue et le hareng dans la mer du Nord; le maquereau, le turbot, les soles, les sardines, les homards sur les côtes d'Écosse ; les huîtres du golfe du Forth sont renommées. Mais la mer est souvent mauvaise au N. et à l'E. ; plus de 400 a 500 navires se perdent chaque année, principalement dans la mer du Nord.

§ 2 — Montagnes — Fleuves ; lacs, canaux de la Grande-Bretagne.

Montagnes. — Les régions montagneuses dominent en Écosse ; c'est le contraire en Angleterre. En Écosse, il y a trois massifs à peu près distincts : au N., les montagnes d'INVERNESS, de Ross, de SUTHERLAND, dirigées du N. au S., près de la côte occidentale, couvrent de leurs nombreuses ramifications tout le nord de l'Ecosse, en ne laissant que quelques vallées étroites vers l'Est. C'est un pays de gorges, de cavernes, de montagnes arides et souvent dénudées, de lacs et de rivières ; parmi les nombreux sommets on cite le *Ben-Wywis* (1,134 mèt.) vers l'E. ; le *Ben-Deray*, le *Scourna-Lapich*, le *Ben-Attow*, vers l'O., qui ne dépassent pas 1,200 mèt. Au sud de ce massif est une longue dépression, qui va du Loch Linnhe au Firth de Murray ; c'est là qu'on a creusé le beau canal *Calédonien.* — Le massif des GRAMPIANS, plus large, plus épais, couvre l'Écosse centrale dans la direction du N.-E. au S.-O.; c'est le pays des *Highlands* (hautes terres), âpre, sauvage, presque désert, déchiré par des gorges étroites ou de profondes vallées (Glen) Les plus hauts sommets, le *Ben-Nevis* (1,311 mèt.), le *Ben-Cruachan* (1,025 mèt.), le *Ben-More*, à l'O.; le *Cairn-Gorm*, le *Ben-Macdui* (1,320 mèt), le *Cairn-Gowar*, vers l'E., ne dépassent pas 1,320 mèt.; le versant septentrional tombe à pic sur le canal Calédonien, le versant méridional s'abaisse sur les longues vallées de la Clyde et du Forth, que réunit un canal important. — La chaîne des CHEVIOT-HILLS forme un troisième massif, a peu près dans la direction de l'E.-N.-E à l'O.-S.-O., entre l'embouchure de la Tweed, les golfes de Solway et de la Clyde, composé de rochers, de collines dénudées aux sommets arrondis. Ils sont moins élevés que les Grampians ; les plus célèbres sont le *Louther Hills* (955 mèt.), le *Hart Fell* (1,007 mèt.), le *Broad Law*, vers le centre; les *Pentland Hills*, les *Moorfoot Hills* et les *Lammermuir Hills*, vers l'est; les *Cheviot Hills* au sud, sur la frontière de l'Ecosse et de l'Angleterre.

L'Angleterre est montueuse dans la partie occidentale; mais dans presque tout le Centre et dans l'Est on ne trouve que des plateaux ou des plaines légèrement ondulées. La ligne du partage des des eaux, dirigée du N. vers le S., est formée par la chaine *Pennine*, qui se rattache aux monts Cheviot et a encore quelques sommets assez élevés, sauvages et pittoresques, dans le Cumberland et le Westmoreland : *Cross Fell* (882 mèt.), *Sea Fell* (962 mèt.), *Bow Fell, Wharnside, Ingleborough;* puis viennent les *Moorlands* dans le Lancashire, le *High Peak* dans le Derbyshire. Ces collines granitiques, hautes de 500 a 600 mètres, sont nues, déchirées, stériles ou couvertes de bruyères et de pâturages, on y voit des grottes curieuses et quelques charmantes vallées; elles vont sans cesse en s'abaissant vers le sud, et ne forment plus dans le comté de Warwick qu'un plateau légèrement ondulé, elles se relèvent un peu dans les *Cotswold Hills*, entre le canal de Bristol et le bassin de la Tamise.

De cette ligne de hauteurs se détachent vers l'ouest trois chaînes qui constituent la charpente des trois presqu'îles de l'Angleterre occidentale : 1° les *montagnes du Cumberland*, accidentées, pittoresques, au milieu desquelles se trouve la région des petits lacs; — 2° les *montagnes du pays de Galles* ou *monts Cambriens*, massif très-accidenté, sauvage, coupé de vallées étroites, couvert de prairies et de bruyères (Moors), avec beaucoup de petits cours d'eau, de cascades, de lacs ; le mont *Snowdon*, célèbre dans l'histoire poétique des Gallois,n'a que 1,085 mètres: — 3° les *montagnes de Cornouailles*, qui renferment les plateaux d'*Eamoor* et de *Dartmoor*, sont peu élevées, nues, sté-

8.

riles, mais importantes par leurs richesses minérales. — Une ligne de faibles hauteurs sépare le bassin de la Tamise du versant méridional de la Manche; les *Nord* et *Sud-Downs*, monticules rangés en deux terrasses parallèles à la mer, sont peu fertiles, mais nourrissent d'excellents moutons; ils finissent au cap Sud-Foreland et au cap Beachy. Ajoutons que les Hébrides, les Orcades et les Shetland sont généralement montueuses; dans les Hébrides (Skye, Mull, South-Uist), quelques sommets ont plus de 900 mètres ; dans les Shetland, le *Mont-Rona*, de l'île Mainland, a plus de 1,100 mètres.

Fleuves. — Aucun pays n'est mieux arrosé que la Grande-Bretagne; l'île est comme enveloppée de nuages et de brouillards, dus principalement à l'évaporation des eaux tièdes du Gulf-Stream, qu'amènent les vents d'ouest; de là les pluies et l'humidité constante, qui caractérisent le climat; la terre n'est pas de nature à absorber l'eau que reçoit la superficie du sol; aucune goutte en quelque sorte n'est perdue. Les ruisseaux, les rivières, les fleuves, qui ne descendent pas de montagnes élevées, coulent uniformément dans des plaines à pente douce; comme il n'y a pas de sécheresse, le niveau des cours d'eau est presque toujours le même; ils n'ont pas une longue étendue, mais la plupart sont très-navigables en toute saison; leurs embouchures, sans delta, forment généralement de vastes et profonds estuaires, sur lesquels il a été facile d'établir des ports nombreux; enfin les différents bassins sont si peu séparés, surtout dans les grandes plaines de l'Angleterre, que l'industrie humaine a pu les réunir par une multitude de canaux, qui coupent l'île en tous sens, et doublent les lignes de navigation.

La Grande-Bretagne est divisée en trois versants principaux :

1° Le versant de la Manche, au Sud, a très-peu de largeur; aussi les cours d'eau sont nombreux, mais peu étendus; citons de l'E. à l'O. : l'*Arun*, l'*Anton* (Southampton), l'*Avon* (Christchurch); le *Stour* qui a la même embouchure; l'*Exe* (Exeter); le *Tamer* (Devonport et Plymouth).

2° Le versant de l'Ouest est assez étroit, puisqu'il est resserré entre les montagnes et la mer. En allant du S. au N. on trouve : le *Taw*, tributaire de la baie de Barnstaple ; — la *Severn* (Sabrina), qui forme un demi-cercle dans le pays de Galles et l'Angleterre occidentale et se jette par une large embouchure dans le canal de Bristol ; elle a 500 kil. de cours ; elle reçoit, à droite, la *Wye* et l'*Usk*, qui viennent du pays de Galles ; à gauche, les deux *Avon ;* — le *Taff*, qui se jette dans le canal de Bristol à Cardiff ; — le *Tawy* à Swansea ; le *Towy* à Caermarthen ; — le *Teify* (Cardigan) finit dans la baie de Cardigan, — la baie de Lancastre reçoit la *Dee* (Chester), qui vient du pays de Galles; — la *Mersey* (Liverpool), grossie de l'*Irwell* (Manchester), qui vient de l'High Peak; entre les deux embouchures se trouve la presqu'île quadrangulaire de Birkenhead; — la *Ribble* (Preston) vient de la chaîne Pennine; — l'*Eden* (Carlisle) vient du Bow Fell et finit dans le golfe de Solway.

Parmi les fleuves de l'Écosse occidentale on ne peut nommer que la CLYDE (Glota), longue de 140 kil. seulement, mais dont la vallée est très-belle, et dont la partie inférieure, grâce à de grands travaux hydrauliques, a été rendue profonde pour le commerce de Glasgow. Elle vient du Hart Fell, et arrose Lanark, Hamilton, Glasgow, Renfrew, Port-Glasgow, Greenock.

3° Le VERSANT ORIENTAL est de beaucoup le plus considérable et le plus important. Les principaux cours d'eau, en allant du N. au S., sont : en ÉCOSSE, — la *Ness* (Inverness), qui sort du loch Ness, sert à former le canal Calédonien et se jette dans le golfe de Murray; — la *Spey* (Buckie), qui vient du Lochaber et traverse presque toute l'Écosse; c'est le plus rapide des fleuves de l'Écosse et ses inondations sont souvent désastreuses; — le *Doveron* (Banff); — la *Dee* (Aberdeen); — le *Tay* (Dundee), qui sort du loch Tay dans les Grampians, a 150 kil. de cours et se jette dans le firth du Tay; ses eaux sont très-abondantes; — le FORTH (Stirling, Leith), qui vient du Ben Lomond et se jette dans le firth du Forth, après 100 kil. de cours; — la *Tweed* (Berwick), longue de 120 kil., qui vient du Hart Fell et sépare l'Écosse de l'Angleterre (Peebles, Melrose, Kelso, Coldstream, Berwick). — En ANGLETERRE : — la *Tyne* (Tynemouth, Newcastle); — la *Wear* (Sunderland); — la *Tees* (Hartlepool); — l'HUMBER (Hull), vaste estuaire de 50 kil., est formé par la *Petite-Ouse*, qui vient du N.-O., et recueille les eaux du *Swale*, du *Derwent*, à gauche; de la *Wharfe*, de l'*Aire* (Leeds), du *Went*, à droite; et par le *Trent*, long de 175 kil., qui vient du S.; — dans le Wash se jettent le *Witham* (Boston); — la *Glen*; — la *Nen*; — la *Grande-Ouse* (Kings Lynn), grossie de la *Cam*. La partie inférieure du bassin de ces quatre rivières est un terrain marécageux, connu sous le nom de *Fen-District*; c'est là que se trouvait le camp du refuge de l'île d'Ely, célèbre au temps de la conquête normande. — Viennent ensuite le *Yare* (Norwich et Yarmouth); — le *Stour* (Harwich); — la *Colne* (Colchester), — le *Blackwater*; — enfin la *Tamise*.

La TAMISE (Thames ou Isis) vient des Cotswold Hills, coule de l'O. à l'E. et recueille à gauche les eaux de la *Leach*, du *Cherwell* (Oxford), de la *Colne*, de la *Lea*, du *Roding*; à droite, les eaux du *Kennet* (Reading), de la *Wey*, de la *Medway*. Elle a 320 kil. de cours et est navigable pendant 260 kil.; elle arrose Oxford, Windsor, Hamptoncourt, Richmond, Londres, Greenwich, Woolwich, Tilbury, Gravesend, Sherness. A Londres, a 88 kil. de l'embouchure, elle a 500 mèt. de largeur et 7 mèt. de profondeur, elle se jette par un large estuaire, gêné par plusieurs bancs de sable, mais éclairé par des phares nombreux. — Le *Grand Stour* forme à son embouchure l'île de Thanet.

Lacs. — Il y a peu de lacs en Angleterre ; on connaît ceux du Cumberland, à cause de leurs aspects charmants et pittoresques ; le *Winandermere*, long de 16 kil ; l'*Ulleswater;* le *Coniston*, long de 12 kil.; dans le Pays de Galles, la Dee sort du lac *Bala*. — Mais les lacs d'Écosse sont plus célèbres ; ils sont situés au milieu des montagnes et généralement longs et étroits ; les plus remarquables sont le *loch Lomond*, aux bords charmants, aux îles délicieuses, long de 45 kil., large de 10, qui s'écoule dans la Clyde ; — le *loch Katrine*, un peu au N., le *loch Nail*, le *loch Earn*, le *loch Tay* bien plus allongé, le *loch Rannoch*, etc.; le *loch Leven*, à l'O. du golfe du Forth ; le *loch Ness*, tellement allongé qu'on dirait un fleuve ; le *loch Shin* dans les monts du Sutherland, etc. On donne aussi le nom de *Lochs* à des bras de mer qui s'avancent à une grande profondeur dans l'intérieur des terres, surtout a l'O.

Canaux. — L'Angleterre a un grand nombre de canaux, qui réunissent les bassins de ses fleuves navigables et font communiquer les grandes villes placées aux différentes extrémités du pays, Londres, Hull, Liverpool et Bristol. On peut les ranger en quatre groupes principaux :

1° Groupe de Manchester.

Canal de *Rochdale*, de Manchester à Halifax ;
Canal de *Bridgewater ;*
Canal de *Huddersfield* et canal d'*Ahston et Oldham*, réunissant la Calder et la Mersey.

2° Groupe de Liverpool.

Canal *Ellesmere*, divisé en quatre branches ;
Canal de *Shrewsbury;*
Canal de *Shropshire;*
Canal du *Grand-Tronc*, qui joint la Trent à la Mersey ;
Canal de *Derby*, composé de trois branches ;
Canal de *Liverpool à Leeds*, long de 209 kil.;
Canal de *Lancastre*.

3° Groupe de Londres.

Canal du *Régent*, de Londres à Hull et à Liverpool ;
Canal de *Grande-Jonction*, long de 153 kil., de Londres au canal d'Oxford ;

- Canal de *Grande-Union*, unissant les deux précédents ;
- Canaux d'*Oxford*, *Coventry*, *Fazeley*, entre Londres et le Grand-Tronc.

4° GROUPE DE BIRMINGHAM.

Canal de *Birmingham* et *Fazeley* ;
Canal de *Stafford* et *Worcester* ;
Canal de *Worcester* et *Birmingham*, etc.

En ÉCOSSE, on remarque : Le canal *Calédonien*, long de 95 kil., réunissant les deux mers, de l'embouchure de la Ness à la baie d'Eil, et pouvant porter des bâtiments de guerre ;
Le canal de *Forth et Clyde*,
Le canal d'*Union*, de Falkirk à Edimbourg ;
Le canal de *Glasgow à Paisley* et à *Androssan*, etc.

§ 5. — Geographie physique de l'Irlande. — Côtes, montagnes, fleuves, lacs

L'IRLANDE, à l'O. de la Grande-Bretagne, semble prédestinée par la nature à dépendre de la grande île ; celle-ci lui ferme les routes du continent, puis l'Irlande est bien moins considérable et moins bien dotée, comme nous le verrons, de tout ce qui fait la richesse et la puissance d'un peuple. Aussi, sans vouloir justifier la conduite souvent odieuse de l'Angleterre à l'égard de la malheureuse Irlande dans le passé, croyons-nous que l'indépendance de l'Irlande n'est que le rêve de quelques désespérés, dont la réalisation serait loin de faire la fortune du pays. L'Irlande est d'ailleurs placée à l'extrémité occidentale de l'Europe, et c'est vers les contrées du nouveau monde, de l'autre côté de l'Atlantique, que ses enfants déshérités ont été naturellement entraînés par le flot de l'émigration.

L'IRLANDE (*Jerna* des Grecs, *Erin* des Irlandais) n'a que 82,240 kil. carrés de superficie ; sa forme se rapproche de celle d'un ovale ou plutôt d'une sorte de losange, dont les quatre pointes seraient le cap *Mizen* au S.-O., le cap *Carnsore* au S.-E., les caps *Benmore* et *Bengore* au N.-E., le cap *Erris* au N.-O. Elle est située entre 51°26′ et 55°21′ lat. N.; et entre 5°20′ et 10°35′ long. O. Du cap *Malin* au cap *Mizen*, la longueur est de 567 kil.; du cap *Slyne* au cap *Howth*, la largeur est de 383 kil.

Les côtes sont très-découpées surtout à l'ouest, où elles reçoivent continuellement l'assaut des vagues de l'Atlantique ; le S.-O. de l'Irlande rappelle l'aspect de l'Écosse occidentale et de la Norvége, sans les îles. Elles ont un développement de 3,200 kil.

Au N.-E., sur le canal du Nord, on voit près du cap *Bengore* la fameuse *chaussée des Géants*, si remarquable par l'accumulation des colonnes basaltiques; en face est l'île *Rathlin;* plus au S., la baie de *Belfast* est en face de la presqu'île de Galloway en Écosse. Puis, sur les côtes de la mer d'Irlande, le lough (prononcez loch) *Strangford* est pour ainsi dire un lac intérieur, comme le lough *Carlingford*, situé un peu plus au sud ; on trouve ensuite les baies de *Dundalk*, de *Drogheda*, de *Dublin*, de *Wexford* un peu au nord du cap *Carnsore*. Sur la côte S.-E., baignée par l'océan Atlantique, sont les baies de *Waterford*, de *Cork*, de *Kinsale;* les caps *Clear*, dans l'île de ce nom, et *Mizen* sont à la pointe S.-O. Parmi les baies nombreuses et profondes de la côte occidentale on peut citer : les baies de *Bantry*, de *Kenmare*, *Dingle*, à l'entrée de laquelle est la petite île *Valentia*, d'où part le câble transatlantique qui unit l'Europe à Terre-Neuve ; puis la baie de *Tralee*, l'estuaire du *Shannon*, la baie de *Galway*, en face de laquelle sont les îles *Aran*, la baie *Clew* avec l'île *Clare* et l'île *Achill*, longue de 25 kil., au N.-O. Sur la côte N.-O. on remarque les baies de *Killala*, de *Sligo*, *Donegal*, puis les deux lough *Swilly* et *Foyle*, qui enferment la large presqu'île terminée par le cap *Malin*.

L'Irlande offre a l'intérieur une vaste plaine, généralement basse et marécageuse. Les montagnes sont presque toutes placées sur les côtes, comme pour défendre l'île contre les attaques de la mer ; elles ne forment pas de chaînes continues et les sommets les plus élevés ne dépassent pas 1,050 mètres. Au S.-O sont les monts *Caha* et le massif des montagnes de *Kerry* ou monts *Macgillycuddys*, dont le point culminant, le *Carran-Tuohill*, a 1,040 mètres de haut ; — les monts *Galty* et *Comeragh* sont au S.; — dans les montagnes de Wicklow, au S.-E., le *Lugnaquilla* a 925 mètres ; — au N. sont les monts *Sperrin;* au N.-O., les monts *Derryveagh*, *Bluestack*, et un peu plus au S., le mont *Cuilcagh;* — à l'O., la côte depuis la baie Donegal jusqu'à la baie de Galway, est bordée de collines âpres, escarpées, déchirées.

Il n'y a pas véritablement de ligne de partage des eaux en Irlande; les deux versants de l'E. et de l'O., du cap Malin au cap Mizen, sont mal séparés ; aussi l'intérieur de l'île est-il rempli de lacs, de marécages, de fondrières appelées *bogs*. L'Irlande, enveloppée d'humidité plus encore que l'Angleterre, ce qui l'a fait appeler la *verte Erin, l'émeraude des mers*, renferme beaucoup de cours d'eau ; mais, s'ils peuvent être facilement unis par des canaux, ils sont loin d'être aussi navigables que ceux de la grande île ; ce qui est une cause d'infériorité pour l'Irlande.

Les principaux sont : dans le VERSANT DE l'EST, le *Bann*, qui traverse le lough Neagh ; — la *Boyne*, qui se jette dans la baie de Drogheda; — la *Liffey*, qui finit à Dublin; — le *Slaney*, à Wexford; — le *Barrow* et le *Suir*, à Waterford; — le *Blackwater* à Youghal; — le *Lee*, à Cork. Dans le VERSANT DE L'OUEST : le SHANNON, le seul fleuve considérable de l'Irlande, qui vient du Nord, traverse les lough Allen, Boderg, Ree, Derg, et finit par un long et large estuaire, après un cours de 350 kil.; il reçoit beaucoup de petits cours d'eau et entre autres le *Suck* à droite; — le *Clare* touche au lough Corrib et se jette dans la baie de Galway; — l'*Erne* traverse les deux lough de ce nom et finit dans la baie Donegal; — le *Foyle* forme le grand lough Foyle.

Les principaux lacs de l'Irlande sont : le lough *Neagh*, au N.-E., long de 40 kil., large de 22; le lough *Foyle*, au N., communiquant à la mer par un détroit; — les lacs *Erne* supérieur et inférieur, au N.-O.; — le lac *Corrib*, long de 55 kil., au N. de la baie de Galway; — les lough *Mask* et *Conn* à l'O.; — les lough *Ree* et *Derg* au centre; les lacs de *Killarney*, dont le principal est le lough *Leane*, au S.-O.; ils sont célèbres par leurs beautés pittoresques, au pied des montagnes de Kerry.

Les principaux canaux sont : le *Canal Royal*, de Dublin au Shannon, le *Grand-Canal*, qui unit Dublin, Limerick, Waterford, le *canal de Lagan*, entre Belfast et le lough Neagh; etc., etc.

§ 4 — Climat — Productions du sol; agriculture.

Le climat des îles Britanniques est essentiellement océanique; il est par conséquent très-humide, surtout sur les côtes, dans les Hébrides, les Orkney et les Shetland; les pluies sont fréquentes, principalement en Irlande et dans l'ouest de la Grande-Bretagne, et de grands brouillards s'étendent sur tout l'archipel; aussi l'aspect du ciel est généralement triste. Mais le climat est salubre et plus tempéré que celui des autres pays continentaux a latitude égale, la température moyenne est de 8° à 11° cent Les vents de mer, qui soufflent habituellement de l'O., adoucissent les rigueurs de l'hiver et les chaleurs de l'été, le climat est plus froid à l'E. et surtout au N., dans les montagnes de l'Ecosse. Ce sont ces conditions climatériques qui couvrent de verdure les îles Britanniques et qui en ont fait de tout temps un pays de prairies et de pâturages Dans les vallées abritées, sur les rivages, principalement au S.-O., on voit fleurir le myrte, le laurier-rose et même l'aloes.

I. — L'ANGLETERRE est un pays plat à l'E., jadis couvert de marais et de bruyères, que l'industrie humaine a transformés en terres fertiles; au centre sont des plateaux aux reliefs assez prononcés; a l'O. les montagnes sont assez élevées et leur versant occidental est abrupt. Le pays est presque complétement déboisé. Le sol renferme de grandes richesses minérales, que les anciens avaient entrevues (les Phéniciens allaient chercher l'étain et le fer de la presqu'île de Cornouailles et des îles Cassitérides ou Sorlingues), mais qui n'ont été complétement exploitées que dans l'âge moderne, et qui ont contribué à faire de l'Angleterre le premier pays industriel. Par une faveur remarquable, le combustible, les métaux, les minéraux sont accumulés dans les mêmes endroits ; le minerai de fer et le calcaire sont à côté de la houille ; et partout les rivières navigables reçoivent les produits des mines pour les conduire aux centres industriels voisins ou aux ports d'exportation ; partout l'Angleterre est ouverte pour introduire les produits qui lui manquent ou qu'elle n'a pas en quantité suffisante.

La HOUILLE, cette condition première de l'industrie moderne, se trouve abondamment dans 14 districts de l'Angleterre et du pays de Galles ; les principaux bassins houillers sont : au N., ceux de *Northumberland*, de *Durham*, et de *Cumberland* (bassin de Whitehaven), dans la chaîne Pennine et les hautes vallées de la Tyne et de la Tees, en rapport avec Newcastle, Tynemouth, Sunderland et Whitehaven, pour l'exportation en Irlande ; — au N.-O., les bassins du *Lancashire* et du *West-Riding* (York), dont les produits s'écoulent par Liverpool et Hull ; — au centre, les bassins disséminés autour de *Birmingham*, dans les hautes vallées du Trent et de la Severn (comtés de Stafford, Leicester, Warwick), dont les produits s'écoulent par Glocester et Bristol ; — à l'O., ceux du *pays de Galles*, surtout dans les comtés méridionaux de Glamorgan et de Caermarthen, en rapport avec Swansea et Cardiff ; — au S.-O., les houillères disséminées dans la presqu'île de *Cornouailles* (Somerset, Devon, Cornouailles). On recueille par an plus de 100 millions de tonnes de houille, dont une partie est exportée, il n'y a pas à craindre, quoiqu'on ait dit le contraire, que cette production soit menacée dans un avenir prochain.

Le minerai de *fer* n'est pas partout excellent, mais il est partout mêlé à la houille, en grande abondance. Dans le bassin du Nord, aux environs de Durham, d'York et dans le Cumberland ; — au N.-O., où sont les usines de Sheffield ; — au Centre, dans le comté de Stafford (Wolverhampton, Bilston, Dudley), où est Birmingham, la grande ville de l'industrie métallurgique, avec toutes les villes d'alentour qui en dépendent ; — à l'O., dans le comté de Shrop, dans tout le pays dont Merthyr-Tydwill est le centre ; — enfin dans la Cornouailles et le Devon. La Grande-Bretagne fournit plus de 4 millions de tonnes de fer.

Le *cuivre* est abondant dans le pays de Galles, dans Anglesey, près de Chester, dans le pays de Cornouailles, dans le Devon, le comté de Caernarvon ; ce qui n'empêche pas une importation considérable d'excellent cuivre de Suède, de Norvége, du Chili. — On trouve le *plomb* dans le Northumberland, le Durham, les comtés d'York, de Derby, la Cornouailles ; — l'*étain* et le *zinc* dans la Cornouailles, Man, le pays de Galles et dans les Sorlingues, — le *graphite* dans la Cornouailles, le Cumberland, le pays de Galles, l'île de Man ; le *bismuth*, le *manganèse*, l'*antimoine*, le *cobalt*, l'*aluminium*, l'*arsenic*, etc.

On extrait beaucoup de *sel* de l'eau de mer, des sources salines, des mines de sel gemme, surtout dans la vallée du Weaver (Cheshire) et à Droitwich (comté de Worcester), la Cornouailles et le Devon donnent du *kaolin*; le comté de Stafford a de l'excellente *argile plastique*, ce qui a fait donner au Nord du pays le nom de *district des poteries*, il y a des fabriques de tuiles et de briques dans le West-Riding (Huddersfield) et dans le comte de Worcester (Stourbridge); les *ardoises* (Caernarvon et Mérioneth dans le pays de Galles), le *grès*, les *meules en basalte*, les *pierres de taille*, les belles *pierres de Portland*, etc., sont encore une source de richesses. Enfin les eaux minérales sulfureuses, ferrugineuses etc., sont en grand nombre; citons seulement celles d'Epsom (Surrey), de Cheltenham (Gloucester), de Bath (Somerset), de Buxton, de Matlock (Derby), de Tumbridge, de Wells, de Scarborough, de Harrowgate (York), etc.

Le sol de l'Angleterre n'est pas naturellement très-fertile ; c'est à force de travail, d'engrais de toute sorte, engrais animaux surtout, guano, os pulvérisés, qu'on est parvenu a le rendre productif ; et la production est encore au-dessous de la consommation. On peut diviser l'Angleterre en six régions agricoles 1° la *région du Nord*, montueuse, granitique, marécageuse, renferme les plateaux cultivés du Yorkshire, les belles vallées de la Tyne et de la Tees, et produit surtout de l'avoine, on y trouve de magnifiques herbages, — 2° la *région de l'Est*, plaine unie, aux côtes basses et marécageuses qu'il faut disputer à la mer par des digues et des canaux, a été fertilisée par le drainage et les engrais, on y cultive le froment, l'orge, le seigle de petite espèce , c'est aussi le pays de la culture maraîchère ; — 3° la *région du Centre*, formée de plateaux légèrement ondulés, est le pays des grandes exploitations ; le sol est bien cultivé et se partage en terres labourées et en riches pâturages ; — 4° dans la *région du Sud*, le sol est généralement maigre, formé de collines crayeuses, mais le gazon est fin dans les excellents pâturages des *Downs;* — 5° la *région de l'Ouest*, plus humide, plus chaude, cou-

9

verte de collines, a de riches herbages surtout dans le bassin de la Severn et dans le pays de Chester ; — 6° enfin, dans le *pays de Galles*, le climat est froid, la production tardive ; mais les pâturages des montagnes sont abondants. Ainsi, ' les prairies naturelles et artificielles couvrent une grande partie du sol ; le froment, l'orge, le seigle sont surtout cultivés à l'E., et au S.-E., mais d'une manière insuffisante. l'avoine, beaucoup plus abondante, au Nord ; les pommes de terre, turneps, etc., un peu partout, le lin, dans les comtés de Lincoln et de Suffolk, le houblon, pour la grande consommation de bière, principalement vers le S.-E. ; les légumes et les fruits ne sont pas savoureux, à cause de l'humidité ; il y a beaucoup de pommiers à cidre vers le Sud ; les forêts ont été presque partout abattues, si bien qu'on s'occupe de reboiser dans plusieurs parties de l'Angleterre ; et il y a encore des terres improductives, landes, marécages, etc. Aussi l'Angleterre est-elle forcée d'acheter chaque année de 15 à 25 millions d'hectolitres de blé, l'Ecosse et l'Irlande produisant encore moins de céréales.

Mais, en revanche, l'Angleterre est essentiellement propre à l'élevage des bestiaux, et l'industrie s'est appliquée à les transformer pour en tirer le plus grand profit. Les *chevaux* (1,500,000) sont surtout nourris dans le Nord, où l'avoine est abondante, chevaux de trait pour les besoins de l'agriculture, chevaux de course, fins et élancés ; on connaît la passion toute nationale des Anglais pour les courses de chevaux. Les *betes à cornes* sont nombreuses (plus de 9 millions) et belles ; on vante les *bœufs du Devon*, la race laitière de *Hereford* dans toute l'Angleterre centrale, donnant les fromages estimés de Chester, de Stilton (Huntingdon), etc., et la *race de Durham*, qui, à force de soin et d'études, a été complétement transformée de manière à fournir le plus vite possible le plus de viande de boucherie. Aussi les bœufs, si ce n'est ceux de la *race de Suffolk*, sont-ils très-rarement employés aux charrois ou au travail de la terre ; on les remplace par des chevaux ou par des machines de plus en plus perfectionnées. On cite encore les bœufs de *Glamorgan* et de *Pembroke*, dans le pays de Galles. — Les *moutons* (35 millions) sont surtout très-nombreux dans les beaux pâturages de l'Angleterre ; au Nord, c'est la petite race des *Cheviot* très-estimée ; au Centre, la race de *Leicester* et de *Dishley*, remarquable par le précoce développement de la chair ; au Sud, les moutons à la chair délicate de *la région des Downs;* à l'Ouest, les moutons d'*Exmoor* ou de *Cornouailles* et ceux du *Pays de Galles*. En général on élève les moutons, non pour leur laine, car on préfère celles d'Australie et du Cap, mais pour la boucherie.

Les porcs sont aussi nombreux dans toutes les parties de l'Angleterre (5 millions), surtout au N. et à l'E.; les jambons d'York sont renommés. On élève beaucoup de volailles dans le Norfolk, le Suffolk et les marais du Lincolnshire; mais on en exporte beaucoup de France.

II. — L'Écosse, quoique presque partout le sol soit assez tourmenté, se divise en deux parties distinctes : les LOWLANDS ou *Basses Terres* avec le *Border* (la frontière), au S. et à l'E., — les HIGHLANDS ou *Hautes Terres*, où s'élèvent les Grampians et les montagnes du Nord. Le sol des Lowlands ressemble à celui de l'Angleterre du Nord, plus de la moitié des terres sont cultivées, principalement au S.-E., au S.-O., et dans le bassin du Forth; elles donnent surtout de l'avoine, des pommes de terre, du lin. Les produits du sol sont inférieurs à ceux de l'Angleterre, à cause du climat; cependant les plaines de Stirling et de Gowrie, le Strathearn, le Strathmore, sont d'une grande fertilité. Les pâturages nourrissent des moutons de la race *Cheviot*, et les *bœufs d'Ayr* rappellent les bœufs de Durham; le bassin du Forth, bien cultivé, produit des grains excellents. On compte environ 6 millions de moutons, 1 million de bêtes à cornes, 190,000 chevaux et 150,000 porcs. On cite encore les bœufs d'*Angus* et de *Galloway*, dans les Lowlands; la race des *West-Highlands*, dans les hautes terres; et les moutons à tête noire (*Black-faced*), dans la même région. — L'Écosse a aussi ses richesses minérales; au centre, de Glasgow à Édimbourg, dans les vallées de la Clyde et du Forth, s'étend un vaste bassin houiller, avec du minerai de fer en abondance. Ce sera, par conséquent, la région industrielle du pays. Il y a des eaux minérales froides à Moffat (comté de Dumfries), à Bonnington (près d'Édimbourg), à Vicar's-Bridge, Dunblane, Airthie (Stirling); etc. — Dans les Highlands, les trois quarts des terres sont stériles; il n'y a que quelques petites plaines vers l'E. et sur la côte du comté d'Argyle; mais les pâturages sont étendus et bien améliorés depuis quelques années. On exploite le granit des Grampians, les ardoises de Ballachulish (Argyle), les pierres à bâtir des environs d'Aberdeen; le grès d'Édimbourg et de Glasgow, etc. Une partie de la population des côtes et des îles vit de la pêche soit dans les mers environnantes, soit dans les cours d'eau où les saumons abondent.

III. — L'IRLANDE a plus de la moitié de son sol composée de terres fertiles; mais l'Ouest est stérile, et il y a plus de 600,000 hectares de *bogs* ou fondrières marécageuses. L'Irlande produirait beaucoup plus, si elle était exploitée comme l'Angleterre; mais l'éloignement des plus riches propriétaires ou l'*absentéisme*, la condition précaire des fermiers qui ne cultivent généralement que de petites fermes ; la misère d'un peuple longtemps opprimé qui lui a donné des habitudes d'incurie et de découragemeut ; le défaut de capitaux et d'instruction, tout a contribué à retarder les progrès agricoles de l'Irlande. On cultive le froment à l'est et au sud, l'avoine, au nord ; la pomme de terre, qui occupe beaucoup de terrain sur un sol épuisé, au sud et à l'ouest ; le lin, au centre et au nord ; de l'orge, des betteraves, turneps, choux, etc. Il faut importer, comme en Angleterre, beaucoup de blé et de maïs. Les pâturages de la verte Érin nourrissent de nombreux troupeaux ; 4 millions de bêtes à cornes, surtout dans le Leinster et le Munster ; la petite race noire de Kerry se trouve dans les parties hautes ; la race *longues-cornes*, dans les parties basses ; plus de 4 millions de moutons, dans le Leinster et le Connaught ; 600,000 chevaux, à l'est et au nord ; 2,500,000 porcs. Le Munster exporte beaucoup de beurre pour l'Angleterre. Les huîtres des côtes de Clare, à l'ouest de l'Irlande, sont renommées.

L'Irlande a fort peu de houille, de qualité inférieure ; la tourbe, qu'on trouve en grande quantité, surtout dans la vallée du Shannon, peut servir au chauffage des habitants, mais ne peut la remplacer pour les usages industriels. C'est encore une cause d'infériorité pour l'Irlande ; aussi les villes d'industrie de ce pays sont-elles pour la plupart vers l'est, à proximité de l'Angleterre et de l'Écosse. Il y a un peu d'étain dans le comté de Wicklow ; — du plomb, dans les comtés de Waterford, Cork et Kerry ; — des eaux minérales à Lucan (près de Dublin), à Castle-Connell (près de Limerick), à Mallow (près de Cork). On exploite du granit au nord, du basalte dans le comté d'Antrim, du marbre statuaire dans les comtés de Donegal et de Galway. La situation économique de l'Irlande, jointe à la dépendance politique dans laquelle l'Angleterre l'a si longtemps tenue, explique les famines affreuses dont le pays a été souvent affligé, la misère des populations, la grande mortalité, et, depuis quarante ans, l'émigration qui a enlevé à l'Irlande une partie de ses habitants.

§ 5. — Géographie politique de l'Angleterre. — Comtés du littoral. — Villes.

L'ANGLETERRE (England), dont la capitale est LONDRES, comprend l'ANGLETERRE proprement dite, divisée en 40 comtés (counties, shires), et le PAYS DE GALLES, divisé en 12 comtés. Plusieurs villes, Londres, Canterbury, Southampton, Bristol, York, Berwick, Kingston-upon-Hull, Coventry, Norwich, forment un comté ayant une administration particulière.

On peut partager l'Angleterre en 5 régions géographiques :

*6 *comtés au nord*, entre l'Écosse, la Mersey et l'Humber : Northumberland, Durham, Cumberland, Westmoreland, York et Lancastre.

5 *comtés à l'Est*, entre l'Humber et la Tamise : Lincoln, Cambridge, Norfolk, Suffolk, Essex.

8 *comtés au sud,* entre la Tamise et la Manche : Kent, Sussex, Hampshire, Dorset, Wilts, Berks, Surrey, Middlesex.

9 *comtés à l'ouest* : Devon, Cornouailles, Somerset, Gloucester, Monmouth, Hereford, Worcester, Shrop, Chester.

12 *comtés au centre* . Oxford, Buckingham, Hertford, Bedford, Huntingdon, Northampton, Rutland, Leicester, Nottingham, Warwick et Stafford.

Le PAYS DE GALLES forme une sixième région.

De ces 40 comtes, 20 sont maritimes, 20 dans l'intérieur des terres. C'est l'ordre que nous suivrons pour indiquer les principales villes de commerce, d'industrie, etc.

I. — *Entre la Tweed et l'Humber* :

1° NORTHUMBERLAND (houille, fer, bonne agriculture).

Le chef-lieu est *Newcastle* sur la Tyne ; grand commerce de houille, de coke, de fer, de produits chimiques. Usines à fer ; 133,000 hab.; avec le faubourg de *Gateshead,* situé dans le comté de Durham 180,000 hab. (1873). — *Tynemouth* et *North-Shields* (59,000 hab.), à l'embouchure de la Tyne ; industrie et commerce comme à Newcastle; château fortifié ; — *Berwick* (15,000 hab.), au N., sur la frontière de l'Ecosse, ville fortifiée, à l'embouchure de la Tweed ; pêche de saumons et de homards ; — *Morpeth* (15,000 hab.), *Alnwich*, au N.-O.; château des ducs de Northumberland ; — *Flodden ;* bataille de 1513, au N., près de la frontière d'Écosse ; — *Hexham*, à l'O. de Newcastle, sur la Tyne ; bataille de 1463.

2° DURHAM (houille, fer, plomb, côtes fertiles ; bœufs, moutons renommés).

Durham, le chef-lieu, sur le Wear (13,000 hab.), a une grande cathédrale et une université fondée en 1833 ; — *Sunderland* (102,000 hab., en 1873), à l'embouchure du Wear ; commerce de houille ; raffineries de sel, verreries, corderies ; chantiers de construction ; docks considérables ; — *South-Shields* (45,000 hab.), port près de la Tyne ; commerce et industrie comme à Sunderland ; — *Hartlepool* (40,000 hab.), près de la baie de la Tees, au S.; port de pêche ; houille ; — *Darlington* (28,000 hab.), au S. de Durham ; fonderies de fer, toiles, cotonnades, cuirs, — *Stockton* (26,000 hab.), sur la Tees, à l'E. de Darlington ; commerce de houille ; toiles, cordages ; chantiers de construction ; fonderies de fer et de cuivre.

3° YORK (le plus vaste comté, plat, marécageux, riche par ses mines et son industrie).

Le chef-lieu, *York* (Eboracum), forme un comté à part; ville ancienne sur l'Ouse; archevêché, belle cathédrale gothique; patrie d'Alcuin et de Flaxman (44,000 hab.). Le comté se divise en trois parties :

Dans le North-Riding : *Scarborough* (24,000 hab.), port; bains de mer, eaux minérales; — *Whitby* (14,000 hab), port, au N.-O., sur l'Esk, bains de mer fréquentés; commerce de houille, de fer, d'alun, de grains; chantiers de construction; *Middlesborough*, au N.-O., près de l'embouchure de la Tees (39,000 hab.); — *Marston-Moor*, au N.-O. d York, bataille de 1644.

Dans l'East-Riding : *Kingston-upon-Hull* (128,000 hab.), sur la rive gauche de l Humber, grand port défendu par une citadelle et deux forts; commerce avec l'Allemagne, la Baltique, les Indes, l'Amérique du Sud; fonderies de fer, raffineries, produits chimiques, savonneries; — *Beverley*, au N.-O. (12,000 hab.); commerce de blé, houille, cuirs.

Dans le West-Riding, l'un des grands centres manufacturiers de l'Angleterre : — *Leeds* (272,000 hab., en 1873), au S.-O. d'York, sur l'Aire; centre du commerce des laines : draps, tapis, couvertures, toiles, cotonnades; filatures de lin; teintureries; poteries, verreries, produits chimiques; machines à vapeur, mécaniques, etc.; — *Bradford* (156,000 hab., en 1873), à l'O.; draps, tapis, filage et tissage de laines, teintureries, fonderies de fer, etc.; — aux environs, *Halifax*, au S.-O. de Bradford (65,000 hab.); manufactures de draps, de tapis ; — *Skipton*, au N.-O. de Leeds ; filatures de soie, cotonnades; marchés aux grains et aux bestiaux ; — *Keighley* (12,000 hab.); — *Bingley* (14,000 hab.), au N.-O.; bonneterie de laine ; — *Horton*, *Pudsey*, *Holbeck*, *Dewsbury* (25,000 hab.), *Batley* (21,000 hab.), *Huddersfield* (35,000 hab.), qui ont les mêmes industries, dans le voisinage de Leeds; — *Wakefield* (28,000 hab.), au S. de Leeds, sur la Calder ; draps, flanelles, casimirs, châles ; commerce de bestiaux et de grains; bataille de 1460; — *Towton*, à l'E de Leeds; bataille de 1461; — *Barnsley* (23,000 hab.), au S.; toiles, blanchisseries, fonderies de fer ; — *Doncaster*, au S -E. de Leeds ; marchés aux grains; courses de chevaux; — *Sheffield* (254,000 hab., en 1873), vers le sud du comté, sur le Don, au milieu d'un pays de houille et de fer; travail de l'acier sous toutes ses formes, coutellerie, outils, quincaillerie armes blanches, etc.; — dans les environs, *Rotherham*, *Ecclesfield*, *Nether-Hallam*, *Wortley*, etc.; mêmes industries ; — à l'Est, le château de *Pontefract ;* et *Goole* sur l'Ouse, près de l'Humber; commerce florissant.

II. — *Entre l'Humber et le Wash* .

4° LINCOLN (marais en partie desséchés, lin, moutons renommés ; climat malsain).

Le chef-lieu, Lincoln (27,000 hab.), sur le Witham, a un commerce florissant ; belle cathédrale ; — Grimsby (10,000 hab), sur la rive droite de l'Humber, l'un des débouchés du West-Riding ; — Boston (15,000 hab.), port florissant sur le Witham, près du Wash ; commerce avec la Baltique ; fonderies, foires ; — Gainsborough (10,000 hab.) ; sur le Trent ; commerce actif ; — Grantham, à l'O. de Boston ; courses de chevaux ; près de là naquit Newton ; — Stamford (12,000 hab.), sur le Welland ; grand marché ; — Spalding (10,000 hab.), sur le Welland ; commerce de laine ; — Louth, au N.-E. de Lincoln (10,000 hab.) ; tapis, couvertures, papiers.

III — *Entre le Wash et l'estuaire de la Tamise :*

5° NORFOLK (bonne agriculture, orge, blé ; marais salants, moutons).

Le chef-lieu, Norwich (82,000 hab.), a un port sur l'Yare ; tissus de laine, châles ; marché de grains, beau musée botanique, — Yarmouth (42,000 hab), à l'embouchure de l'Yare ; pêche du hareng ; débouché des produits de Norwich ; — Kings-Lynn ou Lynn-Regis (25,000 hab.), à l'O. de Norwich, port à l'embouchure de l'Ouse ; commerce de houille, blé, drèche.

6° SUFFOLK (prairies artificielles, marais salants).

Le chef-lieu, Ipswich (45,000 hab.), sur le Gipping, affluent du Stour, port actif ; commerce de drèche ; fabriques d'instruments aratoires ; — Lowestoft, au N.-E., port artificiel au point le plus oriental de l'Angleterre ; pêche du maquereau et du hareng ; — Southwold, plus au S., bataille de 1666 ; — Bury-Saint-Edmund s (15,000 hab.), à l'O. d'Ipswich ; marchés de blé et de bétail. Restes d'une abbaye jadis célèbre.

7° ESSEX (côtes très-découpées ; sol très-fertile, surtout près de la Tamise ; l'agriculture y est très-avancée ; on y élève beaucoup de moutons)

Le chef-lieu est *Chelmsford*, sur le Chelmer ; — *Colchester* (26,000 hab.), l'ancienne *Camalodunum*, au N.-E., sur la Colne ; tissus de laine et de soie ; marchés pour les blés et les bestiaux ; huîtres ; — *Harwich*, port à l'embouchure du Stour ; chantiers de construction ; — *Witham*, au N.-E. de Chelmsford ; et *Romford*, au S.-O. ; — *Maldon*, à l'E. ; établissement de bains ; commerce actif.

IV. — *Entre l'embouchure de la Tamise et la Manche :*

8° KENT (sorte de presqu'île très-fertile en céréales, fruits, légumes).

Le chef-lieu, *Maidstone* (26,000 hab.), est sur la Medway; fabriques de papier; commerce de houblon; vaste prison, — *Canterbury* (21,000 hab.), ancienne *Durovernum*, à l'E., sur le Grand-Stour; archevêché, belle cathédrale, tombeau de Thomas Becket; — *Chatham* (44,000 hab.), place forte sur la Medway; grand arsenal, chantiers, docks; — *Rochester* (15,000 h b.), sur la Medway; pêcheries d'huîtres; cathédrale; et *Strood* tout à côté; — *Gravesend* (21,000 hab.), sur la Tamise, en face de la forteresse de *Tilbury*, qui protége l'entrée du fleuve; chantiers de construction; — *Woolwich* (40,000 hab.), sur la Tamise; grand arsenal, chantiers de la marine militaire, fonderies, forges, fabriques d'armes et de canons; écoles militaires d'artillerie et de génie; — *Greenwich*, sur la Tamise; observatoire célèbre où passe le premier méridien des Anglais; hôpital des invalides de la marine fondé en 1669; — *Sherness* (10,000 hab.); port fortifié dans l'île de Sheppey, à l'entrée de la Tamise; chantiers de construction; — *Deptford* (50,000 hab.), près de Londres; arsenal, approvisionnements de la marine militaire; — *Margate* et *Ramsgate*, ports dans l'île de Thanet; bains fréquentés; — *Sandwich*, à l'E de Canterbury; — *Deal*, sur la rade des Dunes; — *Douvres* ou *Dover* (28,000 hab.), l'ancienne *Dubris*, port peu spacieux sur le pas de Calais, avec deux jetées de 3,500 mèt.; citadelle, camp retranché; communications avec Calais et Boulogne; — *Folkstone*, en face de Boulogne; port fréquenté; bains de mer; — vers l'O., dans la région appelée the WEALD, *Tunbridge* (15,000 hab.), commerce de bestiaux, et *Tunbridge-Wells* (10,000 hab); eaux ferrugineuses et sulfureuses.

V. — *Sur la Manche.*

9° SUSSEX (céréales, moutons renommés, quelques bois).

Le chef-lieu, *Lewes* (10,000 hab.), a des papeteries, des fonderies de canons et fait le commerce des grains; bataille de 1264; — *Chichester*, à l'O., port de pêche, commerce de grains; — *Brighton* (90,000 hab.), au S-O de Lewes, beau port de commerce; bains de mer; — *New-Haven, Eastbourne, Seaford, Hastings*, célèbre par la bataille de 1066 (29,000 hab.), *Rye*, sont de petits ports à l'E.; — *Shoreham, Worthing*, bains de mer, sont à l'O. — *Hastings, Hythe* (22,000 hab), *Romney, Douvres* et *Sandwich*, ports aujourd'hui déchus, forment la petite province du littoral, qu'on nomme les *Cinq-Ports*, jadis dotés de grands priviléges, surtout au temps des guerres contre la France.

10° HAMPSHIRE, SOUTHAMPTON ou HANTS (céréales, bois, marais salants; beaucoup de commerce).

Le chef-lieu, *Winchester* (12,000 hab.), a une belle cathédrale et des monuments curieux ; — *Portsmouth*, port militaire sur la belle rade de Spithead, qui pourrait contenir toute la marine de l'Angleterre ; grand arsenal, chantiers de construction, fonderie de canons ; avec *Portsea* et *Gosport*, fournitures pour la marine, cette ville compte plus de 120,000 hab. ; — *Lymington* et *Milford*, petits ports sur le Solent, à l'O. ; — *Southampton* (54,000 hab.), port à l'embouchure de l'Anton, fait un grand commerce avec l'Espagne, le Portugal, la Méditerranée, le nord de l'Europe ; paquebots transatlantiques pour l'Amérique centrale, la Chine et l'Australie ; bains de mer Southampton a rang de comté. Le S.-O. du comté est occupé par la *Nouvelle-Forêt*.

L'île de Wight (Vectis), surnommée le *Jardin de l'Angleterre*, dépend du Hampshire ; elle protége Portsmouth et Southampton. Ses principales villes sont : *Newport* (8,000 hab.), au centre, avec la citadelle de *Carisbrook*, à 1 kil. S.-O., où fut enfermé Charles Ier ; — *Cowes*, petit port au N. ; — *Osborne*, près de Cowes, est un château royal ; — *Sainte-Hélène* a une rade excellente au N.-E. ; — *Ryde* a des bains fréquentés.

11° Dorset (champs fertiles, bruyères, carrières de belles pierres).

Le chef-lieu est *Dorchester*, sur la Frome, ville ancienne et déchue. — Les principaux ports sont : *Poole*, a l'E. (10,000 hab.) ; commerce actif, jadis armements pour la pêche de la morue, — *Weymouth* ou *Melcombe-Regis* (12,000 hab.), au S. de Dorchester, à l'embouchure de la Wey, bains de mer ; — *Portland* ; au S, dont la rade sert d'annexe à Portsmouth ; citadelle ; superbes pierres de taille dans la presqu'île ; — *Bridport* et *Lyme-Regis*, ports à l'O. ; filatures de chanvre à Bridport.

VI — A l'extrémité S.-O. de l'Angleterre, entre la Manche et le canal de Bristol.

12° Devon (beaux paysages et cantons stériles ; bœufs à longues cornes ; mines) touche aux deux mers.

Le chef-lieu, *Exeter* (35,000 hab.), au fond d'un golfe formé par l'Exe ; port marchand ; laines, toiles ; belle cathédrale ; — *Plymouth*, au S.-O., port militaire fortifié sur une rade excellente, avec un brise-lames célèbre, est à l'embouchure de la Tamer ; il est défendu par une grande citadelle ; arsenal de la marine, chantiers de construction, docks ; école royale de marine, station d'une partie de la flotte, avec *Devonport* et *Stone-house*, Plymouth compte 50,000 hab. ; — à 24 kil. S.-O. est le beau phare d'*Eddystone* au milieu de la mer, — les autres ports sont a l'E *Dartmouth*, bon port défendu par des batteries ; — la rade de *Torbay*, où débarqua Guillaume d'Orange en 1688 ; — *Teignmouth* et *Exmouth*, bains de mer ; — *Barnstaple*

(15,000 hab.); au N.-O. d'Exeter, sur le Taw, près de la baie de Barnstaple ; — dans l'intérieur des terres : *Tavistock*, sur le Tawy, au S.-O. d'Exeter ; riches mines de cuivre et d'étain ; — *Honiton*, à l'E., et *Tiverton*, au N. ; dentelles.

13° Cornouailles ou Cornwall (presqu'île aride, montagneuse, avec des mines d'étain et de cuivre ; pêche de la sardine).

Le chef-lieu est *Bodmin ;* — *Saint-Austell* (11,000 hab.), près de la Manche ; cuivre, étain, kaolin ; — *Truro* (9,000 hab.), au S -O. ; usines, cuivre, étain ; — *Falmouth*, sur une rade excellente, avec deux forts, l'une des stations de la flotte ; — *Penzance* (10,000 hab.), bon port de commerce au S.-O. ; — *Launceston*, à l'E., l'ancien chef-lieu.

Les Sorlingues ou Scilly, au S -O. du cap Land's-End, dépendent du comté. Le groupe comprend 145 îlots dont 6 sont habités ; on y trouve des monuments druidiques. Les Phéniciens, qui venaient y chercher l'étain, leur avaient donné le nom de Cassitérides (îles de l'étain). Le chef-lieu est le petit port de *Newton* ou *Hugh Town* dans Sainte-Marie.

VII. — *Sur le canal de Bristol* il y a 3 comtés.

14° Somerset (exploitation des mines, fromages, bière, cidre).

Le chef-lieu est *Bath* (53,000 hab.), sur l'Avon ; eaux minérales ; papier ; — *Bristol* (190,000 hab., en 1873), sur l'Avon, au N.-O., port près du canal, a rang de comté. Grand commerce, principalement avec l'Irlande ; raffineries, verreries, quincaillerie ; Université ; — *Bridgewater* (15,000 hab.), au S -O. de Bristol, sur le Parret ; commerce de produits agricoles ; — *Glastonbury*, à l'E. de Bridgewater ; — *Taunton* (15,000 hab.), au S.-O. ; lainages, soieries ; — *Yeovil* (10,000 hab.), au S. ; toiles, coutils, gants ; — *Ilchester*, au N. d'Yeovil ; patrie de Roger Bacon ; — *Frome* (15,000 hab.), au S.-E. de Bristol ; lainages, draps, cordes ; ale ; — *Wells*, au centre, grand marché de fromages ; belle cathédrale.

15° Gloucester (houille ; moutons renommés, fromages, cidre excellent).

Le chef-lieu est *Gloucester* (20,000 hab.), sur la Severn, superbe cathédrale ; grand centre d'approvisionnement pour les céréales ; travail du fer et du lin ; épingles, cordages ; — *Clifton* (20,000 hab.), sur l'Avon, en face de Bristol ; eaux minérales, — *Berkeley*, près de la rive gauche de la Severn, patrie de Jenner ; — *Cheltenham* (59,000 hab.), au N.-E. de Gloucester ; eaux minérales ; collège célèbre ; — *Stroud* (35,000 hab.), au S. ; fabriques de vêtements ; — *Cirencester*, au S.-E. de Gloucester ; ville ancienne ; belle église, gothique ; grand marché de laines ; — *Tewkesbury*, au confluent de la Severn et de l'Avon supérieur ; bataille de 1471.

16° MONMOUTH (mines de fer, d'étain, de houille, kaolin).

Le chef-lieu est *Monmouth*, sur la Wye; quelques ruines d'un château célèbre où naquit Henri V ; — *Chepstow*, à l'embouchure de la Wye, commerce de cabotage ; — *Newport* (24,000 hab), port à l'embouchure de l'Usk ; commerce de la houille du pays de Galles ; près de là sont les grandes usines de *Blayna* et la ville de *Caerleon* (Isca Silurum), ancienne capitale du pays de Galles ; — *Pontypool*, au S.-O. de Monmouth, travail du fer, objets vernissés ; — *Abergavenny*, à l'O. de Monmouth.

VIII. — *Sur la mer d'Irlande* il y a quatre comtés.

17° CHESTER ou CHESHIRE (agriculture florissante, bétail, fromages renommés, salines).

Le chef-lieu est *Chester* (36,000 hab.), sur la Dee, ville de commerce ; chantiers de construction, — *Birkenhead* (66,000 hab.), dans la presqu'île de ce nom, sur la Mersey, en face de Liverpool, chantiers de construction ; — *Stockport* (53,000 hab.), plus haut sur la Mersey, annexe de Manchester ; cotonnades, soieries, draps, chapeaux ; — *Macclesfield* (36,000 hab), à l'est du comté, près de riches mines de houille ; forges, laiton ; soieries, foulards, tissus de soie et de coton ; — *Congleton* (10,000 hab.), plus au S. ; rubans, soieries, cotonnades, cuirs.

18° LANCASTRE, LANCASTER ou LANCASHIRE (houille, centre de l'industrie cotonnière). Ce comté est couvert de villes importantes, qui sont comme des annexes des deux grandes cités de Liverpool et de Manchester, dont l'union intime est la cause première de cette énorme prospérité industrielle ; la houille et le fer sont en abondance ; Liverpool apporte les balles de coton et exporte dans tout l'univers les produits des manufactures du comté.

Le chef-lieu, *Lancaster* (15,000 hab.), est un petit port au N. du comté ; exportation de houille et de pierres calcaires ; grande prison, c'est là que furent établies les premières écoles d'enseignement mutuel ; — *Liverpool* (505,000 hab. en 1875), grand port sur la rive droite de la Mersey, à 7 kil. de la mer, ses docks magnifiques s'étendent sur une longueur de 10 kil , c'est le centre des relations de l'Angleterre avec l'Irlande, les États-Unis, l'Australie, le premier marché du *Roi-Coton*, comme disent les Anglais , les affaires sont énormes ; en une seule année, Liverpool a fourni 5,280,000 tonneaux pour la navigation au long cours, 3,000,000 pour le cabotage, dont près des trois quarts sous pavillon anglais. Liverpool est encore une ville de grande industrie ; il y a des fonderies de fer, des forges, des raffineries de sucre, des savonneries ; on y fabrique des machines à vapeur ; on y travaille la laine, les cuirs, etc. , — *Manchester* avec *Salford* (484,000 hab.), sur l'Irwell, à 54 kil. de Liverpool, est la première ville du monde pour la fabrication des cotonnades, des mousselines, des basins, des percales, des velours de coton ; filatures, teintureries, bonneterie, rubans, soieries ; fabrication de machines à vapeur, etc. ; — dans le voisinage de *Manchester* on voit : *Eccles*, *Worsley*, *Ashton* (57,000 hab.), *Bury* (42,000 hab.), *Middleton*, *Heywood*, *Castleton*, *Rochdale* (45,000 hab.) ; *Oldham* (85,000 hab.), cotonnades, tissus de lin, chapeaux ; houille, carrières de pierres et d'ardoises ; — puis *Bolton* (83,000 hab.), au N.-O., patrie d'Arkwright et de Crampton , — à l'O., *Chorley*, *Wigan* (40,000 hab.) ; *Heindley*, *Leigh*, toutes remarquables par les diverses industries dont le coton est la base , — au S.-O., non loin de Liverpool, *Derby*, *Prescot*, près de riches mines de houille, fabriques d'horlogerie ; — *Saint-Helens ;* poterie, verrerie, cristallerie, avec la manufacture de glaces de *Ravenhead*, — *Warrington* (52,000 hab.), sur la Mersey ; fonderies de fer, quincaillerie, verreries, toiles à voiles ; — au N., *Preston* (85,000 hab.), sur la Ribble ; tissus de coton, filatures de lin ; *Kirkham*, près de l'embouchure de la Ribble ; industrie et commerce actifs , — *Blackburn* (76,000 hab.), patrie de Hargraves ; près de là est le collège de Stonyhurst pour les catholiques ; — *Burnley* (32,000 hab.), — *Colne* et *Clitheroe*, tissus imprimés ; sources minérales ; etc., etc.

19° WESTMORLLAND (pays de montagnes, de marais et de lacs).

Le chef-lieu est *Appleby*, sur l'Eden ; commerce de blé ; — *Kendale*, au S.-O. (12,000 hab.), cotonnades ; lainages, draps.

20° CUMBERLAND (pays de montagnes et de lacs ; plomb, cuivre, fer, houille, ardoises).

Le chef-lieu est *Carlisle* (31,000 hab.), sur l'Eden et la Caldew ; commerce et industrie. Près de la est le monument druidique connu sous le nom de la *Grande-Mègue* et ses *filles ;* = *Maryport*, *Whitehaven*, ports sur le golfe de Solway ; exportation de charbon de terre ; — *Workington*, plus au N., à l'embouchure du Derwent ; salines, grandes forges ; chapeaux de paille ; — *Penrith*, au S.-E. de Carlisle ; étoffes de laine, chapeaux communs ; — *Ulverstone*, sur la baie Morecambe, au S.-O.

§ 6. — Comtés du Centre — Villes.

IX. — Les 20 comtés de l'intérieur des terres sont : *dans le bassin de la Severn*, 4 comtés :

21° SHROPSHIRE ou SALOP (fer, houille, manufactures nombreuses ; céréales en abondance; moutons estimés).

Le chef-lieu est *Shrewsbury* (23,000 hab.), sur la Severn ; fonderies de fer, flanelles, toiles ; — *Wellington* (12,000 hab.), à l'E. ; forges, clouterie ; — *Wenlock*, au S.-E.;— *Oswestry* et *Ellesmere*; marchés, au N.-O.

22° HEREFORD (agriculture avancée, fruits ; bestiaux et bœufs surtout).

Le chef-lieu est *Hereford* (16,000 hab.), sur la Wye ; belle cathédrale ; marchés ; fabriques de gants, de chapeaux, de flanelle ; — *Ledbury*, à l'E. ; cordes, sacs ; houblon.

23° WORCESTER (champs cultivés, prairies, bestiaux).

Le chef-lieu est *Worcester* (33,000 hab.), sur la Severn ; belle cathédrale ; porcelaine fine ; gants ; houblon ; bataille de 1651 ; — *Malvern*, au S.-O. ; bains renommés près de collines verdoyantes ; — *Dudley* (44,000 hab.), au N.; houille, grande fabrication du fer, clous, quincaillerie, verreries ; — *Stourbridge*, au N. ; articles en argile réfractaire, briques, verre ; — *Kidderminster* (21,000 hab), tapis, soieries ; — *Bromsgrove*; toiles; clous, aiguilles ; — *Redditch*; aiguilles, hameçons , — *Droitwich*, sources salées ; ces 4 villes sont au N.-E. de Worcester ; — *Evesham*, sur l'Avon supérieur, au S.-E. ; bataille de 1265.

24° WARWICK (au centre de l'Angleterre ; industrie favorisée par de nombreux canaux).

Le chef-lieu est *Warwick* (11,000 hab.), sur l'Avon ; château célèbre ; filatures de laine ; bonneterie ;—*Birmingham* (355,000 hab., en 1873), au N.-O. du comte, la grande ville d'Angleterre pour le travail du fer, de l'acier, du cuivre ; pour la fabrication des armes, des machines à vapeur (dans le faubourg de Soho) , — *Coventry* (40,000 hab.), au S.-E. de Birmingham ; soieries, rubans, montres ; aux environs, ruines du château de *Kenilworth* ; — *Edgehill*, bataille de 1642 ; — *Leamington*, près de Warwick (18,000 hab.); bains célèbres ; — au S., *Stratford-sur-Avon*, patrie de Shakespeare.

X. — *Dans le bassin du Trent* il y a 4 comtés.

25°. STAFFORD (mines, produits agricoles; grande industrie ; au nord est le district des poteries).

Le chef-lieu est *Stafford* (12,000 hab.); coutellerie, cuirs, chaussures ; — dans le sud est un grand centre de l'industrie du fer dont le foyer est Birmingham ; les principales villes sont : *Wolverhampton* (70,000 hab.); serrurerie, quincaillerie ; — *Bilston* (20,000 hab.), houille, usines à fer, quincaillerie ; — *Willenhall* (18,000 hab.) ; — *Walsall* (46,000 hab.), à l'E. de Wolverhampton ;

fonderies de fer et de bronze; sellerie; — *Wednesbury*; quincaillerie, serrurerie; mines de houille et de fer; — *West-Bromwich* (18,000 hab.); — *Soho*, qui est presque un faubourg de Birmingham; usines de Watt et Boulton pour les machines à vapeur; — au nord est le district des poteries très-peuplé, les villes principales sont : *Stoke-upon-Trent* (130,000 hab.), la métropole des poteries; porcelaine, faïence; — *Newcastle-under-Lyme*; poterie, draps, chapeaux, souliers, — *Hanley, Longton; Burslem* (15,000 hab.), sur le Trent, second centre des poteries; — *Leck*; soieries, rubans; corderies; — à l'est : *Lichfield*; belle cathédrale; tapis; patrie de Johnson; — *Tamworth*; laines, calicots, toiles imprimées; brasseries. Patrie de Robert Peel.

26° Derby (pays pittoresque au nord, vers les collines de High-Peak; richesses minérales; sources; fromages).

Le chef-lieu est *Derby* (50,000 hab.), sur le Derwent; cotonnades, soieries, dentelles, bonneterie; produits chimiques; armes à feu; orfévrerie, poterie, porcelaine; — *Bakewell*, au N.-O. ; mines de plomb, de houille, de zinc; près de la, *Chatsworth*, résidence des ducs de Devonshire; — *Belper*, au N. de Derby; moulins à coton et à soie; clouterie; — *Wirksworth*, au N.-O. de Belper ; mines de plomb, sources minérales; bonneterie; — *Chesterfield*, au N.-E. , houille, plomb; poteries; soieries.

27° Nottingham (vallées fertiles, forêt de Sherwood).

Le chef-lieu est *Nottingham* (89,000 hab.), qui a rang de comté; centre de la fabrication des bas de soie, de laine, de coton; tulles, dentelles qui imitent celles de Malines et de Valenciennes , poterie grossière, clous, aiguilles; beau château des ducs de Newcastle; — *Newark*, à l'E., sur le Trent; *Mansfield*, au N., marchés de produits agricoles.

28° Leicester (moutons renommés ; chevaux noirs pour le trait; fromages; houille, ardoises; forêt de Charnwood).

Le chef-lieu est *Leicester* (105,000 hab.), sur le Soar; bas de laine et gants de laine; — *Hinckley*, au S.-O. ; filatures de laine et de lin, bonneterie; fabrication d'ale ; — *Ashby de la Zouch*, au N.-O.; foires aux chevaux; — *Loughborough*, au N.-O de Leicester (15,000 hab.), dentelles, bonneterie ; — *Dishley-Grange*, ferme célèbre de Bakewell; — *Bosworth*, à l'O. de Leicester, bataille de 1485.

XI. — *Dans les bassins tributaires du Wash*, 5 comtés :

29° Rutland, le plus petit des comtés d'Angleterre, a pour chef-lieu, *Oakham*.

30° Northampton (riches prairies, maisons de campagne, beaux châteaux), au S. du comté de Leicester.

Le chef-lieu est *Northampton* (34,000 hab.), sur la Nen ; marchés de chevaux ; bas et chaussures, près de là, château d'Althorpe à lord Spencer ; — *Peterborough*, au N.-E., sur la Nen ; vaste cathédrale ; marché de produits agricoles ; — le château de *Fotheringay*, où fut enfermée Marie Stuart ; — *Naseby*, au N.-O. de Northampton ; bataille de 1645.

31° Hundington (prairies, bouquets de bois, marais ; fromages renommés), à l'E. du précédent.

Le chef-lieu est *Hundington;* marché de bestiaux ; patrie de Cromwell.

32° Cambridge (marais insalubres du Fen-District, en partie desséchés à grands frais ; prairies ; céréales, lin), à l'E. du précédent.

Le chef-lieu est *Cambridge* (40,000 hab.), sur le Cam ; université célèbre avec ses 13 colléges et ses 4 halls ; commerce de produits agricoles ; — *Ely*, au N.-E. ; belle et vaste cathédrale ; poterie, fabriques de pipes ; — *Wisbeach*, sur la Nen, au N. ; commerce actif.

33° Bedford (dentelles, lacets, chapeaux de paille, paniers), au S. du comté de Hundington.

Le chef-lieu est *Bedford* (12,000 hab.), sur la Grande-Ouse ; chapeaux, dentelles, flanelle.

XII. — *Dans le bassin des deux Avon.*

34° Wilts (froment, pommes de terre ; moutons, porcs, fromages), à l'E. du comté de Somerset.

Le chef-lieu est *Salisbury* (12,000 hab.), sur l'Avon méridional ; belle cathédrale ; coutellerie, près de là est le *Stonehenge*, célèbre monument druidique ; — *Trowbridge*, au N.-O., fabriques de draps, comme à *Bradford*, *Devizes*, *Marlborough*, *Westbury*, *Malmesbury*, patrie de Hobbes, — *Wilton*, à l'O. de Salisbury, a donné son nom au comte ; tissus de fantaisie ; château des comtes de Pembroke ; — *Cricklade*, au N. du comté, sur le Thames, a pris de grands développements dans ces dernières années (44,000 hab.).

XIII. — *Dans le bassin de la Tamise*, il y a 6 comtés.

35° Hertford ou Herts (céréales), au S. du comté de Bedford.

Le chef-lieu est *Hertford* (7,000 hab.) ; — *Ware*, au N.-E., est un grand marché de grains et de drèche ; — *Saint-Albans*, à l'O. de Hertford, célèbre par les batailles de 1455 et 1461, a une abbaye bien conservée avec le tombeau de Bacon ; — *Barnet*, au S.-E. de Saint-Albans ; bataille de 1471.

36° Buckingham ou Bucks (sol accidenté et fertile ; maisons de plaisance).

Le chef-lieu est *Aylesbury* (29,000 hab.) ; commerce de produits agricoles ; à 4 kil., château d'*Hartwell*, jadis habité par Louis XVIII; — *Buckingham*, au N.-O., sur l'Ouse ; dentelles ; château de *Stowe* au marquis de Buckingham ; — *Eton* au S., sur la Tamise ; collège célèbre ; — *Great-Marlow* et *Wycombe*, au S.; fabriques de papier.

37° OXFORD, à l'O. du comté précédent.

Le chef-lieu est *Oxford* (32,000 hab.), au confluent de la Cherwell et de la Tamise; université célèbre, qui compte 19 colléges et 4 halls, bibliothèque Bodléyenne ; — *Woodstock*, au N.-O. ; gants; — *Blenheim*, château de Marlborough, un peu a l'O.

38° BERKS (céréales, bestiaux, porcs), au S. du comté d'Oxford.

Le chef-lieu est *Reading* (32,000 hab.), sur la Tamise; rubans, gazes, toiles à voiles ; — *Windsor* (10,000 hab.), à l'E., sur la Tamise; château royal, parcs ; — *Newbury*, au S.-O.; blé, tourbe ; bataille de 1644.

39° SURREY (froment, orge, houblon, légumes; industrie active), au S. de la Tamise et de Londres.

Le chef-lieu est *Guildford*, sur le Wey ; commerce de blé et de bois de construction ; le château de *Claremont*, où mourut Louis-Philippe, est à 23 kilom. S.-O. de Londres ; — *Kew*, château royal, jardin botanique, belles serres ; — *Richmond*, au N-E., sur la Tamise ; château royal près d'une vieille forêt, beau parc; — *Epsom*, au N.-E. ; eaux minérales, courses de chevaux; — *Croydon* (21,000 hab.), au N.-E ; papeteries, blanchisseries, impressions sur étoffes ; près de là est *Addiscombe*, jadis école militaire pour les officiers d'artillerie et de génie de l'armée des Indes ; — *Kingston* (10,000 hab.); — *Sydenham* à 9 kil. de Londres ; palais de cristal; — *Farnham;* grand marché de houblon; école militaire; — *Dorking*, à l'E. de Guildford ; — une partie de Londres est dans le comté de Surrey.

40° MIDDLESEX est l'un des plus petits comtés, au N. de la Tamise, mais il renferme Londres.

Brentford, sur la Tamise ; savonneries ; — *Harrow*, collège renommé ; — *Enfield*, arsenal, manufacture d'armes à feu; — *Hamptoncourt*, château royal, au S.-O. de Londres, sur la Tamise ; — *Hackney;* pépinières.

. LONDRES (Augusta Trinobantium, Londinium), la capitale de l'Empire Britannique, est sur la Tamise, à 88 kilomètres de la mer, par 51°30'49" lat. N. et 2°26'12" long. O. Elle est divisée en deux parties par le fleuve : celle du N. appartient au comté de Middlesex, et, par quelques faubourgs, à celui d'Essex ; celle du S. est dans le comté de Surrey, et appartient par les faubourgs de Deptford, Greenwich, etc., à celui de Kent. Longtemps renfermée dans les murs de la *Cité*, qui s'étend, sur la rive gauche, depuis l'extrémité du Strand jusqu'à la Tour, elle comprend aujourd'hui toutes les paroisses environnantes; sa longueur, de Kensington jusqu'aux docks des Indes, est de 14 kilomètres ; sa plus grande largeur de 9. La cité de *Westminster* est à l'O. de la Cité proprement dite; parmi les nombreux quartiers de Londres, nommons seulement ; sur la rive gauche, Chelsea, Pimlico, Kensington, Paddington, à l'O. ; Kentish-town, Saint-Pancras, Beauvoir-town, Dalston, au N. ; Hoxton, Oldford, Wapping, où sont les docks, Blackwall, à l'E. ; sur la rive droite, Southwark, Lambeth, Walworth, Bermondsey, Rotherhithe, où sont les docks du commerce.

La cité forme une ville particulière, avec son lord-maire, les 28 aldermen, les 2 shérifs, les 209 conseillers municipaux. Il y a en outre la cité de Westminster et les 5 bourgs, Marylebone, Finsburg, Tower-Hamlets, Southwark et Lambeth, qui comprennent les différents quartiers. Au point de vue social, on peut diviser Londres en 4 parties : au centre, la *Cité*, centre des affaires ; à l'O., le *West-End*, quartier de la richesse et de la mode; à l'E., l'*East-End*, séjour du grand commerce, avec des parties très-mal habitées ; au S., le *Borough* ou *Southwark*, rempli par les fabriques et les manufactures

Londres a peu de monuments remarquables : la cathédrale de Saint-Paul, les palais royaux de Saint-James, White-Hall, Buckingham, Kensington ; le nouveau palais de Westminster, où siége le Parlement; l'abbaye de Westminster, la Tour sur la Tamise ; Mansion-house, hôtel du lord-maire ; Somerset-house ; le Monument, etc. Londres possède un grand nombre de places, de squares, des promenades : Saint-James-Park, Green-Park, Hyde-Park, Regent's-Park ; sept grands ponts sur la Tamise, le tunnel, sous le fleuve, entre Wapping et Rotherhithe ; des théâtres, de nombreux hôpitaux, le collége de l'Université, le King's-Collége, des écoles de droit, de médecine, de théologie ; des societés littéraires ou scientifiques (Société royale, Académie royale des arts, Société de géographie, Société asiatique, Société biblique, etc.) ; des bibliothèques, comme le British-Museum, des clubs nombreux. C'est le plus grand marché du monde ; le siége de la Banque et de toutes les grandes compagnies ; on y compte plus de 22,000 entrées et sorties de navires ; le mouvement du port de Londres est d'environ 7 millions de tonnes. On admire ces navires pressés dans les docks ou rangés sur la basse Tamise, l'activité de la navigation sur le fleuve et de la circulation des piétons et des voitures dans la Cité durant l'après-midi. L'industrie de Londres est immense et variée ; fabriques de soieries, construction de machines et de navires, coutellerie, carrosserie, orfévrerie, horlogerie, armes de luxe, produits chimiques, tapis, vêtements ; fonderies de fer et de cuivre, savonneries, tanneries, distilleries, brasseries, imprimeries, etc. C'est aussi le principal centre des chemins de fer et l'intérieur de la ville a également ses voies ferrées. Néanmoins l'aspect de Londres est en·général peu varié ; il y règne une certaine uniformité monotone à laquelle s'ajoute un ciel presque toujours gris. D'après le recensement de 1871, Londres, dans ses limites municipales, compte 3,356,000 habitants ; c'est la plus grande ville du monde.

§ 7. — Géographie politique du Pays de Galles.

Situé à l'O. de l'Angleterre, il renferme des montagnes pittoresques, qui lui ont fait donner le nom de *Petite-Suisse ;* l'agriculture est peu florissante ; mais les pâturages sont excellents, et les richesses minérales, houille, fer, plomb, cuivre, sont abondantes.

On le divise en deux parties :

I. — Le NORTH-WALES ou GALLES SEPTENTRIONAL renferme 6 comtés :

1° FLINT (céréales; pâturages ; fer, plomb, houille), au N.-E. du Pays de Galles.

Le chef-lieu est *Mold ;* — *Flint* est sur la Dee ; commerce de charbon de terre ; — *Holywell,* près de la Dee, a des mines de plomb, de cuivre, de calamine ; — *Caerwys,* au N.-O., était jadis le rendez-vous des bardes.

2° DENBIGH (fertiles vallées, grains, bétail ; mines), au S.-O. du précédent.

Le chef-lieu est *Ruthin,* sur la Clwyd, aux bords pittoresques ; — *Denbigh* est au N.-O. ; — *Wrexham* (16,000 hab.), à l'E. ; flanelles ; foires importantes.

3° CAERNARVON (bétail, ardoises dans les montagnes), au N.-O.

Le chef-lieu est *Caernarvon* (9,000 hab.), port commerçant sur le détroit de Menai ; ruines d'un château célèbre ; — *Bangor,* également sur le détroit, à 3 kil. du pont tubulaire Britannia, a une belle cathédrale ; c'est le rendez-vous favori des touristes.

4° MERIONETH (montagnes escarpées ; bestiaux , tissus de laine), au S -E. du précédent. — *Dolgelly* est le chef-lieu ; — *Bala* est au N.-E.

5° MONTGOMERY (mines de plomb ; bétail; manufactures de lainage), à l'E. du précédent.

Le chef-lieu est *Montgomery ;* ruines de la forteresse ; — *Welsh-Pool ;* au N. ; — *Newtown,* au S.-O. ; flanelles, poteries.

6° ANGLESEY, ancienne *Mona* (mines, cuivre; souvenirs druidiques), au N.-O. du Pays de Galles.

Le chef-lieu, *Beaumaris*, port à l'E., fait un commerce actif; — *Amlwch*, port au N., exploitation des mines de cuivre de Parys; — *Holyhead* (6,000 hab.), dans la petite île de ce nom ; service de bateaux à vapeur pour Dublin.

II. — SOUTH-WALLS ou GALLES MÉRIDIONAL a également 6 comtés.

7° CARDIGAN (montagneux, peu fertile ; ardoises), sur la baie de ce nom.

Le chef-lieu est *Cardigan*, port à l'embouchure du Teifi; — *Aberyswyth*, au N.-E., port ; pêche du hareng ; commerce de plomb; bains de mer.

8° PEMBROKE (côtes très-découpées ; bestiaux ; pêche abondante), au S.-O. du pays de Galles.

Le chef-lieu est *Haverford-West;* — *Pembroke* (15,000 hab.), port sur la baie de Milford ; arsenal, chantiers de construction ; — *Milford*, à l'O., beau et vaste port sur la même baie; chantiers de construction ; commerce de houille.

9° CAERMARTHEN (belles vallées au milieu des montagnes ; avoine, orge, bestiaux ; houille, fer), à l'E. du comté de Pembroke, sur le canal de Bristol.

Le chef-lieu est *Caermarthen* (10,000 hab.), port sur le Towy; ville ancienne, célèbre dans les annales galloises ; — *Llanelly* (20,000 hab.), au S.-E., port sur la Burry ; fonderies de fer, de cuivre ; houille.

10° GLAMORGAN (fertile en céréales, bestiaux ; fer, anthracite, pierre à chaux), au S.-E. du précédent.

Le chef-lieu est *Cardiff* (40,000 hab.), port sur le Taf; commerce de houille et de fer , — *Merthyr-Tydvil* (97,000 hab.), au N.-O., sur le Taf, au milieu des mines de fer et de houille ; grand centre de fonderies et de forges ; château ; — *Swansea* (52,000 hab.), à l'O., port à l'embouchure du Tawe ; fonderies de cuivre, de laiton, de zinc, d'étain, de cobalt, de nickel ; poteries, brasseries , exportation de houille, d'anthracite, de colle, — *Neath*, au N.-E. de Swansea ; grandes mines de houille ; usines à fer et à cuivre ; — *Llandaff*, près de Cardiff, sur le Taf ; évêché.

11° BRECKNOCK ou BRECON (beaux pâturages ; fabriques d'étoffes de laine et de bas), au N. du précédent.

Le chef-lieu est *Brecknock*, sur l'Usk (6,000 hab.) ; bonneterie.

12° RADNOR (peu fertile ; moutons), au N. de Brecknock.

Le chef-lieu est *Presteign;* — *New-Radnor* est l'ancien chef-lieu.

§ 8. — Écosse (Scotland). — Géographie politique. — Comtés des Lowlands — villes.

Le ROYAUME D'ÉCOSSE, dont la capitale est Edimbourg, est divisé en 33 comtés ; 18 sont dans les Basses Terres ou Lowlands, dont le sol ressemble à celui de l'Angleterre septentrionale, dont les habitants ressemblent aux Anglais par l'origine, les mœurs et le langage ; 8 sont dans les montagnes ou Highlands, dont la population d'origine gaélique a encore conservé le vêtement national, le plaid, le tartan, mais qui perd de plus en plus son caractère original, depuis que l'organisation des clans a été détruite et surtout par suite des progrès de la civilisation anglaise ; 7 comtés, sur les côtes de l'Est, sont en partie dans les Lowlands, en partie dans les Highlands.

I. — Les 18 comtés des Lowlands, au S., sont :

1° Edimbourg ou Mid-Lothian (montueux, peu fertile, mais bien cultivé).

Le chef-lieu, *Édimbourg* (208,000 hab.), par 3° 10′ 30″ long. O. et 55° 57′ 20″ lat. N., la capitale de l'Écosse, est bâti sur 3 collines près du Firth of Forth. Université célèbre ; sociétés savantes ; grand commerce de librairie ; brasseries. Château d Holy-Rood. Patrie de Hume, Robertson, Blair, Dugald-Steward, Walter Scott, Brougham, Macaulay, etc. — *Leith* (50,000 hab.), port à 2 kil. d'Edimbourg, sur le Forth ; commerce très-actif ; — *Portobello*, au S.-E., petit port, — *Granton*, port récemment construit à 4 kil. O d'Edimbourg ; — *Dalkeith*, au S.-E., le plus grand marché de grains de l'Écosse.

2° Haddington ou East-Lothian (terres bien cultivées), à l'E. sur les bords de la mer.

Le chef-lieu, *Haddington*, sur la Tyne, a des marchés pour les grains, des fabriques de lainage ; patrie de J. Knox ; — *Dunbar*, à l'E., à l'embouchure du Forth, port pour la pêche du hareng ; batailles de 1296 et de 1650 ; — *Preston-Pans*, au N.-E. d'Haddington, sur le Forth, bataille de 1745.

3° Linlithgow ou West-Lothian, au N.-O. du comté d'Edimbourg.

Le chef-lieu est *Linlithgow;* ruines du château où naquit Marie Stuart ; — *Bathgate*, au S.-O., marchés de grains et de bestiaux.

4° Berwick (agriculture avancée), au S.-E. du comté de Haddington, sur la mer et sur la frontière d'Angleterre.

Le chef-lieu est *Greenlaw ;* — *Dunse*, au N.-E. ; — *Coldstream*, sur la Tweed, a donné son nom à un régiment de cavalerie anglaise ; marchés aux bestiaux.

5° Roxburgh ou Teviot-dale (sur la frontière anglaise, au S.-O. du précédent, couvert par les Cheviot ; pâturages).

ILES BRITANNIQUES.

Le chef-lieu est *Jedburgh ;* — *Roxburgh* n'est qu'un village ; — *Hawick,* sur le Teviot, affluent de la Tweed ; bonneterie de laine ; — *Kelso,* sur la Tweed, au N.-E., grand marché de blé ; — *Melrose,* au N. ; ruines d'une célèbre abbaye.

6° DUMFRIES (au S., s'étend jusqu'au golfe de Solway, un quart du sol seulement est cultivé).

Le chef-lieu, *Dumfries* (14,000 hab.), est un port près de l'embouchure de la Nith ; grand marché de produits agricoles ; fabriques de bas et de chapeaux, — *Annan,* à 15 kil. S-E. ; — *Graitney* ou *Gretnagreen,* à l'E., est connu par les mariages célébrés par le forgeron ; — *Moffat,* au N., a des eaux minérales sulfureuses et ferrugineuses, très-renommées.

7° KIRKCUDBRIGHT ou GALLOWAY de l'EST (marais, bruyères arides, excellents pâturages), a l'O., sur la côte septentrionale du golfe de Solway.

Le chef-lieu, *Kirkcudbright,* a un petit port sur la Dee.

8° WIGTOWN ou GALLOWAY DE L'OUEST (renferme la presqu'île de Galloway, au S.-O. ; bruyères, pâturages).

Le chef-lieu est *Wigtown,* petit port sur la baie du même nom ; — *Port-Patrick* est le point le plus rapproché de l'Irlande (2 à 3 heures de traversée).

9° AIR (contrée pittoresque ; céréales, bestiaux, houille et fer, à l'E. du golfe de la Clyde).

Le chef-lieu est *Ayr* (18,000 hab.), port à l'embouchure de l'Ayr dans le golfe de la Clyde ; tapis, savon, cuirs, commerce actif avec l'Irlande, près de là, village où est né Burns ; — *Irvine,* au N., port ; filatures de coton ; — *Kilmarnock* (27,000 hab.), au N.-E., sur l'Irvine ; fabriques de soie, coton, draps ; — *Saltcoats, Androssan,* ports.

10° RENFREW touche au fond du golfe de la Clyde (prairies ; houille, fer, plomb ; grand centre manufacturier).

Le chef-lieu, *Renfrew,* est sur la Clyde ; — *Paisley* (50,000 hab.), au S.-O. de Renfrew ; châles, tartans, tapis, velours, mousselines ; fonderies, distilleries ; - *Greenock* (57,000 hab.), bon port à l'embouchure de la Clyde ; commerce avec l'Amérique du Nord ; raffineries de sucre ; savonneries ; lainages, toiles, cordages, papier ; patrie de Watt ; — *Port-Glasgow* (10,000 hab.), sur la Clyde ; commerce actif ; — *Johnstone,* à l'O. de Paisley ; fer, laiton, machines, cotonnades.

11° LANARK (beaux pâturages ; fer, houille ; industrie florissante), à l'E. des comtés précédents.

Le chef-lieu est *Lanark* (7,000 hab.), sur la Clyde ; mousselines, cotonnades ; les environs rappellent les exploits de Wallace ; — *Glasgow* (498,000 hab.), sur les deux rives de la Clyde, à 35 kil. de la mer, dans un pays très-riche en mines de houille et de fer, couvert d'usines et de hauts fourneaux ; mousselines unies, brochées, imprimées ; étoffes de laine et de coton ; tartans, soieries ; construction de navires, de bateaux à vapeur ; produits chimiques, poterie, porcelaine, verreries. Grand marché pour les lainages et le fer. Grand commerce avec l'Amérique du Nord. Université, — *Airdrie* (15,000 hab.), à l'E. de Glasgow ; mines de houille, usines de Calder ; — *Hamilton*, près de la Clyde ; nombreux tisserands.

12° PEEBLES (pays de montagnes), à l'E. du comté de Lanark.

Le chef-lieu est *Peebles*, sur la Tweed.

13° SELKIRK, au S. du précédent.

Le chef-lieu est *Selkirk* sur un affluent de la Tweed ; bonneterie ; — *Galashiels* (6,000 hab.), au N-E , sur la Tweed ; lainages, draps estimés, près de là est *Abbotsford*, célèbre par la résidence de Walter Scott.

14° FIFE (entre les golfes de Forth et du Tay ; fertile en céréales, bestiaux ; grande industrie).

Le chef-lieu est *Cupar* (8,000 hab.), sur l'Eden ; toiles, cuirs, briques ; — *Saint-Andrew's*, a l'E., port ; magnifique cathédrale ; Université jadis célèbre ; — *Dunfermline* (14,000 hab.), près du Forth ; houille, fer ; linge fin ; ruines d'une abbaye célèbre ; — *Kirkcaldy* (11,000 hab.), port sur le Forth ; observatoire ; patrie d'Adam Smith.

15° ANGUS ou FORFAR, au N. (agriculture développée ; commerce, industrie).

Le chef-lieu est *Forfar* (10,000 hab.), dans la belle vallée de Strathmore ; toiles ; — *Dundee* (120,000 hab.), à l'embouchure du Tay ; centre de l'industrie du jute ; toiles, gros fils de lin, cordages ; cuirs ; machines à vapeur ; pêche de la baleine et des phoques ; — a l'E. de l'embouchure du Tay est le beau phare de *Bell-Rock*, en pleine mer ; — *Arbroath* ou *Aberbrothock* (10,000 hab.), au N.-E. de Dundee, port ; toiles à voiles ; — *Montrose* (15,000 hab), au N., port à l'embouchure du South-Esk ; toiles, tanneries, savonneries ; *Bréchin*, au N.-E. de Forfar, sur l'Esk ; belle cathédrale.

16° KINCARDINE OU MEARNS, au N.-E. du précédent (beaux pâturages).

Le chef-lieu est *Stonehaven* ; — *Bervie*, petit port, au S.

17° KINROSS, à l'O. du comté de Fife.

Le chef-lieu est *Kinross*, à l'O. du loch Leven, célèbre par la captivité et la fuite de Marie Stuart.

18° Clackmannan (le plus petit comté de l'Écosse, à l'endroit où le Forth se jette dans le golfe ; fertile ; mines de houille).

Le chef-lieu est *Clackmannan* sur le Forth ; — *Alloa* (7,000 hab.), port sur le Forth ; travail du fer ; distilleries, ale, drèche.

§ 9. — Comtes des Highlands — Villes.

II. — Il y a 7 comtés à l'Est qui sont en PARTIE DANS LES LOW-LANDS, en PARTIE DANS LES HIGHLANDS.

1° STIRLING (sol fertile dans la vallée du Forth, bestiaux ; houille), à l'O. du Forth.

Le chef-lieu est *Stirling* (14,000 hab.); château célèbre qui domine le passage du Forth, résidence des anciens rois ; lainages ; — *Bannockburn*, au S.-E., batailles de 1314 et de 1488 ; — *Falkirk* (9,000 hab.), sur le Forth, marché aux bestiaux; batailles de 1298 et de 1746 ; — *Grangemouth*, à l'E. près du Forth; grand commerce de transit, — *Carron*, forges, grandes fonderies de canon.

2° PERTH (sites pittoresques ; pâturages ; au S. grains, fruits, légumes), au N. du précédent.

Le chef-lieu est *Perth* (25,000 hab.), sur le Tay ; cotonnades, blanchisseries ; gants, — *Dunkeld*, au N.-O.; *Scone*, à l'E. de Perth, où était la pierre sur laquelle on couronnait les rois d'Écosse.

3° ABERDEEN (presque stérile, si ce n'est à l'E.; belles pierres ; gros bétail, industrie active), au N.-E. du comté de Perth.

Le chef-lieu, *Aberdeen*, l'ancienne Devana (98,000 hab.), à l'embouchure de la Dee. Université. Cotonnades, toiles, lainages ; armements pour la pêche de la baleine ; — *Peterhead*, au N., port où l'on arme pour la pêche de la baleine ; eaux minérales ; — *Balmoral*, résidence royale sur la Dee supérieure, à l'O. d'Aberdeen.

4° BANFF (montagneux, peu fertile), au N -O. du comté d'Aberdeen.

Le chef-lieu est *Banff*, port pour la pêche des harengs, à l'embouchure du Doveron.

5° ELGIN ou MURRAY (à l'entrée méridionale du golfe de Murray, montagneux, assez fertile).

Le chef-lieu est *Elgin* (8,000 hab.).

6° NAIRN (sur le golfe de Murray), à l'O. du précédent.

Le chef-lieu est *Nairn*, petit port.

7° CAITHNESS (au N.-E. de l'Écosse ; un sixième du sol est susceptible de culture).

Le chef-lieu est *Wick*, port de pêche; — *Thurso*, petit port de cabotage au N.

III. — Les Highlands comprennent 7 comtés; un huitième est formé par les Orkney et les Shetland.

1° Argyle (côtes très-découpées, avec plusieurs îles : Islay, Jura, Mull, Staffa, Iona ou I-Colmkill, célèbre par le monastère de saint Colomban; landes, marais; la moitié du sol seulement est cultivable ; gros bétail très-estimé), à l'O. de l'Ecosse.

Le chef-lieu est *Inverary*, sur le loch Fyne; château des ducs d'Argyle ; — *Campbelltown* (7,000 hab.), port au S.-E. de la presqu'île de Cantyre; pêcheries ; fabrication de whisky.

2° Bute (formé des îles de Bute et d'Arran), à l'O. du golfe de la Clyde.

Le chef-lieu est *Rothsay*, port de pêche dans Bute; bains fréquentés; manufactures de coton.

3° Dumbarton (au S. d'Argyle, vers l'embouchure de la Clyde; fer, houille, pierres; bestiaux, industrie active).

Le chef-lieu est *Dumbarton*, sur la Clyde; vieux château remarquable.

4° Inverness (montagneux, très-peu fertile, avec peu d'habitants; il comprend Skye et les Hébrides), au N. du comté d'Argyle, il s'étend d'une côte à l'autre, du golfe de Linnhe, au S-O., jusqu'au golfe de Murray, au N.-E.

Le chef-lieu est *Inverness* (14,000 hab.), port commerçant à l'embouchure de la Ness dans le golfe de Murray ; c'est la capitale des Highlands; — *Culloden*, bruyères au N.-E. d'Inverness ; bataille de 1746.

North-Uits, Benbecula, South-Uits, le sud de Lewis (dans les Hébrides) sont du comté d'Inverness. Les Hébrides, d'un climat froid, très-humide, sont rocheuses, stériles, sans arbres ; elles nourrissent des moutons à laine douce ; on y pêche les harengs, on y chasse les pétrels.

5° Ross, au N. du précédent, renferme une partie des Hébrides, le nord de Lewis, etc.; le pays est couvert de montagnes.

Le chef-lieu est *Tain*, sur le golfe de Dornoch.

6° Cromarty (au N.-E. du comté de Ross).

Le chef-lieu est *Cromarty*, beau port sur le golfe de Murray.

7° Sutherland (montagneux, stérile, peu habité), au N.-O. de l'Écosse.

Le chef-lieu est *Dornoch*, à l'E., port sur le golfe de ce nom.

8° Le comté des Orkney et des Shetland comprend : 1° les *Orkney* ou *Orcades*, séparées de l'Écosse par le détroit de Pentland ; elles sont montueuses, rocheuses et peuplées de 30,000 habitants, qui vivent surtout de la pêche ; la mer est habituellement fort orageuse; l'hiver est rigoureux.

Le chef-lieu est *Kirkwall*, port dans Pomona ou Mainland; — *Stromness* est un petit port au S.-O.

2° Les *Shetland* (Emodæ, Thulé?), à 60 kil. N.-E. des Orcades, sont au nombre de 86 dont 20 habitées ; le climat est doux et humide ; il tombe beaucoup de pluie ; elles sont rocheuses, couvertes de bruyères et de mousses noires ; leurs pâturages nourrissent vaches, moutons et surtout petits poneys très-vifs. Les habitants, au nombre de 30,000, sont habituellement privés de communication pendant l'hiver, de la fin d'octobre en avril.

Le chef-lieu est *Lerwick*, dans Mainland ; on se rassemble de toutes parts dans la baie voisine de *Bressay* pour la pêche du hareng.

§ 10. — Irlande (Ireland). — Géographie politique.

Le ROYAUME D'IRLANDE, dont nous avons vu les conditions physiques et dont la capitale est DUBLIN, est divisé en 32 comtés, répartis en 4 grandes régions, qui n'ont plus de signification politique, mais dont les noms sont encore habituellement employés : le *Leinster*, à l'E. ; le *Munster*, au S. ; le *Connaught*, au N.-O. ; l'*Ulster*, au N.-E.

I — Le LEINSTER comprend 12 comtés.

1° LOUTH (ondulé, fertile, élève des bestiaux).

Le chef-lieu, *Dundalk* (15,000 hab.), près de la baie de ce nom, exporte du blé, a des distilleries et fabrique des batistes et des épingles ; — *Drogheda* ou *Tredagh* (17,000 hab.), au S., près de l'embouchure de la Boyne ; filatures de toile et de coton ; marché pour les céréales et le beurre ; bataille de 1690.

2° EAST-MEATH (sol plat, fertile en céréales, pommes de terre ; bestiaux), au S.-O. du précédent.

Le chef-lieu est *Trim* (6,000 hab.), sur la Boyne, dans un pays riche en antiquités et en curiosités naturelles ; — *Navan*, *Kells*, au N., villes anciennes.

3° DUBLIN (sol plat, excepté vers le S., peu fertile), au S., le long de la mer d'Irlande.

Le chef-lieu est *Dublin*, ancienne Eblana (315,000 hab.), capitale de l'Irlande, à l'embouchure de la Liffey, au fond d'une baie magnifique, par 53°21'11" lat. N. et 8°30' long. O. Commerce considérable ; toiles, cotonnades, lainages, broderies, brasseries. Université protestante ; — *Kingstown* (10,000 hab.), port de commerce à l'entrée de la baie, bains fréquentés.

4° WICKLOW (montagneux, beaux pâturages ; tourbières ; industrie assez active), au S. du précédent.

Le chef-lieu est le port de *Wicklow*, à l'embouchure de la Leitrim.

- 5° WEXFORD, montueux au N., bien cultivé, au S.-E. de l'Irlande

Le chef-lieu est *Wexford* (15,000 hab.), port à l'embouchure du Slaney; commerce de produits agricoles ; lainages ; — *Enniscorthy* (8,000 hab), au N.; mines de fer, forges, ouvrages en fer ; étoffes de laine ; — *New-Ross* (9,000 hab.), à l'O.; produits agricoles ; laines.

6° CARLOW, au N.-O. de Wexford ; montueux, assez fertile, beurre estimé.'

Le chef-lieu est *Carlow* (10,000 hab.), sur le Barrow ; produits agricoles ; draps communs.

7° KILKENNY, à l'O. de Carlow ; très-fertile en grains ; marbre noir renommé.

Le chef-lieu, *Kilkenny* (25,000 hab.), sur la Nore, bâti et pavé en marbre ; lainages, draps, couvertures.

8° QUINN's COUNTY ou COMTÉ DE LA REINE, plat, fertile en céréales, au N. du précédent.

Le chef-lieu est *Maryborough*.

9° KING's COUNTY ou COMTÉ DU ROI (au N. du précédent, sol fertile en céréales ; tourbières).

Le chef-lieu est *Tullamore; — Parson's Town* est au S -O.

10° KILDARE, à l'E., renferme des marécages (*Bog of Allen*), des tourbières, et à des parties fertiles.

Le chef-lieu est *Kildare, Naas* ou *Athy;* — *Maynooth*, au N.-E. sur le Canal Royal, a le collège de Saint-Patrick pour les prêtres catholiques, reconnu comme université en 1845.

11° WEST-MEATH (fertile, élève des bestiaux), à l'O. d'East-Meath.

Le chef-lieu est *Mullingar* (12,000 hab), sur le Canal Royal, grand marché de bestiaux ; — *Athlone*, sur le Shannon, à l'O., magasins militaires ; étoffes de laine, chapeaux de feutre.

12° LONGFORD, à l'O., pays plat, avec des lacs, comme le précédent, assez fertile.

Le chef-lieu est *Longford;* toiles, tanneries.

II. — Le MUNSTER renferme 6 comtés.

1° CLARE (entre la baie de Galway et le Shannon ; pommes de terre, froment, avoine), à l'O. de l Irlande.

Le chef-lieu est *Ennis* (10,000 hab.); grains, toiles ; — *Kilrush*, port à l'embouchure du Shannon ; bains de mer.

2° LIMERICK (sol fertile en céréales, colza, chanvre), au S. du précédent.

Le chef-lieu, *Limerick* (40,000 hab.), port sur le Shannon, fait un grand commerce d'exportation, blé, beurre, bétail. Lainages, toiles, blondes, dentelles, papier, distilleries.

5° KERRY, au S.-O. ; côtes très-découpées ; sol montagneux ; pommes de terre ; gros bétail.

Le chef-lieu, *Tralee* (15,000 hab.), port sur la baie de ce nom, fait un commerce actif de produits agricoles ; — *Killarney* (8,000 hab.), au S., près des lacs de ce nom, dans un pays très-pittoresque, souvent visité.

4° CORK au S.-O. de l'Irlande ; côtes très-découpées ; fertile en céréales ; cuivre, plomb, houille.

Le chef-lieu est *Cork* (80,000 hab.), près de l'embouchure de la Lee dans une vaste baie, qui sert de station navale. Grand commerce de viande salée et de beurre ; lainages, tanneries, brasseries, verreries ; chantiers de construction ; — *Queenstown* ou *Cove* (12,000 hab.), sur une île de la baie de Cork, annexe du port de Cork ; chantiers pour la marine militaire ; — *Cloyne*, évêché, à l'E. de la baie ; — *Middleton* ; — *Youghal*, à l'E. de Cork, port à l'embouchure du Blackwater ; exportation de grains ; — *Kinsale*, port fortifié, au S. de Cork ; bains de mer ; — *Clonakilty*, *Skibbereen*, petits ports au Sud ; — *Bandon* (10,000 hab.), ville de commerce et d'industrie, à l'O. de Kinsale, — *Fermoy*, sur le Blackwater, au N.-E. de Cork, station militaire du Sud.

5° WATERFORD (agriculture avancée ; exportation de bétail, beurre, grains ; porcs), au N.-E. du comté de Cork.

Le chef-lieu, *Waterford* (30,000 hab.), est un port de commerce près de l'embouchure du Suir, défendu par une citadelle et un fort. Exportation de bestiaux et produits agricoles ; — *Dungarvan*, au S.-O., port sur la baie de ce nom.

6° TIPPERARY (dans l'intérieur des terres ; céréales, gros bétail, porcs), au N. du comté de Waterford.

Le chef-lieu est *Clonmel* (15,000 hab.), sur le Suir ; commerce de céréales, beurre, lard ; patrie de Sterne ; — *Carrick*, à l'E. (9,000 hab.), sur le Suir ; *Tipperary*, au N.-O. ; produits agricoles ; — *Nenagh* (9,000 hab.), au N.-O., commerce actif ; — *Cashel*, ancienne capitale des rois de Munster.

III. — Le CONNAUGHT, au N.-O., la plus petite et la plus pauvre des 4 grandes provinces, renferme 5 comtés.

1° GALWAY (gros bétail, élève de poneys), au N. du comté de Clare, à l'O. de l'Irlande.

Le chef-lieu est *Galway* (25,000 hab.), port fortifié au débouché du lac Corrib dans la baie de Galway ; pêcheries considérables ; — *Ballynasloe* et *Loughrea*, à l'E., grands marchés de bétail ; — *Tuam*, au

N.-E. de Galway; archevêché catholique et évêché anglican; belle cathédrale; — *Kilconnel* et *Aghrim*, près de Ballynasloe, bataille de 16'11.

2° Mayo, au N.-O.; côtes très-découpées; lacs, marais, sol peu fertile). Le chef-lieu est *Castlebar* (8,000 hab.), sur le Moy; grains, toiles, — *Westport*, port sur la baie Clew; — *Killala*, au N., sur la baie de ce nom; grosses toiles; — *Ballina*, sur le Moy, au S.-E. de Killala; exportation de produits agricoles; pêcheries.

3° Roscommon (sol plat, assez fertile en pâturages et céréales), au N.-E. du comté de Galway. Le chef-lieu est *Roscommon;* — *Boyle*, au N., grand marché de céréales, beurre, etc.

4° Leitrim (tourbières, marais), au N.-E. du précédent. Le chef-lieu est *Carrick-sur-Shannon*.

5° Sligo (montagnes, marais; pays pauvre et stérile), entre les comtés de Mayo et de Leitrim. Le chef-lieu, *Sligo* (11,000 hab.), est un port sur la baie de ce nom; grains, toiles, fils.

IV. — ULSTER, au N.-E., renferme 9 comtés.

1° Antrim (montagnes, basalte; chaussée des Géants), sur le canal du Nord. Le chef-lieu est *Belfast* (175.000 hab.), à l'embouchure du Lagan dans la baie de Belfast. Grande industrie de tissus de lin et de coton; commerce avec Liverpool, la Prusse, la Russie; — *Lisburn*, sur le Lagan; linge damassé, blanchisseries; — *Carrick-Fergus* (9,000 hab.), port de pêche sur la baie de Belfast; — *Antrim*, sur le lough Neagh; toiles; — *Ballymena*, au N.; blanchisseries de toiles. — La fameuse chaussée des Géants, composée de colonnes basaltiques, est au N., près du cap Bengore.

2° Down (moutons, chèvres, chevaux; industrie active), au S. du précédent. Le chef-lieu est *Down-Patrick*; toiles; tombeau de Saint-Patrick; — *Newry* (15,000 hab.), port de commerce près de la baie de Carlingford; toiles; — *Newtonards*, au N. du golfe de Strangford; mousselines; — *Donaghadee*, port où l'on s'embarque pour l'Écosse.

3° Armagh (sol accidenté, fertile; industrie des toiles), à l'O. du précédent. Le chef-lieu, *Armagh* (10,000 hab.), ancienne capitale de l'Ulster, célèbre au moyen âge, a une Université et l'archevêché primat catholique d'Irlande. Grand marché de lin; toiles; produits agricoles.

4° Monaghan (marais, bogs, pays très-pauvre), au S.-O. d'Armagh.

Le chef-lieu est *Monaghan*.

5° Cavan (pays également plein de bogs); au S.-O. de Monaghan. Le chef-lieu est *Cavan*.

6° Fermanagh (sol accidenté vers l'O. ; fertile, bien cultivé ; bestiaux), au N -O. de Cavan. Le chef-lieu, *Enniskillen*, est une ville forte au S.-E. du lac Erne inférieur, commerce de céréales.

7° Tyrone (montueux, assez fertile), au N -E. du précédent. Le chef-lieu est *Omagh;* — *Dungannon*, au S.-E. d'Omagh ; toiles, distilleries ; houille aux environs.

8° Londonderry (montueux, avec des plaines fertiles), au N. de l'Irlande. Le chef-lieu, *Londonderry* (36,000 hab.), est un port commerçant au fond du lough Foyle ; on s'y embarque pour l'émigration ; siège de 1689 ; *Coleraine*, au N.-E., sur le Bann ; toiles, pêche du saumon.

9° Donegal ; à l'O. du précédent ; côtes découpées, marais, collines ; pommes de terre, orge, bestiaux. Le chef-lieu est *Lifford;* sur la Foyle ; — *Donegal*, au S.-O., petit port au fond de la baie de ce nom.

§ 11 — Ile de Man Iles Anglo-Normandes

L'île de Man (Mona), qui fait partie de l'archipel Britannique, et les îles Anglo-Normandes, sur les côtes de France, ont une administration à part. — Man, au milieu de la mer d Irlande, appartient en grande partie au duc d'Athol et renferme plus de 54,100 habitants, chaque année 500 bateaux sont employés à la pêche des harengs très-abondants sur ces côtes. Le chef-lieu est *Castletown*, au S. ; — *Douglas* (12,000 hab.) est un bon port sur la côte de l'E., résidence de l'évêque de Man et Sodor.

Les îles Anglo-Normandes faisaient partie de l'ancien duché de Normandie ; les Anglais les nomment *Iles du canal* (Channel-Islands). Les habitants, qui jouissent d'une grande indépendance, ont conservé les anciennes coutumes normandes, la langue française, en usage même devant les tribunaux, et font le commerce en toute liberté. Elles forment deux gouvernements :

Jersey (Cæsarea), séparée du département français de la Manche par le passage de la Déroute, a 16 kil. sur 8 ; l'agriculture y est florissante ; il y a beaucoup de pommiers, de poiriers ; on cultive les pommes de terre ; on élève des bestiaux qui fournissent d'excellent beurre ; on pêche des huîtres. La population est de 40,000 habitants. Le chef-lieu est *Saint-Hélier* (10,000 hab.), bon port sur la côte méridionale; cour de justice ; — *Saint-Martin*, à l'E.

Ses dépendances sont : *l'îlot de Serk* ou *Cers*, à l'E. de Guernesey, entouré de rochers, offrant un bon abri pour les croiseurs; — *Herm*, entre Serk et Guernesey ; — *Alderney* ou *Aurigny* (Arica), à 12 kil. à l'O. du cap de la Hague, longue de 6 kil. sur 2; le sol est assez fertile ; on exporte même des grains ; on y élève des vaches ; le chef-lieu est *Sainte-Anne;* — le vaste camp retranché de *Bray* est à une faible distance de Cherbourg.

Guernesey (Sarnia), à 18 kil. N.-O. de Jersey, a 46 kil. de tour. La température est douce, la végétation variée ; on y pêche beaucoup de homards ; la population est de 30,000 habitants. *Saint-Pierre*, le chef-lieu, ville fortifiée, port sûr à l'E., a une cour de justice et 11,000 hab.

§ 12. — Industrie des îles Britanniques

Les îles Britanniques, mais surtout l'Angleterre et la partie centrale de l'Écosse, sont riches en houille et en produits minéraux, nous l'avons vu. Aussi l'activité des habitants a-t-elle pu se déployer utilement, et la Grande-Bretagne est devenue le premier pays du monde par son industrie, comme elle l'est par sa marine et son commerce.

Les industries métallurgiques et chimiques se sont naturellement développées dans les régions où se trouvaient heureusement réunies la houille et les matières premières comme le fer.

La Grande-Bretagne emploie environ 30 millions de tonnes de houille à la fabrication de la fonte, du fer et de l'acier. Les grands centres de l'industrie du fer sont : le *comté de Stafford*, au N. dans le district des poteries, au S. dans les environs de Birmingham, avec les usines des comtés de Worcester et de Shrop ; le *comté d'York*, qui comprend les usines du Nord-Riding, auxquelles se rattachent celles du comté de Durham, et les usines du West-Riding, auxquelles se rattachent celles du comté de Derby ; c'est surtout à Sheffield qu'on fait le meilleur fer et le plus d'acier ; — le *pays de Galles* et en particulier le comté de Glamorgan, où sont les grands établissements métallurgiques de Merthyr-Tydvil et des environs ; — le *Cumberland*, au N.-O. de l'Angleterre ; en Écosse, le *comté de Lanark*, aux environs de Glasgow.

Le cuivre est surtout travaillé dans les vastes usines de Swansea, et dans les comtés de Cornouailles et de Devon.

C'est dans les différentes régions, produisant le fer, que sont les principales manufactures de produits métallurgiques et chimiques. Ainsi *Birmingham* est la première ville du monde pour le travail des métaux, machines à vapeur, matériel des chemins de fer, outils de toutes sortes, quincaillerie, serrurerie, armes de guerre et de chasse, boutons, épingles; c'est là qu'est la grande usine de Soho, fondée par James Watt et Boulton; autour de Birmingham, Wolverhampton, Walsall, Willenhall, Dudley, Redditch etc., participent à son activité industrielle. — Plus au N., dans le West-Riding, *Sheffield* est la grande cité métallurgique pour les outils, les armes blanches, la coutellerie fine, les rasoirs, les limes, les instruments de chirurgie, etc. — Enfin *Merthyr-Tydvil*, dans le pays de Galles, et *Glasgow* en Écosse sont de grands centres de toutes les industries du fer. On fabrique des machines à vapeur, des machines à filer, à tisser, des outils, dans toutes les grandes villes manufacturières, Londres, Manchester, Bolton, Leeds, etc., etc.

Les produits chimiques, si utiles a l'industrie, sont fabriqués dans un grand nombre de villes, Bristol, Birmingham, 'Liverpool, Newcastle, Glasgow, etc., partout où il y a de nombreuses manufactures.

L'industrie du tissage est l'une des plus florissantes de la Grande-Bretagne. Le chanvre n'est guère filé qu'en Écosse; on fabrique des cordages à Liverpool, Newcastle, Londres et dans la plupart des ports.

Le lin est surtout cultivé dans la région de l'Est, en Angleterre, et en Irlande. En Angleterre, on s'en sert principalement pour la fabrication des dentelles; mais il y a aussi des manufactures de toiles de lin à Manchester, Warrington, Leeds, Barnsley, Exeter, Maidstone, Hull, etc. L'Irlande possède de nombreuses manufactures de toiles, linge de table, damassé, batiste, mouchoirs, etc., à Belfast, Armagh, Drogheda, Monaghan, Sligo, Galway, Dublin. En Écosse, les fabriques sont surtout à Glasgow, Dundee, Paisley, Montrose, Dumferline, Forfar, Greenock.

Mais l'industrie cotonnière a pris des développements bien plus considérables. A cet égard, la Grande-Bretagne est de beaucoup le premier pays du monde. Le coton est importé des États-Unis, de l'Inde, de l'Australie, de l'Égypte, du Brésil, etc., surtout à Liverpool, qui est le grand marché. Quatre cent mille tonnes de coton sont filées par 30 millions de broches et tissées par 400,000 métiers, donnant près de 4 milliards de mètres d'étoffe. Manchester et les villes du Lancashire sont les principaux centres de cette grande industrie : Salford, Oldham, Preston, Bolton, Blackburn, Rochdale, Bury, Ahston; puis Halifax et Huddersfield dans le West-Riding; Chester, Stockport, Hyde, dans le Cheshire; Chesterfield, dans le comté de Derby; Norwich, Londres, etc.

L'industrie cotonnière est encore florissante : en Écosse, dans les comtes de Lanark et de Renfrew (Glasgow, Paisley ; etc.); — en Irlande, à Belfast surtout.

L'industrie des lainages est plus ancienne ; longtemps les laines, toujours abondantes en Angleterre, furent vendues aux Flamands qui en fabriquaient des draps pour toute l'Europe ; mais dès le quatorzième siècle, sous Édouard III, plus tard, sous Henri VIII et Élisabeth, on attira ou on accueillit beaucoup d'ouvriers des Flandres, qui s'établirent principalement dans la région de l'Est. C'est encore là que l'industrie des lainages est aujourd'hui florissante ; mais elle s'est répandue dans le Nord et le Nord-Ouest, dans le West-Riding et le Lancashire. Les villes où l'on fabrique les draps, les tapis, les flanelles, les tissus ras et mélangés, etc. sont : Bradford, Leeds, Halifax, Wakefield, Huddersfield, Rochdale ; Stroud, dans le comté de Gloucester ; Trowbridge, dans le comté de Wilts, et le comté de Montgomery, dans le pays de Galles. En Écosse, on fabrique des châles, des tartans, des draps, à Paisley, à Kilmarnock, à Galashiels, à Selkirk, à Hawick (comté de Roxburg), etc. On travaille fort peu la laine en Irlande.

Les dentelles et tulles à la mécanique sont produits à Nottingham et dans les environs ; à Tiverton et Barnstaple, dans le comté de Devon. La belle dentelle faite à la main est surtout l'œuvre des paysannes dans les comtés du Centre, dans celui de Devon, en Irlande (Belfast), en Écosse (Glasgow).

La bonneterie a pour centres principaux Nottingham, les comtés de Derby et de Leicester.

L'industrie de la soie a été également importée en Angleterre par des réfugiés français, après la révocation de l'édit de Nantes, en 1685, après les malheurs de 1793, et surtout depuis 1815. Les principales manufactures de soieries sont à Manchester, Macclesfield, Sheffield, Derby, Nottingham, les rubans de Coventry (Warwickshire), les châles de Norwich, les taffetas de Londres ont de la réputation. — Paisley, en Écosse, et Dublin en Irlande, avec ses popelines, ont une fabrication importante.

Parmi les industries importantes qui se sont principalement localisées dans quelques villes, citons :

La bijouterie et l'horlogerie, à Londres, Birmingham, Sheffield, Coventry, Manchester, Liverpool.

La verrerie et la cristallerie, à Londres, Saint-Helens (Lancashire), Birmingham, Bristol, Stourbridge, Newcastle et Sunderland ; — en Écosse, à Glasgow.

La poterie fine, porcelaines, faïences ; dans le *District des Poteries* au N. du comté de Stafford (Stoke-upon-Trent, Burslem, Etruria, etc.); puis dans le comté de Worcester, à Derby, Newcastle, Bristol, Londres, etc.

La carrosserie et la sellerie, à Londres, et dans la plupart des grandes villes.

La papeterie, à Maidstone (Kent), Hereford, Newcastle, Bath (Somerset), le pays de Galles.

Les tanneries, préparation des peaux, fabriques de gants à Southwark (partie de Londres), Bristol, Warwick, Huntingdon, Worcester; puis, en Écosse, a Perth; en Irlande, à Limerick.

Il y a des chantiers de construction navale dans tous les ports, mais spécialement sur les bords de la Tamise, à Birkenhead sur la Mersey en face de Liverpool; puis à Newcastle, Sunderland, Bristol, Glasgow et Greenock.

§ 15 — Système des chemins de fer — Commerce. Monnaies, poids et mesures.

Chemins de fer. — Il serait trop long d'indiquer ici, comme nous l'avons fait pour plusieurs pays et surtout pour la France, l'ensemble des chemins de fer qui sillonnent de toutes parts le territoire britannique. Toutes les circonstances favorables se sont réunies pour placer à cet égard l'Angleterre au premier rang : configuration du sol, abondance du fer et de la houille, nécessités du commerce et de l'industrie, abondance des capitaux, génie pratique et hardi des habitants. Nous devons nous borner à quelques indications sommaires.

Pour l'Angleterre proprement dite, le centre principal des lignes de chemins de fer est Londres. Londres est relié à Margate, Ramsgate, Deal et Douvres, sur le Détroit; — vers l'O., à Penzance, à l'extrémité de la presqu'île de Cornouailles, par Salisbury; — une ligne suit la côte de la Manche, depuis Douvres, par Folkstone, Hastings, Brighton, Portsmouth, Southampton, Poole, Dorchester, Exeter, Plymouth; et de nombreux embranchements unissent les points les plus importants de cette côte avec la ligne précédente.

De Londres, une ligne se dirige, au N.-E., par Ipswich et Norwich, vers Yarmouth.

De Londres, une ligne conduit à Lynn Regis, sur le Wash, par Cambridge, Ely.

De Londres une ligne, aux nombreuses ramifications, conduit vers Hull, par Huntingdon, Peterborough, Boston, Grimsby; ou, par Nottingham, Lincoln, York, mène à Durham, Sunderland, Newcastle, Berwick, au N.-E., sur la frontière d'Écosse.

De Londres, une ligne, traversant l'Angleterre du S.-E. au N.-O., va jusqu'à Carlisle, près de la frontière d'Écosse, au N.-O., par Birmingham, Lancastre, etc. — Ces deux dernières lignes sont unies entre elles par un très-grand nombre de lignes secondaires, qui relient toutes les villes ayant quelque importance.

De Londres, une autre ligne se dirige à l'O., vers Bristol, vers Gloucester, Cardiff, longe la côte méridionale du pays de Galles et aboutit à Milford, sur le canal Saint-George, dans le comté de Pembroke. Le nord du pays de Galles est également parcouru par un chemin, qui passe par Chester, traverse le détroit de Menai sur un pont d'une grandeur et d'une hardiesse remarquables, traverse l'île d'Anglesey, et finit dans l'île d'Holy-Head, en face de Dublin.

En Écosse, la ligne anglaise de Berwick se continue le long de la côte orientale, par Édimbourg, Perth, Aberdeen, Elgin, Inverness, jusqu'à Dingwall dans le comté de Ross, et Tain, sur le golfe de Dornoch.

La ligne anglaise de Carlisle, qui, elle aussi, conduit à Édimbourg, se dirige vers l'O., par Glasgow, Renfrew, jusque dans le comté d'Argyle, en face de l'île de Mull, avec un embranchement, par Dumfries, vers Port-Patrick, d'où on s'embarque pour Belfast en Irlande.

En Irlande, Dublin peut être considéré comme le point de départ des principales lignes, qui vont aboutir aux différents points de la côte : à Wicklow, Arklow, sur le canal de Saint-George ; — à Wexford, Waterford, Cork, Kinsale, sur la côte méridionale ; — à Tralee, Limerick et Clare, Galway, Castlebar, Sligo, sur la côte de l'Ouest ; — à Dundalk, Belfast, Antrim, Coleraine, Londonderry, etc., sur la côte du Nord.

Commerce. — Le commerce de la Grande-Bretagne est facilité à l'intérieur par un vaste système de routes bien entretenues (50,000 kil. de routes de poste et 210,000 kil. de chemins vicinaux), par de nombreux cours d'eaux navigables, que relient entre eux beaucoup de canaux, et par les chemins de fer, qui parcourent presque tout le pays (25,000 kilomètres exploités en 1872). La Grande-Bretagne est couverte d'un réseau de fils télégraphiques (il y avait déjà, en 1868, une longueur de 154,000 kilomètres) ; des câbles électriques unissent l'Angleterre à l'Irlande, aux îles Anglo-Normandes, à la France, à la Belgique, aux Pays-Bas, à l'Allemagne par Héligoland, à l'Amérique (le câble part de l'île Valentia, à l'O. de l'Irlande).

Le commerce extérieur est favorisé par le grand nombre de ports qui couvrent tous les rivages de la Grande-Bretagne. En 1872, on comptait, tant pour le cabotage que pour le commerce avec les autres pays, 36,804 navires, dont 32,178 à voiles, jaugeant 7,213,829 tonneaux et montés par 319,000 marins inscrits. Le mouvement total des entrées et des sorties a été de 18,110,000 tonnes pour les entrées, 18,520,000 tonnes pour les sorties, avec charge ou sans charge, en tout plus de 25 millions de tonnes pour la marine britannique. De nombreuses entreprises de paquebots, partant de Southampton, Londres, Liverpool principalement, mettent la Grande-Bretagne en relation avec le monde entier. Le nombre des bâtiments à vapeur va sans cesse en augmentant ; il a été, en 1872, de 4,343 navires et de 1,640,639 tonneaux. Les principaux ports par ordre d'importance sont : Liverpool, dont le mouvement maritime égale à peu près tout le mouvement de la navigation en France ; — Londres, dont le mouvement est d'environ 7 millions de tonnes ; — Hull et son annexe Grimsby, — Glasgow et Greenock ; — Southampton ; — Newcastle, Sunderland et Hartlepool, etc. En 1870, on évaluait ainsi la valeur totale réelle de l'exportation et de l'importation, 15 milliards 685 milliards, dont 7 milliards 582 millions pour l'importation seulement : sans compter 736 millions pour l'importation des métaux précieux et 473 millions pour l'exportation.

Les principaux articles d'importation sont : les céréales et farines, le sucre, le thé, les bestiaux, le beurre, le café, les vins, le tabac, — le coton, la laine, les bois, la soie, le lin, les graines de lin, les huiles, le suif, les peaux, le cuivre, le guano, etc ; — les soieries, les lainages, etc.

Les principaux articles d'exportation sont : le coton, la laine, la soie, le café, le thé, l'indigo ; — les cotonnades, les lainages, le, fils de coton, le fer, les tissus de lin, la mercerie, les machines, la houille, la quincaillerie ; — puis les métaux précieux.

Ajoutons que le commerce de transit, grâce aux relations de l'Angleterre dans tous les pays, est très-considérable.

L'Angleterre fut surtout un grand commerce avec les États-Unis, l'Inde et la France ; viennent ensuite l'Allemagne, les Pays-Bas, l'Égypte, l'Australie, la Russie, la Belgique, la Chine, le Brésil, les colonies anglaises et l'Amérique du Nord.

MONNAIES. — MESURES. — Les monnaies sont :

La guinée, qui n'a qu'une valeur fictive de	26 fr	80
Le souverain ou livre vaut	25	30
L'écu ou couronne (argent)	6	32
Le shilling	1	25
Le penny (cuivre)	»	10
Le farthing	»	2 1/2

Les mesures de poids ordinaires sont :

Le *pound* (livre) qui vaut	0	kilogr 4554
L'*ounce* (once)	28	grammes 3384
Le *quarter*	12	kilogr. 6956
La *ton* (tonne)	1015	— 6491

Les principales mesures de capacité sont :

La *pint* (pinte) qui vaut	0	litre 568
Le *quart*	1	— 136
Le *gallon*	4	— 545
Le *sach*	103	— 043
Le *quarter*	290	— 781

Les mesures de longueur sont :

L'*inch* (pouce), qui vaut	0	mètre 025,399
Le *foot* (pied)	0	— 304,794
Le *yard*	0	— 914,383
Le *fathom*	1	— 828,767
Le *pole* ou *perche*	5	— 029,110
Le *mil*	1609	— 314,900

Les mesures de surface sont :

1 *inch carré*, qui vaut	6	cent. carrés 451,566
1 *foot carré*	9	décim. carrés 289,968
1 *yard carré*	0	mètre carré 836,097
1 *acre*	40	ares 467,100

§ 14 — Colonies

L'Angleterre est la grande puissance maritime et coloniale. Sur toutes les mers, ses flottes et ses marchands trouvent d'importantes stations maritimes, des ports de refuge et de ravitaillement ou de grands marchés commerciaux. Ses colonies prospères jouissent des libertés les plus étendues, s'administrent elles-mêmes, sous la surveillance ou plutôt sous le patronage de la métropole, ont des chambres législatives et font même les lois qui les régissent. Le gouvernement anglais, sans doute instruit par la cruelle expérience de la séparation des États-Unis au dix-huitième siècle, détend systématiquement tous les liens administratifs et politiques qui les rattachent à l'Angleterre. Il se garde bien de les exploiter ; elles lui offrent d'immenses débouchés pour le commerce et pour l'industrie ; d'excellentes positions maritimes et militaires ; elles sont également précieuses pour l'excédant de la population et pour assurer des ressources aux cadets des grandes familles. — L'esclavage a été aboli dans toutes ces colonies.

Voici le tableau des possessions anglaises.

EN EUROPE.

Helgoland
Les îles Normandes
Gibraltar
Malte
} 248,000 hab

EN ASIE.

Inde anglaise, avec ses dépendances dans l'Indo-Chine
Ceylan
Aden, Perim, etc
Hong-Kong
Labouan
} 160,000,000 hab.

EN AFRIQUE

Colonie du Cap
Natal
Pays des Bassoutos
Côte occidentale (Gambie, Sierra-Leone, côte d'Or, etc.)
Sainte Hélène et Ascension
Maurice
} 1,500,000 hab.

DANS L'AMÉRIQUE DU NORD.

Dominion of Canada, avec le territoire de la baie d'Hudson et la Colombie
Terre-Neuve
Ile du Prince-Édouard
Bermudes
Honduras anglais
} 4,750,000 hab

DANS LES ANTILLES ET L'AMÉRIQUE DU S D

La Jamaïque
Les Petites-Antilles
Les îles Lucayes
La Guyane anglaise
Les îles Falkland
} 1,100,000 hab

EN OCÉANIE.

L'Australie
La Tasmanie
La Nouvelle-Zélande
L'île Norfolk
} plus de 2,000,000 d'h

En tout, autant qu'il est possible d'évaluer les populations de la plupart de ces pays, environ 170 millions d'habitants, d'après les calculs les plus modérés.

§ 15 — Gouvernement. — Population — Statistique.

GOUVERNEMENT. — Le Royaume-Uni de Grande-Bretagne et d'Irlande a un gouvernement monarchique constitutionnel. Le *souve-*

rain (roi ou reine) doit être de religion anglicane et ne peut épouser qu'une personne protestante. Chargé du pouvoir exécutif, il nomme les fonctionnaires et administre avec l'aide de 15 ministres, choisis dans le Parlement

Le souverain partage le pouvoir législatif avec le Parlement formé de deux Chambres :

1° La *Chambre des lords* ou *Chambre haute* est composée des pairs laïques (par droit d'hérédité ou nommés par le souverain), des pairs spirituels (archevêques et évêques anglicans), de 27 pairs laïques d'Irlande nommés à vie par la pairie d'Irlande et d'un des 4 pairs spirituels d'Irlande; de 16 pairs laïques d'Écosse, nommés à chaque législature par la pairie d'Écosse

2° La *Chambre des communes* ou *Chambre basse*, composée de 658 membres, élus pour 7 ans dans les bourgs et comtés par les citoyens ayant le droit électoral, moyennant une légère contribution.

Le territoire est divisé en comtés, dont les principaux officiers sont : le *lord-lieutenant*, nommé à vie par le souverain et commandant les milices ; — le *shérif*, nommé pour un an par le souverain, chargé de maintenir la paix publique et de surveiller l'administration, — les *juges de paix*, qui exercent l'autorité judiciaire et en partie l'autorité administrative.

La *paroisse* forme le groupe municipal ; tous ceux qui payent la taxe des pauvres font partie de la *vestry*, assemblée qui administre les affaires de la paroisse et en nomme les fonctionnaires. Les *bourgs* et les *cités* ont reçu leurs privilèges d'une charte royale, nomment leur *conseil municipal* qui choisit le *maire* et les *aldermen;* plusieurs cités renferment plusieurs paroisses, comme Londres qui en compte 108, et leur maire a le titre de *lord-maire*.

L'Écosse a une sorte de vice-roi, le *lord-avocat;* l'Irlande a un vice-roi ou *lord-lieutenant*, assisté d'un *lord-chancelier* et d'un conseil.

Au point de vue judiciaire, la Chambre des lords joue le rôle de Cour de cassation. Au-dessous sont les *quatre grandes Cours de Westminster*, composées chacune de trois juges, dont les juridictions sont à peu près confondues : la *Cour des Plaids communs*, la *Cour du Banc du Roi*, la *Cour de l'Échiquier*, la *Cour de Chancellerie* ou d'*Équité*. L'Angleterre est divisée en sept circuits ; pour chacun d'eux les lords-juges, tirés des cours souveraines, vont deux par deux tenir dans chaque comté les grandes assises de concert avec les juges de paix.

L'Angleterre n'a pas de codes ; sa législation, très-confuse, comprend les anciennes coutumes, les actes du Parlement, etc.; aucun juge ne peut rendre d'arrêt sans le concours du jury.

Budget, — armée. — Le budget de l'État, en dehors des taxes locales, des dépenses des paroisses, bourgs, cités, est d'environ 1 milliard 830 millions pour les recettes et pour les dépenses. Le capital de la dette publique était en 1871 de 19 milliards 884 millions, il diminue peu à peu chaque année.

L'armée active pour le Royaume-Uni et les colonies était, en 1872, de 135,000 hommes. Les troupes anglaises dans l'Inde étaient de 62,864 hommes, sans compter 120,000 hommes de troupes indigènes. Cette armée se recrute par engagements volontaire. Le tiers des grades est conféré par le souverain le reste s'achète; mais en tout cas il faut passer un examen au Collège militaire de Sandhurst. Il y a de plus : la milice, forte de 129,000 hommes; la *yeomanry* (cavalerie), de 15,400 hommes, les volontaires, de 199,000 hommes, les pensionnaires, organisés militairement. En Irlande, un corps de police, également organisé, est fort de 13,000 hommes et 400 chevaux. Il y a aussi des corps de troupes coloniales aux Antilles, à Ceylan, etc.

La marine militaire se recrute par engagements volontaires, ou, en cas de guerre, par la *presse*. Le personnel de la flotte était en 1872 de près de 60,000 hommes, montés sur 358 bâtiments de guerre dont 40 navires blindés à flot; 25 bâtiments étaient en construction.

Religions. Tous les cultes sont libres ; mais il y a deux religions d'État : l'*Église anglicane*, ou protestantisme épiscopal, qui compte 2 archevêchés (Canterbury et York) et 25 évêchés, c'est le souverain qui est le chef de cette Église, et qui nomme les ministres ; — l'*Église presbytérienne* en Écosse, constituée sous l'influence des idées de Calvin, est organisée par paroisses et administrée par une assemblée générale. En Irlande, l'Église anglicane est officiellement établie avec archevêques et évêques; mais la minorité des Irlandais est protestante, la plupart sont catholiques. On compte approximativement dans le Royaume-Uni · 18,500,000 protestants anglicans ; 1,500,000 protestants de l'Église d'Écosse ; 6,000,000 de dissidents, 5,500,000 catholiques et 46,000 israélites.

Instruction. — L'instruction primaire est assez répandue maintenant en Angleterre, beaucoup plus avancée en Écosse, mais arriérée en Irlande. L'instruction secondaire laisse encore beaucoup à désirer. L'instruction supérieure est donnée dans les universités d'Oxford, de Cambridge, de Londres, de Durham, pour l'Angleterre ; d'Édimbourg, de Glasgow, d'Aberdeen et de Saint-Andrew, pour l'Écosse; de Dublin, pour l'Irlande, qui a encore le séminaire catholique de Maynooth (comté de Kildare), subventionné par l'État depuis 1845.

POPULATION. — La population des îles Britanniques était, d'après le recensement de 1871, de 31,817,108 habitants, ainsi répartis :

Angleterre et Galles	22,704,108
Écosse	3,358,613
Irlande	5,402,759
Man	53,867
Iles Normandes	90,563
Soldats et marins hors du pays	207,198

C'est environ 104 habitants par kilomètre carré. La population a doublé depuis le commencement du siècle, surtout en Angleterre ; car elle a diminué considérablement en Irlande, à cause de la misère et de l'émigration. De 1815 à 1870, on a calculé que plus de 7 millions d'habitants ont émigré, l'émigration a été de 257,000 personnes en 1870.

Cette population a pour base primitive la famille Celtique; mais elle a été profondément modifiée par l'influence romaine (les Romains furent maîtres de la Bretagne pendant trois siècles), et surtout par l'influence germanique. Les Saxons et les Angles, qui s'établirent dans la Grande-Bretagne, dès le cinquième siècle, imposèrent au peuple vaincu leurs coutumes, leurs mœurs, leur langue. La population fut encore bien modifiée par les invasions danoises, du neuvième siècle au onzième, et surtout par la conquête des Normands-Français, à la fin du onzième siècle. Rappelons encore les Flamands qui s'établirent en grand nombre au quatorzième siècle, sur les côtes de l'Est, et les protestants français qui trouvèrent un asile dans la Grande-Bretagne, après la révocation de l'édit de Nantes. De ce mélange s'est formé le peuple anglais. C'est parmi les Highlanders d'Écosse, les Gallois, les hommes de la Cornouailles et les Irlandais que les caractères de la race primitive se sont le plus longtemps conservés. Les habitants des Shetland et des Orcades sont de race norvégienne.

La langue anglaise, formée, comme le peuple, de breton, de saxon et de français, domine dans les îles Britanniques, et de là s'est répandue par le commerce et par les colonies dans toutes les parties du monde. Quelques restes des idiomes celtiques se retrouvent encore dans la haute Écosse, où le *gaélique* a subsisté; en *Irlande*, où l'*erse* s'est modifié et a formé l'*irish* ou *irlandais;* enfin dans le Galloway, le Cumberland, le pays de Galles, où le *kymrique* a persévéré, mais tend à disparaître.

LIVRE VIII

EUROPE CENTRALE

Nous avons dit (1re partie, page 70) que l'Europe centrale comprenait trois groupes distincts. 1° l'*Allemagne*, qui presque tout entière penche vers le nord, par les bassins du Rhin, de l'Elbe et de l'Oder ; — l'*Empire Austro-Hongrois*, dans la vallée du Danube, tourné vers l'E., — et la *Scandinavie* (Danemark, Suède, Norvége), qui s'étend au nord de l'Europe. Là domine la race Germanique, dont les Scandinaves ne sont qu'un rameau, depuis longtemps détaché de la souche primitive.

CHAPITRE PREMIER

ALLEMAGNE

§ 1. — Géographie physique de l'Allemagne — Limites

On appelle vulgairement ALLEMAGNE (Deutschland) les pays où dominent la race et la langue teutoniques. Elle comprend presque toute la région centrale de l'Europe; mais ses frontières naturelles sont mal déterminées et ses frontières politiques ont souvent varié par cette raison même. A l'O. il est difficile de distinguer la limite précise qui la sépare de la région Gauloise ; le Rhin est-il une barrière entre nations ou un fleuve allemand ? La question a été souvent débattue par les armes. A l'E. jusqu'où s'étend la région Allemande? où commence la région Slave? Vers le S., la grande chaîne des Alpes semble une limite naturelle; au N., la mer Baltique et la mer du Nord séparent l'Allemagne de la région Scandinave ; mais la presqu'ile du Jutland est-elle un appendice de la région Allemande ? n'est-elle pas rattachée par les îles Danoises, par sa population, par son histoire aux pays Scandinaves?

D'un autre côté, l'Allemagne est divisée en deux versants distincts par la ligne générale de partage des eaux de l'Europe. De là une opposition réelle, qui s'est manifestée, à toutes les époques, sous des formes différentes, entre l'Allemagne du N. et du N.-O. et l'Allemagne du S. et du S.-E. Cette opposition a amené dans les temps modernes la formation, le développement, puis l'antagonisme de deux grands États, la Prusse, dans l'Allemagne du Nord, l'Autriche dans l'Allemagne du Sud. Vainement l'Allemagne a longtemps cherché son unité; où était le centre politique d'attraction? Était-ce Berlin, était-ce Vienne? La Confédération germanique (1815-1866) n'était qu'une création diplomatique, avantageuse sans doute à la paix générale de l'Europe; mais Francfort-sur-le-Main, où résidait la diète, n'était qu'un centre factice. Les fautes de l'Autriche et de la France, l'ambition de la Prusse couronnée de succès dus surtout à la force, semblent avoir pour le moment résolu la question, en grande partie du moins. L'Autriche, malgré ses populations allemandes, a été mise en dehors de l'Allemagne, les autres États de l'ancienne Confédération ont été forcés, bon gré mal gré, de subir l'hégémonie de la Prusse, de s'effacer pour constituer l'unité allemande; l'Empire d'Allemagne a été créé en 1871. C'est une œuvre toute récente et encore imparfaite Les aspirations unitaires des politiques allemands doivent-elles pour toujours triompher des résistances locales? l'assentiment moral des peuples confirmera-t-il d'une manière durable les résultats dus trop souvent à l'injustice et à la violence? C'est ce qu'il est difficile de prévoir. Pour nous, l'étude de la géographie allemande est à certains égards simplifiée; il nous faut d'abord voir la géographie de l'Empire d'Allemagne, puis celle de l'Empire d'Autriche-Hongrie.

EMPIRE D'ALLEMAGNE

Il a pour bornes : au N. la mer du Nord, le Jutland danois et la mer Baltique, — à l'E. la Russie, dont il n'est séparé que par une ligne conventionnelle; — au S. l'Empire d'Autriche, dont il est séparé par les monts Sudètes, les Riesen-Gebirge, l'Erz-Gebirge, le Bœhmer-Wald, le cours inférieur de l'Inn et de la Salza, les hautes terres du Tyrol, le lac de Constance ; puis la Suisse, dont il est séparé par ce lac et le Rhin jusqu'à Bâle; a l'O. la France, dont la frontière est déterminée par une ligne conventionnelle entre Belfort (France) et Mulhouse (Allemagne), Nancy et Chateau-Salins, Pont-à-Mousson et Metz, Briey et Thionville. L'Empire d'Allemagne a ensuite pour bornes le grand-duché de Luxembourg, la Belgique et les Pays-Bas, sans frontières naturelles.

Dans ces limites, l'Allemagne s'étend de 47° 20′ à 55° 30′ lat. N., et de 3° 40′ a 20° 30′ long. O.

§ 2. — Littoral de l'Allemagne

L'Allemagne est baignée par la mer du Nord et par la mer Baltique.

Le rivage de la MER DU NORD, depuis la frontière des Pays-Bas jusqu'a celle du Jutland, est bas, sablonneux, avec des dunes ou des digues qui forment, comme en Hollande, des polders cultivés. La mer, tourmentee par les orages qui viennent du N.-O., est encombrée de bancs de sable, et la côte est bordée de petites îles basses et peu importantes (Borkum, Juist, Norderney, Baltrum, Langeoog, Spikeroog, Wangeroog, à l'O.); c'est l'archipel d'Ostfrise; Helgoland est un rocher isolé, qui commande les embouchures du Weser, de l'Elbe et de l'Eider, dont les Anglais se sont emparés depuis 1807; enfin, sur la côte du Slesvig est l'archipel de Nordfrise (Nordstrand, Pellworm, Amrum, Fœhr, Sylt, Rœmœ, etc). Les fortes marées de la mer du Nord ont creusé le golfe de Dollart, sur la frontière de Hollande, la baie de Jade et les larges estuaires du Weser et de l'Elbe. Les ports sont : Emden et Norden, à l'embouchure de l'Ems; *Wilhelmshaven*, récemment creusé à l'O. de la baie de Jade; Brême et Bremerhaven, sur le Weser, Hambourg, Altona, Gluckstadt et Cuxhaven, sur l'Elbe; tous, à cause de leur position, sont nécessairement des ports de commerce; de là les grands travaux entrepris par le gouvernement prussien pour créer un port militaire a Wilhelmshaven.

Les côtes de la mer BALTIQUE (*Ost See* des Allemands) sont plus étendues; elles sont assez découpées et bordees de dunes dans le Slesvig-Holstein et le Mecklembourg; elles présentent les golfes de Kiel, de Lubeck, de Wismar; puis, dans la Poméranie et la Prusse proprement dite, elles sont basses, marécageuses, bordées de lagunes; les fleuves y forment des deltas; la mer, peu profonde et souvent mauvaise, est remplie de bas-fonds et de vases. On y rencontre, de l'O. à l'E., la lagune de Grabow, séparée de la mer par l'île allongée de Zingst; la lagune de Stettin ou Pommersches-Haff, formée par l'Oder, au-dessous de Stettin et séparée de la mer par les îles Usedom et Wollin; les petites lagunes de Poméranie se continuent jusqu'au golfe de Dantzig, qui reçoit l'un des bras de la Vistule; il forme au N. O. la baie de Putzig, séparée de la haute mer par une flèche étroite que termine le petit port de Hela.

Les lagunes les plus remarquables sont celles des côtes de Prusse ; le Frisches-Haff (lagune des Frisons) est séparé du golfe de Dantzig par une flèche, le Frische-Nehrung, large de 4 à 10 kilomètres ; c'est une lagune d eau douce de 85 kil. de longueur, peu profonde, qui reçoit plusieurs des bras de la Vistule, la Pregel, au N., et communique avec la mer par la passe de Pillau, large de 4 kil., profonde seulement de 4 à 5 mètres. Au N.-E. on trouve le Kurisches-Haff (lagune des Courons ou Coures), qui a 90 kil. de longueur et parfois 40 de largeur ; il est séparé de la mer par le Kuhrische-Nehrung, flèche très-étroite, et ne communique avec elle que par le détroit de Memel, large de 1 kil. et profond de 3 ou 4 mètres ; il reçoit le Niémen. C'est entre les deux lagunes, sur les côtes du Samland, qu'on recueille principalement l ambre jaune ou succin.

Les îles voisines de cette côte sont Alsen, enlevée aux Danois ; Femærn ou Fehmarn, à l'E. du Holstein ; Rugen, grande, découpée, rocheuse et fertile, séparée de la terre par le détroit de Gellen, mais sans port ; puis Usedom et Wollin. L Allemagne n'a pas, non plus, de port militaire sur la Baltique, à cause même de la nature de ses rivages ; mais les ports de commerce sont nombreux : Apenrade, Flensbourg, dans le Slesvig ; Kiel, Travemünde, Lubeck, dans le Holstein ; Wismar et Rostock, dans le Mecklembourg ; Stralsund, Greifswald, Wolgast, Stettin, Kammin, Kolberg Kœslin, dans la Poméranie ; Hela, Dantzig, Elbing, Kœnigsberg, Pillau, Labiau, Memel, dans la Prusse.

Ainsi, l'Allemagne ne touche à la mer que par le Nord ; la mer Baltique (Pigrum mare), d'un aspect monotone et d'ailleurs presque fermée par les îles Danoises, l'attire peu, la mer du Nord, aux rivages dangereux, repousse souvent ses navires par les vents de N.-E. qui y regnent presque constamment. Aussi l'Allemagne semble condamnée à faire peu de grand commerce maritime, elle n'aura guère de colonies, et ses ports paraissent surtout destinés à favoriser les émigrations lointaines, au moyen age vers l'Angleterre, aujourd'hui vers l'Amérique.

§ 5 — Orographie de l'Allemagne — Ligne du partage des eaux —
Forêt-Noire — Système Hercynien. — Vosges

Pour se rendre compte de l'orographie de l'Allemagne, il est bon de connaitre d'abord la ligne de partage des eaux, qui la divise en deux grands versants, et qui se dirige du S.-O. au N.-E. — Des monts Septimer et Maloia, à l'extrémité orientale des Alpes Centrales, la chaîne des *Alpes Algaviennes*, après avoir traversé les Grisons (Suisse), le Vorarlberg (Autriche), entre en Bavière sous le

nom d'*Alpes d'Allgau* (Allgauer Alpen) et se rattache à la Forêt-Noire par une suite de collines sablonneuses, à pentes douces, les *hauteurs de Constance*, importantes au point de vue militaire, puisqu'elles séparent du Rhin la vallée du haut Danube. — Une partie seulement de la *Forêt-Noire* méridionale (55 kil.) appartient à la ligne de partage, du plateau de Hohlegraben au plateau de Brogen.
— Le *Rauhe Alp* (Alpes rudes) ou *Alpes de Souabe*, entre le Danube et le Neckar, forme un plateau aride, pierreux, couvert de bruyères, aux contours ravinés vers l'O., haut de 7 à 800 mètres, large de 25 à 30 kilomètres, long de 150. Quelques sommets dépassent 1,000 mètres (le Hohenberg a 1,027 mètres). — Le *Jura franconien* s'étend du Rauhe Alp au Fichtel-Gebirge, également dans la direction du S.-O. au N.-E., entre le Main et le Danube. C'est un plateau, élevé seulement de 4 à 500 mètres, large de 40 à 50 kilomètres, long de 150 kilomètres, couvert de bois, de prairies, de champs cultivés. — Le massif du *Fichtel-Gebirge* (montagnes des pins), long et large de 50 kil., granitique, couvert de forêts de pins, a quelques sommets qui dépassent 1,000 mètres (l'Ochsenkopf, 1,068 m.; le Schneeberg, 1,088 m.). C'est un nœud remarquable de montagnes, d'où partent quatre chaînes et d'où descendent des rivières dans quatre directions (Raab, au S.; Main, à l'O.; Saale, au N.; Eger, à l'E.). — Le *Bœhmerwald* (forêt de la Bohême) se dirige du N.-O. au S.-E., depuis le Fichtel-Gebirge jusqu'aux sources de la Taya, sous-affluent du Danube, sur une longueur de 300 kil., entre la Bavière et la Bohême (Autriche), sur une largeur de 25 à 50 kil. Quelques sommets, vers le centre, s'élèvent à 1,400 mètres (le Haydelberg a 1,450 mèt.); ces montagnes sont boisées et marécageuses; le versant bavarois est très-escarpé. — Les *monts de Moravie* (Mæhrische-Hœhe) s'étendent du S.-O. au N.-E., entre la Bohême et la Moravie (Autriche), jusqu'au massif du Schneeberg, sur une longueur de 200 kilomètres. C'est une suite de plateaux, généralement peu élevés. — Les *monts Sudètes* (Sudeten Gebirge) commencent au massif du Schneeberg, a l'angle oriental de la Bohême, et se dirigent vers le S.-E., entre la Moravie et la Silésie autrichienne, sur une longueur de 140 kil.; ils sont peu élevés et rejoignent les Karpathes au mont Wisoka.

Les différentes parties de cette longue ligne appartiennent à 5 systèmes de montagnes : 1° le *système des Alpes* comprend les Alpes Algaviennes et les collines de Constance; 2° le *système des montagnes de la Souabe et de la Franconie;* 3° le *système Hercynien*, à l'O.; 4° le *système Bohémien;* 5° le *système des Karpathes*.

Le système des Alpes de Souabe et de Franconie comprend la

Forêt-Noire, le Rauhe Alp, le Jura franconien, l'Odenwald et le Steigerwald¹

La *Forêt-Noire* (Schwarzwald), entre le Rhin, le Danube et le Neckar, se dirige du S.-O. vers le N.-E., longue de 200 kil., large de 60 à 40, escarpée a l'O. Quelques sommets sont assez élevés : le Feldberg (1,550 m.), le Belchenberg (1,450 m.), etc. Les flancs sont couverts de sombres forêts de pins et de sapins, de prairies, de terres cultivées ; les vallées sont étroites et aux pentes assez roides ; il y a, dans le S., quelques petits lacs et quelques marécages, comme dans les Vosges, qui offrent tant de ressemblance avec la Forêt-Noire. Les passages sont difficiles, mais n ont pour la plupart qu'une importance secondaire au point de vue militaire ; car la Forêt-Noire peut être tournée au N. et au S. ; les cols de Sinzheim, de Bruchsal, de Pforzheim, de Freudenstadt, de la Kinzig, mènent de la vallée du Rhin dans celle du Neckar ; le Val d'Enter conduit dans la vallée supérieure du Danube.

Nous avons parlé du Rauhe Alp et du Jura Franconien.

L'*Odenwald* (forêt d'Odin), entre le Neckar et le Main, est relié par des collines peu élevées a la chaîne du partage des eaux. C'est en quelque sorte le prolongement de la Forêt-Noire, au N. du Neckar, parallèlement au Rhin ; les sommets ne dépassent pas 600 mètres ; ses flancs, couverts de forêts d'où l'on jouit d'une belle vue sur la vallée du fleuve, sont assez escarpés.

Le *Steigerwald* se détache au S.-O. du Jura franconien, vers la source de l'Altmuhl, et se dirige vers le N. jusqu'au Main ; c'est une chaîne peu élevée, aux larges vallées.

Le SYSTÈME HERCYNIEN, qui tire son nom de l'ancienne forêt Hercynienne, comprend les montagnes peu élevées, qui, a l'O. du Fichtel-Gebirge, couvrent en partie le pays situé entre le Rhin, le Main, le Weser et l'Elbe. Le *Frankenwald* (Forêt de Franconie) se détache du Fichtel-Gebirge, entre le Main et la Saale, sur une longueur de 10 kil. Il est formé de plateaux boisés, peu élevés surtout au centre, et traversés par les trois routes de Baireuth à Hof, de Kronach à Schleiz, de Cobourg a Saalfeld, célèbres dans la campagne de 1806.

A l'extrémité occidentale de cette chaîne, à la source de la Werra, se détachent deux ramifications : celle du N., entre Elbe et Weser ; celle de l'O., entre Weser et Rhin. La branche du N. comprend : le *Thuringer-Wald* (Forêt de Thuringe) entre la Werra et l'Unstrutt, chaîne étroite, boisée, pittoresque, dont quelques sommets ont plus de 1,000 mètres. Elle se continue, au N.-O., par les *monts du Weser*, qui serrent de près la rive droite du fleuve et finissent au défilé bien connu sous le nom de *Porte Westphalienne*;

— au N -E., par des plateaux peu élevés qui la rattachent aux *montagnes du Harz*, coupées de vallées profondes, couvertes de sapins, riches en mines de toute sorte, en pétrifications, en débris fossiles, et célèbres dans l'histoire et les traditions populaires de l'Allemagne. Ce massif semble comme isolé au milieu des plaines voisines ; il est long de 100 kil., et large de 40 ; quelques sommets ont plus de 900 mètres ; le plus connu, le Brocken ou Blocksberg, a plus de 1,200 mètres.

La branche de l'O. est bien plus variée et couvre de nombreuses ramifications ; l'une des parties les plus pittoresques et les plus prospères de l'Allemagne. La ligne de séparation entre les bassins du Weser et du Rhin est formée par le *Rhœne-Gebirge*, le *Vogels-Gebirge*, le *Rothhaar-Gebirge*, l'*Egge-Gebirge*, le *Teutoburger-Wald* et les *monts de Minden*, qui finissent en face des monts du Weser, là où est la Porte Westphalienne. — Le *Rhœne-Gebirge*, chaîne tortueuse, dont quelques sommets dépassent 900 mètres, entre le Main, la Werra et son affluent, la Fulda, est une contrée stérile, couverte de rochers, de broussailles, de marécages, impraticable l'hiver à cause de l'épaisseur de la neige ; — le *Vogels-Gebirge* se dirige vers le N.-O., entre les affluents de la Fulda ceux du Main et la Lahn, affluent du Rhin ; c'est aussi un pays froid, âpre sur les hauteurs, mais qui renferme de belles vallées et beaucoup de mines ; — le *Rothhaar Gebirge*, massif accidenté et raviné, se dirige vers le N.-E , entre la Sieg, la Lenne et la Ruhr, qui vont vers le Rhin, l'Eder, affluent de la Fulda ; quelques-uns de ses sommets, coniques et pierreux, atteignent 800 mètres ; — l'*Egge-Gebirge* se dirige vers le N.-E., entre la Lippe et le Weser, et se continue par le *Teutoburger-Wald*, qui finit dans les plaines marécageuses du Hanovre, en s'abaissant de plus en plus.

De cette ligne se détachent des ramifications, qui accidentent tout le pays à la droite du Rhin, depuis le Main jusqu'à la Lippe : — le *Spessart* (Spesshardt), massif boisé, aux formes arrondies, qui forme sur le Main le défilé de Dettingen ; — le *Taunus*, entre le Main et la Lahn, célèbre pour la beauté de ses paysages, la richesse de ses pentes et ses eaux minérales, vient finir sur le Rhin par des escarpements remarquables, en face du Hunsruck ; — le *Wester-Wald*, entre la Lahn et la Sieg, arrive jusqu'au Rhin, où il forme les hauteurs d'Ehrenbreitstein, en face de Coblentz ; un de ses rameaux s'épanouit vers Bonn, sous le nom de *Sieben-Gebirge* (les sept montagnes) ; — le *Sauerland*, plateau montueux, assez semblable à l'Ardenne, entre la Lenne et la Ruhr ; — le *Haardstrang*, entre la Ruhr et la Lippe, chaînon assez élevé, qui finit également au Rhin.

Le SYSTÈME BOHÉMIEN, ainsi nommé parce qu'il entoure la Bohême de toutes parts, comprend, outre le Fichtel-Gebirge, le Bœhmer-Wald et les monts de Moravie, dont nous avons parlé dans la ligne générale de partage des eaux européennes, l'Erz-Gebirge, les monts de Lusace et le Riesen-Gebirge.

L'*Erz-Gebirge* (monts Métalliques) s'étend au N -O. de la Bohême, du Fichtel-Gebirge aux escarpements du Kœnigstein et du Schneeberg, qui dominent l'Elbe, entre la Bohême et la Saxe, sur une longueur de 150 kil. et une largeur de 50 kil. Cette chaîne est d'abord formée de plateaux larges, boisés, souvent marécageux; quelques sommets ont plus de 1,000 à 1,200 mètres, mais il y a parfois de grandes dépressions. Le versant méridional est escarpé et renferme beaucoup de sources minérales; le versant saxon est composé de vallées larges, peu rapides, peu accidentées; c'est la qu'on trouve les mines nombreuses qui ont donné son nom à la chaîne.

Les *monts de la Lusace* (Lausitzer-Gebirge) s'élèvent, au N. de la Bohême, sur la rive droite de l'Elbe, qui semble avoir jadis percé les roches de la chaîne alors continue; le Lilienstein est en face du Kœnigstein et forme avec lui l'étroit défilé de Schandau. Les monts de la Lusace se dirigent jusqu'à l'*Iser-Gebirge*, aux sources de l'Iser et de la Queiss, dans une longueur de 90 kil., sur 40 à 50 de large. Ce sont d'abord des hauteurs boisées, accidentées, pittoresques, coupées de vallées, de gorges, de ravins, des masses de rochers aux formes bizarres, de longs couloirs, où partout on croit reconnaître l'action des eaux qui se précipitèrent jadis, avant la formation de l'Elbe, de la Bohême sur les plaines de la Lusace; c'est ce qu'on nomme la *Suisse saxonne*, l'un des pays les plus curieux de l'Allemagne.

Le *Riesen-Gebirge* (montagnes des Géants) est compris entre l'Iser-Gebirge et le Schneeberg de Moravie, entre la Bohême et la Silésie, sur une longueur de 125 kil. et sur une largeur de 60 à 70 kil. Vers le centre, le Schneekoppe a 1,650 mèt., le Sturmhaube a 1,475 mét. A l'E. la chaîne forme, du côté de la Silésie, le plateau de Glætz, que traverse la *Neisse*, et qui se termine par l'*Eulen-Gebirge* (montagnes des hiboux). Cette chaîne, généralement assez élevée, couronnée de pics granitiques, couverte d'escarpements boisés sur ses flancs, a un hiver de neuf mois; cependant la population y est assez considérable.

Au Schneeberg (1,460 mèt.) commencent les Sudètes, qui font partie du système des Karpathes; nous les décrirons dans l'Empire d'Autriche.

L'Allemagne occidentale, à l'O. du Rhin, est encore traversée par une partie de la chaîne des Vosges, avec ses ramifications ; et par l'extrémité des Ardennes orientales, qui dans la Prusse Rhénane forment l'Eifel, ceinture septentrionale du bassin de la Moselle, et le plateau montueux de l'Hohe Venne, entre la Roer et la Meuse.

La CHAÎNE DES VOSGES, qui appartient à la France et à l'Allemagne, et dont nous avons déjà marqué la place, en décrivant la région française, bien que reliée vers le S. au Jura par les collines de Belfort, à l'O. aux monts Faucilles, forme un système de montagnes bien distinct, qu'il faut décrire séparément.

Vers le coude du Doubs a Sainte-Ursanne, le Jura se rattache au pays montueux qui est entre la Savoureuse, affluent du Doubs, et l'Ill, affluent du Rhin, entre Porentruy et Giromagny ; c'est ce qu'on nomme les collines de Belfort ou de Valdieu. C'est dans cette trouée de Belfort, au col de Valdieu (348 mèt.), que passe le canal du Rhône au Rhin.

Les Vosges commencent véritablement à la hauteur de Giromagny, s'élèvent rapidement vers le Ballon d'Alsace (1,257 mèt.) et se dirigent vers le N.-E., parallèlement au Rhin, en séparant les eaux du fleuve de celles de la Moselle. Elles se divisent en trois sections :
1° Les *Vosges méridionales*, du Ballon d'Alsace au mont Donon ; c'est le massif principal de la chaîne ; les montagnes sont âpres, épaisses, élevées, boisées, avec des étangs, des lacs, des sommets arrondis en forme de *ballons* et couverts de pâturages. Les principaux sommets sont : le Drumont (1,226 mèt.), le Rothenbach (1,319 mèt.), le Ballon de Guebwiller (1,430 mèt.), d'où l'on jouit d'une vue magnifique et qui renferme un beau lac sur son flanc septentrional ; le Honeck (1.366 mèt.), le Hochfeld (1,095 mèt.) et le mont Donon (1,010 mèt.), couronné de grands rochers.

2° Les *Vosges centrales*, du Donon aux sources de la Lauter, sont moins élevées ; leurs croupes sont basses et généralement cultivées.

3° Les *Vosges septentrionales* ou *Hardt* n'ont plus que 300 ou 400 mètres d'élévation, comme au mont Tonnerre dans la Bavière Rhénane ; elles viennent finir près de Mayence. A l'O. des sources du Speyerbach, se détache du Hardt un contre-fort, qui entoure le bassin de la Nahe, sous les noms d'*Idar-Wald*, *Hoch-Wald*, *Hunsruck*, et qui vient finir près de Coblentz, formant un pays assez difficile, profondément raviné, avec des croupes boisées.

La pente orientale des Vosges est plus rapide que la pente occidentale, elles se composent de massifs presque indépendants les uns des autres, de chaînons mamelonnés plus ou moins distincts. Leurs formes sont douces et arrondies ; elles sont riches en paysages charmants ou sévères, et renferment un très-grand nombre de petits lacs. La neige demeure sur les sommets dénudés une partie de l'année; les pentes sont couvertes de belles forêts et de cultures, a leur partie inférieure.

Les vallées qui en descendent sont transversales, à l'exception de l'Ill, a l'E., de la Moselle, à l'O.; aussi ouvrent-elles des communications très-faciles et qu'on ne peut véritablement défendre entre l'Alsace et la Lorraine. Les routes principales sont : par le col de Bussang, d'Épinal à Thann et Mulhouse; — par le col du Bonhomme, de Saint-Dié à Colmar; — par le col de Sainte-Marie-aux-Mines, de Saint-Dié à Schlestadt; — par le col de Schirmek, de Saint-Dié a Strasbourg; — par le col de Saverne, de Sarrebourg à Saverne et Strasbourg; — par le col de Bitche, de Sarreguemines à Haguenau; — par le col de Pirmasens, de Deux-Ponts à Landau, — viennent ensuite les routes de Sarrelouis à Kayserslautern et Mayence; de Kayserslautern a Mannheim; de Trèves à Mayence.

§ 4 — Hydrographie de l'Allemagne — Versant de la mer du Nord :
Rhin, Ems, Weser, Elbe

La ligne générale du partage des eaux divise l'empire d'Allemagne en deux versants inégaux : le versant méridional, qui comprend le bassin supérieur du Danube; le versant septentrional, beaucoup plus considérable, dont les eaux sont tributaires de la mer du Nord et de la mer Baltique. Une ligne de hauteurs a peine sensibles, qui part des montagnes de la Lusace et se prolonge dans la presqu'île du Jutland, sépare les bassins de ces deux mers.

La MER DU NORD reçoit : le Rhin, l'Ems, le Weser, l'Elbe, l'Eider.

1° Le *Rhin*, qui jadis servait de limite aux régions gauloise et germanique, vient des Alpes Centrales, et sépare la Suisse de l'Allemagne, depuis le lac de Constance jusqu'a Bâle. La plus grande partie de son bassin supérieur appartient a la Suisse (Voy. p. 96). A Bâle, il change de direction, coule du S. au N dans une plaine fertile, entre les Vosges à l'O., et la Forêt Noire à l'E., jusqu'a Bingen, au-dessous de Mayence Désormais plus large, plus profond, baignant des îles nombreuses, il sépare le grand-duché de Bade de l'Alsace et de la Bavière Rhénane, traverse la Hesse-Darmstadt, et la sépare de la Prusse. De Bingen à Bonn, il incline vers le N.-O., traversant des défilés étroits, entre les escarpements pittoresques du Taunus, du Westerwald à droite, du Hunsruck et de l'Eifel à gauche. Il quitte les montagnes au milieu des *Siebengebirge* (les Sept sommets), disposés en cercles sur ses rives, et, à partir de Bonn, il parcourt les plaines basses de l'Allemagne du Nord ; il abandonne la Prusse au-dessous d'Emmerich pour entrer dans les Pays-Bas (Voy. p. 124)

Le Rhin a un cours de 1,500 kil., dont 1,120 navigables ; c'est depuis longtemps un fleuve vénéré des populations allemandes, qui leur rappelle le plus de souvenirs ; la vallée est riche et souvent pittoresque, c'est une des routes principales du commerce vers la Hollande et vers la mer. Les principales villes qu'il baigne sont : Vieux-Brisach, Kehl Philipsbourg, Mannheim (Bade); Spire (Bavière Rhénane), Vorms, Mayence, Bingen (Hesse); Bacharach, Boppart, Coblentz, Neuwied, Andernach, Bonn, Cologne, Dusseldorf, Wesel, Emmerich (Prusse).

Les affluents de gauche en Allemagne sont :

L'*Ill*, qui descend des collines de Belfort, coule du S. au N. dans la plaine fertile de l'Alsace, et reçoit la *Thur*, le *Fecht*, la *Brusche*, qui viennent des Vosges ,

La *Zorn*, la *Moder*, qui descendent également des Vosges pour arroser l'Alsace ;

La *Lauter*, qui sépare l'Alsace de la Bavière Rhénane ;

La *Queich*, le *Speyerbach*, dans la Bavière Rhénane ;

La *Nahe* vient de l'Hunsruck, arrose la Prusse Rhénane et finit à Bingen ;

La *Moselle*, dont le cours supérieur est en France, entre dans la Lorraine allemande au-dessous de Pont à-Mousson, passe à Metz, Thionville, puis se dirige par un cours tortueux, en arrosant Trèves, dans la Prusse Rhénane jusqu'à Coblentz. Longue de 460 kil., elle reçoit à droite la *Seille*, la *Sarre* (Sarrebourg, Sarreguemines, Sarrebruck, Sarrelouis), grossie de la *Nied*; a gauche, l'*Ornes*, la *Sure*, la *Kill*,

L'*Erft*, qui arrose la Prusse Rhénane.

Les affluents de droite du Rhin en Allemagne sont :

La *Wiese*, — l'*Elz* grossie de la Dreisam (Fribourg); — la *Kinzig* (Offenbourg, Kehl); la *Renchen;* — la *Murg* (Rastadt), petites rivières qui descendent de la Forêt-Noire, dans le grand-duché de Bade ,

Le *Neckar*, long de 260 kil., vient des Alpes de Souabe, dans l'angle qu'elles forment avec la Forêt-Noire, a un cours tortueux, figurant presque une demi-circonférence, depuis Rottweil jusqu'à Mannheim dans une vallée d abord étroite, puis large et pittoresque. Il arrose, dans le Wurtemberg, Rottweil, Rothenbourg, Tubingen, Esslingen, Stuttgart, Ludwigsbourg, Heilbronn, Wimpfen ; et dans Bade, Heidelberg, Mannheim. — Ses affluents, assez importants, sont : à gauche, l'*Elsenz* (Sinzheim), l'*Enz* (Pforzheim); — à droite, la *Vils* (Gœppingen), le *Kocher* (Hall), le *Jagst* (Ellwangen). Le bassin du Neckar, de forme triangulaire, entre la Forêt-Noire et les Alpes de Souabe, est peuplé et fertile.

Le *Main* ou *Mayn*, le plus important des affluents du Rhin, par sa longueur et sa direction, a 400 kil. de cours. Il est formé du Main blanc et du Main rouge, qui descendent du Fichtel-Gebirge ; il coule de l'E. à l'O., en faisant de grandes sinuosités, qui suivent tous les détours et contours des chaînes Hercyniennes, par la Bavière septentrionale, la Hesse-Darmstadt, la Prusse, et se jette en face de Mayence. — Le Main passe à Bayreuth, Schweinfurth, Wurzbourg, Aschaffenbourg, Hanau, Offenbach, Francfort, Mayence. — Ses affluents de gauche, qui viennent du Jura Franconien, sont : la *Rednitz* ou *Regnitz* (Anspach, Furth, Erlangen, Forcheim, Bamberg), grossie de la *Pegnitz* (Nuremberg); — la *Tauber* (Mergentheim, Wertheim); les affluents de droite descendent du Thuringer-Wald, du Rhœne-Gebirge et du Taunus : l'*Itz* (Cobourg), la *Saale franconienne* (Gmunden), la *Kinzig* hessoise (Hanau), la *Nidda*.

La *Lahn* vient du Westerwald, touche à la Hesse-Darmstadt (Giessen) et arrose la Prusse.

La *Wied* arrose Altenkirchen et Neuwied (Prusse).

La *Sieg* passe à Siegen, Siegbourg (Prusse Rhénane).

La *Wipper* traverse l'un des pays les plus industrieux et les plus peuplés de l'Europe (Barmen, Elberfeld, Solingen, etc.).

La *Ruhr*, dont la vallée est également le centre d'une industrie très-active (Iserlohn, Essen).

La *Lippe* (Paderborn, Lippstadt, Hamm, Wesel), en Prusse.

2° L'*Ems* vient du Teutoburger-Wald, coule dans un pays plat et marécageux, rempli de tourbières, à travers la Westphalie et le Hanovre (Rheine, Lingen, Meppen), reçoit à droite la *Hase* (Osnabruck) et finit dans le Dollart à Emden, après un cours de 250 kil.

3° Le *Weser* (Visurgis) est formé par la *Fulda* et par la Werra ; — la *Fulda* vient du Rhœne-Gebirge (Fulda, Hersfeld, Cassel), et reçoit à gauche l'*Eder* (Fritzlar) ; — la *Werra* vient du Thuringer-Wald et arrose la Saxe ducale (Hildburghausen, Meiningen); les deux rivières se réunissent à Munden pour former le Weser, qui coule dans une vallée sinueuse jusqu'à Minden, où se trouve le défilé très-pittoresque, appelé Porte de Westphalie. Il s'élargit ensuite dans les plaines basses du Hanovre, qui sont marécageuses surtout à l'O., passe à Brême, Vegesack, Bremerhaven, où il finit par une sorte de golfe. Son cours est de 480 kil., mais la navigation est souvent gênée par le peu de profondeur des eaux.

Il reçoit à gauche, la *Hunte* (Oldenbourg), dont le bassin est marécageux ; — à droite, l'*Aller*, rivière de 200 kil. (Celle, Verden), qui vient de l'extrémité du Harz, et reçoit à gauche : l'*Oker* (Wolfenbuttel, Brunswick) et la *Leine* (Gœttingue, Hanovre), grossie à droite de l'*Innerste* (Hildesheim).

4° L'*Elbe* (Albis) vient du Schneekoppe dans le Riesen-Gebirge ; son bassin supérieur, qui comprend toute la Bohême, appartient à l'Autriche. Il traverse le défilé de Schandau, entre les deux rochers fortifiés du Kœnigstein et du Lihenstein ; il coule lentement dans une plaine monotone, marécageuse, assez fertile et bien cultivée, en inclinant vers le N.-O., baignant la Saxe royale (Pirna, Dresde, Meissen) ; la Prusse (Muhlberg, Torgau, Wittenberg, Magdebourg) ; sépare le Mecklembourg, le Lauenbourg, le Holstein du Hanovre (Lauenbourg, Hambourg, Altona et Gluckstadt) et finit par un large estuaire où est Cuxhaven. L'Elbe a 680 kil. de cours ; il est navigable depuis Schandau, malgré les bancs de sable ; les gros bâtiments de commerce remontent jusqu'à Hambourg ; c'est la grande route commerciale de l'Allemagne centrale.

Les principaux affluents de l'Elbe dans l'empire d'Allemagne sont : à gauche, la *Mulda*, formée par deux cours d'eau qui viennent de l'Erz-Gebirge, la *Mulda de Freiberg*, à l'E., la *Mulda de Zwickau* à l'O. ; la Mulda se jette dans l'Elbe au-dessous de Dessau ; — la *Saale*, le principal des affluents de l'Elbe, descend du Fichtel-Gebirge et coule dans une vallée pittoresque par la Saxe ducale (Saalfeld, Iéna), par la Saxe prussienne (Mersebourg, Halle, Kalbe) ; elle recueille toutes les eaux qui descendent des monts de Lusace, du Franken-Wald, du Thuringer-Wald et même du Harz : à droite, *Elster blanc* (Plauen, Géra, Zeiz, Leipzig), grossi de la *Pleisse* (Altenbourg, Leipzig) ; — à gauche, *Ilm* (Weimar) ; *Unstrutt* (Mulhausen), grossi de la *Gera* (Erfurt) , — la *Bode* vient du Brocken, et coule d'abord dans une vallée escarpée (Quedlinbourg).

Les affluents de droite sont : le *Schwarze-Elster* (Elster-noir), qui vient des monts de Lusace et coule dans un pays marécageux ; — le *Havel*, qui sert d'écoulement aux lacs marécageux du Mecklembourg et du Brandebourg, coule d'abord du N. au S (Templin, Spandau, Potsdam), puis de l'E. à l'O. (Brandebourg), dans un pays plat, sablonneux ou marécageux, formant souvent des lacs et des étangs. Son principal affluent est la *Sprée*, qui vient des monts de Lusace. coule du S. vers le N. d'abord dans une vallée escarpée, puis dans des plaines marécageuses (Bautzen en Saxe, Kœttbus, Berlin, Charlottenbourg) et finit à Spandau.

L'*Elde* sert d'écoulement aux grands lacs du Mecklembourg (Muritz, Calpin, Plau, Schwerin).

Le *Stœr* arrose le Holstein.

5° L'*Eider* sépare le Holstein du Slesvig, passe à Rendsbourg et finit à Tonningen.

§ 5 — Hydrographie de l'Allemagne — Versant de la mer Baltique :
Trave, Oder, Vistule, Passarge, Pregel, Niemen.

La mer Baltique reçoit la Trave, l'Oder, la Vistule, la Passarge, la Pregel, le Niemen.

1° La *Trave* vient du Holstein, passe à Lübeck et finit à Travemunde.

2° L'*Oder* vient des Geisenker-Gebirge (forêt de Liebau) dans les Sudètes ; arrose la Silésie autrichienne ; puis, en traversant, du S.-E. au N.-O., des plaines basses, sablonneuses ou marécageuses, où il change souvent de lit, la Silésie prussienne (Ratibor, Kosel, Oppeln, Brieg, Breslau, Glogau), le Brandebourg (Krossen, Francfort, Kustrin) et la Poméranie (Stettin). L'Oder forme alors le Haff, que séparent de la mer les îles de Wollin et d'Usedom, la passe de Dievenow est à l'E. de Wollin, la Swine entre Wollin et Usedom, la Peene entre Usedom et la terre ferme. L'Oder a 800 kil. de cours, dont 720 sont navigables. Il sert à peu près de limite orientale à l'Allemagne du Nord ; quoique la race allemande domine le cours inférieur de la Vistule et s'étende le plus qu'elle peut dans les pays slaves des rives orientales de la Baltique. Ses affluents de gauche sont :

L'*Oppa*, qui vient des Sudètes, coule dans une vallée escarpée, sépare les deux Silésie et passe à Troppau.

La *Neisse de Silésie* sort des Reisen-Gebirge (Glatz, Neisse).

La *Weistritz* (Schweidnitz, Lissa).

La *Katzbach* (Goldberg, Liegnitz).

Le *Bober* vient du Schneekoppe (Landshut, Bunzlau, Sagan) ; il est grossi de la *Queiss*.

La *Neisse de Lusace* vient des monts de Lusace, traverse d'abord une vallée pittoresque, puis un pays de plaines (Reichenberg, en Bohême, Zittau en Saxe ; Gœrlitz, Guben en Prusse).

L'*Ucker* arrose un pays de lacs (Prenzlow, Pasewalk) et finit dans le Haff, à Uckermunde.

La *Peene* (Anklam) se jette dans la passe de la Peene.

Les affluents de droite de l'Oder sont :

L'*Olsa*, qui arrose Teschen dans la Silésie autrichienne ; — la *Bartsch*, en Silésie ; — l'*Obra*, dans la province de Posen ; — la *Wartha* qui traverse la Pologne russe, la province de Posen (Posen, Birnbaum, Schwerin) ; le Brandebourg (Landsberg, Kustrin, où elle finit) ;

elle est grossie, à gauche, de la *Prosna* (Kalisch), qui sépare la Prusse de la Russie ; à droite, de la *Netze*, qui traverse de grands marécages.

3° La *Vistule* (Weichsel), l'ancien fleuve polonais, prend sa source dans la Galicie autrichienne, traverse la Pologne russe et finit en Prusse, où elle arrose Thorn, Kulm, Graudenz ; elle se divise en deux grands bras ; celui de l'E. ou *Nogat* passe à Marienbourg et finit dans la lagune des Frisons ; celui de l'O. se divise également en deux bras : l'un se jette dans la même lagune ; le plus occidental passe à Dantzig et finit à Weichselmunde.

La Vistule a 1,100 kil de cours ; la navigation est difficile à cause des bancs de sable et des eaux fangeuses du fleuve ; cependant c'est une route commerciale très-importante. Elle ne reçoit pas d'affluents importants en Prusse.

4° La *Passarge* traverse un pays plat, marécageux, boisé (Braunsberg), et finit dans la lagune des Frisons.

5° La *Prégel* est formée de quatre cours d'eau, Angerap, Goldap, Rominte, Inster, qui recueillent le trop plein des lacs et marais de la Prusse intérieure. Sa vallée est basse et marécageuse (Insterbourg, Wehlau, Kœnigsberg) ; elle se jette dans la lagune des Frisons. Elle reçoit a Wehlau l'*Alle*, qui vient du S. (Allenstein, Guttstadt, Heilsberg, Friedland).

6° Le *Niémen*, qui vient de Russie, arrose l'extrémité de la Prusse orientale (Tilsit) et finit dans le Kurisches-Haff.

§ 6. — Hydrographie de l'Allemagne. — Bassin supérieur du Danube — Canaux.

L'Allemagne méridionale comprend la plus grande partie du bassin supérieur du *Danube*. Le grand fleuve prend sa source dans la partie méridionale de la Forêt-Noire, la ceinture du bassin est formée à gauche par le Rauhe Alp, le Jura Franconien, le Fichtel-Gebirge et le Bœhmer Wald ; puis par la ramification du Baier-Wald ou Bairischer-Wald, qui serre de très près le cours du fleuve ; — à droite, par les Alpes de Constance, Algaviennes, Rhétiques, puis par les Alpes Salzbourgeoises et le Hausruch-Wald, entre l'Inn et la Traun.

Ce premier bassin du Danube est une plaine élevée, de forme pentagonale, fertile, peuplée, étendue surtout sur la rive droite.

Le DANUBE (Donau) est formé de deux ruisseaux, Brigach et Brege, qui descendent de la Forêt-Noire et se réunissent près de Donaueschingen (Bade). Il coule d'abord du S.-O. vers le N.-E., jusqu'à Ratisbonne, en arrosant Tuttlingen (Wurtemberg), Sigmaringen (Hohenzollern), Ulm, où il est navigable (Wurtemberg), Elchingen,

Günsbourg, Donauwœrth, Ingolstadt, Ratisbonne (Bavière) ; puis, il se dirige vers le S.-E. par Straubing et Passau (Bavière). Depuis Ulm jusqu'au confluent du Lech, la vallée est marécageuse ; jusqu'à Ratisbonne, c'est une large plaine ; au-dessous, la rive gauche est resserrée par des escarpements élevés, la rive droite est plus libre jusqu'à Passau. Les principaux affluents du premier bassin sont sur la rive droite :

L'*Ablach* (Mœsskirch) dans le duché de Bade.

La *Riss* (Biberach) dans le Wurtemberg ; — l'*Iller* (Kempten) coule dans un pays difficile et marécageux, entre le Wurtemberg et la Bavière.

Le *Lech* descend des Alpes Algaviennes, arrose le Tyrol, pénètre en Bavière par le défilé de Fussen, coule d'abord dans une vallée étroite, puis a sur sa rive gauche une plaine très-basse, que ses eaux torrentielles grossies par les crues inondent souvent ; il arrose Landsberg, Augsbourg et Rain.

Le *Paar*, l'*Ilm*, l'*Abens*, la *Gross-Laber* (Eckmuhl) sont de petites rivières, dont les vallées boisées et marécageuses ont joué un rôle important dans la campagne de 1809.

L'*Isar*, aux eaux bleues et limpides, sort du Tyrol au défilé de Scharnitz, coule en Bavière dans une vallée basse et marécageuse, mais fertile depuis Landshut, entoure des îles nombreuses et arrose Munich, Freising, Landshut ; — son principal affluent de gauche, l'*Ammer*, a un cours à peu près parallèle, forme le lac Ammer et beaucoup de marécages.

L'*Inn* vient du mont Maloia, arrose l'Engadine (Grisons), l'Innthal (Tyrol), pénètre en Bavière par le défilé de Kufstein, occupe une vallée plus large, dont la rive gauche est sillonnée de ruisseaux fangeux, mais qui reste cependant montueuse jusqu'à Braunau, il sépare alors la Bavière de l'Autriche jusqu'à Passau. L'Inn a 400 kil. de longueur, son lit est large, profond, rapide, mais la navigation y est très-difficile ; — ses affluents sont à droite : l'*Alz*, qui sert d'écoulement au lac de Chiem ; et la *Salza*, rivière torrentueuse, qui descend du pic des Trois-Seigneurs, coule dans un pays tourmenté, pittoresque, riche, et sert aussi de limite à la Bavière et à l'Autriche. La Salza et l'Inn couvrent assez bien l'Autriche sur cette frontière.

Les affluents de gauche du Danube, moins considérables, sont de petits torrents :

La *Wernitz* (Œttingen), en Bavière, qui finit à Donauwœrth, reçoit l'*Eger* (Nordlingen), et a une vallée célèbre au point de vue militaire.

L'*Altmuhl* traverse un pays assez difficile et passe à Eichstædt.

Le *Naab* descend du Fichtel-Gebirge et finit au-dessus de Ratisbonne.

La *Regen* vient du Bœhmer-Wald, a un bassin très-étroit, parallèle au Danube, passe à Cham et finit à Ratisbonne (Regensbourg).

Ce premier bassin du Danube comprend une partie de Bade, du Wurtemberg, la plus grande portion de la Bavière ; et, dans l'empire d'Autriche, le Tyrol et le Salzbourg.

Canaux. — Des canaux réunissent dans l'Allemagne du Nord les bassins de la Vistule, de l'Oder, de l'Elbe, et les deux mers, Baltique et du Nord :

1° Le *canal de Bromberg*, entre la Vistule et la Netze, affluent de la Wartha, qui se jette dans l'Oder.

2° Le *canal Frédéric-Guillaume*, entre l'Oder et la Sprée, affluent du Havel, qui se jette dans l'Elbe.

3° Le *canal Finow*, entre l'Oder et le Havel.

4° Le *canal de l'Eider*, entre Kiel et l'Eider, unit directement la mer Baltique à la mer du Nord.

Dans l'Allemagne méridionale le *canal Louis*, long de 174 kil., exécuté en 1825, unit l'Altmühl, affluent du Danube, à la Regnitz, affluent du Main ; il établit une longue ligne de navigation, au centre de l'Europe, entre la mer Noire et la mer du Nord.

§ 7. — Grandes divisions physiques de l'Allemagne

La véritable Allemagne s'étend donc de la mer du Nord et de la Baltique aux grandes Alpes, de la vallée du Rhin au cours de l'Oder ou aux embouchures de la Vistule. C'est un vaste pays qui manque d'unité géographique ; ses différentes parties sont séparées par des montagnes, sans être unies par leurs bassins, elle offre toutes ses faces à l'Europe, et voilà pourquoi elle a été si longtemps divisée ; voilà pourquoi elle a toujours menacé de verser de plusieurs côtés à la fois ; voilà pourquoi elle s'est répandue dans toutes les directions. Le centre géographique de l'Allemagne est un sommet, le Fichtel-Gebirge ; elle n'a pas de bassin, qui attire comme la Seine, le Tage ou le Tibre ; ses grands fleuves, le Rhin, le Danube, et même l'Elbe et l'Oder, ont des bassins excentriques.

Elle comprend trois régions bien distinctes au point de vue de la géographie physique : la *haute Allemagne*, au S. ; la *basse Allemagne*, au N. ; le *bassin du Rhin*, à l'O.

La HAUTE ALLEMAGNE est séparée de la basse, de l'E. à l'O., depuis l'Altvater, le *vieux père*, des Sudètes jusqu'au cours moyen du Rhin, par une ligne non interrompue de plateaux élevés, que surmontent des montagnes d'une hauteur moyenne, couvertes de forêts : les masses basaltiques, aux sommets coniques et chauves, des Riesen-Gebirge ; — les monts Métalliques, aux flancs plus arrondis, revêtus de sapins et de mélèzes, avec leurs richesses abondantes ; — le nœud remarquable du Fichtel-Gebirge ; — les plateaux allongés du Frankenwald, aux sommets âpres et volcaniques, — le Rhœne-Gebirge et le Spesshardt, avec leurs cratères éteints et leurs mines de fer ; — le massif du Taunus, aux sites délicieux, aux eaux sulfureuses et minérales.

La haute Allemagne, de création plus ancienne, forme au centre de l'Europe un plateau vaste, montueux, inégal, coupé de montagnes que couvrent de nombreuses forêts, sillonné par de rapides torrents qui s'échappent à travers des ravins, dans d'étroites vallées, pour s'arrêter en plaine et former de grands fleuves, le Rhin, le Danube, l'Elbe. Elle est dominée au S. par les hauts glaciers des grandes Alpes : mais une partie seulement de la chaîne limite la région Allemande : les Alpes Rhétiques ou du Tyrol, percées par le col du Brenner, qui conduit en Italie, et continuées par les Alpes Carniques, qui séparent la Carinthie allemande de la Vénétie. L Allemagne du Sud, abritée par les montagnes contre les vents et les influences maritimes, a un climat assez régulier, sain quoique froid ; à cause de la hauteur des plateaux ; de riches prairies s'étendent sur les pentes des montagnes, et les plateaux sont favorables à toutes les cultures, surtout à celle des céréales.

Elle est elle-même divisée en trois bassins opposés dos à dos et tournés vers l'Est, vers l'Ouest et vers le Nord :

1° Le BASSIN DU DANUBE supérieur, tourné vers l'Est, est un triangle, dont le sommet est au Fichtel-Gebirge et la base aux grandes Alpes ; le côté de l'Est est formé par le Bœhmer-Wald ; celui de l'Ouest par le Jura Franconien, le Rauhe Alp et l'extrémité méridionale de la Forêt-Noire. Il renferme la Bavière, le Tyrol autrichien, et c'est par l'angle S.-E que le Danube, resserré entre les montagnes, s'échappe en arrosant la haute et la basse Autriche.

2° Le BASSIN, TOURNÉ VERS L'OUEST, est également triangulaire ; le sommet est encore au Fichtel-Gebirge, la base est formée par le Schwarzwald et l'Odenwald, le côté S.-E. par le Jura Franconien et le Rauhe Alp ; le côté N. par la chaîne Hercynienne, du Fichtel-Gebirge au Taunus. C'est un bassin secondaire, qui relie la haute Allemagne au bassin du Rhin, il renferme le Main, retenu dans la haute Allemagne par la chaîne Hercynienne, véritable fossé au pied du rempart qui sépare les deux Allemagnes ; — et le Neckar, qui vient de l'angle S.-O. et se fraye un chemin à travers les collines du Centre. Ces deux cours d'eau, après avoir arrosé de verdoyantes vallées, couvertes de châtaigniers, font comme une sorte de violente trouée pour arriver au Rhin, le Main, entre le Taunus et l'Odenwald; le Neckar, entre l'Odenwald et le Schwarzwald. C'est le pays de la vieille Franconie et de la Souabe poétique; c'est aujourd'hui le Wurtemberg et Bade.

3° Le BASSIN DE LA BOHÈME, l'un des pays les plus anciens de l'Europe, à moitié allemand, à moitié slave, par sa population et son histoire, est de forme quadrangulaire. C'est un plateau élevé, froid, tourné vers le N., dont toutes les eaux se réunissent dans l'Elbe, qui, lui aussi, doit faire un grand effort pour rompre le cercle des montagnes et qui s'échappe péniblement vers l'Allemagne du Nord par le célèbre défilé de Schandau. Ce bassin sert de transition entre la haute et la basse Allemagne; il appartient à l'Autriche.

La BASSE ALLEMAGNE, ou ALLEMAGNE DU NORD, est bien différente de la région précédente. Lorsque l'on quitte la ligne de séparation des deux Allemagnes, les montagnes s'abaissent rapidement et disparaissent, les forêts s'éclaircissent et se perdent dans de vastes plaines, basses et monotones, couvertes de landes, de sables, de tourbières, de marécages d'une teinte grisâtre, presque sans végétation naturelle. Ces plaines uniformes sont arrosées par des cours d'eau, dirigés parallèlement du S.-E. vers le N.-O., à la pente peu sensible, larges, inondant souvent leurs rives plates et marécageuses, communiquant parfois par des marais, finissant par de larges estuaires, embarrassés d'îlots et de bancs de sable funestes aux navires. L'Allemagne du Nord, pays triste, est exposée aux vents froids et aux brouillards humides de la mer du Nord, si souvent orageuse, et de la morne Baltique, le ciel est presque toujours d'un gris de plomb, et l'homme est forcé de lutter contre les landes et les marais pour assurer sa subsistance. Au S. de cette région, on trouve adossée aux montagnes l'heureuse Saxe, et, plus vers l'O., les Hesses, là où deux ramifications se détachent de la chaîne Hercynienne, le Thuringerwald, terminé par le massif du Harz, et les collines du Rothaar, de l'Egge, jusqu'aux forêts du Teutoburgerwald. Mais dans la vaste plaine qui couvre presque toute la région, la même monotonie se retrouve dans la Westphalie, entre le Rhin et le Weser, dans le Hanovre, entre le Weser et l'Elbe; dans le Brandebourg, entre l'Elbe et l'Oder; dans la Prusse proprement dite, le pays le plus morose et le plus excentrique de l'Allemagne.

Enfin la troisième région n'appartient pas exclusivement à l'Allemagne, mais elle contient plusieurs de ses États occidentaux, c'est le BASSIN DU RHIN. Il s'étend du S. au N., des Alpes à la mer du

Nord, rattaché à l'Allemagne par les bassins secondaires du Main et du Neckar ; mais aussi rattaché à la France par le bassin de la Moselle C'est une longue vallée, tantôt large, tantôt étroite, toujours belle, qui participe de la nature et du climat de la haute et de la basse Allemagne. C'est l'un des pays les plus salubres, les plus riches et les plus aimables de l'Europe. Quoi qu'en aient dit les Allemands de tous les âges, et trop souvent des Français plus enthousiastes que réfléchis, le Rhin n'est ni un fleuve allemand, ni un fleuve français, c'est un FLEUVE EUROPÉEN, comme le Danube. Son bassin, intermédiaire entre les régions allemande et française, contient une Suisse rhénane, une France et une Allemagne rhénane, et dans l'Allemagne elle-même Bade, une Bavière rhénane, une Hesse rhénane, une Prusse rhénane ; enfin des Pays-Bas rhénans. Aussi, comme l'a dit avec raison le dernier historien français de l'Allemagne, « le Rhin et le Danube doivent être politiquement partagés. le Rhin par ses rives surtout, et le Danube par ses bassins. Ce partage même est la condition de la paix, puisqu'ils appartiennent à tous et sont utiles à chacun, et que leur possession par un seul est une menace pour tous les autres. En possession indivise, ils unissent ; exclusive, ils séparent. La barbarie seule encore peut faire et fait, de leur possession plus ou moins exclusive, un sujet de conflit. Vouloir être maître du Rhin et du Danube, c'est prétendre dominer de la mer du Nord au Bosphore, c'est vouloir être maître de l'Europe entière. » (M. Zeller.)

La géographie physique de l'Allemagne a exercé et exerce encore une grande influence sur les populations qui l'habitent. Dans l'Allemagne du Sud, au climat plus heureux et plus riant, les caractères ont plus d'expansion, de gaieté, d'imagination ; c'est le pays où les arts ont dû surtout se développer. Dans les tristes et pauvres plaines de l'Allemagne du Nord, l'homme est plus porté à l'isolement, à la retraite, à la réflexion laborieuse ; c'est le pays de la science, de la recherche solitaire, de la philosophie audacieuse, de l'abstraction stérile. Partout, mais surtout dans le Nord, il a fallu triompher de la nature, et le travail pénible a formé une population patiente et rude, faite surtout pour le travail et pour la guerre.

A toutes les époques, depuis les vieux Germains, les habitants de ces plaines stériles et brumeuses ont essayé de peser sur les hommes du Sud, pour les entraîner sur les régions plus heureuses du Midi et de l'Occident.

CHAPITRE II

GÉOGRAPHIE POLITIQUE DE L'EMPIRE D'ALLEMAGNE

§ 1 — Grandes divisions.

L'Empire d'Allemagne comprend 26 États, qui subissent plus ou moins l'hégémonie de la Prusse, dont le souverain est maintenant Empereur. La Prusse s'étend dans toute l'Allemagne du Nord, de la Belgique et des Pays-Bas, à l'O., jusqu'à la frontière de Russie, à l'E. L Elbe divise à peu près l'Allemagne du Nord en deux parties : la partie orientale comprend, outre les provinces prussiennes de Brandebourg, Slesvig-Holstein, Poméranie, Silésie, Posen et Prusse, les deux duchés de Mecklenbourg et la république de Lubeck. Le royaume de Saxe, la province prussienne de Saxe, le duché d'Anhalt et la république de Hambourg, sont arrosés par l'Elbe La partie occidentale comprend, outre les provinces prussiennes de Hanovre, Hesse-Nassau, Westphalie et du Rhin, le duché d'Oldenbourg et la république de Brême, au N.; le duché de Brunswick, la principauté de Waldeck, les deux principautés de Lippe-Schaumbourg et de Lippe-Detmold, au Centre; les duchés de Saxe-Weimar, Saxe-Meiningen, Saxe-Altenbourg, Saxe-Cobourg-Gotha, les principautés de Reuss-Greiz et de Reuss-Schleiz, et les deux principautés de Schwarzbourg-Rudolstadt et de Schwarzbourg-Sondershausen, au S.-E.; ces huit derniers États forment ce qu'on appelle les États de Thuringe.

L'Allemagne du Sud est à peu près limitée au N. par le cours du Main, elle renferme les royaumes de Bavière et de Wurtemberg; les grands-duchés de Bade et de Hesse-Darmstadt, et l'Alsace-Lorraine.

I° — ROYAUME DE PRUSSE. — Le royaume de Prusse, situé au N. de l'Allemagne, des frontières de Belgique et des Pays-Bas a l'O., jusqu'aux frontières de Russie à l'E., est de beaucoup le plus considérable et le plus important des États de l'Empire d'Allemagne, qu'il dirige presque complétement, et auxquels il s'efforce d'imposer, outre son organisation militaire et sa politique extérieure, ses lois, ses mœurs, ses intérêts, de manière à former au profit de la Prusse la grande unité allemande.

Il se compose de 11 provinces : six dans la partie orientale, au-delà de l'Elbe: la Prusse, la Posnanie, la Silésie, la Poméranie, le Brandebourg et le Slesvig-Holstein ; une au centre, sur l'Elbe, la

Saxe ; quatre dans la partie occidentale, le Hanovre, la Hesse-Nassau, la Westphalie, la Prusse Rhénane. Nous les décrirons dans cet ordre.

§ 2 — Prusse proprement dite; Posen; Silesie; Pomeranie; Brandebourg, Slesvig-Holstein. — Description, villes principales

1° La PRUSSE, au N.-E. de la monarchie, comprend le bassin inférieur de la Vistule, le bassin de la Passarge et de la Prégel ou Memel, le bassin intérieur du Niémen. On la divisait jadis en *Prusse occidentale*, sablonneuse sur les bords de la mer, fertile sur les bords de la Vistule; et *Prusse orientale*, formée de dépôts diluviens et encore couverte de lacs. Il y a peu de richesses minerales, des forêts considérables de pins et de bouleaux; beaucoup de terres sont encore en bruyères ; cependant, quoique peu fertile, le sol bien cultivé produit assez de céréales, d'orge, d'avoine, de lin, de chanvre, de houblon, de garance, de colza, de tabac, etc. Les prairies et pâturages nourrissent un nombreux bétail, bêtes à cornes, chevaux, moutons, porcs. L'industrie n'est pas très-développée (distilleries, brasseries, filatures, tissus de laine, etc.).

Les villes principales de ses 4 arrondissements sont :

Kœnigsberg, sur la Prégel, place forte de première classe, célèbre université avec un observatoire, fabrique des étoffes de fil et de laine, des mécaniques, machines, outils ; son commerce de blés, bois, chanvre, lin, laines, est assez actif; 112,000 hab., — *Pillau* lui sert d'avant-port ; elle est fortifiée et on y construit beaucoup de navires ; — *Memel*, a l'entrée du Kurisches-Haff, également fortifiée, fait commerce de chanvre, de lin et de bois ; elle a une école de navigation ; 18,000 hab.; — *Wehlau*, sur la Prégel, grands marchés de chevaux ; — *Braunsberg*, sur la Passarge ; commerce de grains et de fils de lin ; 10,500 hab.; dans la vallée de l'Alle, *Allenstein, Guttstadt, Heilsberg, Eylau, Friedland*, célèbres par les combats de 1807.

Gumbinnen, sur la Rominte, a l'E. de Kœnigsberg ; 7,000 hab., — *Instenbourg*, sur la Prégel, ville d'industrie 8,000 hab.; *Tilsit*, sur le Niémen, centre d'un commerce actif, où fut signé le traité de 1807 ; 17,000 hab.

Dantzig, à 5 kil. de l'embouchure de la Vistule, grand port d'exportation pour les grains, les bois, les graines de lin et de colza, les salaisons ; centre du commerce de l'ambre, a des raffineries de sucre et des distilleries d'eau-de-vie renommée; c'est une grande place forte, qui a subi des siéges célèbres en 1734, 1807, 1813 ; 90,000 hab.; — *Weichselmunde* défend l'entrée de la Vistule ; —

Oliva, au N.-O. de Dantzig, où fut signé le traité de 1660 ; — *Héla*, petit port avec un beau phare, à l'extrémité de la presqu'île de ce nom ; — *Elbing*, près de l'embouchure du Nogat, importante par son commerce de blé, chanvre, suifs, par ses constructions navales et son industrie ; 31,000 hab. ; *Marienbourg*, sur le Nogat, ancienne capitale de l'ordre Teutonique ; fabriques de draps, brasseries, distilleries ; le territoire est très-fertile, surtout, en fruits ; 8,000 hab. ; — *Stargardt*, à l'O. de la Vistule, sur la Ferse ; lainages, toiles.

MARIENWERDER, à la droite de la Vistule ; fabriques de draps et de toiles ; 7,000 hab. ; — *Graudenz*, ville bien fortifiée sur la rive droite de la Vistule ; commerce de grains ; 13,000 hab. ; — *Culm*, sur la Vistule, toiles, lainages ; 6,000 hab. ; *Thorn*, ville forte, sur la rive droite du fleuve, près de la frontière de Pologne ; patrie de Copernic ; 16,000 hab.

2° La province de POSEN ou POSNANIE, au S.-O. de la province de Prusse, comprend la plus grande partie du bassin de la Wartha, jadis enlevée à la Pologne. C'est un pays plat, sablonneux, marécageux, avec des parties où le sol, formé de limon et d'argile, produit en abondance des céréales, du chanvre, du lin, du tabac, du houblon. Il y a beaucoup de bétail, de volailles, d'abeilles. Les fabriques de lainages et de cotonnades sont actives, il y a un grand nombre de tisserands, juifs surtout, dans le voisinage de la Silésie.

Elle est divisée en deux arrondissements :

POSEN, place forte sur la Wartha, archevêché ; fabriques d'armes et de tabac ; foires très-importantes pour les laines, 53,000 hab. ; — *Meseritz*, à l'O., sur l'Obra ; draps ; 5,000 hab. ; — *Fraustadt*, au S.-O. ; commerce de blés, laine, bétail ; 7,000 hab. ; — *Lissa*; 9,000 hab. ; et *Rawicz*, 9,000 hab., sur les frontières de la Silésie ; villes où l'on tisse beaucoup de draps

BROMBERG, au N.-E. de Posen, sur le canal qui joint la Netze à la Vistule ; commerce de laines, cuirs et bois ; distilleries d'alcool ; 28,000 hab. ; — *Gnesen*, au N.-E. de Posen, la plus ancienne ville de Pologne ; archevêché ; grands marchés de bœufs et de chevaux ; 6,000 hab.

3° La SILÉSIE (Schlesien), au S. de la prov. de Posen, comprend le bassin de l'Oder supérieur, touche à la Vistule au S.-E., à la Sprée au N.-O. Elle s'appuie aux monts des Géants et aux ramifications des Sudètes ; mais la plus grande partie est un pays plat ou faiblement accidenté. Le climat est rude ; l'air est sain dans le Sud, dans le Nord les étangs nombreux rendent l'air moins salubre. Elle renferme de grandes richesses minérales : ardoises, pierres meulières, marbre, serpentine, porphyre, cornalines, onyx, agates; de la houille (Schweidnitz, vallée de la Neisse), de la tourbe ; de l'alun, du zinc (haute Silésie); du plomb argentifère (Tarnowitz) et surtout du fer en quantité considérable. La plaine produit beaucoup de céréales, froment et seigle, d'orge, d'avoine, de pommes de terre, du lin, du chanvre en abondance, de la garance, etc. On trouve de grandes forêts de chênes, de pins, de sapins, de mélèzes, d'où on tire de la térébenthine, du goudron, de la potasse. Il y a beaucoup de bêtes à cornes, de moutons améliorés par l'introduction des mérinos et donnant une laine estimée. La Silésie est renommée pour ses fabriques de toiles, ses tissus de coton et de laine, ses verreries, raffineries de sucre de betteraves, porcelaines, papeteries, etc.

La Silésie se divise en 3 arrondissements :

Breslau, sur l'Oder, a une université, de belles bibliothèques, de nombreuses écoles. C'est le centre du commerce de la Silésie; grandes foires de bestiaux et surtout de laine; fabriques de draps, toiles, soieries, glaces, tabac; distilleries d'alcool, poteries, etc. Ses fortifications ont été détruites en 1807; 208,000 hab.; — *Leuthen* et *Lissa*, villages à l'O.; célèbres par la victoire de Frédéric II, en 1757; — *Ohlau*, au S.-E., sur l'Oder; fabriques de linge damassé; — *Brieg*, sur l'Oder ; toiles rayées ; 13,000 hab. ; — *Mollwitz*, au S.-O.; victoire de Frédéric II en 1741; — *OEls*, au N.-E. de Breslau, ch.-l. d'une principauté appartenant au duc de Brunswick; — *Reichenbach*, au S.-O., célèbre par les combats de 181); 6,000 habit.; - *Schweidnitz*, au S.-O. de Breslau, place forte ; fabriques de lainages, toiles, soieries; commerce de grains, bétail, laine, houille, etc.; 12,000 hab., — *Silberberg*, forteresse importante, et *Glatz*, place forte sur la Neisse (10,000 hab.), qui défendent les passages conduisant en Bohême et en Moravie.

Liegnitz, à l'O. de Breslau, sur la Katzbach, centre d'une grande fabrication de draps; commerce de garance; 23,000 hab.; — *Goldberg*, au S.-O., sur la Katzbach ; draps ; 7,000 hab. ; — *Parchwitz*, sur la Katzbach, où fut signé un armistice, 4 juin 1813 ; — *Landshut*, sur la Bober ; toiles ; 5,000 hab ; — *Hirchsberg*, au S.-O., sur la Bober; commerce de toiles ; 10,000 hab.; — près de la *Warmbrunn*, dont les eaux thermales sont très-fréquentées ; — *Bunzlau*, sur la Bober, à l'O. de Liegnitz: poterie de grès, draps; 6,000 hab.; — *Sagan*, sur la Bober ; — *Glogau*, ville forte sur l'Oder ; commerce de grains ; manufactures de cotonnades ; 14,000 hab.; — *Grünberg*, au N.-O.; draps, filatures de laine, indiennes; 10,000 hab.; — *Gœrlitz*, à l'O., sur la Neisse de Lusace, ville importante par son industrie des draps, des cotonnades, ses fabriques de potasse et ses établissements littéraires; 42,000 hab.

Oppeln, sur l'Oder, dans la haute Silésie ; draps, cuirs; 10,000 hab.; — *Gleiwitz*, au S.-O., fabriques de draps, de fer, fonderie de canons ; 12,000 hab.; — *Tarnovitz*, au S.-E. d'Oppeln ; mines de zinc, fer, plomb, calamine, etc.; — *Kosel*, place forte sur l'Oder, — *Ratibor*, plus au S., sur l'Oder ; industries mécaniques; 13,000 hab.; — *Leobschutz*, au N.-O. de Ratibor ; verrerie ; 8,000 hab.; — *Malapane*, a l'E. d'Oppeln ; usines de fer et de zinc, fabrique d'armes, fonderie de canons; — *Neisse*, place forte sur la Neisse ; lainages, rubans, fils, armes blanches ; 19,000 hab.

4° La POMÉRANIE (*Pommern*) s'étend sur les bords de la mer Baltique, entre la Prusse a l'E. et le Mecklenbourg à l'O. Elle est en grande partie dans le bassin de l'Oder. C'est un pays plat, couvert de petits lacs et de marais, où règnent de fréquents brouillards; l'hiver est rigoureux. Il y a peu de richesses minérales, mais des forêts et des tourbières considérables. La terre est peu fertile et produit cependant, surtout dans les îles, des céréales, du lin, du tabac, des pommes de terre; la pêche est abondante. Les pâturages nourrissent assez de bétail. Il y a peu d'industrie, mais le commerce est actif.

Elle se divise en 5 arrondissements :

Stettin, grande place de guerre sur la rive gauche de l'Oder, fabrique draps, lainages, serges, bonneterie, cuirs ; construit des navires ; exporte des grains, des bois, des eaux-de-vie, et a des brasseries renommées ; 76,000 hab.; — *Anklam*, sur la Peene, fait un commerce actif ; 12,000 hab.; — *Swinemunde*, dans l'île d'Usedom, est l'avant-port de Stettin; 5,000 hab.; — *Stargard*, à l'E. de l'Oder, sur l'Ihna, a des foires importantes et fabrique des toiles et des cuirs ; 16,000 hab.

Stralsund, place forte sur le Gellen, en face de Rugen, a un arsenal, exporte des grains, des bois, des toiles, des draps, et a des foires à laine importantes ; 27,000 hab.; — *Greifswald* au S.-E.; port de commerce, près de salines considérables, a de nombreuses fabriques, des chantiers de construction, une université ; 17,000 hab.; prés de là est *Eldena*, où est une académie royale d'agriculture ; — *Wolgast*, port a l'embouchure de la Peene ; — l'île de *Rugen*, accidentée, pittoresque, très-fertile, peuplée de 35,000 hab , renferme plusieurs petites villes, *Bergen* en est la capitale.

Kœslin, près de la mer, au N.-E. de Stettin, à l'embouchure de la Persante ; 10,000 hab. ; — *Kolberg*, place forte, port de commerce, a des fabriques de draps et de toiles; aux environs, salines,

12.

15,000 hab.; — *Stolpe*, au N. E., sur la Stolpe, ville de commerce ; 12,000 hab.

5° Le BRANDEBOURG (*Brandenburg*), au S.-O de la Poméranie, comprend le bassin du Havel (Elbe) et une partie des bassins de la Neisse et de la Wartha (Oder). C'est un pays plat, sablonneux, avec un grand nombre de petits lacs et de marais. Le Nord est rebelle à la culture ; le Sud est assez fertile, à force de travail. L'air est doux et humide, mais il y a de fréquentes variations de température. Les produits minéraux sont peu nombreux ; on y trouve cependant de la craie, de l'argile à poterie, de la houille, du fer, des tourbières. Il y a des forêts de chênes, de hêtres, de frênes, de pins et de sapins ; beaucoup de terres ont été déboisées et défrichées ; on récolte surtout du lin, du chanvre, du tabac, du houblon, des céréales, des betteraves ; cependant la production est insuffisante. Il y a beaucoup de bêtes à cornes, de moutons ; les chevaux sont de petite race ; on s'occupe avec succès de l'élève des vers à soie et des abeilles ; les rivières et les étangs sont poissonneux. L'industrie est développée, surtout celle des toiles de lin et de coton, des soieries, des draps, des porcelaines, des verreries ; on travaille le fer, la fonte ; il y a beaucoup de fabriques de produits chimiques.

La province se divise en deux arrondissements.

BERLIN, par 31°3'29" long E., et 52°31'12" lat. N., à 1075 kilom. N. E. de Paris ; sur la Sprée, au milieu d'une plaine sablonneuse, capitale de la monarchie, est une des grandes etbelles villes de l'Europe par sa population et par ses monuments (palais du roi, théatres, églises, etc.). Elle a une université célèbre, de riches bibliothèques, de nombreux établissements scientifiques, littéraires et militaires, comme les académies des sciences, des beaux-arts, l'observatoire. C'est une ville d'industrie : machines, outils, orfèvrerie, fontes artistiques en fer, draps, tapis, cotonnades, porcelaines, produits chimiques, etc. Il s'y tient de grands marchés de laines et son commerce est très-considérable ; 830,000 hab. — *Charlottenbourg*, sur la Sprée ; château royal célèbre, a l'O. de Berlin ; 8,000 hab. ; — *Spandau*, à l'O. de Berlin, ville fortifiée au confluent de la Sprée et du Havel ; toiles, rubans, distilleries, manufacture d'armes ; 16,000 hab. ; — *Potsdam*, au S.-O., sur un lac formé par le Havel ; chateau royal celebre ; manufacture d'armes à feu ; manufactures de cotonnades, de lainages, de soieries ; ville fortifiée avec une nombreuse garnison ; 44,000 hab. ; — aux environs sont les chateaux de *Sans-Souci*, du *Palais-Neuf*, du *Palais de Marbre*; — *Gross-Beeren* et *Dennewitz*, au S. de Berlin ; combats de 1813, — *Neustadt-Eberswalde*, au N -E. ; école forestière , eaux minérales ; 15,000 hab. ;

— *Prenzlow*, au N., sur l'Ucker; draps, toiles, cuirs; commerce de grains et de bestiaux; 16,000 hab.; — *Neu-Ruppin*, au N.-O.; 10,000 hab.; près de là est le château royal de *Rheinsberg;* — *Wittstock*, au N.-O.; fabriques de draps; bataille de 1636; 7,000 hab.; — *Brandebourg*, sur le Havel; draps, toiles, papiers de tenture; 26,000 hab.

Francfort-sur-l'Oder, grande ville de commerce; il y a trois foires importantes pour les toiles, les soieries, les pelleteries, la bonneterie, les graines de lin; 43,000 hab., près de là est *Kunersdorf* où les Prussiens furent battus, en 1759; — *Kustrin*, place forte au confluent de l'Oder et de la Wartha; arsenal; industrie active; 10,000 hab.; — près de là est le village de *Zorndorf*, où les Prussiens furent victorieux en 1758; — *Landsberg*, sur la Wartha, ville d'industrie, 12,000 hab.; — *Krossen*, au confluent de l'Oder et de la Bober; draperies, bonneterie; 6,000 hab.; — *Zullichau*, à l'E., près de l'Oder; victoire des Russes en 1759; — *Guben*, sur la Neisse; draps, laines, cuirs; 12,000 hab; — *Sorau*, au S.-E., fabriques de bougies, 8,000 hab; — *Kottbus*, au S. de Francfort, sur la Sprée; draps, cotonnades, toiles; 10,000 hab.

6° La province de SLESVIG-HOLSTEIN, enlevée au Danemark, en 1864, est restée à la Prusse, après le traité de Prague, 1866. Le SLESVIG (Schleswig), au S. du Jutland, comprend la partie la plus étroite de la péninsule; c'est un pays plat, avec un grand nombre de petits lacs marécageux; la côte occidentale est vaseuse, peu fertile, avec des îles protégées par des digues; la partie orientale, plus haute, produit assez de céréales, a de vastes pâturages où on élève des chevaux estimés, des bêtes à cornes, des moutons. Les tourbières sont abondantes. — Le HOLSTEIN, au S., s'étend de l'Eider et du golfe de Kiel à l'Elbe; c'est un pays également plat, avec quelques collines arides au centre, offrant des sites pittoresques à l'E., mais bas, monotone, à l'O., surtout dans le *Ditmarschen*. Il est fertile en céréales, bois, pâturages et nourrit beaucoup de bestiaux et surtout de chevaux.

Dans le Slesvig on trouve : Slesvig, port à l'extrémité du Sliefiord; près de là est l'ancien château de Gottorp; 11,000 hab.; — *Hadersleben*, au N., près de la côte orientale; commerce de grains; 4,000 hab.; — *Apenrade*, port commerçant, sur une baie de la Baltique; — *Duppel*, ville fortifiée sur le détroit d'Alsen, célèbre par les combats de 1864; — *Sonderbourg* et *Augustenbourg* dans l'île d'Alsen; — *Flensbourg*, port très-fréquenté, sur un golfe de la Baltique, commerce de grains; construction de navires; industrie variée; 23,000 hab.; — *Eckenfœrde*, port excellent, fait un commerce actif; — dans le Slesvig occidental, *Tondern* et *Husum*; commerce de grains et de bestiaux ;— *Tœnningen*, à l'embouchure de l'Eider, exporte beaucoup de bestiaux ; — *Friedrichstadt*, place fortifiée sur l'Eider.

Dans le Holstein, Gluckstadt, sur la rive droite de l'Elbe ; école de marine, 6,000 hab. ; — *Altona*, séparée de Hambourg par une colline, ville de commerce importante, a des chantiers de construction ; 74,000 hab. ; — *Itzehoe*, au N.-O. ; commerce de grains et de bestiaux ; 6,000 hab. ; — *Rendsbourg*, sur l'Eider et le canal qui joint la Baltique a la mer du Nord ; grand commerce de transit ; — Kiel, sur un golfe de la Baltique, à l'extrémité du canal, port considérable où l'on a fait récemment de nombreux travaux ; Université ; 32,000 hab.

§ 3. — Prusse centrale. — Saxe prussienne, villes

7° La province de SAXE (*Sachsen*) est située à l'O. du Brandebourg. Elle est tout entière comprise dans la partie la plus importante du bassin de l'Elbe. Le pays est plat, et même marécageux par places ; elle touche vers l'O. au Harz et aux contre-forts du Thuringer-Wald. Le climat est doux et salubre. Le Harz a de grandes richesses minérales, fer, argent, cuivre, cobalt, alun, houillères, salines, etc.

La terre est fertile en grains, fruits, lin, chanvre, tabac, colza, garance, safran, betteraves, chicorée, etc. La laine des moutons est renommée ; il y a beaucoup de gros bétail et assez de chevaux. L'industrie est variée : fer, étoffes, distilleries, fabriques de sucre de betteraves.

Elle se divise en 3 arrondissements :

Magdebourg, grande place forte sur l'Elbe, arsenal ; fabrique des draps, des étoffes de laine, de coton, de fil, du sucre de betteraves ; son commerce est considérable ; 85,000 hab. ; — *Schœnebeck*, au S.-E., sur l'Elbe ; produits chimiques ; salines, bains d'eau salée ; 9,000 hab. ; — *Burg*, au N.-E., à la droite de l'Elbe ; draps ; 15,000 hab. ; — *Stendal*, à la gauche de l'Elbe, ancienne résidence des margraves ; 7,000 hab. ; — *Halberstadt*, sur la Holzemme, au N.-E. du Harz, produits agricoles ; 25,000 hab. ; — *Wernigerode*, sur la Holzemme, au pied du Brocken, forges, distilleries ; commerce de blé et de bois ; 7,000 hab. ; — *Quedlinbourg*, au S.-E. d'Halberstadt, dont le château a été jadis célèbre, commerce de blé et bestiaux ; 16,000 hab. ; — *Ilsenbourg*, dans le Harz ; nombreuses usines à fer ; — *Aschersleben*, à l'E., sur la Wipper ; marches de bestiaux ; toiles, flanelles ; 13,000 hab.

Meusebourg, sur la Saale, au S.-E. de Magdebourg ; grande fabrication de bière renommée ; 13,000 hab. ; — *Eisleben*, au N.-O., où naquit Luther; 9,000 hab.; — *Hettsdœdt*, près de riches mines de cuivre et d argent, à peu de distance de *Mansfeld*; — *Halle*, sur la Saale; université importante; fabriques de quincaillerie, d'amidon; salines, eaux minérales ferrugineuses; 53,000 hab.; — *Torgau*, à l'E., place forte sur l'Elbe; 12,000 hab.; — *Wittenberg*, au N.-O., sur l'Elbe, place forte, ancienne résidence des électeurs de Saxe, eut une université où Luther commença à prêcher sa réforme; sucre de betteraves, couleurs, acide sulfurique; 13,000 hab.; — *Muhlberg*, au S.-E., sur l'Elbe; victoire de Charles-Quint, en 1547; — *Eilenbourg*, sur la Mulde; cotonnades; 10,000 hab.; — *Lutzen*, à l'E. de la Saale, célèbre par les batailles de 1632 et de 1813, — *Weissenfels*, sur la Saale; filatures, passementerie, fabriques d'amidon, orfévrerie; 12,000 hab.; — *Zeiz*, sur l'Elster Blanc; draps, casimir, bougies; 12,000 hab.; — *Naumbourg*, au confluent de la Saale et de l'Unstrutt; bonneterie, parfumerie, grande fabrication de souliers; 16,000 hab.;' — aux environs, *Rosbach*, au N.-E., bataille de 1757; *Kœsen* et *Averstædt*, au S.-O.; batailles de 1813 et de 1806.

ERFURT, au S.-O. de Magdebourg, ville forte sur la Géra; nombreux établissements d'instruction, fabriques de tissus de laine, de cotonnades, de rubans, de fil; fameux congrès de 1808; 44,000 hab.; — *Langensalza*, au N.-O. d'Erfurt, eaux sulfureuses; 9,000 hab.; — *Muhlhausen*, sur l'Unstrutt; cotonnades, lainages; 15,000 hab.; — *Nordhausen*, au S. du Harz; distilleries, produits chimiques, cotonnades; commerce de grains et bestiaux; 19,000 hab.; — *Suhl*, dans une enclave de la Saxe ducale, au S.-O.; fabriques d'armes, quincaillerie; 8,000 hab.

§ 4 — Prusse occidentale. — Hanovre, Hesse-Nassau, Westphalie, Province du Rhin — Villes

8° La province de HANOVRE (*Hannover*), formée de l'ancien royaume de ce nom, est située au N. de l'Allemagne, entre les provinces de Saxe, à l'E., et de Westphalie, au S.-O. Elle touche à l'O. aux Pays-Bas, au N. au Holstein, au N.-E au Mecklenbourg. Elle est baignée par la mer du Nord. Elle occupe le bassin inférieur du Weser, le bassin inférieur de l'Ems et la partie gauche du bassin inférieur de l'Elbe. Les côtes sont basses et couvertes de dunes. Il y a beaucoup de marais, de landes stériles dans la grande plaine, plate et stérile du Nord, surtout au N.-O., où sont les marais tourbeux de Bourtange. C'est seulement à l'extrémité méridionale qu'on trouve les contre-forts des collines du Weser et le massif du Harz. Le climat est tempéré, mais très-variable, l'hiver est généralement très-rigoureux. Il y a des bois dans le Harz, dans les pays de Bentheim et de Lünebourg (*Luneburger Haide*); mais les tourbières semblent inépuisables. Beaucoup de terres sont encore en friche, malgré de nombreux efforts couronnés de succès dans le pays de Lunebourg; on récolte des céréales, de l'avoine, du maïs, des pommes de terre, du chanvre, du lin. Les mines forment la principale richesse du pays, le fer, le plomb, le cuivre, la houille, le zinc, le soufre, l'alun sont surtout exploités dans le Harz, où sont les mines célèbres de *Klausthal*, de *Zellerfeld*, d'*Andreasberg*, de *Rammelsberg*; le territoire des mines y forme même un district particulier, celui de *Klausthal*, qui depuis plusieurs siècles a conservé des priviléges particuliers ; c'est la source d'une industrie considérable ; vient ensuite la fabrication des fils et des toiles de lin et de chanvre, des lainages, des cotonnades, du papier: Le bétail est d'une excellente qualité ; mais la laine des moutons est encore grossière ; les chevaux ont une réputation méritée ; on élève les abeilles avec beaucoup de soin.

La province de HANOVRE se divise en 6 arrondissements :

Hanovre, capitale, sur la Leine, a de nombreux établissements scientifiques et littéraires ; draps, toiles, cotonnades, broderies; commerce actif avec Brême et Hambourg, 88,000 hab.. — aux environs sont les châteaux de *Montbrillant* et de *Herrenhausen*; — *Hameln*, au S.-O., sur le Weser, ville d'industrie, 6,500 hab.; — *Hastenbeck*, au S., près du Weser; victoire des Français, en 1757; — *Nienburg*, au N.-O. de Hanovre, sur le Weser; 4,500 hab ; — *Diepholz*, au N.-O., sur la Hunte, dans le comté de Diepholz, centre d'une industrie active de fil et de toiles.

Hildesheim, sur l'Innerste, au S.-E. de Hanovre, ville industrieuse et commerçante; toiles, bestiaux, 17,000 hab ; — *Goslar*, au S.-E , près des mines fameuses du Rammelsberg; commerce étendu; 8,000 hab.; — *Gœttingen*, sur la Leine, au S. de la province, Université célèbre, magnifique bibliothèque, nombreux établissements littéraires et scientifiques ; 12,000 hab.; — *Munden*, au S.-O. de Gœttingen, au confluent de la Fulda et de la Werra, ville d'industrie et de commerce; 6,000 hab.; — *Einbeck*, au N. de Gœttingen, sur l'Ilm ; 5,000 hab.; — *Osterode*, au pied du Harz, vers l'O.; ville industrieuse; grands magasins de blé; 6,000 hab.; — *Herzberg*, au S.-E. d'Osterode ; fabrique d'armes.

Lunebourg, au N.-E. de Hanovre, sur l'Ilmenau, au milieu de vastes landes; riches salines, fabriques de toiles de lin ; 15,000 hab. ; — *Harburg*, sur l'Elbe, en face de Hambourg, port de commerce important; fabriques de vêtements, chaussures, objets en caoutchouc; 12,000 hab. ; — *Celle* ou *Zelle*, au S.-O. de Lunebourg, sur l'Aller ; 14,000 hab.

ALLEMAGNE. 215

Stade, au N. de Hanovre, sur la Schwinge, près de l'Elbe, port de commerce, 8,500 hab. ; — *Clostern-Severn*, célèbre par la capitulation de 1757 ; — *Verden*, au S.-O de Stade, sur l'Aller ; 5,000 hab.

Osnabruck, à l'O. de Hanovre, sur la Hase ; toiles de lin, commerce de bestiaux ; traité de 1648 ; 16,000 hab. ; — *Meppen*, au confluent de la Hase et de l'Ems ; bains sulfureux.

Emden, port sur le Dollart, dans l'arrondissement de la Frise orientale (Ostfries), au N.-O. du Hanovre, sur la frontière des Pays-Bas ; ville très-commerçante ; 15,000 hab. ; — *Aurich*, au N.-E. ; marchés de chevaux, 5,000 hab. ; — *Norden*, port de commerce ; 6 à 7,000 hab., — *Leer*, au S.-E. d'Emden ; *Papenburg*, au S. ; grande exploitation de la tourbe, chantiers de construction, commerce actif ; 5,000 hab.

Klausthal, dans la capitainerie des montagnes du Harz ; école des mines et des forêts ; 10,000 hab. ; — *Zellerfeld* n'en est séparée que par le Zellbach ; mines d'argent et de plomb ; 4,000 hab. ; — *Saint-Andreasberg* ; *Grund*, *Kœnigshutte*, localités importantes par leurs mines et leurs forges.

La Prusse, préoccupée du désir de se donner une forte marine militaire, a créé a l'O. de la baie de Jade (dans l'Oldenbourg) le port militaire de *Wilhelmshaven*, solennellement inauguré en juin 1869. Il est défendu par des forts et des batteries du côté de la terre et du côté de la mer ; à force de grands travaux, on y a trouvé de l'eau potable en quantité suffisante. S'il n'est pas facile de l'attaquer, il n'est pas impossible de le bloquer.

9° La province de HESSE-NASSAU comprend le landgraviat de Hesse-Cassel, le duché de Nassau, le landgraviat de Hesse-Hombourg, et la ville de Francfort, dont les Prussiens se sont emparés en 1866. Elle est située entre la Westphalie, au N.-O ; la Prusse Rhénane, à l'O. ; le Main et la Bavière, au S., les Etats du Thuringe, au S -E., la Saxe Prussienne, à l'E. ; le Hanovre, au N. Elle comprend le bassin de la Werra et de la Fulda, a l'E. ; les bassins de la Lahn, du Main (en partie). — Le duché de Nassau, dans l'angle formé par le Rhin et le Main, est traversé par les chaînes du Taunus et du Westerwald ; c'est un pays renommé pour la beauté de ses sites et l'abondance de ses eaux minérales. Le sol est bien cultivé, surtout dans les vallées ; il y a de nombreuses forêts, des pâturages où on élève beaucoup de troupeaux. On récolte du blé estimé sur les bords de la Lahn, des vins renommés sur ceux du Rhin (Geisenheim, Hattenheim, Steinberg, Markbrunn, Rudesheim, Rheingau, Johannisberg) Il y a beaucoup de mines de fer, de houille, de cuivre, de plomb, d'argent, du marbre. de l'argile, du sel ; des sources minérales : Wiesbaden, Ems, Schlangenbad, Soden, Schwalheim, Schwalbach, Geilnau, Fachingen, Selters, etc. ; des sources salées : Nauheim, Nidda, Hombourg, Kronenberg, Soden. L'industrie est assez active : forges, draps, faïence, porcelaine, pipes, aiguilles ; fabriques de potasse, distilleries d'eau-de-vie. — La Hesse, à l'E., est un pays fortement accidenté ; le sol est généralement peu fertile ; le froment ne réussit que dans la vallée de la Kinzig ; on cultive surtout le seigle, l'orge et l'avoine ; les pommes de terre sont abondantes ; il y a beaucoup de lin. Les forêts sont la principale richesse du pays. La Hesse possède du fer (Smalkalden), de la houille (basse Hesse), du cuivre et du cobalt (Richelsdorf), de l'alun (Almerode), du sel (Allendorf, Nauheim, Rodenberg), de la terre à porcelaine, à poterie, des sources minérales. Les principales industries sont le tissage des toiles et des cotons, la fabrication des poteries, porcelaines, verre, les articles en fer, etc.

La province se divise en deux arrondissements :

Wiesbaden, jolie ville au pied du Taunus, non loin du Rhin, célèbre par ses eaux minérales qui attirent annuellement 30,000 étrangers ; elle renferme quelques monuments, et ses environs sont célèbres par leurs sites et surtout par leurs antiquités historiques, 30,000 habitants ; — les autres villes sont petites ; sur les bords du Rhin : *Biberich*, *Eltville* dans l'une des plus belles positions du Taunus ; *Rudesheim* et les coteaux du *Johannisberg*, *Kaub* ; — entre le Taunus et la Lahn, *Schwalbach*, *Idstein*, *Usingen*; *Selters*, qui fait une grande exportation d'eau dite de Seltz. — sur la Lahn, *Ems* dont les bains sont très-fréquentés ; *Geilnau*, *Dietz* et les eaux minérales de *Fachingen*; *Limbourg*, *Weilbourg*, etc., etc. ; — *Hombourg*, ancienne capitale du landgraviat de Hesse-Hombourg, à l'E. du Taunus, doit sa réputation à ses eaux minérales et à ses jeux, qui sont fermés depuis le 31 décembre 1872 ; 6.000 hab.

Cassel, sur la Fulda, ancienne capitale du royaume de Westphalie et du duché de Hesse, renferme un grand nombre de monuments curieux et a une industrie très-variée ; lainages, machines, instruments de physique, articles en fer, porcelaine, etc., il s'y tient des foires importantes pour les laines surtout ; 46,000 hab. ; — aux environs, le *Wilhemshœhe* est l'une des plus belles résidences de l'Europe ; — *Fritzlar*, au S.-O. de Cassel, célèbre par son ancienne abbaye ; — *Homberg*, au S., par ses mines de houille et de fer ; — *Eschwege*, au S. E., par ses fabriques de cuirs, de draps, de flanelle et par son commerce de transit ; 6,000 hab. ; — *Marbourg*, au S.-O. de Cassel, sur la Lahn, a quelques monuments et une vieille université ; 10,000 hab. ; — *Fulda*, au S., sur la Fulda, ancienne ville épiscopale, doit son origine à un couvent de bénédictins, fondé par saint Boniface; lainages, cotonnades; 15,000 hab.; — *Hersfeld*, sur la Fulda, célèbre par les ruines de son abbaye princière et par sa fabrication des draps; 6,000 hab.; — *Smalkalden*, enclave de la Saxe, dans une vallée du Thuringer-Wald, qui n'est pour ainsi dire qu'un vaste atelier où l'on façonne le fer et l'acier de toute façon; la première ligue des luthériens y fut signée en 1531; 6,000 hab.

Francfort-sur-le-Main, ancienne capitale de la Conféderation germanique, l'une des villes les plus curieuses et les plus belles de l'Allemagne, renferme des monuments célèbres, la vieille cathédrale, le *Rœmer* ou hôtel de ville, le palais des princes de Tour-et-Taxis, où se tenaient les séances de la diète, etc.; de nombreux etablissements scientifiques et littéraires. Elle a des foires fréquentées, et fait un grand commerce d'affaires de banque; la librairie y est encore florissante; 91,000 hab.; — *Hanau*, à l'E., sur la Kinzig, ville d'industrie : bijouterie, tapis, coutellerie, instruments de musique, soieries, lainages, cotonnades. Bataille de 1813, 20,000 hab.

10° La province de WESTPHALIE (*Westfalen*), au S.-O. du Hanovre, au S.-E. des Pays-Bas, appartient aux bassins du Weser, de l'Ems, et surtout du Rhin (Lippe, Ruhr, Wipper, Sieg). C'est un pays plat dans le N. et l'O., montagneux à l'E. et au S. Elle renferme de grandes richesses minérales (fer, plomb, zinc, cuivre, argent, cobalt; houille, tourbe, grès, ardoises, marbre, albâtre, sel, etc.) au N.-E. et au S. Le N.-O. produit beaucoup de chanvre et de lin; le N.-E. nourrit de nombreux troupeaux dans ses gras pâturages; le S. récolte des céréales et du lin, a de belles prairies et des bois. La vallée de la Ruhr est l'un des grands centres industriels de la Prusse.

La Westphalie se divise en 3 arrondissements.

Dans le bassin de l'Ems : Munster, sur l'Aa, près de l'Ems; université. Fabriques de grosses toiles. C'est une ancienne ville épiscopale, où les anabaptistes commirent leurs plus grands excès en 1535; où furent signés les traités de Westphalie en 1648; 25,000 hab.; — *Bocholt*, à l'O.; fabriques de coton et de laine; 5,000 hab.

Dans le bassin du Weser, Minden, au N.-E. de Munster, place forte sur le Weser, près de la Porte de Westphalie, position importante, qui joua un rôle considérable dans la guerre de Sept ans; fabriques de cuirs, de draps, de toiles; commerce de grains et de tabac; 17,000 hab.; — *Herford*, au S.-O.; toiles de coton et de lin; 14,000 hab.; — *Bielefeld*, au S.-O., centre de la fabrication des belles toiles de Westphalie; pipes d'écume de mer; fabriques de machines; soieries légères; 17,000 hab.; — *Driburg*; eaux minérales;

— *Paderborn*, près de la Lippe; fabriques de toiles ; 12,000 hab. Dans le bassin du Rhin : ARENSBERG ou ARNSBERG, sur la Ruhr; draps, toiles; brasseries ; 6,000 hab. ; — *Iserlohn*, à l'O., centre de nombreuses industries, machines à vapeur, coutellerie, quincaillerie, aiguilles, hameçons, armes ; papeteries, soieries, velours, 15,000 hab. ; — toute la vallée de la Ruhr jusqu'à Elberfeld est remplie de forges, d'usines, de villes industrielles, *Olpe, Limbourg, Altena, Schwelm, Hagen*, etc. ; — *Lippstadt*, sur la Lippe, commerce de blé ; — *Sæst*, ville de commerce ; 11,000 hab. ; — *Dortmund*, à l'O., ville de grande industrie pour les cotonnades au milieu de mines de houille ; 45,000 hab. ; — *Bochum ;* soieries, industries mécaniques ; — *Siegen*, au S., sur la Sieg, près de nombreuses mines de fer, de cuivre, etc. ; forges, fonderies ; fabriques de toiles et de savon ; 6,000 hab.

11° La province du RHIN (*Rhein Provinz*), ou PRUSSE RHÉNANE, est située à l'O. de la monarchie prussienne, elle touche aux Pays-Bas, à la Belgique, au Luxembourg, vers l'O.; à la Lorraine, au S.; à la Bavière Rhénane, au S.-E. ; aux provinces de Hesse-Nassau et de Westphalie, à l'E. Elle est presque tout entière dans le bassin du Rhin ; une petite partie de l'O. est dans celui de la Meuse (Roer). Le climat est varié, froid et humide dans les montagnes, il est assez chaud dans les plaines. L'Eifel, extrémité des Ardennes, et le Hunsrück, extrémité des Vosges, forment la ceinture du bassin secondaire de la Moselle, c'est un pays montueux, volcanique, extrêmement pittoresque, boisé. La partie septentrionale n'est composée que de vastes plaines, couvertes d'alluvions modernes dans la vallée du Rhin et de nombreux marais. Les richesses minérales sont considérables ; elles consistent en fer, plomb, zinc, houille, cuivre, mercure, en laves taillées en meules, en roches d'origine volcanique, en salines ; il y a dans l'Eifel des sources minérales (Gerolstein, Bertich, Aix-la-Chapelle). La terre est fertile au N., surtout à la gauche du Rhin, et produit épeautre, seigle, avoine, pommes de terre, lin, colza, houblon, tabac. On trouve sur les bords du Rhin, de la Moselle, de la Sarre des vins estimés (Bacharach, Ober-Wesel ; Berncastel, Trèves, Valdrach, etc.). Les troupeaux sont de qualité inférieure. L'industrie manufacturière, surtout pour le travail du fer, est très-développée, principalement à l'E. du Rhin.

La province est divisée en 5 arrondissements.

COBLENTZ ou COBLENZ (Confluentes), au confluent de la Moselle et du Rhin, ville ancienne, maintenant très-fortifiée, faisant un commerce actif de bois, grains, vins, huile ; 33,000 hab. ; ses fortifications se relient par un pont de bateaux à celles d'*Ehrenbreitstein*,

ALLEMAGNE.   219

grande forteresse sur un rocher de la rive droite, avec un camp retranché pour 100,000 hommes ; — en remontant le Rhin : *Boppart*, ville ancienne, qui fait commerce de bois et de plomb ; — *Bacharach*, connue par ses vignobles ; — en descendant le fleuve : *Neuwied*, importante par ses fabriques de soieries, de mousselines, de quincaillerie ; 10,000 hab. ; — *Andernach*, grand commerce de meules en laves, qu'on expédie au loin ; — au N.-E., *Altenkirchen*, sur la Wied, célèbre par les combats de 1796 et la mort de Marceau ; — au S., *Kreuznach*, sur la Nahe, importante par ses salines et ses eaux minérales ; 12,000 hab. ; — *Trarbach*, sur la Moselle, avec des mines de cuivre, de plomb et des ardoisières.

Trèves (Augusta Trevirorum), sur la Moselle, ville très-ancienne, a été la capitale de la préfecture des Gaules et d'un archevêque-électeur. Elle renferme encore beaucoup d'antiquités et des monuments de son ancienne splendeur. Elle a des fonderies, des fabriques de toiles et de lainages, 22,000 hab. : — *Berncastel*, au N.-E., sur la Moselle, a de l'importance par ses manufactures de tabac et son commerce de plomb et de vins ; — *Hillesheim* est dans un pays de mines de fer ; — *Gerolstein* possède des eaux minérales au milieu de volcans éteints ; — *Consarbruck*, au confluent de la Sarre et de la Moselle, célèbre par la défaite de Créqui, en 1675 ; — *Pruym* avait une abbaye jadis importante ; — *Sarrebruck*, sur la Sarre, est dans un bassin houiller très-considérable, au milieu de mines de fer et possède des forges nombreuses ; 13,000 hab. ; — *Sarrelouis*, place forte sur la Sarre, rappelle les travaux qui y furent faits sous Louis XIV, et a aussi des mines de fer et de plomb.

Aix-la-Chapelle ou Aachen (Aquis Granum), à l'O. de la province, a été la capitale de Charlemagne, dont elle possède le tombeau ; c'était le lieu ordinaire du couronnement des empereurs d'Allemagne. Elle renferme beaucoup de monuments curieux, qui rappellent de vieux souvenirs, et surtout sa belle cathédrale. Elle a dû son importance à ses eaux minérales sulfureuses, toujours fréquentées. Son industrie considérable consiste en draps, machines, aiguilles, épingles, horloges, objets d'orfévrerie. On y a signé deux traités en 1668, en 1748, et on y a tenu un congrès en 1818 ; 74,000 hab. ; — *Burtscheid* ou *Borcette*, tout à côté, a des eaux minérales célèbres et 8,000 hab. ; — sur la Roer on trouve : *Aldenhoven*, bataille de 1793 ; — *Duren*, fabriques de draps, de papiers, de quincaillerie, de clouterie, de savons ; forges nombreuses ; 10,000 hab. ; — *Juliers* ou *Julich*, jadis fortifiée ; — *Montjoie* fabrique beaucoup de draps ; — près des sources de la rivière, *Malmédy* a des tanneries ; — *Eupen*, sur la Vesdre, fabrique des draps ;

12,000 hab. ; — *Eschweiler*, des épingles, des fils de fer, et on y exploite des mines de houille ; 14,000 hab. ; — *Moresnet* à une mine de calamine ; — *Stollberg* est le centre d'une grande fabrication d'objets en laiton, d'aiguilles, de quincaillerie, de coutellerie, de draps.

Cologne ou Kœln (Colonia Agrippinensis), capitale de la province, place d'armes considérable sur la rive gauche du Rhin, a été la capitale d'un archevêque-électeur. Elle renferme un arsenal, de nombreux monuments et surtout une magnifique cathédrale que l'on achève. Elle fait un grand commerce et est aussi importante par son industrie : filatures de coton, étoffes de laine, soieries, rubans, distilleries, eau de Cologne, etc. Elle a 130,000 hab., et communique par un pont avec *Deutz*, sur la rive droite, qui est également fortifiée ; — *Bruhl*, à 10 kil., avec un château où résidaient les électeurs ; — *Bonn*, au S.-E., sur le Rhin, possède une importante université, de nombreux établissements scientifiques, une belle bibliothèque ; des fabriques de siamoises, de savons, de produits chimiques ; 26,000 hab.; — *Zulpich*, à l'O. de Bonn, est probablement l'ancienne ville de *Tolbiac*, près du laquelle Clovis fut victorieux en 496.

Dusseldorf, sur le Rhin, au N.-O. de Cologne, jadis capitale du duché de Berg, est une ville importante par la culture des beaux-arts, par son commerce, par ses raffineries, ses manufactures de glaces et de soieries ; 70,000 hab.; — en descendant le Rhin : *Orsoy*; *Wesel* au confluent de la Lippe, grande place forte, arsenal; 18,000 hab.; — *Emmerich*; 7,000 hab.; — sur la rive gauche du Rhin : *Neuss*, à l'O. de Dusseldorf, fameuse par le siége qu'elle soutint, en 1474, contre Charles le Téméraire ; 8,000 hab.; — *Gladbach*, sur la Niers, à l'O. de Dusseldorf, centre d'une grande fabrication de cotonnades, de toiles imprimées, de rubans de fil ; — *Creveld*, ou *Krefeld*; soieries, velours, rubans, laines, produits chimiques, horlogerie, 57,000 hab.; — *Kempen*, sur la Niers; bataille de 1760; — *Meurs*, a 5 kil. du Rhin, célèbre par ses antiquités ; — *Gueldres* ou *Geldern* sur la Niers, jadis capitale d'un duché ; — *Cleves*; 8,000 hab. — Sur la rive droite du Rhin, les vallées de la Ruhr et de la Wipper ne sont qu'une usine continue ; c'est l'un des pays les plus industriels de l'Europe, grâce aux mines qu'on y exploite, aux chutes d'eau, à la facilité des communications, au génie laborieux des habitants; les villes, les bourgs florissants se touchent pour ainsi dire ; les plus importants sont : dans la vallée de la Ruhr : *Ruhrort*, à l'embouchure de la rivière ; — *Duisbourg*; 30,000 hab.; — *Muhlheim*; manufactures de coton, de machines à vapeur ; houillères; 14,000 hab.; — *Essen*, fabrication de l'acier, de la tôle, du fer-blanc; houillères; 52,000 hab ; — dans la vallée de la Wipper, *Elberfeld ;* toiles, draps, étoffes de soie et de coton, dentelles, rubans de fil, boutons, quincaillerie ; 71,000 hab.; — à côté, plusieurs villages réunis forment *Barmen*, qui a les mêmes industries et 75,000 hab.; — puis *Remscheid*, au centre de l'industrie du fer et de l'acier ; 23,000 hab.; — *Solingen*, fabriques de lames d'épée, de couteaux, de ciseaux; plus de 20,000 hab. ; — *Lennep ;* draps, casimir, castorine, chapelleries, teintureries ; 7,000 hab., etc., etc.

§ b. — Dépendances de la Prusse — Hohenzollern, Lauenbourg — Statistique du royaume

Le pays ou principauté de HOHENZOLLERN, complétement séparé du territoire prussien, est une annexe de la Prusse Rhénane et est gouverné par un lieutenant du président de cette province. Il est enclavé dans le royaume de Wurtemberg et touche au S. au grand-duché de Bade. Il a 80 kil. de long sur 12 kil. de largeur moyenne ; la superficie est de 1,142 kil. carrés. Il occupe les deux versants du Rauhe Alp et est traversé par le haut Neckar au N.-O., par le haut Danube, au S. C'est un pays montueux, pierreux, ingrat, excepté au S. du Danube ; la température est généralement rude. On y trouve surtout des forêts, du fer, des pierres de taille, des sources minérales à Imnau et à Glatt. Il formait deux principautés depuis le xiiie siècle, appartenant aux princes de Hohenzollern de la branche de Souabe ; le *Hohenzollern-Hechingen*, au centre ; le *Hohenzollern-Sigmaringen*, au N. et au S. Ces princes ont cédé, en 1849, leurs droits de souveraineté au roi de Prusse, descendant des Hohenzollern de la branche de Franconie. La population est de 65,000 hab. Les petites villes sont : *Sigmaringen*, sur la rive droite du Danube ; — *Hechingen*, qui a quelques fabriques de lainage ; — *Haigerloch*, dans une situation très-pittoresque. Le vieux château de *Hohenzollern* est au S. d'Hechingen.

Le duché de LAUENBOURG a été enlevé au Danemark vaincu, en 1864, puis vendu par l'Autriche au roi de Prusse, en 1865. Il est situé au N. de l'Elbe, entre le territoire de Hambourg et le Mecklenbourg-Schwerin. Il est gouverné séparément. Le roi de Prusse porte le titre de duc de Lauenbourg. La superficie est de 1,172 kil. carrés, la population de 50,000 hab. Le duché renferme trois petites villes : *Ratzebourg*, la capitale ; 4,400 hab.; — *Lauenbourg*, sur l'Elbe ; — *Mœllen*, la ville la plus peuplée, assez importante par son commerce et son industrie ; 8,000 hab.

STATISTIQUE DU ROYAUME DE PRUSSE

Le royaume de Prusse, avec la principauté de Hohenzollern et le duché de Lauenbourg, a 352,194 kil. carrés de superficie (sans compter les lagunes de la Baltique, 348,176 kil. carrés). La population est d'environ 24,700,000 hab., c'est-à-dire de 71 hab. par kil. carré. Près de 3 millions ne sont pas Allemands; il y a 150,000 Danois; presque tous les autres sont Slaves (Polonais ou Lithuaniens). Il y a environ 15,670,000 protestants, et 7,955,000 catholiques, surtout dans les provinces du Rhin et de Posen. Les deux archevêchés catholiques sont ceux de Cologne et de Posen.

Le gouvernement est une monarchie constitutionnelle. Le roi a le pouvoir exécutif et gouverne avec dix ministres responsables. Le Parlement se compose de la Chambre des seigneurs (membres héréditaires appartenant à la haute noblesse, membres nommés à vie par le roi, membres nommés par le roi sur la présentation de certaines corporations et associations) et de la Chambre des députés, qui sont nommés par le suffrage universel à deux degrés, avec certaines conditions de cens. Chaque province, qui a ses États provinciaux, administrée par un président supérieur, se divise en gouvernements, cercles, villes.

Le budget de la Prusse est d'environ 190 millions de thalers (le thaler vaut 3 fr. 75 c.) ou 720 millions de francs. Le capital de la dette était en 1871 de 425 millions de thalers; mais, si l'on ne compte pas la dette pour les chemins de fer et la dette qui sera bientôt amortie; elle n'est, en 1872, que de 230 millions de thalers. (Voir pour plus de détails ce qui concerne l'Empire d'Allemagne.)

TABLEAU STATISTIQUE DU ROYAUME DE PRUSSE

PROVINCES	SUPERFICIE	POPULATION
	en kilom. carrés	en 1872
1. PRUSSE.	62 459	3 137 000
2. POSNANIE.	28 950	1.584 000
3. SILÉSIE.	40 225	3.707.000
4. POMÉRANIE	30 116	1 431.000
5. BRANDEBOURG.	39 890	2 863.000
6. SLESVIG-HOLSTEIN.	17.540	996 000
7. SAXE.	25 234	2 104 000
reporter à	244.414	15 822 000

ALLEMAGNE.

PROVINCES	SUPERFICIE en kilom carrés	POPULATION en 1872
Report	244 414	15 822 000
8 HANOVRE	38 474	1.958 000
9 HESSE-NASSAU	15.994	1 400 000
10 WESTPHALIE	20 200	1 775 000
11 PRUSSE RHÉNANE	26 969	3 579 000
HOHENZOLLERN	1 142	66 000
JADE	14	6 000
LAUENBOURG	1.172	50 000
En tout	348 579	24 656.000
Et avec les haffs	352.000	

§ 6. — États de l'Allemagne du Nord

Dans l'Allemagne du Nord, on trouve trois États : les deux Mecklenbourg et le grand-duché d'Oldenbourg.

II° et III°. — Le MECKLENBOURG est situé au N. de l'Allemagne ; il est entouré de trois côtés par la Prusse et s'étend au N. sur la mer Baltique. La partie méridionale est comprise dans le bassin de l'Elbe ; la partie septentrionale renferme les bassins de petites rivières, la Warnow, la Recknitz, etc.; au centre, une sorte de plateau renferme beaucoup de lacs : Schwerin, Plau, Krakow, Malchow, Muritz, etc. Le pays fait partie de la grande plaine sablonneuse du Nord ; le climat est tempéré, mais humide. Le sol est en général fertile ; on récolte assez de céréales pour l'exportation, des pommes de terre, du houblon, du chanvre ; les forêts fournissent des bois abondants ; les pâturages nourrissent de nombreux bestiaux et surtout des chevaux estimés, vigoureux et de haute taille. Il y a quelques sources salées. L'industrie est peu développée, c'est un pays avant tout agricole.

Le Mecklenbourg forme deux duchés, gouvernés par deux branches de la même famille.

Le grand-duché de MECKLENBOURG-SCHWERIN, qui seul touche à la mer, est de beaucoup le plus considérable ; il a 13,306 kil. carrés et une population de 560,000 hab., tous protestants. Les villes principales sont : SCHWERIN, la capitale, sur le lac de Schwerin ; elle a des distilleries et des fabriques de draps ; 27,000 hab.; — les villes de l'intérieur sont toutes peu considérables : *Ludwigsbourg* ou *Ludwigslust*, au S., est la résidence habituelle du grand-duc ; — *Gra-*

bow, *Parchim*, avec des sources ferrugineuses, sur l'Elbe ; — *Güstrow*, au N.-E., commerce de bestiaux ; 10,000 hab.; — sur la côte, *Dobberan*, dans une jolie position, dont les bains de mer sont très-fréquentés ; — *Wismar*, port fortifié ; grand commerce de grains ; chantiers de construction ; 13,000 hab.; — *Rostock*, à 8 kil. de l'embouchure de la Warnow ; le véritable port est à *Warnemunde* ; grand commerce de céréales et de laines, université, riche bibliothèque ; 31,000 hab.

Le grand-duché de MECKLENBOURG-STRÉLITZ, dont la superficie est de 2,725 kil. carrés et la population de 97,000 hab., protestants, se compose de deux parties séparées : — le duché de STRÉLITZ à l'E. du précédent : — *Neu-Strélitz*, la capitale, a une riche bibliothèque et 8,000 hab.; — à côté se trouve *Alt-Strélitz*, où se tient un marché considérable de chevaux ; 4,000 hab.; — *Neu-Brandenbourg* a quelque industrie et 6,000 hab.; — la PRINCIPAUTÉ DE RATZEBOURG, à l'O. du Mecklenbourg-Schwerin, a pour capitale *Schœnberg*.

IV° — Le grand-duché d'OLDENBOURG, au N.-O. de l'Allemagne, entouré de trois côtés par le Hanovre Prussien, touche à la mer du Nord par l'embouchure du Weser et par la baie de Jade. Il est dans le bassin du Weser et un peu dans le bassin de l'Ems. La superficie est de 6,400 kil. carrés, la population de 316,000 hab., la plupart protestants ; 71,000 sont catholiques. C'est un pays plat ; gras et fertile sur le bord des rivières ; sablonneux, avec des marais et des landes, surtout au S.-O. Cependant certains cantons ont de beaux pâturages où on élève beaucoup de bêtes à cornes, des chevaux presque aussi estimés que ceux du Mecklenbourg, des porcs, des oies, des abeilles. Il y a très-peu de bois, mais beaucoup de tourbières. La récolte des grains est insuffisante ; mais le lin et le colza prospèrent. La pêche est abondante ; la principale industrie est celle des bas de laine.

Les principales villes sont : OLDENBOURG, la capitale, sur la Hunte, fortifiée, avec quelques manufactures ; 15,000 hab.; — *Delmenhorst*, à l'E., *Wildeshausen*, au S.-E., *Elsfleth*, au N.-E., petites villes, — *Kniphausen*, capitale d'une seigneurie réunie au duché en 1850 ; — *Jever*, au N.-O., ville de commerce et d'industrie ; 7,000 hab.; — *Varel*, avec un port sur la baie de Jade.

Le grand-duc possède encore la principauté de LUBECK, composée d'enclaves du Holstein, au N. de Lubeck ; — et la principauté de BIRKENFELD, au S. de la Prusse Rhénane, avec la petite ville de *Birkenfeld*, sur la Nahe. Ces deux principautés sont destinées à disparaître dans la monarchie Prussienne.

Au Nord de l'Allemagne sont encore les trois républiques de Brême, Hambourg et Lubeck, derniers débris de la Hanse Teutonique.

V° — Le territoire de BRÊME a une superficie de 257 kil. carrés et une population de 125,000 hab., comprenant la ville de Brême, dont le territoire s'étend sur les deux rives du Weser, entre l'Oldenbourg et le Hanovre ; le bailliage de *Vegesack*, sur la rive droite du Weser, et le petit territoire de *Bremerhaven*, à l'embouchure du fleuve. — Brême, à 48 kil. de la mer, a plusieurs établissements d'instruction, comme l'observatoire de l'astronome Olbers, un hôtel de ville remarquable ; des manufactures de toiles, de draps, de lainages, de tabac, d'huile et de glaces ; des raffineries de sucre et des brasseries renommées. C'est surtout une grande ville maritime pour le commerce de l'Allemagne, la pêche du hareng et de la baleine, l'émigration pour les États-Unis ; 83,000 hab.; — *Vegesack*, sur le Weser ; 4,000 hab., — *Bremerhaven*, port fondé en 1827, où s'arrêtent les gros navires, où s'embarquent les émigrants ; 7,000 hab.

VI° — Le territoire de la république de HAMBOURG est maintenant enclavé dans la Prusse, entre le Lauenbourg, le Holstein et le Hanovre. La superficie est de 410 kil. carrés, la population de 340,000 hab., pour la plupart luthériens. Il se compose du territoire de Hambourg, du bailliage de Bergedorf, possédé en commun avec Lubeck, sur la rive droite de l'Elbe et du territoire de Ritzebuttel, entre les embouchures de l'Elbe et du Weser.

Hambourg, sur l'Elbe, au confluent de l'Alster, possède une industrie active : raffineries de sucre, indiennes imprimées, toiles, soieries, velours, fils de laiton et de fer, galons d'or et d'argent, tanneries, brasseries, nombreuses raffineries de sucre de betteraves, manufactures de tabac, fonderies de cuivre, etc. C'est la grande ville maritime de l'Allemagne ; son commerce d'importation et d'exportation est immense ; des lignes de paquebots la mettent en relation avec les pays de l'Europe et de l'Amérique ; c'est l'un des principaux ports d'émigration ; la ville seule a plus de 240,000 hab.; — *Bergedorf*, à 12 kil. S.-E., dans un pays très-fertile ; 2,500 hab.; — *Cuxhaven*, à l'O. de l'entrée de l'Elbe, a de l'importance par ses bains de mer, son phare et son port, où s'arrêtent les gros paquebots.

VII° — Le territoire de LUBECK touche au Holstein et au Mecklenbourg ; il est arrosé par la Trave ; il a 287 kil. carrés de superficie et 52,000 habitants luthériens. — Lubeck, sur la Trave, à 12 kil de son embouchure, fut longtemps la capitale de la Hanse Teutonique. Quoique déchue, elle a des raffineries de sucre, des tanneries, des fabriques de soieries, de cotonnades, de toiles à voiles, de draps, de savon, de tabac, etc.; on y construit des navires. Elle fait encore un grand commerce de transit avec les ports de la Baltique surtout; 40,000 hab.; — *Travemunde* est à l'embouchure de la Trave.

TABLEAU STATISTIQUE DES ÉTATS DU NORD DE L'ALLEMAGNE

ÉTATS	SUPERFICIE	POPULATION
	en kilom carrés	en 1872
GRAND-DUCHÉ DE MECKLENBOURG-SCHWERIN	13.306	558.000
GRAND-DUCHÉ DE MECKLENBOURG-STRELITZ	2 725	97 000
GRAND-DUCHÉ D'OLDENBOURG	6.400	317 000
RÉPUBLIQUE DE BRÊME	257	122.000
— DE HAMBOURG	410	339 000
— DE LUBECK	287	52 000

§ 7. — Royaume de Saxe et États de Thuringe.

VIII° — Le royaume de SAXE, entre la Prusse au N., les duchés de Saxe à l'O., la Bavière au S.-O., s'appuie au S. sur les monts Métalliques et sur les monts de Lusace, qui le séparent de la Bohême. Il a 14,967 kil. carrés, 2,560,000 hab., c'est-à-dire 172 hab. par kil. carré ; c'est la population la plus dense de l'Allemagne. Les monts Métalliques, depuis l'une des sources de l'Elster jusqu'au défilé de Schandau, couvrent de leurs ramifications le sud de la Saxe; les monts de Lusace, qui ne sont pas la limite exacte de la Bohême, forment à l'E. de l'Elbe le pays très-accidenté, très-pittoresque, connu sous le nom de *Suisse Saxonne*. L'Elbe, avec ses affluents, la Sprée, la Mulda, la Pleiss, l'Elster, arrose la Saxe ; cette vallée est surtout fertile. Le climat est tempéré dans la plaine, sec et froid dans la montagne. Les richesses des monts Métalliques, dans le pays appelé *Voigtland*, à l'E., sont considérables, en fer, cuivre, plomb, argent, étain, bismuth, manganèse, arsenic, soufre, alun, etc. On y trouve également des marbres, du quartz blanc, des agates, des améthystes, des jaspes, des grenats, de l'excellent kaolin, des mines de houille surtout abondantes dans la vallée de Plauen. Il y a des eaux minérales à Schandau et à Tharandt.

Les montagnes sont couvertes de belles forêts ; les vallées renferment de riches pâturages ; les terres sont fertiles et cultivées avec intelligence; cependant la récolte des céréales est insuffisante ;

mais les pommes de terre, les légumes, les fruits sont en abondance; on cultive le lin, le chanvre, le houblon, le tabac; il y a d'assez bons vignobles. Les troupeaux sont nombreux : les moutons donnent une laine fort estimée. L'industrie a pris des développements considérables et occupe une grande partie de la population ; l'activité des habitants, les encouragements du gouvernement, la facilité des communications, l'abondance des matières premières, ont concouru à faire de la Saxe un des premiers pays de l'Allemagne sous ce rapport. Les principales branches de cette industrie sont, après le travail des mines, la fabrication des étoffes de laine et de coton, les toiles très-estimées, les soieries, les blondes, les dentelles, les mousselines, les porcelaines, les faïences depuis longtemps renommées, le papier, les armes, les instruments de musique, l'imprimerie et la librairie.

La Saxe se divise en 4 cercles :

1° DRESDE, sur l'Elbe, capitale du royaume, grande et belle ville, avec beaucoup de monuments, églises, palais, établissements scientifiques et littéraires, grandes bibliothèques, galeries de tableaux, d'antiques, d'estampes, de porcelaines. L'industrie est active : draps, chapeaux de paille, orfévrerie, joaillerie, dentelles, instruments de musique, voitures, etc.; grands marchés pour les laines. Dresde a joué un rôle important dans la campagne de 1813; Napoléon y fut victorieux le 27 août; 177,000 hab.; en remontant l'Elbe on trouve : *Pillnitz*, château royal de plaisance, où fut signée la convention du 25 août 1791 ; — *Pirna*, au commencement de la Suisse Saxonne, jadis célèbre par son camp retranché; 7,000 hab.; — *Kœnigstein*, à la gauche du fleuve, avec une forteresse imprenable sur un rocher de près de 300 mèt.; 2,500 hab.; — *Schandau*, sur la rive droite, donne son nom au défilé qui mène en Bohême; eaux minérales. — En descendant l'Elbe on trouve : *Meissen*, célèbre par sa manufacture de porcelaine (vieux Saxe); 10,000 hab.; — à la droite de l'Elbe, *Grossenhain*; fabriques de draps; 8,500 hab.; — à la gauche du fleuve, *Freiberg*, sur la Mulde, au S.-O. de Dresde, dans un pays rempli de mines d'argent, de cuivre, de plomb, de cobalt, qui semblent s'épuiser un peu; siége de l'administration des mines; école célèbre des mines; 22,000 hab.; — *Tharandt*, entre Freiberg et Dresde; école agricole et forestière; eaux minérales.

2° LEIPZIG, au N.-O. de la Saxe, au confluent de la Pleisse, de la Partha et de l'Elster ; université florissante, riches bibliothèques, établissements littéraires, scientifiques, artistiques. Industrie des soieries, velours, draps, cuirs, papiers, livres ; grand commerce de librairie. Leipzig a trois foires considérables, surtout celle de Pâques (pelleteries, cuirs, cotons, toiles, draps, lainages, soieries, bronzes, verreries, livres, etc.). Dans les plaines voisines (Breitenfeld) se sont livrées les grandes batailles de 1631, 1642 et surtout de 1813 (16, 18 et 19 octobre); 107,000 hab.; — *Hubertsbourg*, ancien château entre Leipzig et Meissen; traité de 1765; — *Mutweyda*, *Dœbeln*, *Rochlitz*, *Oschatz*, villes de 7 à 8,000 hab., dont l'industrie des draps et des toiles est assez active.

3° ZWICKAU, au S.-O. du royaume, sur la Mulde; exploitation de houille; manufactures de draps, de cotonnades, de bonneterie, de glaces, de porcelaine, de produits chimiques; 27,000 hab. ; — *Glauchau*, sur la Mulde; lainages, tanneries, armes à feu; 22,000 hab.; — *Chemnitz*, à l'E., centre d'une grande fabrication de cotonnades, de lainages, de soieries; 68,000 hab. ; — *Zschoppau*, au S.; passementerie, étoffes imprimées; 7,000 hab. ; — *Annaberg*, plus au S. ; soieries, rubans, passementerie; commerce de blondes et de dentelles; 6,000 hab.; — *Schneeberg*, près de la Mulde; mines de cobalt et d'argent; manufacture de tabac ; 8,000 hab. ; — *Plauen*, au S.-O., sur l'Elster Blanc; toiles, cotonnades, mousselines; au centre d'un grand bassin houiller ; 23,000 hab. ; — *Reichenbach*, au N.-E. ; fabriques de coton et de laine; 6,000 hab. ; — *Meerane*, au N. de Zwickau; 19,000 hab.

4° BAUTZEN, BAUZEN ou BUDISSIN, à l'E. du royaume, sur la Sprée, dans la haute Lusace; draps, toiles fines, cotonnades ; bataille des 20 et 21 mai 1813; 12,500 hab. ; — on fabrique des toiles fines, du linge damassé dans toutes les petites villes de la Lusace : *Bischofswerda*, *Gross-Schœnau*, *Ebersbach*, *Neu-Eybau*; etc. ; — *Kœnigsbruck*, au N.-O., fabrique de belles poteries ; — *Herrnhuth* est le siége principal des frères moraves ; — *Hochkirchen*, à l'E. de Bautzen, a vu la victoire de Frédéric II, en 1758 ; — *Zittau*, au S.-E., près de la frontière de Bohême, a des blanchisseries, des imprimeries sur toiles et fait un assez grand commerce ; 14,000 hab.

La population du royaume est en grande majorité luthérienne; mais la maison régnante (branche Albertine) est catholique depuis 1696. La monarchie est constitutionnelle, avec deux chambres (seigneurs et députés). L'instruction publique est très-développée. Le budget ordinaire est (1872-1873) de 13,750,000 thalers pour les recettes et pour les dépenses ; le budget extraordinaire s'est élevé à 17,800,000 thalers, dont 14,880,000 pour les chemins de fer ; la dette est de 115 millions de thalers. Les troupes Saxonnes forment le 12° corps d'armée de l'Empire allemand.

ALLEMAGNE.

La THURINGE ou SAXE DUCALE est un pays situé entre le royaume de Saxe, à l'E., la Prusse au N. et à l'O., la Franconie (Bavière) au S. On y trouve huit petits États dont les différentes parties sont enclavées les unes dans les autres. La partie orientale, la plus considérable, est dans le bassin de l'Elbe (Pleisse, Elster, Saale, Unstrutt); la partie occidentale est dans celui du Weser (Werra). La Thuringe est traversée au S. par la Frankenwald, le Gleichberg jusqu'au Rhœne-Gebirge; le Thuringerwald sépare les bassins du Weser et de l'Elbe. Le pays est fortement accidenté ; il y a peu de substances minérales, si ce n'est dans la Saxe-Meiningen et dans la Saxe-Altenbourg, du fer, du manganèse, du soufre, de l'argile à poterie (Eisenach), des salines (Kreutznach, Salzungen, Friedrichshall), de la houille (Kammerberg), de la tourbe, de l'albâtre. Les hauteurs sont couvertes de forêts; le sol est peu fertile et produit cependant assez de blé, de pommes de terre, de lin, de colza, de chanvre. Les bestiaux sont élevés avec soin ; les moutons fournissent une laine très-fine. L'industrie est active : étoffes de laine, rubans, toiles, tanneries, verreries, papeteries, porcelaines, poterie, forges, usines, etc.

IX° — Grand-duché de SAXE-WEIMAR-EISENACH.

Il se compose de 3 parties détachées, *Weimar-Iéna*, *Neustadt*, et *Eisenach*, avec plusieurs enclaves (Ilmenau, Allstedt, Ostheim, Zillbach). Les villes principales sont :

WEIMAR, sur l'Ilm, la capitale, surnommée l'Athènes de l'Allemagne, à cause de ses établissements littéraires, bibliothèques, écoles, Institut géographique, et aussi à cause du grand nombre d'hommes distingués qui y étaient réunis au commencement du siècle ; 16,000 hab. ; — *Berka*, sur l'Ilm ; bains sulfureux fréquentés ; — *Apolda*, à l'E. ; fabriques de bas ; 9,000 hab. ; — *Iéna*, au S.-E., sur la Saale ; célèbre université ; presses actives ; bataille du 14 octobre 1806 ; 7,000 hab. ; — *Neustadt*, au S.-E. de Weimar ; fabriques de draps ; — *Ilmenau*, sur l'Ilm ; librairie importante ; forges ; 4,000 habitants ; — *Eisenach*, à l'O., près de la Nesse ; nombreuses fabriques ; 14,000 hab. ; — près de là est le château ruiné de *Wartbourg*, célèbre par le séjour de Luther en 1521.

X° — Duché de SAXE-COBOURG-GOTHA.

Il comprend la *principauté de Gotha* dans le bassin du Weser, et la *principauté de Cobourg* dans le bassin du Main. Les villes principales sont :

GOTHA, jolie ville sur la Leine, avec des établissements scientifiques remarquables, riches bibliothèques, musées, galeries ; manufactures de porcelaine, d'étoffes de laine et de coton, de papiers peints, d'instruments de musique et de chirurgie ; 20,600 hab. ; — *Cobourg*, sur l'Itz; lainages, toiles, cotonnades, bijouterie; 13,000 hab.

XI° — Duché de SAXE-MEININGEN-HILDBURGHAUSEN.

Il comprend une bande de territoire demi-circulaire, longue de 140 kil, avec 3 enclaves (Cambourg, Kranichfeld,Sonnenfeld). Les villes principales sont:

Meiningen, sur la Werra; fabriques d'étoffes de laine; 9,000 hab.; — *Hildburghausen*, sur la Werra; 4,000 hab.; — *Salzungen*, sur la Werra; salines importantes; — *Liebenstein*, eaux minérales très-fréquentées; — *Saalfeld*, sur la Saale; combat du 10 octobre 1806; 5,000 hab.; — *Sonnenberg*, remarquable par sa quincaillerie, ses jouets d'enfants, 4,000 hab.

XII° = Duché de SAXE-ALTENBOURG.

Il se compose de deux parties principales, séparées par la seigneurie de Gera.

Altenbourg, près de la Pleisse, importante par son commerce de grains, de bois, et par son industrie; 20,000 hab.; — *Schmœlln*, *Ronneburg* (eaux minérales), *Eisenberg* (porcelaine) sont de petites villes.

XIII° — Principauté de SCHWARZBOURG-RUDOLSTADT.

Elle est enclavée dans les duchés de Saxe.

Rudolstadt, sur la Saale; porcelaine, étoffes de laine; 7,000 hab.; — *Frankenhausen*, sur le Wipper; salines, mines de houille et de salpêtre; eaux minérales; défaite des paysans soulevés en 1525; 5,000 hab.

XIV° — Principauté de SCHWARZBOURG-SONDERSHAUSEN.

Elle est enclavée dans la Saxe prussienne, au N.-O. Sondershausen, sur le Wipper; près de là eaux sulfureuses de Gunther; 6,000 hab.; — *Arnstadt*, sur la Géra; fabriques de toiles et de laiton; 7,500 hab.; — *Breitenbach*, sur la Géra; porcelaine, produits chimiques.

XV° — Principauté de REUSS-GREIZ.

Elle est enclavée dans la partie méridionale de la Saxe ducale et touche au royaume de Saxe.

Greiz, sur l'Elster Blanc, est une petite ville industrieuse et commerçante; 11,600 hab. ; — *Zeulenroda* fabrique des cotonnades et de l'horlogerie ; 5,000 hab.

XVI° — Principauté de REUSS-SCHLEIZ.

Elle est formée de deux parties principales, l'une au S. de Greiz, l'autre au S.-O d'Altenbourg.— Schleiz, jolie petite ville; 6,000 hab.; — *Ebersdof* et *Lobenstein*, petites villes au S.-O.; — *Géra*, près de l'Elster Blanc, ville d'industrie et de commerce ; 18,000 hab.

Voici les principales données statistiques de ces différents États:

ÉTATS	SUPERFICIE	POPULATION
	en kilom carrés	en 1872
1 SAXE-WEIMAR	3 635	286 000
2 SAXE-MEININGEN	2 476	188.000
3 SAXE-COBOURG-GOTHA	1 970	174.000
4 SAXE-ALTENBOURG	1 321	141.000
5 SCHWARZBOURG-RUDOLSTADT	968	75 000
6 SCHWARZBOURG - SONDERSHAUSEN	860	68 000
7 REUSS-SCHLEIZ	829	89 000
8. REUSS-GREIZ	275	45 000
ÉTATS DE THURINGE	12 334	1 066 000

La plupart des habitants sont protestants; ces États sont des monarchies constitutionnelles, héréditaires.

§ 8 — États enclavés dans la Prusse occidentale.

Plusieurs petits États allemands sont enclavés dans la partie occidentale de la monarchie Prussienne ; les duchés d'Anhalt, de Brunswick, les principautés de Lippe-Detmold et de Lippe-Schaumbourg, la principauté de Waldeck.

XVII° Le duché d'ANHALT, enclavé dans la Saxe prussienne, occupe les deux rives de l'Elbe et est arrosé par la Saale et la Mulda Le sol est plat et suffisamment boisé ; la partie sur la rive gauche de l'Elbe est très-fertile, il y a beaucoup de bruyères sur la rive droite. On récolte des céréales, du lin, du houblon, des pommes de terre, des fruits. L'industrie est surtout développée sur la rive gauche : filatures de laine, draps, tabac, brasseries. Les principales villes sont :

DESSAU, près du confluent de la Mulda, capitale du duché ; 17,000 hab. ; — *Bernbourg*, près de la Saale ; fabriques de tabac et de faïence ; 12,000 hab. ; — *Kœthen*, sur la Ziethe ; commerce de laines, de passementeries ; 12,000 hab. , — *Zerbst*; galons d'or et d'argent; bains d'eau salée ; 11,000 hab.

La superficie est de 2,325 kil. carrés et la population de 203,000 habitants.

XVIII° — Duché de BRUNSWICK.

Il se compose de trois parties séparées : celle du N., arrosée par l'Oker et l'Aller (Weser); celle du S.-E. sur les pentes orientales du Harz; celle du S.-O., du Brocken au Weser, arrosée par l'Innerste, la Leine et le Weser. Il touche à la Saxe Prussienne vers l'E., à la Westphalie vers l'O., et sépare le Hanovre en deux parties inégales. Il a de plus quatre petites enclaves, disséminées çà et là et un grand nombre de domaines médiats possédés par le souverain dans les États voisins. Le pays est très-accidenté dans le Harz, et partout ailleurs coupé de collines et parsemé de bouquets de bois. Le Harz est couvert de sombres forêts et renferme de grandes richesses minérales, fer, cuivre, plomb, houille, sel, bitume, marbres, ardoises, terre à faience et à porcelaine. Il y a des sources minérales (Helmstædt, Seesen, etc.). Le sol, généralement fertile, produit céréales, houblon, garance, tabac, chicorée. Les bestiaux sont nombreux. Les principales industries sont le travail des métaux, le filage du lin, le tissage des toiles, la fabrication de la bière, des papeteries, des huileries, des manufactures de glaces, de porcelaine, de verres.

Les villes principales sont :

BRUNSWICK (Braunschweig), la capitale, sur l'Oker ; elle renferme plusieurs monuments, des établissements littéraires, un superbe musée ; elle a des fabriques de toiles, de lainages, de rubans, de dentelles, de cuirs, des brasseries ; il s'y tient des foires aux bestiaux ; 58,000 hab. ; — *Wollfenbuttel*, au S., ville fortifiée sur l'Oker ; magnifique bibliothèque ; près de là saline de Salzdalum ; 10,000 hab. ; — *Helmstædt*, à l'E. de Brunswick ; houille aux environs ; 7,000 hab. ; — *Lutter*, dans le Brunswick du S-O. ; défaite des Danois en 1626 ; — *Holzminden*, à l'O., sur le Weser ; grandes fabriques d'épingles et d'aiguilles ; entrepôt des toiles et des fers du duché ; 4,000 hab. — *Blankenbourg*, au S.-E., chef-lieu de l'administration des mines du Harz ; exploitation de beaux marbres.

La superficie du duché est de 3,690 kil. carrés et la population de 312,000 habitants, presque tous luthériens.

XIX° — La principauté de LIPPE-DETMOLD, enclavée entre la Westphalie et le Hanovre, est traversée au S.-O. par le Teutoburger-Wald ; elle est dans le bassin du Weser. Une partie est boisée ; plusieurs cantons sont couverts de bruyères ; les autres produisent blé, lin, chanvre, colza, fruits ; on élève beaucoup de bestiaux et d'abeilles. La principale industrie est le tissage des toiles ; il y a des papeteries et des verreries.

DETMOLD, la capitale, a 6,500 hab. ; — *Lemgo* a des fabriques de lainages et de pipes ; — aux environs d'*Uffeln* sont des sources salées.

La superficie est de 1,134 kil. carrés ; la population de 111,000 habitants.

XX° — La principauté de LIPPE-SCHAUMBOURG se compose de plusieurs territoires, tous dans le bassin du Weser. On exploite la houille; il y a plusieurs sources minérales. Le sol est très-fertile et nourrit de beaux bestiaux.

Buckebourg, la capitale, près des bains sulfureux d'Eilsen, a 4,500 hab., — près de *Stadthagen* est une mine de houille importante.

La superficie est de 443 kil. carrés, et la population de 32,000 habitants.

XXI° — La principauté de WALDECK comprend la principauté de ce nom, enclavée entre la Westphalie et la Hesse prussienne, arrosée par l'Eder (Weser) ; et le comté de PYRMONT, plus au N., entre la Lippe-Detmold et le Hanovre. C'est un pays élevé, pierreux, médiocrement fertile, où il y a plusieurs sources minérales. On exporte cependant un peu de blé. Les forêts sont nombreuses. Les villes principales sont :

Arolsen, la capitale, sur un affluent de la Diemel ; — *Korbach*, l'ancienne capitale ; — *Waldeck* ; — *Pyrmont*, sur l'Emme, célèbre par ses eaux ferrugineuses.

La superficie est de 1,121 kil. carrés, et la population de 56,000 hab.

TABLEAU DES ÉTATS ENCLAVÉS DANS LA PRUSSE OCCIDENTALE

ÉTATS	SUPERFICIE	POPULATION
	en kilom carrés	en 1872
DUCHÉ D'ANHALT	2.323	205 000
— DE BRUNSWICK	3 690	312 000
PRINCIPAUTÉ DE LIPPE DETMOLD	1.134	111 000
PRINCIPAUTÉ DE LIPPE-SCHAUMBOURG	443	32 000
PRINCIPAUTÉ DE WALDECK	1 121	56 000

§ 9 — Géographie économique de l'Allemagne du Nord

Si nous jetons un coup d'œil d'ensemble sur l'Allemagne du Nord, dont la Prusse occupe la plus grande partie, nous voyons qu'elle comprend deux zones distinctes, s'allongeant de l'O. à l'E. : 1° la plaine de la basse Allemagne, plate, uniforme, monotone, d'un sol maigre, sablonneux et marécageux, si ce n'est le long des cours d'eau et principalement dans la belle vallée de l'Elbe et dans le Holstein; 2° la partie montueuse, plus au S., qui s'étend de l'Ardenne jusqu'aux Sudètes, région plus accidentée, plus fertile, surtout plus abondante en richesses minérales, en bois, en productions agricoles.

Dans la basse Allemagne dominent les prairies, les landes, les bois de pins, l'on y cultive de préférence le seigle et le sarrasin, l'orge dont on fait la bière.

Dans les plateaux montueux de la partie méridionale, il y a de plus riches prairies, des forêts aux espèces variées; et on cultive plus particulièrement le froment et l'épeautre, dans les provinces Rhénanes; le froment dans la région Saxonne; le sarrasin dans les provinces Rhénanes, le Brandebourg, la Silésie. L'avoine et les pommes de terre réussissent partout, ainsi que le tabac et le lin; mais le chanvre est surtout cultivé dans la Westphalie, le Hanovre, la Saxe, la Silésie; la betterave, dans la Saxe et la Poméranie; la garance, dans la Saxe et la Silésie; le houblon sur les bords de l'Elbe et dans la province de Posen (bière de Mersebourg en Saxe, de Lubeck, de Hambourg, de Brême); les fruits et les légumes sont abondants surtout dans les provinces Rhénanes, la région Saxonne et la Silésie. Les bords du Rhin et de la Moselle ont seuls de beaux vignobles (Johannisberg, Rudesheim, Bacharach, Berncastel, Trèves, etc.).

Les chevaux, au nombre d'environ 2 millions et demi, sont surtout estimés dans le Mecklenbourg, le Hanovre, l'Oldenbourg, la province de Prusse, la Saxe prussienne (grands marchés de Varel dans l'Oldenbourg, et de Lunebourg). Les bêtes à cornes (11 millions) sont en grand nombre dans la Prusse Rhénane, le Hanovre, le Holstein, le Slesvig, les États de Thuringe (salaisons de bœufs de Hambourg). Les moutons (28 millions) sont élevés dans le Holstein, le Mecklenbourg, la Poméranie, la province de Prusse, la province de Posen, la Silésie, les pâturages de l'Erz-Gebirge, la Saxe. Aussi les principaux marchés de laine sont Breslau, Posen, Stettin, Berlin et Stendal pour le Brunswick et l'Oldenbourg. Les porcs (plus de 6 millions) sont partout répandus, surtout dans la Prusse Rhénane, la Westphalie, la Hesse-Nassau (commerce de jambons à Hamm, en Westphalie). Il y a un million et demi de chèvres dans les pays montueux. Dans toute l'Allemagne on élève des abeilles, principalement près de Dusseldorf, en Thuringe, en Saxe.

L'Allemagne possède d'assez nombreuses substances minérales : des pierres de taille, du grès (Harz, bassin de la Ruhr), des marbres communs (Westphalie, Saxe), des ardoises, du kaolin (Hesse-Nassau), de l'argile plastique, des pierres à meules, de l'ambre (sur les bords de la Baltique), etc.

Elle exploite la plupart des métaux : cuivre (Harz, Westphalie, Hanovre, Hesse-Nassau) ; — plomb (Harz, Saxe, Westphalie, Silésie); — plomb argentifère (Freiberg, Annaberg, en Saxe ; Andreasberg dans le Harz) ; — zinc (Prusse Rhénane, dans les vallées de la Lahn et de la Ruhr, haute Silésie); — étain, cobalt, manganèse (Hesse-Nassau, Saxe) ; — arsenic (Silésie), etc.

Il y a des mines de sel gemme dans la Saxe prussienne (Hall), dans le Harz et près de Lunebourg. Les eaux minérales sont nombreuses (Aix-la-Chapelle, Burtscheid ; Ems, Selters, Wiesbaden, Schlangenbad, Hombourg, Liebenstein, Tharandt, près de Dresde, etc.).

Mais elle a surtout de la houille et du fer, qui se trouvent en abondance dans 4 régions principales.

1° Dans la *région du Rhin*, à l'O., il y a les grands bassins houillers de la Ruhr (Ruhrort, Werden, Barmen, Elberfeld), à l'E. du fleuve ; d'Eschweiler, près d'Aix-la-Chapelle, à l'O., qui sont comme la prolongation du bassin belge ; et celui de la Sarre (Saarbruck, Saarlouis), plus au S., qui est plus étendu, mais dont les produits sont inférieurs.

Le fer est également en grande quantité dans les vallées de la Ruhr, de la Sieg, de la Lahn, de la Sarre ; dans l'Eifel et l'Hunsruck ; et plus au N.-E., dans le Teutoburger-Wald, près de Minden et d'Osnabruck

2° Dans la *région du Harz*, au centre, on voit les bassins houillers moins considérables d'Hefeld, de Meisdorf, de Wettin, etc.

Cette région, riche en métaux, a surtout du fer à Klausthal, Gozlar, Stolberg, Elbingerode, Blankenbourg.

3° La *région de la Saxe et de la Thuringe* comprend les bassins houillers de Zwickau, Plauen, Chemnitz, dans l'Erz-Gebirge ; de Manebach et Stockheim, dans la Thuringe.

Les mines de fer sont abondantes près de Schneeberg dans l'Erz-Gebirge, dans le Thuringer-Wald (Smalkalden, Ilmenau), etc.

4° La *région Silésienne* a vers le S.-E. un bassin houiller assez important, près de Schweidnitz, Glatz, Neisse, auquel on peut rattacher à l'O. les bassins de Landshut et de Waldenbourg, dans le Reisen-Gebirge.

Il y a là aussi de riches mines de fer à Tarnowitz, Malapane, Beuthen, etc.

On trouve en outre des lignites (Osnabruck, Harz, Magdebourg, dans les provinces Rhénanes); de la tourbe (Hanovre occidental,

Prusse, Brandebourg); de l'asphalte (Bentheim); du pétrole (au sud du Hanovre), etc.

L'industrie est peu développée dans la basse Allemagne. Les principaux centres industriels, comme on a pu le remarquer, sont en général dans les pays des mines : à l'O., les *Provinces Rhénanes*, et surtout le district de la Ruhr et de la Wipper (Solingen, Essen, Muhlheim, Hagen, Werden, Siegen, Remscheid, Burscheid, Iserlohn, Dortmund, Arnsberg, etc.), sont au premier rang par les industries métallurgiques et chimiques; les industries textiles, filature et tissage du coton, du lin, de la laine et de la soie, sont florissantes à Barmen, Elberfeld, Iserlohn, Dusseldorf; et à l'O. du Rhin, à Cologne, Crefeld, Aix-la-Chapelle, Eupen, Trèves, Pruym, etc. Les toiles et les dentelles sont surtout fabriquées à Hanovre, Brunswick, Hildesheim, Munster, Osnabruck, Emden, etc). — Plus au centre est la région industrielle voisine du Harz, où l'on travaille les métaux, où l'on fait des poteries fines (Magdebourg), où l'on fabrique des soieries, des toiles, des cotonnades (Erfurt, Mulhausen, pour leurs lainages; Naumbourg et Zeiz pour leurs draps; Iena, pour les bas de laine; Magdebourg, pour les lainages et les cotonnades, plus au N., Hambourg, pour les soieries, les velours et les indiennes). — Au sud, la Saxe a ses fabriques renommées de porcelaine (Meissen), ses toiles, ses cotonnades, ses soieries, ses dentelles (Chemnitz, Annaberg, Plauen, Dobeln, Leipzig, Zittau, etc.). — Enfin, au S.-E., la haute Silésie travaille les métaux; la province entière a ses toiles, ses draps, ses soieries (Breslau, Neisse, Schweidnitz, Gœrlitz, Grauben, etc.). De plus, le Brandebourg et surtout Berlin ont de nombreuses manufactures en tous genres, draps, toiles, cotonnades, soieries, porcelaines, machines, produits chimiques, etc.

§ 10 — Allemagne du Sud — Bavière.

Les États de l'Allemagne du Sud, qui n'ont été que récemment réunis à l'Allemagne du Nord, sont au nombre de 5 : les royaumes de Bavière et de Wurtemberg; les grands-duchés de Hesse-Darmstadt et de Bade; l'Alsace-Lorraine.

XXII° — ROYAUME DE BAVIÈRE.

Il se compose de deux parties séparées par la Hesse-Darmstadt et Bade. La masse principale a pour bornes : au N., le royaume et les duchés de Saxe, la Prusse; à l'O., la Hesse-Darmstadt, Bade et le Wurtemberg; au S., le lac de Constance et l'Autriche; à l'E., les États autrichiens. Elle est traversée par la ligne du partage des eaux, Alpes de Souabe, Jura Franconien jusqu'au Fichtel-Gebirge et par le Rhœne-Gebirge; au N.-E., elle est couverte par le Frankenwald, à l'E. par le Bœhmer-Wald. Le Danube coule de l'O. à l'E., depuis Ulm jusqu'à Passau; il reçoit en Bavière, à droite : l'Iller, le Lech, l'Isar, l'Inn ; à gauche : la Wernitz, l'Altmühl, le Naab et la Regen. Le nord du royaume comprend presque tout le bassin supérieur et moyen du Main et de ses affluents; le S.-O. touche au bassin du Rhin par le lac de Constance. — La plus petite partie (ancien *Palatinat* et *duché de Deux-Ponts*), à l'O. du Rhin, touche à la Prusse Rhénane, à la Lorraine-Alsace, à Bade, à la Hesse-Darmstadt ; elle est traversée par l'extrémité de la chaîne des Vosges et occupe les bassins de la Lauter, de la Queich, de la Speierbach, de la Nahe, etc.; la partie occidentale est dans le bassin de la Moselle.

Le climat est généralement sain et tempéré, plus froid que la latitude ne le comporte, à cause de l'élévation du plateau de Bavière, l'un des plus hauts de l'Europe, surtout au midi du Danube et dans le voisinage du Bœhmer-Wald. La partie septentrionale de la Bavière renferme de nombreux terrains d'alluvion, où on trouve beaucoup d'animaux fossiles. Le sud se ressent du voisinage des Alpes ; les lacs y sont assez nombreux (Ammer, Chiem, etc.). Les eaux minérales sont abondantes: Kissingen, Bocklet, Bruckenau, d'Alexandre, Hardecker, etc.). Les progrès de l'agriculture sont encore lents, à cause de l'ignorance routinière des paysans ; les régions montagneuses sont peu fertiles ; les plaines voisines du Danube, du Main, de l'Isar, de la Rezat sont productives. On récolte assez de céréales pour l'exportation (froment, seigle, épeautre, avoine, un peu de maïs), des pommes de terre, du lin, du chanvre, du colza, du houblon, du tabac, des légumes ; il y a de bons vignobles, surtout sur les bords du Rhin (Palatinat, lac de Constance), du Main (Wurzbourg), de la Rezat. Dans plusieurs endroits de magnifiques prairies nourrissent de nombreux troupeaux ; les plus beaux sont ceux qu'on trouve sur les pentes des Alpes ; les bêtes à cornes et les chèvres prospèrent ; il n'y a que peu de moutons ; les chevaux sont assez nombreux, mais s'améliorent moins. Il y a beaucoup de porcs, et on élève les abeilles avec soin.

Les forêts de chênes, de hêtres, de frênes, de bouleaux couvrent le Spessarht entre la Kinzig et le Main, le Rhœne-Gebirge, les bords du Main, du haut Danube, de l'Isar et de la Regen. Il y a d'importantes mines de fer dans le pays du haut Main, de la Regen, de l'Isar, du haut Danube ; du cuivre, du plomb, des pierres à meules, à aiguiser, lithographiques, du marbre, du kaolin, et surtout des sources salées, Berchtesgaden, Orb, Kissengen, etc. La

Bavière Rhénane renferme beaucoup de fer. La houille est assez abondante dans le Palatinat, la haute Franconie, près d'Amberg, etc. L'industrie n'est pas très-avancée; il y a des forges, des hauts fourneaux, des fabriques de fils de fer et d'armes; de nombreuses scieries de bois. Les toiles, les tissus de laine sont de qualité inférieure; mais les cuirs, les papiers sont exportés en assez grande quantité; les instruments de musique, de chirurgie, de mathématiques, fabriqués à Munich, les jouets, les cartes de Nuremberg, la bijouterie de Nuremberg, Furth, sont recherchés dans toute l'Allemagne. Il y a des brasseries importantes (Munich), des verreries, des manufactures de glaces, de porcelaine, de faïence, de tabac, etc. Quoique les routes soient bien entretenues et les communications faciles, le commerce de transit seulement est considérable.

La Bavière est divisée en huit cercles ou provinces :

1° Cercle de la HAUTE BAVIÈRE. — Munich (Munchen), la capitale, sur la rive gauche de l'Isar, l'une des belles villes de l'Allemagne, est célèbre par ses palais, ses églises, ses musées de peinture, de sculpture, d'antiques, ses riches collections, ses Académies des beaux-arts et des sciences, ses magnifiques bibliothèques, etc., etc. Elle a une manufacture royale de peinture sur verre, des fabriques de faïence et de poterie, de machines, d'instruments d'optique, de mathématiques, etc., des brasseries renommées. Elle fait un grand commerce; 170,000 hab. ; — au N. sont les deux magnifiques résidences royales de *Nymphenbourg*, (manufacture royale de glaces), où fut signée la fameuse ligue de 1741 contre l'Autriche, et de *Schleissheim*, qui renferme une belle galerie de tableaux et une école royale d'agriculture ; — *Parsdorf*, à l'E. de Munich, où fut signé l'armistice du 15 juillet 1800 ; — *Hohenlinden*, dans la forêt où Moreau battit les Autrichiens, le 3 décembre 1800 ; — *Muhldorf*, sur l'Inn, au N.-E. de Munich où l'on cultive le houblon ; — *Burghausen*, sur la Salza, ville fortifiée, avec des fabriques de draps ; — *Reichenhall*, sur la Saal, au S.-E. du royaume, et *Rosenheim*, au S.-E. de Munich, sur l'Inn; salines importantes; — *Freising*, sur l'Isar, au N. de Munich ; 6,000 hab.; — *Ingolstadt*, place forte, sur la rive gauche du Danube ; 10,000 hab. ; — *Rain*, à l'O., où Gustave-Adolphe força le passage du Lech, en 1631.

2° Cercle de la BASSE BAVIÈRE, à l'est.

Landshut, au N.-E. de Munich, le chef-lieu, sur l'Isar ; 15,000 hab. ; — *Passau*, place forte au confluent du Danube et de l'Inn, avec la citadelle de l'Oberhaus, sur la rive gauche du fleuve; 13,500 hab. ; — en remontant le fleuve, *Vilshofen*; — *Deggendorf*; forges, pèlerinage fréquenté ; — *Straubing*; creusets renommés, poterie, fonderie de canons; 11,000 hab. ; — *Thann, Abensberg, Eckmühl,* entre le Danube et l'Isar ; victoires des Français, 19; 20, 22 avril' 1809.

3° Cercle de SOUABE, à l'ouest.

Augsbourg, sur le Lech, ancienne ville épiscopale, a un arsenal, de nombreux monuments (hôtel de ville, palais de l'évêché, cathédrale), etc., des établissements scientifiques et littéraires ; le journal célèbre, la *Gazette universelle,* date de 1798. C'est l'une des premières places de l'Europe pour le commerce de banque ; son commerce de transit entre l'Italie et l'Allemagne du Nord est très-considérable. Cette ville est renommée pour son orfèvrerie, sa bijouterie, son horlogerie, ses instruments de musique, d'optique, de physique, ses fabriques de cotonnades, de papier, ses tissus imprimés, ses cuirs, etc. Son commerce de librairie est très-étendu ; 51,000 hab. ; — *Fussen,* forteresse sur le Lech, à la frontière du Tyrol ; instruments de musique ; — *Kempten,* sur l'Iller ; commerce actif ; 10,000 hab. ; — *Lindau,* port fortifié sur le lac de Constance est en communication avec la Suisse ; — *Memmingen,* près de l'Iller ; toiles, serges, commerce de houblon ; 7,000 hab. — Plus au N., sur le Danube : *Donauwœrth,* au confluent de la Wernitz, près de là, au Schellenberg, l'électeur de Bavière fut battu en 1704 ; — *Hochstett,* sur la rive gauche, célèbre par 3 batailles, en 1703, 1704, et 1800 ; — *Dillingen,* sur la rive gauche ; 4,000 hab. ; — *Gunzbourg,* sur la rive droite ; blanchisseries ; — *Elchingen,* sur la rive gauche ; combat du 14 octobre 1805. — Au sud du Danube, *Wertingen;* combat du 8 octobre 1805 ; — *Sondershausen,* victoire de Turenne, en 1648 ; — au nord du Danube, *Nordlingen;* tapis, tissus de laine, toiles ; batailles de 1634 et de 1645 ; 7,000 hab.

4° Cercle du HAUT PALATINAT, au Nord-Est.

Ratisbonne ou Regensburg, sur le Danube, en face du confluent de la Regen, ancienne ville épiscopale, siège de la diète germanique de 1662 à 1803, a plusieurs monuments et quelques manufactures, fonderies de fer et de cuivre, armes, etc. ; c'est un des points importants de la navigation du Danube ; 30,000 hab. ; — à 8 kil., près du bourg de *Donaustauf,* le roi de Bavière, Louis Ier, a élevé le Walhalla, temple construit en l'honneur des grands hommes de l'Allemagne, qui y ont leurs bustes ; — *Cham,* au N.-E., sur la Regen ; commerce de bois et de bestiaux ; — *Amberg,* au N -O., sur la Vils, manufacture d'armes à feu, fabriques de coton, de faïence, de tabac, de cartes à jouer ; commerce considérable ; 12,000 hab.

5° Cercle de la FRANCONIE MOYENNE, à l'O. du précédent.

Nuremberg (Nurnberg), grande ville sur la Pegnitz, entourée de fortifications, ancienne ville impériale, aux maisons toutes dans le style du moyen âge, très-importante par ses musées, ses monuments, ses collections, ses œuvres d'art, ses écoles. C'est une grande ville de commerce et d'industrie; on y fabrique toutes sortes de jouets d'enfants, de la tabletterie, des cassettes, des boîtes, des produits chimiques, des armes blanches, des instruments de musique, des cartes, des galons d'or, des papiers peints, des fabriques de fil de laiton, d'or, d'argent, etc. ; 83,000 hab. ; — *Furth*, au confluent de la Pegnitz et de la Regnitz; orfèvrerie, bijouterie, articles dits de Nuremberg; 25,000 hab.; — *Schwabach*, au S.-O. de Nuremberg; passementerie d'or et d'argent; aiguilles; 10,000 hab. ; — *Anspach*, au S -O. de Nuremberg, sur la Rézat ; tissus, tanneries; 12,000 hab.; — *Eichstædt*, au S., sur l'Altmuhl ; 7,000 hab. ; — *Erlangen*, au N.-O. de Nuremberg, sur la Regnitz; université ; 14,000 hab. ; — *Rothenbourg*, à l'O., sur la Tauber ; eaux minérales; draps ; 6,000 habilants.

6° Cercle de HAUTE FRANCONIE, au nord du royaume.

BAIREUTH, sur le Main rouge ; filature et tissage du coton; 18,000 hab. ; — *Kronach*, au N.-O.; manufacture d'armes, bois, houille ; — *Hof*, au N.-E., sur la Saale, a des filatures de laine et des fabriques de cotonnades et de mousselines ; 12,000 hab. ; — *Bamberg*, sur la Regnitz, est une jolie ville, possédant un beau château, de nombreux établissements littéraires et scientifiques, des manufactures de cuirs et de draps très-importantes ; 26,000 hab. ; — *Wunsiedel*, dans le Bœhmerwald, a des forges; près de là sont les *bains d'Alexandre*.

7° Cercle de la FRANCONIE INFÉRIEURE, au nord-ouest.

WURZBOURG, sur le Main, avec une citadelle, avec un beau château royal, une université, de nombreux établissements d'instruction. Industrie active; commerce de vins ; défaite de Jourdan, en 1796 ; 40,000 hab. ; — *Kitzingen*, à l'E., sur le Main ; imprimeries importantes ; 5,000 hab. ; — *Schweinfurt*, sur le Main, au N.-E. de Wurzbourg ; tapis, toiles, tabac ; 8,000 hab. ; — *Aschaffenbourg*, à l'O., sur le Main, avec un beau château, des tanneries, des fabriques de papiers peints et de sucre de betteraves; 11,000 hab.; — *Dettingen*, sur la rive droite du Main ; bataille du 27 juin 1743 ; — *Kissingen*, au N. de Wurzbourg, sur la Saal ; eaux minérales, salines.

8° Cercle de la BAVIÈRE RHÉNANE ou PALATINAT.

SPIRE (Speyer), ville ancienne sur le Rhin, au confluent du Speierbach; siége d'un évêché célèbre, importante par ses souvenirs historiques et ses antiquités ; 15,000 hab. ; — *Germersheim*, au S.-O., place forte au confluent de la Queich et du Rhin ; — *Ludwigshaven*,

ALLEMAGNE. 241

sur le Rhin, en face de Mannheim ; — *Frankenthal*, au N., près du Rhin, fabriques d'aiguilles ; raisins renommés ; 5,000 hab. — *Neustadt*, à l'O. de Spire, ville commerçante ; 7,000 hab. ; — *Landau*, place forte sur la Queich ; 12,000 hab. ; — *Pirmasens*, à l'O. ; bataille de 1793 ; fabriques de chaussures ; 5,000 hab. ; — *Deux-Ponts* (Zweibrucken), sur l'Erbach ; 7,000 hab. ; — *Hombourg*, ville fortifiée ; tourbières ; — *Kaiserslautern*, dans le massif du Hardt ; draps, cotonnades, tanneries ; forges aux environs, 13,500 hab.

La superficie de la Bavière est de 75,864 kil. carrés ; la population de 4,862,000 habitants, ou de 64 hab. par kil. carré. Il y a 3,441,000 catholiques, 1,328,000 protestants et 50,000 israélites ; il y a deux archevêchés catholiques à Munich et à Bamberg. Les recettes nettes se sont élevées à 75,000,000 florins et les dépenses à la même somme ; la dette était, en 1870, de 425,175,000 florins. Les troupes Bavaroises forment deux corps de l'armée Allemande, mais ils ont une administration indépendante, sont placés sous la souveraineté militaire du roi de Bavière ; seulement en temps de guerre ils sont sous le commandement en chef de l'Empereur.

§ 11 — Royaume de Wurtemberg.

XXIII° — ROYAUME DE WURTEMBERG

Il forme comme une sorte de triangle très-irrégulier ayant pour bornes : à l'E., la Bavière ; au S., le lac de Constance, la principauté de Hohenzollern et le grand-duché de Bade ; à l'O. le grand-duché de Bade.

Il est traversé au S. par les Alpes Algaviennes et de Constance ; à l'O. par la Forêt-Noire ; au centre par les Alpes de Souabe. Il est en grande partie dans le bassin du Neckar (Rhin) ; la partie orientale est dans le bassin du Danube, de Tuttlingen à Ulm. Le climat est sain et tempéré, excepté sur les hauteurs. On trouve beaucoup de houille, de soufre, de sel, des ardoisières, du marbre, des mines de fer, un peu de cuivre. Les sources minérales de Liebenzell, de Gœppingen, de Kanstadt, de Giengen, d'Heilbronn sont connues. La Forêt-Noire est couverte de bois. Les plaines du centre produisent en abondance des céréales (épeautre, orge, avoine, peu de froment) ; pommes de terre, betteraves, lin, chanvre, tabac, houblon. Les vignes donnent d'assez bons produits sur les coteaux du Neckar et près du lac de Constance ; il y a beaucoup d'arbres fruitiers, des cerisiers, etc. Les pâturages nourrissent de bons chevaux, beaucoup de bêtes à cornes, de moutons, de brebis et de porcs. On file le coton ; on fabrique des toiles, de l'horlogerie dans les montagnes, du papier dans les vallées, il y a des forges, des usines, des brasseries, des distilleries surtout de kirschenwasser. Le commerce est actif.

Le Wurtemberg est divisé en 4 cercles :

1° CERCLE DU NECKAR au N.-O.

STUTTGART, la capitale du royaume, près du Neckar, a d'assez nombreux établissements scientifiques et littéraires, une bibliothèque de 300,000 volumes, et quelques monuments. Sa principale industrie est l'imprimerie; on fabrique de la bijouterie, des meubles, des voitures, des pianos, des couleurs, des toiles et de la bière, 92,000 habitants; — aux environs sont les châteaux royaux de la Solitude et de Rosenstein; — Kannstadt, sur le Neckar, en face de Stuttgart; eaux minérales très-fréquentées ; 7,000 hab.; — Esslingen, à l'E., sur le Neckar ; grandes usines pour les machines à vapeur, filatures de coton; 18,000 hab. ; — Ludwigsbourg, près du Neckar, au N. de Stuttgart; arsenal, fonderie de canons, école militaire; draps, toiles, porcelaine, fabriques d'orgues ; 16,000 hab.; — Weiblingen, à l'E., ancien domaine des Hohenstaufen ; — Heilbronn, au N., sur le Neckar; fabriques de produits chimiques; de tapis, d'orfévrerie, de papiers, de pianos ; grand commerce; 19,000 hab.

2° Cercle de la FORÊT-NOIRE, au Sud-Ouest.

REUTLINGEN, au S.-E. du Neckar ; école polytechnique; nombreuses imprimeries, fabriques de draps, de cuirs, de dentelles, de broderies, de coutellerie ; 14,000 hab. — En remontant le Neckar : Tubingen, siége d'une université protestante importante, avec de riches collections ; préparation des cuirs, dentelles, 8,700 hab. ; — Rottenbourg; 6,000 hab.; — Rottweil, jadis fortifiée; cotonnades, soieries; 5,500 hab. — Sur le Danube, Tuttlingen; coutellerie renommée, draps, lainages; 5,500 hab. — Dans la Forêt-Noire, Freudenstadt, près du fameux défilé du Kniebis, et des forges de Christophsthal; 4,500 hab.; — Kalw, au N.; préparation des cuirs, draps, lainages ; 4,000 hab.

3° Cercle du DANUBE, au Sud-Est.

ULM, près du confluent du Danube et de l'Iller, ville fortifiée, célèbre par la capitulation du 20 octobre 1805. Belle cathédrale gothique. Brasseries, tanneries ; commerce de chevaux, fabriques de papier ; 25,000 hab. ; — Biberach, sur la Riss, au S.; futaines, papeteries, jouets d'enfants ; combats de 1796 et de 1800 ; 5,000 hab. ; — Ravensburg, au S.; 5,000 hab. ; — Friedrischshaven, port sur le lac de Constance, dont le commerce est actif; — Geislingen, au N. d'Ulm; fabrication d'objets en bois et en os; — Albeck, au N.-E. ; combat du 11 octobre 1805 ; — Gœppingen, sur la Fils (Neckar) ;

draps, lainages ; eaux minérales ; 6,000 hab. ; — près de là était le
château de *Hohenstaufen*.

4° Cercle du JAXT ou Jagst, au Nord-Est.

Elwangen, sur le Jagst ; foires de chevaux et bestiaux ; 4,000 hab. ;
— *Gmund*, au S.-O., fabrique de bijouterie renommée ; 8,000 hab. ;
— *Hall*, sur le Kocher ; 7,000 hab. ; près de là, salines considérables ; — *Wassera'fingen*, sur le Kocher ; grandes usines métallurgiques ; — *Mergentheim* ou *Marienthal*, au N., sur la Tauber, siège de l'ordre Teutonique de 1526 à 1809 ; défaite de Turenne en 1645.

La superficie est de 19,508 kil. carrés ; la population de 1,818,000 hab. ; ou 93 hab. par kil. carré. Il y a 1,250,000 protestants et 554,000 catholiques. Le budget pour les recettes et pour les dépenses est de 24,360,000 florins environ (1872). La dette s'élève à 180 millions de florins. Les troupes du Wurtemberg forment le 13° corps d'armée de l'Empire d'Allemagne.

§ 12 — Grands-duchés de Hesse et de Bade

XXIV° — GRAND-DUCHÉ DE HESSE-DARMSTADT.

Il se compose de deux parties, séparées par les territoires prussiens de Hanau et de Francfort (Hesse-Nassau). Il a pour bornes : au N., la Prusse ; à l'E., la Bavière ; au S., le grand-duché de Bade ; à l'O., la Bavière Rhénane et la Prusse Rhénane. Il est traversé par l'Oden-wald, entre le Neckar et le Main ; par le Vogels-Gebirge et le Taunus au N. Il est arrosé par le Rhin, de Worms à Bingen ; par la Nahe sur la rive gauche du fleuve ; sur la rive droite par le Main et ses affluents, la Nidda, puis par la Lahn ; une petite portion du territoire, au N -E., est dans le bassin du Weser.

Les montagnes sont abondantes en fer, cuivre, plomb, houillères, salines (Wimpfen), ardoises. Le pays est fertile et l'un des plus cultivés de l'Europe ; il produit assez de céréales pour l'exportation, du lin, du chanvre, du tabac. Les vignobles sont riches en vins renommés. Il y a de grandes forêts dans la Haute-Hesse. Les vergers donnent beaucoup de fruits. Les troupeaux sont nombreux. Outre les forges et les usines à fer, il y a des fabriques de lainages, de cotonnades, de toiles, de cuirs, de papier, de soieries, de cartes à jouer, etc. Le commerce est favorisé par les cours d'eau.

Le duché se divise en trois provinces :

1° La province de STARKENBOURG, entre le Rhin et le Main. — Darmstadt, sur le Darm, la capitale, renferme plusieurs monuments et écoles, un riche musée, une bibliothèque de 200,000 volumes, et des fabriques de tapis, de papiers, d'instruments de précision et de musique, d'orfévrerie ; 40,000 hab. ; — *Seligenstadt*, sur le Main ;

tanneries importantes; 3,000 hab.; — *Offenbach*, au N., sur le Main; bijouterie, toiles, cuirs, soieries, ouvrages vernissés; 8,000 hab.

2° La province de HESSE-RHÉNANE, sur la rive gauche du Rhin.

— MAYENCE ou MAINZ (Moguntiacum), ville très-forte sur le Rhin, au confluent du Main, jointe à Cassel ou Castel, sur la rive droite, par un pont de bateaux; son archevêque était jadis l'un des sept électeurs de l'Empire. Parmi ses monuments on cite la cathédrale ou *Dôme*, l'arsenal, le palais ducal; elle est riche en collections de toute sorte, musée, bibliothèque, etc. Elle a quelques industries : ébénisterie, carrosserie, tanneries; mais elle exporte surtout les richesses du territoire, grains, vins, légumes, huile, jambons; 54,000 hab.; — *Ingelheim*, à l'O., près du Rhin; restes du magnifique palais bâti par Charlemagne; — *Bingen*, au confluent du Rhin et de la Nahe; commerce de blé, de vins, d'étoffes de laine; 6,000 hab.; — en remontant le Rhin, *Oppenheim ;* vins renommés; — *Worms*, près du Rhin, maintenant bien déchue, avec une belle cathédrale, a vu beaucoup de diètes et surtout celle de 1521, qui condamna Luther. Préparation des cuirs; commerce de vins; 8,000 hab.; — *Alzey* : 4,500 hab.

3° La HAUTE-HESSE dans la partie du duché au nord du Main.

GIESSEN, sur la Lahn, a une importante université; fabriques de lainages et de cotonnades; 9,500 hab., — les autres villes sont petites et assez industrieuses, *Alsfeld, Biedenkopf, Schlitz, Büdingen, Friedberg*.

La superficie est de 7,676 kil. carrés; la population de 853,000 hab., dont 565,000 protestants et 230,000 catholiques. Les recettes et les dépenses s'élèvent à 10 millions de florins environ; la dette dépasse 12 millions. Les troupes de la Hesse forment la 25° division de l'armée allemande, appartenant au 11° corps d'armée.

XXV° — GRAND-DUCHÉ DE BADE.

Situé au S.-O. de l'Allemagne, il a pour bornes : à l'O., le Rhin, qui le sépare de l'Alsace et de la Bavière Rhénane; au N., la Hesse-Darmstadt et la Bavière; à l'E., le Wurtemberg et le Hohenzollern; au S., le lac de Constance et le Rhin, qui le séparent de la Suisse.

Ce pays, généralement accidenté, est traversé par les Alpes de Constance et par la Forêt-Noire, qui se trouve sur la limite du Wurtemberg. Il est presque tout entier dans le bassin du Rhin, depuis le lac de Constance jusqu'au Neckar (vallées de la Wutach, de la Wiesen, de l'Elz, de la Kinzig, de la Murg); il renferme les sources du Danube, et la partie N.-E. est dans le bassin du Main.

La température est douce dans les plaines, rigoureuse et d'un air très-vif dans les montagnes.

Les richesses minérales, d'ailleurs peu considérables, consistent en fer, plomb, cuivre, zinc, argent, or, arsenic, alun, soufre, sel et houille, tourbe, terre à poteries, ardoises, marbre, albâtre, etc. Il y a des eaux minérales à Baden, Badenweiler, Rippoldsau, Langenbrucken, etc. Les pentes de la Forêt-Noire sont couvertes de forêts (sapins, chênes, châtaigniers). Les vallées sont très-fertiles; elles produisent des céréales, seigle, froment, maïs, même pour l'exportation, des pommes de terre, des betteraves, des légumes, du chanvre, du tabac, du houblon; les fruits, noyers, pommiers, cerisiers pour la fabrication du kirschenwasser, sont renommés. La vigne, cultivée jusqu'à 450 mètres, donne des vins estimés (Affenthal, du Margrave, de Constance, Steinbach, etc.), qu'on exporte au loin. Les produits de la chasse et de la pêche sont considérables. Les chevaux sont peu nombreux, mais vigoureux; il y a beaucoup de bêtes à cornes et de porcs; mais les moutons ne suffisent pas à la consommation; on élève beaucoup d'abeilles.

On file le lin et le chanvre, on fabrique des étoffes de coton et de toile, des articles de fer, des produits chimiques, des tissus de paille, des ouvrages en bois, horloges, boîtes à musique, etc., qu'on exporte jusqu'en Amérique. L'industrie a encore cependant beaucoup de progrès à faire.

Le grand-duché de Bade, naguère divisé en 4 cercles, du Lac, du Haut-Rhin, du Rhin Moyen, du Bas-Rhin, comprend maintenant 11 cercles, qui portent le nom de leurs chefs-lieux, et qui sont répartis dans les 4 grands districts de Karlsruhe, Constance, Fribourg, Mannheim.

1° Karlsruhe, la capitale, près du Rhin, est bâtie régulièrement en forme d'éventail; les rues rayonnent du palais ducal, qui en est le centre; elle renferme de nombreux édifices et des établissements littéraires; machines, produits chimiques; 57,000 hab., — *Durlach*, à l'E., sur la Pfinz; 5,600 hab.; — *Ettlingen*, au S., sur l'Alb; raffineries de sucre, papier, cotonnades, 5,000 hab.; — *Pforzheim*, au S.-E., sur l'Enz, commerce de bois; forges, fabriques de draps et de bijouterie renommée; 20,000 hab.; — *Bruchsal*, au N.-E. de *Karlsruhe*, ancienne résidence des princes-évêques de Spire: 8,000 hab.

2° Constance, sur le lac à l'endroit où commence le lac de Zell; elle renferme beaucoup de monuments du moyen âge; un concile général s'y réunit de 1414 à 1418, et plusieurs endroits rappellent le supplice de Jean Huss; fabriques de cotonnades; 8,000 hab.; —

près de là, vignobles célèbres de l'île de Reichenau ; — *Uberlingen*, port sur le lac de ce nom ; bains minéraux ; — *Engen*, sur l'Aach ; victoire des Français, 1800 ; — *Stokach* ; batailles de 1799 et 1800.

3° VILLINGEN, sur l'une des sources du Danube ; horloges communes, boîtes à musique ; 4,000 hab. ; — *Donaueschingen*, où commence le Danube ; brasseries ; — *Mœskirch*, sur l'Ablach ; victoire des Français, en 1800.

4° WALDSHUT, sur le Rhin, en face du confluent de l'Aar ; — *Saint-Blaise* ou *Sanct-Blasien*, ancienne abbaye de bénédictins.

5° FRIBOURG, sur la Dreizam, dans le Brisgau, siége d'un archevêché et d'une université catholique, a plusieurs belles églises et surtout le *Munster*, des établissements scientifiques et littéraires, et fait un assez grand commerce. C'était jadis une place forte importante ; victoire des Français en 1644 ; fabriques de cuirs vernis ; 25,000 hab. ; — *Vieux-Brisach*, ancienne capitale du Brisgau, jadis place très-forte, aujourd'hui démantelée ; — *Ettenheim*, où le duc d'Enghien fut enlevé en 1804.

6° LŒRRACH, au S., près du confluent de la Weisen, petite ville industrielle ; tissus imprimés ; 4,000 hab. ; — *Friedlingen*, à quelque distance ; victoire de Villars en 1702 ; — *Badenweiler*, où se trouvaient déjà des bains du temps des Romains.

7° OFFENBOURG, sur la Kinzig ; 4,500 hab. ; — *Kehl*, au confluent de la Kinzig et du Rhin, où débouche le pont de fer de Strasbourg ; — *Lahr*, au S. d'Offenbourg ; fabriques de toiles, de tabac, de chicorée ; 7,000 hab. ; — *Oppenau*, près des bains d'Antogast, de Griesbach, de Petersthal.

8° BADEN, au S.-O. de Karlsruhe, dans l'une des plus belles vallées de la Forêt-Noire, célèbre par ses eaux minérales, ses jeux, ses plaisirs et les sites pittoresques des environs ; 8,000 hab ; — *Rastadt*, sur la Murg, jadis forteresse fédérale ; fabriques d'armes à feu, d'acier, de voitures ; traité de 1714 ; congrès de 1798 ; 8,000 hab.

9° MANNHEIM, au confluent du Neckar et du Rhin, jadis résidence des électeurs palatins et place forte, bien bâtie, avec de nombreux établissements scientifiques ; fonderies de canons, manufactures de glaces (à Waldhof), fabriques de toiles, de lainages, de bijouterie fausse, de cigares ; commerce assez étendu ; 40,000 hab. ; — *Ladenbourg*, sur le Neckar ; victoire de Turenne en 1674.

10° HEIDELBERG, sur le Neckar ; ancienne et célèbre université, avec une belle bibliothèque et de riches collections ; ruines d'un château remarquable. Cette ville a été souvent ruinée, surtout en 1688 ; elle a été longtemps la capitale du Palatinat ; 20,000 hab. —

Sinsheim, sur l'Elsenz ; victoire de Turenne en 1674.

11° Mosbach, sur le Neckar; 3,000 hab.; — *Wertheim*, au confluent du Tauber et du Main ; distilleries, tanneries, commerce de vins ; 4,000 hab.

La superficie est de 15,311 kil. carrés; la population de 1,461,000 hab., ou 97 hab. par kil. carré; il y a 931,000 catholiques et 476,000 protestants. Il y a un archevêché catholique à Fribourg, et un consistoire protestant à Karlsruhe. Le budget ordinaire, pour les dépenses et les recettes, est d'environ 18 à 19 millions de florins. La dette réelle était de 33,600,000 florins ; la dette des chemins de fer de 124 millions de florins (le florin de 2 fr. 14 c.).

Les troupes Badoises forment la plus grande partie du 14° corps d'armée de l'Empire d'Allemagne.

§ 13. — Alsace-Lorraine.

XXVI°— L'ALSACE-LORRAINE forme un État, cédé à l'Empire Allemand par le traité de Francfort-sur-le-Main du 10 mai 1871, avec la convention additionnelle du 12 octobre. Il est gouverné immédiatement par les agents de l'Empire et le régime dictatorial doit y durer jusqu'au 1ᵉʳ janvier 1874.

Il comprend l'ancien département du *Bas-Rhin* ; le département du *Haut-Rhin* (sans les cantons de Belfort, de Delle, de Giromagny ; sans 21 communes du canton de Fontaine ; 4 communes du canton de Massevaux ; 3 communes du canton de Dannemarie) ; le département de la *Moselle* (sans les cantons de Conflans et de Longuyon ; sans 12 communes du canton de Gorze ; 17 communes du canton de Briey ; 24 communes du canton d'Audun-le-Roman ; 25 communes du canton de Longwy) ; la plus grande partie des arrondissements de *Sarrebourg* et de *Château-Salins*, dans l'ancien département de la Meurthe ; le canton de *Schirmeck* et 7 communes du canton de Saales, enlevées au département des Vosges.

C'est l'ancienne Alsace et la Lorraine allemande.

L'ALSACE, qui tire son nom de l'*Ill* (*Elsass* des Allemands), entre les Vosges et le Rhin, arrosée par ce fleuve dans la partie moyenne de son cours et par ses affluents, l'Ill, grossie de la Breusch, la Zorn, grossie de la Moder, la Lauter qui la sépare de la Bavière Rhénane, forme une vaste plaine qui descend des Vosges, symétrique à la plaine de Bade, qui monte du fleuve jusqu'à la Forêt-Noire. On croit que ce riche bassin n'était jadis qu'un vaste lac, dont Bâle et Mayence marquent les extrémités, et dont les eaux auraient fini par rompre la chaîne de rochers, dont on voit encore les restes dans le lit même du fleuve. L'Alsace est un pays riche par ses mines, ses forêts, ses pâturages, ses cultures, ses vignobles, sa population solide et intelligente, son industrie. De nombreuses vallées, profondes et pittoresques, descendent des Vosges dans la direction de l'Ill et du Rhin. De bonne heure les populations germaniques ont envahi ce territoire de l'ancienne Gaule; car le Rhin a été souvent une limite, mais n'a jamais été une barrière. Pendant la domination romaine, mais surtout pendant l'invasion des Barbares, les Germains achevèrent l'occupation de tout le pays, qui fit partie de l'Allemagne jusqu'au XVII⁺ siècle. L'Alsace, occupée alors par Richelieu, cédée à la France par le traité de Westphalie (1648), devint française de cœur, tout en conservant sa physionomie étrangère, surtout depuis que Strasbourg eut été réunie en 1681. Dans les malheurs de 1815, les ennemis de la France en lui enlevant Landau au N., et en démolissant les fortifications de Huningue, avaient laissé l'Alsace abordable aux premières attaques venant de l'Allemagne. Les désastres de 1870-71 l'ont enlevée à la France, avec la Lorraine allemande, qui comprend le bassin de la Moselle, au nord de Pont-a-Mousson et de la vallée de la Seille.

L'Alsace-Lorraine est maintenant divisée en trois départements ou *districts* : la *Basse-Alsace*, la *Haute-Alsace* et la *Lorraine allemande*.

La HAUTE-ALSACE, ancien département du *Haut-Rhin*, comprenant l'ancien Sundgau et le territoire de la république de Mulhouse, réuni à la France en 1798, se divise en *montagnes*, à l'O., couvertes de bois, *collines* riches en vignobles et *plaine*. L'Ill partage la plaine en deux parties, à l'E., le sol est peu fertile, renferme des marais, des tourbières, et la forêt de la Harth ; à l'O. de l'Ill, la terre est l'une des meilleures de l'Alsace; le S. du pays, vers Cernay, l'*Ochsenfeld*, renferme beaucoup de gravier.

Les mines de fer et de cuivre sont nombreuses et riches ; il y a du granit, du porphyre, du plâtre, du grès, de nombreuses tourbières. — La récolte des céréales dépasse les besoins de la consommation ; on cultive les pommes de terre, la garance, la gaude, le chanvre. Les vignes donnent des produits abondants, on estime les vins de Guebwiller, Turkheim, Ribeauvillé, Ollwiller, Colmar. On cultive le merisier pour le kirschenwasser. Les forêts occupent plus de 110,000 hectares. Le bétail est d'assez belle espèce ; il y a beaucoup de bêtes à cornes et de porcs, mais peu de moutons. L'industrie métallurgique est très-importante ; mais l'industrie cotonnière, dont Mulhouse est le centre, place ce pays au premier rang. La bonneterie, la rubannerie, l'horlogerie, les papiers peints ont aussi de nombreux établissements. Les cercles du district sont :

Colmar, Altkirch, Thann, Guebwiller, Ribeauvillé. Il a 3,505 kilom. carrés et 459,000 habitants (1871).

Les principales villes sont : COLMAR, le chef-lieu, sur le Rauch près de l'Ill ; filatures de coton, calicots, rubans ; fonderies de cloches, quincaillerie, commerce actif ; 23,600 hab. ; — *Mulhouse* ou *Muhlhausen*, au S. de Colmar, dans une île de l'Ill ; grand centre pour les toiles de coton, les mousselines peintes, les étoffes imprimées ; fabriques de draps, de mécaniques pour tissage et filature, de produits chimiques ; 58,700 hab. ; — *Ensisheim*, au N. de Mulhouse, sur l'Ill ; calicots, damas pour meubles ; quincaillerie ; — *Guebwiller*, au N.-O. de Mulhouse, sur la Lauch ; filatures de coton de lin ; construction des machines ; 11,000 hab. — *Soultz*, un peu au S.-E ; rubans de soie, bonneterie, clouterie ; — *Altkirch*, au S.-O. de Mulhouse, sur l'Ill ; tissages mécaniques, commerce de chanvre et de cuirs ; — *Rixheim* ; papiers de tenture ; — *Thann*, à l'O. de Mulhouse, sur la Thur, avec une belle église ; filatures de coton, toiles peintes ; produits chimiques, construction de machines ; — *Saint-Amarin*, plus à l'O., dans la riche vallée de ce nom ; blanchisseries, tissages mécaniques ; — *Wesserling*, plus à l'O., dans la même vallée ; nombreuses filatures ; tissus imprimés ; — *Rouffach*, au S. de Colmar, ville ancienne ; — *Neuf-Brisach*, au S.-E. de Colmar, près du Rhin, place forte ; — *Munster*, à l'O. de Colmar, sur le Fecht, dans la belle vallée de Saint-Grégoire ; filatures de coton ; toiles peintes, calicots ; — *Ribeauvillé* (Rappoldswall), au N.-O. de Colmar ; filatures de coton, teintureries ; commerce de vins ; — *Sainte-Marie-aux-Mines*, au N.-O., jadis célèbre par ses mines aujourd'hui presque abandonnées ; fabriques de tissus de couleur, d'étoffes pour meubles ; teintureries, blanchisseries de toiles ; 12,500 hab. ; — *Turkheim*, à l'O. de Colmar sur le Fecht, dans un territoire fertile en vins ; victoire de Turenne en 1674 ; — *Soulzmatt* et *Soulzbach*, au S -O. ; eaux minérales ; etc., etc.

La BASSE-ALSACE, ancien département du *Bas-Rhin*, est un pays riche et bien cultivé. Il renferme de la houille, du fer, du lignite, de la tourbe, de l'asphalte, de l'alun, des ardoises, de la terre à poterie, des salines. On exporte des céréales, des vins, du tabac ; on récolte beaucoup de pommes de terre, de légumes, de chanvre, de betteraves, de graines oléagineuses, du houblon, de la garance ; on cultive surtout le merisier. Les bêtes à cornes et les porcs sont nombreux ; on y trouve d'assez bons chevaux ; mais il n'y a pas assez de moutons. Les sources minérales sont à Brumath, Soultz, Niederbronn.

L'industrie est très-active ; il y a des fabriques d'acier, de machines, de quincaillerie, d'armes ; de produits chimiques, de cotonnades, de draps, etc.

Les cercles de ce district sont : Strasbourg, Schlestadt, Erstein, Molsheim, Haguenau, Wissembourg, Saverne. Le district a 4,761 kilom. carrés de superficie et 600,000 habitants (1871).

Les villes principales sont :

Strasbourg (Argentoratum), le chef-lieu, sur l'Ill et la Breusch, à un kilom. du Rhin, célèbre par sa magnifique cathédrale achevée en 1439; et bien maltraitée, comme la ville, pendant le siége fait par les Allemands, en 1870 ; par ses fortifications et ses établissements scientifiques et littéraires ; c'est plutôt une ville de commerce que d'industrie. Elle a des brasseries, des savonneries, des blanchisseries de toiles, des fabriques de gants, de pipes, de jouets d'enfants, de voitures, etc. ; 84,000 hab.; — *Saverne* (Zabern), au N.-O. de Strasbourg, sur la Zorn et sur le canal de la Marne au Rhin, dans un pays de vignobles, fait commerce de bois et de grosse quincaillerie ; — *Schlestadt* ou *Schlettstadt*, au S.-O. de Strasbourg, sur l'Ill, a des fabriques de toiles et de gazes métalliques; 9,300 hab. ; — *Wissembourg*, au N.-E. de Strasbourg, sur la Lauter, a formé le centre des fortifications appelées *lignes de Wissembourg*, des Vosges à Lauterbourg ; — *Haguenau*, au N. de Strasbourg, sur la Moder, fabrique calicots, percales, huile ; a des raffineries et des savonneries ; fait un grand commerce de garance et de houblon ; 11,300 habitants;— *Bischwiller*, un peu au S.-E. de Haguenau, sur la Moder, est un grand centre pour la fabrication des draps légers ; — *Molsheim, Mutzig, Klingenthal*, au S.-O. de Strasbourg, connus par leurs manufactures d'armes ; — *Barr*, au N. de Schlestadt, a des tanneries, des chamoiseries, des fabriques de chapeaux de paille ; — *Bouxwiller*, au N.-E. de Saverne, a des mines d'alun et des fabriques de produits chimiques ; — *Obernai* (Ober-Ehnhm), au S.-O. de Strasbourg, a des fabriques de tissus de couleur, des clouteries, des poteries ; — *Niederbronn*, au S.-O. de Wissembourg, a des eaux minérales fréquentées ; aux environs sont *Reichshoffen* et *Wœrth*, célèbres par les combats de 1870, etc., etc.

La LORRAINE ALLEMANDE, ancien département de la Moselle, avec partie de la Meurthe et des Vosges, est montagneuse à l'E., mais renferme au centre et à l'O. de nombreuses et belles vallées. On y trouve des mines de fer, de plomb, de cuivre, de houille; des pierres de taille, des mines de sel gemme, des sources salées, des eaux minérales. — Le sol, fertile surtout dans la vallée de la Moselle, et bien cultivé, produit des céréales, des vins, des légumes, des pommes de terre, des fruits excellents, surtout dans les environs de Metz, du lin, du chanvre, des betteraves. Les forêts sont nombreuses. Les bêtes à cornes, les chevaux, les moutons sont de petite espèce ; on nourrit beaucoup de porcs.

L'industrie était très-active ; on travaillait surtout le fer et l'acier ; on fabriquait des tôles, des outils, de la taillanderie ; puis venaient la cristallerie, la verrerie, la faïencerie, la poterie ; et en troisième lieu, les draps, les toiles, les broderies, les cuirs, les liqueurs. On fait un grand commerce de bois, grains, sel, fers, poterie, etc.

Le district de Lorraine comprend les cercles de Metz, Sarreguemines, Forbach, Boulay, Thionville, Château-Salins, Sarrebourg. Il a 6,224 kilom. carrés et 489,000 habitants (1871).

Les villes principales sont :

METZ, le chef-lieu, au confluent de la Moselle et de la Seille, a une magnifique cathédrale, de grandes fortifications, fait un grand commerce et a d'importantes industries, draps, flanelles, bonneterie, broderies, toiles de chanvre, quincaillerie, chaudronnerie, papeterie, poterie ; 51,000 hab. (?) ; aux environs sont *Gravelotte*, *Rezonville*, à l'O., *Saint-Privat*, au N.-O., combats de 1870 ; *Sarreguemines* (Saargemunden), à l'E. de Metz, au confluent de la Sarre et de la Blize ; poteries, faïence, porcelaine rouge ; fabriques de velours et de peluches, tuileries ; — *Thionville* ou *Diedenhofen*, au N. de Metz, sur la Moselle, place forte ; fabriques de toiles de chanvre, cuirs, chapellerie ; — *Bitche* (Bitsch), à l'E. de Sarreguemines, importante par son château fort, bâti sur le sommet d'un rocher ; — *Saint-Avold*, entre Metz et Sarreguemines ; commerce de bois et de houille ; — *Sierck*, au N.-E. de Thionville, sur la Moselle ; tanneries, quincaillerie ; — *Forbach*, au N.-O. de Sarreguemines, en face de Saarbruck ; — *Saint-Louis*, célèbre par sa cristallerie ; *Gœtzembruck*, au S. de Bitche, par sa verrerie, etc.; — *Château-Salins* au S.-E. de Metz, sur la petite Seille ; verres à vitres ; dans le voisinage sont des salines, jadis plus florissantes ; — *Sarrebourg*, à l'E. de Château-Salins, sur la Sarre ; broderies, cuirs, fonderies de cloches ; — *Marsal*, au S.-E. de Château-Salins ; petite place forte ; *Dieuze*, à l'E. de Château-Salins, sur la Seille ; salines importantes, produits chimiques ; — *Vic, Moyenvic, Ley* ; salines considérables, — *Phalsbourg* ou *Pfalzbourg*, au N.-E. de Sarrebourg, place de guerre bien située sur un rocher élevé au milieu des Vosges, fabrique des liqueurs ; — *Schirmeck*, au S.-E., jadis dans le département français des Vosges ; filatures et tissages de coton.

L'Alsace-Lorraine a 14,491 kilom. carrés et 1,558,000 habitants, dont 1,305,000 catholiques, 213,000 luthériens, 33,000 calvinistes, 44,000 israélites. Les Allemands prétendent que dans la population totale il y a environ 1,343,000 personnes d'origine germanique et 253,000 d'origine française, surtout en Lorraine. Le district de Basse-Alsace, chef-lieu Strasbourg, renferme 8 cercles (en y comprenant la campagne de Strasbourg) et 562 communes ; le district de Haute-Alsace, chef-lieu Colmar, renferme 6 cercles et 384 communes ; la Lorraine allemande, chef-lieu Metz, a 8 cercles et 748 communes. Chaque cercle est administré par un directeur.

TABLEAU STATISTIQUE DE L'ALLEMAGNE DU SUD

ÉTATS	SUPERFICIE	POPULATION
	en kilom carrés	en 1872
ROYAUME DE BAVIÈRE	75 864	4 862 000
— DE WURTEMBERG	19.508	1 818 000
GRAND-DUCHÉ DE HESSE	7 676	853 000
— DE BADE	15 311	1 461 000
ALSACE-LORRAINE	14 491	1 558 000

En résumé, l'Allemagne du Sud, malgré les succès récents de la politique prussienne, malgré les tendances réelles de beaucoup, par instinct de race, par patriotisme, par ambition, vers la formation complète de la grande unité allemande, malgré le rapprochement des intérêts par la multiplication des chemins de fer, nous semble encore, à plus d'un égard, distincte de l'Allemagne du Nord, de l'Allemagne de plus en plus prussienne.

Elle en diffère, nous l'avons vu, par sa situation géographique dans les bassins du Rhin et du Danube, par la nature du sol, par ses montagnes, qui ont toujours nourri des populations bien différentes par leurs mœurs, leurs habitudes, leurs tendances, des populations de la grande plaine, triste et monotone du Nord. Elle en diffère par ses traditions, par son histoire, par les souvenirs même qu'y a laissés l'ancienne influence de Rome. Les catholiques y sont en majorité (6,500,000 contre 3,830,000 protestants), et la Bavière semble avoir plus de pentes naturelles vers l'Autriche que vers la Prusse. En somme, il y a moins d'activité positive, mais plus de tendances poétiques, dans les populations du Sud. Aussi, le pays, quoique plus fertile, est-il cultivé avec moins d'ardeur et l'industrie est-elle moins florissante ; il n'y a pas de grands centres, comme dans l'Allemagne du Nord ; c'est une région généralement

ALLEMAGNE.   253

plus agricole qu'industrielle ; et nous ne croyons pas nécessaire de rappeler, même dans un court résumé, les produits du sol ou de l'industrie des cinq États, dont nous venons de parler. Mais il est bon de montrer les principales lignes de chemins de fer, que l'Allemagne a multipliées sur toutes les parties de son territoire, dans un intérêt politique autant que dans un but commercial. Les chemins de fer, plus que toute autre chose, sont destinés à réunir les peuples.

§ 14 — Chemins de fer — Commerce de l'Allemagne

Le réseau des chemins de fer allemands est presque complet; il y avait, au commencement de 1872, 24,121 kilomètres en exploitation ; toutes les villes importantes communiquent entre elles. Il n'y a pas de centre commun, et il serait difficile, presque déplacé, de vouloir énumérer toutes les lignes établies. Nous nous contenterons d'indiquer les grandes directions.

En allant de l'O. à l'E., on trouve :

1° LA GRANDE LIGNE EUROPÉENNE, qui, après avoir traversé la péninsule Ibérique, la France et la Belgique, entre en Allemagne par *Aix-la-Chapelle*, et par Crevelt, Rubrort, Dortmund, Hamm, Minden, *Hanovre*, Brunswick, *Magdebourg*, Potsdam, se dirige vers *Berlin;* puis, par Francfort-sur-l'Oder, Kustrin, Kreuz, Bromberg, va par Thorn vers *Varsovie;* ou par Dirschau, Marienbourg, Elbing, *Kœnigsberg*, Insterbourg, Eydkuhnen, vers la Russie et *Saint-Pétersbourg*.

2° La LIGNE DE THURINGE ET DE SAXE part d'*Aix-la-Chapelle*, se dirige par *Cologne*, Siegen, Giessen, *Cassel*, se divise en deux branches : celle du Nord, par Gœttingen, Nordhausen, Halle, *Leipzig*, Meissen, *Dresde;* celle du Sud, par Eisenach, *Gotha*, Erfurt, *Weimar*, Géra, Chemnitz, Freiberg, *Dresde*. De là partent : le chemin qui par Bautzen conduit en Silésie vers Gœrlitz, Liegnitz, *Breslau*, Oppeln et *Cracovie*, et les chemins de la Bohême, qui, par Zittau et Reichenberg, s'unissent aux chemins autrichiens ; ou par Kœnigstein et Leitmeritz, se dirigent vers *Prague*.

3° La LIGNE DU MAIN part de *Metz*, et se dirige par Forbach vers *Mayence* ou vers *Mannheim*, d'où deux lignes conduisent à *Darmstadt*. De là, en remontant le Main, la ligne, par Wurzbourg, Bamberg, Baireuth, rejoint les chemins saxons ; ou, par Wurzbourg, Nuremberg, Amberg, Cham, se relie aux chemins de Bohême.

4° La LIGNE DU DANUBE part de *Karlsruhe*, passe à *Stuttgart*, Ulm, *Augsbourg*, *Munich*, puis se dirige sur l'Autriche, soit par Rosenheim, Salzbourg, Linz, *Vienne;* soit par Landshut, Straubing, *Passau*,

Linz; soit par Rosenheim, *Innsbruck* et la ligne du Tyrol, qui, par le col du Brenner, et la vallée de l'Adige, descend en Italie.

En allant du S. au N., on trouve quatre grandes directions, qui suivent généralement les vallées des fleuves et relient entre elles les quatre lignes que nous venons d'indiquer.

1° La LIGNE DU RHIN part de *Constance*, suit la rive droite du fleuve par Waldshut et *Bâle;* de là deux chemins sont des deux côtés du Rhin, à droite par Fribourg, Rastadt, *Karlsruhe*, Heidelberg, *Darmstadt, Francfort, Mayence, Coblenz;* à gauche, par *Mulhouse, Strasbourg*, Wissembourg, Landau, Mannheim, *Mayence*, Bingen, *Coblenz*. Puis la ligne est unique sur la rive gauche, de Coblenz à *Cologne;* elle se dédouble alors, pour aller rejoindre les chemins hollandais, soit par Crevelt, Clèves et Nimègue; soit par Dusseldorf, Wesel et Arnheim.

On peut y rattacher *la ligne de l'Ems*, qui par Hamm, Munster, Meppen, arrive à Emden, sur la mer du Nord.

2° La LIGNE DU WESER part de *Francfort-sur-le-Main*, et par Giessen se dirige sur *Cassel*, Gœttingen, *Hanovre, Brême*, d'où deux embranchements conduisent vers Oldenbourg, Heppens ou vers Bremerhaven sur la mer du Nord.

On peut rattacher à cette direction : la ligne qui de Francfort se relie aux chemins du Wurtemberg et vient aboutir à Friedrichshaven sur le lac de Constance, — et la ligne qui de Cassel, par Eisenach et Cobourg, rejoint Lichtenfels en Bavière, et de là par Bamberg, Nuremberg, Donauwœrth, Augsbourg, Kempten, vient aboutir à Lindau sur le lac de Constance.

3° Les LIGNES DE L'ELBE sont : celle qui part de Hof en Bavière, et se dirige par Plauen, Altenbourg, *Leipzig*, Halle, *Magdebourg*, Wittenberge, Hagenow, *Hambourg*, Altona, Neumunster, Slesvig jusqu'à Kolding et jusque dans le Danemark, — l'autre vient de Bohême, passe par *Dresde*, Riesa, Interbock, *Berlin* et rejoint la précédente à Wittenberge. Des embranchements conduisent à Schwerin, et aux ports de Rostock, Wismar, Lubeck, Kiel, sur la mer Baltique.

4° Les LIGNES DE L'ODER sont : la ligne de l'O., qui part de la frontière d'Autriche à Oderberg (Silésie) ; et, par Ratibor, Oppeln, *Breslau*, se dirige vers Gœrlitz, Kottbus, *Berlin*, ou vers Sorau, *Francfort sur-l'Oder, Berlin;* puis vers *Stettin* et *Stralsund;* — la ligne de l'E. vient de Cracovie (Galicie), et se dirige par Tarnowitz vers Oppeln, *Breslau*, d'où elle se détache de la ligne précédente pour aller vers Lissa, Posen, Kreuz, Stargard, Kolberg et Koslin sur la mer Baltique.

COMMERCE. — L'Allemagne étant restée divisée jusque dans ces derniers temps, il est difficile de donner ici une idée nette et précise de son commerce. L'établissement de l'Union douanière ou Zollverein et le développement des lignes de chemins de fer ont imprimé un grand essor au commerce intérieur et à l'industrie. Après 1815, lorsque la Confédération Germanique comprenait une quarantaine d'États, presque tous enclavés les uns dans les autres, pour parvenir de la frontière au centre du pays, les marchandises n'avaient pas moins de 16 lignes de douanes à traverser, sans compter les lignes intérieures appartenant aux États, aux communes et même aux particuliers. De là des frais et des pertes de temps considérables, qui arrêtaient la production et la consommation. La Prusse donna l'exemple d'établir la libre circulation dans l'intérieur de ses provinces et de réduire les douanes extérieures à un taux uniforme. Sous son inspiration, la plupart des petits Etats formèrent avec elle une union commerciale, qui abolissait les douanes intermédiaires pour les reporter aux frontières communes, sauf à partager le produit en proportion de la population. D'autres unions particulières, comme le *Steuerverein*, se rapprochèrent de l'union Prussienne, et le *Zollverein* comprenait presque toute l'Allemagne, même avant les événements qui ont agrandi la Prusse et amené la formation du nouvel Empire. L'article 33 de la constitution de l'Empire a complété l'œuvre commencée par le Zollverein, en établissant une frontière douanière commune pour tout le territoire allemand ; et le Conseil fédéral du Zollverein s'est confondu avec le Conseil fédéral de l'Empire ; le Parlement douanier est remplacé par le Reichstag.

Le commerce intérieur se fait par les chemins de fer et par les fleuves ; nous avons nommé les principales villes de commerce : Cologne, Brunswick, Magdebourg, Berlin, Breslau, Dresde, Munich, Francfort-sur-l'Oder, Francfort-sur-le-Main, Augsbourg, etc. Leipzig, dans une position presque centrale, où viennent aboutir des lignes de chemins de fer dans toutes les directions, a toujours ses foires célèbres, son commerce considérable de livres et est de plus en plus un grand entrepôt de marchandises.

Le commerce extérieur se fait par les chemins de fer avec tous les pays voisins de l'Allemagne, et par mer. Les principales places maritimes sont Kœnigsberg, Dantzig, Stettin, Stralsund, Rostock, Wismar, Lübeck, Kiel, sur la mer Baltique ; — Emden, Brême, Altona, et surtout Hambourg, sur la mer du Nord, qui rivalise avec les plus grandes places commerciales de l'Europe. Sur le lac de Constance, il y a les ports de Constance, Fredrichshaven, Lindau.

Les principaux articles d'*importation* sont : la houille, les fers bruts, l'acier, le cuivre, le plomb, l'étain, le soufre ; — les cotons bruts, les laines brutes, les soies écrues, le chanvre, le lin, les graines de colza et de lin ; — les céréales, le riz ; — les denrées coloniales, café, sucre brut, cacao, thé, poivre, piment, etc. ; les bois de teinture, les fruits secs des tropiques, les tabacs bruts ; — les bestiaux, porcs, moutons, bêtes à cornes, chevaux ; — les cuirs, crins, poix, goudron, résine, suif, indigo, caoutchouc, garance, etc. ; — les vins et eaux-de-vie, fruits secs, huiles, harengs ; — les tissus de laine, de soie, de coton ; — les ouvrages en fer et en acier ; — les papiers, verreries, porcelaines, — les articles de modes ; etc., etc.

Les principaux articles d'*exportation* sont : la houille, les fers bruts, le zinc brut, — les céréales, les eaux-de-vie, les vins, la bière ; — les eaux minérales ; — les graines de colza, de lin, les huiles de graines, le houblon, le tabac ; — les bois de construction ; — la fonte, le fer forgé, les rails, l'acier ; les ouvrages en fer, acier, zinc, fer-blanc, etc. ; — les tissus de coton, les lainages, la bonneterie ; _ la quincaillerie, la verrerie, les porcelaines, la bijouterie, l'horlogerie ; — les jouets, les livres, les gravures, les cartes de géographie, les instruments de musique, le bois ouvragé ; etc.

Le commerce de transit est considérable et procure de grands bénéfices aux villes qui l'exercent.

Sans entrer dans le détail des monnaies allemandes, qui doivent être changées, d'après le nouveau système monétaire décrété, le 4 septembre 1871, nous indiquons ici les monnaies les plus usuelles, avec leur valeur ordinaire, qui a plus d'une fois varié :

Le frédéric d'or de Prusse vaut 21 fr. 25 c.

Le thaler en argent 3 fr. 75 c.

Le silbergroschen en cuivre 0 fr. 125.

Le kreutzer 0 fr. 04 c.

Le pfenning 0 fr. 01.

Dans les États de l'Allemagne du Sud, on compte encore par florins (Gulden), de 60 kreutzer, valant un peu plus de 2 fr. 14 c.

Le meile (Meile) allemand vaut 7 kil. 532.

Les poids et mesures sont maintenant réglés d'après le système métrique.

§ 15 — Formation de l'Empire d'Allemagne. — Statistique.

L'Empire Germanique comprenait au dix-huitième siècle plus de 300 États, séculiers, ecclésiastiques, villes libres, soumis à un *empereur* électif, dont les pouvoirs, mal déterminés, étaient peu étendus ; ils étaient représentés à la grande assemblée, appelée la *Diete*. L'Empire était divisé en 9 cercles : ceux d'Autriche, de Bavière et de

Souabe au sud ; — de Franconie, du Haut-Rhin et du Bas-Rhin, au centre ; — de Westphalie, de Haute-Saxe et de Basse-Saxe, au nord. Il y avait en outre des pays qui étaient considérés comme faisant partie de l'Empire, sans appartenir à aucun cercle : le royaume de Bohême, la Silésie, la Moravie, la Lusace. Les Pays-Bas autrichiens, qui avaient formé le cercle de Bourgogne, n'étaient plus regardés depuis longtemps comme partie de l'Empire.

Les guerres de la Révolution bouleversèrent l'état de l'Allemagne ; en 1806, l'Empire cessa d'exister. La Confédération du Rhin fut alors constituée, et successivement agrandie, aux traités de Tilsit et de Vienne ; elle comptait 34 États, en 1813.

A la suite des événements de 1814 et de 1815, les différents États de l'Allemagne formèrent *la Confédération Germanique*, pour maintenir l'indépendance et l'inviolabilité de ses membres, pour protéger la sûreté intérieure et extérieure de l'Allemagne en général. La *diète fédérative ordinaire* ou *permanente*, comprenant 17 voix, était sous la présidence de l'Autriche ; l'*Assemblée générale* ou *Plenum*, comprenant 70 voix, se réunissait pour décider les questions les plus graves. La Confédération, renversée par les troubles révolutionnaires de 1848 à 1851, fut alors rétablie avec son ancienne organisation. L'Autriche et la Prusse étaient depuis longtemps en présence, représentant, la première l'ancien régime, la seconde les aspirations libérales et unitaires, mais toutes deux ambitionnant *l'hégémonie*, la direction souveraine de l'Allemagne.

L'Autriche échoua, en 1863, dans sa tentative de réformer à son profit l'organisation de l'Allemagne. En 1866, la Prusse soutint par les armes ses plans de réformes intérieures : elle se retira de la Confédération, le 14 juin ; elle fut victorieuse à Sadowa, le 3 juillet ; elle imposa ses conditions par les préliminaires de Nikolsbourg, le 26 juillet, et par la paix de Prague, le 23 août. La Prusse réunissait violemment à son territoire le Hanovre, le Slesvig-Holstein, le duché de Hesse-Cassel, le landgraviat de Hombourg, le comté de Nassau, la ville libre de Francfort-sur-le-Main et une petite portion de la Bavière ; — l'Autriche était mise en dehors de l'Allemagne ; — les autres États, au N. du Main, formaient sous la direction de la Prusse la Confédération de l'Allemagne du Nord ; — la Bavière, le Wurtemberg, Bade, la Hesse-Darmstadt, essayèrent d'établir une Confédération de l'Allemagne du Sud. La guerre contre la France, habilement préparée par la politique prussienne, acheva la formation de l'unité allemande ; tous les États allemands, qui avaient pris part à la lutte, se réunirent, avec une bonne volonté apparente, pour constituer le nouvel Empire d'Allemagne, agrandi de l'Alsace et de la partie de la Lorraine, enlevées à la France. L'empire d'Allemagne, définitivement reconnu en 1871, est dirigé par un gouvernement fédéral; qui a dans ses attributions les affaires d'un intérêt commun, la guerre, les postes, les télégraphes, les chemins de fer, etc. Ce gouvernement est ainsi organisé : le roi de Prusse, comme empereur, a le pouvoir exécutif, commande les armées de terre et de mer, représente l'Allemagne à l'étranger, etc.; il exerce ses attributions par l'intermédiaire du *chancelier de l'Empire*, qui est le président du conseil des ministres de Prusse. Le *Conseil fédéral* est composé des représentants des 26 gouvernements confédérés. Le *Parlement fédéral* ou *Reichstag* est formé par les députés élus du suffrage universel et direct du peuple allemand. Le Reichstag vote le budget fédéral, discute et vote les lois.

L'Empire d'Allemagne a une superficie de 544,000 kilomètres carrés et une population de 40 millions d'habitants, ou 74 habitants par kilom. carré. On compte environ 25 millions de protestants, 14 millions de catholiques, 500,000 israélites, etc. Le budget fédéral était en 1871 d'environ 78 millions de thalers; il a été augmenté, dès 1872, et s'est élevé à près de 120 millions de thalers.

L'armée fédérale, sur le pied de paix, est d'environ 400,000 hommes et 95,000 chevaux; sur le pied de guerre, elle est de 1,300,000 et de 283,000 chevaux; on compte 1,117,000 combattants.

La flotte, portant pavillon noir-blanc-rouge, était en 1872 de 41 bâtiments à vapeur, armés de 324 canons, de 48 bâtiments à voiles, armés de 484 canons. Mais on doit construire une trentaine de navires avant 1877.

La marine marchande des États allemands était en 1870 de 5,122 navires, jaugeant 1,305,372 tonneaux (de 2,000 livres), dont 3,272 navires pour la Prusse, 406 navires, pour Hambourg; 265, pour Brême; 404, pour le Mecklenbourg; 213, pour Oldenbourg; et 49, pour Lubeck. Cette année même, plus de 100,000 Allemands se sont embarqués pour l'émigration à Brême et à Hambourg.

CHAPITRE III

EMPIRE D'AUTRICHE-HONGRIE

§ 1 — Situation; limites — Littoral de l'Adriatique

Cet empire, complétement séparé de l'Allemagne depuis les événements de 1866, au point de vue politique, peut être étudié séparément au point de vue géographique, malgré les rapports de toute nature qui existent encore entre l'Allemagne et l'Autriche. Il a pour limites : à l'O., l'empire d'Allemagne depuis le lac de Constance jusqu'au Fichtel-Gebirge (Bavière) ; — au N., l'empire d'Allemagne (Saxe, Silésie prussienne) jusqu'à la Vistule supérieure ; puis la Pologne russe et la Wolhynie , — a l'E., la Wolhynie, la Podolie, la Bessarabie (Russie) ; la Moldavie, dont il est séparé par les Karpathes ; — au S., la Valachie jusqu'au Danube (défilé d'Orsova) ; la Serbie, la Bosnie (Turquie), dont il est séparé par le Danube et la Save ; les Alpes Dinariques entre la Dalmatie et l'Herzégovine (Turquie), jusqu'au Monténégro ; la mer Adriatique, l'Italie, dont il est séparé par l'Isonzo, les Alpes Carniques, Cadoriques, de l'Ortler ;— au S.-O., la Suisse jusqu'au lac de Constance. Dans ces limites, il est compris entre 42°20' et 51° lat. N., c'est-à-dire dans la zone tempérée, a égale distance du pôle et de l'équateur, comme la France ; et entre 7°20' et 24° long. E. Il a environ 1,300 kilomètres de l'O, a l'E. et 5 à 600 du N. au S.

LITTORAL. — L'empire Austro-Hongrois est un État presque continental ; il ne touche qu'à la mer Adriatique, et depuis qu'il a été forcé de céder la Vénétie au royaume d'Italie, en 1866, il ne possède plus qu'une étendue de côte assez limitée, au N. et à l'E. de cette mer. Aucun fleuve important, venant de l'empire, ne se jette dans cette mer, et les montagnes serrent de près le rivage. Cependant il y a là une bonne population de marins exercés et depuis longtemps renommés soit dans les ports du littoral, soit dans les îles de l'archipel Illyrien ; aussi la marine naissante de l'Autriche a-t-elle débuté par la victoire de Lissa, remportée sur la flotte italienne, en 1866. L'Autriche n'a pas d'ailleurs de colonies.

Le littoral autrichien, en venant de la frontière d'Italie, présente d'abord le beau *golfe de Trieste ;* puis la presqu'île montueuse de l'Istrie s'avance en pointe vers le sud ; elle se termine par le *cap Promontore*, à l E., le *golfe de Quarnero* s'avance profondément dans les terres. On voit, à l'O., les ports de Grado, Monfalcone, *Trieste,* Muggia, Capo d'Istria, Pirano, Cittanuova, Parenzo, Rovigno, Pola, avec la petite île 'Brioni ; — à l'E., Lovrana, Volosca, *Fiume;* Buccari et Porto Re, dans le Littoral hongrois ; Zengg, dans la Croatie.

Alors commence la côte assez accidentée de la Dalmatie, avec les ports de Carlopago, *Zara,* Sebenico, Trau, Spalatro, *Raguse,* jusqu'à la belle position maritime des *Bouches de Cattaro.*

L'ARCHIPEL DALMATE ou ILLYRIEN se prolonge du fond du golfe de Quarnero jusque vers Raguse; ces îles, parallèles au rivage, semblent en avoir été détachées; les plus importantes sont au N. et au S., au N., *Veglia* et *Cherso,* séparées par le canal di Mozzo ; entre Veglia et le continent est le canal della Morlacca ; entre Cherso et l'Istrie est le canal di Farasina ; à Cherso se rattachent les petites îles, *Plaunich* à l'E., *Levrera, Unie, Lussin, Sansego,* au S.-O. — Puis on trouve, en allant vers le sud, les îles *Arbe, Pago, Ulbo, Premuda, Pasmand, Grossa, Coronata, Zuri, Solta,* etc.; — enfin, quelques îles plus étendues, *Brazza,* en face de Spalatro, *Lesina,* en face de la presqu'île allongée de Sabioncello, *Lissa,* plus avant dans l'Adriatique, *Corzola, Lagosta, Meleda,* etc.

§ 2. — Systèmes de montagnes Alpes; — Système Hercynien, — Karpathes.

Il n'y a pas d'unité dans la situation géographique de l'Empire; cependant on peut dire qu'il est en grande partie dans le bassin du Danube (2ᵉ et 3ᵉ bassins), mais en dehors de ce bassin on voit la Bohême et la Silésie (Elbe et Oder); la Galicie et la Bukowine (Vistule, Dniester); les côtes de l'Adriatique ; le Tyrol italien (Adige).

Les montagnes se rattachent à 3 grands systèmes : celui des Alpes, le système Hercynien et le système des Karpathes.

1° Les ALPES couvrent tout le S.-O. de l'empire ; le massif est limité au N. par une ligne qu'on peut tracer du lac de Constance à Vienne sur le Danube ; à l'E. par une sorte de ligne courbe, qui de Vienne se dirige vers le confluent de la Save et du Danube, et par une autre ligne courbe qui de ce point va le long de l'Adriatique jusqu'au S. des Bouches du Cattaro.

Les ALPES ORIENTALES qui séparent en général l'Autriche de l'Italie comprennent les *Alpes Rhétiques,* du mont Maloia au Pic des Trois-Seigneurs; les *Alpes Carniques* jusqu'au mont Terglou ; les *Alpes Juliennes* jusqu'au mont Schneeberg (voir Géog. de l'Italie, page 47). Des Alpes Rhétiques se détachent vers le S. les *Alpes de l'Ortler;* des Alpes Carniques, les *Alpes Cadoriques* qui enferment le bassin supérieur de l'Adige ou Tyrol italien. (Voir Géog. de l'Italie).

Les *Alpes Algaviennes,* qui partent de la grande chaîne, à l'extré mité O., touchent un peu à l'empire d'Autriche et jettent surtout vers l'E. la ramification des *Alpes Bavaroises* ou de l'*Innthal*, abruptes, élevées, entre l'Inn au S., l'Iller, la Wertach, le Lech, l'Isar au N ; à leur pied sont les lacs Ammer, Wurm, Tegern, etc.

Des Alpes Rhétiques de nombreux contre-forts élevés, avec de sauvages vallées, se dirigent vers l'Inn.

Du Pic des Trois-Seigneurs partent les *Alpes de Salzbourg*, très-confuses, formant un pays très-accidenté, peu praticables, et divisées en trois rameaux principaux, qui séparent l'Inn, l'Achen, la Saal et la Salza.

Du même point partent les ALPES NORIQUES, qui se dirigent vers le N.-E. jusque près de Vienne sur le Danube, entre l'Enns et la Muhr. On leur donne plusieurs noms particuliers : *Hohe Tauern* (hautes tours), à l'O.; *Rastadter Tauern* et *Tauern Kette*, au centre; *Wiener-Wald* et *Kahlenberg*, à l'E. Elles forment d'abord une haute muraille de rochers inaccessibles, de glaciers, avec quelques sommets considérables, le Gross-Glockner (3,894 m.), l'Ankogel (2,697 mètres), le mont Elend ; puis la chaîne s'abaisse entre la Muhr et la Salza autrichienne. A la source de l'Enns se détachent les montagnes de la haute Autriche, qui couvrent de leurs ramifications tout le pays entre la Salza et l'Enns ; la principale, le *Hausruck-Wald*, arrive jusqu'au Danube. A la source de la Salza (affl. de l'Enns), les *monts des Chamois* (Gams-Gebirge) couvrent de leurs rameaux la basse Autriche, entre l'Enns et la Trasen. Au S.-E. des Alpes Noriques commencent les *Alpes de Styrie*, sauvages et difficiles, entre la Muhr et la Drave , au N.-E., la chaîne du *Sœmmering* commence à la source de la Salza, se divise en deux branches ; l'une, entre la Leitha et le lac Neusiedel, finit au N. de ce lac; l'autre, plus longue, mais peu élevée, entre le Raab, la Muhr et le lac Balaton, appelée *Bakonyer-Wald*, finit, sous le nom de *Montagnes Vertes*, vers le grand coude du Danube, en face des monts Matra, en Hongrie.

Des Alpes Carniques, au mont Brédil, se détachent les *Alpes de Croatie* et d'*Esclavonie*, entre la Drave et la Save ; elles sont peu élevées, boisées et portent différents noms particuliers.

Le plateau de Carniole et de la Croatie joint les Alpes Juliennes aux Alpes Dinariques, entre le Save et l'Istrie ; c'est un pays aride, parsemé de trous, de cavernes, de grottes, que domine le mont Schneeberg ; les *monts des Uscoques* s'en détachent, vers l'E., entre la Save et la Kulpa.

Enfin les *Alpes Dinariques* ou *Illyriennes* séparent la Dalmatie de la Turquie.

15.

2° Nous avons indiqué, dans l'orographie de l'Empire d'Allemagne (page 192), les différentes parties du système HERCYNIEN ou BOHÉMIEN, qui touchent à l'Empire d'Autriche : le *Fichtel-Gebirge*, à l'O. de la Bohême ; le *Bœhmer-Wald*, entre la Bohême et la Bavière ; les *monts de Moravie*, entre la Bohême et la Moravie ; l'*Erz-Gebirge* et les *monts de Lusace*, qui la séparent de la Saxe ; le *Riesen-Gebirge*, qui la sépare de la Silésie ; les *Sudètes*, entre la Silésie Autrichienne et la Moravie. On peut, comme l'ont fait plusieurs géographes, rattacher cette dernière chaîne au système général des Karpathes.

3° Les KARPATHES forment une vaste demi-circonférence, dont la convexité est tournée vers l'E. Ils comprendront alors 4 parties : les *Sudètes*, les *Karpathes de l'O.*, les *Karpathes du centre* et les *Karpathes du S.*

Les SUDÈTES se dirigent, du N.-O. au S.-E , du mont Schneeberg au mont Wisoka, entre les bassins de l'Oder et de la Morawa. Ces montagnes sont assez élevées, boisées, semées de marécages et de landes jusqu'au mont *Alt-Vater*, aux sources de l'Oppa. Alors elles s'abaissent, sous le nom de *Geisenker-Gebirge*, et sont faciles à traverser, excepté dans la saison des pluies, à cause de leur nature argileuse.

Au mont Visoka se détache un contre-fort assez important, quoique en général peu élevé, qui sépare la March du Waag et prend les noms de *Montagnes Blanches*, *Javorina* et *Petit Karpathe;* il finit sur le Danube en face de Presbourg ; cette chaîne, entre la Moravie et la Hongrie, a des revers escarpés, difficiles, boisés.

Les KARPATHES OCCIDENTALES, depuis le mont Visoka, portent différents noms : *Beskiden-Gebirge*, vers les sources de la Vistule; *Babia-Gura*, près des sources de la Sola (Vistule) ; massif du *Tatra* et du *Magura*, vers les sources du Donajec (Vistule), du Waag (Danube). Le Tatra a tous les caractères des régions alpestres, sites pittoresques et sauvages, torrents, cascades, neiges pendant huit mois, cimes de granit dénudées, flancs couverts de forêts. Plusieurs sommets, Lomnitzer-Spitz, Krivan, etc., ont plus de 2,600 mèt. A ce massif se rattachent des contre-forts importants, dont les ramifications composent le relief de la haute Hongrie, du pays qu'on nomme l'*Erz-Gebirge* hongrois ; les principaux sont les *Liptauer-Gebirge*, entre le Waag et le Gran ; et les montagnes boisées, aux noms variés (Bolana, Ostrowski, etc.), entre le Gran, la Rima, l'Ipoli, le Hernad ; elles s'étendent. sous le nom de *mont Matra*, jusqu'au coude du Danube, en face de l'extrémité du Bakonyer-Wald. Ces montagnes renferment de grandes richesses minérales.

Les KARPATHES CENTRALES commencent, suivant les uns, à l'extrémité orientale du Tatra, suivant d'autres, au massif du Sloiczek, plus à l'E. Elles sont moins élevées, entre les bassins de la Vistule et de la Theiss, souvent formées de larges plateaux, de collines sablonneuses, envoyant vers le S. de longs rameaux, comme celui qui porte les vignobles de Tokay, entre le Hernad et le Bodrog (*Hegyallya*). Au mont Sloiczek se détachent les *collines de Galicie* ou *monts Niederbrorsec*, qui font partie de la ligne générale de partage des eaux européennes, entre les bassins de la Vistule et du Dniester. Les Karpathes centrales s'abaissent encore jusque vers le *Czernagora*, aux sources du Pruth; mais elles sont coupées de marécages et de forêts.

Les KARPATHES MÉRIDIONALES se dirigent alors vers le S.-E., entre la Transylvanie et la Moldavie, puis, formant comme une sorte d'éperon qui domine la vallée du Danube, elles vont vers l'O., entre la Transylvanie et la Valachie. Cette partie de la chaîne est généralement plus élevée, surtout au S.; elle a des sommets de 2,300 mèt., comme le mont *Szurul*, mais aussi des coupures profondes, comme celle du *Rothen-Thurm*, par où s'échappe l'Aluta; elle se bifurque à son extrémité occidentale, et la principale branche s'unit, au défilé d'Orsova, dans le lit même du Danube, avec les derniers escarpements du Veliki-Balkan. On donne souvent le nom d'*Alpes de Transylvanie* à la partie méridionale de la chaîne. Les contre-forts occidentaux des Karpathes du S. forment le plateau élevé, escarpé, de Transylvanie, des chaînons séparent les bassins allongés des rivières qui descendent de la chaîne, Theiss, Szamos, Kœros, Maros; ils se ramifient en tous sens, ont la grandeur sauvage de la chaîne principale et dominent, surtout dans les *monts Bihar*, la grande plaine de Hongrie.

§ 5 — Hydrographie : bassin du Danube, — cours d'eau tributaires de la mer Noire, — de l'Adriatique, — de la mer du Nord, — de la Baltique. — Lacs, canaux.

·Nous avons déjà dit que le DANUBE (Donau) est le principal cours d'eau de l'Empire. Le Danube, qui coule de l'O. à l'E., est le grand fleuve de l'Europe, celui qui unit l'Occident à l'Orient; sa vallée a été la route des invasions; sur ses bords autant que sur ceux du Rhin se sont livrées les grandes batailles des peuples. Son vaste bassin se divise lui-même en 4 bassins partiels bien déterminés; car trois fois des contre-forts détachés des montagnes de la ceinture viennent étrangler son cours et former pour ainsi dire quatre vastes gradins que le fleuve descend successivement. Le premier bassin, depuis la source jusqu'à Passau, est fermé au S. par les contre-forts détachés des Alpes-Noriques (Hundsruck, etc.) et au N. par un des contre-forts du Bœhmer-Wald ; il est tout entier dans l'Empire d'Allemagne ; — le second est fermé par le Bakonyer-Wald, qui finit vers Waitzen, en face des monts Matra, ramification des Karpathes occidentales ; — le troisième est fermé par l'extrémité des Karpathes du Sud et par le Veliki-Balkan, au fameux défilé d'Orsova ; ces deux bassins comprennent la plus grande partie de l'Empire d'Autriche ; le quatrième, qui forme tout le bassin inférieur, est dans l'Empire Ottoman.

Nous avons décrit le premier bassin du Danube (page 199). Le fleuve entre en Autriche au-dessous de Passau par un défilé assez étroit, arrose Linz, Grein, Ips, Durrenstein, Krems, dans une vallée resserrée ; s'élargit, forme des îles nombreuses, passe a Korneubourg, se partage en trois bras à Vienne ; et, dans la vaste plaine du Marchfeld, forme les trois grandes îles Lobau, reçoit la March, a son lit resserré par le Petit-Karpathe et par les collines de Leitha, puis entre dans les grandes plaines de la Hongrie, où il arrose Presbourg ; l'un de ses bras, au N., le *Neuhausel*, forme la grande île de *Schutt*, longue de 80 kil., reçoit le Waag et finit à Comorn ; un autre, au S., le *Wieselbourg*, forme la petite île de *Schutt* et reçoit le Raab. Après Comorn et Gran, le fleuve, pressé par les montagnes qui ferment son troisième bassin, tourne brusquement à angle droit, vers Waitzen. Le second bassin du Danube, de forme très-irrégulière, bien peuplé, bien cultivé, a été longtemps le cœur de l'Empire d'Autriche. — Dans le troisième bassin, le Danube coule du N. au S. dans un lit large et plat, formant de grandes îles, d'un cours moins rapide ; il arrose Bude et Pesth, enveloppe de deux grands bras l'île de Csepel, passe à Mohacz ; puis à Vukovar tourné vers l'E.- Il baigne Neusatz, Peterwardein, Salankemen, Semlin, Belgrade ; sépare la Hongrie de la Serbie, passe a Semendria, près de Passarowitz, et, resserré entre Alt-Orsova et Neu-Orsova, traverse difficilement l'étroit défilé des Portes-de-Fer. Ce troisième bassin du Danube comprend les plaines immenses de la Hongrie, la Transylvanie, tout le S. de l'Empire, à l'exception des rivages de l'Adriatique, et le N.-O. de l'Empire Ottoman.

Le Danube a des crues redoutables en été et surtout au printemps ; la navigation, singulièrement améliorée par les soins de la grande Société impériale, dont le centre est à Pesth, est maintenant très-active d'Ulm à la mer Noire.

Les affluents du Danube dans l'Empire d'Autriche sont, pour le deuxième bassin : à gauche, le *Kamp*, qui vient du Greiner-Wald, contre-fort des monts de Moravie,

 La *March* ou *Morava*, qui vient du mont Schneeberg, coule en Moravie, sépare l'Autriche de la Hongrie et finit au-dessous de Presbourg, après avoir baigné Olmutz, Kremsier, Hradisch ; elle reçoit la *Thaya* (Znaym), grossie de l'*Iglawa* (Iglau), dont le principal affluent est la *Schwarza* (Brunn) ;

Le *Waag*, qui naît aux monts Tatra, coule dans une étroite vallée vers l'O., puis s'élargit en allant au S., et arrose Trenczim ou Trentschin et Leopoldstadt ; il reçoit l'*Arva* et la *Neitra*, vers son confluent ;

Le *Gran* (Neusohl) a un cours à peu près parallèle et traverse le district le plus riche en mines ;

 L'*Ipoly* ou *Eipel*, dont le cours très-tortueux finit au-dessous de Gran.

Les affluents de droite sont : la *Traun*, qui vient des Alpes de Rastadt, coule rapidement dans un pays très-accidenté et arrose, dans la Haute-Autriche, Gmunden, Lambach, Ebersberg ; c'est une bonne ligne militaire ;

L'*Enns*, qui vient du mont Elend, coule de l'O. à l'E. dans une vallée très-étroite, puis, après avoir reçu la *Salza* autrichienne (Mariazell), qui vient de l'E., quitte la Styrie et arrose Steyer sur les limites des deux Autriche ;

La *Trasen*, torrent rapide et sinueux, vient des montagnes des Chamois et arrose Saint-Pœlten (Basse-Autriche) ;

La *Leitha* descend du Sœmmering, a un cours lent et marécageux dans un bassin entouré de montagnes, arrose Neustadt et Bruck ; son cours est de 240 kil. ;

Le *Raab* a, dans la Hongrie, une vallée basse et marécageuse, passe à Saint-Gotthard, Raab et finit dans le Petit Danube.

Les affluents du troisième bassin sont : à gauche, la *Theiss*, qui descend du mont Gallatz dans les Karpathes, coule de l'E. à l'O. jusqu'à Tokay, change de direction et descend vers le S., en traversant les plaines marécageuses de la Hongrie centrale ; elle passe à Szegedin, Zenta, Tittel et finit près de Salankemen, après 920 kil. de cours. Elle reçoit de nombreux affluents . à droite, le *Bodrog*, qui finit à Tokay, le *Hernad* (Eperies, Kaschau), l'*Eger* (Erlau) ; — à gauche, le *Szamos* ou *Szamosch*, formé du *Grand* et du *Petit-Szamos* (Klausenbourg) ; le *Kœrœs* ou *Korosch*, formé de trois rivières de ce nom, dont l'une passe à Gross-Wardein ; le *Maros*, long de 600 kil , qui arrose Maros-Vasarhely, Karlsbourg, Lippa, Arad et finit à
 Szegedin.

Le *Temes* ou *Temesch* a un cours marécageux et finit près de Belgrade.

Les affluents de droite du troisième bassin sont : la *Drave* (Drau), qui vient du pic des Trois-Seigneurs, coule d'abord dans une vallée assez étroite par Lienz, Spital, Villach, dans la Carinthie, par Marbourg et Pettau, dans la Styrie; puis, à Warasdin en Croatie, entre dans une plaine basse et marécageuse, séparant ce pays et l'Esclavonie de la Hongrie, et passant par Eszek. Elle a 650 kil de cours. Son principal affluent est la *Muhr*, qui vient du mont Elend, a un cours rapide de 350 kil., arrose, en Styrie, Leoben, Bruck, Grætz, et est importante par les communications qu'elle établit entre l'Allemagne et l'Italie;

La *Save* (Sau, Ssava) descend du mont Terglou, coule aussi de l'O. à l'E., arrose Laibach (Carniole), Agram, Sissek (Croatie), Alt-Gradiska (Esclavonie) et finit à Belgrade. Elle a 600 kil. de cours peu navigable, et sépare l'Esclavonie de la Turquie, elle reçoit à droite, dans l'empire d'Autriche, la *Kulpa*, l'*Unna*, qui sert de limite entre la Croatie et la Turquie ; puis en Turquie, le *Verbas*, la *Bosna* et la *Drinna*. Après avoir parcouru son quatrième bassin, le Danube se jette dans la mer Noire (voy. Turquie). La *Moldava*, le *Sereth*, le *Pruth*, affluents du Danube, dans ce 4ᵉ bassin, ont leurs sources dans la Bukowine; l'*Aluta* vient de Transylvanie et traverse les Karpathes, avant d'arroser la Valachie.

Dans la mer Noire se jette également le *Dniester*, qui arrose la Galicie méridionale, y reçoit la *Stry*, et passe à Sambor, à Halicz, il entre ensuite en Russie.

Cours d'eau tributaires de la mer Adriatique. — Elle reçoit l'*Adige*, qui, dans sa partie supérieure, arrose le Tyrol autrichien jusqu'au-dessous de Roveredo, puis entre en Italie.

L'*Isonzo*, torrent large et profond, qui descend du mont Terglou, arrose Gœritz, Gradiska et finit dans les lagunes du golfe de Trieste, après avoir reçu l'Idria ;

Dans la Dalmatie, la *Kerka* vient des Alpes Dinariques, passe à Scardona et finit à Sebenico ;

La *Cettina* finit à Almissa ;

La *Narenta* vient de l'Herzégovine et passe au Fort Opus en Dalmatie.

L'empire d'Autriche n'a qu'une partie de son territoire dans le versant septentrional de l'Europe.

A l'O., le *Rhin* sépare pendant quelques kilomètres, avant de former le lac de Constance, la Suisse du Vorarlberg autrichien, qui est arrosé par un de ses affluents, l'*Ill* passant à Feldkirch; —

Au N., la Bohême forme tout le bassin supérieur de l'*Elbe*, à l'exception des sources de l'Éger, qui sont en Bavière ; l'Elbe vient du Schneekoppe dans les Riesen-Gebirge, descend très-rapidement des montagnes du N au S., en passant par Josephstadt, Kœniggrætz, tourne vers l'O , par Pardubitz, Kollin, puis remonte vers le N., par Melnik, Theresienstadt, Leitmeritz, Lowositz ; il coule dès lors entre l'Erz-Gebirge, a gauche, et les monts de Lusace, à droite, et traverse le défilé de Schandau, pour descendre en Saxe (voy. Empire d'Allemagne, page 197). Il va se jeter au loin dans la mer du Nord.

Les affluents qui arrosent la Bohême sont : à droite, l'*Iser*, qui descend des monts des Géants et passe à Jung-Bunzlau ; — à gauche, l'*Adler*, qui vient des monts de Moravie et finit à Kœniggrætz ; — la *Moldau* descend du Bœhmerwald, coule d'abord vers le S.-E., puis remonte directement vers le N., par Budweiss et Prague; elle a pour affluents : à droite, la *Luschnitz* (Tabor), et la *Sazawa*, qui viennent des monts de Moravie ; à gauche, la *Wottawa* (Pisek), et la *Beraun* (Pilsen et Beraun), qui viennent du Bœhmerwald. — L'*Eger* descend du Fichtel-Gebirge, coule de l'O. à l'E., par Eger, Elbogen, Karlsbad, Saatz, et finit dans l'Elbe à Theresienstadt.

L'*Oder* a sa source dans les Geisenker-Gebirge, arrose la Silésie autrichienne, qu'il sépare de la Moravie, reçoit l'*Oppa*, qui coule entre les deux Silésie (Troppau) et pénètre en Prusse.

La *Vistule* descend des monts Karpathes, arrose l'E. de la Silésie autrichienne, la Galicie, qu'elle sépare de la Pologne russe, en passant par Cracovie, puis elle pénètre en Russie, pour venir, par la Prusse, se jeter dans la mer Baltique.

Ses affluents de droite qui arrosent la Galicie sont : le *Dunajec*, grossi du *Poprad*, qui descend des Karpathes et passe près de Tarnow ; la *Wistoka ;* le *San*, qui descend du mont Sloczek et passe à Sanok, Przsmysl, Iaroslaw ; le *Bug*, qui vient des collines de Pologne, et reçoit le *Peltew* (Lemberg).

L'Autriche touche au lac de Constance, à l'O., au lac de Garde, au S. ; la Hongrie renferme le lac *Balaton* ou *Platten-see*, au S. du Bakonyer-Wald ; il s'allonge du S.-O. au N.-E., sur une longueur de 90 kil Le lac marécageux de *Neusiedel*, plus au N., près du Danube, a été desséché depuis plusieurs années.

Les seuls canaux de l'Empire sont : le *canal François*, dans la Hongrie méridionale, entre le Danube et la Theiss ; — les *canaux de la Bega* et *de la Berzava*, dans le Banat militaire ; — le *canal de Vienne à Neustadt*.

§ 4.—Géographie politique · description des provinces ; villes —Basse-Autriche ;— Haute-Autriche ; — Salzbourg.

La monarchie qu'on désigne maintenant sous le nom d'empire Austro-Hongrois, avec Vienne pour capitale, se divise en deux parties distinctes :

1° Les *Pays Cisleithans* ou en deçà de la Leitha (petit affluent du Danube entre l'Autriche et la Hongrie), qu'il serait préférable de nommer les pays de l'empire, puisqu'on y comprend des pays situés bien au delà de la Leitha, comme la Galicie : ces pays sont au nombre de 14 : la Haute et la Basse-Autriche, Salzbourg, la Styrie, la Carinthie, la Carniole, le Tyrol, la province du Littoral (Gœritz et Gradisca, Istrie, Trieste), la Dalmatie, la Bohême, la Moravie, la Silésie, la Galicie, la Bukowine.

2° Les *Pays Transleithans*, qu'il serait mieux de nommer Pays de la couronne de Hongrie ; ils sont au nombre de 3 : la Hongrie, divisée en 4 grands cercles, la Transylvanie, la Croatie-Esclavonie.

Enfin une 18° province comprend les Confins militaires, qui sont en voie de transformation. Nous décrirons d'abord les Pays Cisleithans.

L'AUTRICHE et la province de SALZBOURG forment un pays montueux, où il n'y a de plaines que dans la vallée du Danube. Le Salzbourg ressemble à la Suisse par ses neiges, ses glaciers, ses torrents, ses cascades, ses lacs, ses sites pittoresques. La Basse-Autriche a peu de richesses minérales, quelques mines de fer, mais d'importantes houillères (Klingenfurt, Schauerleithein) ; la Haute-Autriche a surtout des salines (Hallein) ; le Salzbourg, outre ses salines, a du fer, du plomb, du cuivre, de l'arsenic, de l'argent, de l'or, un peu de houille. Le sol n'est pas naturellement très-fertile, mais il est bien cultivé ; les céréales ne suffisent pas à la population. Dans la Basse-Autriche, il y a beaucoup de légumes, de fruits, des vignobles estimés, du lin, du chanvre, du safran ; mais peu de prairies et de bois ; dans la Haute-Autriche, plus froide, les prairies sont magnifiques et les bois abondants ; c'est là que sont les meilleurs bestiaux ; les volailles sont plus nombreuses dans la Basse-Autriche ; partout on élève des chevaux vigoureux. A Vienne et dans les environs, l'industrie est très-développée : filatures de coton, fabriques de toiles, tanneries, forges, verreries, papeteries, chapeaux, rubans, draps, porcelaine, carrosserie, orfévrerie ; on travaille surtout le fer sur la gauche de l'Enns et dans la vallée de la Traun ; on fabrique de belles glaces à Neuhaus, des armes à feu à Steyer, etc.

1° La BASSE-AUTRICHE, entre l'Enns et la Leitha, s'étend des deux côtés du Danube, entre la Bohême et la Moravie au N., la Styrie au S., la Hongrie à l'E. Elle est divisée en 4 cercles.

VIENNE ou WICN (Vindobona), la capitale de l'empire, est située sur trois bras du Danube et sur la Wien, qui lui donne son nom. C'est l'une des grandes et belles villes de l'Europe, siége d'un archevêché, d'une université, avec de nombreux monuments, Hofburg ou palais impérial, cathédrale de Saint-Étienne, églises, arsenal impérial; avec d'importants établissements d'instruction civile et militaire, instituts polytechnique et topographique, observatoire, académies de médecine, des sciences, des beaux-arts, de musique, musées, bibliothèques; avec de belles promenades, comme le Prater, dans une île du Danube. C'est la première ville manufacturière de l'empire; dans ses nombreux faubourgs surtout on trouve beaucoup d'industries importantes : fabriques de chales, de soieries, velours, rubans, étoffes d'or et d'argent, draps, lainages, cotonnades, tapis, tulles, broderies fines, porcelaine, poterie, bijouterie, horlogerie, carrosserie, instruments de musique, machines de toutes sorte, produits chimiques, etc. Vienne a une fonderie de canons, une manufacture d'armes à feu. Son commerce est très-considérable par le Danube et par les chemins de fer. — Ville ancienne, *Vindobona* des Romains, fortifiée au dixième siècle, elle a été prise par Mathias Corvin, en 1484 ; vainement assiégée par les Turcs en 1529 et en 1683; prise par Napoléon Ier en 1805 et 1809. Il s'y tint un congrès célèbre en 1814-1815. La population est de 610,000 habitants, et, avec celle des 18 communes qui y touchent, de 835,000 habitants.

—Aux environs, sont les châteaux impériaux de *Schœnbrunn* (Belle-Fontaine), sur la Wien; et de *Laxenburg*, à 15 kil. S., dont le parc est justement célèbre ; — dans un rayon de 60 kil., on rencontre un pays pittoresque, parsemé de beaux châteaux, de magnifiques jardins botaniques, de petites villes, de bourgs, remarquables par leur industrie florissante et variée : *Hitzing*, au S.-O., établissement de bains ; — *Mariabrunn*, à l'O., école forestière ; — *Penzing*, nombreuses fabriques ; — *Baden*, au S.-O., eaux fréquentées ; — *Weilburg*, avec un beau palais ; — *Neuhaus*, avec une manufacture impériale de glaces ; — *Neustadt*, au S.-O. sur la Leitha, avec une école militaire, de nombreuses fabriques, entrepôt de la quincaillerie de Styrie ; 12,000 hab. ; — *Frohsdorf*, château, au S. de Neustadt, sur la Leitha; — *Brück*, au S.-E. de Vienne sur la Leitha ; — *Schwechat*, au S.-E. de Vienne, avec des manufactures d'indiennes ; — *Hainburg*, à l'E., sur le Danube, avec une grande manufacture de tabac. — Dans la plaine du Marchfeld, au N. du Danube, *Aspern*, *Essling*, *Enzersdorf*, *Wagram*, célèbres par les batailles de 1809, près de la grande île 'Lobau; — *Saint-Pœlten*, à l'O. de Vienne, sur la Trasen; commerce de fruits ; 5,000 hab. ; — *Tulln*, sur le Danube ; rubans ' de laine ; — *Mœlk*, sur le Danube, à l'O. de la province, célèbre par son abbaye ; — *Amstetten*, sur le Danube; victoire des Français en 1805 ; — *Korneuburg*, sur le Danube ; école des arts et métiers ; — *Hollabrunn*, au N. du Danube; — *Krems*, sur la rive gauche du fleuve; fabriques de moutarde, poudrerie importante ; 5,000 hab. ; — *Durrenstein*, château connu par la captivité de Richard Cœur de lion; victoire des Français en 1805 ; avec un pont important qui l'unit à *Mautern* ; — *Maria-Tafel*, pèlerinage fameux ; à l'O. près du Danube.

2° La HAUTE-AUTRICHE, province au-dessus de l'Enns, à l'O. de la Basse-Autriche, s'étend jusqu'à l'Inn, qui la sépare de la Bavière, entre la Bohême et la Bavière au N., la Styrie et la province de Salzbourg au S. Elle est divisée en 4 cercles.

LINZ, sur le Danube, capitale de la province, place très-fortifiée avec un grand camp retranché, de 20 kil. de circuit. Manufacture impériale de tabacs et de cigares ; commerce actif ; 30,000 hab. ; — *Ried*, au S.-O. ; toiles, draps , — *Braunau*, sur l'Inn , brasseries renommées ; — *Schœrding*, plus au N., sur l'Inn ; — *Wels*, sur la Traun, au S.-O. de Linz ; commerce de bois et de chevaux ; 5,000 hab. ; — *Gmunden* ; sur la Traun, à sa sortie du lac, long de 12 kil. ; salines ; — *Ischl*, plus au S. sur la Traun ; bains salés dans un pays ravissant ; — *Hallstadt*, plus au S., dans un pays de salines ; — *Lambach*, sur la Traun, au N. ; abbaye célèbre de bénédictins ; — *Steyer*, sur l'Enns ; fabriques d'ouvrages en fer et en acier : outils, couteaux, limes, rasoirs, etc. ; fabriques de guimbardes ; armistice du 25 décembre 1800 ; 11,000 habitants; — *Ebelsberg*, au S.-E. de Linz, sur la Traun ; victoire des Français en 1809, — *Krems-Münster*, au S.-O. de Linz, sur la Krems ; célèbre abbaye des bénédictins, avec une riche bibliothèque.

3° Le duché de SALZBOURG, tout entier dans les montagnes les plus pittoresques, forme une sorte de triangle, limité à l'E. par la Haute-Autriche et la Styrie ; au S. par la Carinthie et le Tyrol ; à l'O. par le Tyrol et la Bavière.

SALZBOURG (ancienne Juvavia), sur la Salza, dans une charmante contrée, jadis capitale d'un archevêché souverain, renferme plusieurs monuments et sert d'entrepôt aux fers de Styrie ; 18,000 hab. ; — *Hallein*, au S.-E., sur la Salza, dans la vallée moyenne de la rivière ou *Pongau*, près de salines importantes et du défilé fortifié de *Pass Lueg;* — *Gastein*, dans la vallée supérieure de la Salza ou *Pinzgau*, au S. de la province , eaux thermales fréquentées ; — *Rastadt*, sur l'Enns ; — *Saint-Michael*, dans la haute vallée de la Muhr.

§ 5 — Styrie; — Carinthie, — Carniole; — Tyrol; — Littoral; — Dalmatie

4° La STYRIE (Steiermark), au S. de l'Autriche, est un pays montagneux, traversé par les Alpes Noriques et de Carinthie, comprenant les hautes vallées de l'Enns et de la Muhr, et une partie des bassins de la Drave et de la Save. Les mines sont abondantes ; il y a des lavages d'or, des filons de plomb argentifère, du cuivre, du cobalt, du soufre, et surtout du fer en abondance, de la houille, du sel gemme. Les sources minérales sont nombreuses : Neuhaus, Sauerbrunn, Felsberg, Doppel. Dans la basse Styrie, où le climat est doux, on récolte des céréales, du chanvre, des légumes, des fruits, et les vignobles donnent des vins assez estimés ; dans la haute Styrie, les pâturages sont magnifiques et nourrissent les plus beaux bestiaux de la monarchie ; les chevaux sont vigoureux. Les forêts couvrent le tiers de la province et sont composées surtout de pins, de sapins et de mélèzes. L'industrie principale est celle des métaux : usines, fabriques d'objets en fer, de faux, etc.

Le duché de Styrie se divise en trois cercles.

GRÆTZ, la capitale, sur la Muhr, possède plusieurs édifices remarquables, des établissements scientifiques et littéraires, comme le *Johanneum* et l'université ; c'est le centre d'une grande fabrication et d'un commerce actif d'objets en fer et en acier ; il y a en outre des manufactures de cotonnades, de mousseline, de soieries, de tissus de laine et des foires importantes ; 81,000 hab.

Marburg, sur la Drave ; grand commerce de blés, bois, planches, vins, 5,000 hab. ; — *Pettau*, sur la Drave, au S.-E. ; ville très-ancienne, — *Cilly* (Claudia Celeja), au S.-O. de Marburg, sur la Sann ; ruines romaines ; mines de fer, et de houille.

Bruck, au N.-O. de Grætz, au confluent de la Muhr et de la Murz ; — *Leoben*, à l'O., sur la Muhr ; houillères, forges importantes, quincaillerie ; préliminaires célèbres de la paix de Campo-Formio, 7 avril 1797 ; 2,500 hab. ; — *Eisenerz*, au N.-O. de Bruck ; direction des mines de Styrie, fonderies de fer ; près de là grandes mines de l'Erzberg ; — *Aussee*, au N.-O. ; mines de sel de Salzberg ; — *Mariazell*, au N. ; pèlerinage célèbre ; grands établissements métallurgiques de Eisen-Gusswerk.

5° La CARINTHIE (Karnthen), au S. du Salzbourg et de la Styrie, traversée par les Alpes Noriques, au N., Carniques, au S., de Carinthie, au Centre, renferme la haute vallée de la Drave. Le sol est pierreux ou marécageux, en général peu fertile. Les mines sont abondantes : fer carbonaté, plomb, zinc, salpêtre, houille. On récolte assez de seigle et d'avoine, du lin en abondance ; les pâturages nourrissent beaucoup de bestiaux, d'une qualité médiocre; mais les chevaux du haut pays sont estimés. Les forêts, en grande partie composées de chênes, fournissent de beau bois de construction. Les principales industries sont le travail des métaux (fabrication de faux, faucilles, limes excellentes, etc.), la filature et le tissage du coton, du lin, de la laine.

Le duché de Carinthie ne forme que le cercle de Klagenfurt.

KLAGENFURT, la capitale, sur la Glan, a quelques édifices, quelques établissements scientifiques et littéraires, des fabriques de soie, de drap, de céruse; son commerce de transit est important; 12,000 hab., — *Gurk*, et *Saint-Veit*, au N.; — *Ferlach*, sur la Drave, centre d'une grande fabrication d'armes à feu, de serrurerie, de quincaillerie, etc.; 4,000 hab.; — *Villach*, sur la Drave; ville commerçante; 5,000 hab.; — *Bleiberg*, à l'O, avec des mines de plomb considérables; — *Tarvis* et *Malborgeth*, dans les Alpes Carniques; victoires des Français en 1797 et 1809.

6° La CARNIOLE (en allemand *Krain*), au S.-E. de la Carinthie, limitée vers l'O. par les Alpes Carniques et Juliennes, renferme la haute vallée de la Save. Le sol est plus fertile que celui de la Carinthie. Les mines sont nombreuses; les plus célèbres sont celles de mercure, près d'Idria. Dans la basse Carniole, la vigne et le châtaignier réussissent. Il y a aussi beaucoup de pâturages et de forêts, comme en Carinthie. Les industries sont à peu près les mêmes.

Le duché de Carniole se divise en deux cercles.

LAIBACH, la capitale, sur un affluent de la Save, dans une position agréable et favorable au commerce avec l'Italie; elle a d'assez nombreuses fabriques. Congrès fameux de 1820-21; 23,000 hab.; — *Ober-Idria*, sur le revers du Karst, ramification des Alpes Juliennes, est célèbre par ses mines de mercure, les plus importantes après celles d'Almaden, exploitées depuis 1497; 5,000 hab; — au S.-E. sont les grottes magnifiques d'*Adelsberg*, qui ont, dit-on, 8 kil. de longueur.

Neustadt, au S.-E. de Laibach, sur le Gurk, affluent de la Save, près des sources chaudes de *Tœplitz*; — *Gurkfeld*, sur la Save, à l'E.; eaux thermales; — *Weixelbourg*, au S.-E.; de Laibach, grandes fabriques d'acier et filatures de laine.

Les *Uscoques*, jadis célèbres par leurs brigandages, encore à demi sauvages, habitent les montagnes du S.-E., — les *Gottschers*, au S., se distinguent des autres habitants par leurs mœurs et leur langage; ils travaillent le bois et font beaucoup de toiles.

7° Le TYROL (Tirol) et le VORARLBERG, au S.-O. de l'empire, sont l'un des pays les plus montagneux de l'Europe. Les Alpes Algaviennes et les Alpes de l'Inn ; les Alpes Rhétiques et leurs contreforts, le Tonal, l'Ortler, les Alpes Cadoriques, les Alpes Carniques, couvrent la plus grande partie de cette contrée, qui présente tous les caractères des montagnes de Suisse. — On trouve un peu d'or et d'argent, du plomb, du cuivre, du zinc et surtout du fer et du sel ; les houillères sont assez importantes. Les productions, comme le climat, varient suivant les hauteurs et les expositions La flore est magnifique et variée ; une partie considérable du sol est impropre à la culture ; mais le Tyrolien ne perd ni un pouce de terre végétale, ni une touffe d'herbe qu'il peut utiliser. Les céréales sont en quantité insuffisante ; mais il y a beaucoup de maïs, de pommes de terre dans le N., de millet dans le S.; les vignobles, les fruits du Tyrol italien sont abondants. Les forêts sont d'un grand rapport. On élève dans les pâturages beaucoup de bêtes à cornes, de moutons et de chèvres, mais peu de chevaux. Tous les Tyroliens sont ouvriers ou mécaniciens et façonnent la plupart des objets à leur usage ; mais l'industrie manufacturière est peu développée, on travaille cependant les métaux, on fabrique des faux à Elmau, des tapis et des étoffes de coton dans le Vorarlberg et la vallée de Lienz ; on travaille le bois de toutes les façons. Le commerce de transit entre l'Allemagne et l'Italie est assez considérable. Cependant, le pays est pauvre et des milliers d'habitants descendent de leurs montagnes, comme ouvriers, colporteurs, marchands, pour gagner quelque chose dans les contrées voisines et revenir ensuite au pays.

Le Tyrol est divisé en deux grandes parties par la chaîne des Alpes Rhétiques, dans le TYROL ALLEMAND on trouve l'*Innthal* ou vallée de l'Inn, au N.: le *Pusterthal* ou vallées supérieures de la Drave et de l'Eisack, à l'E.; le *Vorarlberg*, dans le bassin du Rhin, au N -O.; — dans le TYROL ITALIEN on trouve le *Vintschgau* ou vallée de l'Entsch, à l'O.; l'*Etsch Thal* ou vallée de l'Adige, au S.

Le Tyrol comprend 4 cercles.

INNSBRUCK, sur l'Inn, capitale du Tyrol, possède plusieurs établissements importants, l'université, le musée, filatures ; 13,000 hab.; — *Hall*, sur l'Inn, au N.-E.; institut militaire ; salines célèbres ; 5,000 hab.; — *Schwaz*, au N.-E., sur l'Inn ; mines de cuivre et de fer, 5,000 hab.; — *Kufstein*, au N.-E. de la province, sur l'Inn, place forte, sur la frontière de Bavière ; — *Imst*, chef-lieu de l'Ober-Innthal ; à l'O. d'Innsbruck, - - *Landeck*, sur l'Inn, à l'O.

Brixen, sur l'Eisack, au S.-E. d'Innsbruck, position militaire importante ; 4,000 hab.; — au N.-O., sur l'Eisack, est la grande forteresse de *Franzenfeste*, à la bifurcation des routes de Brixen à

Innsbrück et à Villach ; — *Lienz* et *T'oblach*, sur la Drave, à l'E. ; — *Sterzing*, jadis colonie romaine, sur l'Eisack ; — *Botzen*, au confluent de l'Eisack et de l'Entsch, dans une vallée magnifique, entrepôt du commerce entre l'Allemagne et l'Italie ; 9,000 hab ; — *Méran*, au N.-O., près de l'Etsch ; 3,000 hab.; — parmi les vallées célèbres on cite la vallée de Grœden ou Gredner, au N.-E. de Botzen (ch.-l. St-Ulrich), où l'on confectionne des objets en bois, colportés en tous pays ; et la vallée de Tœfferegg ou Tefferecken, au N -O. de Lienz, dont les tapis vont jusqu'aux États-Unis.

Dans le Vorarlberg : *Bregenz*, ancienne ville romaine, port sur le lac de Constance ; commerce de grains, bestiaux et de maisons de bois qu'on démonte et qu'on transporte au loin ; 3,000 hab.; — *Dornburn*, au S. de Bregenz ; fonderie de fer, fabriques de limes, de toiles, de broderies, de cotonnades ; 8,000 hab.; — *Hohenems*, au S.-O.; broderies, filatures de laine et de chanvre, commerce de maisons de bois; 4,000 hab.; *Feldkirch*, sur l'Ill, jadis place forte ; cotonnades imprimées ; 3,000 hab.; — *Bludenz*, au S.-E., sur l'Ill ; 2,000 hab.

Trente ou *Trient*, l'ancienne Tridentum, sur l'Adige, on y travaille le fer et l'acier; il y a des fonderies et des imprimeries. Le concile général s'y tint dans l'église Sainte-Marie-Majeure, de 1545 à 1563 ; 14,000 hab , — *Roveredo*, au S.-O., près de la rive gauche de l'Adige, dans une vallée couverte de vignes, d'orangers, de citronniers ; filatures de soie, tanneries, 11,000 hab.; — *Mori*, un peu au S.-O.; châtaigniers, mûriers, vignobles; 4,000 hab.; dans les environs de ces deux villes, combats du 4 septembre 1796 ; — *Ala*, sur l'Adige; velours de soie, 4,000 hab.; — *Riva*, sur le lac de Garde, avec une école de navigation ; 5,000 hab.

8° Le gouvernement du LITTORAL comprend les comtés de *Gœritz* ou *Gœrz* et *Gradisca*, *Trieste* et l'*Istrie*, avec les îles de *Veglia*, *Cherso* et *Lussin*. Il est arrosé, au N.-O., par l'Isonzo, et couvert par les ramifications des Alpes Juliennes. L'Istrie est rocheuse et marécageuse; les bords de la mer sont plats et sablonneux; dans les environs de Trieste on cultive le figuier, l'olivier, le mûrier ; les vignobles sont productifs. Dans la presqu'île, les chênes donnent de tres-belles noix de galle. Il y a quelques mines. L'industrie a pris de grands développements dans les environs de Trieste et de Fiume; on construit des navires et on se livre à la pêche.

Dans le territoire de Trieste, au fond du golfe auquel elle donne son nom, s'élève Trieste, le principal port de l'Autriche, port marchand très-considérable, port militaire important. On y trouve de nombreux chantiers de construction, des fabriques de savon, de cordes; des raffineries de sucre. Mais la prospérité de Trieste est due surtout à la grande société de commerce, le *Lloyd autrichien*, créée en 1833, et ayant organisé des services réguliers de bateaux à vapeur pour les ports de l'Adriatique, la Méditerranée orientale, la mer Noire; c'est la rivale de Marseille. On exporte beaucoup de grains et de farines; 70,000 hab.

Dans le cercle de GŒRITZ, *Gœritz*, *Gœrz* ou *Gorice*, sur l'Isonzo, siége d'un archevêché, Charles X y est mort en 1836; 10,000 hab.; — *Gradisca*, sur l'Isonzo, avec quelques fortifications; — *Aquileia*, au milieu de lagunes malsaines, occupe l'emplacement de la grande ville d'Aquilée, qui compta plus de 100,000 hab.

Dans le cercle d'ISTRIE, *Pisino*, le chef-lieu, au centre; — *Capo d'Istria*, port fortifié, au N.-O., sur le golfe de Trieste; 6,000 hab.; —. *Pirano*, bon port, voisin de marais salants considérables; 8,000 hab.; — *Parenzo*, petite ville épiscopale; — *Rovigno*, le port le plus important de l'Istrie, sur la côte de l'O.; pêche du thon et des anchois; commerce de vin et d'huile; 15,000 hab., — *Pola*, au S. de l'Istrie, jadis puissante, a beaucoup de ruines romaines; on travaille à en faire un bon port militaire.

Le nord de l'archipel Illyrien dépend de l'Istrie : *Veglia*, longue de 55 kil., riche en bois, en troupeaux, en marbres, en vins, a 18,000 hab., avec un chef-lieu du même nom; 4,000 hab.; — *Cherso*, longue de 75 kil., large de 8, a de belles forêts, des pâturages abondants, les habitants fabriquent des draps et des liqueurs; la capitale, Cherso, a 4,000 hab., etc., etc.

9° La DALMATIE occupe le littoral de la mer Adriatique depuis les monts Vellebitch, contre-fort des Alpes Dinariques, jusqu'au S. des Bouches de Cattaro; cette longue bande de terre, deux fois interrompue par le territoire turc, touche au N à la Croatie autrichienne, et est séparée vers l'E. de l'Herzégovine et du Monténégro par les Alpes Dinariques. Le climat est très-chaud, surtout en été; la terre, fertilisée par des pluies abondantes, produit céréales, légumes, fourrages et surtout des vins et de l'huile d'olive de qualité médiocre. Il faut faire venir le blé et les bestiaux des pays voisins. On pêche sur les côtes les sardines et les anchois. Il y a quelques mines de houille près de Zara. L'industrie se borne à la construction des navires et à la fabrication de l'eau-de-vie, du rosoglio, du marasquin, etc Le commerce de transit est assez important.

Le royaume de Dalmatie est divisé en quatre cercles.

ZARA, la capitale, port fortifié, siége d'un archevêché, fabrique des liqueurs et du marasquin; son commerce est assez important;

9,000 hab.; — *Scardona*, sur la Kerka ; 8,000 hab.; — *Sebenico*, port à l'embouchure de la rivière ; pêcheries ; 5,000 hab.

Spalatro ou *Spalato*, port de commerce assez actif, près des ruines considérables de Salone, qui rappellent Dioclétien ; 8,000 hab.; — *Trau*, petit port au N.-O., dans un canton très-fertile.

Raguse, port dans une position magnifique, a été longtemps la capitale d'une république maritime, dont l'aristocratie intelligente rivalisa avec celle de Venise. Fabriques de savon, de rosoglio ; commerce de viandes salées ; 15,000 hab.

Cattaro, port excellent sur le golfe qu'on nomme les Bouches de Cattaro ; sa marine est considérable ; 4,000 hab.

L'archipel Dalmate ou Illyrien, le long de la côte, est divisé entre les cercles de Raguse, de Spalatro et de Zara. Les habitants sont de bons marins, qui font commerce de vins, d'huile, de fruits, ou se livrent à la pêche.

En allant du S. au N. on trouve :

Meleda, longue de 32 kil.; — *Lagosta*, à l'O., avec des inscriptions dites phéniciennes ; — *Curzola* (Corcyra nigra), où l'on construit beaucoup de navires ; 8,000 hab.; — *Lesina* (Phasos), avec le port spacieux de ce nom ; 16.000 hab.; — *Lissa*, célèbre par la bataille navale de 1866 ; — *Brazza*, au N. de Lesina, avec le port de Santi-Petri ; 10,000 hab.; — *Solta* et *Bua*.

Coronata, longue de 24 kil.; — *Isola-Grossa*, longue de 40 kil., l'une des plus riches de l'archipel ; 14,000 hab.; — *Pago*, avec des salines ; *Arbe* ou *Barbado*, très-fertile.

§ 6 — Bohême, — Moravie ; — Silésie ; — Galicie ; — Bukowine.

10° ROYAUME DE BOHÊME.

La Bohême au N.-O. de la monarchie, entourée, comme nous l'avons vu, par quatre chaînes de montagnes, forme le bassin supérieur de l'Elbe ; c'est un pays partout ondulé, qui renferme des milliers de petits lacs poissonneux. Le climat est tempéré au centre, de manière à permettre la culture de la vigne, assez froid dans les parties montagneuses. La Bohême a beaucoup de richesses minérales, principalement dans l'Erz-Gebirge, les monts de Lusace et le Riesen-Gebirge ; il y a des lavages d'or dans les vallées qui descendent des monts de Moravie, des mines d'argent dans le district de Tabor ; du cuivre, du plomb, du zinc, de l'arsenic, du mercure, du graphite, mais surtout de l'étain et du fer en grande abondance ; les houillères sont nombreuses, ainsi que les sources salées. On trouve des granites, des marbres, des porphyres, des cristaux, des pierres précieuses, rubis, saphirs, améthystes, topazes, etc.;

des pierres à meules, à aiguiser, du kaolin à porcelaine et des sables, qui ont donné a ses verres et cristaux leur beauté et leur renommée. On y exploite, surtout près de Bilin, des couches épaisses de *tripoli*, substance d'apparence argileuse, composée de milliards de carapaces d'infusoires microscopiques.

Il y a beaucoup de sources minerales, surtout au pied de l'Erz-Gebirge : Sedlitz, Strobnitz, Pullna, Bilin, Karlsbad, Tœplitz, Marienbad, etc. Quoique l'agriculture soit arriérée, la terre, naturellement fertile, surtout au centre et le long des cours d'eau, produit d'abondantes récoltes (céréales, pommes de terre, colza, betteraves); les arbres fruitiers réussissent; la vigne donne peu de vins, mais de bonne qualité ; on récolte beaucoup de lin et de houblon. La coupe des forêts donne lieu à une assez grande exportation. On élève de vigoureux chevaux dans les pâturages ; mais les bestiaux, quoique nombreux, sont trop négligés ; il y a beaucoup de ruches d'abeilles et les produits de la pêche sont considérables. — Plusieurs industries sont florissantes : fils et tissus de coton, lainages, travail des métaux, produits chimiques, verreries, porcelaines, tissage des toiles à la main, dentelles, blondes, tanneries, papeteries, etc. Le commerce est assez important.

Le royaume de Bohême est divisé en 13 cercles :

Prague, la capitale, siége d'un archevêché, d'une célèbre université, ville forte sur la Moldau, avec un arsenal, est la seule ville considérable de la Bohême. Elle renferme un grand nombre de monuments historiques, comme le château royal du Hradschin, la vieille cathédrale, etc.; des bibliothèques, des musées, des collections, beaucoup d'établissements d'instruction. Elle a des fabriques de toiles de fil et de coton, de produits chimiques; des verreries, des chapelleries. Elle fait un commerce considérable et a été le théâtre d'événements importants; 157,000 hab.; — *Beraun*, au S.-O., sur la Beraun, près du château de Carlstein, le plus grand château féodal du royaume; *Horzowitz*, au S.-E. de Prague, a dans ses environs de grands établissements métallurgiques.

Dans la partie orientale de la Bohême : *Budweis*, au S., sur la Moldau; école de théologie, arsenal; distilleries, fabriques de draps; commerce florissant; 8,000 hab.; — *Krummau*, sur la Moldau; beau château des princes de Schwartzenberg ; 6,000 hab.; — *Gratzen*, au S.-E.; fabrique de verreries et de cristaux ; — *Neuhaus*, au N.-E. de Budweis ; draps, toiles; marchés importants ; 6,000 hab.

Tabor, sur la Luschnitz, fut jadis la principale forteresse des hussites ; — *Pilgram*, à l'E.; grand commerce de draps, de laines et de bois, 9,000 hab.

16

Kuttenberg, au S.-E. de Prague ; aux environs, mines de cuivre et de plomb ; fabriques de coton ; 10,000 hab. ; — *Czaslau;* victoire de Frédéric II, en 1742 ; — *Chotusitz,* au N.-E. ; victoire de Frédéric II, en 1741 ; — *Neu-Kolin;* défaite de Frédéric II, en 1757 ; 6,000 hab.

Pardubitz, au coude de l'Elbe, à l'E. de Prague ; château fort ; — *Chrudim,* au S. ; fabriques de draps, tanneries ; grand commerce de chevaux ; 6,000 hab.

Kœniggrætz, au N., sur l'Elbe, au confluent de l'Adler ; place forte ; — *Sadowa,* au N.-O ; bataille du 3 juillet 1866 ; — *Josephstadt,* place forte, au confluent de l'Elbe et de la Mettau, au N.-E. de Kœniggrætz.

Gitschin, dans une plaine très-fertile, au N.-E. de Prague ; — *Hohen-Elbe,* sur l'Elbe ; l'un des centres de l'industrie des toiles ; 5,000 hab.

Jung-Bunzlau, sur l'Iser, au N.-E. de Prague ; étoffes de coton, indiennes, mousselines, draps ; 5,000 hab ; — *Reichenberg,* au N., sur la Neisse, la seconde ville de Bohême par sa population (15,000 hab.) et par sa grande industrie : draps, tissus de coton, toiles, tanneries, indiennes, cristaux, machines ; c'est le centre d'un district manufacturier très-florissant ; — *Friedland* plus au N., avec un château qui fut donné au célèbre Wallenstein, duc de Friedland ; — *Reichstadt,* à l'O., forma l'apanage du fils de Napoléon Ier; — *Munchengrætz,* au S.-E. de Jung-Bunzlau.

Leitmeritz, au N. de la Bohême, sur l'Elbe, dans un territoire très-fertile ; 6,000 hab. ; — *Theresienstadt,* place forte au confluent de l'Elbe et de l'Eger ; — *Lovositz,* sur l'Elbe ; vignobles renommés ; victoire de Frédéric II, en 1756 ; — *Kulm,* au N., défaite de Vandamme, en 1813 ; — *Tœplitz,* au N.-O.; bains renommés.

Saatz, sur l'Eger, au N.-O. de Prague ; commerce de houblon ; 6,000 hab. ; — *Bilin;* eaux minérales ; — *Brux;* mines de houille ; centre des eaux de Sedlitz, Seidschutz, Pullna.

Eger, ancienne place forte sur l'Eger, à l'O. de la Bohême ; Wallenstein fut tué dans le château, en 1634 ; 10,000 hab. ; — *Joachimsthal,* au N.-E.; mines de plomb, d'étain, de cobalt et d'argent ; on y fabriqua les premiers thalers en 1519, — *Karlsbad,* sur la Tepel, à l'E. d'Eger ; bains très-fréquentés ; — *Elbogen,* sur l'Eger ; fabrique de porcelaine ; — *Marienbad,* non loin des sources de la Mies ; eaux renommées ; bains fréquentés.

Pilsen, sur la Mies, au S.-O. de Prague ; fabriques de draps ; foires importantes ; 10,000 hab. ; — *Taus,* au S.-O. de Pilsen ; toiles ; 6,000 hab.; — *Klattau,* au S.; lainages ; 6,000 hab.

Pisek, au S.-O. de Prague, près de la Moldau ; tissus de laine et de coton ; 5,000 hab.

11° La MORAVIE (Mæhren), entre la Bohême et la Hongrie, au S. des Sudètes, au N. de l'Autriche, occupe la plus grande partie du bassin de la Morawa ou March. C'est un pays accidenté plus que montagneux, car les Sudètes s'abaissent en pentes douces sur la Moravie, et les monts de Moravie sont plutôt des plateaux élevés. Le climat est généralement doux, malgré la fréquence des vents de N.-E. La terre, bien cultivée, surtout dans la belle vallée de *Hanna*, produit des céréales au delà de la consommation, pommes de terre, betteraves, houblon, lin, chanvre, vignes. Il y a de beaux pâturages. Les mines sont peu nombreuses ; cependant la Moravie est l'une des provinces de l'empire où l'industrie est le plus florissante : draps, toiles, cotonnades, soieries, cuirs, verreries, papeteries, brasseries, sucre de betteraves, fabriques de liqueurs, etc.

Le margraviat de Moravie est divisé en 6 cercles.

BRUNN, la capitale, sur la Schwarza, au pied du Spielberg, prison d'État jusqu'en 1849, maintenant simple forteresse, siège d'un archevêché, a de nombreux établissements d'instruction. Fabriques de tissus de laine, draps, soieries, cotonnades ; d'allumettes chimiques, de savon, de tabac ; 73,000 hab. ; — à peu de distance à l'E., *Austerlitz*, avec un beau château ; bataille du 2 décembre 1805 ; — *Zwittau*, au N. ; draps et toiles ; 4,000 hab. ; — *Butschowitz*, à l'E. ; bains d'eaux sulfureuses.

Olmutz, au N.-E., sur la Morawa, ancienne capitale, place forte, siège d'un archevêché et d'une université. Tissus de laine, tanneries ; grands marchés de bestiaux ; 15,000 hab. ; — *Sternberg*, au N.-E. ; grandes fabriques de toiles ; 10,000 hab. ; — *Prossnitz*, au S.-O. ; draps, distilleries ; 10,000 hab.

Neu-Titschein, au N.-E. de la Moravie ; draps, étoffes de coton, toiles ; 9,000 hab.

Hradisch, au S.-E., sur la Morawa ; 2,000 hab. ; — *Kremsier*, sur la Morawa, au N.-O., belle résidence d'été des archevêques d'Olmutz ; l'empereur Ferdinand, chassé de Vienne, y appela l'assemblée constituante en 1848 ; 5,000 hab. ; — *Gœding*, au S.-O., sur la Morawa ; manufacture impériale de tabacs.

Znaym, au S.-O. de Brunn, sur la Taya ; au milieu de riches vignobles. Manufacture impériale de tabacs ; commerce de grains et de fruits. Armistice du 12 juillet 1809, après Wagram, 6 000 habitants ; — *Nikolsbourg*, à l'E. ; château célèbre ; 10,000 hab.

Iglau, à l'O. de Brunn, sur l'Iglawa ; draps, lainages ; 17,000 hab.

12° La SILÉSIE, située au N. de la Moravie, sur le revers septen-

,trional des monts Sudètes, occupe le haut bassin de l'Oder. C'est un pays montagneux; l'agriculture y est développée; on récolte céréales, pommes de terre, lin estimé, chanvre, garance, safran; la vigne fournit un vin médiocre. Il y a peu de forêts, mais les pâturages des montagnes nourrissent beaucoup de bestiaux et de chevaux. Il y a des mines de fer et de houille.

Le duché de Silésie se divise en deux cercles.

TROPPAU, la capitale, sur l'Oppa, ville fortifiée ; draps, toiles, liqueurs, savons ; congrès de 1820 ; 12,000 hab. ; — *Jægendorf*, au N.-O., sur l'Oppa ; château du prince de Liechtenstein, draps, toiles ; 6,000 hab. ; — *Freywaldau*, au N.-O. dans les Sudètes, près des bains hydrothérapiques de Græfenberg.

Teschen, sur l'Olsa, dans la partie orientale de la Silésie ; toiles, draps, armes à feu; 7,000 hab. ; — *Bielitz*, au N.-E. ; draps, commerce de vins et de sel gemme ; 6,000 hab.

13° La GALICIE (Galizien) est située au N.-E. des Karpathes, qui la séparent de la Hongrie; elle est arrosée au N. par la Vistule et le San; au S., par le Dniester et le Pruth. Elle touche à la Silésie vers le N.-O. ; à la Russie au N. et à l'E. ; à la Bukowine au S.-E. C'est un pays complétement ouvert du côté du N., aussi les vents du N.-E. y produisent des froids rigoureux ; les pluies sont fréquentes. On y rencontre beaucoup de sables mouvants et des milliers de petits lacs. Il y a des mines de fer excellent (Stry, Sambor, Zolkiew), d'argent (Sandec, Lanczko), d'huile de pétrole, etc ; des sources sulfureuses sont à Sklo, Labinie, Malinokwa, etc.; les sources salées sont encore plus nombreuses, les vastes mines de sel gemme de Bochnia et de Wieliczka, au N.-O., ont une renommée européenne. Quoique l'agriculture soit très-négligée, à cause de l'ignorance des paysans et de l'absence des grands propriétaires, la terre produit beaucoup de froment, qu'on exporte de seigle, d'avoine, d'orge et de blé noir, de pommes de terre, de rhubarbe, de lin, de chanvre, de tabac. Les bestiaux forment la principale richesse du pays; il y a beaucoup de bêtes à cornes et de moutons, les chevaux sont petits, mais estimés ; ils servent à la remonte de la cavalerie légère de l'Autriche. Les Karpathes surtout sont boisées. L'industrie a fait des progrès considérables : toiles au N.-O., couvertures de laine, tissus de coton, verreries, forges, usines à fer, tanneries, etc. Le commerce d'exportation est assez actif.

Le royaume de Galicie est divisé en deux territoires administrés séparément, la Galicie occidentale et la Galicie orientale.

La *Galicie occidentale* est divisée en sept cercles.

CRACOVIE (*Krakau*), sur la rive gauche de la Vistule, république indépendante jusqu'en 1846, après avoir été l'ancienne capitale du royaume de Pologne, siége d un évêché et d'une université, renferme de nombreux monuments historiques, la cathédrale avec les tombeaux des rois, le vieux château, etc. On y fabrique des draps et des toiles ; il y a quelque commerce de transit ; 50,000 hab ; — sur la rive droite de la Vistule est la petite ville de *Podgorze;* — il y a des eaux thermales, des mines de houille, des usines à *Krzeszowice.*

Wadowice, au S.-O. ; 3,000 hab. ; — *Biala,* au S.-O. ; mines de sel gemme, draps, toiles ; 4,000 hab.

Bochnia, au S.-E. de Cracovie ; célèbres mines de sel gemme ; 6,000 hab. ; — *Wieliczka,* plus près de Cracovie, mines de sel encore plus considérables ; bains d'eau salée ; 6,000 hab.

Sandec ou *Ssandetz,* sur le Donajec ; 5,000 hab.

Iaslo, a l'E.

Tarnow, sur la Biala ; fabriques nombreuses ; 10,000 hab.

Rzeszow, fabriques de bijouterie fine ; 5,000 hab.

La *Galicie orientale* comprend douze cercles.

LEMBERG ou LEOPOLD, capitale de toute la Galicie, vers la source du Pettew, affluent du Bug, siége de plusieurs archevêchés et d'une université, est le centre d'une grande fabrication de toiles , elle fait un commerce considérable avec la Russie et la Turquie ; 87,000 hab., dont 20,000 juifs.

Sanok, au S.-O., sur le San ; commerce de chevaux.

Przemysl, à l'O., sur le San : commerce de grains, de chevaux, de bestiaux ; 8,000 hab. ; — *Iaroslaw,* à l'O., sur le San ; toiles, draps, grands marchés ; 8,000 hab.

Sambor, au S.-O., sur le haut Dniester ; fabriques et blanchisseries de toiles , 10,000 hab.

Drohobycz, au S.-E., dans un pays très-fertile, avec de riches salines ; 10,000 hab.

Stry, au S.-O. de Lemberg ; 9,000 hab. ; — *Halicz,* ancienne capitale de la Galicie, à laquelle elle a donné son nom, sur le Dniester ; 5,000 hab.

Stanislawow, ville fortifiée, sur la Bistritsa ; tabacs ; 8,000 hab.

Kolomea, au S.-E., sur le Pruth ; salines ; 7,000 hab.

Czortkow, au N.-E., sur un affluent du Dniester ; — *Zaleszcyski,* sur le Dniester ; 6,000 hab.

Tarnopol, au N.-E. de la Galicie ; fabriques de draps, de linge damassé, 15,000 hab.

Brzezani, plus à l'O. ; toiles, manufactures d'armes.

Zloczow, à l'E. de Lemberg ; — *Brody,* aux sources du Stry, au

N.-E. de Lemberg; ville de grand commerce avec la Russie; 25,000 hab.

Zolkiew, au N. de Lemberg; poteries; 5,000 hab.

14° La BUKOWINE, au S.-E. de la Galicie, séparée de la Transylvanie par les Karpathes, n'est que la partie septentrionale de l'ancienne Moldavie; elle en a été détachée en 1791. Le Sereth et le Pruth l'arrosent. Les flancs des karpathes sont couverts de forêts de hêtres (d'où son nom, *pays des hêtres*); de nombreux troupeaux paissent dans les beaux pâturages des vallées. On trouve du fer, du cuivre, du plomb argentifère, des sources salines. Le pays produit des céréales, des fruits, des vignes. Il y a peu d'industrie. C'est surtout une position militaire importante.

CZERNOWITZ, près du Pruth; bijouterie et carrosserie; 34,000 habitants; — *Suczawa*, plus au S., jadis résidence des princes de Moldavie; toiles, maroquins; grand commerce avec l'Allemagne et la Moldavie; 7,000 hab.

§ 7. — Hongrie; — Transylvanie; — Croatie et Slavonie; — Confins militaires.

Les *Pays Transleithans*, ou de la couronne de Hongrie, sont:

1° ROYAUME DE HONGRIE.

Ce vaste pays forme une sorte de carré; le côté N.-E. est séparé de la Galicie et de la Bukowine par les Karpathes; le côté S.-E. est séparé de la Transylvanie par le talus élevé et boisé du grand plateau; le côté S.-O. s'appuie sur le Banat militaire, le Danube et la Drave; enfin le côté N.-O. est séparé de la Styrie, de l'Autriche et de la Moravie par des hauteurs peu considérables au S. du Danube; par le Petit-Karpathe et les montagnes Blanches au N.

La partie située au N. du Danube et de la Theiss est un pays couvert par les ramifications nombreuses des Karpathes; c'est l'*Erz Gebirge hongrois*; la partie S.-O., entre le Danube et la Drave, est traversée par le Bakonyer-Wald; la partie centrale de la Hongrie est une plaine basse et marécageuse, entre le Danube et la Theiss qui coulent parallèlement; la partie orientale est également une plaine basse, arrosée par la Theiss et par ses affluents, le Kœrœs et le Maros, qui viennent aussi des Karpathes. Cette plaine de la basse Hongrie, peu élevée au-dessus du niveau de la mer, est exposée aux grandes chaleurs, comme dans les steppes de l'Asie; mais l'hiver, le froid est rigoureux. C'est une étendue sans limites, monotone, où le mirage produit des illusions décevantes, où souvent un brouillard malsain enveloppe tout d'un voile épais. Malgré les exhalaisons des eaux stagnantes, malgré l'abondance des eaux salées et chargées de nitre, le climat est généralement sain; mais les nuits sont très-fraîches; ce qui rend les précautions nécessaires. Une ligne de hauteurs, allant du grand coude du Danube vers la haute Theiss, par Waitzen, Gyœngyœs, Erlau, Tokay, forme comme la limite verdoyante et fertile de la grande plaine. Au N. d'une autre ligne, qui passe par Neutra, Honth, Kaschau, la région montagneuse du N.-O. et du N. a un climat rigoureux, où la neige couvre souvent la terre pendant plus de six mois, où les grains mûrissent tardivement. Le pays, quoique peuplé, semble presque désert; les cultivateurs ont pris l'habitude, probablement a cause des invasions jadis si fréquentes, de s'agglomérer dans de grands villages, qui ont parfois 20 et 30,000 habitants; ils vont souvent à de grandes distances cultiver leurs champs et reviennent le dimanche se reposer dans leurs demeures des villages.

La Hongrie renferme de grandes richesses minérales; la région des montagnes du N.-O. et du N. a mérité le nom d'Erz-Gebirge hongrois; mais beaucoup de mines sont exploitées dans le reste du pays. On trouve de l'or dans les comitats de Liptau et de Szathmar (Botza, Felsœ, Nagy-Banya); les affluents de la Theiss charrient de l'or. L'argent est très-souvent mêlé a l'or; le fer est en abondance dans presque toutes les contrées montagneuses; le cuivre est surtout exploité dans les mines de Neusohl, Herrengrund, Schmœlnitz, Orawicza; le plomb dans le comitat de Schemnitz; l'antimoine dans le comitat de Gœmer; le zinc dans le Banat, etc., etc. On exporte de la soude, de l'alumine, de la potasse. Les mines de sel gemme, les puits salés, les sources salées sont en grande quantité. On exploite les marbres à Grosswardein, Dotis, Krasso; l'albâtre, le cristal de roche, le jaspe, les grenats, les opales, les rubis, les agates, etc., surtout dans les comitats de Marmaros et de Beregh. Les mines de houille sont très-importantes, dans le Banat (Orawicza); dans les comitats de Tolna et de Baranya au S.-O.; dans ceux de Marmaros, Zemplin, Saros, Zips, au pied des Karpathes. Parmi les sources minérales, on cite celles de Bartfeld, Fured, Keket, Lublau, Bude, Szkleno, Szobrantz, etc.

La Hongrie est l'une des plus riches contrées agricoles de l'Europe. Elle produit en abondance blé de qualité supérieure, seigle, orge, maïs, avoine, et exporte des grains en grande quantité vers l'Italie et l'Allemagne.

Après la France, c'est le pays qui donne le plus de vins, et plusieurs vignobles ont une grande renommée; tous les coteaux de l'Hegyallya (Sator-Allya, Sator-Wihely, Tallya, Mada, Toltswa, Keresztur) donnent des vins qui rivalisent avec celui de Tokay et qui en portent souvent le nom. Les Hongrois égalent leurs vins des environs de Bude, d'Œdenburg, de Wersitz (Banat) à nos vins de Bordeaux, ceux de Villany et de Vagh-Ujhely, a nos vins de Bourgogne, les vins de Shiracs, Vashegy, Magyarad, au champagne mousseux; les vins de Syrmie (Slavonie), aux vins spiritueux les plus agréables. On cultive en grand le tabac dans la vallée supérieure de la Theiss, dans le Thoronthal (Banat), dans le comitat de Hevès. Le chanvre d'excellente qualité, le lin, donnent des produits abondants; les plantes oléagineuses, le houblon, la garance, le pastel, les fruits (cerisiers, pruniers) sont encore une source de richesses. On trouve de belles forêts dans les Karpathes et le Bakonyer-Wald.

Les pâturages et les prairies sont très-étendus ; mais les Hongrois laissent de vastes steppes ou *puszta*, recouvertes d'eaux stagnantes et de mauvaises herbes. Les bœufs, de forte race, de couleur grise, paissent surtout dans les plaines de la Theiss et du Danube; on en conduit chaque année plus de 300,000 en Allemagne et en Italie; il y a des buffles dans le Sud; les moutons, pour la plupart de grande taille, ici croisés avec les moutons de Turquie, là, à l'O. surtout, avec des mérinos d'Espagne, fournissent de la laine et des pelisses; on en transporte beaucoup en Galicie et en Moravie. Les chevaux, petits, mais pleins d'ardeur et vigoureux, sont très-propres au service de la cavalerie. Les porcs, de variété commune, sont au nombre de plusieurs millions surtout au centre. Le gibier est très-abondant; les poissons des rivières, des lacs, des étangs, présentent plusieurs espèces très-recherchées. Les contrées danubiennes sont très-favorables à l'éducation des vers à soie. Les abeilles fournissent du miel et de la cire pour l'exportation.

L'industrie est encore arriérée ; on fabrique les objets de première nécessité, draps, toiles, poteries, verreries, papeteries, huileries, etc.; mais en général les produits sont de médiocre qualité. L'exportation des richesses naturelles de la Hongrie, bœufs, moutons, farines, vins, laines, métaux, donne lieu à un commerce actif. Dans ces dernières années, les modifications politiques, le développement des routes, de la navigation fluviale, des chemins de fer, ont imprimé une grande impulsion au commerce extérieur et à la production nationale; c'est par Vienne, par Trieste et Fiume, par le Danube, que peuvent s'écouler les produits de la Hongrie, pays qui semble appelé à rivaliser avec les plus belles contrées de la France septentrionale et de la Lombardie.

La Hongrie se divise en quatre grands cercles :

1° Le CERCLE EN DEÇA DU DANUBE, au N. du Danube, avec une partie de la plaine entre Danube et Theiss, comprend treize comitats; il st surtout habité par des populations slaves. Les villes principales sont :

Bude (Ofen en allemand), souvent capitale de la Hongrie, sur la rive droite du Danube, défendue par trois forts et par la grande forteresse du *Blocksberg*. Il y a peu d'industrie et peu de commerce ; 55,000 hab. ; — un pont sur le Danube réunit Bude à Pesth, sur la rive gauche du fleuve, belle et grande ville, siége actuel du gouvernement, d'une université, d'une académie des sciences ; elle possède de nombreux établissements scientifiques et littéraires ; elle a des fabriques de cuirs, de tabacs, de liqueurs, des foires célèbres et fait un commerce considérable ; c'est le centre de tous les mouvements intellectuels et matériels en Hongrie, 200,000 hab. ; — un peu à l'E. est la plaine de *Rakos*, où la noblesse élisait jadis les rois ; — *Presbourg* (en hongrois Posony), sur la rive gauche du Danube, fut longtemps la capitale de la Hongrie, tant que les Turcs étaient menaçants ; les diètes s'y sont souvent réunies même depuis 1784 ; c'est la résidence de l'archevêque de Gran ; traité de 1805 ; elle a encore plusieurs monuments remarquables, des établissements littéraires et scientifiques ; étoffes de laine et de soie, cuirs, tabacs ; 46,000 hab., — *Waitzen*, sur le Danube, 12,000 hab., — *Gran* (en hongrois Esztergom), l'ancienne Strigonie, sur la rive droite du Danube, siége du primat de Hongrie ; bains renommés ; 17,000 hab. — Dans le bassin du Waag : *Tyrnau* ; grand commerce de vins ; 7,000 hab. ; — *Leopoldstadt*, forteresse sur le Waag ; — *Miava* ; distilleries, fabriques d'étamine ; 10,000 hab. ; — *Neuhausel*, sur la Neutra ; draps, 7,000 hab. ; — *Trentschin*, sur le Waag ; draps ; près de là sont les bains sulfureux de Teplicz ; — *Arva*, au N. de la Hongrie. - Dans le bassin du Gran : *Schemnitz*, au milieu des mines les plus riches de la Hongrie ; école royale de minéralogie ; 22,000 hab. ; — *Kremnitz*, dans un pays de mines de cuivre, d'or et d'argent ; 10,000 hab. ; — *Neusohl*, sur le Gran, également au milieu de mines abondantes ; près de là, manufacture d'armes de Kralova et forges royales de Rhonitz.

Dans le même cercle, entre Danube et Theiss, en allant du S. au N. :

Neusatz, ancienne capitale de la woiwodie serbe, sur le Danube ; commerce important de vins et d'eaux-de-vie ; 18,000 hab ; — *Zombor*, au N.-O., près du canal François ; commerce de vins et bestiaux ; 25,000 hab. ; — *Zenta*, au N.-E. de Zombor, près de la Theiss ; victoire du prince Eugene, en 1696 ; 15,000 hab. ; — *Theresiopel* ou *Theresienstadt*, au N.-E. de Zombor, grand amas de villages, avec de nombreuses fabriques de draps, de bottes, avec des tanneries ; commerce considérable ; 56,000 hab. ; — *Kalocza*, au milieu de vastes marais près du Danube; belle cathédrale; 6,000 hab.; — *Kecskemet*, dans les landes entre Danube et Theiss; savonneries, tanneries; marchés très-fréquentés; plus de 42,000 hab.; — *Czegled*, 17,000 hab.; — *Nagy-Kœrœs*, avec de bons vignobles; 15,000 hab.; et *Szolnok*, sur la Theiss, 15,000 hab., sont au N. de Kecskemet.

2° Le CERCLE AU DELA DU DANUBE, au S. et à l'O. du fleuve, comprend 11 comitats, dont les villes principales sont :

Komorn, place forte, au confluent du Waag et du Danube; commerce de bois, grains, métaux, qui viennent surtout par le Waag; 17,000 hab.; au S. est le village d'*Acs;* grande bataille de 1849; — *Dotis*, au S.-E.; fabriques d'étoffes, scieries; eaux thermales fréquentées; 9,000 hab.; — *Raab*, au confluent du Raab et d'un bras du Danube; académie importante, grand marché de céréales; coutellerie, armes blanches, bijoux faux; victoire des Français, en 1809; 20,000 hab.; — *Wieselburg*, sur le Danube; grand marché de céréales; 21,000 hab.; — *OEdenburg*, au S.-O. du lac Neusiedl; grand marché de bestiaux; houille aux environs; vins renommés; 16,000 hab.; — *Guns*, au S., tribunal d'appel du cercle; 5,000 hab.; — *Saint-Gotthard*, sur le Raab, au S.-O.; défaite des Turcs en 1664; — *Keszthely*, à l'E.; célèbre école d'agriculture; — *Funfkirchen* ou *Cinq-Églises*, au S.; riches mines de houille aux environs, 24,000 hab.; — *Mohacz*, à l'E., sur le Danube; victoire des Turcs, en 1526; 9,000 hab.; — *Stuhlweissenburg* ou *Albe-Royale*, plus au N.; lieu de couronnement et de sépulture de plusieurs rois de Hongrie; grands marchés de bestiaux; 23,000 hab.; — *Moor*, au N.-O.; bataille en 1848; 7,000 hab.; — *Veszprim*, plus au centre; 10,000 hab.

3° Le CERCLE EN DEÇA DE LA THEISS, au N. de la Theiss et au N.-E. de la Hongrie, comprend 10 comitats dont les villes principales sont :

Eperies, au N., centre d'une grande fabrication de toiles, avec la saline de Sovar et la mine d'opales de Czerveniza; 10,000 hab.; — *Bartfeld*, au N. d'Eperies; eaux minérales très-fréquentées; — *Neudorf* ou *Iglo*, chef-lieu du pays des Allemands, dans le comitat de Zips; — *Kæsmark* et *Rosenau*, à l'O., villes de 5,000 hab., importantes par la fabrication de la toile; — *Miskolcz*, au S.-E. des précédentes; commerce de céréales et de vins; 20,000 hab.; aux environs *Diœs-Giœr*, célèbre par ses forges, ses verreries et sa papeterie; — *Erlau* (en hongrois Eger), au S.-O., sur l'Erlau, siège d'un archevêché; grand commerce de vins; draps; bains; 20,000 hab.; — au S., à *Kapolna*, grande bataille de février 1849; — *Gyœngyœs*, jolie ville dans un pays riche en vignobles; 11,000 hab.

— *Nagy-Tokay*, au confluent de la Theiss et du Bodrog ; vignobles renommés ; — *Kaschau*, au N., sur la Hernad ; tabacs, faience, poterie ; commerce de vins et de blé ; batailles de 1848 et 1849 ; 21,000 hab.; — *Unghvar*, à l'E., l'une des plus anciennes villes fondées par les Hongrois ; 6,000 hab.; — *Munkacz*, place forte au S.-E., servant de prison d'État, célèbre par le siége qu'y soutint la femme de Tekeli.

4° Le CERCLE AU DELA DE LA THEISS, entre la Theiss et la Transylvanie, comprend la Hongrie orientale et se divise en 12 comitats, dont les villes principales sont, en allant du N. au S. : *Szigeth*, entrepôt des mines de sel gemme exploitées aux environs ; 7,000 hab.; — *Nagy-Banya* ou *Neustadt*, près de la Transylvanie, importante par ses mines d'or, d'argent, de plomb, et par ses eaux minérales ; — *Szathmar-Nemethi* et *Nagy-Karoly*, villes commerçantes de 12,000 hab.; — *Debreczin*, la ville la plus industrieuse de la Hongrie, quoiqu'elle manque d'eau potable, de bois, de pierre ; elle ressemble à une réunion de villages, on y fabrique des draps grossiers, des habits pour les paysans, des bottes, des cuirs, de la poterie, des savons ; c'est le centre d'un commerce considérable de grains, de bestiaux, de porcs, de tabac. Cette ville fut le siége du gouvernement insurrectionnel en 1849 ; les Hongrois y combattirent les Autrichiens et les Russes ; 44,000 hab.; — *Gross-Wardein*, sur le Sebes-kœrœs, jadis place de guerre, a de grands marchés de bestiaux ; on exploite de beaux marbres aux environs, et on fréquente des bains d'eaux thermales sulfureuses et ferrugineuses ; 29,000 hab.; — *Bekes*, 16,000 hab.; — *Czaba*, 25,000 ; — *Gyula*, 15,000; — *Szarvas*, 16,000; — *Szentes*, 20,000 ; sont de grands villages ; — *Csongrad*, sur la Theiss, en face de l'embouchure du Kœrœs ; 15,000 hab.; — *Vasarhely*, ville commerçante, près des grands marais de la Theiss, avec des vignobles et des plantations de tabac ; — *Szegedin*, sur la Theiss, près du confluent du Maros ; tabacs, savons, draps, fabriques de bottes ; elle est fortifiée et fait un commerce très-actif de produits agricoles ; 69,000 hab., — *Mezohegyes ;* grand haras impérial, — *Alt-Arad*, sur le Maros ; grand marché de bestiaux ; 32,000 hab.; en face, sur la rive gauche, s'élève la forteresse de *Neu-Arad ;* — *Vilagos*, au N.-E., bourg de 6,000 hab., célèbre par la capitulation de Gœrgey, qui mit bas les armes, le 15 août 1849 ; — *Temesvar*, sur le Temes, ville principale de l'ancien Banat; place fortifiée ; commerce actif, 35,000 hab.; — *Becskerek*, sur le canal de Bega ; défaite des Hongrois, en 1849 ; 14,000 hab.; — *Werschatz* ou *Versecz*, ville de commerce ; 21,000 hab.

Au centre de la Hongrie on trouve 4 districts, habités par des populations distinctes et administrés d'une façon particulière. Les habitants sont les *Cumans*, de race tartare, qui sont venus peut-être au xii° siècle des bords de la Kama ; ils sont pour la plupart protestants et ont oublié leur origine.

1° La Iazygie, à l'O. et dans le bassin de la Theiss ; le chef-lieu est *Jasz-Bereny* ; 16,000 hab.

2° La Grande-Cumanie, à l'E. de la Theiss ; le chef-lieu est *Kardszag* ; 12,000 hab.

3° La Petite-Cumanie, entre le Danube et la Theiss, entre Pesth et Szegedin ; le chef-lieu est *Kun-Szent-Miclos*.

4° Les six villes Haiducques, à l'E. de la Theiss, au N.-E. de la Petite-Cumanie ; la ville principale est Bœszœrmeny ; 15,000 hab. Les Haiducques formaient primitivement un corps militaire spécial, qui reçut de grands privilèges de Jean Hunyade au xv° siècle.

Le royaume de Hongrie est habité par des populations qui diffèrent d'origine, de langue, de mœurs, de religion, et qui ont été souvent ennemies les unes des autres.

Les *Madgyars* ou *Hongrois* appartenant à la race finnoise-ouralienne, sont venus de l'Asie, au ix° siècle, en tournant la mer Noire, en forçant les Karpathes, et se sont établis en maîtres dans la grande plaine. Peuples barbares, nomades et dévastateurs, repoussés de l'Allemagne par les empereurs saxons, au x° siècle, convertis au christianisme, surtout par leur roi Étienne, ils étendirent au loin leur domination, rendirent de grands services à l'Europe chrétienne, en arrêtant l'invasion des Turcs ottomans au xv° siècle ; mais, vaincus à la funeste journée de Mohacz, en 1526, ils furent dès lors soumis à des princes allemands de la maison d'Autriche. Ils n'ont cessé de protester au nom de leur nationalité, et leurs efforts semblent enfin couronnés de succès, depuis les défaites de l'Autriche en Italie, 1859, en Allemagne, 1866.

Les Slaves sont presque aussi nombreux que les Madgyars ; ils sont divisés en un grand nombre de branches : les *Slowaques* habitent le N.-O. de la Hongrie ; — les *Ruthènes* ou *Russniaques*, le N.-E. ; — les *Vindes*, les comitats de Zala et d'Eisenburg, au S.-O. ; — les *Serbes* ou *Raitzes*, le S. du Banat, la Syrmie et une partie de la Slavonie.

Les Roumains ou Valaques forment la population de la Hongrie orientale.

Les Allemands sont disséminés : au N., dans le comitat de Zips ; à l'O., dans les comitats de Wieselburg, Œdenburg et Eisenburg ; au centre, dans la vallée du Maros ; au S., dans le comitat de Baranya.

Les Cumans, de race tartare, habitent le centre.

Les Juifs et les Bohémiens sont éparpillés dans tout le pays.

Les Madgyars, qui luttaient pour défendre leur nationalité contre l'Autriche, s'étaient efforcés de détruire la nationalité des populations étrangères qu'ils avaient plus ou moins soumises. Aussi, en 1848, les Slaves-Croates des bords du Danube et les Roumains ont fait cause commune contre eux, et obtenu les droits qu'ils réclamaient, après leur défaite. De nos jours, malgré une sorte d'union, plus apparente que réelle, les Slaves du Sud, dont le centre est Agram, font de nouveaux efforts pour reconstituer leur nationalité.

2° TRANSYLVANIE.

Ce pays, situé au S.-E. de l'Empire, est borné à l'O. et au N. par la Hongrie; au N.-E. par la Bukowine; à l'E. et au S. par les Karpathes, qui le séparent de la Moldavie et de la Valachie. C'est comme une sorte de boulevard militaire, naturellement fortifié, contre lequel les invasions barbares sont venues souvent se briser. Les Hongrois lui ont donné ce nom, parce qu'ils appelaient Sylvania le comitat de Szolnok, qui est au N. (Trans Sylvas, au delà des forêts); les Allemands la nomment *Siebenburgen*, à cause des sept bourgs ou cités qui y furent fondés par des colonies allemandes. C'est un vaste plateau, entouré de montagnes élevées de 1,500 à 2,000 mètres; il est coupé de vallées profondes qui inclinent vers l'O.; le Szamos, le Maros et l'Aluta coulent dans les vallées principales. Les richesses minérales sont abondantes; on trouve de l'or, de l'argent, du cuivre, du plomb, du fer, du sel. Le climat est tempéré et salubre, excepté sur les montagnes, où il est rude. L'agriculture est encore très-arriérée; mais la terre est fertile et donne de bonnes récoltes, surtout dans la plaine de Mezœseg, au S. du Szamos, et dans le Burzenland (bassin de l'Aluta). Les principaux produits sont les céréales et surtout le maïs, les vignes, le tabac. Les pâturages gras et abondants nourrissent beaucoup de chevaux, de bêtes à cornes, de moutons, qu'on dirige vers la Hongrie et l'Autriche. L'industrie est peu développée et le commerce ne comprend que les matières premières.

La Transylvanie est habitée par quatre populations distinctes: les *Valaques* ou *Roumains*, mélange des anciens Daces et des colonies romaines introduites depuis Trajan : les *Saxons*, colonies allemandes appelées par Geysa II, en 1143, pour défendre le S.-E. du pays contre les invasions barbares; ils conservent encore leur caractère sérieux, leur goût pour le travail, leur langue qui est un allemand très-corrompu; les *Szeklers* ou *Sicules*, qui paraissent

17

avoir la même origine que les Madgyars, vivant dans les montagnes, braves, laborieux, de mœurs simples; les *Hongrois* ou *Madgyars*, souvent mêlés avec les Roumains. Ces populations diverses, qui diffèrent encore par la religion, ont aujourd'hui des droits égaux. Les divisions administratives de la Transylvanie ont été souvent modifiées; on peut rattacher les 25 comitats ou siéges et les 4 districts à trois grandes divisions : le *pays des Hongrois*, à l'O.; le *pays des Szeklers*, a l'E.; le *pays des Saxons*, au S. et au N.

1° *Dans le pays des Hongrois* :

Klausenburg (en hongrois Kolosvar), sur le Petit-Szamos, capitale de la Transylvanie, siége d'une université catholique, pendant l'hiver séjour de la noblesse ; foire importante pour les chevaux de luxe; 25,000 hab.; — à l'E. sont les mines de houille et de sel de *Kolos*; — *Karlsburg* (en hongrois Karoly-Fejervar), sur le Maros; hôtel des monnaies; dans un pays de mines importantes; 13,000 hab.; — *Zalathna*, à l'O., riches lavages d'or ; — *Abrudbanya*, mines d'or ; — *Nagyay, Nagy-Enyed* ; 10,000 hab.; — *Varhély*, au S.-O., sur l'emplacement de Zarmizegethusa, l'ancienne capitale des Daces, et d'Ulpia Trajana ; ruines romaines; — *Thorenburg* ou *Thorda*, au S.-E. de Klausenburg ; grandes mines de sel ; 10,000 hab. ; — *Elisabethstadt*, au S.-E.; commerce de laines et de vins ; 5,000 hab., — *Dees*, au N., au confluent des Szamos ; 6,000 hab.

2° *Dans le pays des Szeklers* ·

Maros-Vasarhely ou *Neumarkt*, sur le Maros, avec quelques beaux édifices, comme le palais des Tekeli ; 12,000 hab.

3° *Dans le pays des Saxons:*

Hermanstadt, sur un affluent de l'Aluta, siége du commandant militaire de Transylvanie, avec une vieille citadelle. Fabriques de draps et de cuirs ; poudreries ; 20,000 hab.; — *Schœssburg* ou *Segesvar*, au N.-E.; draps, filatures de coton ; 8,000 hab.; — *Mediasch*, à l'O , dans le *Weinland* ou pays des vignobles ; 6,000 hab.; — *Kronstadt* ou *Brasso*, dans le Burzenland, au S.-E. de la Transylvanie, la ville la plus importante du pays par ses forges, ses manufactures de draps, de cotonnades ; par son grand commerce et sa population de 28,000 hab. ; — *Fagaras*, au N.-O., sur l'Aluta, 5,000 hab.; — *Bistritz*, au N.-E. de la Transylvanie; toiles, savons, tanneries ; 6,000 hab.

3° CROATIE ET SLAVONIE (*ou Esclavonie*).

Ce gouvernement comprend la Croatie, depuis l'Adriatique jusqu'à l'Illova, affluent de la Save ; et la Slavonie, de l'Illova jusqu'auprès du confluent de la Theiss et du Danube. — Dans la Croatie, on distingue la côte, jadis appelée *Dalmatie hongroise;* le plateau formé par les Alpes Dinariques, rocheux, aride, désolé par le vent du nord[1] ou *Bora;* enfin, les vallées arrosées par la Kulpa, la Save et la Drave, fertiles en seigle, maïs, avoine, arbres fruitiers, avec de grandes forêts de chênes. Elles nourrissent des bestiaux à laine fine; on trouve dans les montagnes des marbres et des mines de cuivre (Szamobor). — La Slavonie, à l'E., entre la Drave et la Save, est assez pittoresque au centre dans les collines ; la terre produit d'abondantes récoltes, froment, maïs, légumes, fruits de toute sorte ; on cultive le tabac, la garance, le mûrier blanc. Les forêts de l'Est ont d'excellents chênes. Les prairies sont presque continuellement verdoyantes et nourrissent des bestiaux de belle taille. Les mines sont peu exploitées, et il y a peu d'industrie.

Les Croates, appartenant à la famille des Slaves méridionaux, sont probablement venus des Karpathes au viie siècle. La Croatie forma du xe au xiie siècle un royaume qui s'étendait sur la Dalmatie et la Bosnie ; elle fut alors soumise aux Madgyars, et tenue jusqu'en 1848 dans un état de dépendance, qui entretint un mécontentement national chez les Croates ; aussi se déclarèrent-ils alors contre les Madgyars et contribuèrent à sauver la monarchie autrichienne. Cependant à la fin de 1868 la diète d'Agram a consenti à l'union politique avec la Hongrie et a envoyé des députés au parlement hongrois, de grands efforts sont encore tentés pour ranimer la nationalité slave.

Les principales villes sont : sur le littoral, Fiume (en allemand Saint-Veit), port au fond du golfe de Quarnero, ville italienne par le langage et les mœurs; draps, toiles, chapeaux, faïence, liqueurs ; commerce considérable; 10,000 hab. ; — *Buccari* et *Novi*, petits ports voisins.

Dans la Croatie : Agram (en croate Zagrab), la capitale, près de la Save ; ville bien fortifiée, avec des fabriques de soie et de porcelaine, faisant un commerce considérable; 29,000 hab. ; — *Karlstadt,* ville fortifiée sur la Kulpa ; commerce de transit entre Fiume et la Hongrie; 7,000 hab. ; — *Warasdin,* sur la Drave, ville fortifiée; commerce de grains, vins, fruits, tabac ; 9,000 hab. ; — *Krapina,* au N.-O. ; houillères, eaux thermales ; — *Sissek,* au confluent de la Kulpa et de la Save; grand marché de céréales.

Dans la Slavonie : Eszeg, sur la Drave, au milieu de marais malsains, fabriques de soieries; grandes foires pour les produits agricoles ; 12,000 hab. ; — *Possega,* au S.-O., au milieu de vignobles, de mûriers, de plantations de tabac ; 5,000 hab. ; — *Illok,* à l'E., sur le Danube, dans le pays appelé Syrmie.

CONFINS MILITAIRES (Militær-Grænze).

Ce gouvernement particulier de l'empire, qui doit bientôt se transformer et disparaître, mérite d'être connu tel qu'il a existé jusqu'à nos jours.

On nomme ainsi une longue bande de territoire qui s'étend depuis l'Adriatique, entre la Croatie et la Dalmatie, jusqu'aux frontières de Transylvanie, sur une longueur de 800 kil. Tout ce pays est organisé militairement ; depuis le commencement du xvi° siècle, les souverains de la Hongrie ont concédé des terres, alors abandonnées à cause des ravages des Turcs, à ceux qui voudraient s'y établir, moyennant une faible redevance et l'obligation du service militaire. Depuis Ferdinand I°ʳ d'Autriche, on voit des Croates, des Serbes, des Morlaques, des Valaques s'établir successivement dans les meilleures positions le long de la Save et du Danube. Ils furent régulièrement organisés, surtout au xviii° siècle. Les terres appartiennent à l'État ; les *Grænzer* n'en ont que l'usufruit perpétuel, mais ils sont obligés à porter les armes de 20 à 60 ans; jadis c'était pour défendre le pays contre les Turcs, empêcher la contrebande ou former des cordons sanitaires contre les épidémies, de nos jours ils doivent entrer en campagne, lorsqu'ils en sont requis par le gouvernement, et l'Autriche a recruté parmi eux ses plus solides soldats. Chez eux il n'y a pas de propriété individuelle, chaque famille forme une communauté, *la maison des confins*, et choisit un de ses membres qui dirige l'administration, distribue les récoltes, etc. ; tout est commun entre les membres de la famille. Cette organisation a empêché toute réforme, toute amélioration. Le territoire est divisé en districts de régiments ; tous les administrateurs, les juges, même les maîtres d'école, sont des militaires. Mais dans ces dernières années, des changements notables ont été introduits dans l'organisation militaire des Confins ; elle doit disparaître prochainement.

Voici la dernière division des Confins ;

1° CROATIE MILITAIRE, comprenant 3 généralats :

Celui de *Karlstadt*, divisé en 4 districts des régiments de *Licca* (Gospich et Carlopago), d'*Ottocza* (Ottocza et Zeng), d'*Ogulin* et de *Szluin*.

Celui du *Ban de Croatie*, divisé en 2 districts du 1°ʳ régiment (Glina); et du 2° régiment (Petrinia et Kostainicza).

Celui de *Warasdin*, divisé en deux districts des régiments de Kreuz (Belovar) et de Saint-George.

2° La SLAVONIE MILITAIRE, formant un généralat, divisé en 3 districts de régiments de Gradiska, de Brod (Vinkovcze), de Peterwardein et en district du bataillon des Tschaikistes (Tittel). Les villes principales sont : *Peterwardein*, place forte sur le Danube; victoire du prince Eugène en 1716 ; — *Karlowitz*, sur le Danube ; archevêché grec; traité de 1699 ; — *Semlin*, au confluent de la Save et du Danube ; grand entrepôt de commerce ; 10,000 hab. ; — *Salankemen*, en face de l'embouchure de la Theiss ; défaites des Turcs en 1697 et 1716. — Le bataillon des Tschaikistes est composé de marins, qui montent les galères ou tschaiques de la flottille autrichienne du Danube ; son territoire est entre le Danube et la Theiss.

5° La Hongrie militaire ou Banat militaire comprend : le district du *Banat allemand*, sur le Temes et le Danube : chef-lieu, *Pancsova*, sur le Temes, ville assez importante de 10,000 hab. ; — le district du *Banat illyrien*, à l'E., chef-lieu, *Weisskirchen*, près de la Nera ; 6,000 habitants ; — le district du *Banat roumain* ou *valaque*, entre la Hongrie, à l'O., la Transylvanie, au N.-E., la Valachie, à l'E., et le Danube au S. le chef-lieu est *Karansebes*, ville commerçante sur le Temes ; — *Mehadia*, près de salines importantes et des *bains d'Hercule*, dont les eaux sulfureuses sont renommées depuis les Romains ; — *Ogradina*, sur le Danube; — *Alt-Orsova*, près du fameux défilé du Danube, au confluent de la Bela.

§ 8 — Grandes régions. — Richesses minérales ; — agricoles, — Industrie

On voit par ce qui précède que l'empire d'Autriche-Hongrie se compose de six régions distinctes : 1° *la région Alpestre*, au S -O., toute montagneuse, riche surtout en mines, en pâturages, avec de fertiles coteaux et comprenant l'Autriche au S. du Danube, les provinces de Salzbourg, de Styrie, de Carinthie, de Carniole, du Tyrol, avec la Croatie, 2° *la région Maritime* et presque italienne de l'Adriatique, au S., comprenant l'Istrie et la Dalmatie, 3° *la région du Nord-Ouest*, qui comprend la Bohême, la Moravie, la Silésie, l'Autriche au N. du Danube, région en partie montagneuse, avec des mines et des pâturages, en partie composée de plaines fertiles en cultures de toute sorte ; 4° *la région de la Galicie* et de *la Bukowine*, au N.-E., vastes plaines, riches en céréales et en pâturages ; 5° *la région de Transylvanie*, au S.-E., pays de plateaux élevés, qui rappelle à certains égards la Bohême, avec des mines, des pâturages, de nombreux troupeaux et de belles vallées ; 6° *la plaine de la Hongrie*, à laquelle on peut rattacher l'Esclavonie et les Confins militaires. terre fertile en céréales, en pâturages, en troupeaux, en vignobles et même en mines, surtout aux extrémités.

Si nous faisons le tableau des richesses de l'empire, nous trouvons : la houille abondante, en Bohême, au N. (Pilsen, Radnitz,

Schlan, Budweis, etc.), en Moravie (Rossitz, Cromau, Mœrish-Ostrau); — dans le massif Alpestre, au S.-O., en Styrie (Cilly, Leoben), en Carinthie (Prevali), en Carniole (Sagor), en Autriche (Lilienfeld, Klingenfurt, Schauerleithein, Waidhofen, Thalern), dans le Tyrol (Hœrding); — dans la Hongrie, au S. (Steyerdorf, Funfkirchen, Oravicza). Les autres houillères sont éparses, depuis celles de Promina (Dalmatie) et de Carpano (Istrie) jusqu'à celles de Galicie. La tourbe se trouve dans les mêmes régions.

Les métaux et surtout le fer sont groupés de la même façon : au N.-O., dans la Bohême (Eger, Falkenau, Pilsen), et dans la Moravie (Brunn, Olmutz); — dans le massif Alpestre, au S.-O., en Styrie (Eisenerz, Lebbon, Cilly), en Carniole, en Carinthie (Gmund), dans le Tyrol (Kufstein), dans le Vorarlberg, les provinces de Salzbourg et de Basse-Autriche; — en Hongrie, soit au N.-O., dans l'Erz-Gebirge hongrois, soit au S. dans le Banat (Oravicza, Orsova), soit dans les Karpathes de Transylvanie.

On trouve de l'or, de l'argent, du cuivre, du plomb dans le N.-O. de la Hongrie (Schemnitz, Kremnitz, Neusohl), dans tous les cours d'eau de la Transylvanie, mais surtout dans la vallée de l'Aranyos, à Adrubanya, puis à Nagybanya, dans les monts Bihar. Il y a du plomb dans la Carinthie, du cuivre dans le Tyrol et le Salzbourg, du zinc près de Cracovie, de l'étain en Bohême ; la mine de mercure d'Idria (Carniole) est célèbre ; il y a encore de l'antimoine, du manganèse, de l'arsenic, du chrome, etc.

Les mines de sel gemme de Bochnia et de Wieliczka (Galicie), de Hall (Tyrol), de la province de Salzbourg, les marais salants de la Dalmatie donnent du sel en abondance. — Les eaux minérales sont nombreuses, surtout en Bohême, en Autriche, en Hongrie.

Les richesses végétales ne sont pas moins grandes : les céréales sont principalement récoltées dans la Hongrie et le Banat, la Moravie, la Bohême, la Galicie, puis dans la Basse-Autriche ; la Hongrie orientale, la Croatie-Esclavonie, la Transylvanie, la Bukowine produisent beaucoup de maïs. Les pommes de terre, les légumes, les betteraves, le lin réussissent dans les provinces du N. ; le chanvre dans celles du S. ; le tabac, en Hongrie, en Galicie, en Transylvanie, dans le Tyrol italien ; le houblon, en Bohême, etc., etc. — La vigne donne des produits abondants et estimés surtout en Hongrie, sur les bords de la Drave et de la Muhr, le long du Danube, en Transylvanie et même en Bohême. — Les forêts sont nombreuses et étendues dans toutes les régions montagneuses.

Les prairies sont belles, principalement dans toutes les provinces méridionales; aussi y a-t-il beaucoup de bestiaux. Les bêtes à cornes se trouvent surtout dans la Hongrie, en Galicie, en Transylvanie, en Bohême et dans la région alpestre du S.-O. — Il y a des buffles dans le Banat et la Transylvanie. — des moutons, dans presque toutes les provinces ; des mérinos, en Hongrie, en Galicie, en Bohême, Moravie et Silésie ; des moutons plus rustiques en Transylvanie. — Les chevaux sont nombreux dans la Hongrie, la Transylvanie et la région du Nord-Ouest ; il y en a aussi d'estimés en Galicie, au N.-E., en Croatie, en Istrie, au S.-O. On trouve des mulets et des ânes en Dalmatie, dans le Tyrol italien, au S. de la Hongrie ; des chèvres, en Dalmatie ; des porcs, en Hongrie, Transylvanie, Galicie, en Bohême et dans la région du Sud-Ouest. Les abeilles donnent de bon miel. Les vers a soie sont élevés dans le Tyrol italien, la Dalmatie, l'Istrie, l'Esclavonie.

Les principales régions industrielles sont : pour la fabrication des outils, des ustensiles de ménage, de la quincaillerie, de la chaudronnerie, des armes, des produits chimiques, les pays riches en métaux, et surtout la région alpestre et la Bohême ; — pour la préparation des cuirs, la Hongrie et la Galicie ; — pour la filature à la mécanique du coton, du lin, de la laine, la Bohême, l'Autriche, le Vorarlberg ; on tisse le coton et on imprime les cotonnades, en Bohême (Prague, Reichenberg), à Vienne, à Pesth ; les toiles de Bohême, de Moravie, de Silésie sont renommées ; on fabrique des draps en Bohême (Reichenberg, Iglau), en Moravie (Brunn), en Silésie (Troppau) ; des châles, à Vienne ; des tapis, à Linz et dans le Tyrol ; des fez, en Bohême et en Autriche. On fait des dentelles dans le N.-O. de la Bohême ; des broderies dans le Vorarlberg.

La Bohême est célèbre par ses verreries, sa porcelaine, sa faïence, sa poterie ; on fabrique encore de la faïence, de la porcelaine et de la poterie, en Autriche et en Hongrie. Vienne et la Bohême surtout se distinguent par leurs ouvrages d'ébénisterie, d'horlogerie, de carrosserie ; par leurs fabriques d'instruments de musique, etc., etc.

§ 9 — Voies de communication ; — Chemins de fer.

Les voies de communication sont encore trop peu nombreuses dans l'empire ; ce qui a retardé le développement de ses richesses naturelles ; les chemins de fer sont appelés à transformer surtout les Pays Transleithans. Au 1ᵉʳ janvier 1872, il y avait déjà 12,047 kilomètres en exploitation, dont 7,085 pour les provinces Cisleithanes ; et il y en avait près de 5,000 en construction. En prenant Vienne comme point de départ, on peut indiquer les grandes lignes suivantes :

1° La *ligne du Danube*, qui à l'O. de Vienne se rattache par Linz à Passau, ou par Linz, Salzbourg, Rosenheim, Munich, aux grandes lignes de l'Allemagne du Sud. A l'E. de Vienne, deux chemins conduisent à Ofen et à Pesth ; à la droite du Danube, par Raab, Komorn, Stuhlweissenbourg ; à la gauche du fleuve par Presbourg. De Pesth, une ligne unique se dirige par Czegled, Szegedin, Temeswar jusqu'à Basiasch sur le Danube, où l'on s'embarque sur les bateaux à vapeur qui font le service du fleuve. — Plusieurs embranchements de cette ligne desservent la Hongrie : de Vienne par Neustadt, Œdenbourg, Kanizsa ; de Stuhlweissenbourg à Kanizsa, au S.-O., pour aller rejoindre à Pragerhof la ligne de Vienne à Trieste; — de Pesth à Miskolcz et Kaschau, avec embranchement sur Neusohl ; — de Czegled, par Szolnok, Pusnok-Ladany, Debreczin, Tokay, Miskolcz, avec embranchements de Ladany à Gross-Wardein, de Miklos à Arad, puis à Karlsbourg ; enfin de Basiasch aux mines de Steierdorf.

2° La *ligne de Bohême* ou du *Nord* va de Vienne, par Lundenbourg, Brunn, Triebitz, Pardubitz vers Prague, qu'on peut considérer comme un second centre. De Prague une ligne suivant l'Elbe se dirige vers Dresde, ou par Pardubitz et les monts de Lusace rejoint par Reichenberg et Zittau les chemins saxons ; — une autre ligne, par Beraun, Pilsen, rejoint les chemins de la Bavière orientale. Un embranchement de la ligne de Bohême, de Pardubitz par Kœniggraetz, traverse le Riesen-Gebirge et rejoint à Landshut la ligne de Saxe.

3° La *ligne du Nord-Est* se détache de la précédente à Lundenbourg, dessert la Moravie (Olmutz), et par Prerau, Oderberg, se joint au chemin de fer de Silésie ; ou par Cracovie, aux chemins de fer russes. De Cracovie part la ligne qui traverse la Galicie, par Bochnia, Tarnow, Przemysl, Lemberg, pour aboutir à Czernowitz en Bukowine.

4° La *ligne du Sud-Ouest* part de Vienne, se dirige vers Linz, Wels, Salzbourg, Rosenheim, Innsbruck, et, par le col du Brenner, par Brixen et par Trente, rejoint à Vérone les chemins italiens du Nord. Un embranchement va de Linz à Budweis (Bohême).

5° La *ligne du Sud* va de Vienne par Neustadt, Bruck, Graetz, Marbourg, Pragerhof (où elle se rattache à la ligne de Hongrie), Cilly, Steinbruck, Laibach, Trieste, où elle rejoint les chemins italiens. Il y a un embranchement de Steinbruck, par Agram, a Karlstadt et à Sissek. Un autre embranchement conduit de Marbourg à Klagenfurt et a Villach.

Ces lignes, qui favorisent singulièrement le commerce, sont intimement unies à deux grandes compagnies de navigation : l'une, fluviale, est la *Compagnie des bateaux à vapeur du Danube*, dont le centre est à Pesth, les paquebots remontent le fleuve jusqu'à Ratisbonne et le descendent jusqu'à Giurgewo en Turquie, — l'autre compagnie, maritime, est le *Lloyd autrichien*, établi à Trieste; 60 bâtiments à vapeur desservent les ports de l'Adriatique, font concurrence aux Messageries nationales de France, et visitent régulièrement Alexandrie, Port-Saïd, les Échelles du Levant, l'Asie Mineure, la Grèce, Constantinople, les ports de la mer Noire, Varna, Odessa, Trébizonde. C'est ce qui a fait la fortune de Trieste, le grand port marchand de l'empire, la rivale de Marseille.

§ 10 — Gouvernement — Populations diverses. — Religions — Statistique. — Principauté de Liechtenstein

Depuis 1867, la monarchie Austro-Hongroise, ou Autriche-Hongrie, est composée de deux États presque entièrement distincts : d'un côté sont les pays Cisleithans ou pays de l'Empire; de l'autre, les pays Transleithans ou de la couronne de Saint-Étienne, c'est-à-dire le Royaume.

Chacune de ces deux grandes parties est gouvernée séparément. Dans l'Empire, le souverain a le titre d'empereur et gouverne avec l'aide de sept ministres; le pouvoir législatif est exercé par le Conseil d'empire ou *Reichsrath*, siégeant à Vienne et composé de deux Chambres, la Chambre des seigneurs (94 membres, à titre héréditaire ou viager) et la Chambre des représentants (203 membres envoyés par les diètes provinciales). — Dans le Royaume, le souverain a le titre de roi de Hongrie et gouverne avec l'aide d'un ministère hongrois de neuf personnes; le pouvoir législatif est exercé par la Diète hongroise ou *Reichstag*, siégeant à Pesth, et formée de deux Tables ou Chambres : la Table des magnats ou seigneurs (260 à 270 membres) et la Table des députés, composée de 88 députés des villes, 289 des comitats et districts, 52 des sièges et des députés de la Croatie-Slavonie. Remarquons que cette dernière province a aussi une diète particulière, siégeant à Agram, avec une administration spéciale; l'administration de la Transylvanie est également distincte du ministère hongrois.

Les deux États sont réunis, parce qu'ils ont le même souverain, et par l'institution de trois ministères communs de la monarchie, pour les affaires étrangères, les finances et la guerre. Il y a de plus des délégations choisies par chacune des deux diètes pour délibérer en commun sur les affaires d'intérêt général. Chacune des provinces a sa diète particulière, qui s'occupe des intérêts purement provinciaux.

La superficie de toute la monarchie est de 622,496 kilomètres carrés, dont 300,191 pour les pays Cisleithans et 322,285 pour les pays de la couronne hongroise, en y comprenant le territoire des Confins militaires.

La population est d'environ 36 millions d'habitants, c'est-à-dire près de 58 habitants par kilomètre carré ; dont 20,400,000 pour l'Empire et 15,500,000 pour le Royaume.

Cette population appartient à des races distinctes, que séparent leurs mœurs, leurs traditions nationales, leurs langues, parfois même leurs religions. Aussi est-il difficile d'établir l'union politique entre les différentes parties de la monarchie ; et, de nos jours, les Slaves du Sud, comme ceux de Bohême et de Galicie, font des efforts pour reconstituer leur nationalité d'une manière plus indépendante. Voici le tableau des populations principales de l'Autriche-Hongrie.

1° Les *Allemands* (plus de 9 millions) habitent les provinces de la région alpestre au S.-O., les deux provinces d'Autriche, les parties montagneuses de la Bohême, de la Moravie, de la Silésie, de la Galicie ; ils sont également nombreux en Hongrie et dans la Transylvanie.

2° Les *Slaves septentrionaux* (plus de 12 millions) comprennent les Tchèques, Moraves, Slovaques (6,730,000), en Bohême, Moravie, Hongrie septentrionale ; — les Polonais et les Ruthènes (5,500,000) dans la Galicie occidentale, la Galicie orientale et la Bukowine.

3° Les *Slaves méridionaux* (4,200,000) comprennent les Slovènes de Styrie, Carinthie, Carniole, Dalmatie ; les Croates de la Croatie-Slavonie, les Serbes de la Hongrie méridionale et des Confins militaires.

4° Les *Madgyars* ou *Hongrois* (5,400,000) occupent la grande plaine de la Hongrie et une partie de la Transylvanie.

5° Les *Roumains* (2,860,000) occupent une partie de la Transylvanie, la Hongrie orientale, la Bukowine, les Confins militaires.

6° Les *Italiens* ou *Roumains occidentaux* (600,000) dans le Tyrol italien, la province du Littoral, la Dalmatie.

7° Enfin on trouve des populations diverses disséminées sur plusieurs points (1,400,000), comme les Juifs, les Bohémiens ou Zigueunes, les Grecs, les Arméniens, etc.

Les religions sont également nombreuses ; on compte près de 24 millions de catholiques romains et de 4 millions de catholiques grecs ; 3 millions de Grecs orientaux ; 1,400,000 luthériens, surtout en Hongrie, Transylvanie, Silésie ; 2 millions de calvinistes, surtout en Hongrie, Transylvanie, Bohême, Moravie ; 1,400,000 israélites, surtout en Galicie, en Hongrie, en Bohême, en Bukovine ; etc. —

Les 11 archevêchés catholiques sont : Vienne, Salzbourg, Prague, Olmutz, Lemberg, Kolocza, Gran, Gœritz, Erlau, Agram, Zara. Il y a un patriarche grec oriental à Carlowitz; des archevêques à Fagaras (Transylvanie), à Hermanstadt, a Lemberg.

L'instruction n'est pas encore assez répandue ; elle est donnée dans les écoles primaires, les gymnases et les écoles des sciences exactes ou *realschule*, et dans les sept universités de Vienne, Prague, Pesth, Lemberg, Cracovie, Grætz et Innsbruck.

Le budget, pour 1871-1872, a été de 94 millions de florins autrichiens (le florin, 2 fr. 50 c.), pour les dépenses communes à toute la monarchie ; — de 350 millions de florins pour les États de l'Empire; — de 200 millions de florins pour les États Transleithans : en tout, environ 644 millions de florins ou 1,530,000,000 francs. Il y a chaque année excédant de depenses. La dette publique monte a 7 milliards 1/2 ; la dette flottante est de plus de 400 millions de florins ou 1 milliard de francs.

Le service est obligatoire pour tous ; trois ans dans la ligne ; 7 ans dans la réserve ; 2 ans dans la landwehr. L'armee est de 250,000 hommes sur le pied de paix, de 820,000 hommes sur le pied de guerre.

On comptait, en 1870, 50 bâtiments de guerre à vapeur, armés de 410 canons, et une vingtaine de bâtiments à voiles, armés de 112 canons.

La marine marchande, au commencement de 1872, comprenait 7,890 navires, grands ou petits, montés par 28,000 matelots.

Le commerce extérieur de la monarchie, tant par terre que par mer, a été évalué, en 1869, à 420 millions de florins pour l'importation, et 438 millions pour l'exportation ; en tout, 858 millions de florins, c'est-à-dire à 2 milliards 145 millions de francs.

La valeur des importations et exportations par le seul port libre de Trieste a été, en 1870, de 226 millions de florins ou 565 millions francs.

PRINCIPAUTÉ DE LIECHTENSTEIN.

Elle est située sur la rive droite du Rhin, entre le Vorarlberg (Autriche) et la Suisse (Saint-Gall et Grisons). Elle a 160 kil. carrés de superficie et 8,500 hab. Le chef-lieu, *Vaduz*, sur la rive droite du Rhin, a 1,000 hab. Le prince de Liechtenstein, l'un des seigneurs les plus riches de l'Europe, possède en Autriche et en Prusse, des domaines qui ont 5,720 kil. carrés, avec un revenu de 1,400,000 florins.

CHAPITRE IV

ÉTATS SCANDINAVES

Les États Scandinaves sont au nombre de trois : le *Danemark*, la *Suède* et la *Norvége*. Ces deux derniers royaumes sont réunis depuis 1815, et l'on a plusieurs fois parlé de l'union plus intime des trois royaumes ; c'est ce qu'on nomme le *Panscandinavisme*.

ROYAUME DE DANEMARK

§ 1. — Géographie physique. — Jutland — Archipel danois. — Détroits. — Climat — Productions

Le DANEMARK (*Danmark*, champs bas, en latin *Dania*) est l'un des royaumes Scandinaves. Bien réduit, depuis les événements de 1864, le royaume ne possède plus, en Europe que le nord de la presqu'île danoise ou Jutland, l'archipel danois et le groupe des Fœroe ou Far-oer ; l'Islande doit être considérée comme une terre américaine. Il est compris entre 55° 20′ et 57° 45′ lat. N., et entre 5° 45′ et 10° 14′ long. E.

Le JUTLAND (terre des Jutes) n'est que l'extrémité de la plaine de la basse Allemagne ; borné au S. par le Slesvig que la Prusse lui a enlevé, il est baigné à l'O. par la mer du Nord ; au N. par le Skager-Rak ; à l'E. par le Kattégat. Il a 235 kil. de longueur, de Ribes au S. jusqu'au cap *Skagen* au N.; 175 kil. dans sa plus grande largeur.

— La limite avec l'Allemagne part à l'E. de Christiansfeld-Fiord, suit la Konge-Aa, enveloppe le district de Ribes et le cours inférieur du Nibs-Aa. Les côtes de l'O., de Blaavands-Huk à Roshage, sont formées de dunes incultes, presque inabordables, avec deux baies seulement, *Ringkœbing-Fiord* et *Nissum-Fiord* ; trois bancs de sable s'étendent le long de ces rivages inhospitaliers ; aussi cette partie de la mer du Nord, agitée, bourbeuse, est-elle dangereuse et féconde en naufrages ; on ne trouve au S., vers le Slesvig, que les deux petites îles Fanoe et Manoe.

La navigation du SKAGER-RAK n'est pas toujours facile, cependant il est profond de 100 à 400 mét., sans îles, sans récifs ; mais la côte du Jutland est sans ports, et un fort courant porte de l'O. à l'E., tandis que sur la côte opposée de Norvége le courant va de l'E. à l'O. et les ports sont nombreux.

Le KATTÉGAT (Sinus Codanus), à l'E., n'a que 40 à 80 mét. de profondeur ; la navigation est périlleuse, à cause des hauts-fonds, des bancs de sable, des récifs, des barres, des îlots de *Læsoe* et d'*Anholt*. La côte du Jutland est assez bonne ; elle est basse, sablonneuse, bordée de tourbières, de digues et creusée de fiords assez profonds ; les principaux sont, en allant du S. au N. : ceux de *Kolding*, de *Veile*, de *Horsens*, d'*Aarhuus* ou de *Kalloe*, de *Randers* et de *Lum* ou *Lym*; ce dernier traverse tout le Jutland de l'E à l'O.; c'est comme un fleuve, souvent très-large, renfermant de nombreux marécages, des îles, dont la plus grande est *Mors*, mais impropre à la navigation ; l'isthme qui le sépare de la mer du Nord, quatre fois rompu en 1,000 ans, a été définitivement emporté en 1825. Les eaux du Danemark sont poissonneuses (harengs, anguilles, morues, cabillauds, etc.) ; on trouve beaucoup de homards dans le Kattégat ; mais la pêche n'est pratiquée que là où la terre n'est pas assez fertile.

Au centre du Jutland sont de petites collines qui n'ont pas plus de 175 mèt. d'élévation, beaucoup de petits lacs, des landes sablonneuses et quelques marais.

L'ARCHIPEL DANOIS, entre le Jutland et la Suède, sépare le Kattégat de la mer Baltique. Il se compose de Seeland, avec Amager, Saltholm, Hveen ; — de Moen, Falster, Laaland, au Sud, entre le Sund, à l'Est, et le Grand-Belt, à l'Ouest ; — de Fionie ou Funen, avec Samsœ au N., avec Arrœ, Taasinge, Langeland au S., entre le Grand-Belt et le Petit-Belt ; — enfin de Bornholm, au S.-E. de la Suède, dans la mer Baltique.

Le SUND, entre Seeland et la côte Suédoise, est long de 100 à 120 kil.; il a de 8 à 40 mèt. de profondeur; large de 4 kil. 1/2, au N., entre Kronborg et Helsingborg, il a 30 kil., entre Copenhague et Malmoe; l'île de *Saltholm*, à l'E. d'Amager ou Amack, partage le Sund en deux parties ; le passage de l'O. est le plus sûr et le plus fréquenté. La navigation est dangereuse, à cause des bancs, hauts-fonds, etc.; elle se fait surtout le long de la côte danoise plus élevée et garnie de ports. Le Sund gèle chaque année. Il est traversé annuellement par 25 à 30,000 navires; le péage, qu'on payait au Danemark, à l'entrée du Sund, a été supprimé, moyennant indemnité, en 1857. — Le GRAND-BELT (ceinture), entre Seeland et Fionie, long de 60 kil., large de 20 à 40 kil., est profond de 16 à 32 mèt.; il peut donner passage aux plus grands vaisseaux ; mais il est encombré de bancs de sable ; le trajet entre les deux îles se fait de *Korsoer* à *Nyborg*; au milieu se trouve l'île escarpée de *Sprœgoe*, avec un phare; le Grand-Belt ne gèle guère à cause d'un courant très-fort; il a plusieurs petits ports et de bons mouillages. — Le PETIT-BELT, entre Fionie et la presqu'île, est large au Sud de 20 kil., mais au Nord, de 6 à 700 mèt. seulement; il a de 10 à 30 mèt. d'eau; mais il est resserré, assez tortueux ; le courant est très-rapide et le passage difficile.

Les îles, généralement basses, fertiles, verdoyantes, assez découpées (Fionie a le fiord d'Odense ; Seeland, ceux de Ise et Roeskilde, etc.), offrent assez de ports bons pour les navires de cabotage, mais pas de ports de guerre, à l'exception de Copenhague ; les eaux sont en effet trop basses et parsemées de bancs de sable. — Bornholm, à 40 kil. S.-E. de la Suède, à 100 kil. N. de la Poméranie, a des côtes escarpées, entourées d'écueils, mais offre une station avantageuse pour une flotte.

Le Jutland et les îles sont arrosés par de nombreux cours d'eau, tous naturellement très-petits ; on ne peut guère citer que le *Guden*, qui se jette dans le Fiord-Randers, au N.-E. du Jutland.

Le climat est un climat marin, brumeux, humide, mais assez tempéré.

Le Danemark, qui n'a ni mines, ni houille, mais seulement de la tourbe, est avant tout un pays agricole. L'Ouest du Jutland ressemble un peu à nos dunes et landes de Gascogne, l'Est est plus fertile et bien cultivé ; les îles ont un bel aspect, avec leurs collines gracieuses, leurs gazons toujours verts, leurs petits lacs, leurs superbes forêts d'arbres résineux et de hêtres. La végétation est rapide ; les récoltes en avoine, orge, seigle, froment, sont généralement bonnes et produisent 30 millions d'hectolitres de céréales, pour la nourriture des habitants et la distillation de l'alcool. La terre donne encore pommes de terre, lin, colza, tabac, houblon, betteraves à sucre ; des fruits en abondance, cerises, prunes, poires, pommes. Il y a 200,000 hectares de forêts dans les îles surtout (chênes, aunes, bouleaux, frênes, pins, sapins, mélèzes). Mais les prairies et pâturages, qui occupent 1,500,000 hectares, forment la principale richesse et nourrissent 1,200,000 bêtes à cornes, 1,500,000 moutons, 380,000 porcs, et 350,000 chevaux de belle race, grands, forts, élégants. On connaît les chiens danois et les carlins. Il n'y a plus de loups, mais le gibier est abondant, les lièvres surtout ; les eaux danoises renferment beaucoup de cygnes et d'eiders au duvet recherché. Cette fertilité de la terre d'une part, et le peu d'activité de l'industrie ont empêché le paupérisme en Danemark. Il n'y a de grande ville que Copenhague. Mais le commerce a une certaine importance ; la marine marchande compte plus de 200,000 tonneaux ; il y a un mouvement général de 2 millions de tonneaux, pour une valeur de près de 180 millions de francs.

DANEMARK.

§ 2 — Géographie politique. — Diocèses; villes

Le royaume est maintenant divisé en 5 diocèses :
1° SELLAND, MOEN et SAMSOE.

La capitale est COPENHAGUE, *Kjœbenhavn* (port des marchands), sur le Sund, avec le faubourg de *Frederikshaw* dans l'île d'Amager, le meilleur port de la Baltique, pouvant contenir de 6 à 800 vaisseaux de toute grandeur Les ports militaire et marchand sont fortifiés; arsenal, chantiers de construction. Grand commerce; industries variées : fonderies de fer, fabrication de machines agricoles, quincaillerie; draps, chapeaux, voiles; raffineries de sucre, brasseries, distilleries; meubles, porcelaine, horlogerie; constructions navales. C'est une ville savante : université célèbre, observatoire, nombreuses écoles, bibliothèques, musées. On y voit de beaux édifices, la cathédrale de Notre-Dame, les châteaux de Christiansborg, de Rosenborg. Elle garde le souvenir des odieux bombardements de 1801 et de 1807, par les Anglais; 170,000 hab.; — un peu à l'E. s'élève le château royal de *Frederiksberg*; — au N.-E. de Seeland, *Helsingor* ou *Elseneur* (9,000 hab.), sur le Sund, près du château gothique de *Kroneborg* (fort de la couronne), bon port sur une belle rade, où on payait jadis le péage du Sund; — au S.-O. d'Helsingor, *Frederiksborg*, château royal sur un lac, où les rois ont été couronnés; — *Frederikswærk*, au N. de l'île; fabrique de canons et d'armes; — *Roeskilde*, à l'O. de Copenhague, port au fond du fiord de ce nom, capitale du Danemark du x° au xv° siècle, belle cathédrale gothique du xi° siècle; jadis sépulture des rois; — *Leire*, un peu à l'O., ancienne capitale, avant le x° siècle, n'est plus qu'un village;— *Kallundborg*, port sur le Grand-Belt; — *Korsoer*, port fortifié, principal passage de Seeland en Fionie; — *Soroe*, à l'E.; école littéraire ou académie; — *Nestved*, au S.; commerce de céréales par le canal; — *Kioege*, port à 30 kil. S. de Copenhague, a l'entrée de la Baltique; rade excellente; — dans l'île de Moen, *Stege*; au milieu du Sund est la petite île de *Hven*, où s'élevait l'observatoire célèbre de Tycho-Brahé.

2° Le diocèse de BORNHOLM a pour chef-lieu *Rœnne*.

3° Le diocèse de FIONIE ou FYEN, avec LANGELAND, ARROE, TAASING.

Le chef-lieu est *Odense* (14,000 hab.), sur un canal qui conduit au fiord d'Odense, belle cathédrale. Tanneries, mégisseries, gants, draps; — *Nyborg*, port fortifié, à l'E., sur le Grand-Belt; passage ordinaire pour Seeland; — *Svendborg*, port au S.-E.; — *Faaborg* et *Assens*, ports sur le Petit-Belt; — *Rudkioebing* est le chef-lieu de Langeland.

4° Diocèse de LAALAND, FALSTER.

Le chef-lieu est *Marieboe*, au centre de Laaland ; — *Nahskov* est un port à l'O. ; foire considérable de chevaux ; — *Nykioebing*, chef-lieu de Falster.

5° Diocèse du JUTLAND.

Les principales villes sont : *Aalborg* (10,000 hab.), au N., sur le Lim-Fiord ; commerce de blé et de harengs ; ganterie, sellerie ; — *Frederikshavn*, bon port fortifié, à 40 kil. de la pointe N. du Jutland, bien placé pour sortir du Kattégat ; la citadelle de *Fladstrand* est à côté ; — *Viborg* (3,000 hab.), ville ancienne ,— *Aarhuus* (11,000 hab.), beau port sur le Kattégat ; commerce de blé et de bétail ; passage pour Fionie ; — *Horsens* (4,000 hab.), port au fond d'un fiord ; chapeaux, lainages ; — *Randers* et *Kolding*, ports plus au S. ; commerce de bœufs et de chevaux , — *Ribe* ou *Ripen* (3,000 hab.), au S.-O. ; cathédrale ; tissage des toiles ; commerce actif avec la Hollande ; — *Fredericia* (4,000 hab.), port fortifié, à l'endroit le plus resserré du Petit-Belt.

§ 3. — Statistique. — Iles Færoer — Islande.

La superficie du Danemark dépasse 38,000 kil. carrés ; la population n'est plus que de 1,785,000 habitants pour le royaume ; la population relative est de 45 hab. par kil. carré. Ainsi, le Danemark proprement dit est au 14° rang pour la superficie ; au 16° rang pour la population ; au 16° rang pour la densité de la population. Les Danois, d'origine scandinave, énergiques, laborieux, d'un esprit religieux et même un peu mystique, ont une langue qui ressemble au suédois, mais qui est moins belle et moins sonore ; elle est parlée en Norvége.

Le gouvernement est une monarchie constitutionnelle ; le roi gouverne avec le *Rigsdag*, qui comprend deux Chambres : le *Landsthing*, ou chambre territoriale, composée de 66 membres, 12 nommés à vie par le roi, 54 élus pour 8 ans par une élection à deux degrés ; le *Folkething*, ou chambre populaire, est élu par le suffrage universel.

Le budget est d'environ 20 millions de rigsdalers (le rigsdaler vaut 2 francs 83 centimes) ; la dette publique était en 1870 d'environ 120 millions de rigsdalers.

Le luthéranisme est la religion ; il y a 8 évêques.

L'armée, recrutée par la conscription, se divise en deux bans ; le premier sert de 22 à 30 ans, le second de 30 à 38 ans. Le premier ban se compose de 37,000 hommes ; le second, de 15,500, en tout, l'armée sur le pied de guerre compte, avec l'état-major, 52,600 hommes.

La marine est assez respectable parmi les marines secondaires ;

la flotte à voiles est armée de plus de 260 canons ; la flotte à vapeur de 380 canons, avec une force de 5,600 chevaux.

On compte 6,000 kil. de routes, quelques canaux et 500 kil. de chemins de fer ; la ligne principale, qui se relie par celle du Slesvig aux chemins européens, va de Kolding, par Fredericia, Veile, Horsens, Aarhuus, Randers, jusqu'à Aalborg; — de Fredericia une ligne se dirige vers la Suède, au moyen de trois courtes traversées en bateaux, par Fionie (Odense, Nyborg), puis par Seeland (Korsoer, Soroe, Roeskilde, Copenhague).

Des paquebots unissent Copenhague à Gœteborg et Stockholm en Suède; à Aarhuus, en Jutland; à Kiel, a Lubeck et à Stettin, en Allemagne. De Lubeck on va à Fehmarn et à Nysted, dans Laaland; de Kiel a Faaborg, dans Fionie ; d'Aarhuus à Fredericia et à Kallundborg, dans Seeland.

Le Danemark possède . en Amérique, la côte du Groenland, Sainte-Croix, Saint-Thomas, Saint-Jean, dans les Antilles (qu'il veut céder aux Etats-Unis) ; il a abandonné Christiansborg en Afrique; les îles Nicobar, en Asie.

Les îles Færöer (îles des brebis) forment un archipel de 22 îles, dont 17 sont habitées, à 300 kil. N. de l'Ecosse. Elles ont 1,320 kil. carrés de superficie et 10,000 habitants. La température, très-adoucie par le Gulf-Stream, est en moyenne de près de 4 degrés en hiver. Les principales sont : *Strœmœe, Borœe, Œsterœe, Vaagœe, Sandœe, Syderœe*. Elles sont bordées de falaises abruptes de plus de 4 à 500 mètres, entrecoupées de baies profondes ; elles sont faiblement couvertes de terre arable ; le sol est rude, sans arbres ; il y a cependant de bons pâturages, où paissent les nombreux moutons qui ont donné leur nom à l'archipel ; on cultive l'orge, les pommes de terre, les navets. La tourbe est abondante ; il y a un peu de charbon de terre. On ne peut nommer que le petit port de *Thorshaven*. Les habitants des îles vont à la chasse des oiseaux de mer et surtout des dauphins, dont ils recueillent l'huile.

L'Islande ou Iceland (terre de glace), placée sous le cercle polaire, appartient réellement aux terres américaines, car elle est plus rapprochée du Groenland que de l'Ecosse, dont elle est éloignée de 900 kil. Elle est située entre 63° 25′ et 66° 32′ lat. N.

Cette grande île, qui a 102,000 kil. carrés de superficie (dont 42,000 habitables), est d'origine toute volcanique. Ses côtes sont escarpées et sont creusées de fiords nombreux, surtout au N. et à l'O. Le sol est montagneux ; l'île comprend un plateau élevé de 2,000 mètres ; à côté d'une base de basalte ou de trachyte, on trouve des laves, des cendres, des pierres ponces, du sable, puis d'énormes glaciers, comme le *Klofa* ou *Klosa-Jœkull;* à l'E., aussi vaste qu'un de nos grands départements. L'Islande renferme des volcans encore actifs et qui souvent, en faisant fondre d'énormes amas de neiges, ont produit d'épouvantables inondations : l'*Hékla* (1,635 mèt.), au S.-O., le *Krabla*, l'*Œræfa-Jœkull* (1,959 mèt.), le *Skaptaar-Jœkull;* — et des sources d'eau chaude qui jaillissent; le *Geyser* lance parfois l'eau bouillante à 50 mètres de hauteur ; on peut encore citer le *Strokkar*, au S.; les sources thermales de *Hveravellir*, au N.; les sources de *Reykjahverfi*, à l'E. Les rivières sont des torrents, aux eaux blanchâtres, froides, roulant dans des lits de lave et souvent difficiles à franchir. L'Islande renferme beaucoup de minéraux, feldspath, jaspe, calcédoine, obsidienne, etc. L'hiver n'est pas très-rigoureux, mais long; l'été est très-court; il y a beaucoup de brouillards. On ne cultive que quelques plantes potagères, et encore avec difficulté ; il n'y a que des arbres rabougris, mais on recueille du bois flotté que les courants, surtout celui de Sibérie, amènent sur les côtes. Les pâturages sont étendus et nourrissent 40,000 bêtes à cornes, 60,000 chevaux, petits, mais durs au travail, 700,000 moutons d'une qualité supérieure. On trouve en Islande l'ours, le renard polaire, l'aigle, le faucon, le cygne, l'eider. Les habitants se livrent à la pêche.

La population, d'origine scandinave, est d'environ 67,000 habitants ; venus surtout de Norvége au IX° et au X° siècle, ils ont conservé les mœurs antiques, les vieux souvenirs et les légendes du passé; ils sont luthériens, civilisés, instruits. On voit quelques petites places de commerce sur les côtes : *Reikjavik*, *Vestmannoe*, *Slykkisholm*, *Isafjord*, etc.

L'Islande a jadis été plus riche et plus peuplée ; sa décadence tient sans doute au refroidissement des mers voisines et à l'envahissement des laves, qui couvrent une grande partie du sol.

PÉNINSULE SCANDINAVE, OU SUÈDE ET NORVÉGE

§ 4. — Côtes

La PÉNINSULE SCANDINAVE (en latin Scandia) est une vaste presqu'île, qui tient au continent par le N.-E. et qui est dirigée vers le S. Elle a pour bornes : au N., l'océan Glacial ; à l'O., l'océan Atlantique, la mer du Nord ; au S.-O., le Skager-Rak, le Katlégat, le Sund, à l'E., la mer Baltique et le golfe de Bottnie ; au N.-E., la Tornea et le Muonio, son affluent, puis le fleuve Tana, qui la séparent de la Russie. Elle comprend la Suède à l'E., la Norvége à l'O., la Laponie au N. Elle est située entre 55° 25′ et 71° 15′ lat N.; et entre 2° 15′ et 28° 45′ long. E. Elle est longue de 1,360 kilom., du cap Falsterbo au S. jusqu'au cap Nord, et large de 640 kilom. environ.

Le golfe de Bothnie ou Bothnie, partie septentrionale de la mer Baltique, s'étend jusqu'à l'archipel d'Aland, sur une longueur de 650 kil ; il a de 160 à 240 kil. de largeur ; entre Uméa (Suède) et Wasa (Finlande) il n'a que 75 kil. et forme le détroit de *Quarken ;* il est peu profond et bordé d'écueils ; presque tout le golfe est gelé chaque année, et l'on peut aller sur la glace de Suède en Finlande par les îles d'Aland.

La MER BALTIQUE est une mer intérieure qui baigne les côtes de Suède, de Russie, d'Allemagne et de Danemark, et qui communique avec la mer du Nord par le Sund, le Grand-Belt et le Petit-Belt, puis' par le Kattégat et le Skager-Rak. D'une superficie de 6,000 myriamètres carrés environ, elle est peu profonde ; elle a 200 mètres au plus, 20 souvent et en moyenne 40 ; elle n'a presque pas de marées ; elle est moins salée que l'Océan (1 1/2 pour 100 de sel) ; elle est souvent couverte de brouillards épais ; les vagues sont courtes, brisées, turbulentes ; par suite du trop plein des eaux douces, elle a de forts courants qui se dirigent vers la mer du Nord, entraînant des sables, du limon, des glaces ; il y a des contre-courants du S. vers le N.; aussi la navigation est-elle dangereuse, mais cependant très-active. Elle est interrompue par les glaces pendant 3 ou 4 mois; souvent même une partie de la mer est gelée ; on dit qu'en 1323 on allait de Copenhague à Lubeck et à Dantzig, et qu'on avait élevé sur la glace des hameaux temporaires ; qu'il en fut de même en 1333, 1349, 1399, 1402; en 1408, tout le Sud fut gelé, lorsque les loups' de Norvége traversèrent le Skager-Rak pour aller en Jutland ; les détroits danois se prennent encore plus facilement et on sait que l'armée suédoise de Charles X, en 1658, les passa sur la glace.

Il semble que la température s'est adoucie dans ces derniers temps. La mer Baltique était jadis plus profonde et plus étendue ; elle tend à former au N. de grands lacs, jadis elle communiquait avec l'océan Glacial par la Finlande, avec la mer du Nord par les grands lacs suédois et par la dépression au fond de laquelle coule la Gota. Elle renferme deux grandes îles suédoises : au centre, *Gottland,* près de la côte, *OEland,* séparée du continent par le long détroit de *Calmar.* Plus au N. sont les *Scherens* ou *Skœren de Stockholm,* îlots ou plutôt récifs à fleur d'eau.

Les côtes suédoises sont escarpées, formées de hautes falaises, découpées en petites baies, bordées d'écueils et d'îlots rocheux, d'un abord dangereux, avec quelques bons ports. On a constaté un changement progressif dans la hauteur de ces côtes ; une ligne transversale, vers la latitude de *Solvitsborg*, reste stable ; au N., le continent paraît s'être élevé d'une quantité considérable ; au S., l'immersion est de plus en plus grande. On a remarqué le même phénomène sur la côte du Chili, sur les côtes orientales de l'Ecosse, de l'Irlande, en Italie près de Pouzzoles, à l'E. de la mer Caspienne.

La presqu'île Scandinave se termine au S. par le cap *Falsterbo*; là commence le détroit du Sund, maintenant libre ; puis le Kattégat conduit à la frontière de Norvége. La côte de Norvége, sur le Skager-Rak, commence au *Swinesund*, ou golfe de Christiania, long de 90 kil., large de 2 à 20, parsemé d'îles et entouré de hautes montagnes ; elle s'étend d'abord jusqu'au cap *Lindesnaess* (cap des Tilleuls) ; elle se dirige ensuite du S. vers le N , puis vers le N.-E., baignée par la mer du Nord, l'océan Atlantique et l'océan Glacial jusqu'au cap *Nord-Kyn* ; elle se termine par le golfe *Varanger* à la frontière russe. Cette côte très-élevée, formée de hautes falaises souvent à pic, est découpée par des golfes étroits, profonds, ou *fiords* ; elle est bordée d'une multitude d'écueils, d'îlots, d'îles formant des archipels, qui semblent des parties détachées de l'ancien rivage par la force des vagues, Les principaux golfes, en allant du S. au N., sont ceux de *Bukke, Bommel, Selboe, Kors, Hardanger, Bergen, Sogne, Stor, Hals, Trondhiem, Folden, West-Fjorden, Porsanger, Laxe, Tana*, enfin *Varanger*. Les principaux archipels sont ceux de *Bergen, Trondhiem, Lofoden* et *Tromsen*, composés d'îles nombreuses, glacées, peu fertiles, parfois montueuses et assez peuplées ; dans l'île *Mageroe* se trouve le *cap Nord*, qu'on regarde souvent comme le point le plus septentrional de l'Europe ; au S. du groupe de Lofoden est le *Mal-Strom*, gouffre ou plutôt tourbillon dont on a bien exagéré les dangers ; le *Salten-Strom*, entre les îles Lofoden et le continent, est un passage bien plus difficile, à cause des courants. De nombreux canaux (Sund) se croisent en tous sens entre ces îles. La pêche, très-active sur toute cette côte, est restée une industrie nationale ; elle consiste surtout en morues, harengs, homards ; elle se divise en 3 districts principaux : *Romsdal*, au S. ; *Lofoden*, au centre ; *Finmark*, au N. ; dans le premier, elle est moins importante ; mais dans le district de Lofoden, elle emploie pendant 5 ou 4 mois de 25 à 30,000 pêcheurs ; c'est même dans le courant du Mal-Strom qu'ils font leurs plus beaux coups de filet ; à la fin de mars, beaucoup de pêcheurs se dirigent vers le Finmark, et servent surtout à approvisionner les Russes de la mer Blanche. On emploie maintenant le fil électrique pour faire savoir l'arrivée des harengs, de Bergen à la frontière russe ; de là l'expression de *hareng télé-*

graphique. Près de 8,000 bateaux sont occupés à la pêche des Lofoden ; c'est un revenu de près de 40 millions pour la Norvége et une école d'excellents marins.

§ 5. — Montagnes. — Fleuves. — Lacs — Canaux

La charpente de la presqu'île est formée par le massif des *Alpes Scandinaves* (*Sevo mons* des Romains). Ces montagnes sont fort peu rattachées aux collines russes d'Olonetz ; elles forment un dos large et de vastes plateaux, dont l'élévation varie de 600 à 1,400 mètres et dont la largeur est souvent assez considérable. C'est au-dessus de ces plaines élevées que se trouvent plusieurs rangées de sommets à forme conique, couverts le plus souvent de neiges perpétuelles. Le massif, depuis le cap Nord-Kyn jusqu'au cap Lindesnaess, a environ 1,800 kil., sur une épaisseur de 80 à 100 kil., et même beaucoup plus, sous le 62° de lat. On peut le diviser en 4 parties principales : au N. sont les *montagnes de Laponie* ou du *Finmark*, auxquelles se rattache la chaîne des îles Lofoden, dont plusieurs sommets dépassent 1,100 mètres ; la direction se rapprochant d'un parallèle à l'équateur, la pente méridionale, comme il arrive partout ailleurs, est plus rapide que celle du nord ; — à l'O. du lac Tornea, près de la mer, commence la chaîne des *monts Kiœllen* ou *Kiœel*, dont les sommets ont de 800 à 1,000 mètres ; ils séparent la Suède de la Norvége, et suivent la direction du N. au S. jusque vers le *Sylt-Field* (1,976 mèt.) et les sources du Glommen ; — les monts Kiœllen se rattachent à la chaîne des *Dofrines* ou *Dovre-field*, qui est presque tout entière en Norvége, et qui se dirige du N.-E. vers le S.-O. jusqu'à la vallée de Lessœe ; — alors commence, du N. au S., jusqu'au cap Lindesnaess, la chaîne connue sous le nom général de *Lang-field*, qui porte différents noms, *Sogne-field*, *Hardanger-field*, *Jœgle-field*, *Hekl-field*. Les points culminants sont : le *Skaagestœltind* (2,550 mèt.) dans le Hardanger-field ; le *Sneehœttan* (2,566 mèt.) dans le Dovre-field ; le *Sulitelma* (1,883 mèt.) dans les monts Kiœllen. Vers les sources du Glommen se détache une chaîne peu élevée, celle des *monts Sèves*, qui se prolongent sous forme d'ondulations sablonneuses, de plateaux couverts de lacs et de marais, jusqu'au cap Falsterho.

Le faîte des montagnes, étant beaucoup plus voisin de l'Océan que de la Baltique, s'incline plus doucement de ce dernier côté, tandis que le versant occidental est abrupt et finit par des falaises, hautes souvent de 600 mètres ; ces falaises, nous l'avons vu, sont très-découpées, de telle façon que la mer pénètre par beaucoup de baies profondes, sinueuses, sombres parfois, jusqu'au pied des montagnes et reçoit les ruisseaux et les rivières qui en descendent [1].

Il y a partout de nombreuses cascades, souvent très-hautes et d'un aspect magnifique, comme la *Riukand-foss*, qui tombe de 300 mètres, on peut encore citer le *Niaumelsakas*, formé par le Lulea-elf, et la chute de *Elfcarleby*, formée par le Dal.

Si les Alpes Scandinaves sont bien inférieures en hauteur aux Alpes et aux Pyrénées, elles renferment cependant des amas de neiges perpétuelles très-considérables. La limite de ces neiges varie avec la latitude, et de plus elle n'est pas la même sur les deux versants ; car le voisinage de l'Océan et la chaude influence des courants dérivés du Gulf-Stream modèrent singulièrement le froid des hivers, si bien que la température du cap Nord est parfois aussi douce que celle de Paris.

Les vallées des Alpes Scandinaves sont en général transversales ; celles de l'O. ont peu de longueur, et souvent la mer en a fait des golfes étroits ; celles de l'E. sont plus élevées, beaucoup plus étendues et donnent naissance aux nombreux cours d'eau qui se jettent dans la Baltique ; celles qui sont au S. du Wester-Dal, d'abord transversales, inclinent ensuite du N. au S., deviennent longitudinales ; et les rivières, qui y naissent, vont finir dans le Kattégat ou le Skager-Rak.

La péninsule est divisée en 4 versants hydrographiques :

1° L'océan Glacial reçoit la *Tana* et l'*Alten*.

2° L'océan Atlantique ne reçoit que de petits cours d'eau.

3° Dans le Skager-Rak se jettent le *Torrisdals* (Christiansand), le *Laaven* (Laurvig), le *Drammen*, le *Glommen*, long de 550 kil., grossi du *Warmen*, qui sert d'écoulement au lac *Mjossen*, et dont le cours est rempli de lacs et de cataractes.

Le Kattégat reçoit la *Gota*, qui sort du lac Wenern, dans lequel se jette la *Klara*, et qui présente les cataractes ou rapides de *Trollhœta* ou *Trollhatlan*, descendant de 35 mètres dans un espace de 1,069 mètres

4° La mer Baltique reçoit la *Motala* qui vient du lac Wettern.

Le golfe de Botnie reçoit beaucoup de rivières, au cours parallèle, traversant des lacs étroits, encombrés de rochers, de cataractes, et non navigables : les *Wester* et *OEster-Dal* (450 kil.) la *Liusna* (350 kil.), le *Liungan*, l'*Indals*, l'*Angerman*, l'*Uméa*, la *Skelleftea*, la *Pitea*, la *Lulea*, le *Kalix*, la *Tornea*, grossie du *Muonio*.

---

[1] On a comparé la Scandinavie à une vague colossale qui se serait subitement figée au moment de briser sa volute ; le corps ascendant de la vague serait la Suède, le sommet de la vague et sa chute la Norvège.

SUEDE ET NORVEGE.

Les lacs sont nombreux dans la péninsule ; ils couvrent, avec les marais, presque le treizième de la superficie totale ; ceux de Norvége, placés pour la plupart à des hauteurs considérables, sont longs, étroits, peu étendus ; le plus important est le lac *Mjossen*, long de 125 kil., d'une superficie de 1,110 kil. carrés ; le marais de *Kol*, sur le plateau d'Hardanger, donne naissance à huit rivières, qui coulent dans huit directions différentes. Les lacs de Suède sont situés au pied des montagnes, sur le versant oriental, et constituent une sorte de région longitudinale qu'on appelle la région des lacs ; les rivières les forment ou en sortent. Dans la grande dépression qui va d'une mer à l'autre sont les plus grands lacs : le lac *Wenern* (5,205 kil. carr.), le lac *Wettern* (1,850 kil. carr.), à l'E. ; le lac *Hielmar* (484 kil. carr.) ; le lac *Mœlar* (1,220 kil. carr.), tortueux amas d'eaux, de baies, de presqu'îles, d'îlots, qui communique avec la Baltique.

On a projeté et commencé des canaux pour rendre navigables les fleuves de la Suède septentrionale et tirer parti des immenses forêts de cette région. Parmi les canaux achevés on peut citer le *canal d'Arboga*, qui unit les lacs Hielmar et Mœlar, mais surtout le grand *canal de Gothie*, entre le Kattégat et la Baltique ; il a 5 mètres de profondeur, 24 de largeur et environ 232 kil. de longueur ; il suit la rivière Gota, le lac Wenern, le joint au lac Wettern, suit le cours de la Motala, traverse les lacs *Boren* et *Roxern*, et finit à Sœderkœping, le *canal de Trolhattan*, qui en fait partie, a été construit pour éviter les chutes de ce nom dans le Gota-elf.

§ 6 — Climat.— Richesses minérales, végétales, etc.

Le climat de la presqu'île Scandinave est généralement assez froid, surtout quand on s'avance vers le nord ; à latitude égale, la température est plus douce en Norvége, surtout sur la côte, qu'en Suède, à cause du voisinage de l'Océan et du courant d'eau chaude qui remonte vers le nord, arrive au cap Nord et se dirige vers l'est, de manière a faire fondre les glaces et a empêcher que la mer ne gèle sur les rivages de la Laponie. Au contraire, les côtes et les plaines basses de la Suède n'ont aucun abri contre les vents froids du N. et du N.-E. Dans la partie septentrionale de la presqu'île, les étés sont courts, mais assez chauds ; en hiver, au delà du cercle polaire arctique, la nuit dure dans la Laponie deux mois et demi, du 15 novembre au 31 janvier. Le Gulf-Stream apporte avec lui l'humidité et la chaleur, aussi pleut-il beaucoup sur la côte de Norvége, comme sur la côte occidentale de l'Écosse.

La LAPONIE, au N., jusqu'au golfe de Salten et jusque vers l'embouchure de l'Umea, est généralement un plateau montueux de roches nues, le plus souvent couvert de neige, avec des marais et des lacs. Il n'y a là que de chétifs buissons et une sorte d'herbe ou de mousse, qui sert à la nourriture des rennes ; pendant l'été de deux mois et demi, l'herbe croît à vue d'œil ; mais on est exposé aux morsures de cousins presque imperceptibles. On y trouve encore des ronces ou mûres, dont on fait des confitures et même des liqueurs, et de l'angélique. C'est là qu'on jouit du spectacle de magnifiques aurores boréales. — La Norvége est une contrée haute, accidentée, pittoresque, habitée seulement sur les côtes ; dans cette zone étroite, abritée des vents du N.-E., on ensemence les champs jusqu'au 70° lat. N. — La Suède a des aspects différents suivant les latitudes : le Nord, jusque vers Gêfle, est un beau pays de forêts, de lacs, de rivières, mais couvert de neige pendant de longs hivers ; le pin, le sapin, le bouleau sont les principales essences ; on cultive l'orge. dont on fait du pain; l'avoine, le seigle et les pommes de terre ; — le Centre et le Sud renferment de bons pâturages, des terres à blé, des pays plantés d'arbres fruitiers ; mais le *Halland* (Halmstad) et le *Smaland* (Jonkœping) sont couverts de rochers, de blocs de granit, de landes stériles.

La presqu'île Scandinave a de nombreuses richesses minérales ; on trouve de l'argent (à Sala), du cobalt, du plomb, du zinc, du nickel, du soufre, du chrome ; du cuivre (a Falun, Atvidaberg, Roraas, etc.); un peu de houille à Hoganas (on est forcé d'importer de la houille d'Angleterre); mais surtout du fer excellent pour la fabrication de l'acier, il est généralement travaillé au charbon de bois. La production est d'environ 240,000 tonnes de fonte ; en 1871, on a extrait près de 650,000 tonneaux de fer: les gisements les plus abondants sont dans la région située entre le lac Wenern et le bassin des deux Dal (Kopparberg, Carlstad, Œrebro, Westeras, Gefleborg), où sont les mines célèbres de Falun, de Hedemora, d'Avestad, de Danemora. etc., — dans le Nord-Bottnie, à Gellivara ; au S. de la Norvége, vers Arendal, Laurvig, Drammen, Christiânia. On trouve partout du granit, du porphyre, surtout à Elfdalen, du marbre à Claestorp, etc.

Les forêts couvrent une grande partie du sol ; c'est une des principales richesses de la Scandinavie, qui en abuse, et qui, faute de voies suffisantes de communications, n'en a pas toujours retiré tout le parti possible , il y a beaucoup de hêtres au S.; de chênes au Centre ; de bouleaux au N.; puis des frênes, des trembles, des aulnes ; mais les sapins, les pins silvestres, dont l'écorce sert à faire du pain, dominent partout, principalement en Norvége. Aussi y a-t-il une grande exploitation de bois et de planches (plus de 3,000 scieries), de poix, goudron, etc.

L'agriculture a fait de grands progrès dans ces dernières années; on récolte beaucoup de blé dans le centre et le sud de la Suède, de l'orge, du seigle cultivé jusqu'auprès de Tornea, de l'avoine ; on fabrique beaucoup d'eau-de-vie avec l'excédant des céréales. La Norvége, plus stérile, ne fournit qu'un peu d'orge et de seigle ; mais les pommes de terre sont ensemencées jusqu au dela du 69° lat. N. Le lin est cultivé dans plusieurs parties de la Suède. Les pommes, les poires, les cerises sont abondantes au S. de la Suède et sur la côte de la Norvége. Au N., il y a une grande variété de ronces, des mousses ou lichens, de l'angélique, etc.

Le bétail est relativement assez nombreux ; on compte 2 millions de bêtes à cornes, de petite taille, en Suède, et 900,000 en Norvége ; 5 millions de petits moutons donnant une laine commune ; 500,000 chevaux, petits également, mais vigoureux, des chèvres, des porcs ; 150,000 rennes en Laponie. Si les loups, les ours, les lemmings (espèce de rats) se rencontrent surtout dans les montagnes du Nord, on trouve beaucoup de cygnes, d'oies sauvages et de canards eider, dont le duvet est précieux.

§ 7. — Géographie politique de la Suède — Gouvernements ; villes.

La SUÈDE est divisée en 24 læn ou gouvernements, répartis en 5 grandes divisions géographiques.

I. — Dans le NORRLAND (pays du Nord) il y a 5 læn :

1° NORRBOTTEN OU BOTTNIE SEPTENTRIONALE : les villes principales sont : *Pitea*, le chef-lieu ; — *Lulea;* — *Haparanda*, petits ports sur le golfe de Bottnie ; — *Gellivara*, au N. de Lulea ; riches mines de fer et de cuivre ; forges importantes.

2° WESTERBOTTEN OU BOTTNIE OCCIDENTALE.
Le chef-lieu est le port d'*Umea*.

3° WESTER-NORRLAND (jadis *Angermanie*).
Le chef-lieu est *Hernœsand*, port assez actif ;—*Sundswall*, au S.-O. ; commerce de fer en barres, de bois, de goudron.

4° JEMTLAND OU JAMTLAND.
Le chef-lieu est *Œstersund;* — *Liusnedal*, au S.-O. ; industrie assez active.

5° GEFLEBORG (jadis *Gestricie* et *Helsingie*).
Le chef-lieu est *Gêfle*, port commerçant ; grandes forges, raffineries de fer ; 15,000 hab.

II. La SUÈDE proprement dite (*Svealand*), au centre, renferme 7 læn.

1° Stora-Kopparberg ou Falun, comprenant l'ancienne *Dalécarlie* ou *Delarne*.

/ *Falun* (5,000 hab.), le chef-lieu, au centre de mines abondantes de cuivre, a une école des mines ; produits chimiques ; filatures de coton et de laine ; — *Avestad*, au S.-E., sur le Dal ; industrie ; — *Mora*, où Gustave Wasa donna le signal du soulèvement national en 1521 ; — *Hedemora*; mines célèbres ; — *Elfdalen*, beau porphyre ; manufactures d'objets en granit.

2° Upsala (jadis *Upland*).

/ *Upsala* (12,000 hab.), le chef-lieu, sur la Fyris ; université célèbre ; belle bibliothèque qui renferme de précieux manuscrits et surtout le fameux *Codex argenteus*, archevêché-primat du royaume, belle cathédrale du xvi° siècle; grandes foires ; — *Gamla-Upsala* ou *Vieux-Upsal*, tout à côté, renferme les ruines d'un temple d'Odin et les *Hœgar* ou tombeaux des anciens rois ; — *Sœderfors*, au N. ; forges importantes ; — *Danemora* (10,000 hab.), mines de fer, grandes usines métallurgiques ; — *Lœfsta*, plus au N. ; usines à fer.

3° Stockholm (jadis *Sudermanie* et *Upland*).

¹ *Stockholm* (140,000 hab.), la capitale de la Suède, est située sur 7 îles et 2 presqu'îles, a l'embouchure du lac Mælar dans la mer. Elle renferme, entre autres monuments remarquables, le palais du Roi, la cathédrale de St-Nicolas, l'église de Riddarholm, espèce de Panthéon de la Suède, elle a de nombreux établissements scientifiques et littéraires, son vaste port protégé par de nombreux îlots, des forts (*Waxholm, Frédériksborg, Dalar*), une flottille, fait un grand commerce ; c'est la première ville industrielle du royaume (soieries, cotonnades, verreries, porcelaine, etc.) ; — dans le voisinage sont des résidences royales : *Skokloster*, sur le lac Mælar, *Drottningholm*, dans l'île Lofoe du lac Mælar; *Carlberg*, maintenant école militaire ; *Haga, Rosendal, Rosersberg, Grepsholm*, etc. , — — *Sigtuna*, au N., ancienne capitale de la Suède, a des ruines de temples païens.

4° Westerÿs ou Westmanland.

Le chef-lieu, *Westerœs*, sur le lac Mælar, a une vaste cathédrale ; forges ; — *Sala*, au N., mine d'argent ; — *Norberg*, plus au N.-O. ; mines de fer ; — *Arboga*, au S.-O., commerce de fer et de cuivre.

5° Carlstad ou Warmeland.

Le chef-lieu est *Carlstad*, à l'embouchure de la Klara dans le lac Wenern ; forges, raffineries de fer, foires ; — *Ombergsheden*, plus au N. ; foires considérables.

6° Nykœping (jadis *Sudermanie*), au S. du lac Mælar.

Le chef-lieu est *Nykœping*, port de commerce ; draps, bas, papier, armes; — *Strengnæs*, au N., évêché; — *Eskilstuna*, à l'O.; armes, outils, quincaillerie.

7° ŒREBRO (jadis *Néricie*), à l'O. de Nykœping.

Le chef-lieu est *Œrebro* (9,000 hab.), à l'O. du lac Hielmar; commerce de fer, armes; — *Askersund*, au S., à l'extrémité du lac Wettern; ville d'industrie.

III° La GOTHIE, au Sud de la Suède, ou *Gothaland*, *Gœtaland*, renferme 12 læn.

1° LINKŒPING ou ŒSTER-GOTHLAND, entre le lac Wettern et la mer.

Les chefs-lieux sont : *Linkœping* (7,000 hab.); belle cathédrale; ville de commerce; — et *Norrkœping* (25,000 hab.), port à l'embouchure de la Motala; commerce florissant; grande industrie (draps, lainages, toiles de lin, mousselines, papier, armes à feu); — *Motala*, au N.-E. du lac Wettern; machines à vapeur, coutellerie; commerce actif par le canal de Gothie; — *Medevi*, un peu plus au N.; eaux minérales.

2° SKARABORG (jadis *Wester-Gothland*), entre les lacs Wettern et Wenern.

Le chef-lieu est *Mariestad* sur le lac Wenern; — *Carlsborg*, au S.-E., place forte sur le Wettern; — *Skara*, à l'O., évêché; — *Falkœping*, au S.; bataille de 1388.

3° ELFSBORG (jadis *Wester-Gothland*), au S de Skaraborg.

Le chef-lieu est *Wenersborg* sur le lac Wenern; entrepôt de fer;. coutellerie; — *Boræs*, coutellerie

4° GŒTEBORG et BOHUS (jadis *Wester-Gothland*), à l'O., le long du Kattégat.

Gœteborg ou *Gothembourg* (57,000 hab), le chef-lieu, port à l'entrée du canal de Gothie, est la seconde ville de la Suède. C'est le centre du commerce avec l'étranger, et la station d'une flottille. Évêché; — *Uddevalla*, port; raffineries de sucre; cordages; — *Strœmstad*, port plus au N.; — *Elfsborg* et *Marstrand*, forteresses, qui protégent les abords de Gœteborg.

5° JŒNKŒPING (jadis *Smaland*), au S. du lac Wettern.

Jœnkœping, le chef-lieu (11,500 hab.), à l'extrémité méridionale du lac Wettern.

6° CALMAR (jadis *Smaland*), sur la Baltique, à l'E. de Jœnkœping.

Le chef-lieu, *Calmar* (9,000 hab.), est un port sur le détroit de ce nom; cathédrale; manufactures de draps, tanneries; célèbre par le traité d'Union de 1397; — l'île d'ŒLAND en dépend; longue de 180 kil., large de 4 à 15, elle a pour ville principale *Borgholm*, sur le détroit.

7° KRONOBERG (jadis *Smaland*), à l'O. du læn de Calmar.

Le chef-lieu est *Vexiœ*.

8° HALMSTAD (jadis *Halland*), à l'O., sur le Kattégat.

Le chef-lieu est *Halmstad*, port de pêche; — *Falkenberg* et *Warberg*, petits ports marchands plus au N.

9° CARLSCRONA ou BLÉKINGE, au S. de Kronoberg et de Calmar.

Le chef-lieu est *Carlscrona* (17,000 hab.), port militaire, place forte, bâtie sur plusieurs iles; arsenal, chantiers de construction; station principale de la flotte; école de marine; — *Carlshamn*, à l'O., port de pêche; industrie.

10° CHRISTIANSTAD (ancienne *Scanie*), au S.

Le chef-lieu est *Christianstad* (6,500 hab.), ville fortifiée.

11° MALMŒHUUS (ancienne *Scanie*), à l'extrémité méridionale de la Suède.

Le chef-lieu est *Malmœ* (26,000 hab.), port de commerce sur le Sund; raffineries de sucre, industrie variée; — *Helsingborg*, port de commerce sur le Sund, en face d'Elseneur; passage pour Seeland; préparation de peaux d'agneaux, gants de Suède; — *Landskrona*, au S., port vaste et sûr défendu par une citadelle; — *Ystad*, port de commerce sur la mer Baltique; — *Lund* (11,000 hab.), au N.-E. de Malmœ; université.

12° GOTTLAND est une belle île au milieu de la mer Baltique, longue de 116 kil., large de 60, peuplée de 50,000 habitants. On y trouve de la chaux, des meules de moulin, des pierres à aiguiser.

Le chef-lieu, *Wisby* (6,000 hab.), sur la côte occidentale, est un port de commerce assez actif, dont les habitants avaient rédigé un code maritime, célèbre au temps de la Hanse Teutonique.

§ 8 — Géographie politique de la Norvége — Gouvernements; villes.

Le royaume de NORVÉGE se divise en 5 gouvernements ou diocèses (*stifts*), qui comprennent 17 baillages (*amts*).

1° Le NORDLAND (pays du Nord), couvert de sapins, de broussailles, de pâturages, a une température relativement assez douce, malgré sa latitude. Il comprend 2 baillages.

Le FINMARKEN, au N. (Laponie et îles Tromsœ), s'étend jusqu'au Pasvig, qui se jette à l'extrémité orientale du golfe Varanger. Les Russes ont plus d'une fois convoité la possession du golfe et des côtes du Finmarken, libres de glaces, et où ils auraient pu établir des pêcheries et des postes militaires; ils en ont été éloignés par le traité de 1856.

Tromsœ est un port assez commerçant dans l'île de ce nom; — *Altengaard*; — *Alstahong*, siège de l'évêché le plus septentrional, — *Wardœhuus*, petite forteresse avec un port, par 70° 22', à l'entrée du golfe Varanger; elle garde le pays contre les Russes ; — *Hammerfest*, dans l'île *Hvalœ*, a 70° 36' lat. N., la ville la plus septentrionale de l'Europe, fait un commerce actif avec la Russie; — *Vadsœ*, au N. du golfe Varanger, port assez commerçant.

Le NORDLANDEN avec les îles Lofoden.

Le chef-lieu est le port de *Bodoe*.

La région, appelée NORDENFIELDS (pays au N. des montagnes), comprend 2 diocèses et 5 bailliages.

2° Dans le diocèse de TRONDHIEM il y a 3 bailliages ;

NORDRE-TRONDHIEM, dont le chef-lieu est le petit port de *Levanger* ; — et SŒNDRE-TRONDHIEM, dont le chef-lieu est *Trondhiem*, ou *Drontheim* (21,000 hab.), ancienne capitale de la Norvége; commerce de cuirs, harengs salés, poissons, bois. Evêché, cathédrale nouvelle où sont couronnés les rois ; — *Rœraas*, au S.-E. ; mines de cuivre ; — puis le bailliage de ROMSDAL, dont le chef-lieu est *Christiansund* (5,000 hab.), beau port au fond d'une vaste baie ; commerce actif de poisson sec et salé, de bois ; importation de blé; construction de navires.

3° Dans le diocèse de BERGEN il y a 2 bailliages :

NORDRE-BERGENHUUS, dont le chef-lieu est *Leganger* ; — et SŒNDRE-BERGENHUUS, dont le chef-lieu est *Bergen* (30,000 hab.), port sur le Waag-fiord; place de commerce la plus importante du royaume: planches, goudron, poisson; importation de marchandises françaises, de sel, de blé ; pêche active, construction de navires, raffineries de sucre, fabriques de faïence.

La région des SŒNDENFIELDS (pays au S. des montagnes) renferme 10 bailliages, répartis dans 2 diocèses.

4° Dans le diocèse d'AGGERHUUS, il y a 8 bailliages :

HEDEMARKEN, dans la haute vallée du Glommen, dont le chef-lieu est *Kongsvinger*, sur le Glommen ; — AGGERHUUS, au S., le plus riche pays de la Norvége par l'agriculture, les mines, l'industrie, dont le chef-lieu est *Christiania* (66,000 hab.), capitale du royaume, port spacieux au fond du golfe. Belle ville qui fait commerce de bois, planches, blé, foin; fabriques d'eau-de-vie, brasseries. Université, école militaire, établissements scientifiques et littéraires; son faubourg, *Opslo*, ville très-ancienne, est la résidence de l'évêque ; — *Horten*, sur la côte O. du golfe de Christiania, est le principal port militaire de la Norvége ; — SMAALEHNENE, petit bailliage au S.-E., dont le chef-lieu est *Frederickshald* (7,500 hab.), place forte, port excellent à l'embouchure du Tistedal; Charles XII fut tué en l'assiégeant, 1718 ; — *Frederickstad*, place forte à l'embouchure du Glommen, bâtie en pierres, arsenal; commerce de bois de construction ; — *Mœss*, port sur la côte E. du golfe de Christiania ; fonderie de canons, scieries ; — CHRISTIANS, à l'O. de Hedemarken, dont le chef-lieu est *Lessoe* ou *Lesjoe* ; — BUSKERUDS, au S., dont le chef-lieu est *Drammen* (15,000 hab.), port qui à l'embouchure du Drammen fait un grand commerce de planches ; — *Kongsberg*, au S.-O. ; mines d'argent; armes, draps pour l'armée ; — *Modum*, sur le Drammen, commerce de cobalt; — IARLSBERG et LAURVIG, sur le Skager-Rak, dont le chef-lieu est *Laurvig*, port ; commerce de bois et de fer, tabac ; forges considérables ; — *Tœnsberg*, port à l'entrée du golfe de Christiania ; — *Frederickwærn*, port fortifié un peu plus au S. ; chantiers de construction ; écoles des cadets de marine ; — BRATSBERG, à l'O., dont le chef-lieu est *Skeen ;* scieries hydrauliques ; — NEDENAES, au S., dont le chef-lieu est *Arendal*, port sur le Skager-Rak ; mines de fer, commerce de bois.

5° Le diocèse de CHRISTIANSAND renferme deux bailliages :
LISTER et MANDAL, dont le chef-lieu est *Christiansand* (11,000 hab.), à l'embouchure du Torrisdals, station d'une partie de la flotte ; chantiers de construction, toiles à voiles, tabac ; commerce de poisson ; —*Mandal*, petit port un peu à l'E. du cap Lindesnaess ; — STAVANGER, au S.-O. de la Norvége, dont le chef-lieu est *Stavanger* (18,000 hab.), bon port sur le Bukke-Fiord ; belle cathédrale ; commerce de poisson salé et d'articles en fer ; importation de marchandises françaises.

§ 9. — Statistique : gouvernement, etc. — Spitzberg.

La superficie de la Suède est d'environ 441,000 kil. carrés ; celle de la Norvége, de 318,000 ; en tout, 759,000 kil. carrés. — La population de la Suède est d'environ 4,200,000 habitants ; celle de la Norvége, de 1,760,000 ; en tout, 5,960,000 habitants. — Ainsi par l'étendue, la péninsule scandinave est au 2° rang ; par la population absolue, elle est au 9° rang ; mais elle est au dernier par la population relative ; puisque la Suède ne compte que 10 habitants par kil. carré ; la Norvége, un peu plus de 5 ; en tout, 8 habitants par kil. carré.

La population appartient presque tout entière au rameau gothique ou scandinave, détaché depuis longtemps de la famille germanique ; c'est une race blonde, belle, forte, brave, intelligente et laborieuse. Dans le Nord sont les *Same,* que nous appelons *Lapons*, petits, à la peau jaune et basanée, aux cheveux noirs, plats et lisses, misérables, mais robustes ; il y a aussi des *Quènes*, venus de la Finlande, grands, intelligents, agriculteurs ; les Quènes, comme les Lapons, semblent se rattacher à un rameau de la race jaune. — Le suédois, le norvégien (qui se rapproche du danois), viennent du normannique, ancienne langue des Runes et des Sagas, aujourd'hui reléguée en Islande.

La Norvége, qui a été enlevée au Danemark en 1815, pour être donnée à la Suède, a conservé son autonomie, son gouvernement particulier, son armée, sa marine ; mais les deux royaumes unis ont le même roi, de la famille française de Bernadotte.

En Suède, on a substitué, depuis 1866, à l'ancienne *Diète* ou *Ricksdag*, qui était composée de quatre ordres, un Parlement qui comprend deux chambres : 1° le *Landsting*, ou chambre haute, dont les membres, âgés au moins de 35 ans, ayant un immeuble de 80,000 riksdalers ou un revenu de 4,000, sont choisis pour 9 ans par les assemblées provinciales ou par les conseils municipaux des villes ; 2° le *Volksting*, ou chambre basse, dont les membres, âgés au moins de 25 ans, sont élus pour 3 ans par un suffrage très-large et ont une indemnité par session.

La religion est le luthéranisme ; il y a un archevêque à Upsal et 11 évêques.

L'armée suédoise se compose : de l'*Indelta*, véritables colons militaires, dont les régiments, répandus dans les provinces, en portent le nom ; — de la *Værfvade*, ou troupes soldées et permanentes, recrutées par enrôlement volontaire et formant les garnisons ; — de la *Bevaering* ou *Landwærn*, composée des hommes de 20 à 25 ans, exercés pendant 15 jours par an, au mois de juin ; — de la milice de *Gottland*; — de la milice de *Stockholm* ou *Borgerskap*. L'armée régulière est d'environ 57,000 hommes, la landwærn est de 95,000 hommes.

La marine compte (1872) 36 vapeurs armés de 147 canons, 15 bâtiments à voiles portant 190 canons et 62 chaloupes à rames avec 87 canons, montés par 9,000 hommes.

Le budget (en 1872) est d'environ 75 millions, ou 51,470,000 riksdalers (le riksdaler vaut 1 fr. 41 1/2 c.); la dette publique, de 163 millions.

L'instruction primaire est très-répandue ; outre les écoles de village, il y a des instituteurs ambulants pour les enfants souvent dispersés dans les fermes lointaines. Upsal et Lund ont des Universités. L'instruction secondaire est donnée dans les gymnases. A Stockholm, l'Académie suédoise, l'Académie des sciences, l'Académie d'histoire et d'antiquités, sont à la tête du mouvement intellectuel.

En Norvége, le gouvernement est partagé entre un vice-roi, qui a ses ministres, et une *Diète* ou *Storthing*, qui se divise en 2 chambres : le *Lagthing* ou chambre des hommes de loi, et l'*Odelsthing* ou chambre des propriétaires, élues par un suffrage presque universel, mais à deux degrés.

La religion est le luthéranisme ; il y a 4 évêchés.

L'armée est d'environ 19,000 hommes, avec 15,000 hommes de *landwærn*, et une garde nationale dans les villes.

La marine compte 16 vapeurs armés de 156 canons ; 2 bâtiments à voiles, avec 24 canons ; 103 chaloupes et canonnières, avec 483 canons, montés par 13,000 hommes.

Le budget est d'environ 28 millions (5,092,000 dalers species, de 5 fr. 69) ; la dette publique, est de 40 millions.

L'instruction est également très-répandue ; il y a une Université et une haute école classique à Christiania ; chaque village a son école et des maîtres ambulants parcourent les campagnes.

Le commerce n'est pas très-considérable, parce que le pays est assez pauvre et que les communications ne sont pas encore faciles ; on l'évalue à plus de 500 millions de francs (en 1869, l'importation de Suède est évaluée à 136,600,000 rixdalers, et l'exportation à 126,000,000 ; — pour la Norvége, l'importation a été de 24,000,000 de dalers species, et l'exportation de 17,400,000). La marine marchande de Suède ne compte que 200,000 tonneaux, (105,000 lasts, le *last* est d'environ 4,250 kil.), celle de Norvége en compte 1,750,000 ; mais la plupart des petits bâtiments sont employés à la pêche.

On a commencé à construire des chemins de fer ; les principaux sont ceux qui partent d'Helsingborg sur le Sund, de Gœteborg sur le Kattégat, ils se rejoignent à Falkœping et de là se dirigent vers Stockholm, avec des embranchements vers Malmœ, Ystad, Norkœping, Carlstad, etc. Stockholm est unie à Upsal ; Géfle à Falun, etc., etc.

La monarchie ne possède que *Saint-Barthélemy* dans les Antilles.

SPITZBERG. — Le Spitzberg (mont pointu) peut être, à certains égards, rattaché à la péninsule scandinave, quoiqu'il n'appartienne à personne. Le gouvernement suédois a tout récemment élevé sur la possession de cet archipel quelques prétentions qu'il semble abandonner, pour ne pas exciter la jalousie de la Russie. Il est situé dans l'océan Glacial, vers le 80° lat. N., et se compose de plusieurs îles couvertes de pics aigus, qui ne dépassent pas 1,400 mètres. Des glaciers énormes descendent jusqu'à la mer. La nuit y dure quatre mois ; le ciel est souvent couvert de brumes ou éclairé par de splendides aurores boréales. La moyenne annuelle de la température est de — 8° 6.

On n'y a vu que quelques plantes, la plupart cachées sous la neige ; mais des milliers d'oiseaux marins couvrent les rochers du littoral. Quelques rennes trouvent difficilement leur nourriture dans l'intérieur. Ces îles, découvertes par les Hollandais, sont visitées par des marins russes ou norvégiens, qui viennent pêcher dans ces parages le phoque, le morse, la baleine ; plus d'une fois des expéditions scientifiques ont abordé au Spitzberg pour étudier ces régions glaciales, ou pour découvrir un passage vers le pôle Nord, grâce aux ouvertures faites dans la calotte de glaces par les derniers courants du Gulf-Stream, dont l'influence se fait sentir jusqu'au Spitzberg.

L'archipel du Spitzberg comprend surtout deux grandes îles, la *Terre Nord-Est* et la *Terre Sud-Ouest*, que sépare le détroit de Hintopen ; a l'E. on voit la *Terre des Etats;* au N., les *Sept-Iles;* à l'O., l'île *Charles*, près du vaste Eis-Fiord.

LIVRE IX

EUROPE ORIENTALE

Nous avons vu (Ire partie, page 71) que l'EUROPE ORIENTALE comprenait les pays situés à l'est d'une ligne allant de l'embouchure du Niémen à celle du Danube, de la mer Baltique à la mer Noire. C'est la *région slave*, occupée tout entière par la Russie, région aux proportions massives, comme l'Asie à laquelle elle touche et avec laquelle elle semble même se confondre vers l'est, puisque les monts Ourals et le fleuve Oural ne forment pas une frontière suffisante. — On peut y rattacher la péninsule, située au S.-E. de l'Europe, qui comprend la Turquie d'Europe avec ses dépendances et le royaume de Grèce.

C'est la partie de l'Europe la moins européenne, celle qui renferme le plus de sang touranien, celle qui par ses origines comme par ses tendances est restée le plus étrangère au mouvement général de la civilisation. Bien des causes expliquent cette infériorité de l'Europe orientale, malgré son étendue et le chiffre de sa population ; la situation géographique, au moins pour la Russie, est l'une des plus considérables. Dans toute cette région, c'est la religion grecque qui domine.

Nous terminerons donc la description générale de l'Europe. 1° par la RUSSIE ; — 2° la TURQUIE d'EUROPE et ses dépendances, Serbie, Monténégro, Provinces Danubiennes ; — 3° la GRÈCE.

CHAPITRE PREMIER

EMPIRE DE RUSSIE

§ 1. — Géographie physique. — Limites — Mers qui baignent la Russie. — Frontières de terre.

La Russie est la partie de l'Europe qui rappelle le plus l'Asie du Nord et du Centre par sa position, son étendue de vastes plaines monotones, l'origine et le caractère de ses populations. C'est l'un des empires les plus récemment formés; au xvii° siècle, on appelait encore les Russes les *Scythes barbares*, leur puissance ne date que du xviii° siècle, de Pierre le Grand; depuis cette époque elle n'a fait que s'accroître et se fortifier aux dépens des Suédois, qui ont perdu les provinces Baltiques et la Finlande, des Turcs, qui ont perdu les rives septentrionales de la mer Noire, et des Polonais, dont la ruine et les dépouilles ont surtout enrichi la Russie.

L'empire de Russie comprend toute la partie orientale de l'Europe, une partie de l'Asie au S. du Caucase, jusqu'aux limites de la Turquie d'Asie (Tchorok) et de la Perse (Aras), et tout le nord de l'Asie, depuis la mer Caspienne et l'Oural jusqu'au détroit de Behring et au Grand Océan. La superficie dépasse 20 millions de kilomètres carrés; c'est le plus vaste empire du monde, puisqu'il occupe la neuvième partie de la surface terrestre, même après la cession de l'Amérique Russe faite aux États-Unis. La population dépasse 82 millions d'habitants.

La Russie d'Europe s'étend, au point de vue politique, au delà des limites naturelles de l'Europe, puisqu'on y renferme les pays au S. du Caucase et puisqu'une partie des gouvernements de Perm, d'Oufa et d'Orenbourg est au dela des monts Ourals et du fleuve Oural. Dans ces limites, la Russie d'Europe a plus de 5,850,000 kil. carrés (plus de la moitié de la superficie de l'Europe) et sa population dépasse 76 millions d'habitants. Sa plus grande longueur, du N.-O. au S.-E., de la baie de Varanger à la frontière de Perse sur la Caspienne, est de 5,250 kilomètres.

La Russie est située entre 38° 40' et 70° 15' lat. N.; entre 16° 40' et 66° long. E. Elle a pour bornes : au N., l'océan Glacial ; à l'O., la Norvége, la Suède, la mer Baltique, la Prusse et l'Autriche; au S.-O., la Turquie; au S., la mer Noire, la Turquie d'Asie, la Perse ; à l'E., la Sibérie.

L'océan Glacial, aux rivages inhospitaliers, forme la *mer de Kara*, sur les limites de l'Asie et de l'Europe, au S.-E. de la *Nouvelle-Zemble* (Nouvelle Terre), séparée de l'île *Vaigatch* par le détroit de Kara ; et, après l'île déserte de *Kalgouef*, la mer Blanche, longue de 440 kil., large de 130 à 250 kil., peu salée, limpide, profonde, glacée pendant huit mois, aux côtes peu élevées et souvent marécageuses, terrible par les débâcles épouvantables du printemps, mais nourrissant beaucoup de harengs et de phoques. Elle forme les golfes de *Mézen*, d'*Arkhangel*, d'*Onéga* et de *Kandalaskaia*. Elle fut découverte, au xvi° siècle, par l'anglais Chancellor, qui cherchait le passage du N.-E., pour aller d'Europe vers la Chine.

Au N.-O., le Pasvig, à l'E. du golfe Varanger, et la Tana séparent la Russie du Finmark norvégien, le Muonio et la Tornea de la Suède.

La mer Baltique (voir page 307), à l'O., a des côtes basses, bordées d'îles, d'îlots, de rochers, de bas-fonds. Les glaces et les brouillards empêchent la navigation de la fin de novembre à avril. Ses eaux sont peu profondes, peu salées. La Baltique forme trois golfes sur les côtes de Russie : le *golfe de Bottnie*, au N., a 650 kil. de longueur, 75 à 240 de largeur; l'archipel d'Aland le sépare de la Baltique proprement dite; l'archipel d'Abo est composé d'îles granitiques, peu élevées, mais aux rochers aigus; — le *golfe de Finlande*, à l'E., a 370 kil. de long sur 60 à 110 de large; les côtes sont très-découpées, bordées d'îlots et de rochers; il a peu de profondeur et gèle tous les ans; le cap Hango est à l'entrée septentrionale; il forme au S. quatre petites baies : Port-Baltique, Reval, Narva, Cronstadt; — le *golfe de Livonie* ou de *Riga*, long de 120 kil., large de 100 à 140, a quelques bancs de sable à l'entrée, mais est d'une navigation sûre et gèle rarement; au nord on trouve le groupe des îles Dagœ, Œsel, Mohn et Worms.

La frontière de Russie, du côté de l'Europe, est formée par une ligne presque toujours conventionnelle; elle coupe le Niémen, la Vistule, la Wartha, suit la Prosna, son affluent, et rejoint la Vistule, à l'E. de Cracovie; elle touche dans cette partie à la Prusse; — la Vistule jusqu'au confluent du San, puis une ligne conventionnelle qui coupe le Bug, le Dniester et rejoint le Pruth, la séparent de l'Autriche; — enfin le Pruth jusqu'à Katamori, le Ialpuch jusqu'à Bolgrad et une ligne suivant à peu près l'ancien Val de Trajan jusqu'à la mer Noire, la séparent de la Moldavie.

Remarquons la position avancée de la Pologne entre la Prusse et l'Autriche, et l'importance stratégique de Varsovie; c'est par là que la Russie est menaçante pour l'Europe centrale, c'est aussi par là qu'elle a été deux fois attaquée par Charles XII, en 1708-1709, par Napoléon, en 1812; on trouve, en effet, à l'E. de la Pologne, une trouée large de 100 kil. entre la Duna et le Dniéper, entre Vitebsk et Smolensk, c'est l'entrée véritable de la Russie, la route de Moscou; mais elle est boisée, marécageuse, et les Français comme les Suédois, quoique victorieux, n'y avancèrent pas facilement.

La mer Noire (Pont-Euxin) baigne les côtes méridionales de Russie, du lac Burna-Sola jusqu'à Saint-Nicolas, au N. de Batoum. Le rivage est généralement bas et sablonneux; cependant il y a quelques falaises entre les embouchures du Dniester et du Dniéper; le rivage S.-E. de la Crimée est rocheux; le Caucase longe la côte, d'Anapa à Soukhoum-Kalé. La mer Noire doit son nom à ses brouillards épais ; elle est dangereuse, en hiver surtout, à cause de ses courants, de ses vents violents, de ses tempêtes soudaines ; puis elle a peu de bons ports, et dans les hivers rigoureux les glaces gênent la navigation. Elle est profonde, presque sans marées, beaucoup moins salée que la Méditerranée ; aussi les navires qui viennent de cette mer dans la mer Noire ne doivent pas être trop chargés. Après les embouchures ou limans du Dniester et du Dniéper, on trouve la *presqu'île de Crimée*, grande comme la Sicile, qui est unie au continent par l'*isthme de Pérékop*, large de 7 à 8 kil., long de 30 ; il est resserré à l'O. par le *golfe de Pérékop* (mer Morte des Russes), aux eaux peu profondes et vaseuses ; à l'E., par le *golfe de Sivasch* ou *mer Putride*. Le *détroit d'Ienikalé* ou de *Kertsch*, long de 25 kil. et large de 6 à 16 kil., entre la presqu'île de Kertsch, à l'E. de la Crimée, et la presqu'île de Taman, conduit dans la mer d'Azov.

La MER D'AZOV (Palus Mæotis), longue de 300 kil., large de 60 à 140 kil., est peu profonde, bordée de limans marécageux, les eaux sont saumâtres ; la navigation, toujours assez difficile, est interrompue du commencement de novembre au milieu d'avril. A l'O., la Flèche d'Arabat, longue de 113 kil., large de 1 kil., la sépare du golfe de Sivasch ou mer Putride, véritable marais qui ne supporte que des barques de pêche ; à son extrémité septentrionale, la passe de Genitchi n'a que 120 mètres de largeur. — La *presqu'île de Taman*, séparée du continent par les deux bras du Kouban, qui se jettent, l'un dans la mer d'Azov, l'autre dans la mer Noire, est bizarrement découpée par plusieurs limans ou marécages et renferme beaucoup de volcans de boue.

La frontière asiatique des pays du Caucase commence au fort Saint-Nicolas sur la mer Noire, coupe le Kour dont les sources sont en Turquie, rejoint l'Aras, passe au pied de l'Ararat, puis se dirige au S.-E. jusqu'à la mer Caspienne.

Au S.-E., la MER CASPIENNE, grand lac intérieur, baigne les côtes de Russie sur une étendue de 2,200 kil., entre Astara et le golfe Alexandre ; c'est désormais une mer russe : car la Perse ne possède que les côtes méridionales et ne peut résister aux envahissements de la Russie. La mer Caspienne a 1,200 kil. de longueur sur 325 kil. de largeur en moyenne. Elle semble composée de trois parties assez distinctes . au N., c'est un grand marécage, ayant à peine 15 à 16 mètres de profondeur, sans cesse comblé par les alluvions des fleuves ; — puis la Caspienne centrale va jusqu'au cap Apchéron ; — enfin la Caspienne méridionale, entourée de montagnes élevées, est profonde de 550 à 900 mètres. Les eaux sont amères plus que salées ; la salure est faible au N., plus grande au S., mais inférieure à celle de l'Océan ; le sel se forme dans les lagunes des côtes et surtout dans le Karaboghaz, à l'E., qui communique à la mer par une bouche, large de 140 a 150 mètres; un courant y porte sans cesse les eaux salées, à cause de l'évaporation considérable du golfe; il reçoit, dit-on, chaque jour 350,000 tonnes de sel. Le niveau de la mer Caspienne est a 41 mètres au-dessous de celui de l'Océan ; il paraît bien prouvé qu'elle a été jadis unie à la mer Noire ; après la séparation, le niveau de la Caspienne a baissé rapidement, par suite de l évaporation ; aussi l'ancien lit de la mer a-t-il été déchiqueté en tours, en dents, en aiguilles ; entre la Kouma et l'Oural, sur plus de 400 kil., la côte est decoupée en presqu'îles, qui se prolongent en îles régulièrement rangées ; des canaux étroits, longs de 20 à 50 kil., les séparent; cette disposition singulière a été évidemment causée par la dénivellation rapide de la mer Caspienne. Après l'embouchure de l'Oural, on rencontre sur la côte orientale le golfe d'Emba, les golfes Mort et Kotschak, les caps Karagan et Petchanoi, le golfe Alexandre, le Karaboghaz, à l'O., au S du Térek, la côte du Daghestan est élevée, avec la presqu'île de Bakou et le cap Apchéron. Les tempêtes sont fréquentes sur la mer Caspienne. Elle est très-poissonneuse, surtout vers les bouches du Volga, de l'Emba et du Kour ; les pêcheries sont très-productives en esturgeons, silures, saumons, harengs, perches, veaux marins, tortues; on emporte au loin beaucoup de poisson salé et on fabrique du caviar.

La frontière de l'E. est formée par l'Oural et son affluent l'Ilek ; puis par l'Oural et le Tobol, elle traverse plusieurs des affluents de gauche de ce dernier fleuve, rejoint la chaîne de l'Oural et finit au fond de la mer de Kara.

Ainsi les deux mers qui baignent la Russie au N. sont trop longtemps fermées par les glaces ; par l'océan Glacial on communique difficilement avec l'Europe ; par la mer Baltique, il faut franchir les détroits des îles Danoises pour arriver dans les mers occidentales. Les deux mers qui la baignent au S. ont un autre désavantage ; la mer Caspienne est entièrement isolée, et la mer Noire ne communique avec les mers extérieures que par le Bosphore, la mer de Marmara et les Dardanelles, dont la Turquie tient les clefs, si enviées naturellement par la Russie.

§ 2. — Orographie de la Russie

La Russie est une plaine immense, à peine interrompue par des collines et des plateaux de médiocre élévation, qui forment quatre lignes principales, s'appuyant sur quatre chaînes de montagnes : les monts Ourals, à l'E.; le Caucase, au S.-E.; les Karpathes, au S.-O.; les Alpes Scandinaves, au N.-O.

Si l'on veut se rendre compte de la topographie générale de la Russie, il faut d'abord se placer au centre; là se trouve le vaste PLATEAU DE VALDAI, dont le point culminant n'atteint pas 300 mètres; il est marécageux et envoie des eaux dans toutes les directions: Duna, à l'O.; Volchov, au N.; Volga, à l'E.; Dniéper, au S. Ses pentes forment comme une sorte de plateau inférieur, d'une immense étendue, véritable cœur de la Russie, séjour des Grands-Russes ou Moscovites, transition entre le nord et le midi de de l'Empire.

C'est de là que partent les 4 séries de hauteurs dont nous avons parlé :

1° Au N.-O., les collines granitiques d'*Olonetz*, hautes tout au plus de 200 mètres, contournent la région des grands lacs (Ladoga et Onéga), se ramifient à l'infini du côté de l'O. (Finlande), séparant à peine la mer Blanche du golfe de Bottnie, et se dirigent vers les Alpes Scandinaves, aux sources du Muonio, mais alors si peu sensibles que plusieurs géographes récents ne distinguent pas leur continuité.

2° La ligne du S.-O. se détache du bord occidental du plateau, qu'on nomme *Forêt de Volkhonski*, forme le plateau entre la Duna et le Dniéper, se relève un peu dans le plateau de Minsk, entre la Wilia (Niemen) et la Bérésina (Dniéper), ne se compose plus que de hauteurs marécageuses dans les collines de Pologne et rejoint les Karpathes au mont Sloiczek. Dans plusieurs endroits, à l'époque des pluies, les eaux des deux versants opposés se rejoignent et se confondent.

3° La ligne du N.-E. se détache de la première à la hauteur du lac Onéga, puis forme les *monts Uvalli* et les *monts Chemokonski*, qui atteignent à peine 300 mètres, elle rejoint les monts Ourals, au *mont Deneskin*, nœud de montagnes remarquables qui donne des eaux de toutes parts : la Petchora, au N.-O.; un affluent de la Dwina, à l'O.; un affluent du Volga, au S.; un affluent du Tobol au S.-E.; un affluent de l'Obi, au N.-E.

4° La ligne du S.-E., composée de faibles ondulations ou de plaines un peu élevées, sépare le Dniéper, puis le Don, du Volga. Des steppes marécageuses et salines s'étendent dans l'isthme étroit qui est entre les deux fleuves et attestent la présence de la mer qui unissait jadis la mer Noire et la mer Caspienne. Le pays se relève entre le Kouban et la Kouma, avant de rejoindre la chaîne du Caucase. La 2° et la 3° lignes font partie de la ligne générale du partage des eaux de l'Europe.

La chaîne des MONTS OURALS ou POYAS (ceinture) appartient autant à l'Asie qu'à l'Europe; elle se dirige du N. au S., sur une longueur de 2,000 kil.; elle est large de 100 kil. au N., de 200 au S. Les pentes sont douces, peu sensibles, surtout lorsqu'on vient de l'Europe; aussi les communications sont-elles faciles; leurs flancs, leurs sommets arrondis sont recouverts de forêts de pins et de sapins; elles renferment de grandes richesses minérales, or, argent, cuivre, platine, fer, etc. — L'*Oural septentrional*, du mont Deneskin aux sources de la Petchora, se dirige vers le N. et se bifurque pour enfermer le bassin du petit fleuve Kara; il ne dépasse pas 1,500 à 1,600 mètres; — l'*Oural central*, du mont Deneskin au mont Kolghan, vers la source de l'Oural, est peu élevé, cependant le mont Kondchakofskoï a près de 2,600 mètres, c'est là qu'on trouve les principales richesses minérales; c'est là qu'est le mont Blagodat, bloc de fer vraiment inépuisable; — l'*Oural méridional*, entre le mont Kolghan et le fleuve Oural, envoie quelques ramifications assez importantes entre l'Oural et plusieurs affluents du Volga.

La grande CHAÎNE DU CAUCASE se dirige du N.-O. vers le S.-E., de l'embouchure du Kouban au cap Apchéron. Elle est longue de 1,100 kil., large de 300 kil. au centre, de 100 aux extrémités. Elle dépasse les Alpes en hauteur: l'*Elbrouz* a 5,661 mètres; le *Kochtân-tau*, 5,219 m.; le *Dykh-tau*, 5,159 m.; le *Kazbek*, 5,043 m. De loin elle offre des aspects grandioses, mais quand on pénètre dans l'intérieur, l'horizon est presque toujours borné; les vallées, trés-encaissées, sont difficilement accessibles dans leur partie supérieure; les glaciers ne descendent pas au-dessous de 2,000 mètres, parce que la température est plus élevée dans le Caucase et parce qu'il ne renferme pas de grands plateaux favorables à l'accumulation des neiges. Le versant septentrional se compose de vastes plaines inclinées, déchirées en tous sens par de profondes vallées où coulent des torrents, ses flancs sont couverts de forêts de chênes, de hêtres, de cèdres, de pins, de sapins, au-dessus desquelles s'étendent d'excellents pâturages; c'est là que les montagnards du Caucase établissent leurs villages ou *aouls*. Le versant méridional présente une suite de terrasses, bien exposées, et couvertes d'une belle végétation. — On divise le Caucase en occidental, central et oriental. Il présente l'aspect d'une muraille gigantesque; aussi les passages sont-ils rares et difficiles; les principaux sont: les *Portes de Derbent*, le long de la mer Caspienne, — le *Défilé de Dariel* (Pylæ Caucasiæ), route militaire la plus importante de Mozdok à Tiflis; — le *Passage de la vallée du Rion*; — le *Passage de la vallée de l'Ingur*, au pied de l'Elbrouz ; — le *Passage du mont Marouk*, chez les Tcherkesses ; — le *Passage d'Anapa*, le long de la mer Noire. — Le contre-fort du *mont Likhi*, entre les bassins du Rion et du Kour, va rejoindre le plateau d'Arménie, auquel appartient, vers le S.-E., le *mont Ararat*, sur la limite des provinces russes, turques et persanes, haut de 5,156 mètres. — Les montagnes de la Crimée méridionale, *monts Yaila*, semblent la prolongation du Caucase, au delà du détroit de Kertsch; les points culminants sont le *Tchatyr-Dagh* (1,580 mèt.) et le *Damirdji*.

§ 5. — Hydrographie de la Russie : versants de l'océan Glacial, — de la mer Baltique, — de la mer Noire, — de la mer Caspienne.

Les eaux de la Russie forment quatre versants, tributaires des quatre mers qui la baignent.

1° VERSANT DU NORD, c'est-à-dire de l'OCÉAN GLACIAL et de la MER BLANCHE ; c'est une plaine immense, en grande partie glacée, stérile, inhabitée, que traversent des fleuves d'une importance secondaire, la *Kara*, sur les limites de l'Europe et de l'Asie; — la *Petchora*, — le *Mezen*; — la DWINA DU N., formée de la *Sukhona* et de la *Vytchegda;* elle est sujette à des débordements terribles et finit dans la mer Blanche, 60 kil. au-dessous d'Arkhangel, — l'*Onéga;* — le *Pasvig* finit dans le golfe Varanger ; — la *Tana*.

2° VERSANT DE L'OUEST ou de la MER BALTIQUE :

La *Tornea* et son affluent le *Muonio*, entre la Suède et la Russie.

Vient ensuite la vaste région des lacs, autour des golfes de Bottnie et de Finlande; les eaux ont peu d'écoulement et ne donnent pas naissance à de grands fleuves ; on peut citer le *Kumo*, qui sert, dit-on, d'écoulement à 170 petits lacs de Finlande, — la *Kymmène*, célèbre par ses rapides et ses chutes, qui vient du lac Paijanne et se jette dans le golfe de Finlande ; — et surtout la NEVA, le fleuve de Saint-Pétersbourg, longue de 70 kil. seulement, sujette à de grandes inondations et glacée de novembre à avril, elle sert d'écoulement au lac LADOGA, le plus considérable de l'Europe, il a 175 kil. sur 150, 17,000 kil. carrés, renferme des îles nombreuses, reçoit 70 rivières et est côtoyé au S par le *canal de Schlusselbourg* au *Svir;* — le Ladoga est uni par le *Svir* au lac ONÉGA, qui a 11,000 kil. carrés, renferme aussi plusieurs îles et reçoit plusieurs rivières, — il est uni par le *Wuoxa* au lac SAIMA, énorme amas d'eaux, découpé par des baies nombreuses, des îlots, des écueils ; — par le *Volkhov*, grossi du *Msta*, dont la source est voisine de celle du Volga, il reçoit les eaux du lac ILMEN, qui a 800 kil. carrés, — la *Narva* se jette dans le golfe de Finlande et vient du lac PEYPUS ou

Tchoudskoë, qui a 2,480 kil. carrés, et reçoit la *Velikaïa* et l'*Embach*.

La Dwina du S. ou Duna vient de la forêt de Volkhonsky, coule parallèlement au Dniéper jusqu'à Vitebsk, puis traversant une vallée plate et marécageuse, va se jeter au N.-O. dans le golfe de Livonie, après un cours d'une navigation difficile, de 1,000 kilom.

Le Niémen arrose la Lithuanie, reçoit à droite la *Wilia* et finit en Prusse.

La Vistule a sa source en Autriche, sépare la Russie de la Galicie autrichienne, traverse la Pologne russe et finit en Prusse ; elle reçoit, à droite, en Russie, le *Bug*, qui vient de la Galicie, arrose la Pologne et finit à Modlin.

La *Wartha*, affluent de l'Oder, et la *Prosna* qu'elle reçoit, arrosent la Pologne occidentale.

3° Le versant du Sud, c'est-à-dire de la mer Noire et de la mer d'Azov :

Le *Pruth* sépare la Bessarabie de la Moldavie et se jette dans le Danube en Turquie.

Le Dniestr (Tyras) vient des collines de Galicie, sépare la Bessarabie de la Podolie et de la province de Kkerson, et finit dans le liman d'Akkerman ; ses eaux sont peu profondes. Il a 880 kilom. de cours.

Le Dniéper (Borysthène) vient du Valdai, coule parallèlement à la Duna jusqu'à Orscha, tourne au S., puis au S.-E., et, au-dessous d'Iekatérinoslav, franchit 13 rapides ou *poroges*, que de grands travaux ont en partie fait disparaître ; il se jette par un liman ensablé de 70 kil. de longueur. Il est très-poissonneux et transporte une grande quantité de produits agricoles, bois, blés, peaux, sel, etc. Il reçoit : à droite, la *Bérésina*, au lit large et marécageux, qui traverse un pays de forêts et de boues ; — le *Pripet* ou *Pripecz*, qui traverse les énormes marais de *Pinsk*, longs de 700 kil , n'ayant que trois sentiers au milieu de forêts inondées ; — le *Boug*, au lit profond, encombré de rochers, au cours rapide, grossi de l'*Ingul*, qui se jette par un liman de 60 à 80 kil. dans le liman du Dniéper ; — à gauche, la *Desna*, navigable pendant 500 kil., et la *Workla*. Le Dniéper a 1,650 kilom.

La mer d'Azov reçoit le Don (Tanaïs), qui coule du N. au S , puis au S.-E., en se rapprochant du Volga à une distance de 60 kil., enfin vers le S.-O. ; il se jette par deux grands bras dans la baie de Taganrog au fond de la mer d'Azov. Il a des eaux limoneuses, qui coulent assez rapidement dans un lit peu profond, entre des rives marécageuses. Son cours est de 1,450 kil. Il reçoit : à droite, le *Donetz*, au cours lent et sinueux à travers la steppe; — à gauche, le *Manitch*, aux eaux bourbeuses et jaunâtres, qui dans les grandes crues communique avec la mer Caspienne.

Le *Kouban* (Hypanis) vient du mont Elbrouz, descend comme un torrent du S. au N., coule ensuite vers l'O. dans une vallée marécageuse et se partage en deux bras, qui, enveloppant la presqu'île de Taman, se jettent, l'un dans la mer Noire, l'autre dans la mer d'Azov.

Le *Rion* (Phase) vient aussi du mont Elbrouz et coule dans la Mingrélie du N.-E. au S.-O.

4° Versant de la mer Caspienne ou du Sud-Est :

L'*Oural* ou *Jaïk* descend du mont Kolghan, a d'abord un cours rapide, puis se ralentit et sépare la Russie du Turkestan, il se jette par plusieurs embouchures au N. de la mer Caspienne; il est extrêmement poissonneux et reçoit à gauche l'*Ilek*. Il a 5,000 kilom. de cours.

Le *Volga* (Rha) vient d'un petit lac à l'O. du plateau de Valdaï, près de la forêt de Volkhonski, traverse le plateau, coule sinueusement de l'O. à l'E. jusqu'à Kazan, puis tourne au S. jusqu'à Tzaritzin, et enfin au S.-E.; d'un côté s'étend une plaine immense à fleur d'eau; de l'autre, c'est une sorte de mur coupé à pic, haut de 100 à 150 mèt.; il se jette dans la mer après un cours de 3,800 kil., navigable pendant 3,700 kil., par 72 bras qui forment un labyrinthe de canaux, d'îles, de bancs de vase; le delta du fleuve a 150 kil. de base. Son cours est lent; il est très-poissonneux, et c'est une grande voie de communication, même lorsqu'il est gelé pendant les cinq mois d'hiver. La superficie de son immense bassin est de 1,300,000 kil. carrés.

Ses affluents sont . à droite, l'*Oka*, qui coule du S.-O. au N.-E. dans un bassin très-fertile, peuplé, centre de l'industrie manufacturière; il est grossi de la *Moskova* et de la *Kliasma*, dont la navigation est très-active, la *Sura* coule du S. au N. dans un pays riche, — à gauche, la *Tvertza;* la *Mologa*, qui descend du plateau de *Valdaï;* la *Cheksna*, qui vient du lac Bielo, dont la superficie est de 1,000 kil. carrés; la *Kostroma;* la *Kama*, qui vient du N.-E., a un cours de 2,000 kil., coule dans un pays de mines et de forêts, est profonde, navigable et est grossie de la *Viatka*, à droite, de la *Bielaia* et de la *Samara*, à gauche.

La *Kouma* se grossit de torrents nombreux descendus du Caucase, et se perd dans des roseaux et des sables.

Le *Térek*, torrent qui vient du mont Kazbek, a un cours symétrique à celui du Kouban et forme un delta à son embouchure.

Le *Kour* (Cyrus), au S. du Caucase, vient de l'Arménie turque, traverse la Géorgie, et reçoit à droite l'*Aras* (Araxe), qui sépare la Perse de la Russie et a pour affluent l'*Arpatchaï*.

§ 4. — Grandes zones — Climat.

On peut distinguer en Russie trois grandes zones : 1° la zone glacée du N., entre l'océan Glacial et les monts Uvalh, vastes plaines, exposées directement au vent du N., couvertes de marécages ou toundras, de lacs très-nombreux au N.-O.; — 2° la zone centrale, la plus élevée, comprend des plaines fertiles, des forêts, à l'O. est le grand marais de Pinsk ; — 3° la zone méridionale, formée de steppes, plate, sans arbres ; à l'O. sont les steppes de la Nouvelle-Russie, qui s'étendent du Don jusque vers le Danube; à l'E., des plaines sablonneuses, avec des flaques d'eau saumâtre, qui semblent avoir été jadis recouvertes par la mer, avec des massifs de chardons élevés.

Le climat varie suivant la latitude; au N. du 65° de lat., le froid est glacial, le soleil ne paraît que 4 heures à l'horizon, au solstice d'hiver ; à Arkhangel, la température moyenne est de —7° Réaumur; on peut dire en général qu'il est extrême ou continental, c'est-à-dire que l'hiver est long et rigoureux, tandis que l'été est court et très-chaud. Il devient de plus en plus extrême, en allant vers l'Est. A Astrakhan, la chaleur atteint 35° et 40°, le froid descend à — 15°, le Dniéper et le Boug sont glacés jusqu'à la fin d'avril. Sur la mer Caspienne, il y a des froids de — 32°; à Saint-Pétersbourg, où l'hiver est un peu moins rigoureux qu'à Moscou, la Néva est prise en moyenne pendant 126 jours. La mer Noire et la mer Caspienne sont souvent gelées au N. Mais le climat est sain; l'air est généralement salubre. Dans la zone méridionale il y a souvent des sécheresses prolongées, des vents brûlants, des ouragans ou *métels* épouvantables et des chaleurs étouffantes.

§ 5. — Géographie politique — Russie septentrionale : gouvernements, villes. — Région Finlandaise villes. — Provinces Baltiques . villes.

On peut répartir les nombreux gouvernements de la Russie en plusieurs régions, qui se distinguent assez bien par leur position, leurs productions, leur industrie et même leurs populations.

I. — La Russie SEPTENTRIONALE est la région stérile des marais, tourbières, rochers; il n'y croît au N. qu'un peu de mousse pour les rennes, qui sont le seul bétail, dans le S. commence la région des forêts (pins, sapins, mélèzes, cèdres, au S.-E., sapins, trembles, tilleuls, chênes, au S., sapins, pins et bouleaux, au S.-O.); il y a quelque culture dans le gouvernement de Vologda (orge, avoine, seigle). On y trouve des animaux à fourrure : ours, loups, renards, blaireaux, écureuils. Les trois gouvernements, peuplés de 1,550,000 hab., sont :

1° Arkhangel, sur la Dwina, à 60 kil. de l'embouchure, longtemps le seul port de la Russie, fait encore un commerce assez considerable, surtout avec la Siberie, on y fabrique des ouvrages en ébène ciselé; c'est le chef-lieu d'un gouvernement qui a près de 750,000 kil. carrés, c'est-a-dire qui est bien plus étendu que toute la France; 20,000 hab.; — *Kola*, au N.-O., la ville la plus septentrionale de la Russie d'Europe, près de l'embouchure de la Tuloma, bon port; — *Kemi*, port à l'O. de la mer Blanche ; — *Onéga*, au S.; — *Mezen*, à l'E.

2° Le gouvernement d'Olonetz, au S.-O., renferme le lac Onéga ; le chef-lieu est *Petrozavodsk*, à l'O. du lac, forges, fonderie de canons, usines; 7,000 hab.; — *Olonetz*, à l'E. du lac Ladoga ; mines de fer et de cuivre aux environs , — *Kargopol*, à l'E. du lac Onéga, lieu célèbre d'exil.

3° Vologda, au S. du gouvernement d'Arkhangel, sur un affluent de la Sukhona, fabriques de rubans et de mouchoirs de soie; toiles de lin, faience, verreries, cristaux; commerce actif; 15,000 hab. ; — *Veliki-Ustiug*, au N.-E., sur la Sukhona, ville commerçante ; 8,000 hab.

II — La région Finlandaise, sauf la partie septentrionale ou Laponie qui a les caractères de la region precédente, a un climat plus doux; le pays, qui repose sur un sol de granit, est rempli de lacs, de marais, de flaques d'eau, de rivières, de rochers, formant un réseau inextricable. Le sol est peu fertile, mais il est bien cultivé. La Grande-Principauté de Finlande (Souomi, pays des marais), qui a appartenu à la Suède jusqu'en 1809, a encore un gouvernement distinct de celui de la Russie, elle a une armée, une flotte particulière, et une diete qui vote son budget (surtout depuis 1865.) La population est d'environ 1,830,000 hab.

Elle se divise en 8 gouvernements :

Wiborg, dans l'ancienne karélie, au S.-E., port fortifié sur le golfe de Finlande; commerce actif, 13,500 hab ; — *Frederikshamn*, port fortifié, à l'O. , traité de 1809 ; — *Wilmanstrand*, au S. du lac Saima ; — *Kexholm*, à l'O. du lac Ladoga.

Saint-Michel, à l'O. du lac Saima ; — *Nyslot*, place forte au N.-E. Kuopio, au N. du gouvernement précédent.

Helsingfors, dans le gouvernement de Nyland, capitale de la Finlande, port de guerre, sur le golfe de Finlande, arsenal important.

Université ; commerce actif ; 32,000 hab. ; — *Sveaborg*, le Gibraltar de la Baltique, place forte et arsenal maritime dans un groupe d'îlots granitiques du golfe de Finlande, dont les fortifications défendent *Helsingfors* ; station d'une escadre de la Baltique ; 6,000 hab. ; — *Lovisa*, au N.-E. d'Helsingfors, petit port près duquel est la forteresse de *Swartholm*.

Tavastehus, au N. du gouvernement de Nyland.

Abo ou Tourgou, port fortifié à l'O., ancienne capitale de la Finlande, chantiers de construction ; fabriques, commerce actif ; 20,000 hab. ; — *Bjœrneborg*, port à l'embouchure du Kumo ; 5,000 hab. ; — *Nystadt*, au S., bon port ; traité célèbre de 1721.

Wasa ou *Nikolaiastadt*, au N., port sur le golfe de Bottnie ; commerce de goudron ; 3,000 hab. ; — *Gamla-Karleby*, au N.-E., bon port de commerce ; exportation de beurre et de saumons.

Uleaborg, plus au N., port vaste et commode ; commerce actif ; 6,000 hab. ; — *Tornea*, sur la frontière suédoise.

Le groupe des îles d'Aland dépend de la Finlande ; *Bomarsund*, qui menaçait jadis Stockholm, a perdu ses fortifications, depuis 1855.

III. PROVINCES BALTIQUES.

Ces provinces, qui touchent à la mer Baltique, d'abord habitées par des peuplades Finnoises, puis colonisées par des Allemands, possédées par les chevaliers Porte-Glaives, et par les chevaliers Teutoniques, ont été longtemps disputées par les Polonais, les Suédois et les Russes. Pierre le Grand s'en est emparé de 1701 à 1721, et le traité de Nystadt les a définitivement abandonnées à la Russie. — Elles présentent une succession de petites collines, de tourbières, de lacs, au milieu de vastes plaines posées sur des fondements de granit. Le climat est rigoureux. La terre est peu fertile ; on y trouve de nombreuses forêts de pins, sapins, bouleaux, aunes, frênes, ormes, érables ; il y a peu de chênes au N. du 58° de lat. On récolte du seigle, de l'orge, de l'avoine, du houblon, du tabac, des légumes (en Livonie surtout), beaucoup de lin et de chanvre estimés. Les pâturages, de médiocre qualité, nourrissent cependant d'assez nombreux troupeaux ; la pêche est abondante, principalement celle des saumons et des harengs ou strœmling. Il y a peu d'industrie ; seulement les distilleries de grains sont nombreuses ; mais le commerce est considérable. Ces provinces sont : l'Ingrie, l'Esthonie, la Livonie et la Courlande. Leur population est d'environ 3,100,000 habitants.

1° L'Ingrie ou gouvernement de Saint-Pétersbourg, au fond du golfe de Finlande.

Saint-Pétersbourg, à l'embouchure de la Néva, qui s'y divise en quatre bras, et qui y reçoit 10 à 12 rivières ou canaux, fondée par

Pierre le Grand, dès 1703, est devenue la capitale officielle de l'Empire en 1721. C'est l'une des grandes et belles villes de l'Europe, avec ses monuments, palais d'Hiver, palais de l'Ermitage, etc., statue colossale de Pierre, églises, théâtres, citadelle, arsenal, etc. Elle a une université, des académies des sciences, des beaux-arts, de médecine, de théologie, un observatoire, des bibliothèques, des musées ; une fonderie de canons et des chantiers de construction. L'industrie de luxe, bijouterie, orfévrerie, carrosserie, tapisseries, glaces, porcelaines, y est assez prospère ; il y a encore des raffineries de sucre, des distilleries d'eau-de-vie, des brasseries, des fabriques de tabac, de chandelles, de savon, des tanneries, des corderies. C'est surtout un port de commerce ; on dit que près de la moitié du commerce extérieur de la Russie se fait par Saint-Pétersbourg ; 670,000 hab. — Saint-Pétersbourg forme depuis peu un gouvernement particulier.

Kronstadt, dans l'île Kotline (de la marmite), partout entourée d'un banc de sable, excepté au S.-E., à 27 kil. de Saint-Pétersbourg, en protége les abords ; c'est une ville très-fortifiée, dont l'accès est difficile, grand arsenal, grand port de guerre. Le triple-port de Kronstadt, défendu par de nombreux forts de granit, avec plusieurs étages de batteries casematées, est vraiment inabordable, on a construit avec une magnificence prodigue des chantiers, des docks, des bassins, des ateliers de marine, etc. On y fait un commerce actif d'exportation surtout ; les navires, qui calent plus de 2 mètres, y restent. On y a établi, en 1866, l'observatoire remarquable, dit *du Compas;* on y compte en été 50,000 hab., avec la nombreuse garnison ; — *Narva*, au S.-O. de Saint-Pétersbourg, ville fortifiée, jadis hanséatique, célèbre par la victoire de Charles XII, en 1700 ; — aux environs de Pétersbourg on voit un grand nombre de maisons de plaisance et de palais impériaux : *Oranienbaum* et *Peterhof*, sur le golfe de Finlande ; — *Poulkova*, célèbre par son observatoire ; — *Tsarskoë-Selo*, par ses jardins ; — *Tchesmé*, *Paulovsk*, *Gatschina*, petite ville de 7,000 hab. ; — *Schlusselbourg*, forteresse sur la Neva et le lac Ladoga ; prison d'État ; — *Sisterbek*, fabrique d'armes.

2° L'Esthonie, au S. du golfe de Finlande.

Reval, port fortifié sur le golfe, en face d'Helsingfors, ancienne ville hanséatique, station d'un escadre russe ; chantiers de construction, arsenal, fonderie de canons ; manufacture de glaces, fonderie de cloches, distilleries. Grand commerce de bétail, seigle, graines de lin, lin, chanvre, cordages, sel ; bains de mer ; 27,000 hab. ; — *Port-Baltique*, vaste port, à l'entrée du golfe de Finlande.

3° La Livonie, à l'E. du golfe de Livonie, s'étend entre l'Esthonie et la Duna.

Riga, près de l'embouchure de la Duna, ancienne ville hanséatique, jadis fortifiée, fait un grand commerce de seigle, lin, graines de lin, chanvre, potasse, bois, planches ; 102,000 hab., — *Dunamunde*, port fortifié à l'embouchure de la Duna, les gros navires s'y arrêtent ; — *Dorpat* ou *Derpt*, à l'O. du lac Peypus, ancienne ville hanséatique, université allemande ; 21,000 hab., — *Pernau*, port fortifié à l'embouchure du Pernau, au N. de Riga ; commerce de sel et de harengs ; 6,000 hab.

4° La Courlande, qui renferme la Sémigalle à l'E., est située au S. de la Duna.

Mitau, sur l'Aa ; 23,000 hab. ; — *Liebau*, port rapidement dégagé des glaces, près de la frontière prussienne, à l'extrémité du chemin de fer d'Orel, prend une grande importance ; 17,000 hab. ; — *Windau*, au N., excellent port de commerce ; — *Dunabourg*, au S.-E. sur la Duna ; 29,000 hab.

L'archipel Livonien, situé au N.-O. du golfe de Livonie, comprend surtout Œsel, qui a 100 kil. de l'E. à l'O sur 50 de largeur, avec *Arensbourg* pour chef-lieu, Moen ou Moun et Rouno, qui font partie de la Livonie ; — dans l'Esthonie sont Dago, aux côtes très-découpées, fertile, riche en bois, et Worms.

§ 6. — Géographie politique. Russie occidentale : Lithuanie, Ukraine polonaise, Pologne gouvernements, villes

IV. — RUSSIE OCCIDENTALE.

Elle comprend trois parties, qui se trouvaient jadis dans le royaume de Pologne : la Lithuanie, la Pologne proprement dite, l'Ukraine polonaise. — La Lithuanie et l'Ukraine, provinces moscovites dans les temps anciens, furent conquises au treizième siècle et au quatorzième par les Lithuaniens et les Polonais. Aussi la noblesse est-elle encore en partie d'origine polonaise ; mais la masse de la population est formée de Russes blancs et de Lithuaniens ou Lettes, de religion grecque, qui ont assez facilement accepté la domination russe.

Les plaines assez marécageuses de la Lithuanie sont arrosées par la Duna, au N., par le Dniéper et ses affluents, la Bérésina et le Pripet, à l'E. ; par le Niémen, la Vilia et le Bug à l'O. Le pays est généralement plat et renferme beaucoup de tourbières ; au S. le marais de Pinsk couvre une immense étendue. La terre est fertile, mais presque partout mal cultivée ; elle produit seigle, orge, froment, avoine, blé sarrasin ; du lin, et du chanvre en grande quantité. Les forêts sont immenses ; les pins, chênes, tilleuls, ormes, donnent des bois de construction, du goudron, de la potasse ; elles renferment encore beaucoup d'animaux sauvages. Les pâturages sont excellents, mais le bétail, quoique nombreux, est petit et de race médiocre, les abeilles donnent beaucoup de miel et de cire. On trouve du granit (Vilna), du fer et du succin. Il y a peu d'industrie, mais un commerce assez actif de produits agricoles. La population, pressurée par les juifs et négligée par les seigneurs, est presque partout pauvre et grossière.

La LITHUANIE comprend 6 gouvernements, dont la population est de 5,950,000 habitants.

1° KOWNO, dans l'ancienne Samogitie, au S. de la Courlande, au confluent du Niémen et de la Vilia, fait commerce de blé, lin et miel ; 35,000 hab.

2° VITEBSK, à l'E., sur la Duna, fait un grand commerce avec Riga ; 29,000 hab. ; — *Polotsk*, au N.-O., avec un archevêché catholique ; — *Drissa*, à l'O., où on avait établi un camp retranché, en 1812 ; sont également sur la Duna.

3° MOHILEV, ou MOGILEW, sur le Dniéper, au S -O. de Witebsk, fait un grand commerce avec Odessa et Kherson, fabriques de cuirs ; archevêché catholique, 39,000 hab. ; — *Orscha*, au N.-O., au grand coude du Dniéper ; combats en 1812.

4° MINSK, dans l'ancienne Polésie, à l'O., sur un affluent de la Bérésina, peuplée surtout de juifs ; 56,000 hab. ; — *Bobruisk*, au S.-E., place forte sur la Bérésina ; 24,000 hab. ; — *Borisof*, au N.-E. de Minsk, à 4 kil. de la rive droite de la Bérésina, et *Studzianka*, plus au N. sur la rivière, sont tristement célèbres par les désastres des Français, en 1812, — *Pinsk*, au S.-O. de Minsk, au milieu des marais de ce nom ; cuirs, 5,000 hab.

5° GRODNO, dans l'ancienne Podlaquie, près de la frontière Prussienne, sur le Niémen, foires importantes ; 25,000 hab. ; — *Bialystok*, au S.-O , avec un château célèbre ; commerce actif, 15,000 hab. ; — *Brzesc Litevski*, au S., place forte sur le Bug ; commerce de grains ; académie juive fréquentée ; 25,000 hab.

6° VILNA, au N.-E. de Grodno, dans la Lithuanie proprement dite, sur la Vilia, place forte, qui fait un grand commerce, 80,000 hab., dont beaucoup de juifs, — *Smorgoni*, à l'E., sur la Vilia, où Napoléon quitta son armée dans la retraite de Russie.

L'UKRAINE POLONAISE, au S. des marais de Pinsk, est un pays où les marécages sont remplacés par de belles collines ; le climat est doux, le Dniester et le Boug en arrosent la partie méridionale. La terre est fertile et produit en abondance des céréales, millet, seigle, beau froment pour l'exportation; chanvre, lin, houblon, tabac. Il y a des forêts considérables de chênes, d'érables, de tilleuls ; les pâturages excellents, surtout au S., nourrissent des bestiaux nombreux et estimés. Il y a du fer, des pierres meulières, de la terre à faïence, surtout dans la Volhynie, au N., où l'industrie est assez active (draps, cuirs, verreries, faïence). La population se compose en grande partie de Petits-Russes, de religion grecque, qui ont toujours montré peu d'attachement pour leurs seigneurs polonais. Malgré la richesse du pays, ils sont encore pauvres et pressurés par les juifs L'Ukraine a formé deux provinces, dont la population est de 5,590,000 habitants.

1° La VOLHYNIE, au N., a pour chef-lieu *Jitomir* ou *Shitomir*, qui fait un grand commerce avec la Galicie, la Hongrie, la Valachie; 38,000 hab.; — *Lutsk*, à l'O., place forte sur le Styr ; 6,000 hab.;— *Dubno*, sur le Styr ; 9,000 hab.; — *Kremenetz*, au S.-O. de Jitomir; 8,000 hab.; — *Staro-Konstantinov*, à l'E. de Kremenetz; 10,000 hab.

2° La PODOLIE, au S., a pour chef-lieu *Kamieniec* ou *Kamenetz-Podolski*, place forte près du Dniester; 23,000 hab.; = *Mohilev*, au S.-E., sur le Dniester ; 9,000 hab.; =*Balta*, au S.-E. ; 7,000 hab.; — *Bar*, célèbre par la confédération de 1768, au N.-E. de Kamieniec.

La troisième partie de la Russie occidentale comprend la POLOGNE PROPREMENT DITE, que le gouvernement russe s'est efforcé de s'assimiler par tous les moyens, dont on a bouleversé les subdivisions administratives et qu'on n'appelle plus officiellement que le *gouvernement de la Vistule*.

La POLOGNE (Polska, champ, plaine), jadis bien plus étendue, ne comprend plus que le milieu du bassin de la Vistule avec ses affluents, le Bug, la Narew, la Pilica. Le climat est humide, froid, les vents, souvent violents, parcourent sans obstacle cette plaine immense; l'air n'est pas toujours salubre et la qualité des eaux à boire est souvent mauvaise ; aussi les habitants sont-ils exposés à un grand nombre de maladies, la petite vérole et la plique, mal particulier et terrible, font de grands ravages.

Il y a peu de minéraux au nord et au centre; mais dans le S., entre la Vistule et la Pilica, on trouve du fer en assez grande quantité, du plomb et de l'argent (Olkusz), du cuivre, du zinc, de la calamine, un peu de soufre et de sel gemme, assez de houille. — Les terres sont fertiles, mais ne sont pas toujours assez bien cultivées; elles produisent seigle, avoine, orge, froment, blé noir, colza, lin, chanvre et pommes de terre, en grande abondance ; vers le sud, tabac, houblon, betteraves, pastel ; on trouve là d'immenses vergers, couverts de pommiers, poiriers, pruniers, noisetiers, pêchers. Il y a de grandes forêts de pins, sapins, hêtres, chênes, mélèzes, tilleuls, ormes, frênes, bouleaux, érables, etc. — Les bestiaux sont nombreux; les chevaux sont vigoureux et bons coureurs; les bœufs sont estimés; la race ovine a reçu de notables améliorations; il y a plus d'un million de porcs, et les ruches d'abeilles se rencontrent partout. — Les animaux sauvages trouvent encore un asile dans les forêts de la Pologne comme dans celles de la Lithuanie. — L'industrie a fait de grands progrès, et donne lieu à un commerce extérieur assez considérable ; on peut citer les fabriques de tissus de laine (draps, châles, tapis), les fabriques de tissus de coton, de toiles de lin, de fils de chanvre, de soieries ; de sucre de betteraves, de bière, d'eaux-de-vie de grains ; la carrosserie est estimée, comme les instruments de musique, les armes, les machines, les chapeaux de paille, les bougies, les produits chimiques, etc.

La population, de 5,706,000 habitants, est en majorité de race polonaise, avec 3 ou 400,000 Lithuaniens et 600,000 juifs ; il y a 500,000 protestants ou grecs-unis ; le reste est catholique.

Jusqu'à ces dernières années, la Pologne formait 5 gouvernements: ceux de Varsovie (anc. Masovie), de Radom (palatinats de Sandomir et de Cracovie), de Lublin (Podlaquie), de Plotsk (Cujavie et Masovie), de Suvalki (Podlaquie). Le royaume de Pologne a cessé d'exister même de nom, et, depuis 1867, la Pologne, incorporée à la Russie, a été divisée en 10 gouvernements : Varsovie, Siedlce ou Sjeldletz, Lublin, Radom, Kielce ou Kjeletz, Piotrokow, Kalisz, Plock, Lomza ou Lomsha et Suvalki.

Les villes principales sont :

Varsovie (Warschau), la capitale, sur la Vistule, avec son faubourg de *Praga*, grande place forte, belle ville qui renferme beaucoup de palais et d'églises, célèbres dans l'histoire de Pologne. Elle n'a plus son université, mais possède encore de nombreuses écoles. C'est un marché de laines considérable; elle a des fabriques de toiles, de draps, de tapis, de savon, de bas, de chapeaux, sa carrosserie et sa sellerie sont estimées Elle a de grandes foires et fait un commerce important. Elle est fameuse dans l'histoire de Pologne, par ses désastres de 1795 et de 1831 ; 250,000 hab.; — près de la est la plaine de *Vola*, où se réunissaient les diètes polonaises et où se livra un combat en 1831 ; — *Grochow*, au S.-E. de Praga ; bataille de 1831 ; — *Lowicz*, à l'O. de Varsovie ; 6,000 hab.; — *Zgierz*, à l'O., draps ; — *Lodz*, un peu au S.; grande industrie des draps, lainages, cotonnades ; 35,000 hab.; — *Kalisz*, sur la Prosna, à l'O.; foires pour les laines ; draps, toiles, tanneries ; 15,000 hab.; — *Czenstochowa*, au S.-O., sur la Wartha, place forte; 15,000 hab.; — *Piotrokow* ou *Petrikau*, au S.-O. de Varsovie ; 6,000 hab.

Plotsk ou *Plock*, sur la Vistule, au N.-O. de Varsovie ; commerce actif; 23,000 hab.; — *Modlin* ou *Novo-Georgiewsk*, place forte, au confluent de la Vistule et du Bug; — *Pultusk*, sur la Narew, au N. de Varsovie, au milieu de marais et de fondrières ; combats de 1807 ; — *Ostrolenka*, sur la Narew, au N.-E., combats de 1807 et de 1831. *Suvalki*, au N.-E.; 10,000 hab.; — *Augustowo*, au S. de Suvalki ; grand commerce de bœufs et de chevaux; 6,000 hab.; — *Lomza*, sur la Narew, au N.-E. d'Ostrolenka.

Lublin, au S.-E. de Varsovie; 20,000 hab.; — *Iwangorod*, au N.-E. de Lublin, place forte sur la Vistule; — *Maciejowice*, au N.-O., sur la Vistule ; bataille de 1794 ; — *Pulavy*, au S.-E. d'Iwangorod, sur la Vistule, résidence célèbre des Czartoryski ; — *Siedlce*, a l'E. de Varsovie, ancien chef-lieu de la Podlaquie ; eau-de-vie renommée; 6,000 hab.; — *Zamosc*, au S.-E. de Lublin; place forte.

Radom, au S. de Varsovie, 5,000 hab ; — *Kielce*, au S.-O.; académie des mines, dans un pays où il y a du fer, du cuivre et même de l'argent; commerce de blé et de ferronnerie; 5,000 hab.; — *Sandomir*, au S. de Varsovie, sur la Vistule.

§ 7. — Géographie politique — Grande-Russie gouvernements, villes.

V. — La GRANDE-RUSSIE ou Russie Sainte, au cœur de l'empire, après avoir lutté courageusement contre les Tartares, a depuis le xv° siècle étendu sa domination sur tous les pays voisins. Les Grands-Russes se sont répandus dans la Russie boréale, dans la Russie Blanche à l'O., dans la Petite-Russie au S.-O., et même dans la Russie Orientale. Ils forment la masse la plus compacte et la plus nombreuse de la Russie.

Les 16 gouvernements de la Grande-Russie proprement dite renferment le plateau de Valdai et les pentes qui l'environnent de toutes parts, les sources du Volchow, de la Duna, du Dniéper à l'O.; le haut bassin du Don, au S.; la partie supérieure et la plus importante du bassin du Volga.

Le climat du plateau de Valdai, à cause de l'élévation du sol, est rigoureux ; les rivières restent glacées pendant quatre mois et demi; les gouvernements du N.-E. ont des étés plus chauds ; la température s'adoucit un peu au centre et surtout au sud, dans les gouvernements de Koursk et de Voroneje; mais les vents glacés du N. et du N.-E. sont partout à redouter. Les forêts sont magnifiques, principalement au N. de Moscou; les sapins, les pins, les conifères dominent au nord du 57°; en allant vers le sud, on trouve les bouleaux, les peuphers-trembles, les tilleuls, les chênes, les érables, les charmes. On exploite les bois pour la construction et pour le chauffage; on en tire de la térébenthine, du goudron, de la potasse, etc.; l'écorce des tilleuls et des bouleaux sert à faire des boîtes, des corbeilles, des souliers tressés, etc.

On cultive le seigle, l'orge, l'avoine, le blé, le lin, le chanvre ; on récolte beaucoup de pommes, dont on fait du cidre, des cerisiers, des pruniers; les jardiniers de Rostov fournissent Saint-Pétersbourg et Moscou de primeurs variées.

Les animaux domestiques sont nombreux, mais ne sont pas de belle race; les bœufs sont maigres et osseux, la laine des moutons est grossière, les agneaux fournissent une bonne fourrure ; les chevaux russes sont bien proportionnés, infatigables, mais capricieux.

La Russie centrale a peu de richesses minerales; on trouve du sel gemme sur les pentes du Valdaï, du fer dans les gouvernements du N.-E. et près de Toula, des gîtes de pyrite sulfureux dans ceux de Kostroma, de Moscou, Vladimir, Tver, il y a un peu de houille dans ceux de Toula, Kalouga, Vladimir.

Cependant la Grande-Russie renferme la région industrielle de l'empire, de Kostroma à Orel, de Tver à Nijni-Novgorod, c'est là qu'on fabrique les draps, les tissus de laine et de coton, les soieries, les objets en fer, en cuivre, les papiers, le sucre, le suif, les chandelles, les cuirs, etc., qui alimentent les nombreuses et grandes foires, d'où ces produits se répandent dans les pays demi-barbares de l'Est et du Sud.

Les 16 gouvernements de la Grande-Russie, peuplés de 22 millions d'habitants, sont :

Dans le versant de la mer Baltique :

1° Veliki-Novgorod (la grande Novgorod), au N. du lac Ilmen, l'une des premières villes fondées en Russie, longtemps république florissante. Marchés de blé, chanvre, lin ; vente de chevaux, commerce entre Moscou et Saint-Pétersbourg ; 18,000 hab. ; — *Staraia-Roussa*, au S. du lac, près de salines considérables ; marché pour le lin ; 10,000 hab.

2° Pskov ou Pleskov, au S.-O., a l'embouchure de la Velikaia dans le lac Peypus, longtemps république indépendante qu'on appelait la sœur cadette de Novgorod; commerce de cuirs, suif, goudron, chanvre, et surtout de lin renommé, 10,000 hab. ; — *Veliki-Luki*, au S.-E. ; cuirs estimés ; — *Toropetz*, à l'E., non loin de la Duna, grand commerce avec Riga ; 8,000 hab.

Dans le bassin du Dniéper :

3° SMOLENSK, ville forte sur le Dniéper, fabriques de soieries, de toiles, de tapis ; commerce de chevaux, l'une des villes saintes de la Russie; bataille en 1812; 23,000 hab. ; — *Krasnoe*, au S.-O., et *Valoutina-Gora*, célebres dans la campagne de 1812 ; — *Viazma*, au N.-E. de Smolensk, sur la route de Moscou, commerce de chanvre, lin, grains, bestiaux, pain d épice, cuirs ; 12,000 hab.

4° OREL, au S.-E., sur l'Oka, affluent du Volga ; toiles, dentelles, poteries, verres et cristaux; centre du commerce des blés; 44,000 hab. ; — *Briansk*, à l'O., sur la Desna, affluent du Dniéper; fonderie de canons, manufacture d'armes, tanneries ; 5,000 hab. ; — *Bolkhov*, au N. d'Orel ; cuirs très-estimés ; 12,000 hab., — *Mzensk*, à l'E. ; dentelles, 10,000 hab. ; — *Ieletz*, sur la Sosna, à l'E. ; grande usine de fer ; 30,000 hab.

Dans le bassin du Don :

5° KOURSK, au S. ; commerce de chanvre, miel, cire, suif, bestiaux, fourrures, cuirs; grande foire ; fabriques de ceintures de laine ; 30,000 hab. ; — au S.-E., *Belgorod* ; 10,000 hab., et *Korotscha* ; 8,000 hab. ; — au S.-O., *Ryslk* et *Poutivl*; commerce actif.

6° VORONEJE, à l'E., sur le Voroneje, près du Don, fabriques de draps, cuirs, savon, vitriol ; commerce de laines et de grains ; 42,000 hab.

Dans le bassin du Volga :

7° MOSCOU ou MOSKVA, sur la Moskva, la grande ville de la Russie centrale et l'une des deux capitales de l Empire. Célèbre par son Kremlin, ses palais, ses églises ; université ; centre d une grande région industrielle et d'un vaste commerce entre la Russie et l'Asie ; 612,000 hab. ; — *Mojaisk*, à l'O., sur la Moskva ; près de la s'est livrée la grande bataille de *Borodino* ou de la *Moskova*, en 1812 ;—*Kolomna*, sur l'Oka, au S.-E. de Moscou ; fabriques de toiles, de soieries, de cotonnades, tanneries; commerce de bestiaux; 20,000 hab. ; — *Serpoukhov*, au S. ; draps, cuirs, toiles à voiles ; 8,000 hab. ; —. *Troitzkoi*, le plus riche monastère de la Russie, lieu de grand pèlerinage, au N.-E. de Moscou.

8° TVER, sur le Volga, au N.-O. de Moscou, dans la partie la plus élevée du plateau de Valdai ; commerce assez actif ; fabriques de fils et tissus de cotons ; 30,000 hab. ; — *Torschok*, au N.-O. ; maroquins brodés ; 12,000 hab., — *Vichnei-Volotchok*, au N.-O. ; commerce assez important ; 7,000 hab. ; — *Ostaschkov*, à l'O. ; peaux, 8,000 hab. ; — *Rschev*, sur le haut Volga ; commerce de chanvre et de blé ; industrie importante ; 10,000 hab.

9° IAROSLAV, sur le Volga, au N.-E. de Moscou. Ecole des hautes sciences ; fabriques de toiles, linge de table, tapis, soieries, maroquins, papiers; 38,000 hab.; — *Rybinsk*, à l'O., sur le Volga, là où viennent aboutir les canaux du nord; grande animation en été; — *Ouglitch*, au S.-O., sur le Volga, cuirs, papiers, savons; 8,000 hab.; — *Rostov*, au S.; toiles, vitriol; — *Romanov-Borisoglebsk*, sur le Volga, au N.-O. de Jaroslav; chaudronnerie, tanneries; 7,000 hab.

10° Kostroma, sur le Volga, au N.-E. de Iaroslav; maroquins, toiles, savons, fonderie de cloches; 24,000 hab; — *Vetluga* et *Varnavin*, à l'E.; fabrication de vaisselle de bois; — *Vitschouga*; linge damassé; — *Makariev*, à l'E. de Kostroma, et *Galitsch*, au N.-E., ont encore de l'importance.

11° Nijni-Novgorod (la basse Novgorod), au S.-E., au confluent du Volga et de l'Oka. Industrie du coton et des cordes; brasseries; coutellerie; grand commerce dans des foires très-célèbres, surtout dans celle de Saint-Macaire, où se réunissent plus de 300,000 marchands venus de tous les points de l'Asie et de l'Europe; 41,000 hab.; — *Arzamas*, au S.; broderies, cuirs, maroquins, teintureries; 8,000 hab.; — *Pavlova*, sur l'Oka; forgerons renommés; serrurerie.

12° Vladimir, à l'E. de Moscou, sur la Khazma, affluent de l'Oka; industrie active, surtout pour les cuirs; 10,000 hab.; — *Souzdal*, au N.; toiles, draps; — *Mourom*, au S.-E., sur l'Oka; cuirs, toiles, savons.

13° Kalouga, au S -O. de Moscou, sur l'Oka, toiles à voiles, cuirs, poteries, vases en bois, papiers; commerce avec l'Allemagne. Ecole d'art forestier; 37,000 hab.; — *Malo-Iaroslavetz*, au N.; bataille en 1812.

14° Toula, à l'E, sur l'Oupa, affluent de l'Oka; fonderie de canons, manufacture d'armes, serrurerie, quincaillerie de cuivre renommée, cuirs. Ecole militaire. Aux environs, mines de fer et forges; 58,000 hab.

15° Riazan, à l'E., sur l'Oka; toiles, soieries, verres et cristaux, coutellerie; commerce actif; 20,000 hab.; — *Kasimov*, à l'E, sur l'Oka, au centre d'un district très-industrieux; serrurerie estimée; 8,000 hab.; — *Skopin*, au S.; cuirs maroquinés; 8,000 hab.

16° Tambov, au S.-E. sur la Tana, affluent de l'Oka; commerce de laines, cuirs, viande salée; foire importante; 35,000 hab. (?); — *Koslov*, au N.-O. de Tambov, sur la Voroneje; savonneries, suif; commerce actif, 25,000 hab.; — *Lipetzk*, à l'O.; fonderies de fer, eaux minérales; 6,000 hab.; — *Tennikov*, au N., sur un affluent de l'Oka; commerce de blé, 7,000 hab.

§ 8 — Géographie politique — Petite-Russie ou Ukraine — Russie méridionale : gouvernements, villes

VI. — PETITE-RUSSIE OU UKRAINE.

Ce nom a jadis été donné à plus de pays que de nos jours, à la Podolie, à la Volhynie que nous avons décrites, à la Galicie qui est à l'Autriche, à une partie des gouvernements de Voroneje, Koursk et Orel, et même aux steppes des Cosaques du Don et de la mer Noire. La population se compose de *Malo-Russes* ou *Russes-Rouges*, de Cosaques, de Polonais, qu'on désigne sous le nom général de Petits-Russes, population gaie, intelligente, supérieure à celle de la Grande-Russie, dont la langue, le rousniaque, est flexible, sonore, mélodieuse, riche en chants populaires. Ces pays, qui appartenaient originairement à la Russie, furent conquis par les Tartares, puis par les Lithuaniens et les Polonais ; ils furent reconquis par les Russes au xvii° siècle et au xviii°.

La Petite-Russie ne comprend plus que 4 gouvernements, celui de Kiev, sur la rive droite du Dniéper, ceux de Tchernigov, de Poltava, sur la rive gauche, et celui de Kharkov, dont la partie orientale est dans le bassin du Don. C'est une grande plaine, faiblement ondulée, où le froid, quelquefois rigoureux, dure peu de temps, où les chaleurs sont grandes ; c'est par excellence la région de la Terre-Noire (Tchornosjom) ; le sol est couvert d'une couche profonde d'humus végétal, doué d'une telle fécondité qu'il n'a pas besoin d'engrais : aussi toutes les céréales y prospèrent à merveille, les grains nourrissent les populations du Nord et se déversent, surtout par les ports de la mer Noire, dans le reste de l'Europe. La Terre-Noire s'étend dans les bassins du Dniéper, du Don, du Volga, comprenant une superficie de plus de 80 millions d'hectares Nulle part on n'y trouve de débris marins, dès les temps les plus reculés il n'y existait point de forêts, point de flaques d'eau stagnante, mais ces terrains, qui formaient un continent, préparés à la culture par une végétation herbeuse de bien des siècles, sont devenus d'une fertilité merveilleuse. Outre le froment, on cultive le chanvre, le lin, les graines oléagineuses, les légumes, le tabac, le houblon, la betterave ; les arbres fruitiers, pommiers, poiriers, pruniers, cerisiers, donnent lieu à une exportation considérable ; le mûrier réussit assez bien, quelques parties possèdent encore des forêts considérables, et les chênes de l'Ukraine sont recherchés pour la marine ; mais d'autres parties manquent de bois. Les prairies, où dominent le trèfle et la luzerne, sont également magnifiques ; elles nourrissent des bœufs estimés, de nombreux troupeaux de moutons, des chevaux alertes et vigoureux. Il y a peu de richesses minérales ; on trouve du salpêtre, de la terre à porcelaine et à poterie, de la tourbe, un peu de fer, et l'industrie est peu développée, excepté à Kiev, on fabrique des draps, du sucre de betteraves; on compte quelques forges, des tanneries, des verreries et surtout des distilleries de grains.

Les 4 gouvernements ont 7,590,000 habitants.

1° Kiev, sur la rive droite du Dniéper, l'une des cités saintes de la Russie et l'une des plus anciennes, a été la capitale des Varègues-Scandinaves C'est une place forte avec un arsenal; elle a un archevêché grec-uni, une université, de nombreuses églises, comme la cathédrale de Sainte-Sophie. On y trouve des tanneries, des fabriques de savon, tabac, chandelles, voitures, produits chimiques, etc. Elle a des foires importantes, surtout celle dite des *Rois* ou des *Contrats*; 74,000 hab. ; — *Berdyczev* ou *Berdytschev*, a l'O., sur la frontière de la Volhynie, ville de commerce considérable; 54,000 hab. ; — *Targovitz*, village sur la frontière du S., où se forma la funeste confédération de 1791.

2° Tchernigov, plus au N., dans la Sévérie, sur la Desna ; 11,000 hab.; — *Niejin* ou *Neshim*, au S.-E. ; fabriques de soieries, parfumeries, liqueurs, confitures ; 15,000 hab. ; — *Gluchov*, à l'E. ; draps pour l'armée ; 8,000 hab. ; — *Novgorod-Severskoi*, sur la Desna; commerce actif ; 8,000 hab. ; — *Starodoub*, plus au N., fonderies de cuivre.

3° Poltava, plus au S., sur la Vorskla ; fabriques de lainages et de toiles, commerce de chevaux, de cuirs et de goudron; foires importantes; bataille célèbre de 1709, où Charles XII fut vaincu par Pierre le Grand ; 52,000 hab. ; — *Romny*, au N.-O., sur la Sula ; foires jadis plus importantes ; 10,000 hab. ; — *Pereiaslavl*, à l'O. ; 7,000 hab. ; *Krementchoug*, au S.-O., sur le Dniéper, ville de commerce ; 20,000 hab.

4° Kharkov, à l'O., dans une position favorable pour le commerce entre Moscou et la mer Noire; université ; foires considérables, grand marché de laines; industrie très-active, surtout pour les objets en fer et les tapis ; 60,000 hab. ; — en allant vers le N.-O., *Bogodoukhov*, au milieu de beaux vergers ; 10,000 hab. ; — *Akhtyrka*; 14,000 hab. ; — *Lebedin*, 12,000 hab. ; — *Soumy*, commerce de chevaux ; 10,000 hab.; — *Bielopolié*, commerce de grains ; 8,000 hab.

VII. — RUSSIE MÉRIDIONALE.

La Russie méridionale ou Nouvelle-Russie comprend les quatre gouvernements de Bessarabie, Kherson, Tauride, Iékatérinoslav, auxquels on peut ajouter le gouvernement des Cosaques du Don.

C'est la région des steppes, plaines immenses, sans arbres, sans pierres, battues presque toujours par les vents du N.-E., avec de grands pâturages et quelques parties moins arides, produisant beaucoup de grains, qui rappellent le sol de la Terre-Noire. Ce sont en général des fonds marins, émergés à une époque récente et n'offrant de verdure qu'au printemps. La population est de 5,500,000 habitants.

1° La BESSARABIE, au S.-O. de la Russie, entre le Pruth et le Dniester, a appartenu à la Turquie jusqu'en 1812. Longtemps habitée par les Tartares Nogais ou Boudjaks et par des Roumains, elle a été en partie repeuplée par des colons russes, allemands, bulgares. Le Nord présente encore une suite de collines boisées ou bien cultivées ; les steppes commencent dans la partie méridionale, où l'on trouve beaucoup de hautes herbes et de marécages. L'éducation du bétail dans de bons pâturages est la principale richesse du pays ; on récolte le safran et la garance, le chanvre, le tabac, les légumes ; les fruits et les vignes donnent de bons produits. Il y a quelques manufactures de toiles et de cotonnades, des tanneries, des fabriques de chandelles, de savon, des distilleries ; les échanges se font principalement avec l'Autriche.

Les villes principales sont : KICHENEV, sur le Byk, affluent du Dniester, grande ville de 104,000 hab. ; — *Bender*, au S.-E., place forte sur le Dniester, jadis beaucoup plus importante ; près de là est *Varnitza*, célèbre par le séjour de Charles XII ; — *Akkerman*, port fortifié sur le liman du Dniester : traité de 1826 ; 30,000 hab. ; — *Chotin*, Khotin ou *Choczim*, place forte sur le Dniester, au N.-O. de la province ; 21,000 hab.

2° Le gouvernement de KHERSON, entre les bouches du Dniéper et du Dniester, est un pays bien arrosé, marécageux ou sablonneux sur la côte, peu boisé au N., renfermant de vastes steppes herbacées, où l'on élève beaucoup de chevaux, de bœufs et surtout des moutons-mérinos, dont la laine est très-estimée. Il y a quelque industrie, mais le commerce est surtout très-important. La population se compose de Grands et de Petits-Russes, de Cosaques et de colons étrangers. Les principales villes sont :

KHERSON, sur le Dniéper, à 20 kil. de son embouchure, ville fondée en 1778, port déchu, qui fait encore un assez grand commerce de bois ; 46,000 hab. ; — *Otchakof*, petit port à l'entrée du liman du Dniéper, en face de Kinburn ; — *Nikolaiev*, au confluent du Boug et de l'Ingoul ; arsenal, grands chantiers de construction ; elle a perdu de son importance depuis la guerre de Crimée, mais fait encore assez de commerce ; 68,000 hab. ; — *Ielisabethgrad*, sur l'Ingoul; arsenal; 52,000 hab.; — *Tiraspol*, ville forte sur le Dniester; 5,000 hab.; — *Ovidiopol*, petit port en face d'Akkerman; — ODESSA, ville fondée par Catherine II en 1794 dans une steppe sablonneuse, est le meilleur port de commerce de la mer Noire. Elle doit beaucoup à son second gouverneur, le duc de Richelieu, qui y a créé un lycée florissant; son jardin botanique est célèbre. Elle a des distilleries, des brasseries, des manufactures de lainages, de soieries, de savon, des fonderies, etc. Elle fait un commerce immense des produits de la Petite-Russie et des provinces polonaises; elle reçoit les denrées coloniales et les produits manufacturés de l'Europe. Elle a 122,000 hab.

3° Le gouvernement de TAURIDE comprend les steppes des Nogaïs au N. et la Crimée au S. Cette presqu'île, l'ancienne Chersonèse Taurique, est rattachée au continent par l'isthme de Pérékop; elle comprend, au N., les plaines arrosées par le Salghir, souvent glacées par le vent du N., brûlantes en été, remplies de marais salants vers l'isthme, mais partout couvertes d'excellents pâturages; au S. est un pays de montagnes, formé par la chaîne du Tchatyr-Dagh ou monts Yaïla; elle renferme de belles vallées qui jouissent du climat de l'Anatolie, où poussent les végétaux des pays chauds, des fruits, des grenades, des melons; les vignobles donnent des vins estimés; le produit des céréales, du seigle surtout, est abondant. Les bestiaux sont nombreux; les bœufs et les chevaux sont de race médiocre, mais les moutons, mérinos pour la plupart, sont estimés. On trouve du sel excellent, du salpêtre, du marbre, etc. L'industrie et le commerce sont peu développés. La population est surtout composée de Tartares, de Grands et de Petits-Russes, de Grecs, de Bulgares, d'Arméniens, les Tartares Nogaïs, jadis plus nombreux, se sont en partie retirés en Turquie. Les villes principales sont : NOGAÏSK, chef-lieu des Nogaïs, sur la mer d'Azov; — *Pérékop*, citadelle avec un fossé qui coupe l'isthme d'une mer à l'autre; grands magasins de sel; — SIMFÉROPOL, sur le Salghir, capitale de la Crimée; 10,000 hab.; — *Karasou-bazar*, à l'E., ville commerçante et industrielle; 12,000 hab.; — *Baktchi-Saraï*, au S.-O., ville tartare; coutellerie, maroquins; 10,000 hab. — On trouve, en suivant la côte, *Eupatoria* ou *Kozlov*, près d'un grand lac salé, assez bon port; aux environs, combats en 1855. 6,000 hab.; — après avoir traversé l'Alma (bataille en 1854), le Belbek, la Tchernaia, à l'embouchure de laquelle est *Inkerman*, après le port artificiel de *Kamiesch*, on arrive au plateau aride du cap Chersonèse; la est l'excellent port de SÉBASTOPOL, fondé en 1786, et devenu sous Nicolas Ier un établissement maritime de premier ordre, qui dominait la mer

Noire et menaçait Constantinople. Le fameux siége de 1854-1855, fait par les Anglais et les Français, a détruit ses fortifications ; mais on les relève depuis 1871 ; — le petit port de *Balaklava*, occupé par les alliés, a été le théâtre d'un combat furieux ; — la côte S.-E., abritée par les montagnes, est surtout fertile ; c'est là qu'on trouve les beaux vignobles de *Soudagh* ; — *Kaffa* (Theodosia) est bien déchue, depuis le temps où elle était un magnifique comptoir de Gênes, *Kertsch* (Panticapée), port sur le détroit ; 5,000 hab.; et *Iénikaleh*, port moins important ; — *Arabat*, petit fort au S. de la Fleche ; — *Berdiansk*, port très-sûr sur la mer d'Azov ; commerce de grains, de laines, de graines de lin.

4° Le gouvernement d'IÉKATÉRINOSLAV, au N.-E. de la Tauride, touche un peu à la mer d'Azov, mais comprend de plus le district de Rostov, enclavé dans le pays des Cosaques du Don. C'est une plaine monotone et aride, excepté sur les bords des rivières, souvent exposée à la sécheresse, qui détruit toute végétation, et aux ravages de nuées de sauterelles, qui rongent les roseaux des marécages jusqu'au niveau même de l'eau. Dans les parties fertiles, on cultive le chanvre, le lin, les légumes ; mais il y a surtout de grands pâturages, où on élève de nombreux troupeaux de moutons, des bœufs et des chevaux, dans quelques districts, la sériciculture a fait des progrès. L'industrie est peu importante, mais le commerce est considérable. La population se compose de Petits-Russes, de Cosaques, de Tartares Nogaïs, de colons Serbes, Valaques, Moldaves, etc. Les principales villes sont :

IÉKATÉRINOSLAV, sur le Dniéper ; commerce de laines, cuirs, suifs ; 23,000 hab ; — *Novo-Moskovsk*, au N.-E.; 8,000 hab.; — *Backmouth*, au N.-E., au milieu de houillères importantes du bassin du Donetz ; forges, fonderie de canons, — *Marioupol*, port sur la mer d'Azov ; maroquins rouges ; 8,000 hab.; — *Taganrog*, port fortifié sur la mer d'Azov ; commerce de blé, de laines, de suif, de caviar, de pelleteries ; Alexandre Ier y mourut en 1825 ; 25,000 hab.; — *Azov*, port ensablé près de l'embouchure du Don, maintenant déchu, — *Rostov*, port de commerce sur le Don ; exportation de froment, graines oléagineuses, laines, cuirs, suif, beurre, fer ; 38,000 hab.; — *Nakhitchevan*, sur le Don, ville peuplée d'Arméniens, qui travaillent la soie et le coton et qui font un commerce actif ; 12,000 hab.

5° Le gouvernement des COSAQUES du DON comprend le bassin inférieur du Don et de ses affluents, le Khoper, le Manytch, le Donetz, il touche un peu à la mer d'Azov. C'est une plaine immense, dont le sol est généralement maigre et sablonneux, il y a quelques parties fertiles, au N., sur les bords des rivières. On récolte des grains, du chanvre, du lin ; les vignobles fournissent des vins estimés ; les pâturages nourrissent de nombreux troupeaux ; les chevaux sont petits, mais rapides et infatigables, la pêche est abondante et donne lieu a une assez grande exportation. Les Cosaques, probablement dans l'origine Petits-Russes et Tartares, formèrent de bonne heure des colonies militaires, que protégea le gouvernement russe ; entraînés par leurs habitudes guerrières, ils ont surtout contribué à l'extension de la puissance des tzars en Asie et du côte du Caucase : ils jouissent encore de grands privileges. mais doivent fournir un contingent considérable a l'armée irrégulière. On trouve encore dans ce gouvernement des Grands et des Petits-Russes, des Tartares Nogais et des Kalmouks, qui habitent entre la mer d'Azov et la mer Noire.

Les villes principales sont : Novo-Tcherkask, la capitale, sur l'Aksai, affluent du Don ; 28,000 hab., — *Staroi-Tcherkask*, l'ancienne capitale, sur le Don, commence à être délaissée ; — *Ouroupinskaia*, au N., a des foires importantes.

§ 9. — Géographie politique. — Russie orientale gouvernements, villes

VIII. — RUSSIE ORIENTALE.

Elle comprend les anciens royaumes de Kazan et d'Astrakhan, maintenant divisés en 10 gouvernements, qui sont arrosés par le Volga et par l'Oural. A l'O. du Volga, on trouve la continuation de la région de la Terre Noire (nord de Saratov, Penza, Simbirsk, Kazan), qui se prolonge dans le gouvernement de Viatka par des plaines légèrement ondulées, encore composées de terreau gras productif. Les gouvernements de Perm, d'Orenbourg et d'Oufa, qui sont traversés par la chaîne de l'Oural, forment la région métallurgique de la Russie. Le S. du gouvernement d'Orenbourg, les gouvernements de Samara et d'Astrakhan, le S. du gouvernement de Saratov, sont dans la région des steppes. Le climat devient de plus en plus froid depuis le gouvernement de Penza jusqu'à celui de Perm ; les chaleurs sont quelquefois grandes dans les steppes entre le Volga et l'Oural. La région de la Terre Noire est très-fertile en céréales, blé, seigle, orge, avoine, millet, en chanvre, en lin surtout dans le gouvernement de Viatka, en pommes de terre, tabac, pavots, etc. Les forêts sont très-étendues et offrent des hêtres, des chênes, des aunes, des ormes, des tilleuls, des trembles, puis des mélèzes, des bouleaux, des pins, des sapins, etc. ; on en retire des bois de construction et de chauffage, du charbon, du goudron, de la poix, de la potasse. Les pâturages nourrissent de nombreux troupeaux de bœufs, de moutons de qualité médiocre, de chevaux ; il y a beaucoup de porcs surtout dans les gouvernements de Penza et de Simbirsk ; dans le gouvernement de Perm on trouve en abondance beaucoup de gibier et d'animaux à fourrures. Les produits minéraux sont considérables : dans Penza, fer et soufre ; dans Simbirsk, soufre, naphte, albâtre ; dans Viatka, fer et cuivre en abondance, tourbe et même houille ; c'est principalement dans la région de l'Oural (Perm, Oufa, Orenbourg) qu'on trouve de grandes richesses minérales, fer, cuivre, or, argent, platine, plomb, pierres précieuses, marbre, soufre, etc.; il y a beaucoup de sel (mines d'Oussolié et de Dédioukhine); c'est là aussi qu'on rencontre les grandes forêts dont les bois servent à de nombreuses usines. Dans les steppes d'Orenbourg, il y a des salines étendues ; dans le pays de Samara, des sources sulfureuses, de l'asphalte, des salines comme celle d'Ielton. Le gouvernement d'Astrakhan a quelques parties fertiles vers l'Oural et la Kouma, mais pas de bois et beaucoup de steppes basses et sablonneuses, surtout a l'E.; on y élève des troupeaux nombreux de bœufs et de moutons, des chevaux, des chameaux, des chèvres, des moutons à grosse queue. — L'industrie est florissante dans les gouvernements du Centre et du Nord : forges, fonderies, tanneries, draps, tapis, couvertures de laine, soieries, toiles à voiles, ustensiles en fer et en bois, papiers, savons, potasse, cuirs, distilleries, sucre de betteraves, verreries, etc. Il y a des foires importantes, comme celle d'Irbit (Perm).

Les 10 gouvernements de la Russie orientale, peuplés de 14 millions 760,000 hab., sont :

1° PENZA, sur la Sura (Volga) ; fabriques de cuirs et de savons ; commerce actif ; 27,000 hab. ; — *Insara*, au N.-O., grande fabrication de chaudrons de fer ; — *Saransk*, au N. ; tanneries, savons ; 9,000 hab. ; — *Nijni-Lomof*, à l'O. ; foire importante ; 8,000 hab.

2° SIMBIRSK, au N.-E., sur le Volga ; foire considérable ; 25,000 hab. ; — *Syzran*, au S., sur le Volga : 8,000 hab.

3° KAZAN, plus au N., ville forte à 6 kil. du Volga, capitale d'un ancien royaume tartare. Université, écoles des langues orientales, des cadets ; observatoire ; arsenal, fonderies de canons. Draps, tanneries, cuirs, maroquins, savons ; commerce important avec la Sibérie ; 79,000 hab.

4° VIATKA, au N., sur la Viatka ; grand commerce de grains ; fabrication d'objets en bois, cuirs recherchés, savons ; 20,000 hab. ; — *Sarapol*, au S.-E., sur la Kama ; construction d'énormes radeaux ; — *Ijerskoi*; grandes usines métallurgiques, manufactures d'armes ; 10,000 hab.

5° PERM, à l'E. sur la Kama, dans un pays riche en mines de fer, de cuivre, de platine, en gisements de sel ; usines nombreuses ; 28,000 hab. ; — *Nischné-Tagilsk*, près du mont Blagodat ; usines à fer, à cuivre, à platine; grand entrepôt de marchandises; 20,000 hab.; — *Verkhoturie*, au N.-E. ; forges, tanneries ; 17,000 hab,; — *Irbit*, au S.-E. ; foires importantes, commerce avec la Sibérie et la Chine ; — *Iékaterinburg*, au S -O., ville fortifiée dans un pays riche en mines d'or et de platine ; école des mines, forges, fonderies de canons, manufacture d'armes ; 25,000 hab. ; — *Kungur*, au S.-E. de Perm; tanneries, savonneries ; 8,000 hab.

6° Oufa, au S., à l'embouchure de l'Oufa et de la Biélaïa; 20,000 hab. ; — *Slataoust* ou *Zlato-Ustovsk*, au N.-E. ; manufacture d'armes ; près de là mines d'or ; 9,000 hab.

7° Orenbourg, au S., sur l'Oural, ville forte et commerçante ; 33,000 hab. ; — *Ouralsk*, au S.-O., sur l'Oural ; chef-lieu des Cosaques de l'Oural ; 10,000 hab. ; — *Gouriev*, petit port fortifié à l'embouchure de l'Oural.

8° Samara, à l'O. d'Orenbourg, sur le Volga ; marché de peaux d'agneaux, 34,000 hab. ; — *Stavropol*, un peu à l'O., sur le Volga ; chef-lieu des Kalmouks ; — *Sergievsk*, au N.-E. de Samara ; eaux sulfureuses ; 24,000 hab.

9° Saratov, au S.-O. de Samara, sur le Volga ; commerce considérable ; 93,000 hab. ; — *Volgsk*, au N.-E., sur le Volga ; tanneries, manufacture d'armes ; grand commerce ; 27,000 hab. ; — *Tzaritzin*, au S.-O. de Saratov, sur le Volga, à l'endroit où il se rapproche du Don ; eaux minérales.

10° Astrakhan, au S.-E., sur l'un des bras du Volga, à son embouchure ; ancienne capitale d'un royaume tartare. Fabriques de soieries, de cotonnades, de maroquins ; teintureries. Peu de commerce, si ce n'est de peaux d'agneaux; mais pêcheries considérables et fabriques de caviar ; 48,000 hab.

§ 10. — Géographie politique. — Russie du Caucase : territoires; pays; villes.

IX. — RUSSIE DU CAUCASE.

Les possessions russes, au N. et au S. du Caucase, ne forment qu'un vaste gouvernement divisé depuis 1868 en 12 territoires.

I. Territoires en deçà ou au nord du Caucase :
1° Pays du Kouban ;
2° Gouvernement de Stavropol, divisé en 5 districts : Stavropol, Piatigorsk, Novo-Grigoriefsk;
3° Pays du Térek.

II. Territoires au dela du Caucase ou Trans-Caucasie jusqu'à 41° 51' lat. N., sur la mer Noire et 38° 20' sur la mer Caspienne.

1° Daghestan ;
2° District de Sakatal (au S.-E. du Caucase, entre le Daghestan et Tiflis) ;
3° Gouvernement de Tiflis (Géorgie), divisé en 6 districts ;
4° Gouvernement de Koutaïs (Mingréhe, Gouriel, Souanéthi), divisé en 7 districts ;
5° Cercle militaire de Soukhoum-Kaleh (Abkhasie) ;
6° Cercle Tchernomorien ou des Cosaques de la mer Noire (partie du pays Tcherkesse) ;
7° Gouvernement d'Elisabethpol (Géorgie), divisé en 5 districts ;
8° Gouvernement de Bakou (Chirvàn), divisé en 6 districts ;
9° Gouvernement d'Erivan (Arménie russe), divisé en 5 districts.
La population est de 4,662,000 habitants.
Le pays au N. du Caucase présente des aspects divers, dans les environs du Manytch et de la Kouma, c'est la steppe aride, couverte de lacs et de marécages, vers le S., le pays s'élève, présente de courtes et profondes vallées, puis on rencontre les contre-forts gigantesques des Alpes caucasiennes et enfin la grande chaine. Dans le N., la chaleur est souvent étouffante, mais les bords des rivières sont fertiles ; on cultive la vigne et le mûrier près de Mozdok et de Kizliar, sur les bords du Térek, les pâturages nourrissent des bœufs, des moutons, des chèvres, des buffles, des chevaux estimés et des chameaux ; les montagnes sont boisées. La partie orientale ou *Daghestan* est montueuse, fertile, surtout près de la côte, en céréales, vignes, mûriers, cotonniers ; il y a des pâturages, des bestiaux assez nombreux, des bois. Le climat est doux, mais très-chaud sur la côte et malsain. La partie occidentale ou *Circassie* a quelques plaines très-fertiles en céréales, riz, tabac, chanvre, vins ; dans les montagnes, les pâturages nourrissent des moutons à laine fine, des chevaux de bonne race et très-agiles. La chasse et la pêche sont productives. L'industrie est presque nulle.

Au sud du Caucase, le pays est accidenté dans les montagnes, puis on trouve de riches pâturages, des vallées et des plaines magnifiques. Au centre, la *Géorgie* produit froment, maïs, millet, chanvre, lin, fruits de toutes sortes, la vigne donne des récoltes abondantes, on élève des abeilles, des chevaux estimés, de nombreux troupeaux de bêtes à cornes, de moutons à grosse queue. L'*Imerethie*, à l'O., est un pays plus froid, mais fertile, où il y a également beaucoup d'abeilles, de vers à soie, de bestiaux. La *Gourie* ou *Gouriel* (Colchide) a un climat doux, qui laisse pousser le cotonnier, l'oranger, le citronnier, l'olivier, qui produit millet, maïs, et vins. La *Mingrélie* a ses châtaigniers et ses figuiers. Le

Chirvan, sur la Caspienne, a des richesses minérales et surtout du fer, des coteaux couverts de vignobles, d'excellents pâturages et des plaines où poussent blé, chanvre, garance, tabac, coton, safran, etc. *L'Arménie*, plus au S., est un pays fertile en céréales, vignes et riz. — On exporte de cette région des bois de construction, des peaux, des fourrures, du sel, du naphte, de la soie, du coton, de la cochenille, du riz, du vin, du tabac, de la cire, du ricin, du safran, de la garance.

Les populations du Caucase sont de toute race et de toute origine; on dirait que chacune des grandes émigrations venues d'Asie a laissé quelques débris sur cette route des peuples. Les principales sont : les Arméniens, les Georgiens qui habitent la Géorgie, la Mingréhe, l'Imérethie et le Gouriel ; les Abases ou Abkhases et les Ossetes, au N. du Caucase; les Guèbres dans la presqu'île d'Apchéron; ces peuples appartiennent a la race hindo-européenne. — Les Kabardiens, débris probablement de la nation des Khazars, au N. du Caucase, sont d'origine finnoise. — Les Tcherkesses et les Abadzas, au N.-O. du Caucase, les Lezghiens, au centre, sont aussi probablement d'origine finnoise. — Les Kumiks et les Turkomans sont de race turque. — Les Tchetchens et les Kistes, au N.-E. du Caucase, sont d'origine inconnue. Beaucoup de montagnards, depuis la conquête des Russes, ont émigré loin de leur pays, les Abases surtout, les Tcherkesses, les Abadzas, les Tchetchens ; la plupart ont péri misérablement. Plus de 100,000 colons, Cosaques du Don et de la mer d'Azov, soldats russes de la ligne du Kouban, etc., les ont remplacés.

Les principales villes sont au N. du Caucase : *Stavropol*, place forte, dans une position centrale; 21,000 hab., — *Georgievsk*, au S.-E., sur la Kouma, — *Mozdok*, sur le Térek, au milieu de vignes et de mûriers ,— *Kizliar*, à l'E., sur le Terek ; commerce d'eau de vie, de vins, d'étoffes de soie et de laine ; 10,000 hab. ; — *Iekaterinograd*, a l'O., sur le Térek, place forte ; — *Piatigorsk*, à l'O. de Georgievsk ; eaux sulfureuses.

Derbend, mauvais port fortifié sur la mer Caspienne, 10,000 hab.

Iekaterinodar, sur le Kouban, dans le pays des Cosaques de la mer Noire ; — *Anapa*, port fortifié sur la mer Noire ; — *Ieisk*, plus au N., bon port sur la mer d'Azov ; 28,000 hab. ; — *Taman*, sur le detroit d'Iénikaleh , — *Vladikavkas*, dans la Kabardie, place forte gardant la route militaire du défilé de Dariel.

Au S. du Caucase :

Tiflis, sur le Kour, chef-lieu de la lieutenance du Caucase, renferme quelques monuments, travaille la soie, et fait assez de commerce ; eaux sulfureuses ; 71,000 hab. ; — *Gori*, au N.-O., sur le Kour ; *Sighnack*, *Telav*, à l'E. ; places fortes ; — *Goudja*, *Gendje* ou *Elisabethpol*, au S.-E. ; fabriques de soieries ; 12,000 hab.

ERIVAN, au S., dans l'ancienne Arménie; forte citadelle; 12,000 hab.; — *Etchmiadzin*, à l'O., couvent arménien où réside le patriarche ; — *Nakhtchivan*, au S.-E., ville bien déchue ; — *Goumri* ou *Alexandropol*, au N.-O. d'Erivan ; place forte ; — *Schamakki* ou *Schemacha*, dans le Chirvan ; fabriques d'armes et de soieries ; 26,000 hab. ; — *Nukha*, au N.-O. de Schamakhi ; 23,000 hab. ; — *Bakou*, place forte, bon port de commerce sur la mer Caspienne ; 15,000 hab. ; près de là sont les sources abondantes de naphte de la presqu'île d'Aphéron ; c'est là que les Guèbres ou Parsis, adorateurs du feu, sont établis en grand nombre ; — *Lenkoran*, dans le Talisch, enlevé récemment à la Perse, au S. de l'Aras, sur les bords de la Caspienne ; — *Schuscha*, dans le Karabagh, place forte, entre l'Aras et le Kour.

Kutais, sur le Rion, dans l'Imeréthie ; — *Akhaltzikhé*, près du Kour, place forte ; 10,000 hab ; — *Poti*, dans le Gouriel, à l'embouchure du Rion ; — *Redout-Kaleh*, dans la Mingrélie et *Anaklia*, ports sur la mer Noire ; — *Sukkum-Kaleh* et *Soudjouk-Kaleh*, petits ports plus au N., dans l'Abkhasie.

§ 11. — Populations de la Russie. — Religions

La population de la Russie d'Europe (Russie, Pologne, Finlande, lieutenance du Caucase) paraît dépasser 76 millions d'hab., bien que les recensements soient imparfaits et souvent contradictoires ; ce qui lui donne le premier rang en Europe pour la population absolue, mais elle est encore à l'avant-dernier rang pour la population relative.

Les origines de cette population sont très-diverses et encore assez confuses. Les *Grands-Russes* ou *Moscovites* au centre sont les plus nombreux (36 millions) et ont imposé aux autres peuples leur domination, leur langue et jusqu'à un certain point leur génie. Mais sont-ils l'une des branches de la grande race Slave? sont-ils un peuple Touranien, qui a adopté un idiome slave et pris le titre de Russes, du nom de Rurik, conquérant scandinave, fondateur de l'Empire, au IX° siècle? sont-ils un mélange de Slaves et de Touraniens? question obscure, vivement controversée et pas encore décidée.

On s'accorde à ranger parmi les peuples Slaves : les *Russes-Blancs* des gouvernements de Witebsk, Mohilev, Minsk, Kowno ; les *Petits-Russes*, *Russes-Rouges* ou *Ruthènes*, *Russniaques* ; les *Cosaques du Don*, du *Kouban*, du *Caucase*, du *Térek*, d'*Astrakhan*, d'*Orenbourg*, de l'*Oural;* les *Polonais* ou *Leckhes;* les *Serbes* et les *Bulgares;* la plupart regardent les *Lettons* (Lithuanie, Courlande, Livonie) comme des Slaves; plusieurs les distinguent complétement de cette race.

A côté des Russes se placent les *Finnois* ou *Tchoudes* de race Touranienne; on les divise en Finnois de l'O. (Finlandais, Lapons, Quénes, Karéliens, Ingriens, Esthes, Lives), depuis longtemps transformés par la civilisation européenne; et en Finnois de l'E., de la mer Glaciale à l'Oural (Samoyèdes, Mordvines, Tchouvaches, Tchérémisses, Votiakes, Vogoules, Sayrianes, Permiens), qui ont conservé leurs caractères primitifs au physique comme au moral.

Il y a d'autres peuples de même race, dans la Russie orientale et dans la Russie méridionale : des *Tartares* à Kazan et à Astrakhan; les *Baschkirs* de Perm et d'Orenbourg; les *Kirghiz-Kazaks* de l'Oural et du Volga; des *Mongols* (Kalmouks, Eleuths) dans les steppes d'Astrakhan; des *Turks* en Bessarabie, dans la Tauride et la Russie caucasienne.

Les *Roumains* habitent la Bessarabie.

Les *Allemands* forment la noblesse de la Livonie, de l'Esthonie et de la Courlande et ont fondé de nombreuses colonies dans la Nouvelle-Russie.

Il y a plus de 100,000 *Suédois scandinaves* dans la Finlande.

Les *Juifs* sont très-nombreux, surtout en Pologne et en Lithuanie

Enfin nous avons énuméré les nombreuses populations, si diverses, de la lieutenance du Caucase.

La fusion de ces peuples en un tout homogène est l'œuvre difficile, entreprise par le gouvernement russe sous le nom de *panslavisme.*

Les religions sont presque aussi nombreuses que les populations; c'est l'Église grecque schismatique qui domine, avec le tzar pour chef, elle compte environ 55 millions de sectateurs; puis viennent les Raskolniks, catholiques grecs séparés de l'Église nationale et les Grecs-unis (Petite-Russie, Lithuanie, Pologne). — Les catholiques sont au nombre de plus de 7 millions, surtout en Pologne, les Arméniens grégoriens habitent au S. du Caucase. — Les luthériens et les calvinistes, dans les provinces voisines de la Baltique, sont environ 2,500,000. — Il y a plus de 3 millions de musulmans et presque autant de juifs; — des bouddhistes sur les bords de l'Oural; — des païens sur les côtes de l'océan Glacial; — des Guèbres, dans la presqu'île d'Apchéron.

§ 12. — Productions minérales, — agricoles; — animales — Industrie.

Les forces productives de cet immense Empire sont déjà considérables; l'ignorance et la dispersion des populations encore trop peu nombreuses pour un territoire si vaste, l'imperfection des voies de communication en ont retardé longtemps le développement; mais deux faits portent à croire qu'elles doivent désormais grandir avec rapidité, l'émancipation des paysans et la construction de nombreux chemins de fer. Voici le tableau résumé des richesses minérales et agricoles de la Russie.

1° *Productions minérales.*

Les carrières sont encore peu exploitées; cependant il y a des porphyres, des granits dans la Finlande et le gouvernement d'Olonetz; des marbres dans la Finlande, l'Oural et la Bessarabie; de l'argile à poterie en Pologne, dans les gouvernements de Moscou, de Tchernigov, du sable a verrerie dans celui de Vladimir, des ardoises, des pierres meulières près de Minsk et dans le bassin du Donetz, de la terre dite écume de mer en Crimée, il y a de l'étain en Finlande, du fer et du cuivre en Finlande, dans le gouvernement d'Olonetz, en Pologne (Radom), dans le bassin du Don et du Donetz; du zinc en Pologne (Kielce), mais c'est surtout la région de l'Oural qui renferme de grandes richesses minérales, on y trouve malachite, topazes, émeraudes, etc.; on y exploite l'or, l'argent, le fer, le cuivre, le platine dans les gouvernements de Viatka, Perm, Oufa, Orenbourg; les mines et les usines de Taghilsk, de Tourinsk, de Goro-Blagodat, etc., sont surtout importantes. — Mais, si la tourbe est abondante, surtout entre Varsovie et Saint-Pétersbourg et dans la région du Nord, la Russie est très-pauvre en houillères, on ne peut guère citer que celles du bassin du Donetz et de Backmout, dans le gouvernement d'Iékaterinoslav; dans beaucoup d'endroits le bois remplace la houille, cette absence du précieux combustible est une cause d'infériorité. Il y a de plus des sources de pétrole et de naphte dans les presqu'îles Caucasiennes de Kertsch, de Taman et d'Apchéron. La Russie fait une grande consommation de sel, surtout pour l'élevage de ses nombreux bestiaux; on le trouve dans les salines de Perm et d'Orenbourg, dans les marais salants de la Caspienne, du golfe de Sivasch, dans les steppes des Kirghiz entre le Volga et l'Oural, dans le lac Ielton (Saratov). N'oublions pas que la Sibérie renferme de grandes richesses minérales dans l'Oural et l'Altaï.

2° *Productions agricoles;* — *animales.*

Les forêts couvrent plus de 200 millions d'hectares, surtout dans l'espace compris entre 56° et 64° lat. N., elles sont encore très-étendues dans les provinces Baltiques, dans la Pologne, la Volhynie, la Podolie, etc.; mais les provinces du Sud en sont presque entièrement dépourvues; nous avons vu les espèces diverses suivant le climat. On a opéré beaucoup de déboisements; on fait une énorme consommation de bois de chauffage, et de bois de construction pour maisons, radeaux, bateaux, etc ; mais à cause des communications difficiles, le bois coûte encore très-cher sur les bords de la mer Noire; on commence à en exporter par Arkhangel des quantités considérables vers l'Angleterre. On fabrique beaucoup de potasse, de poix, de goudron, de térébenthine.

La production des céréales est très-considérable, quoique la terre soit encore assez mal cultivée presque partout. La fertilité semble inépuisable dans la région de la Terre Noire, depuis la Podolie jusqu'au Volga moyen. La Pologne, a l'O. de la Vistule, est également fertile en céréales, froment, seigle, maïs, millet.

On évalue la production à plus de 550 millions d'hectolitres, dont on exporte seulement, année moyenne, 10 à 12 millions surtout par les ports d'Odessa et de Dantzig.

Le lin donne lieu a une exportation de 130 à 140,000 tonnes, on le cultive, comme graine, dans les provinces Baltiques; comme matière textile, dans le bassin du Haut-Volga et de la Soukhona; comme plante oléagineuse, dans la Nouvelle-Russie.

Le chanvre, moins abondant, et en général mal préparé, est cultivé dans le S. de la Grande-Russie, dans l'Ukraine, dans la Russie-Blanche.

La betterave, dans le S. de la Grande-Russie, dans la Petite-Russie et la Pologne, fournit la matière à de nombreuses raffineries.

Le tabac est cultivé librement dans toute la Russie et surtout dans les gouvernements du Sud (Bessarabie, Ukraine, Volhynie, Tauride).

La pomme de terre est principalement récoltée dans l'O.

La viticulture a fait des progrès considérables, spécialement dans la Crimée, où on a acclimaté les meilleurs cépages venus de la Bourgogne et du Bordelais, dans la Bessarabie, les pays du Kouban et du Térek; les raisins d'Astrakhan ont de la réputation.

Les prairies, pâturages, pâtis, steppes herbacées, couvrent des espaces immenses, dans lesquels s'élèvent facilement beaucoup de bestiaux, dont le nombre pourrait être encore plus considérable. La région méridionale est la région pastorale par excellence. On compte plus de 16 millions de chevaux; grands et forts, pouvant fournir d'excellents trotteurs, dans l'E. de la Grande-Russie; petits, mais, vigoureux et infatigables, dans le pays des Cosaques du Don et chez les peuples de race tartare. Il y a 22 millions de bêtes à cornes, malgré les épidémies. réparties dans toutes les provinces de l'Empire. Les moutons, au nombre de 50 millions environ, sont de race commune; mais on compte plus de 8 millions de mérinos, à laine fine, surtout dans les provinces méridionales Il y a 9 millions de porcs, dans la Petite-Russie principalement; 1 million de chèvres; 1 million de rennes dans le Nord; quelques milliers de chameaux dans le Sud. On soigne les abeilles, qui donnent beaucoup de miel et de cire, dans tout l'Empire; des vers à soie, dans les pays du Caucase. Les animaux à fourrure sont encore nombreux dans le N. : ours, renards, martres, hermines, écureuils, loutres, castors, etc.; les forêts renferment beaucoup de gibier, lièvres, cerfs, daims, élans, chevreuils, etc., et des animaux féroces, ours, lynx, loups, etc. On trouve surtout dans les pays de bois et de marécages, perdrix, gélinottes, coqs de bruyère, bécasses, bécassines, canards sauvages, outardes, etc. La pêche est une source de revenus importants, parce que les Russes mangent beaucoup de poissons; les pêcheries de la Caspienne (esturgeons, saumons) sont les plus considérables du monde; c'est avec les œufs de l'esturgeon que les Russes font le *caviar*, un de leurs mets nationaux.

3° *Industrie*.

L'industrie russe, quoiqu'elle ait fait de grands progrès dans ces dernières années, est encore peu développée, à cause du manque de capitaux, de l'ignorance des ouvriers, et du nombre restreint des consommateurs; car la plus grande partie de la population a peu de besoins et confectionne elle-même grossièrement ce qui lui est le plus nécessaire. Les principaux centres industriels sont les gouvernements de Moscou, Vladimir, Nijni-Novgorod, Tambov, Kalouga, Kharkov, Olonetz.

Nous ne pouvons citer que les principales industries :

On fabrique des draps de qualité inférieure et moyenne, qu'on exporte jusqu'en Chine, à Moscou, Simbirsk, Tchernigov, Koursk, Grodno, Kalouga, Voroneje, Kiev, Grodno, Varsovie, Lodz, en Livonie, etc. ; — des draps pour l'armée à Glouklov ; des tapis à Smolensk, Koursk, Voroneje; des tapis de haute lisse à St-Pétersbourg; des tapis brodés à Kazan.

On tisse des cotonnades, pour la plupart grossières, dans les gouvernements de Vladimir, Moscou, St-Pétersbourg, Kostroma, Astrakhan, Nijni-Novgorod, Riazan, en Livonie, à Lodz en Pologne, en Finlande, etc.

Le lin et le chanvre sont tissés partout où ils poussent ; Vladimir, Moscou, Kostroma, Kalouga, Iaroslav ont des fabriques de linge de table ; Arkhangel, Riazan, Novgorod, St-Pétersbourg, Moscou, fournissent des toiles à voiles ; Orel et Arkhangel, des cordes et des câbles.

Il y a des manufactures de soieries à Moscou et dans les environs (Bogorodsk), a Saint-Pétersbourg.

Les fabriques de machines, de faux, d'aiguilles, de quincaillerie, de serrurerie, les fonderies de cloches, n'ont qu'une importance secondaire ; mais les manufactures d'armes de Toula, de Slataoust sont considérables, comme les fonderies de canons de Saint-Pétersbourg, Petrozavodsk, Kherson, etc. La coutellerie est florissante dans les gouvernements de Novgorod et de Riazan.

Il faut placer a un rang supérieur la préparation des peaux et des cuirs maroquinés ; — les nombreuses distilleries d'eau-de-vie de grains et de pommes de terre, source d'un grand revenu pour le gouvernement ; les raffineries de sucre de betteraves ; la fabrication de l'huile, du suif, des chandelles, des bougies, des savons, des produits chimiques, etc. Il y a des verreries importantes dans les gouvernements de Saint-Pétersbourg, de Vladimir, de Volhynie, de Livonie ; une fabrique de glaces à Viborg ; des manufactures de porcelaine ; la bijouterie, l'orfévrerie et surtout la carrosserie de Saint-Pétersbourg et de Moscou sont estimées.

§ 13. — Commerce — Canaux — Chemins de fer

Le commerce de la Russie n'est pas encore en rapport avec la population et avec l'étendue du territoire. Les routes sont peu nombreuses et souvent impraticables, si ce n'est pendant la gelée, à cause de la nature du sol. Mais les rivières forment presque partout, excepté au sud, un ensemble considérable de routes faciles, que relie entre elles un système remarquable de canaux ; et les chemins de fer qu'on construit avec activité doivent changer la face du pays.

Les CANAUX les plus importants sont : le *canal de l'Impératrice Marie*, qui réunit l'Onéga au lac Biélo-Ozero et à Rybinsk sur le Volga ; — le *canal de Tikhvine*, entre le Ladoga et la Mologa, pour aboutir à Ribinsk sur le Volga ; — le *canal Vichnei-Vololchok*, entre le lac Ilmen et le Volga. Ces trois canaux mettent en communication la mer Baltique et la mer Caspienne, à travers tout l'Empire. Plusieurs canaux suppléent en outre à la navigation des grands lacs, comme le canal nouveau d'*Alexandre II*, qui contourne par le sud le lac Ladoga.

D'autres canaux unissent la mer Blanche à la mer Caspienne : le *canal de Kubinskoe*, de la Soukhona (Dwina) au Volga ; — et le *canal de Catherine*, de la Vytchegda (Dwina) à la Kama (Volga).

Le *canal Lepel* ou de la *Bérésina*, de la Duna à la Bérésina ; — le *canal Oginski*, du Niémen au Pripet ; — le *canal Royal*, du Bug (Vistule) au Pripet, unissent la mer Baltique à la mer Noire.

Le *canal d'Augustowo* joint le Niémen à la Vistule.

Le *canal d'Ivanov*, entre l'Oupa, affluent de l'Oka (Volga) et le Don supérieur, unit la mer Caspienne à la mer Noire.

Les CHEMINS DE FER russes qui chaque jour se développent rapidement sur ces plaines unies sont :

1° *La ligne de l'Ouest*, qui part de Saint-Pétersbourg, passe à Pskov, Dunabourg, Vilna, Grodno, Bialystok, Varsovie, Lovicz, Cracovie, où elle rejoint les chemins de l'Autriche et de l'Allemagne. Il y a des embranchements de Dunabourg à Riga ; de Vilna, par Kowno, à Kœnigsberg et à Dantzig ; de Lovicz à Bromberg (Prusse), de Varsovie à Siedlce et à Brzesc.

2° *La ligne de l'Est* part de St-Pétersbourg, passe par Tver, Moscou, Vladimir, Nijni-Novgorod, et doit être prolongée par Perm sur l'Oural. Il y a un embranchement de Moscou, par Rostov, sur Iaroslav et Vologda.

3° *La ligne du Sud-Est* part de Moscou, et par Riazan, Kozlov, doit se prolonger, d'une part jusqu'à Astrakhan, d'autre part jusqu'à Rostov, sur la mer d'Azov ; la première va jusqu'à Tzaritzyn ; la seconde est terminée. Déjà la petite ligne entre Kalatsch et Tzaritzyn unit le Don au Volga. Un embranchement va de Kozlov, par Tambov, vers Saratov et le Volga.

4° *La ligne du Centre* part de Moscou, se dirige vers Toula, Orel, Koursk, Kharkov, elle se prolonge ensuite jusqu'à Taganrog sur la mer d'Azov. Elle a des embranchements de Koursk à Kiev ; d'Orel, par Smolensk et Vitebsk, à Dunabourg.

5° *La ligne du Sud* va d'Odessa, par Balta, Ielisabethgrad, Poltava, vers Kharkov. Un embranchement se dirige vers l'O., par Tiraspol, Bender, Kichenev, vers Iassy, puis les chemins autrichiens de Bukhovine et de Galicie. — Une autre ligne se dirige de Balta vers le N.-O., traversant la Podolie pour rejoindre Lemberg. — Kiev est uni, par Berdytchev, Ostrog, Brzesc-Litevski, au chemin de l'O. vers Varsovie.

6° *Le chemin de Finlande* va de St-Pétersbourg, par Viborg, vers Helsingfors et Tavastehus.

Enfin, dans les provinces au S. du Caucase, une ligne est établie de Poti, sur la mer Noire, à Kutais, vers Tiflis.

Le développement des chemins de fer doit diminuer l'importance des foires, qui ont été jusqu'à présent les principaux centres du commerce intérieur. Citons les foires de l'Ukraine. Kharkov, Poltava, Berdystchev, Kiev, Tchernigov, etc. ; celles de Koursk, de Nijni-Novgorod, la plus importante de toutes ; celles du Don (Ourioupinsk); du Volga (Simbirsk, Saratov, Astrakhan) ; de l'Oural (Orenbourg, Perm, Irbit).

En 1870, on évaluait ainsi le commerce avec l'Europe, sans y comprendre les métaux précieux : 318 millions de roubles (le rouble égale 4 francs) pour l'importation ; et 273 millions pour l'exportation. Les principaux pays d'importation ont été l'Allemagne, l'Angleterre, la France, l'Autriche, la Turquie ; pour l'exportation, l'Angleterre, l'Allemagne, la France, l'Autriche, la Turquie. C'est par les ports de la Baltique et par la frontière de terre que se font surtout les importations; c'est par les ports de la Baltique et de la mer Noire qu'on exporte principalement. Les principaux articles d'exportation ont été : les céréales, le lin, la graine de lin, les bois, le chanvre, les soies de porc, le bétail, la laine brute, le suif, les cuirs. — Le commerce avec l'Asie a été beaucoup moins important. La marine marchande ne comptait en 1869 que 2,648 navires, ayant 117,000 lasts de tonnage (le last égale 1,964 kilog.). Il faut ajouter à ces chiffres ceux du commerce de la Finlande avec les pays étrangers, qui ont été, en 1870, de 44 millions pour l'importation et de 46 millions pour l'exportation. La marine finlandaise était alors représentée par un tonnage de 150,000 lasts.

§ 14 — Statistique : gouvernement, armée, marine ; possessions en Asie, etc

Le gouvernement est une monarchie absolue ; le tzar a une autorité sans limites légales et sans contrôle, excepté en Finlande où il y a une diète. Il expédie les affaires par l'entremise de la chancellerie privée et par ses dix ministres , il est assisté d'un Conseil de l'Empire et d'un Sénat, promulguant et enregistrant les lois, les ukases, etc., déférant les titres de noblesse, jugeant en dernière instance les crimes d'État, les affaires civiles et criminelles, revisant les jugements rendus par les tribunaux de province, etc.

Le tzar est également le chef de la religion gréco-russe; il nomme les membres d'un Saint-Synode, qui siège à Saint-Pétersbourg. L'empire russe comprend trois éparchies de premier ordre ou sièges métropolitains : Novgorod et St-Pétersbourg, Moscou, Kiev; 20 éparchies ou diocèses de 2ᵉ ordre, et 31 éparchies de 3ᵉ ordre.

Le budget ordinaire est d'un peu moins de 2 milliards , la dette publique dépasse 9 milliards.

L'armée régulière était récemment, en temps de paix, de

765,000 hommes, en temps de guerre de 1,213,000 hommes ; les troupes irrégulières, composées surtout de Cosaques, s'élevaient à 185,000 hommes. En ce moment, on réorganise l'armée russe sur de nouvelles bases ; elle doit se composer de troupes de ligne, de troupes locales, de troupes de réserve et de milice nationale dans les cas extrêmes. En temps de paix, l'armée aurait sous les drapeaux 54,700 officiers et 750,000 hommes, sans compter les 37,000 hommes qui resteraient temporairement dans les compagnies des districts de la Russie d'Europe, ni les Cosaques, ni la milice nationale. En temps de guerre, l'armée aurait 1,653,000 hommes et 51,000 officiers, armés de 2,574 canons. En cas d'une guerre en Europe, on n'appellerait sous les armes, parmi les troupes irrégulières, que les Cosaques du Don, fournissant 64,000 cavaliers et 116 canons ; les troupes toujours prêtes à être mobilisées formeraient un total de 1,235,000 hommes, en dehors des troupes locales et de celles de la milice.

Les paysans russes, récemment émancipés par Alexandre II, sont groupés en communes et cantons ou *volostes*, qui nomment leurs magistrats locaux. Ils ne peuvent quitter leurs communes que dans certains cas déterminés et à certaines conditions.

Les provinces ou gouvernements sont généralement divisés en districts que préside un maréchal de la noblesse. Elles sont administrées par un gouverneur civil ou par un gouverneur militaire Il y a de plus des gouverneurs généraux militaires, subordonnés au ministère de l'intérieur pour la Sibérie orientale ; — la Sibérie occidentale, — Moscou ; — Kiev, la Volhynie et la Podolie ; — Vilna, Grodno, Kowno, Minsk ; - Nouvelle-Russie et Bessarabie ; — Provinces de la Baltique ; — Orenbourg et Oufa ; — Turkestan ; — Finlande. Il y a de plus les gouverneurs militaires de Kronstadt et de Nicolaiev, et le lieutenant général du Caucase.

Les 14 circonscriptions militaires de l'Empire sont : Circonscription de St-Pétersbourg (gouvern. de Pétersbourg, Pskof, Olonetz, Arkhangel, Esthonie) ; — circonscription de Finlande ; — de Vilna (gouvern. de Vilna, Grodno, Kowno, Vitebsk, Minsk, Mohilew, Livonie, Courlande) ; — de Varsovie (ancien royaume de Pologne), — de Kiev (gouvern. de Kiev, Volhynie, Podolie) ;   d'Odessa (gouvern. de Kherson, Iekatérinoslav, Tauride, Bessarabie) ; — de Kharkov (gouvern. de Kharkov, Tchernigov, Poltava, Orel, Koursk, Voronéje), — de Moscou (gouvern. de Moscou, Vologda, Kostroma, Iaroslav, Nijni-Novgorod, Vladimir, Tver, Smolensk, Kalouga, Toula, Riazan, Tambov) ; — de Kazan (gouvern. de Kazan, Viatka, Perm, Pensa, Simbirsk, Samara, Saratov, Astrakhan) ; — du Caucase (gouvern. de

, Stavropol et pays du Caucase); — d'Orenbourg (gouvern. d'Orenbourg et d'Oufa); — de la Sibérie occidentale (Tobolsk, Tomsk, Sémipalatinsk, Kirghises de Sibérie), — de la Sibérie orientale (Irkoutsk, Iénisséisk, Amour, Littoral); — du Turkestan (Syr-Daria et Semiretchensk).

En 1871, la marine militaire comptait : 154 bâtiments pour la flotte de la mer Baltique; — 52, pour la flotte de la mer Noire;— 31, pour celle de la mer Caspienne; — 6 vapeurs sur le lac Aral; — 39 bâtiments pour la flotte de la Sibérie; en tout 262 bâtiments, armés de 1,585 canons, avec environ 30,000 hommes, marins ou soldats de marine.

L'Empire russe s'étend maintenant sur une grande partie de l'Asie :

1° La SIBÉRIE comprend les provinces du Littoral, de l'Amour, d'Iakoutsk, de Transbaikalie ; — les gouvernements d'Irkoutsk ; d'Iénisséisk, de Tomsk, de Tobolsk, d'une superficie de 12,220,000 kilom. carrés et peuplés de 5,500,000 habitants environ.

2° L'ASIE CENTRALE comprenant : les *Steppes des Kirghises*, qui forment les provinces d'Akmollinsk, de Sémipalatinsk, de Tourgai, d'Ouralsk ; — et le *gouvernement du Turkestan*, qui renferme les provinces de Syr-Daria, de Sémiretschinsk, de Kouldja ; d'une superficie de 2,757,500 kilom. carrés et peuplés de 2,800,000 habitants.

Les Russes s'avancent chaque jour dans le Turkestan méridional ; ils sont aujourd'hui (1873) à Khiva.

CHAPITRE II

PÉNINSULE TURCO-HELLÉNIQUE

La péninsule Turco-Hellénique, située au S.-E. de l'Europe, comprend la partie inférieure du bassin du Danube et la presqu'île proprement dite, au S. des Alpes Illyriennes et des monts Balkans, entourée, à l'E., par la mer Noire, la mer de Marmara et l'Archipel ; au S., par la Méditerranée ; a l'O., par la mer Ionienne, et la mer Adriatique. Le Bosphore et les Dardanelles la séparent de l'Asie Mineure, à l'E. ; le canal d'Otrante la sépare de l'Italie, à l'O. Des îles nombreuses se rattachent à la presqu'île à l'E., au S. et a l'O.

Elle renferme les possessions européennes de l'Empire ottoman, avec les Principautés vassales de Roumanie, de Serbie et du Monténégro; au S., le royaume de Grèce.

EMPIRE DE TURQUIE OU DES OSMANLIS

§ 1. — Situation · limites. — Description des côtes.

Comme l'Empire Russe, l'Empire des Ottomans ou Osmanlis s'étend sur une partie de l'Asie, et même sur une partie de l'Afrique ; comme lui, il renferme des populations étrangères à l'Europe par leurs origines, leurs langues et leurs mœurs.

Les Turcs Ottomans, de souche touranienne, de religion musulmane, de mœurs polygames, se sont établis par la violence dans cette belle partie de l'Europe, au quatorzième siècle et au quinzième; ils n'ont pris Constantinople, l'ancienne capitale de l'empire d'Orient, qu'en 1453 ; c'est la dernière invasion Mais ils ne sont parvenus à s'assimiler aucune des populations vaincues ; ils semblent encore campés au milieu de leurs conquêtes. Si l'empire ottoman subsiste, malgré les coups qui lui ont été portés au dix-neuvième siècle, c'est parce qu'il semble l'une des garanties nécessaires à l'équilibre européen ; c'est parce qu'il importe à l'Europe que la Russie ne soit pas maîtresse de Constantinople et de la Méditerranée. Plusieurs cependant espèrent encore que chez les Turcs les instincts tartares se modifieront peu à peu, au contact de la civilisation européenne, ainsi qu'il est arrivé pour les Hongrois ; mais le vieux parti turc, comme on le nomme, résiste à toutes les innovations, qui lui semblent impies et fatales, et s'il n'attaque plus les Occidentaux, par impuissance, il les déteste toujours, par fanatisme.

Les possessions Turques, en y comprenant les territoires des Principautés, ont pour bornes : au N., la Save, le Danube, les Karpathes, qui les séparent de l'empire Austro-Hongrois ; au N.-E., une ligne tracée par le Pruth supérieur, l'Ialpouk jusque près de Bolgrad, et une frontière conventionnelle jusqu'à la mer Noire, en suivant le Val de Trajan ; elles touchent de ce côté à la Bukovine autrichienne et à la Bessarabie russe ; — au S., une ligne conventionnelle, menée du golfe de Volo, à l'E., au golfe d'Arta, à l'O., les sépare du royaume de Grèce. La Turquie d'Europe est donc située entre 39° et 48° lat. N., et entre 13°30' et 27°30' long. E.

La mer forme les limites de l'E., et de l'O.

Sur la MER NOIRE, on trouve d'abord le delta marécageux du Danube, et en face l'*île des Serpents*, la seule île de cette mer, surmontée d'un phare ; puis la côte de la *Dobroudja* est élevée et rocheuse ; après le cap *Kali-Akra* est la baie de *Baltschik* ou de *Varna*, et, plus au S., le golfe de *Bourgas*.

Le BOSPHORE ou CANAL DE CONSTANTINOPLE, long de 30 kil., large de

600 à 5,700 mètres, est un véritable fleuve maritime, dont les bords saillants et rentrants se correspondent parfaitement. Il est célèbre par la beauté de ses rives, la sûreté de ses mouillages ; il est profond, mais un courant très-fort, du N. au S., entraîne le trop plein de la mer Noire vers la Méditerranée ; il y a des remous importants le long des côtes.

La MER DE MARMARA (Propontide) est un bassin paisible, de 250 myriamètres de superficie, profond, facilement navigable, aux rives bordées de maisons de plaisance. Elle tire son nom de l'île rocheuse de *Marmara*, au S.-O., connue par ses marbres blancs ; les *îles des Princes* au N.-E. appartiennent à l'Asie.

Les DARDANELLES (Hellespont) ont plus de 60 kil. de longueur et 1,200 à 7,600 mètres de largeur ; c'est aussi un beau fleuve, large, sinueux, profond, et un courant rapide coule également du N. au S. ; les vents du N. soufflent pendant l'été ; les vents du S., pendant l'hiver. L'entrée méridionale est défendue par les châteaux d'Europe et d'Asie.

L'ARCHIPEL (mer Égée), appelé par les Turks *Ak-Deniz* ou Mer Blanche, est un grand bassin, entre les côtes découpées de la Turquie et de la Grèce, à l'O., et les côtes non moins découpées de l'Asie Mineure, à l'E. ; parsemé d'îles nombreuses, et ouvert, au S., vers la Méditerranée. On trouve sur le littoral de la Turquie : le *golfe de Saros* ou *d'Enos*, à l'O. de la longue *presqu'île de Gallipoli* (Chersonèse de Thrace), le *golfe d'Orfano* ou de *Rendina* ; — la curieuse presqu'île de *Chalcidique*, elle-même terminée par trois presqu'îles : *Athos* ou *Hagion Oros*, longue de 40 kil. sur 6 ; *Longos* et *Kassandra*, que séparent les golfes *d'Hagion Oros* et de *Kassandra* ; — à l'O. le golfe profond de *Saloniki* ; — puis la côte est escarpée et rocheuse ; le canal de *Trikheri* conduit dans le *golfe de Volo*, où commence le littoral de la Grèce.

A l'O., la côte de la Turquie s'étend depuis le golfe *d'Arta* (Ambracie), profond de 40 à 50 kil., large de 15 à 20, jusqu'au port d'Antivari. Les rivages de l'Albanie, sur la MER IONIENNE, sont rocheux et escarpés ; — le *cap Glossa* ou *Linguetta* est sur le *canal d'Otrante* ; — le golfe *d'Avlona* est à l'entrée de l'ADRIATIQUE. D'Antivari à Fiume, le littoral appartient à la Dalmatie autrichienne, séparée de la Turquie par les Alpes Dinariques.

Nous indiquerons plus loin les îles qui dépendent de la Turquie.

§ 2 — Orographie. — Plateau de Mœsie, Balkans, Alpes Helléniques, etc.

« La presqu'île Turco-Hellénique, hérissée de chaînes escarpées, creusée par de profondes et courtes vallées, découpée de golfes, bordée d'îles, remplie de cavernes, sujette aux tremblements de terre, semble être le débris d'un pays autrefois plus large et moins âpre, qui aurait été bouleversé par les révolutions volcaniques, dont ses îles portent de nombreuses traces. C'est surtout a mesure qu'on s'éloigne de la grande chaine des Balkans que toute régularité disparaît dans la disposition des terres, que les hachures et les déchirures se multiplient, que les montagnes se brisent, que les côtes s'escarpent et se courbent, que les caps et les îles présentent leurs groupes et leurs pointes sauvages. » (Lavallée.)

La charpente de la presqu'île est formée par un plateau central et par les chaines qui s'en détachent. Le *Plateau central de Mœsie*, haut de 700 a 1000 mètres, comprend la Bosnie méridionale ou Rascie, la Serbie méridionale, la Serbie turque, le N.-O. de la Thrace, le N. de la Macédoine, l'E. de la Haute-Albanie, du Monténégro, de l'Herzégovine. C'est un pays de terres élevées, couvert de forêts, coupé de ravins, de gorges profondes, surmonté de quelques hauts sommets : le *Schar-Dagh* (Scardus), entre Prisrendi et Ouskoup ; le *Rilo-Dagh*, au N. de la Macédoine ; les monts *Visitor* et *Glieb*, dans la Haute-Albanie ; le mont *Dormitor*, entre le Montenegro et la Rascie ; le mont *Kom*, entre le Montenegro et l'Albanie ; le mont *Vranatz*, dans l'Herzégovine, etc.

Du plateau se détachent vers le N. des chainons qui traversent en tous sens la Bosnie et la Serbie.

Cinq chaînes plus considérables partent du plateau : vers le N.-O., les Alpes Illyriennes ou Dinariques, qui enferment l'Herzégovine, couvrent de leurs terrasses parallèles la Dalmatie et la Croatie turque, culminent au mont *Dinara* (1,860 mèt.) et vont rejoindre la chaîne des grandes Alpes italiennes.

Au N, le Veliki-Balkan, chaîne tortueuse, entre la Morava et l'Isker, se termine sur le Danube à la Porte de Fer, en face des Karpathes.

A l'E., la chaîne des Balkans ou Balkhans (Hæmus) commence près de Sophia et finit sur la mer Noire par l'*Emineh-Dagh*. Elle est longue de 200 kil., large de 60 à l'O., de 30 à l'E. ; elle se compose de chainons parallèles, renfermant des forêts, des pâturages, coupés de ravins, de défilés étroits ; le versant méridional est abrupt. Quoique traversée par plusieurs routes difficiles, mauvaises, elle a servi constamment de ligne de défense à Constantinople. Elle envoie deux contre-forts, le *Petit-Balkan* ou *Koutschouk-Balkan*, vers le N.-E. ; les monts *Strandja*, peu élevés, qui finissent au Bosphore, vers le S.-E.

Le Despoto-Dagh (montagne des prêtres) ou Rhodope, large de

50 kil., se dirige du N.-O. vers le S.-E., entre la Maritza et le Karasou ; son contre-fort, le *Perin-Dagh*, est entre le Karasou et le Strouma.

Les Alpes Helléniques, du N. au S., séparent l'Albanie, à l'O., de la Macédoine et de la Thessalie, à l'E. ; on cite les monts *Dibbre*, entre le Vardar et le Drin noir, les monts *Grammos* et *Zygos*, la chaîne *du Pinde* proprement dite. Plusieurs de ses contre-forts couvrent l'Albanie, à l'O. ; du mont Zygos, vers Metzovo, se détache vers l'E., entre la Vistritza et la Salamvria, la chaîne des monts *Volutza*, qui se termine près du golfe de Salonihi par le massif du *mont Olympe*, haut de 2,972 mètres ; — plus au S., la chaîne d i *mont Othrys* sépare la Thessalie de la Grèce, et se rattache au *mont Plessidi* ou *Pelion* et au mont *Kissovo* ou *Ossa*, qui ferment la vallée de la Salamvria.

Une configuration aussi tourmentée que celle de la Turquie ne laisse place à aucune grande vallée, à aucun grand fleuve. Partout sont des bassins assez étroits, séparés par de hautes barrières et ne communiquant entre eux que difficilement par des cols peu praticables, des défilés dangereux, des gorges sauvages. Le pays est donc naturellement favorable à la division politique. Les Turcs se sont imposés par la force des armes ; mais ils n'ont pu faire disparaître les nationalités locales ; et, dans le démembrement de l'Empire, elles reparaissent dans presque toute leur originalité.

Le sol ne peut être arrosé que par de petites rivières, se rendant de tous côtés à la mer. le Danube, qui reçoit les eaux du versant septentrional des montagnes, a presque cessé d'être un fleuve turc, depuis que les Principautés Danubiennes sont à peu près indépendantes.

§ 5. — Hydrographie. — Bassin du Danube, — versants de l'Archipel ; — de la mer Ionienne et de la mer Adriatique.

La Turquie se divise en 3 versants : au N., le versant du Danube ou de la mer Noire, à l'E., le versant de l'Archipel ; à l'O., le versant de la mer Ionienne et de la mer Adriatique.

1° Le Danube, venant de Hongrie, arrose la Serbie depuis Belgrade, sépare la Serbie de la Hongrie jusqu'à Orsova ; franchit les Portes de Fer, et entre alors dans son dernier bassin ; il sépare la Bulgarie au S. de la Valachie et de la Moldavie au N. Il arrose une plaine large, marécageuse, malsaine, formant beaucoup d'îles couvertes de roseaux ; il est souvent large de 7 a 800 mètres, et la rive droite domine généralement la rive gauche. A Silistrie, il incline vers le N.-E. ; à Rassowa, vers le N. jusqu'à Galatz ; c'est dans cette partie de son cours qu'il forme surtout des îles nombreuses et grandes. A Galatz, il tourne vers l'E. ; son delta; de 2,700 kil. carrés, souvent inondé, est couvert de roseaux, de bois, de lacs ou marécages ; il a trois embouchures principales : au N., le *bras de Kilia*, au centre, *la Soulina;* au S., le *bras de Saint-George*.

Par le traité de Paris, en 1856, les bouches du Danube ont été rendues à la Turquie ; une commission européenne du Danube, formée de représentants des grandes puissances, a été installée à Galatz, exerçant des pouvoirs souverains sur le delta du fleuve, sur sa navigation, sur les travaux à faire pour régulariser le cours du Danube. Disposant d'un budget considérable, elle a surtout fait creuser et endiguer le bras de la Soulina, long de 75 kil., large de 75 à 150 mètres, profond de 5^m,60 ; c'est le bras de la navigation maritime, remonté déjà par plus de 3,000 navires. Il y a des pêcheries importantes, d'esturgeons surtout, dans le bas Danube ; au S. du fleuve sont de grandes lagunes, comme le lac Razin, au N. de la Dobroudja ou Dobroutscha, sorte de presqu'île malsaine entre le Danube et la mer, toujours fatale aux armées qui ont voulu l'occuper.

Le cours du fleuve est surtout protégé, sur la rive droite, par Widin à l'O. ; par Nikopoli, Sistowa et Routschouk, au centre ; par Silistrie, à l'E.

Les affluents du Danube en Turquie sont, sur la rive droite :

La *Save*, large, profonde, entourée de collines et de forêts à droite, de marécages à gauche ; elle sépare l'Esclavonie autrichienne de la Bosnie et de la Serbie et finit à Belgrade. Elle reçoit a droite l'*Unna*, limite de la Croatie autrichienne et de la Croatie turque; la *Werbitza* ou *Verbas*, la *Bosna;* la *Drina*, limite de la Bosnie et de la Serbie.

La *Grande Morava* forme le bassin de la Serbie ; c'est la réunion de la *Morava Serbe*, qui reçoit l'*Ibar* descendant du plateau de Mœsie, et de la *Morava Bulgare*.

Le *Timok*, qui sépare la Serbie de la Bulgarie.

L'*Iskar*, le *Wid* et le *Jantra*, qui arrosent la Bulgarie.

Les affluents de gauche sont :

Le *Schyl*, qui vient de Transylvanie.

L'*Aluta*, qui traverse les Karpathes par le défilé célèbre de la Tour-Rouge et sépare la Petite et la Grande Valachie.

L'*Ardjisch*, qui vient des Karpathes, et la *Jalomnitza*, qui arrosent la Valachie.

Le *Sereth*, qui vient des Karpathes, coule du N.-O. au S.-E., par la Bukowine, la Moldavie, et reçoit la *Moldava* et la *Milkova*.

Le *Pruth*, qui vient également des Karpathes, sépare la Bukowine de la Galicie, la Moldavie de la Russie, puis arrose la Moldavie orientale.

Au N. du Balkan, la mer Noire reçoit encore le *Kamtchyk*, peu étendu, formé de trois rivières qui coulent dans un pays accidenté, fertile, d'une grande importance militaire; il finit au-dessous de Varna.

2° Versant de l'Archipel.

La *Maritza* (Hebrus) vient du plateau central, au nœud du Balkan et du Despoto-dagh; elle arrose une fertile vallée de l'ancienne Thrace, reçoit la *Tundscha* et l'*Ergheneh*, et se jette dans le golfe d'Enos.

Le *Karasou* (eau noire) ou *Mesta* (anc. Nestus) vient également du plateau central, à l'O. du Despoto-dagh, coule du N. au S., dans une vallée encaissée et finit en face de l'île de Tasso.

Le *Strouma* (Strymon), grande rivière torrentielle, arrose la Macédoine dans une vallée rocheuse et étroite; traverse la vaste plaine de Sérès, les marais de Tachyno et se jette dans le golfe d'Orfano.

Le *Vardar* (Axius), rivière torrentielle, descend du Schar-dagh, arrose la Macédoine, dans une belle et profonde vallée, entourée de hautes montagnes, et se jette dans le golfe de Saloniki.

La *Vistritza* ou *Indjé-Karasou* (Haliacmon) vient du mont Grammos, coule de l'O. à l'E. et finit dans le golfe de Saloniki.

La *Salamvria* (Pénée) vient du mont Zygos, traverse la Thessalie dans une fertile région, et finit par la célèbre vallée de Tempé entre l'Olympe et l'Ossa.

3° Versant Occidental.

La mer Ionienne reçoit : l'*Aspropotamo* (Achélous), qui descend du mont Zygos, arrose le sud de l'Albanie, puis pénètre en Grèce pour finir à l'entrée du golfe de Patras.

L'*Arta* (Arachtus), descendant des mêmes montagnes, se jette dans le golfe d'Arta.

La *Voïoutza* (Aous), qui vient du mont Zygos, coule de l'E. vers l'O. et arrose la Basse-Albanie; elle finit dans le canal d'Otrante.

La mer Adriatique reçoit : l'*Ergent*, qui vient du mont Grammos, et le *Scombi*.

Le *Drin* (Drilo) est formé du *Drin Noir*, descendant des Alpes Helléniques, traversant le lac d'Ochrida, et du *Drin Blanc*, qui vient des Alpes de Bosnie; ils arrosent la Haute-Albanie.

La *Moratcha*, qui vient du mont Dormitor, traverse le Monténégro, forme le lac de *Scutari* et en sort sous le nom de *Bojana*.

21.

La *Narenta* (Naro) arrose le plateau de l'Herzégovine, traverse des marais pestilentiels, puis finit sur la côte de Dalmatie.

§ 4 — Climat. — Régions principales, pays. — Richesses minérales, végétales, animales — Industrie, etc.

Dans un pays composé de parties montagneuses et de plaines, comme la Turquie, il y a de grandes variations de climat et de température. On peut dire qu'en général le climat est rude au N., à cause du voisinage des montagnes et des vents glacés du Nord ; les hivers sont assez froids dans la vallée du Danube, sur le plateau, dans les montagnes de la Thrace et de la Haute-Macédoine ; la neige reste souvent sept mois sur le plateau central ; sur les bords du Danube et surtout dans la partie inférieure du bassin, le climat est malsain à cause des marécages et des variations subites de la température. Au N.-O., la Bosnie et la Serbie sont ravagées par de violents ouragans ; l'Albanie est mieux protégée par les montagnes qui la couvrent au N. et à l'E. Le versant méridional du Balkan jouit d'un climat plus agréable ; les chaleurs de l'été sont tempérées par les vents de mer ; mais la peste y a souvent exercé ses ravages, la température est douce vers les côtes, mais il y a des pluies presque continuelles d'octobre en mars, les parties basses du littoral sont malsaines ; les fièvres dangereuses, les épidémies y règnent souvent.

On peut, en dehors des îles, reconnaître quatre régions principales dans les pays directement soumis au sultan en Europe :

1° La VALLÉE DU DANUBE comprend la Bulgarie et la Bosnie. La *Bulgarie*, entre le Danube et les monts Balkans, est montueuse au S., renferme de belles forêts, d'excellents pâturages, mais est aussi mal cultivée qu'elle est fertile. Au N.-E., entre le bas Danube et la mer, la Dobroudja ou Dobrouscha (petite Scythie) est une sorte de presqu'île couverte de steppes sablonneuses et de marécages sur les bords du Danube, foyers de fièvres meurtrières ; mais elle est fertile en blés et renferme de beaux pâturages. — La *Bosnie* et la *Croatie*, au N.-O., dans le bassin de la Save, sont un pays montagneux, garni de forêts, d'un accès difficile ; le climat est froid et pluvieux. Le sol est fertile le long des cours d'eau et produit beaucoup de fruits et de légumes, mais aussi des céréales pour l'exportation, il y a de nombreux pâturages sur les flancs des montagnes et des forêts.

2° Le PLATEAU CENTRAL comprend le Sud de la Bosnie et de la Serbie, le Sud-Ouest de la Bulgarie, le Nord-Ouest de la Macédoine, le Nord-Est de l'Albanie. C'est un pays froid, rocheux, dénudé sur les sommets ou couvert de forêts, avec des ravins profonds et quelques vallées où l'on cultive les céréales.

3° La région des terrasses occidentales comprend l'Herzégovine, l'Albanie. L'*Herzégovine* est une sorte de plateau pierreux, pauvre, sauvage, presque stérile, mal arrosé, si ce n'est dans quelques parties plus favorisées. L'*Albanie*, au S.-O. de la Turquie, est une terre de montagnes confuses, de vallées déchirées, de gorges, de défilés, d'un aspect très-pittoresque. Le climat est à peu près celui de l'Italie méridionale. On y cultive les céréales, le tabac, le chanvre, la vigne, mais surtout l'olivier dans la partie voisine du littoral; dans le haut pays sont des champs fertiles, d'excellents pâturages, de belles forêts de platanes, de cyprès, de frênes et surtout de chênes superbes.

4° La région du Sud-Est comprend la Roumili (Macédoine et Thrace) et la Thessalie. La *Macédoine*, entre le Plateau central et l'Archipel, entre le Despoto-Dagh, à l'E., les Alpes Helléniques a l'O., renferme au S. de grandes plaines très-fertiles, où l'on cultive surtout le tabac, le coton, la vigne et les oliviers. La Haute-Macédoine (Pœonie) est montueuse, couverte de forêts et de pâturages; au S., la bizarre presqu'île de Chalcidique s'y rattache — La *Thrace*, à l'E., entre le Despoto-Dagh et la mer, comprend principalement le grand bassin de la Maritza; c'est la province la mieux cultivée et la plus riche de la Turquie, on y voit de belles plaines, des coteaux chargés de vignobles ou d'arbres fruitiers, une population laborieuse. — La *Thessalie*, au S.-O. de la Macédoine, dont elle est séparée par un contre-fort des Alpes Helléniques, forme une vallée quadrangulaire, entourée de montagnes, qui était probablement un lac avant que le Pénée se fût ouvert un passage par la vallée de Tempé entre l'Ossa et l'Olympe. Elle est fertile en céréales, légumes, tabac, oliviers, mûriers; elle a de beaux pâturages où on élève des bestiaux et surtout des chevaux estimés.

Richesses minerales, végétales, animales; industrie. — Il paraît que la Turquie ne manque pas de minéraux; mais les gisements sont peu connus, peu exploités et même abandonnés. Ainsi il y a de l'or et de l'argent en Bosnie, mais les mines sont délaissées; il y en a en Albanie, en Thessalie, près de Kustendil dans le Plateau central. — Il y a du fer mal exploité en Bosnie (près de Foïnitza et de Kressevo); en Bulgarie, en Thrace (près de Vrana); en Albanie; — du cuivre à Kustendil et en Thessalie, — du galène argentifère en Thessalie, — de la houille près de Salonique. On trouve des marbres dans plusieurs endroits, de l'argile plastique près de Sophia et en Bosnie; des sources salées en Bosnie; des marais salins en Albanie, Thrace et dans les lagunes du bas Danube, etc.; des eaux minérales surtout en Bulgarie.

Le sol de presque toutes les provinces de la Turquie, surtout dans les plaines et les vallées, est riche, mais mal cultivé, si ce n'est près des grandes villes. Il 'y a beaucoup de terres fertiles qui ne sont pas même exploitées. Les céréales, maïs ou blé de Turquie, froment, seigle, réussissent surtout en Bulgarie, Thrace, Thessalie et Bosnie, l'épeautre en Albanie; l'orge et le seigle dans les terrains médiocres, sur les hauteurs; le sarrasin, dans la Bosnie et l'Herzégovine; le millet et le sorgho, dans les vallées de la Bulgarie, de la Thrace, de l'Albanie, de la Bosnie; le riz, dans les plaines de la Maritza et de Sérès. Le lin et le chanvre poussent un peu partout, ainsi que le sésame et le colza. Le coton prospère dans les vallées chaudes et humides de la Maritza, de Sérès, de la Salamvria, près de Salonique; le tabac des environs de Salonique, d'Andrinople, de Janina, a de la réputation. La vigne donne des produits abondants, de gros raisins et des vins dont plusieurs sont estimés; les oliviers sont répandus presque partout; mais l'huile, mal préparée, est médiocre. Les mûriers, pour l'élève des vers à soie, se trouvent surtout sur les bords de la mer Noire, en Bulgarie, en Roumili, près d'Andrinople, de Salonique, en Thessalie, en Albanie. On cultive la garance, le kermès, le sumac. Les légumes sont abondants et dans plusieurs provinces servent presque exclusivement à la nourriture des habitants. Les arbres à fruits sont nombreux, grenadiers, orangers, citronniers, figuiers, amandiers, abricotiers, jujubiers, et, sur les hauteurs, noyers, poiriers, pommiers, cerisiers.

Les forêts sont considérables, mais mal exploitées; on y trouve surtout des pins, sapins, hêtres, buis (dont le bois est utilisé pour des ouvrages de tour, de tabletterie, et pour la gravure), des platanes, des chênes; on recueille les noix de galles et la vallonée ou enveloppe du gland, pour le tannage des cuirs et la teinture en noir.

Les habitants de la Turquie préfèrent la vie pastorale à la vie agricole; cependant les bêtes à cornes ne sont nombreuses que dans le bassin du Danube, mais il y a beaucoup de buffles en Thrace et en Albanie comme dans la Bulgarie. Les chevaux, mélange de l'ancienne race thessalienne avec les races tartares et arabes, sont vifs et infatigables. Il y a des ânes et des mulets de belle taille; beaucoup plus de moutons à laine commune, mais surtout un grand nombre de chèvres. Les porcs errent, à moitié sauvages, dans les forêts, ils sont surtout nombreux en Bosnie et en Serbie d'où on en exporte beaucoup en Allemagne. Les forêts et les montagnes sont remplies de gibier et de bêtes carnassières. On élève des abeilles dans toutes les parties de la Turquie.

L'industrie véritable est presque nulle en Turquie; on exploite quelques mines, on travaille pour les besoins journaliers et restreints de la population. Citons seulement les tapis, les broderies d'or et d'argent, les instruments de musique, les faïences, poteries; la tabletterie, les armes et les cuirs.

Les Turcs, corrompus par la conquête, engourdis par l'ignorance et par le fatalisme, manquent de connaissances et de volonté; les capitaux leur font défaut; ils travaillent peu, et c'est avec la plus grande défiance que la masse de la population voit les progrès accomplis par le génie des peuples chrétiens de l'Occident. Quelques tronçons de chemins de fer, quelques lignes de télégraphie, des écoles et des colléges européens sont dus plutôt à la pression extérieure qu'aux désirs véritables d'amélioration.

§ 5 — Géographie politique. — Grandes divisions — Roumili; Thessalie: description, villes

L'Empire Ottoman comprend : la Turquie d'Europe, la Turquie d'Asie, le Hedjaz ou les villes saintes en Arabie, la province de Tripoli en Afrique.

Il y a de plus 6 pays vassaux; 3 en Europe :
La Roumanie ou Principautés-Unies de Moldavie et de Valachie;
La Principauté de Serbie;
La Principauté de Monténégro;
1 en Asie :
La Principauté de Samos;
2 en Afrique :
La vice-royauté d'Égypte;
La Régence de Tunis.

TURQUIE D'EUROPE

Les pays, directement soumis au sultan, sont divisés en provinces (vilayets ou eyalets), administrées par des *valis* ou gouverneurs généraux; les provinces se divisent en livahs et sandjaks ou arrondissements, administrés par des kaimacans; en cazas ou districts; en nahiyes ou villages.

Ces divisions ont souvent changé de nom et d'étendue. Les vilayets sont maintenant les suivants :
Constantinople;
Edirneh ou Andrinople (anc. Thrace);

Saloniki ou Selanik (anc. Macédoine);
Trikala (anc. Thessalie);
Janina (anc. Epire);
Roumili (anc. Illyrie méridionale);
Prisren, Prisrendi ou Perserin (plateau central);
Bosnie et Herzégovine, au N.-O.; chef-lieu Bosna-Serai;
Vilayet-i-Touna ou province du Danube (Mœsie, Bulgarie); chef-lieu Roustouk;
Vilayet des îles ou Djezairi-Bahri-Séfid, comprenant plusieurs îles de l'Asie, chef-lieu Rhodes;
Kirit, Ghirit ou Candie.

A cause de ces changements fréquents, on conserve habituellement les divisions anciennes, qui sont encore d'un usage fréquent et qui d'ailleurs correspondent à des divisions géographiques permanentes.

CONSTANTINOPLE, ancienne *Byzance*, capitale de l'Empire Ottoman, est à l'extrémité méridionale du Bosphore. Les Turks l'appellent *Stamboul* (corruption du grec dorien εἰς τὴν πόλιν, à la ville) et *Islambol* (ville de la foi). Son port ou *Corne d'or*, l'un des meilleurs du monde, a 6,500 mèt. de long sur 600 à 1,000 mèt. de large; il peut contenir 1,000 bâtiments de toute grandeur et sépare la ville de ses faubourgs. Vue du Bosphore, la ville a un aspect admirable; mais ses rues sont étroites, sales, avec des maisons petites et laides; elle est bâtie en amphithéâtre sur sept collines et a la forme d'un triangle, dont le sommet est occupé par le *Sérail*, amas confus de palais, de pavillons, de jardins; sa porte principale est la *Sublime-Porte*. Parmi ses monuments on cite : la mosquée de Sainte-Sophie; la mosquée d'Achmet, près de l'Hippodrome ou Atmeidan, les mosquées d'Osman, de Soliman, de Méhémet, de Sélim; le château délabré des Sept-Tours. Le *Fanar*, sur le port, est un quartier occupé par les Grecs, au Nord de la Corne d'or sont les faubourgs de *Galata*, où résident les négociants européens; de *Péra*, où sont les palais des ambassadeurs chrétiens; puis les établissements militaires de *Tophana* ou *Top-Haneh* (arsenal, fonderie de canons), le faubourg de *Scutari*, qui sert de cimetière, est en face sur la côte d'Asie; à l'extrémité de la Corne d'or est le faubourg d'*Eyoub* et la mosquée où les sultans sont intronisés, puis la vallée verdoyante où se trouve la promenade des Eaux-Douces. — Constantinople a 340 mosquées, 400 écoles, des bibliothèques, une université, une académie des sciences; c'est le siége du gouvernement, du cheikh-ul-islam, des patriarches grec et arménien, d'un archevêque catholique, d'un grand rabbin, etc. Elle a peu d'industrie, mais son commerce est très-considérable, ses immenses bazars réunissent les produits manufacturés de l'Occident aux productions de l'Orient. La population dépasse, dit-on, 1 million d'hab., dont 480,000 musulmans; — les rives du Bosphore sont bordées de villages de plaisance, comme *Thérapia*, *Bouyouk-Déreh*, résidences d'été des ambassadeurs francs; *Unkiar-Skelessi*, palais des sultans, où fut signé le traité de 1833, — *Balta-Liman* est près de la baie de Beicos; convention de 1849.

On a donné longtemps et on donne encore vulgairement le nom de ROUMILI ou ROUMILLIE (pays des Romains) à la région située entre le Balkan et l'Archipel; c'est à peu près la *Thrace* et la *Macédoine* des anciens; elle correspond maintenant aux vilayets d'Edirneh, de Saloniki et à la partie orientale du vilayet de Roumili.

Les principales villes de la Thrace sont : *Andrinople* (Edirneh), près du confluent de la Tundja et de la Maritza; grande ville, qui fut la première capitale des Turks en Europe, belles mosquées de Sélim II, de Bajazet II, d'Amurat II. Tanneries, teintureries, maroquins, tapis, distilleries d'essences. Commerce de soie et de laine; 150,000 hab.; — *Gallipoli*, port commerçant sur les Dardanelles; maroquins; quelques fortifications; 50,000 hab.; — *Rodosto*, au N.-E., port sur la mer de Marmara; 20,000 hab.; — *Philippopoli* ou *Filibeh*, sur la Maritza supérieure; draps; commerce de soie et de coton, 40,000 hab.; — *Slivno* ou *Selimnia* (Selymbria), au pied du Balkan, près du défilé appelé la Porte de Fer; étoffes de laine, canons de fusil, essence de roses; 20,000 hab.

Bourgas, petit port sur la mer Noire; — *Aïdos*, au N.-O.; eaux thermales; — *Kesanlyk*, à l'O., au pied du Balkan, sur la Toundja; essence de roses; — *'Eski-Saghra*, au S.-E., tapis; 18,000 hab.; — *Tatar-Bazardjyk*, sur la Maritza supérieure; 10,000 hab.; — *Démotika*, au S. d'Andrinople, près de la Maritza; lainages, soieries, poteries; 15,000 hab.; — *Enos*, à l'embouchure de la Maritza, sert de port à Andrinople; commerce actif, surtout en blé, — *Kirk-Kilisseh*, à l'E. d'Andrinople, peuplée surtout de juifs; — *Iénidjeh*, à l'E. du Karasou, près de l'Archipel; tabac renommé.

Dans l'ancienne Macédoine : *Saloniki*, ville importante de commerce au fond du golfe. Tapis, maroquins, soieries, cotonnades, articles en fer et en cuivre; plus de 70,000 hab.; — *Seres*, au N.-E., près du Strouma, dans une plaine fertile; cotonnades, commerce de soie, tabac; 30,000 hab., — *Bitolia* ou *Toli-Monastir*, à l'O., dans un pays riche, près de la chaîne Hellénique; 20,000 hab.; — *Kastoria*, au S., sur le lac de ce nom; 15,000 hab.; — *Ouskoup*, sur le Vardar supérieur; tanneries; 15,000 hab.

Drama, à l'E. de Sérès, près de l'ancienne Philippes ; forges, calicots, tabac ; — *Kavala* ou la Cavale, au S.-E., port de commerce ; tabac ; patrie de Méhémet-Ali ; — *Kostendil*, près du Strouma supérieur : eaux thermales ; ruines ; patrie de Justinien ; — *Doubnitza*, a l'E., mines de fer, forges ; = *Verria*, à l'O. de Saloniki, près de la Wistritza ; teintureries ; marbre rouge ; dans 'la presqu'île du mont Athos il y a de nombreux couvents de moines grecs, célèbres par leurs peintures byzantines et leurs manuscrits ; c'est ce qui a fait donner à la presqu'île le nom de *Hagion Oros* ou *Monte-Santo* (la montagne sainte).

Dans la THESSALIE : *Larisse*, sur la Salamvria. Maroquins, cotonnades, teintureries en rouge ; tabac ; fruits ; commerce actif ; 30,000 hab. ; — *Trikala*, à l'O., sur la Salamvria ; 12,000 hab. — *Phersala* ou *Tchataldjeh*, au S. de Larisse ; 6,000 hab. ; — *Tournavo*, au N.-O. ; étoffes de soie et de coton ; *Trikhéri*, *Volo* (Démetriade), ports sur le golfe de Volo ; = *Ambelakia*, à l'entrée de la vallée de Tempé ; fils de coton ; = *les Météores*, couvents batis sur des rochers à pic de 100 mèt. ; on n'y monte qu'au moyen de corbeilles ; = le *Zagora* (presqu'île de Magnésie) est un canton peuplé de Grecs industrieux, qui cultivent et filent le coton, fabriquent de belles chemises de soie, et, presque indépendants, ne payent qu'un léger tribut.

§ 6 — Géographie politique   Albanie ; — Herzégovine ; — Bosnie ; — Croatie ; — Rascie, = Serbie turque ; = Bulgarie, — Candie et les iles : Description, villes.

L'ALBANIE, entre les monts Helléniques et la mer Ionienne, se divise en Basse-Albanie, habitée par les Toskes, qui sont mêlés aux Grecs, parlent leur langue, et font de bons soldats ; et en Haute-Albanie, au N., habitée par les Guégues, qui, mêlés à des populations slaves, ont conservé leur langue et leurs mœurs. Le Scoumbi les sépare.

Dans la Basse-Albanie · *Janina*, ville de commerce sur le lac de ce nom ; fourrures, cuirs, tabac ; célèbre par la résidence d'Ali-Pacha (1788-1822), qui l'avait fortifiée, 30,000 hab. ; — *Arta* (Ambracie), près de l'embouchure de l'Arta ; commerce de blé, coton, étoffes de laine ; — *Salagora* lui sert de port ; — *Avlona*, ou *la Valone*, bon port sur le golfe de ce nom ; exportation de bétail, peaux, laine, vallonée (capsule du gland pour tannerie), fabrique d'armes ; — *Parga*, au S., port sur la mer Ionienne, célèbre par le siège de 1814-1819, et par les malheurs de ses habitants.

Prévéza, port de commerce, à l'entrée du golfe d'Arta, près des ruines de Nicopolis; — *Butrinto*, port sur le canal de Corfou; — *Delvino*, au N.; — *Argyrocastro*, ville fortifiée, bien déchue; — *Tépélen*, au N.-O., dans une sombre vallée, patrie d'Ali-Pacha; — *Bérat*, sur l'Ergent; 8,000 hab.; — *Metzovo*, à l'E., dans les montagnes; ville de commerce; 8,000 hab.; — *Souli*, à l'O. de Janina, chef-lieu des intrépides Souliotes, qui habitaient un canton arrosé par le Mavro-Potamo (Achéron), et qui en ont été chassés.

Dans la Haute-Albanie : *Scutari* ou *Scodra*, place forte sur le lac de Scutari et la Bojana. Commerce de peaux, laine, soie; fabrique d'armes; 20,000 hab.; — *Prisrendi* ou *Perserin*, au N.-E., près du Schardagh; 12,000 hab.; — *Durazzo* (Dyrrachium), bon port, qui fut jadis plus considérable; 5,000 hab.; — *Croia* ou *Ak-Serai*, au S.-E. de Scutari, capitale des Mirdites, au nombre de 200,000, catholiques, presque indépendants; illustrée jadis par Scanderbeg; 6,000 hab.

Alessio, à 4 kil. de l'embouchure du Drin; tombeau du Scanderbeg; *Antivari*, bon port près de Monténégro; — *Dulcigno*, port un peu au S.; — *Elbassan*, sur le Scoumbi; — *Okhrida* (Lychnidus), place forte sur le lac, dans un pays fertile; — *Tirana*, ville peuplée entre Croia et Elbassan.

L'HERZÉGOVINE (du mot Herzogthum, duché), arrosée par la Narenta, est enfermée entre deux chaînes des Alpes Illyriennes, au N.-O. de l'Albanie.

Trébigne ou *Trébinjé*, au S. du pays; ville fortifiée; 10,000 hab.; — *Mostar*, au N.-O., sur la Narenta; 12,000 hab.

La BOSNIE s'étend de l'Herzégovine à la Save.

Seraiévo ou *Bosna-Serai* fait un commerce considérable, a des fabriques de bijoux, d'armes, d'étoffes; des tanneries; 70,000 hab.; — *Voinitza* et *Boussovatz*; mines de fer, forges; — *Travnik*, au N.-O. de Seraiévo; 8,000 hab., — *Zvornik*, sur la Drina; place forte; mines de plomb; 10,000 hab.

La CROATIE, au N.-O. de l'empire, a pour capitale *Banialouka*, sur le Verbas; ville fortifiée; mines de fer, forges; 10,000 hab; — *Bihacz* et *Nowi* sont des places fortes sur l'Unna; — *Berbir*, sur la Save; — *Jaitza*, sur le Verbas.

La RASCIE, au S.-E. de la Bosnie, comprend les hauts bassins de la Drina et de l'Ibar.

Novibasar, sur la Rasca, affluent de l'Ibar, a 12,000 hab.

La SERBIE. TURQUE, entre la Rascie, à l'O., et la Bulgarie, à l'E., a pour capitale *Nisch* ou *Nissa*, sur la Nischawa, affluent de la Morava, patrie de Constantin; 15,000 hab.; — *Pristina*, au S.-O., est dans la plaine de Cassovie ou Champ des Merles, célèbre par les batailles de 1389 et de 1448 ; 10,000 hab.; — *Pirot* ou *Scharkoi*, au S.-E. de Nisch ; tapis ; 6,000 hab.; — *Vrania* ; mines de fer.

La BULGARIE est comprise entre le Danube et la chaîne du Balkan. La capitale est *Sophia* (Sardique), près de l'Iskar, à l'O.; draps, lainages, tanneries,,tabac ; 30,000 hab.; — les villes fortes qui défendent la ligne du Danube sont, en allant de l'O. à l'E. : *Widin*, importante par son industrie et son commerce ; 20,000 hab,; — *Nicopoli*; commerce actif; bataille de 1396 ; 10,000 hab.; — *Sistowa*; fabriques de coton, tanneries ; 20,000 hab.; — *Routschouk*; maroquin, étoffes de laine ; 30,000 hab.; — *Silistrie*; siège célèbre de 1854 ; 20,000 hab.; — *Hirchova*; — *Matchin*; — *Choumla*, entre le Danube et le Balkan, est une place forte considérée comme étant la clef des passages ; soieries, fonderies de cuivre, tanneries; 25,000 hab.; — *Varna* (Odessus), ville forte, port de commerce sur la mer Noire ; bataille de 1444 ; 20,000 hab.

Kostendjeh, port plus au N., où commence le Val de Trajan, réuni par un chemin de fer à Tchernavoda sur le Danube; — *Babadagh*, dans la Dobroudja ; 10,000 hab.; — *Toultcha*, près du Danube, au commencement du Delta ; — *Isaktcha*, sur le Danube, à l'O., — *Rassowa*, sur le Danube ; — *Koutschouk-Kainardji*, au S. de Silistrie ; traité de 1774 ; — *Osman-Bazar*, place forte a l'O. de Choumla; — *Tirnova* ou *Tournovo*, au centre de la Bulgarie, place forte; ancienne capitale des rois Bulgares ; 12,000 hab.; — *Samakovo*, au S.-O., près des sources de l'Iskar.

CANDIE ou KIRIT (Crète), grande île de la Méditerranée, est située au S. de la partie de l'Archipel appelée *mer de Candie*; elle a pour bornes au N.-E. le détroit de Scarpanto, au N.-O. le canal de Cérigotto. Son extrémité N.-O. est à 110 kil. de la Morée, son extrémité N.-E. a 180 kil. de l'Asie Mineure. Elle a 250 kil. de long, 60 de large et 10,250 kil. carrés de superficie. La côte septentrionale est découpée et a de bons ports ; celle du S., très-élevée, est presque inaccessible. Elle est traversée, de l'E. à l'O., par trois groupes de montagnes ; celui de l'O.,+l *Asprovouna* ou les montagnes Blanches, a 45 kil. de longueur ; au centre est le massif de l'*Ida* ou *Psiloriti*, haut de 2,339 met. L'île renferme de riches vallées, les rivières ne sont que des torrents ; le climat est sec et chaud. La récolte des céréales est abondante ; l'olivier donne beaucoup d'huile, mais elle est de mauvaise qualité, à cause des procédés d'extraction. La vigne donne les vins renommés de Malvoisie, on récolte des fruits, du miel. Les troupeaux sont nombreux, on élève des vers à soie. L'industrie est peu variée et peu active.

Elle forme l'eyalet de KIRID. Les villes principales sont : *Candie*, capitale, port fortifié, mais ensablé, sur la côte septentrionale. Fabriques de savon ; 12,000 hab.; au N. est l'île de *Standia*, célèbre par ses carrières de marbre et d'albâtre ; — La *Canée* (Cydonia); bon port au N.-O., ville forte et commerçante ; 10,000 hab.; — *Retimo*, port ensablé, à l'O. de Candie ; — *Spinalonga*, bon port au N.; — *Sphakia*, chef-lieu des *Sphakiotes*, encore peu soumis, au S.-O. La population dépasse 180,000 habitants, moitié de musulmans, moitié de chrétiens grecs. Ceux-ci se sont insurgés en 1866 et ont vainement essayé de se réunir au royaume de Grèce.

La Turquie d'Europe possède dans l'Archipel les îles de *Thaso*, *Samothraki*, *Imbro* et *Lemno*, qui font partie de l'eyalet des îles, comprenant en outre toutes les îles situées sur la côte de l'Asie Mineure jusqu'à Rhodes. *Thaso* ou *Tasso*, séparée de la côte de Roumili par un faible détroit, a de hautes montagnes boisées ou garnies de vignobles ; on y trouve de beaux marbres ; 6,000 hab. — *Samothraki*, au S.-E., était jadis célèbre par les mystères qu'on y célébrait — *Imbro*, au S.-O., est couverte de bois et a 4,000 hab. — *Lemno* ou *Stalimène*, au S.-O. de la précédente, formée de deux presqu'îles réunies par un isthme étroit, a un sol stérile ; on y trouve trois bons ports et elle renferme 9,000 hab.

PRINCIPAUTÉS VASSALES DU SULTAN

§ 7. Serbie et Montenegro

La PRINCIPAUTÉ DE SERBIE, partie occidentale de l'ancienne Mœsie, au N.-O. de l'Empire Ottoman, a pour bornes : au N., la Save et le Danube, qui la séparent de l'Empire Austro-Hongrois; à l'E., le Danube et le Timok, qui la séparent de la Valachie et de la Bulgarie; au S., la Serbie turque et la Rascie ; à l'O., la Drina, qui la sépare de la Bosnie. C'est un débris de l'ancien empire serbe, détruit par les Ottomans, à la fin du xiv° siècle.

Pays montueux, couvert par les chaînons qui descendent du plateau central, elle est bien arrosée par la Morava surtout et par ses affluents. Elle renferme de grands pâturages et d'immenses forêts de chênes. On y élève beaucoup de porcs. Elle produit des céréales, du tabac, de la soie, du vin ; elle a des mines de houille, de fer, de cuivre, de plomb et de zinc.

On exporte, surtout en Autriche, des porcs, des bœufs, des moutons, des chèvres, puis du froment ; le commerce extérieur est évalué à 80 millions de francs.

Elle est divisée en 17 districts.

La capitale est Belgrade (la ville blanche), ancienne *Singidunum*, au confluent du Danube et de la Save, dans une belle position militaire, qui ouvre ou ferme le chemin de la Hongrie. Aussi les Turcs ont-ils occupé la citadelle jusqu'en 1867. On y fabrique des armes, des tapis, des étoffes de laine; il y a des tanneries, des fonderies de cloches. Elle fait un commerce considérable avec l'Autriche, la Valachie, Constantinople; 26,000 hab. ; — *Kragoujéwatz*, l'ancienne capitale, est vers le centre du pays; 6,000 hab. , — *Gladova* est sur le Danube, en face de la Petite Valachie, près des ruines du pont de Trajan ; — *Negotin*, près du Timok, en face de la Bulgarie ; *Neu-Orsova* est sur le Danube, au défilé même des Portes de Fer; — *Passarovitz*, près du Danube, est célèbre par la bataille de 1689 et la paix de 1718; — *Semendria* ou *Smederewo*, au confluent du Danube et de la Morava, est une place forte, qui a servi de capitale et de résidence au prince; 10,000 hab. ; — *Schabatz*, à l'O., est une ville forte sur la Save ; — *Uschitza*, ville fortifiée au S.-O., fait assez de commerce ; — *Kruschewatz* est au S.

La superficie est de 45,555 kil. carrés.

La population est d'environ 1,510,000 habitants (30 hab. par kilom. carré), la plupart Slaves, on compte 30,000 Tsiganes, Zigeunes ou Bohémiens ; il y a aussi des Roumains (130,000) et des Juifs. La langue politique est le serbe, idiome slave. La religion dominante est celle de l'Église grecque ; le métropolitain ou archevêque primat de Sémendria est indépendant du patriarche de Constantinople; il y a un évêque catholique à Belgrade.

Après une longue période de combats, la Serbie a conquis en grande partie son indépendance. Elle est toujours tributaire et vassale du sultan, mais il a reconnu son gouvernement en 1829 ; le pouvoir est exercé par un prince (Knias) héréditaire, appartenant à la famille des Obrenovitch, par une assemblée élective (Skoupchtina) de 115 membres, et par un Conseil d'État. La constitution a été définitivement réglée en 1869. Le budget pour les recettes et pour les dépenses est d'environ 55 millions de piastres d'impôt; 100 piastres d'impôt égalent 42 francs.

Les Serbes, par leur origine, leur religion et leurs intérêts politiques, inclinent vers la Russie ; ils ont aussi des rapports nationaux avec les Slaves épars dans les provinces de la Turquie et de l'Autriche; ainsi Agram est leur centre intellectuel.

La PRINPIPAUTÉ DE MONTÉNÉGRO ou TCHERNA GORA (la Montagne Noire) est encore un débris de l'Empire Serbe, détruit au xiv° siècle, après la grande bataille de Cassovie. Il est situé entre l'Herzégovine et l'Albanie, et n'est séparé de l'Adriatique que par une bande étroite de territoire appartenant à la Dalmatie autrichienne. C'est un pays de hauts plateaux, de montagnes stériles, froid et rude, avec quelques vallées et quelques pâturages. Il se compose de 4 districts ou nahias et de 7 bordas ou montagnes, confédérées avec le Monténégro. La superficie est d'environ 4,427 kilom. carrés.

Les Monténégrins, d'origine slave, braves, intelligents, chrétiens grecs, ont toujours résisté aux Turcs dans leurs retraites peu accessibles. Jusqu'en 1852, leur métropolitain était en même temps leur prince ; depuis cette époque, les pouvoirs politiques et religieux ont été séparés ; un prince héréditaire ou *vladika* gouverne sous la suzeraineté du sultan, qui a été reconnue en 1862, mais qui est véritablement nominale ; il est assisté d'un Sénat de 16 membres. La population est de 120,000 habitants environ. La capitale *Cettigné* n'est qu'une petite bourgade. Cattaro est le débouché des quelques produits du Monténégro.

§ 8. — Roumanie — Géographie physique. — Richesses — Villes — Statistique

La ROUMANIE est une grande Principauté, tributaire du sultan, mais presque indépendante et se gouvernant par ses propres lois. Elle a été récemment formée des Principautés-Unies de Moldavie et de Valachie, définitivement affranchies de la domination des Turcs depuis 1856-58, et réunies sous le gouvernement d'un même prince depuis 1861. L'unité politique de la Roumanie s'appuie sur son unité géographique ; au sud le Danube, à l'est le Pruth, partout ailleurs les Karpathes, lui font une frontière naturelle bien déterminée. Elle dépasse seulement le cours inférieur du Pruth, là où une bande de la Bessarabie a été détachée de la Russie en 1857, d'après le traité de Paris, pour éloigner la Russie des bouches du Danube, que possèdent la Roumanie et la Turquie.

C'est une partie considérable de l'ancienne Dacie de Trajan, qui comprenait de plus la Transylvanie. La VALACHIE ou IFLAK est comme enfermée entre les Karpathes et le Danube ; la MOLDAVIE ou KARA-BOGDAN a pour bornes : les Karpathes à l'O., le Danube au S., la Bessarabie russe à l'E., la Bukowine autrichienne au N. Les monts Karpathes sont couverts de forêts et de pâturages ; à leur pied s'étendent de vastes plaines monotones, qui ont servi de chemin à presque toutes les invasions venues de l'E. ; aussi l'histoire de ces contrées n'est-elle qu'une longue suite de douleurs ; la plaine du Danube est fertile ; mais les bords du fleuve sont généralement marécageux. Le climat est extrême, c'est-à-dire que les étés sont chauds et les hivers rigoureux.

La Roumanie produit du froment, de l'excellent maïs, de l'orge, du millet, des pommes de terre, des pastèques, du chanvre, du colza, du tabac ; il y a beaucoup de vignes sur les collines, et plusieurs crus donnent des vins renommés. On fait beaucoup d'eau-de-vie de prunes et beaucoup de confitures avec les différents fruits. Les forêts occupent 2 millions d'hectares, surtout dans la région des montagnes. Les pâturages nourrissent 500,000 chevaux petits, vifs, dont beaucoup sont exportés en Autriche; 2 millions et demi de bêtes à cornes, 5 millions de moutons et brebis, 500,000 chèvres, 1 million de porcs; la volaille et le gibier sont abondants; il y a beaucoup de poissons; et on élève des vers à soie. — Les mines ne sont pas nombreuses ; il n'y a qu'un peu de houille, du pétrole, du plomb, du mercure, des pierres à chaux, de l'argile, de l'albâtre; du sel gemme. — L'industrie est peu avancée ; on ne peut guère citer que les scieries de bois et les distilleries. — Le commerce se fait avec la Transylvanie et la Hongrie, mais surtout par le Danube; l'article d'exportation le plus important est le grain, surtout le froment et le maïs ; puis viennent le bois, le sel, la laine, le pétrole, etc. Les principaux ports sont Braïla, Giurgewo et surtout Galatz, le premier pour l'importation.

Les principales villes de la Valachie sont :

BOUKHAREST, sur la Dombovitza, siége du gouvernement, université ; grande ville qui rappelle à certains égards celles d'Europe ; commerce actif; 142,000 hab. ; — sur le Danube : *Ibraïla*, *Braïla* ou *Braïlow*, port franc, fait un grand commerce d'exportation, de céréales surtout; le mouvement du port en 1870 a été de 5,000 navires, à l'entrée, jaugeant 867,000 tonneaux, et 6,700 à la sortie, jaugeant 821,000 tonneaux; 26,000 hab ; — *Oltenitza*, à l'O. de Silistrie, célèbre par une victoire des Turcs en 1854 ; — *Giurgewo*, en face de Routschouk, ville de commerce; 15,000 hab. ; — *Kalafat*, en face de Widdin. Dans l'intérieur des terres : *Ardjısch*, jadis résidence des hospodars, au N.-O. de Boukharest ; — *Pitechti*, un peu au S., sur l'Ardjısch, ville assez importante; — *Ploresti*, au N. de Boukharest ; grande foire de laines; 26,000 hab ; — *Tergowitz*, un peu à l'O., aujourd'hui en ruines ; — *Fokschani*, sur la Milkhova, au N., au milieu de riches vignobles, a un commerce assez actif; 12,000 hab. Dans la Petite Valachie, à l'O. de l'Aluta, *Craiova* ou *Krajowa*, sur le Schyl, au débouché des Karpathes, fait assez de commerce; 22,000 hab.

Dans la Moldavie les villes principales sont :

IASSY, sur le Bakloui, affluent du Pruth, capitale de la Principauté, ville de commerce, célèbre par le traité de 1792 avec la Russie;

90,000 hab., dont beaucoup de juifs; — *Housch*, près du Pruth; tabac renommé; près de là Pierre le Grand signa, en 1711, le traité du Pruth ou de Falksen; — *Okna*, grande mine de sel gemme; — *Roman*, sur le Séreth; — *Botoschani*, sur un affluent du Pruth, ville assez importante de 38,000 hab.; — *Reni*, au confluent du Pruth et du Danube; 8,000 hab.; — *Kilia*, sur le bras septentrional du Danube; 6,000 hab; — *Ismail*, bon port sur le Danube; ville jadis plus considérable, emportée d'assaut par Souvarow en 1789; 21,000 hab.; — *Galatz*, port franc sur le Danube, grande ville de commerce pour les céréales, les graines oléagineuses, les planches; le mouvement du port a été, en 1870, de 4,628 navires, à l'entrée, jaugeant 612,000 tonneaux; et 4,573, à la sortie, jaugeant 586,000 tonneaux : siége de la commission européenne du Danube; 36,000 hab.

La superficie de la Valachie est de 73,150 kil. carrés; celle de la Moldavie de 47,825; en tout, 120,975 kilom. carrés.

La population était, dans ces dernières années, de 4,425,000 habitants, c'est-à-dire 37 habitants par kilom. carré. Sur ce nombre on comptait 4,374,000 Roumains, c'est-à-dire descendants des anciens Daces et Gètes (d'origine pélasgique?), mêlés depuis Trajan aux colons italiens et gaulois.

Presque tous sont orthodoxes grecs; il y a 50,000 catholiques romains, 30,000 protestants, 134,000 israélites, 8,000 arméniens, et 1,500 musulmans seulement. L'Église grecque est dirigée par les métropolitains indépendants de Boukharest et d'Iassy.

Les deux Principautés, unies sous le nom de Roumanie, par l'acte du 23 décembre 1861, sont gouvernées par un prince, appelé *Domnu* ou *Domnitor*, avec droit d'heredité, vassal du sultan, qui l'a reconnu en 1866. La constitution de 1866 a délégué la représentation nationale à deux assemblées, dont les membres, au nombre de 76 pour le Sénat, et de 157 pour la Chambre des députés, sont élus par les colléges électoraux de chaque district.

Il y a 32 districts, subdivisés en arrondissements, et administrés par des préfets et des sous-préfets.

La Cour de cassation est à Boukharest; les Cours d'appel sont à Boukharest, Craiova, Iassy et Fokschani.

L'armée régulière, en y comprenant le corps des dorobanzes et celui des gardes-frontières, est de 53,000 hommes et 15,000 chevaux. Il y 4 divisions militaires : à Boukharest, Iassy, Craiova et Galatz.

Le budget est d'environ 74 millions pour les dépenses. La dette publique s'élevait en 1872 à 144 millions.

Le commerce extérieur s'est élevé, en 1871, à 89 millions pour les importations, à 172 millions pour les exportations ; en tout à 262 millions.

Il y avait, en 1871, 811 kilomètres de chemins de fer exploités, et on en construit de nouveaux. Les principales lignes sont : Boukharest à Giurgewo (70 kil.) ; — Iassy à Suczawa et Paskany a Roman (179 kil.) ; — Roman à Galatz et Galatz à Boukharest ; — Boukharest à Tournou et à Severin ; etc.

Par sa religion, la Roumanie semble devoir pencher vers la Russie, qui a longtemps exploité ce mobile pour servir sa politique ambitieuse ; mais les Roumains, malgré la présence d'un prince de la famille des Hohenzollern, se rattachent par les tendances de leur esprit et la conscience de leurs véritables intérêts aux peuples de l'Occident et surtout à la France.

§ 9 — Statistique de l'empire ottoman

Il est difficile de donner exactement la superficie et la population de l'Empire Ottoman ; voici des chiffres qu'on peut accepter comme approximatifs.

Les possessions ou protectorats d'Afrique renfermeraient 10,750,000 hab.

Les possessions d'Asie, 16,465,000.

Les possessions totales d'Europe, 16,342,000.

En tout, 43,600,000 hab. environ.

Les possessions immédiates d'Europe auraient environ 350,000 kil. carrés et 10,500,000 hab.

Les possessions tributaires auraient 169,000 kil. carrés et 5,832,000 hab.; c'est-à-dire environ 30 hab. par kil. carré pour les premières et 32 pour les secondes.

Les populations sont très-diverses d'origine, de mœurs, de religion, voilà ce qu'on peut constater ; mais les calculs varient de la façon la plus singulière, lorsqu'on veut indiquer même approximativement le nombre des différentes populations de la Turquie. Les *Turcs Ottomans* ou *Osmanlis*, la race conquérante, dont le type a été très-modifié par les mariages des Turcs avec des femmes grecques, pour 'la plupart orgueilleux, fanatiques, oppresseurs, sont assurément en minorité ; on les rencontre surtout dans les grandes villes du vilayet d'Andrinople, près de la Chalcidique, sur les bords de la mer Noire. A la même race appartiennent les Tartares Nogais de la Dobroudja, les Tartares de Crimée et plusieurs des populations qui ont abandonné la Caucasie devenue russe. Les Turcs ont conservé leur langue nationale.

Les *Bulgares* paraissent être d'origine finnoise, mais fortement mélangés de Slaves depuis le ix⁰ siècle; ils habitent la Bulgarie, le Nord de la Thrace et de la Macédoine; ils sont musulmans en majorité; leur langue, le bulgare, est un dialecte slave.

Les *Slaves*, dont l'empire Serbe fut détruit à Cassovo en 1389, habitent la Serbie, la Bosnie, la Croatie, l'Herzégovine, le Monténégro. La noblesse se fit généralement musulmane, à l'époque de la conquête; mais le peuple est resté chrétien. Chaque pays slave a son dialecte particulier.

Les *Albanais*, *Arnautes* ou *Skipétars*, descendants des anciens Illyriens, de race pélasgique, sont mêlés de Slaves et d'Hellènes; on les distingue en Guègues, au N. de l'Albanie; en Toskes, au S.; ils sont subdivisés en clans belliqueux, presque indépendants. Le plus grand nombre est musulman; mais les Mirdites, au N., sont restés catholiques. Leur langue, le skipe, est un mélange d'ancien illyrien, de mots slaves, grecs, italiens, turcs.

Les *Grecs* ou *Hellènes*, un peu mêlés aux Slaves et aux Albanais, sont nombreux dans le Sud de la Thrace et de la Macédoine, dans la Chalcidique, la Thessalie, les îles, Candie. Ils parlent le grec moderne ou romaïque, qui tend à se rapprocher du grec classique.

Les *Roumains*, appelés *Vlakh*, *Valaques* par les Turcs, sont les descendants des Daces et des Gètes, mêlés depuis l'époque de Trajan à des colons italiens et gaulois Ils habitent surtout la Moldo-Valachie; on en trouve en Serbie, en Bulgarie et dans les Alpes Helléniques. Leur langue se rapproche du latin, comme l'italien ou le français.

Il y a des *Arméniens*, des *Juifs*, à Constantinople et dans les grandes villes; ces derniers sont surtout nombreux en Moldavie et en Valachie; — quelques *Madgyars* habitent la Moldavie.

Enfin les *Tsiganes* ou *Bohémiens*, appartenant sans doute à des races proscrites de l'Hindoustan, sont répandus au nombre de plus de 200,000 dans les provinces de la Turquie, et parlent un sanscrit très-corrompu.

On compte environ 4,500,000 musulmans dans la Turquie européenne et environ 12,000,000 de chrétiens, dont 450 a 500,000 catholiques du rit latin.

Chez les musulmans distingués s'est introduit l'usage de la langue arabe, qui est la langue du Coran et de la religion.

Le gouvernement de l'Empire Ottoman, absolu au temporel et au spirituel, est dirigé sous les ordres du sultan, par le grand vizir et par le cheik-ul-islam, chef de l'uléma, corps à la fois judiciaire et religieux, qui sont à la tête du ministère. Le Divan, ou chancellerie d'État, comprend la généralité des emplois supérieurs ou inférieurs connus sous le nom de qualemié (emplois de la plume). Il y a depuis 1868 un Conseil d'État.

Le budget de l'année 1869-70 s'est élevé à 4,072,168 bourses (112 fr. 50 c.) ou 456,286,425 francs pour les dépenses, et à 3,550,289 bourses ou 399,374,725 francs pour les recettes. La dette consolidée était, en 1870, de 3,103,404,194 francs dont les intérêts étaient de 225,317,982 francs; on a de plus emprunté en 1871 7,560,000 livres sterling. L'unité monétaire est la piastre, valant 0 fr. 22 c. La Turquie vient d'adopter le système métrique.

D'après une loi du 22 juin 1869, le service militaire est obligatoire pour tous les musulmans et doit durer 20 ans : 4 ans dans l'armée active (Nizam), 2 ans dans la 1re réserve, 6 dans la 2e réserve (Rédif), 8 dans le landsturm. Les forces militaires doivent être portées à près de 700,000 hommes, dont 152,000 pour l'armée active. — En 1871, la flotte comptait 115 navires à vapeur, armés de 1,668 canons, et 53 navires à voiles, armés de 522 canons, avec 24,000 hommes d'équipage.

Le commerce extérieur, sur lequel on n'a pas de données exactes, ne paraît pas dépasser 500 millions de francs.

Les routes sont peu nombreuses et mal entretenues ; la principale est celle qui de Constantinople gagne Bosna-Seraï, puis le Danube ou l'Adriatique. Les chemins de fer sont ceux de Varna à Routschouk (225 kil.) et de Kustendjé à Tchernawoda (63 kil.). On a commencé l'exécution d'un réseau de 2,400 kil., dont 1,080 sont en construction, de Constantinople à Andrinople, à Enos ; de Salonique à Uskub ; d'Andrinople à Sarambeg ; de Novi à Banjaluka (Bosnie). Le chemin de Constantinople à Andrinople a été inauguré, juin 1873.

CHAPITRE III

ROYAUME DE GRÈCE

§ 1 — Situation. — Littoral

Le royaume de Grèce forme l'extrémité méridionale de la péninsule Turco-Hellénique ; il est séparé de la Turquie par une ligne conventionnelle, qui part, à l'O., du golfe d'Arta, remonte un peu vers le N. jusqu'à la rencontre de la chaîne du Pinde, puis se dirige vers le S.-E. et vers l'E., en suivant les monts Othrys jusqu'à l'extrémité méridionale du golfe de Volo. Il est situé entre 36° et 59° 50' lat. N. et entre 17° et 24° long. E.

Le royaume se compose de 4 parties distinctes : la partie continentale, appelée *Hellade*, *Livadie*, *Roumelia*, au N. des golfes de Patras, de Lépante et d'Egine ; la presqu'île de *Morée* (Péloponnèse); les *îles de l'Archipel;* les *îles Ioniennes.*

La partie continentale a les côtes les plus découpées de toutes les régions de l'Europe. Du golfe de Volo, à l'E., sur l'Archipel, le *canal d'Orei* conduit dans le *golfe de Lamia* ou de *Zeitoun* (Mahaque); puis le *canal d'Atalanti*, l'*Euripe* et le *canal d'Egripo* séparent le rivage de l'Hellade de l'île d'Eubée ou Égripo (Negrepont) ; le flux et le reflux se font sentir 14 fois par jour dans l'Euripe, qui, à l'endroit le plus resserré, n'a que 22 mèt. de largeur, avec un pont tournant en fer; on a même songé à le combler. Le *cap Colonne* (Sunium) termine la presqu'île de l'Attique ; là commence le vaste *golfe d'Égine* ou d'*Athènes* (Saronique), qui renferme les îles de Colouri (Salamine), d'Égine, de Méthana et de Poros. L'*isthme de Corinthe* unit la Grèce continentale à la Morée, le sol y est peu élevé, et l'on a repris dans ces derniers temps l'ancien projet du percement de l'isthme par un grand canal, qui favoriserait singulièrement la navigation et le commerce dans ces contrées de l'Orient.

Les rivages de la Morée continuent d'être rocheux et de plus en plus découpés. La presqu'île de l'Argolide est terminée au N.-E. par le *cap Skyli*, avec les îles d'Hydra et de Spezzia ; puis on trouve le *golfe de Nauplie* ou d'*Argos* et la côte assez droite de Laconie jusqu'au *cap Malée*. Au S., la presqu'île du Magne s'avance jusqu'au *cap Matapan* (Ténare), entre le *golfe de Marathonisi*, à l'E., fermé par l'île de Cérigo, et le *golfe de Coron* ou *de Messène*, à l'O. Le *cap Gallo* (Acritas) termine la presqu'île du S.-O., en face de laquelle sont les petites îles Cabrera et Sapienza.

La côte de la mer Ionienne est généralement basse, sablonneuse, malsaine: elle forme le golfe ouvert d'*Arkadia* (Cyparissus). Au N.-O. est le *cap Kalogria*, à l'entrée du *golfe de Patras;* un détroit peu large, défendu par les châteaux de Morée et de Rouméhe, conduit dans le *golfe de Lépante*, où l'on trouve les *baies de Corinthe*, de Livadostro, d'*Aspra Spitia*, de *Salona* (Crissa), la côte du golfe est souvent envahie par la mer et transformée en marais malsains. Sur la côte septentrionale du golfe de Patras est le *golfe de Prokopanisto;* à l'O. sont les îles Curzolari (Echinades), près desquelles fut livrée la grande bataille de 1571; puis la côte remonte jusqu'au *golfe d'Arta* et jusqu'à la frontière de la Turquie.

§ 2 — Montagnes. — Cours d'eau

Montagnes. — La Grèce est un pays couvert de montagnes, qui la divisent en petites régions distinctes. Ces montagnes se rattachent vers le N. aux Alpes Helléniques ou *chaîne du Pinde*, qui envoient plusieurs ramifications vers le S.-O. dans l'Acarnanie et l'Etolie, et vers l'E. le *mont Othrys*. Un peu au N. du mont Véloukhi, la chaîne principale entre en Grèce et se dirige vers le S.-E.; traversant la Phthiotide et Phocide, la Béotie et Attique, et formant deux branches qui se rejoignent et enferment le bassin du Mavro-Potamo (Céphise) et du lac Topolias (Copaïs); plusieurs sommets sont célèbres : le *Katávothra* (Œta); haut de 2,152 mèt., le *Liakoura* (Parnasse), haut de 2,240 mètres, le *Paléovouna* (Hélicon), l'*Elatea* (Cithéron), haut de 1,450 mètres, le *Mendéli* (Pentélique), le *Trélo-Vouni* (Hymette), le *Laurion* ou *mont Saint-Elie*.

La MORÉE forme un massif séparé du Pinde par les plaines de Mégare et par l'isthme assez bas de Corinthe. C'est une haute terre montueuse, ayant au centre le *plateau d'Arcadie*, dont le talus septentrional, escarpé et couvert de forêts, offre plusieurs sommets élevés : le mont *Zyria* (Cyllène), haut de 2,370 mètres, le mont *Khelmos* ou *Ghelmos*, haut de 2,355 mèt., le mont *Olonos* (Erymanthe), haut de 2,224 mèt. Quatre chaînes se détachent du plateau central et déterminent la forme découpée de la Morée, qu'on a comparée à une feuille de mûrier : la chaîne de l'E. traverse la Corinthie et l'Argolide ; elle est peu élevée et finit au cap Skyli ; — la chaîne du S.-E. ou mont *Malevo* (Parnon) suit la côte du golfe de Nauplie et finit au cap Malée ; elle est peu élevée, mais à pic et sauvage, la chaîne du S. forme les *montagnes du Maina* ou *Magne*, dont le point culminant est le mont *Elias* ou *Taygète* (2,450 mèt.); elle est hérissée de rochers rouges et arides et finit au cap Matapan ; — la chaîne du S.-O., confuse, coupée par des plateaux arides et des plaines marécageuses, couvre la Messénie et finit au cap Gallo.

Cours d'eau. — Les cours d'eau de la Grèce sont tous peu considérables et sont souvent desséchés pendant l'été.

L'ARCHIPEL reçoit la *Hellada* (Sperchius), qui vient du mont Véloukhi, arrose une vallée fertile et se jette dans le golfe de Zeitoun, un peu au N. du défilé des Thermopyles ; — le *Mavro-Potamo* (Céphise), qui se jette dans le lac *Topolias*, marais insalubre en été, qu'on doit complètement dessécher, et dont les eaux s'écoulent dans le canal de Talanti par les cavités du mont Ptous. — Dans la Morée : le *Vasili-Potamo* ou *Iri* (Eurotas), qui coule dans une vallée large et fertile et se jette dans le golfe de Marathonisi ; — le *Pirnatza*

*(Pamisus) coule également du N. au S. dans une belle vallée, couverte de jardins et de prairies, et se jette dans le golfe de Coron.

La mer IONIENNE reçoit, en Morée ; — le *Rouphia* (Alphée), formé par les torrents qui descendent du plateau d'Arcadie, arrosant la plaine fertile de l'Élide et finissant dans le golfe d'Arkadia.

Dans l'Hellade : le *Fidari* (Evenus) qui finit dans le golfe de Patras ; — et l'*Aspro-Potamo* (Achélous), qui arrose le S. de l'Albanie, sépare l'Acarnanie de l'Étolie et reçoit les eaux du lac *Vrachori*.

§ 3 — Climat. — Régions — Richesses minérales, agricoles. — Industrie, commerce.

Le climat de la Grèce est généralement chaud dans les plaines ; il y a des pluies abondantes de décembre à la fin de février ; mais dès le mois de mars le printemps est dans tout son éclat. Le mois de juillet est le plus chaud de l'année ; alors une grande sécheresse tarit les sources et les ruisseaux. Il tombe quelquefois de la neige, mais elle ne persiste que sur le sommet des montagnes ; le froid est rarement rigoureux. La Grèce n'est pas généralement saine ; le sol, trop déboisé, est dans beaucoup d'endroits marécageux, surtout en Béotie, près de Corinthe, sur le littoral ; il y a des variations brusques de température, et le vent du Nord souffle souvent avec violence ; mais la salubrité de l'Attique est toujours renommée.

Dans l'ACARNANIE et l'ÉTOLIE, pays montueux, couvert de bois et de landes, on distingue au N. le *Valtos*, région âpre et ravinée ; au S., le *Xeromeros*, pays sec, complétement aride ; il y a, au centre, de belles plaines fertiles et on nourrit beaucoup de porcs dans de grandes forêts ; — La PHOCIDE et la PHTHIOTIDE sont également montagneuses et assez sauvages, mais on y trouve la belle vallée de l'Hellada ; — la BÉOTIE renferme de grandes plaines fertiles, des marécages et l'air y est habituellement lourd ; — l'ATTIQUE montueuse, déboisée, aride, est couverte d'oliviers et de champs aux plantes aromatiques ; — la MORÉE, avec ses hautes montagnes, ses rochers dénudés, ses ravins sauvages, renferme quelques plaines, mais beaucoup de terres incultes ; on cultive les oliviers et les mûriers en Laconie ; la vigne et les arbres fruitiers en Achaïe ; l'Arcadie est toujours le pays des pâturages ; — l'EUBÉE, longue de 180 kil., traversée par une chaîne de montagnes, aux cimes dénudées, qui culmine au mont *Delphi* (1,750 mèt.), a des côtes bordées de hautes falaises, des forêts sur les flancs des montagnes, de belles vallées riches en prairies et bien cultivées ; — les CYCLADES sont montueuses, presque stériles ; plusieurs sont volcaniques ; elles sont loin d'offrir les sites enchanteurs célébrés par les poétes; — les îles IONIENNES sont en général montueuses et dénudées, mais ont des vallées fertiles à l'intérieur.

La Grèce a d assez grandes richesses minérales qui sont peu exploitées. Il y a quelques traces d'or et d'argent; du fer, du cuivre, du plomb (Siphanto), de la houille (Eubée), du soufre (Santorin et Milo), de l'emeri excellent (Naxo), de la magnésie (Eubée), de bonnes pierres meulières (Milo), du tripoli (Corfou), du sel sur le littoral, mais surtout des marbres magnifiques à Paros, à Tinos, dans le Pentélique, en Eubée, dans la Laconie, etc.

La terre peu fertile et generalement mal cultivée, excepté à l'O., à l'E. de l'Hellade et dans Negrepont, ne produit pas assez de céréales (froment, maïs, orge) pour la nourriture des habitants, qui y suppléent par des pommes de terre, des légumes secs, des courges dans la Morée. On cultive un peu de coton, surtout en Béotie, du tabac, de la garance, du kermes. L'huile est la production principale des provinces méridionales; celle de l'Attique est toujours la plus fine. La vigne donne de bons raisins, dits raisins de Corinthe; mais le vin est en général âcre et amer; le vin d'Argos est assez estimé, le vin dit de Malvoisie vient de Santorin et de Tino. Il y a beaucoup de mûriers dans la Morée, et l'on y élève avec profit les vers a soie. On vante les figues de Messénie, les amandiers, les noyers, les abricotiers. Les forêts de chênes donnent la vallonée, qui sert pour les tanneries. Le miel de l'Attique a conservé sa réputation.

Il y a peu de chevaux, peu de bêtes a cornes, mais un assez grand nombre d'ânes, de mulets, de moutons, de porcs, et beaucoup de chèvres.

L'industrie est languissante, faute de bras, de capitaux, de voies de communication. On fait des broderies d'or et d'argent, des tapis, des tissus de soie transparents; on ne peut citer que les tanneries de Syra et les constructions navales dans les principaux ports.

Mais le commerce est actif avec tous les pays riverains de la Méditerranée, et les Grecs ne se bornent pas à l'importation et à l'exportation pour leur pays; ils trafiquent avec succès pour les autres peuples. Les principaux ports sont le Pirée, Patras, Nauplie, Syra et Corfou. La Grèce a adopté le système métrique pour les monnaies, les poids et les mesures.

Le commerce extérieur est d'environ 140 millions de francs, et se fait surtout avec l'Angleterre, la Turquie, la France, l'Autriche, la Russie, l'Italie. Les principaux produits exportés sont les raisins de Corinthe, l'huile d'olives, le coton, la vallonée, les peaux, le tabac, les figues, la soie, les vins, les oranges, le savon.

GRÈCE.

§ 4. — Géographie politique. — Nomarchies, villes.

Les Grecs, soulevés contre les Turcs depuis 1821, et soutenus par la France, l'Angleterre et la Russie, ont été reconnus indépendants au traité d'Andrinople en 1829. Mais le territoire du royaume de Grèce, constitué en 1831, trop réduit dès l'origine, n'a été agrandi qu'en 1863, lorsque l'Angleterre lui a cédé les îles Ioniennes, dont elle avait le protectorat depuis 1815.

Le territoire est divisé en 14 nomarchies ou provinces.

Trois sont dans l'HELLADE :

ATTIQUE et BÉOTIE, entre le canal de Talanti, le golfe d'Egripo, au N.-E., le golfe d'Egine, au S.-E., le golfe de Lépante au S.-O.

ATHÈNES (en turc Sétines), la capitale du royaume, à 7 kilom. du golfe d'Egine, entre l'Ilissus et le Céphise, au pied du mont Lycabette, non loin de l'Hymette et du Pentélique, conserve avec les souvenirs de sa gloire passée, les belles ruines du Parthénon, des Propylées, du Temple de Thésée, de l'Odéon, de l'Erectheum, etc. Elle possède une université, une école française d'archéologie, de nombreux établissements d'instruction, un musée d'antiquités. On y fabrique des cotonnades, des maroquins; on y fait commerce d'huile, de cire, de fruits, de miel, de marbres. Sa population est d'environ 50,000 hab., avec celle du *Pirée*, situé à 8 kil., dont le port est bon et profond ; — *Megara*, a l'O., près du golfe d'Egine ; — *Thiva* (Thèbes), au N.-O., n'est plus qu'un village ; — *Livadia*, au N.-O., près du lac Topolias, fabrique de gros draps et fait commerce de produits agricoles ; 6,000 hab.; — *Colouri*, dans l'île de ce nom (Salamine), en face du Pirée ; 5,000 hab.; — *Egine*, dans l'île de ce nom, au milieu du golfe, a 10,000 hab.

PHTHIOTIDE et PHOCIDE, entre le canal de Talanti et le golfe de Lépante, au N.-O. de la nomarchie précédente.

Zeitoun ou *Lamia*, près de l'Hellada et du golfe de Zeitoun ; marché de chevaux thessaliens ; 5,000 hab.; — *Talanti*, près du canal de ce nom ; 5,000 hab.; — *Kastri*, près des ruines de Delphes récemment explorées ; — *Salona* (Amphissa); — *Galaxidi*, port sur le golfe de Lépante ; chantiers de construction.

ACARNANIE et ÉTOLIE, à l'O. de la nomarchie précédente.

Missolonghi, le chef-lieu, est une place forte et un port sur le golfe de Patras, bien célèbre par le siège héroïque de 1825-1826 ; — *Naupacte* (Lépante), à l'E., petit port sur le détroit de Lépante, défendu par les châteaux de Roumélie au N., de Morée au S.; — *Vonitza*, au N.-O., port sur le golfe d'Arta , — *Vrachori*, au N. de Missolonghi, près du lac de ce nom et des ruines de Thermus.

La MORÉE renferme cinq nomarchies :

ARGOLIDE et CORINTHIE, entre le golfe de Lépante au N., les golfes d'Egine à l'E., de Nauplie au S.-E.

Nauplie de Romanie, le chef-lieu, a un bon port sur le golfe de Nauplie et une citadelle. Commerce de raisins, figues, soie, éponges; 16,000 hab. ; — *Argos*, près de la Panitza, au N.-O., a peu d'importance ; — *Corinthe*, au N., a un port envasé ; la citadelle de l'Acro-Corinthe est sur une colline de 500 mèt. ; commerce d'huile, grains, vins, raisins ; 3,000 hab. ; — *Nea-Epidavro* (Epidaure), au N.-E. de Nauplie ; — *Poros*, dans l'île de Calaurie, à l'E. de Nauplie, a un arsenal de la marine militaire ; — *Hydra*, dans l'île de ce nom, à l'extrémité S.-E., a un port florissant, dont les marins se rendirent célèbres dans la guerre de l'indépendance ; 20,000 hab. ; — *Spetzia* (Tiparenus), dans l'île de ce nom, à l'entrée du golfe de Nauplie, est une petite place forte ; 3,000 hab.

ACHAIE et ÉLIDE entre les golfes de Lépante et de Patras au N., le Rouphia au S.

Patras, le chef-lieu, a un mauvais port, mais une bonne rade sur le golfe de Patras. La ville, défendue par une forte citadelle, fait un commerce important de raisins surtout ; a des filatures de coton, des tanneries et des fabriques de jus de réglisse ; 26,000 hab. ; — *Vostitza* (Ægium), a l'E., port assez commerçant sur le golfe de Lépante ; — *Kalavryta*, au S.-E., où fut donné le signal de la guerre de l'indépendance, fabrique des fromages renommés ; — *Pyrgos*, près de l'embouchure du Rouphia.

MESSÉNIE, au S., entre le Rouphia, le golfe de Coron et la mer Ionienne.

Kalamata (Pheræ), le chef-lieu, a un port commerçant sur le golfe de Coron ; 4,000 hab. ; — *Nisi*, à l'O. ; — *Coron*, port fortifié, au S.-O., sur le golfe de ce nom ; — *Modon*, au S.-O., port fortifié, en face des îles Œnusses (Sapienza et Cabréra) ; — *Navarin* (Pylos), en face de l'île Sphagia (Sphactérie), port fortifié, célèbre par la bataille navale de 1827 ; — *Mavromati*, près des ruines de Messène; — *Arkadia* (Cyparissia), près du golfe d'Arkadia.

LACONIE, au S.-E., de la Morée, sur les golfes de Coron et de Marathonisi.

Sparte, le chef-lieu, près de l'Eurotas, n'a plus que ses souvenirs ; — *Mistra*, un peu à l'O., est maintenant abandonnée ; — *Gythion* et *Marathonisi*, ports de la contrée montueuse et sauvage, appelée le Magne , — *Monembasia* ou *Nauplie de Malvoisie*, port sur l'Archipel, fait assez de commerce ; les vins, dits de Malvoisie, viennent de Santorin.

ARCADIE, comprenant le plateau central et s'étendant du Rouphia au golfe de Nauplie.

Tripolitza, le chef-lieu, est une ville qui a été presque entièrement détruite par les Turcs; — *Karytana*, au N.-O., près du Rouphia : — *Leonidion*, à l'E., près du golfe de Nauplie.

L'île d'EUBÉE ou NÉGREPONT, avec les *îles Sporades*, au N. (Skyro, Skopélo, Khélidromi, Skiatho, etc), forme une nomarchie insulaire.

Négrepont ou *Egripo* (Chalcis), le chef-lieu, a un bon port sur l'Euripe; 15,000 hab. ; — *Érétrie*, au S.-E., sur le golfe d'Egripo ; — *Karysto*, à l'extrémité S.-E. ; mouillage excellent; — *Koumi*, à l'E., près du cap de ce nom, fabrique de moustiquaires.

Les CYCLADES, dans l'Archipel, forment deux nomarchies. Les principales sont : au Centre, *Syra* (Syros), rocheuse, sans bois, presque sans eau ; elle renferme le bon port de SYRA ou HERMOPOLIS, qui fait un commerce très-actif, construit des navires et est une des stations des paquebots à vapeur ; 21,000 hab. ; — *Dhili* ou *Délos*, à l'E., est un îlot désert ; — au Nord . *Andro* (Andros) avec une ville du même nom ; — *Tino* (Tenos), au S.-E. d'Andro, bien cultivée, a de beaux marbres et 25,000 hab.; chef-lieu *Tino*; — *Mykono* (Mykonos), au S.-E. ; — à l'Ouest · *Zea* (Céos) ; chef-lieu, *Zéa* ; *San-Nicolo* a un bon port; — *Thermia* (Kythnos), au S. de Zea, et *Serpho* (Serphos), produisent du vin et du tabac ; — *Siphanto* (Siphnos), au S.-E. de Serpho ; — *Kimolo* et *Milo* (Melos), au S.-O. des Cyclades, sont presque désertes à cause des bouleversements volcaniques ; — au Sud: *Polycandro*, *Sikino*, *Nio* (Ios), qui a des ports commodes; — *Thera* ou *Santorin*, fertile, théâtre de remarquables phénomènes volcaniques, surtout en 1867, donne du soufre et produit de bons vins ; - *Anaphi*, à l'E.

Au Sud-Est : *Paro* (Paros), fertile, a toujours de beaux marbres, des salines, et le port de *Parikia; —* *Antiparo* (Oliaros), au S.-O., célèbre par ses grottes et ses stalactites ; — *Naxia* (Naxos), à l'E. de Paro, a des marbres blancs, de l'émeri, produit des vins, des fruits et fait assez de commerce ; — *Amorgos*, au S.-E.

Les ÎLES IONIENNES, à l'O. de la Grèce, dans la mer Ionienne, forment quatre nomarchies . CORCYRE ou CORFOU avec PAXO, renferme la ville la plus importante, *Corfou*, bon port, situé à l'E., avec une rade vaste et sûre, des fortifications, une université; commerce assez actif; fabriques de rosolio ; 24,000 hab. : — *Santa-Maura* ou *Leukadia*, au S.-E. en face de l'Acarnanie, avec *Thiaki* (Ithaque), renferme *Amaxiki*, chef-lieu de Sainte-Maure; *Vathy* est le chef-lieu d'Ithaque ; — *Kephalenia* (Céphalonie), au S.-O., a pour villes principales *Argostoli* (8,000 hab.), à l'O., *Lixouri* et *Samo*; — *Zante* (Zakynthos), à l'O. de l'Élide, et *Cérigo* (Cythère), au S.-O. du cap Malée, renferment *Zante*, bon port à l'E. de Zante, et *Kapsali*, au S. de Cérigo.

§ 5. — Statistique.

La superficie de la Grèce est d'environ 50,000 kil. carrés ; la population était en 1871 de 1,460,000 habitants, c'est-à-dire de 29 habitants par kil. carré. Quoique cette population soit assez mélangée, on compte environ 1,080,000 Grecs ou Hellènes, et 340,000 Albanais ou Arnautes.

La Grèce est gouvernée par un roi, assisté de ministres responsables ; d'après la constitution de 1864 le pouvoir législatif appartient à une seule Chambre de députés au nombre de 186 ou 187.

La religion grecque domine presque exclusivement ; les archevêques et évêques sont soumis au synode dirigeant qui siège à Athènes.

Le budget est d'environ 34 millions de francs ; mais il y a un déficit annuel. Il est difficile d'évaluer exactement la dette publique ; elle paraît s'élever à 300 millions.

Il doit y avoir 14,000 hommes environ de troupes régulières, et 17,000 de troupes irrégulières. Mais les soldats sous les drapeaux sont beaucoup moins nombreux. La flotte comprend 30 bâtiments environ de toute grandeur.

La marine marchande comptait, il y a quelque temps, plus de 5,500 navires, jaugeant 330,000 tonneaux. — Les principaux produits exportés sont les raisins de Corinthe, les peaux, l'huile d'olives, le coton brut, le plomb, la soie, les figues, le tabac, le savon, les vins, les oranges. Les pays avec lesquels la Grèce fait le plus de commerce sont la Grande-Bretagne, la France, la Turquie, l'Italie. — Il n'y a encore que le chemin de fer du Pirée à Athènes (12 kilom.) ; mais on a décidé la construction d'une ligne entre le Pirée et Lamia (220 kil.) et d'une autre ligne, entre Athènes et Calamata (275 kilom.).

Par sa langue, par ses souvenirs, par ses relations, par ses dettes, le peuple hellénique se rattache à l'Europe occidentale ; mais par sa religion il a des affinités avec la Russie, malgré l'établissement du Saint-Synode à Athènes ; de plus, la Grèce ne peut bien vivre qu'en s'agrandissant ; elle ne peut s'agrandir qu'aux dépens de la Turquie, or l'Europe occidentale protège l'intégrité de l Empire Ottoman, que seule la Russie a intérêt à détruire ; de là les sympathies politiques des Grecs pour la Russie, malgré les liens de reconnaissance qui devraient l'attacher intimement aux nations de l'Occident.

STATISTIQUE GÉNÉRALE

En terminant cette description générale de l'Europe, nous croyons utile de donner ici quelques tableaux statistiques, d'après les renseignements les plus sûrs et les plus récents. C'est l'un des meilleurs moyens de comparaison entre les divers États.

I. — ÉTATS DE L'EUROPE RANGÉS D'APRÈS LA SUPERFICIE

ÉTATS	KILOM. CARRÉS.
1. Russie (avec la Pologne, la Finlande, la lieutenance du Caucase)	5,772,506
2. Suède et Norvège	758,509
3. Autriche-Hongrie	622,476
4. Empire d'Allemagne	540,302
5. France	528,540
6. Espagne (sans les Canaries)	499,763
7. Turquie d'Europe	347,033
8. Grande Bretagne et Irlande	313,675
(Malte, Gibraltar, Heligoland ont 575 kilom carrés.)	
9. Italie	296,013
10. Roumanie	120,973
11. Portugal (sans les Açores et Madère)	89,358
12. Grèce	50,125
13. Serbie	43,555
14. Suisse	41,418
15. Danemark (sans les Færoë et l'Islande)	38,209
16. Pays-Bas	32,840
17. Belgique	29,455
18. Monténégro	4,405
19. Luxembourg	2,587
20. Andorre	385
21. Liechtenstein	160
22. Saint-Marin	57
23. Monaco	15
En tout (sans les dépendances)	9,853,100
Et avec la lieutenance du Caucase, de	459,524
	10,292,424

II. — ÉTATS DE L'EUROPE D'APRÈS LEUR POPULATION

1. Russie (avec la Pologne, la Finlande, la lieutenance du Caucase)	75,857,218
	(recensement de 1867.)
2. Empire d'Allemagne	41,058,196
3. France	36,102,921
A reporter	155,018,335

	Report . . .	153,018,535
4.	Autriche-Hongrie	35,904,435
5	Grande Bretagne et Irlande (avec Malte, Gibraltar, Héligoland)	31,977,477
6.	Italie	26,716 809
7	Espagne (sans les dépendances).. . . .	16,565,000
8	Turquie	10,500,000
9	Suède et Norvège.. . . .	5,937,107
10	Belgique	5,087,105
11	Roumanie.. . . . . . . , . . .	4,200,000
12	Portugal (sans les dépendances). . . .	3,995,155
13	Pays-Bas	3,618,017
14	Suisse	2,669,147
15.	Danemark (sans les dépendances)	1,784,741
16	Grèce	1,457,894
17	Serbie . . . .,. . . .	1,306,694
18.	Luxembourg	197,528
19	Monténégro.	120,000
20	Andorre . . .	12,000
21.	Liechtenstein	8,350
22	Saint Marin.	7,303
23	Monaco.	3,127
	En tout	300,800,000

III — ÉTATS DE L'EUROPE D'APRÈS LA DENSITÉ DE POPULATION

ÉTATS	HABITANTS PAR KILOM. CARRÉ.
1 Belgique	173
2 Pays-Bas	110
3 Grande-Bretagne et Irlande	101
4 Italie	90
5 Empire d'Allemagne	76
6. France	69
7 Suisse	64
8 Austro-Hongrie.	58
9 Danemark	48
10 Portugal	45
11 Espagne.	35
12 Turquie d'Europe	31
13 Grèce	27
14 Russie.	14
15. Suède et Norvège.	8

En moyenne, la densité de population pour l'Europe est de 31 habitants par kilom. carré.

IV. — RÉPARTITION DE LA POPULATION ENTRE LES DIFFÉRENTS CULTES

1, Catholiques romains.	147,800,000
2 Protestants	76,600,000

3. Catholiques grecs 69,100,000
4. Autres sectes chrétiennes. 200,000
5. Israélites 5,000,000
6. Mahométans 6,800,000
7. Sectes diverses. 500,000

V. — RÉPARTITION DE LA POPULATION DE L'EUROPE ENTRE LES DIFFÉRENTES LANGUES

1 *Peuples germains.*

Allemands, Néerlandais, Flamands 56,460,000
Anglo-Saxons. 29,400,000
Scandinaves 8,000,000

En tout. 93,900,000

2 *Peuples romans :*

Français, Catalans... 41,260,000
Italiens et Rhæto-Romans 27,620,000
Espagnols et Portugais......... 16,520,000
Daco-Romans et Macédo-Valaques . . . 8,100,000
Grecs 2,430,000
Albanais 1,440,000

En tout. 97,200,000

3 *Peuples slaves :*

Russes et Ruthènes. 54,530,000
Polonais 9,120,000
Tchèques et Wendes 6,900,000
Serbes, Croates, Slovènes 7,200,000
Slaves de Bulgarie 4,080,000

En tout. 82,130,000

4. *Peuples Celtes et Kymris* 3,400,000
5. *Lettons, Lithuaniens, Prussiens* .. 2,880,000
6. *Peuples finnois Finnois, Madgyars*, etc .. 10,420,000
7 *Basques, Arméniens, Zingares, Maures* . . 1,780,000
8. *Israélites*. 5,000,000
9. *Turks, Tatars, Mongols* 4,200,000

VI. — POSSESSIONS EXTÉRIEURES DES ÉTATS EUROPÉENS

	KILOM. CARRÉS.	HABITANTS.
1. Grande-Bretagne	20,828,880	171,810,000
2. Russie	15,596,872	10,770,000
3. Turquie	4,469,150	27,215,000
4. Portugal	1,916,528	5,875,000
5. Pays-Bas	1,718,575	25,475,000
A reporter	44,048,605	256,839,000

		Report	44,048,605	236,859,000
6	France		1,185,273	6,240,000
7	Espagne		305,466	6,419 000
8	Danemark		225,642	127,410
9	Suède		21	2,900
	Total'		45,765,000	250,000,000

Il faut remarquer que tous ces chiffres ne peuvent être que vaguement approximatifs

VII. — CHEMINS DE FER DE L'EUROPE AU COMMENCEMENT DE 1872

ÉTATS	KILOMÈTRES
1. Grande-Bretagne	24,995
2. Allemagne et Luxembourg	21,201
3. France	17,666
4. Russie d'Europe	13,857
5. Autriche-Hongrie	12,047
6. Italie	6,578
7. Espagne	5,441
8. Belgique	3,041
9. Suède et Norvége	2,268
10. Suisse	1,472
11. Pays-Bas	1,458
12. Danemark	876
13. Roumanie	806
14. Portugal	787
15. Turquie d'Europe	298
16. Grèce	12
En tout	112,695

Ces chiffres vont chaque jour en augmentant

VIII. — MARINE MARCHANDE DES PRINCIPAUX ÉTATS DE L'EUROPE.

ÉTATS	NAVIRES	TONNEAUX
1. Grande-Bretagne (avec colonies)	36,867	7,255,528
2. Allemagne	5,422	1,305,572
3. France	15,930	1 079,265
4. Suède et Norvege	10,319	1,397,116
5. Italie	18,822	1,013,058
6. Pays Bas (avec colonies)	2,865	577,452
7. Espagne	4,514	590,700
8. Autriche-Hongrie	2,970	378,681
9. Grèce	5,422	534,900
10. Russie et Finlande	5,150	352,935
11. Danemark	2,735	181,407
12. Turquie	2,200	182,000
13. Portugal	817	88,392
14. Belgique	67	30,149

TABLE DES MATIÈRES

DEUXIÈME PARTIE

GÉOGRAPHIE GÉNÉRALE DE L'EUROPE

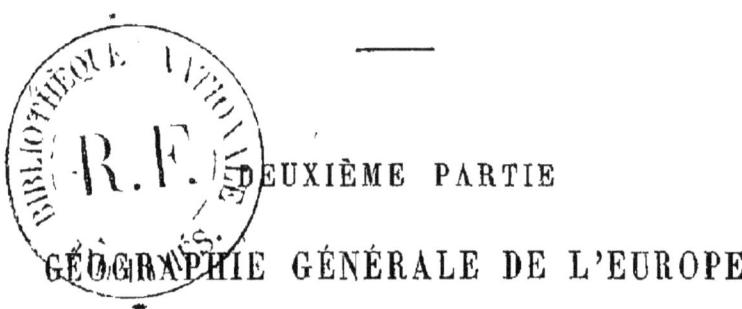

LIVRE VII

EUROPE OCCIDENTALE

CHAPITRE PREMIER. — Péninsule Ibérique. — Espagne et Portugal. 4

- § 1. Position. Limites... 4
- § 2 Côtes... 4
- § 3 Relief du sol. — Montagnes... 5
- § 4. Versants, bassins, cours d'eau... 10
- § 5. Géographie politique de la Péninsule... 13
- § 6. Espagne septentrionale. — Anciennes divisions, provinces, villes... 14
- § 7. Espagne centrale. — Anciennes divisions, provinces, villes... 18
- § 8. Espagne méridionale. — Anciennes divisions, provinces, villes... 21
- § 9. Espagne orientale. — Anciennes divisions, provinces, villes... 23
- § 10. Climat. — Richesses minérales, agricoles, animales. — Industrie... 26
- § 11. Canaux, chemins de fer. — Commerce... 30
- § 12. Statistique... 32
- § 13. Gibraltar. — République d'Andorre... 33
- § 14. Portugal — limites. — Climat — Productions... 34
- § 15 Géographie politique provinces, villes... 37
- § 16. Industrie ; commerce. — Statistique... 40

CHAPITRE II. — Région italienne... 42

TABLE DES MATIÈRES.

§ 1. Situation. — Description des côtes, ... 42
§ 2. Volcans. 44
§ 3. Description des montagnes. — Alpes et leurs ramifications. 45
§ 4. Les Apennins. 49
§ 5. Hydrographie; cours d'eau de l'Italie. 51
§ 6. Lacs de l'Italie. 57
§ 7. Géographie politique du royaume d'Italie. 58
§ 8. Piémont · provinces, villes. 59
§ 9. Ligurie . provinces, villes. 61
§ 10. Milanais : provinces, villes. 62
§ 11 Vénétie provinces, villes. 65
§ 12. Émilie : provinces, villes. 67
§ 13. Marches. — Ombrie : provinces, villes. 69
§ 14 Toscane : provinces, villes. 70
§ 15. Latie ou Rome : province, villes. 72
§ 16. Naples · provinces, villes. 74
§ 17. Sicile : provinces, villes. 79
§ 18. Sardaigne · provinces, villes. 82
§ 19. Géographie économique. — Climat. — Richesses minérales, agricoles, etc. 84
§ 20. Industrie. — Voies de communication; commerce.. 87
§ 21. Gouvernement. — Statistique. 90
§ 22. Saint-Marin — Malte. 91

CHAPITRE III — Suisse. 91

§ 1. Situation, limites. — Grandes divisions naturelles.. 91
§ 2. Montagnes. 95
§ 3. Glaciers. — Cours d'eau. 95
§ 4. Lacs. 98
§ 5. Géographie politique. — Cantons arrosés par le Rhin. — Villes. 99
§ 6. Cantons de la Suisse intérieure arrosés par la Reuss et par la Linth. 102
§ 7. Cantons dans la vallée de l'Aar. 104
§ 8. Cantons dans le bassin du Rhône. 106
§ 9. Canton dans le bassin du Pô. 107
§ 10. Géographie économique. — Climat. — Richesses minérales, agricoles. — Industrie. 108
§ 11. Commerce; voies de communication. — Statistique. 110

CHAPITRE IV. — Royaume de Belgique. 112

§ 1. Situation; limites. 112
§ 2. Cours d'eau. — Canaux. 113
§ 3. Géographie politique. — Provinces, villes. 114
§ 4. Climat — Productions. — Industrie. — Commerce. Voies de communication. 118

TABLE DES MATIERES. 401

§ 5. Statistique. 121
  Royaume des Pays-Bas. 122
§ 6. Situation. — Littoral. 122
§ 7. Fleuves. — Canaux 123
§ 8. Géographie politique. — Provinces, villes. 125
§ 9. Grand-Duché de Luxembourg. 129
§ 10. Climat des Pays-Bas. — Productions du sol. — Industrie. — Commerce. chemins de fer. 129
§ 11. Statistique. 132

CHAPITRE V. — Iles Britanniques. 135

§ 1. Situation. — Littoral de la Grande-Bretagne (Angleterre, Ecosse). 135
§ 2. Montagnes. — Fleuves; lacs; canaux de la Grande-Bretagne. 136
§ 3. Géographie physique de l'Irlande. — Côtes, montagnes, fleuves, lacs 141
§ 4. Climat. — Productions du sol; agriculture. 143
§ 5. Géographie politique de l'Angleterre. — Comtés du littoral. — Villes. 148
§ 6. Comtés du centre. — Villes. 156
§ 7. Géographie politique du Pays de Galles 162
§ 8. Ecosse. — Géographie politique. — Comtés des Lowlands — Villes. 164
§ 9. Comtés des Highlands. — Villes. 167
§ 10. Irlande. — Géographie politique. 169
§ 11. Ile de Man. — Iles Anglo-Normandes 173
§ 12. Industrie des Iles Britanniques. 174
§ 13. Système des chemins de fer. — Commerce. — Monnaies, poids et mesures. 177
§ 14. Colonies. 180
§ 15. Gouvernement. — Population. — Statistique. 181

LIVRE VIII

EUROPE CENTRALE

CHAPITRE PREMIER. — Allemagne. 185

§ 1. Géographie physique de l'Allemagne. — Limites. . . . 185
§ 2. Littoral de l'Allemagne. 187
§ 3 Orographie de l'Allemagne. — Ligne du passage des eaux. — Forêt-Noire. — Système Hercynien. — Vosges. 188
§ 4. Hydrographie de l'Allemagne. — Versant de la mer du Nord : Rhin, Ems, Weser, Elbe. 194

TABLE DES MATIÈRES.

§ 5. Hydrographie. — Versant de la mer Baltique · Trave, Oder, Vistule, Passarge, Pregel, Niemen......... 198
§ 6 Hydrographie. — Bassin supérieur du Danube. — Canaux.................. 199
§ 7. Grandes divisions physiques de l'Allemagne........ 201

CHAPITRE II. — Géographie politique de l'Empire d'Allemagne... 205

§ 1. Grandes divisions. — Royaume de Prusse......... 205
§ 2. Prusse orientale. — Prusse proprement dite, Posen ; Silesie ; Poméranie ; Brandebourg ; Slesvig-Holstein — Description ; villes principales.............. 206
§ 3. Prusse centrale. — Saxe prussienne ; villes....... 212
§ 4. Prusse occidentale. — Hanovre, Hesse-Nassau ; Westphalie ; Province du Rhin ; villes.......... 215
§ 5. Dépendances de la Prusse — Hohenzollern, Lauenbourg. — Statistique du royaume.......... 221
§ 6. États de l'Allemagne du Nord (les Mecklenbourg, le grand-duché d'Oldenbourg, les républiques de Brême, Hambourg, Lubeck)............... 223
§ 7. Royaume de Saxe et États de Thuringe (Saxe-Weimar-Eisenach ; Saxe-Cobourg-Gotha ; Saxe-Meiningen-Hildburghausen ; Saxe Altenbourg ; Schwarzbourg-Rudolstadt et Sondershausen, Reuss-Greiz et Schleiz).. 226
§ 8. États enclavés dans la Prusse occidentale (Anhalt ; Brunswick ; Lippe-Detmold, Lippe-Schaumbourg ; Waldeck) 231
§ 9. Géographie économique de l'Allemagne du Nord..... 233
§ 10 Allemagne du Sud. — Royaume de Bavière........ 236
§ 11. Royaume de Wurtemberg............... 241
§ 12 Grands-duchés de Hesse et de Bade........... 243
§ 13. Alsace-Lorraine. — Tableau statistique de l'Allemagne du Sud........................ 247
§ 14. Chemins de fer. — Commerce de l'Allemagne...... 253
§ 15 Formation de l'Empire d'Allemagne. — Statistique générale..................... 256

CHAPITRE III. — Empire d'Autriche-Hongrie............ 259

§ 1. Situation ; limites. — Littoral de l'Adriatique....... 259
§ 2. Systèmes de montagnes. Alpes ; — Système Hercynien ; — Karpathes.................. 260
§ 3 Hydrographie — Bassin du Danube ; — Cours d'eau tributaires de la mer Noire ; — de l'Adriatique ; — de la mer du Nord ; — de la Baltique — Lacs ; canaux.. 263
§ 4. Géographie politique. — Description des provinces ; villes. — Basse-Autriche ; — Haute-Autriche ; — Salzbourg....................... 268
§ 5. Styrie, — Carinthie ; — Carniole ; — Tyrol ; — Littoral ; — Dalmatie.................... 271

TABLE DES MATIÈRES.

§ 6. Bohême; — Moravie; — Silésie; — Galicie; — Bukowine.. 276
§ 7. Hongrie; — Transylvanie; — Croatie et Slavonie; — Confins militaires................................. 282
§ 8. Grandes régions. — Richesses minérales; — agricoles. — Industrie..................................... 293
§ 9. Voies de communication; — chemins de fer..... 295
§ 10 Gouvernement. — Populations diverses. — Religions — Statistique. — Principauté de Liechtenstein..... 297

CHAPITRE IV. — ÉTATS SCANDINAVES................ 300

§ 1. ROYAUME DE DANEMARK. — Géographie physique — Jutland. — Archipel danois. — Detroits. — Climat. — Productions.. 300
§ 2. Geographie politique — Diocèses; villes......... 303
§ 3. Statistique. — Iles Færoe — Islande............ 304
§ 4. PÉNINSULE SCANDINAVE OU SUÈDE ET NORVÉGE. — Côtes... 306
§ 5. Montagnes. — Fleuves. — Lacs. — Canaux....... 309
§ 6. Climat — Richesses minerales, végétales, etc..... 311
§ 7. Géographie politique de la Suède. — Gouvernements; villes.. 313
§ 8. Géographie politique de la Norvége — Gouvernements; villes.. 316
§ 9. Statistique : gouvernement, etc. — Spitzberg..... 318

LIVRE IX

EUROPE ORIENTALE.

CHAPITRE PREMIER. — EMPIRE DE RUSSIE............ 322

§ 1. Géographie physique — Mers qui baignent la Russie — Frontières de terre.............................. 322
§ 2 Orographie de la Russie........................ 326
§ 3. Hydrographie de la Russie : versants de l'océan Glacial; — de la mer Baltique; — de la mer Noire; — de la mer Caspienne................................... 329
§ 4. Grandes zones. — Climat......................... 332
§ 5. Géographie politique. — Russie septentrionale gouvernements, villes — Région Finlandaise : villes. — Provinces Baltiques; villes........................ 332
§ 6. Géographie politique. — Russie occidentale : Lithuanie, Ukraine polonaise, Pologne, gouvernements, villes.. 336
§ 7. Geographie politique. — Grande-Russie · gouvernements, villes.. 340

§ 8. Géographie politique. — Petite-Russie ou Ukraine. —
Russie méridionale : gouvernements, villes. 544
§ 9. Géographie politique. — Russie orientale : gouvernements, villes. 549
§ 10. Géographie politique. — Russie du Caucase : territoires, pays, villes. 551
§ 11. Populations de la Russie. — Religions. 554
§ 12. Productions minérales ; — agricoles ; — animales. — Industrie. 556
§ 13. Commerce. — Canaux. — Chemins de fer. 559
§ 14. Statistique : gouvernement, armée, marine ; possessions en Asie. 561

CHAPITRE II. — PÉNINSULE TURCO-HELLÉNIQUE. 563

§ 1. Empire de Turquie ou des Osmanlis. — Situation ; limites — Description des côtes. 564
§ 2. Orographie — Plateau de Mœsie ; — Balkans ; — Alpes Helléniques. 565
§ 3. Hydrographie. — Bassin du Danube ; — Versants de l'Archipel ; — de la mer Ionienne et de la mer Adriatique. 567
§ 4. Climat. — Régions principales ; pays. — Richesses minérales, végétales, animales. — Industrie. 570
§ 5. Géographie politique. — Grandes divisions. — Roumili ; Thessalie : description, villes. 573
§ 6. Géographie politique. — Albanie ; — Herzegovine ; — Bosnie ; — Croatie ; — Rascie, — Serbie turque ; — Bulgarie ; — Candie et les îles : description, villes. . 576
§ 7. Principautés vassales du sultan. — Serbie et Montenegro. 579
§ 8. Roumanie. — Géographie physique. — Richesses. — Villes — Statistique. 581
§ 9. Statistique générale de l'Empire ottoman. 584

CHAPITRE III. — ROYAUME DE GRÈCE. 586

§ 1. Situation. — Littoral. 586
§ 2. Montagnes. — Cours d'eau. 588
§ 3. Climat. — Régions. — Richesses minérales ; agricoles. — Industrie, commerce. 589
§ 4. Géographie politique. — Nomarchies, villes. 591
§ 5. Statistique. 594

STATISTIQUE GÉNÉRALE. 395

I. — États de l'Europe rangés d'après la superficie. 395
II. — États de l'Europe d'après leur population. 395
III. — États de l'Europe d'après la densité de population. 396

IV. —	Répartition de la population entre les différents cultes. .	596
V —	Repartition de la population de l'Europe entre les différentes langues.	597
VI. —	Possessions extérieures des États Européens.	397
VII. —	Chemins de fer de l'Europe au commencement de 1872. .	598
VIII. —	Marine marchande des principaux Etats de l'Europe.. . . .	598

FIN DE LA TABLE DES MATIÈRES

PARIS — IMP SIMON RAÇON ET COMP, RUE D'ERFURTH, 1

GARNIER FRÈRES

6, rue des Saints-Pères, et Palais-Royal, 215

Envoi franco contre mandat ou timbre-poste.

DICTIONNAIRE NATIONAL
OUVRAGE ENTIÈREMENT TERMINÉ
MONUMENT ÉLEVÉ A LA GLOIRE DE LA LANGUE ET DES LETTRES FRANÇAISES

Ce grand Dictionnaire classique de la Langue française contient pour la première fois, outre les mots mis en circulation par la presse, et qui sont devenus une des propriétés de la parole, les noms de tous les Peuples anciens, modernes; de tous les Souverains, des institutions politiques; des Assemblées délibérantes; des Ordres monastiques, militaires; des Sectes religieuses, politiques, philosophiques; des grands Evénements historiques : Guerres, Batailles, Sièges, Journées mémorables, Conspirations, Traités de paix, Conciles; des Titres, Dignités, des Hommes ou Femmes célèbres en tout genre; des Personnages historiques de tous les pays : Saints, Martyrs, Savants, Artistes, Ecrivains, des Divinités, Héros et personnages fabuleux de tous les peuples; des Religions et Cultes divers, Fêtes, Jeux, Cérémonies publiques, Mystères; tous les Chefs-lieux, Arrondissements, Cantons, Villes, Fleuves, Rivières, Montagnes, avec les Etymologies grecques, latines, arabes, celtiques, germaniques, etc., etc.

Cet ouvrage classique est rédigé sur un plan entièrement neuf, plus exact et plus complet que tous les dictionnaires qui existent, et dans lequel toutes les définitions, toutes les acceptions des mots et les nuances infinies qu'ils ont reçues sont justifiées par plus de quinze cent mille exemples extraits de tous les écrivains, etc., etc. Par M. Bescherelle, aîné, auteur de la *Grammaire nationale* 2 magnifiques volumes in-4 de plus de 3,000 pages, a 4 col' imprimés en caractères neufs et très-lisibles, sur papier grand raisin glacé, contenant la matière de plus de 300 volumes in-8. 50 fr.
Demi-reliure chagrin, plats en toile. . . . . 10 fr.

GRAMMAIRE NATIONALE
Ou Grammaire de Voltaire, de Racine, de Bossuet, de Fénelon, de J.-J. Rousseau, de Bernardin de Saint-Pierre, de Chateaubriand, de Casimir Delavigne, et de tous les écrivains les plus distingués de la France; par MM. Bescherelle frères et Litais de Caux 1 fort. vol. gr. in-8. Complément indispensable du *Dictionnaire national*.. . . . . 10 fr.

NOUVEAU DICTIONNAIRE CLASSIQUE DE LA LANGUE FRANÇAISE

Comprenant : 1° Les mots du Dictionnaire de l'Académie française, et un très-grand nombre d'autres autorisés par l'emploi qu'en ont fait les bons écrivains; leurs acceptions propres et figurées et l'indication de leur emploi dans les différents genres de style; — 2° Les termes usités dans les sciences les arts, les manufactures, ou tirés des langues étrangères; — 3° La synonymie rédigée sur un plan tout nouveau et d'après les travaux les plus récents sur cette matière. — 4° La prononciation figurée de tous les mots qui présentent quelque difficulté; — 5° Un Vocabulaire général de biographie, d'histoire et de géographie, depuis les premiers temps jusqu'à nos jours, et précédé d'un tableau complet de la conjugaison des verbes réguliers et irréguliers, etc., etc., par MM. Bescherelle aîné, auteur du *Dictionnaire national de la langue française*, et J.-A. Pons. 1 vol. gr. in-8 de 1,100 pag., 10 fr.; reliure toile, ou basane. . . . . . . 2 fr.

DICTIONNAIRE USUEL DE TOUS LES VERBES FRANÇAIS
Tant réguliers qu'irréguliers; par MM. Bescherelle frères. 3ᵉ édition. 2 forts vol. in-8 à 2 colonnes.. . . . . 12 fr.

GRAMMAIRE DE LA LANGUE ANGLAISE

Contenant : 1° Un traité de la prononciation avec un *syllabaire* et de nombreux exercices de lecture à l'usage des commençants ; — 2° Un cours de thèmes complet sur les règles et les difficultés de la langue; — 3° Idiotismes; — 4° Dialogues familiers, par MM. CLIFTON, auteur du nouveau Dictionnaire anglais, et MUAVOYER. 1 vol. gr. in-18, cartonné. . . . 2 fr

GRAMMAIRE THÉORIQUE ET PRATIQUE DE LA LANGUE ALLEMANDE

Par ERNEST GRÉGOIRE, licencié en droit. 1 vol. gr. in-18.. . . . . 3 fr.

GRAMMAIRE ITALIENNE

En 25 leçons, d'après VERGANI, corrigée et complétée par C. FERRARI, ancien professeur à l'Ecole normale et à l'Université de Turin, auteur du *Nouveau Dictionnaire italien-français et français-italien*. 1 vol. cart. . . . 2 fr

GRAMMAIRE ESPAGNOLE-FRANÇAISE DE SOBRINO :

Très-complète et très-détaillée, contenant toutes les notions nécessaires pour apprendre à parler et à écrire correctement l'espagnol. Nouvelle édition, refondue avec le plus grand soin, par A. GALBAN, professeur. 1 vol. in-8. 4 fr

GRAMATICA DE LA LENGUA FRANCESA

Para los Españoles, por CHANTREAU, corrigée avec le plus grand soin par A. GALBAN, professeur des deux langues. 1 vol. in-8.. . . . . 4 fr.

NUOVA GRAMMATICA FRANCESE-ITALIANA

Por LODOVICO GOUDAR, con nuove regole e spiegazioni interno alla moderna pronunzia, alla natura dei dittonchi france i ed ai participii, ricavate dalle opere de' migliori grammatici. Nuova edizione, correcta ed arrichita da CACCIA, autore del nuovo Dizionario italiano-spagnuolo. 1 vol. grand in-18 cartonné. . . . . 2 fr

GRAMMAIRE PORTUGAISE

Remaniée et simplifiée par M. PAULINO DE SOUZA. 1 fort vol. grand in-18 cartonné. . . . . 6 fr

NOUVELLE GRAMMAIRE GRECQUE

D'après les principes de la grammaire comparée, par A. CHASSANG, ancien maître de conférences de langue et littérature grecques à l'Ecole normale, inspecteur de l'Académie de Paris. 1 vol. in-8 cartonné.. . . . . 3 fr.
Abrégé de la même grammaire. . . . . 1 fr. 50.

NOUVELLE GRAMMAIRE LATINE

D'après les principes de la grammaire comparée, par C. BEAULIEU, professeur au lycée Condorcet, 1 vol. in-8, cartonné. . . . . 3 fr.
Abrégé de la même grammaire. . . . . 3 fr.

DE LA LIBRAIRIE GARNIER FRÈRES.

PETITS DICTIONNAIRES EN DEUX LANGUES

avec la prononciation figurée, très-complets et exécutés avec le plus grand soin, à l'usage des voyageurs, des lycées, des colléges, et de toutes les personnes qui étudient les langues étrangères. Format gr. in-32, relié.

Nouveau Dictionnaire anglais-français et français-anglais, par M. CLIFTON. 1 vol. rel. . . . . 5 fr.
Nouveau Dictionnaire allemand-français et français-allemand, par M. ROTTECK (de Berlin). 1 vol. rel. 5 fr.
Nouveau Dictionnaire français-espagnol et espagnol-français, par VICENTE SALVA, 1 vol. relié. . . . 6 fr.
Nouveau Dictionnaire italien-français et français-italien, avec la prononciation figurée par FERRARI. 1 gr. vol. relié. . . . . 5 fr.
Nouveau Dictionnaire portugais-français et français-portugais, avec la prononciation figurée dans les deux langues, rédigé d'après les meilleurs dictionnaires par SOUZA PINTO. 1 fort vol. rel. . . . . 6 fr.

Diccionario español-inglés é inglés-español portátil, con la pronunciacion en ambas lenguas, formada com presencia de los mejores diccionarios ingleses y españoles por Don F. CORONA BUSTAMANTE. 2 tomos. . . . . 6 fr.
Diccionario español-italiano é italiano-español, con la pronunciacion en ambas lenguas, compuesto por D. J. CACCIA, con arreglo á los mejores diccionarios 1 tomo.. . . . . 5 fr.
Nouveau Dictionnaire latin-français, par E. DE SUCKAU. 1 fort vol. . 5 fr.
Dictionnaire grec-français, rédigé sur un plan nouveau, par A. CHASSANG, maître de conférences de langue et de littérature grecques à l'Ecole normale superieure. 1 vol. relié. . 6 fr.

PETIT DICTIONNAIRE NATIONAL, par BESCHERELLE aîné, auteur du Grand Dictionnaire national 1 fort vol. in-32 jesus. . . . . . . 2 fr.
PETIT DICTIONNAIRE D'HISTOIRE, DE GÉOGRAPHIE ET DE MYTHOLOGIE, par J.-P. QUITARD, faisant suite au Petit Dictionnaire national de M. BESCHERELLE aîné. 1 vol in-32. . . . . 1 fr. 75
Les deux ouvrages réunis en 1 fort vol. relié en toile. . . . . . . 4 fr.

NOUVEAU DICTIONNAIRE DES RIMES

Précédé d'un traité complet de versification, par P.-M. QUITARD, auteur du Petit Dictionnaire d'histoire et de geographie. 1 vol. grand in-32. 2 fr.
Reliure percaline, tranche jaspée de chacun de ces dictionnaires. . 60 c.

GUIDES POLYGLOTTES

Manuels de la conversation et du style epistolaire, à l'usage des voyageurs et des écoles, par MM. CLIFTON, VITALI, CORONA BUSTAMANTE, EBELING. Grand in-32, format dit Cazin, élégamment cartonné. Le volume. . . . 2 fr.

Français-anglais, par M. CLIFTON. 1 v.
Français-italien, par M. VITALI. 1 vol.
Français-allemand, par M. EBELING. 1 v.
Français-espagnol, par M. CORONA BUSTAMANTE. 1 vol.
Español-francés, por CORONA BUSTAMANTE. 1 vol.
English-french by CLIFTON. 1 vol.
Hollandsch-Fransch, par DUFRICHE. 1 v.
English-portuguese, by CLIFTON and CAROLINO DUARTE. 1 vol.
Español-inglés, por CORONA BUSTAMANTE y CLIFTON. 1 vol.

Español-aleman, por CORONA BUSTAMANTE y EBELING. 1 vol.
English-Deutsch, by CAROLINO DUARTE. 1 vol
Italiano tedesco, da GIOVANNI VITALI E D' EBELING. 1 vol.
Español-italiano, por CORONA BUSTAMANTE y VITALI. 1 vol.
Portuguez-francez, por M. CAROLINO DUARTE y CLIFTON. 1 vol
Portuguez-inglez, por DUARTE y CLIFTON 1 vol.

GUIDE EN SIX LANGUES. Français-anglais-allemand-italien-espagnol-portugais. 1 fort vol. in-16 de 550 pages. . . . . 5 fr.
GUIDE EN QUATRE LANGUES. Français-anglais-allemand-italien. 1 fort vol. in-32. . . . . 3 fr.
Guide français-anglais, manuel de la conversation et du style épistolaire avec la prononciation figurée de tous les mots anglais, 1 vol in-16 4 fr.
Polyglot Guides Manual of Conversation. English and French with the figured pronunciation of the French 1 vol. in-16. . . . . . . 4 fr.

EXTRAIT DU CATALOGUE

GRAND DICTIONNAIRE ESPAGNOL-FRANÇAIS ET FRANÇAIS-ESPAGNOL

Avec la prononciation dans les deux langues, plus exact et plus complet que tous ceux qui ont paru jusqu'a ce jour, rédigé d'après les matériaux réunis par D. Vicente Salva, et les meilleurs dictionnaires anciens et modernes, par F. de P. Noriéga et Guim. 1 fort vol. gr. in-8 jésus, . 18 fr.

GRAND DICTIONNAIRE ITALIEN-FRANÇAIS ET FRANÇAIS-ITALIEN

Avec la prononciation figurée dans les deux langues. 2 forts volumes grand in-8.................. 20 fr.

NOUVEAU DICTIONNAIRE GREC-FRANÇAIS

Par Chassang, maître de conférences de langue et de littérature grecques à l'École normale supérieure, docteur es lettres, lauréat de l'Institut. Ouvrage rédigé d'après les plus récents travaux de philologie grecque, comprenant : 1° Les mots de la langue grecque, depuis Homère jusqu'aux écrivains byzantins ; 2° Les noms propres de la langue grecque ; 3° Les formes irrégulières, poétiques ou propres aux dialectes ; 4° Des renvois aux mots simples et aux racines ; et précédé d'une Introduction à l'etude de la langue et de la littérature grecques, contenant : 1° Un résumé de l'Histoire de la litterature grecque ; 2° Des notions élémentaires sur les origines de la langue grecque et sur la Formation des mots ; 3° Une liste des Racines, des Radicaux et des mots simples de la langue grecque ; et une liste des prefixes et suffixes, des lettres de liaison, des terminaisons et desinences, 4° Des elements de grammaire grecque d'après la méthode de la grammaire comparée, 5° Diverses Notions complémentaires, a savoir I. Prononciation grecque ; II. Metrique et Prosodie grecques ; III Calendrier, Monnaies, Poids et Mesures, Numération des Grecs ; IV. Principaux signes et abréviations des anciennes éditions de livres grecs. 1 vol gr. in-8 de 1,500 p. envir. : rel. toile 15 fr.

DICTIONNAIRE ENCYCLOPÉDIQUE D'HISTOIRE, DE BIOGRAPHIE DE MYTHOLOGIE ET DE GÉOGRAPHIE

Comprenant : 1° *Histoire*. L'histoire des peuples, la chronologie des dynasties, l'archéologie, l'étude des institutions politiques, religieuses et judiciaires, et des divers systèmes philosophiques ; — 2° *Biographie* : La biographie des hommes célèbres, avec notices bibliographiques sur leurs ouvrages ; — 3° *Mythologie* : La biographie des dieux et personnages fabuleux, l'exposition des rites, fêtes et mystères, — 4° *Geographie* · La geographie physique, politique, industrielle et commerciale, la géographie ancienne et moderne comparées, par Louis Grégoire, docteur ès lettres. 1 fort vol gr. in-8 jésus de 2,250 pages : 20 fr. — Relié demi-chagrin, plats toile 25 fr.

M. le Ministre de l'instruction publique a souscrit pour les Bibliothèques.

DICTIONNAIRE GÉNÉRAL DES SCIENCES THÉORIQUES ET APPLIQUÉES

Comprenant les mathématiques, la physique et la chimie, la mécanique et la technologie, l'histoire naturelle et la medecine, l'économie rurale et l'art vétérinaire, par MM. Privat-Deschanel et Ad. Focillon, professeurs des sciences physiques et des sciences naturelles. 2 forts vol. gr. in-8, 52 fr.

NOUVEAU DICTIONNAIRE COMPLET DES COMMUNES DE LA FRANCE DE L'ALGÉRIE ET DES AUTRES COLONIES

Nomenclature de toutes les communes, leur division administrative, leur population, leurs principales sections, les châteaux, les bureaux de poste, leur distance de Paris ; les stations de chemins de fer, les bureaux télégraphiques, l industrie, le commerce, les productions du sol, et tous les renseignements relatifs à l'organisation administrative, par M. Gindre de Mancy. Quatrième édition, revue, corrigée et contenant la liste des communes annexées a l'Allemagne. 1 beau vol. in-8 raisin de 1,000 pages, avec une carte des chemins de fer français.............. 12 fr

DICTIONNAIRE PORTATIF DES COMMUNES DE LA FRANCE, DE L'ALGÉRIE ET DES AUTRES COLONIES FRANÇAISES

Précédé de tableaux synoptiques, par M Gindre de Mancy, accompagné d'une carte de la France. Nouvelle édition revue, corrigée, contenant la liste des communes annexées à l'Allemagne. 1 fort vol. in-32 de 750 pages. cart. toile. . . . . 5 fr.

ENCYCLOPÉDIE THÉORIQUE ET PRATIQUE DES CONNAISSANCES UTILES

Composée de traités sur les connaissances les plus indispensables, ouvrage entièrement neuf, avec environ 1,500 gravures intercalées dans le texte. 2 vol. grand in-8. 25 fr.

BIOGRAPHIE UNIVERSELLE

Biographie portative universelle, contenant 29,000 noms, suivie d'une table chronologique et alphabétique, par L Lalanne, A. Dellove, etc. 1 vol de 2,000 col., format du *Million de faits*, contenant la matière de 12 v. 8 fr.

UN MILLION DE FAITS

Aide-mémoire universel des sciences, des arts et des lettres, par MM. J. Aicard, Léon Lalanne, Ludovic Lalanne, Gervais, etc Un fort vol. portatif, in-8 de 1,720 colonnes, orné de gravures sur bois. . . . . 9 fr.

CODES ET LOIS USUELLES

Classés par ordre alphabétique 5ᵉ édition, contenant la législation jusqu'en 1873, collationnée sur les textes officiels, représentant en notes sous chaque article, ses différentes modifications, la corrélation des articles entre eux, la concordance avec le droit romain, l'ancienne législation française et les lois nouvelles. Précédée de la Constitution de la république française et accompagnée d'une table chronologique et d'une table générale des matières; par Augustin Rogron, avocat à la Cour d'appel de Paris, et Alexandre Sorel, juge au tribunal civil de Compiègne. 1 beau vol. gr. in-8 raisin de 1,200 pages, 15 fr ; rel. demi-chagrin . . . . 18 fr.

LE MÊME OUVRAGE, édition portative, format grand in-32 jésus, en 2 parties
1ʳᵉ Partie. Les *Codes*, 4 fr. — 2ᵉ Partie. Les *Lois usuelles*. . . . 4 fr
Reliure demi-chagrin, 1,25 par volume.

TRAITÉ DE CHIMIE APPLIQUÉE AUX ARTS

Par M. Dumas, ancien ministre, membre de l'Académie des sciences et de l'Académie de médecine, etc 8 vol. in-8 et 2 atlas in-4, édition de Liége, introduite en France avec l'autorisation de l'auteur. . . . . 150 fr.

*Cet ouvrage, dont l'édition française est totalement épuisée, et que recommande si puissamment le nom de M. Dumas, fait autorité dans la science. C'est un livre essentiellement pratique.

COURS COMPLET D'AGRICULTURE

Ou Nouveau Dictionnaire d'agriculture théorique et pratique, d'économie rurale et de médecine vétérinaire, sur le plan de l'ancien Dictionnaire, par MM. le baron de Morogues, Mirbel, Héricart de Thury, Payen, Mathieu de Dombasle, etc. 4ᵉ édition, revue et corrigée. 20 vol. br. en 19 gr. in-8 à 2 colonnes, avec environ 4,000 sujets grav., relat. à la gr. et à la petite culture, a l'économie rurale et domest., à la descript. des plant., etc. 112 fr.

DICTIONNAIRE D'HIPPIATRIQUE ET D'ÉQUITATION

Ouvrage où se trouvent réunies toutes les connaissances équestres et hippiques, par F. Cardini, lieutenant-colonel en retraite. 2 vol. gr. in-8 ornées de 70 figures. 2ᵉ édition, corrigée et considérablement augmentée. 20 fr.

GÉOLOGIE APPLIQUÉE, OU TRAITÉ DU GISEMENT ET DE L'EXPLOITATION DES MINÉRAUX UTILES ;

Par M. A. Burat, ingénieur, professeur de géologie et d'exploitation des mines à l'École centrale des arts et manufactures ; cinquième édition, revue, considérablement augmentée, divisée en deux parties. — Géologie. — Exploitation. — 2 forts volumes in-8, illustrés de vues, gravées sur acier, et de nombreuses figures. 25 fr.

ÉLÉMENTS DE GÉOLOGIE

Ou changements anciens de la terre et de ses habitants, tels qu'ils sont représentés par les monuments géologiques, par sir Ch. Lyell. Traduit de l'anglais sur la sixième édition avec le consentement de l'auteur, par M. Ginestou, bibliothécaire de la Société d'encouragement. 6ᵉ édition considérablement augmentée et illustrée de 770 gravures. 2 beaux vol. in-8. . . . . 20 fr.

PRINCIPES DE GÉOLOGIE

Ou illustrations de cette science empruntées aux changements modernes de la terre et de ses habitants par sir Charles Lyell, baronnet. Traduit de l'anglais sur la onzième édition, avec l'autorisation de l'auteur par M. J. Ginestou. Avec cartes, gravures en taille-douce et figures. 2 vol. in-8. 25 fr.

DE L'EXPLOITATION DES CHEMINS DE FER

Leçons faites à l'Ecole nationale des ponts et chaussées par F. Jacqmin, ingénieur des ponts et chaussées, directeur de l'exploitation des chemins de fer de l'Est, professeur à l'Ecole nationale des ponts et chaussées. 2 beaux vol. in-8 cavalier. . . . . 16 fr.

DES MACHINES A VAPEUR

Leçons faites en 1869-70 à l'Ecole nationale des ponts et chaussées. Du même auteur. Deux forts volumes grand in-8 cavalier. . . . . . . 16 fr.

TRAITÉ ÉLÉMENTAIRE DES CHEMINS DE FER

Par Auguste Perronnet, ancien élève de l'Ecole polytechnique, directeur de l'Ecole nationale centrale des arts et manufactures, ancien ingénieur en chef de plusieurs chemins de fer, président de l'Association polytechnique. 3ᵉ éd., revue, corrigée et considérablement augmentée. 4 très-forts vol. in-8, avec 1,100 fig. sur bois et sur acier; cart., tableaux, etc. 70 fr.

DICTIONNAIRE DE LA CONVERSATION ET DE LA LECTURE

52 vol. grand in-8, de 500 pages à 2 colonnes. 208 fr. ; net. . . . . 140 fr.

SUPPLÉMENT AU
DICTIONNAIRE DE LA CONVERSATION ET DE LA LECTURE

Rédigé par tous les écrivains et savants dont les noms figurent dans cet ouvrage et publié sous la direction du même rédacteur en chef. 16 vol. in-8 de 500 pages, pareils aux 52 volumes publiés de 1835 à 1859. . . 80 fr.

Aujourd'hui les seuls exemplaires qui conservent *leur valeur primitive* sont ceux qui sont accompagnés du *Supplément*.

GUIDE DU SONDEUR

Traité théorique et pratique des sondages, par MM. Degousée et Ch. Laurent, ingénieurs civils, fabricants d'équipages de sonde. Deuxième édition, composée de 2 forts volumes in-8, avec un grand nombre de gravures sur bois intercalées dans le texte, et accompagnés d'un Atlas de 62 planches gravées, sur acier, représentant un très-grand nombre de figures, d'outils, coupes de terrains, etc. Prix des 2 vol. brochés et de l'Atlas cartonné. . . 30 fr.

OUVRAGES RELIGIEUX

Les saints Évangiles. Traduction de LEMAISTRE DE SACY, selon saint Marc, saint Mathieu, saint Luc et saint Jean. Nouvelle édition avec encadrements en couleur, ornée de magnifiques gravures sur acier et d'un beau frontispice or et couleur. 1 vol. gr. in-8° jésus... 20 fr.

Oraisons funèbres et sermons choisis de Bossuet. Nouvelle édition illustrée de 12 gravures sur acier, d'après REMBRANDT, MIGNARD, NANTEUIL, RIOLNA, STAAL, RIGAUD, POUSSIN, VAN DYK, CARRACHE, SPADA, etc., gravées par F. DELANNOY, E. WILLMANN, GIRARDET, ROBINSON EGILTON, HOLL, JENKINS, etc. 1 beau vol. in-8, jésus... 18 fr.

Méditations sur l'Évangile, par Bossuet, revues sur les manuscrits originaux et les éditions les plus correctes, et enrichies de 12 magnifiques gravures sur acier, d'après RAPHAEL, RUBENS POUSSIN, RIMBRANDT, etc. 1 vol. grand in-8 jésus... 18 fr.

Discours sur l'histoire universelle, par BOSSUET, nouvelle édition, précédée d'une introduction. 1 beau vol. grand in-8 jésus, orné de magnifiques grav. sur acier, d'après les grands maîtres... 16 fr.

Les saintes Femmes Texte par Mgr DARBOY, archevêque de Paris. Collection de portraits, gravés sur acier, des femmes remarquables de l'histoire de l'Église. 1 vol. grand in-8 jésus... 20 fr.

La sainte Bible Traduite en français par LEMAISTRE DE SACY, accompagnée du texte latin de la Vulgate, grav. sur acier d'après RAPHAEL, LE TITIEN, PAUL VERONESE, SALVATOR ROSA, POUSIN, H. VERNET etc., une galerie de portraits des femmes de la Bible 6 tomes vol grand in-8 jésus, papier vélin avec une carte et un plan de Jérusalem... 100 fr

Imitation de Jésus Christ. Traduite par l'abbé DASSANCE, avec approbation de Mgr l'archevêque de Paris, avec encadrements variés, frontispice or et couleur, et 10 gravures sur acier. 1 vol gr in 8 jesus... 20 fr.

L Imitation de Jésus-Christ Traduction nouvelle, avec des réflexions à la fin de chaque chapitre, par M. l'abbé F DE LAMENNAIS. Nouvelle édition, avec encadrements en couleur, ornée de 10 gravures sur acier et d'un frontispice rehaussé d'or. 1 magnifique vol. grand in-8 jésus... 20 fr.

Les Vies des saints, POUR TOUS LES JOURS DE L'ANNÉE, nouvellement écrites par une réunion d ecclésiastiques et d écrivains catholiques, classées pour chaque jour de l'année par ordre de dates, d'après les Martyrologes et Godescard, illustrées d'environ 1,800 gravures. 4 beaux volumes grand in-8... 40 fr.

Les VIES DES SAINTS ont obtenu l'approbation des archevêques et des évêques.

Biblia Sacra *Vulgatæ editionis* SIXTI V PONTIFICIS MAXIMI *jussu, recognita et* CLEMENTIS VIII 1 beau et fort volume grand in-18 jesus, imprimé avec le plus grand soin par J Claye, en caractères très-lisibles... 6 fr.

L'Adoration des bergers, de J. RIBERA (l'Espagnolet), tableau du Salon carré du Louvre, gravée au burin par P. PELEI *Estampe* de 43 centimètres de haut sur 50 centimètres de large tirée sur format grand colombier vélin.

Papier lanc... 18 fr.
Papier de Chine, avec la lettre. 24 fr.
Epreuves sur papier blanc avant la lettre, à... 36 fr.
Et 75 épreuves sur papier de Chine, avant la lettre, a... 48 fr.
Il a été tiré 50 épreuves d'artiste sur papier de Chine, à... 80 fr.
Et 7 épreuves de remarque sur papier de Chine, net a... 130 fr

TABLEAUX DES SCIENCES, ARTS ET MÉTIERS

Ostéologie, 1 feuille; **Myologie,** 1 feuille, **Syndesmologie,** 1 feuille; **Névrologie,** 1 feuille, par M J. C. WERNER, gravés sur acier. Chaque tableau forme une partie complète, noir. 5 fr. 50 En couleur... 5 fr.

Vignole complet mis en tableau, avec un texte explicatif 1 feuille 1 fr. 75

Mécanique théorique et pratique appliquée à la composition et à l'emploi des machines, avec un texte par M. PERROT. 1 feuille... 1 fr 75

Menuiserie, par le même, avec un texte explicatif. Une feuille... 1 fr. 50

Tableau comparatif des champignons comestibles et des champignons vénéneux. 1 feuille jésus, avec un texte explicatif, en couleurs. 4 fr

Tableau de météorologie, par le même. Une feuille... 1 fr. 75

Tableau des animaux et des végétaux avant le déluge, rédigé d'après G CUVIER, BUCKLAND, DE HUMBOLDT, etc, par le même. Une f. en noir. 1 fr. 75
Le même en couleur... 3 fr. 50

Tableau des habitations des personnages célèbres, par le même. Une feuille... 1 fr 75

Charpenterie, par le même, 1 f 1 fr. 75

Serrurerie et quincaillerie, par le même. Une feuille... 1 fr 75

EXTRAIT DU CATALOGUE

CHEFS-D'ŒUVRE DE LA LITTÉRATURE FRANÇAISE

FORMAT IN-8 CAVALIER, PAPIER VÉLIN

Imprimés avec luxe par J. Claye et ornés de gravures sur acier par les meilleurs artistes

30 volumes sont en vente à 7 fr 50

On tire de chaque volume de la collection 150 *exemplaires numerotes* sur papier de Hollande, avec figures sur chine avant la lettre, au prix de 15 fr. le vol.

Œuvres complètes de Molière Nouvelle édition très-soigneusement revue sur les textes originaux avec un nouveau travail de critique et d'érudition, aperçus d'histoire litteraire, examen de chaque pièce, commentaire, biographie, etc., etc., par M. Louis MOLAND. 7 vol.

Œuvres complètes de J. Racine, avec une vie de l'auteur et un examen de chacun de ses ouvrages, par M. SAINT-MARC GIRARDIN, de l'Académie française. En vente, le I*er* et II*e* vol.

Chefs-d'œuvre littéraires de Buffon, avec une introduction par M. FLOURENS, membre de l'Academie française, secretaire de l'Academie des sciences, etc. 2 vol. avec un beau portrait de Buffon.

Histoire de Gil Blas de Santillane, par LE SAGE, avec les principales remarques des divers annotateurs, précédée d'une notice par SAINTE-BEUVE, les jugements et témoignages sur LE SAGE et sur *Gil Blas*; suivie de *Turcaret* et de *Crispin rival de son maître*. 2 volumes.

L'Imitation de Jésus-Christ. Traduction nouvelle avec des réflexions par M. l'abbé DE LAMENNAIS 1 vol.

Essais de Michel de Montaigne. Nouvelle édition, avec les notes de tous les commentateurs, choisie et complétée par M. J. V. LE CLERC, précédée d'une nouvelle Étude sur Montaigne par M. PRÉVOST-PARADOL, de l'Académie française 4 vol. avec un beau portrait

Œuvres de Clément Marot, annotée, revues sur les editions originales & precedées de la Vie de Clément Marot, par CHARLES D'HÉRICAULT 1 vol orné du portrait, gravé sur acier, d'après une peinture du temps.

Œuvres choisies de Massillon, accompagnées de notes et precedées d'une notice par M. GODEFROY. 2 vol. avec un beau portrait de Massillon.

Œuvres de Jean-Baptiste Rousseau, avec un nouveau travail de M.*r* ANTOINE DE LATOUR. 1 vol. orné du portrait de l'auteur.

Œuvres complètes de Boileau, avec des commentaires et un travail nouveau de M. GIDEL 4 vol

Œuvres complètes de la Fontaine, Nouvelle édition, avec un nouveau travail de critique et d'érudition, par M Louis MOLAND En vente tomes I, II, III et IV

Nous avions promis dans le Prospectus, de chercher à remettre en honneur les belles editions de nos auteurs classiques Les volumes qui ont paru permettent de juger si nous avons tenu parole.

Notre collection contiendra la fleur de la littérature française Elle se composera d'une soixantaine de volumes environ, imprimés avec le plus grand luxe par CLAYE, et dignes de tenir une place d'honneur dans les meilleures bibliothèques.

Format gr. in—8 jés avec grav. à 12 fr. 50

Œuvres de P. et Th Corneille, precedées de la Vie de P. Corneille, par FONTENELLE, et des Discours sur la poesie dramatique Nouvelle édition, ornée de gravures sur acier. 1 beau volume

Œuvres de J Racine, avec un Essai sur la vie et les ouvrages de J. Racine, par Louis RACINE, ornées de 15 vignettes, d'après GÉRARD, GIRODET, DESENNE, etc 1 beau volume.

Œuvres complètes de Boileau, avec une Notice par M. SAINTE-BEUVE et les Notes de tous les commentateurs; illustrées de gravures sur acier. Nouv. édit. 1 vol.

Molière. Œuvres complètes, précédées d'une notice sur la vie et les ouvrages de Moliere, par M. SAINTE-BEUVE, illustrees de 800 dessins, par TONY JOHANNOT 1 vol

Molière. Œuvres completes. 1 beau vol. ornée de charmantes gravures sur acier, d'après les dessins de G. STAAL.

Œuvres complètes de Casimir Delavigne, *Théatre, Messeniennes* et *Chants sur l'Italie.* Nouvelle édition. 1 beau vol.; 12 belles vignet. de A. JOHANNOT.

NOUVELLE FLORE FRANÇAISE. Descriptions succinctes et rangées par tableaux dichotomiques des plantes qui croissent spontanément en France et de celles qu'on y cultive en grand, avec l'indication de leurs propriétés et de leurs usages en médecine, en hygiène vétérinaire, dans les arts et dans l'économie domestique, par M. GILLET, vétérinaire principal de l'armée, et par M. J. H. H. MAGNE, professeur de botanique à l'Ecole d'Alfort. 1 beau volume gr. in-18 jésus orné de 100 planches plus de 1,200 fig.. . . 8 fr.

COURS ÉLÉMENTAIRE D'HISTOIRE NATURELLE, à l'usage des lycées et des maisons d'éducation, rédigé conformément au programme de l'Université. 3 forts vol. in-12 ornés de plus de 2,000 figures.

Zoologie, par MILNE EDWARDS, membre de l'Institut, professeur au Jardin des Plantes. 1 vol. . . . . 6 fr.
Botanique, par M. A. DE JUSSIEU, de l'Institut, professeur au Jardin des Plantes. 1 vol. . . . . 6 fr.
Minéralogie et Géologie, par M. F. S. BEUDANT, de l'Institut, inspecteur général des études. 1 vol. . . . . 6 fr.
La Géologie seule. 1 vol. . . . 4 fr.

GÉOLOGIE, par M. E.-B. DE CHANCOURTOIS. 1 vol. . . . . 1 fr 25
COURS ÉLÉMENTAIRE DE CHIMIE, par M. V. REGNAULT, de l'Institut. 4 vol. in-18 jésus ornés de 700 figures 5° édition. . . . . . . 20 fr.
PREMIERS ÉLÉMENTS DE CHIMIE, à l'usage des facultés, des établissements d'enseignement secondaire, des écoles normales et des écoles industrielles, par LE MÊME 1 vol in-18 jésus illustré. 3° édition. . . . 5 fr.
TRAITÉ DE MÉCANIQUE RATIONNELLE, contenant les éléments de mécanique exigés pour l'admission à l'Ecole polytechnique et toute la partie théorique du cours de mécanique et machines de cette école, par M. DELAUNAY, de l'Institut, ingénieur des mines, professeur à la Faculté des sciences de Paris et à l'Ecole polytechnique. 4° édition. 1 vol. in 8. 8 fr.
COURS ÉLÉMENTAIRE DE MÉCANIQUE THÉORIQUE ET APPLIQUÉE, à l'usage des facultés, des établissements d'enseignement secondaire, des écoles normales et des écoles industrielles, par LE MÊME. 1 vol. in-18 jésus, illustré de 540 fig. 5° édition. . . . . 8 fr.
COURS ÉLÉMENTAIRE D'ASTRONOMIE, concordant avec les articles du programme officiel pour l'enseignement de la cosmographie, par LE MÊME 1 vol. in-18 jésus, illustré de planches et de vignettes. 6° édit. 7 fr. 50
TRAITÉ D'ASTRONOMIE APPLIQUÉE A LA GÉOGRAPHIE ET A LA NAVIGATION, suivi de la géodésie pratique, par EMM. LIAIS, astronome de l'Observatoire national de Paris 1 fort vol. gr. in-8 cavalier. 10 fr.
MANUEL D'ARBORICULTURE DES INGÉNIEURS, plantations des alignements forestiers et d'ornement. — Boisement des dunes, etc , etc. par Du BREUIL; illustré d'un grand nombre de grav. 1 gr. vol. in-18. 5 fr. 50
COURS D'ARBORICULTURE. Culture des arbres et arbrisseaux à fruits de table, par M. A. DU BREUIL. 6° édit., 573 fig. 1 vol. gr. in-18. . . . 8 fr.
INSTRUCTION ÉLÉMENTAIRE SUR LA CONDUITE DES ARBRES FRUITIERS. — Greffe, taille. — Restauration des arbres. — Culture. — Récolte, par LE MÊME. — Ouvrage destiné aux jardiniers, aux élèves des fermes-écoles 1 vol in-18 jésus, illustré. 7° édition. . . . . . 2 fr. 50
CULTURE PERFECTIONNÉE ET MOINS COUTEUSE DU VIGNOBLE, par A. DU BREUIL. 1 vol. grand in 18 jésus . . . . 3 fr. 50
COURS ÉLÉMENTAIRE D'AGRICULTURE, destiné aux écoles d'agriculture et des écoles normales primaires, aux propriétaires et aux cultivateurs, par MM. GIRARDIN, correspondant de l'Institut, professeur, et Du BREUIL. 2 forts vol. in 18 jésus, illustrés de 842 figures. 3° édition. 16 fr.
LEÇONS ÉLÉMENTAIRES DE BOTANIQUE, fondées sur l'analyse de 50 plantes vulgaires et formant un traité complet d'*Organographie* et de *Physiologie* végétales, à l'usage des étudiants et des gens du monde, par M. EMM. LEMAOUT, docteur en médecine, membre de la Société philomathique Troisième édition 1 volume grand in-8 raisin, illustré d'un atlas de 50 planches et de 700 fig. 12 fr. Le même ouvrage, atlas colorié. . 16 fr
ÉLÉMENTS DE BOTANIQUE, première partie, ORGANOGRAPHIE, par M. PAYER, de l'Institut. 1 volume grand in-18. avec 668 figures. . . . . . 5 fr.

ŒUVRES D'AUGUSTIN THIERRY

5 vol. in-8 cavalier, papier vélin glacé, le volume. . . . . 6 fr.
Histoire de la conquête de l'Angleterre. 2 vol.
Lettres sur l'histoire de France —**Dix ans d'études historiques.** 1 vol.
Récits des temps mérovingiens. 1 vol.
Essai sur l'Histoire du tiers état. 1 vol.

HISTOIRE DES DEUX RESTAURATIONS

Jusqu'à l'avènement de Louis-Philippe (de janvier 1813 à octobre 1830);
par ACHILLE DE VAULABELLE. Sixième edit. 8 v. in-8, à . . . . . . 5 fr.

HISTOIRE DES DUCS DE BOURGOGNE

Par M. DE BARANTE, membre de l Académie française ; 7ᵉ édition. 12 vol. in-8,
imprimés sur papier vélin satine des Vosges, ornés de 104 gravures et
d'un grand nombre de cartes. Prix du vol. . . . . 5 fr.

HISTOIRE UNIVERSELLE

Par le comte DE SÉGUR, de l'Académie française ; contenant l'histoire de tous
les peuples de l'antiquité, l'histoire romaine et l'histoire du Bas-Empire.
9ᵉ édition, ornée de 30 gravures sur acier. 3 vol grand in-8. 37 fr. 50
On peut acheter séparément chaque volume qui forme un tout comple..
Histoire ancienne. Contenant l'histoire des Egyptiens, des Assyriens, des
Mèdes, des Carthaginois, des Juifs. 1 vol. . . . . 12 fr 50
Histoire romaine. Contenant l'histoire de l'empire romain, depuis la fondation de Rome jusqu'à Constantin, 1 vol. . . . . 12 fr 50
Histoire du Bas-Empire. Depuis Constantin jusqu'à la fin du second empire
grec. 1 vol. . . . . 12 fr 50

HISTOIRE DES GIRONDINS

Par A. DE LAMARTINE. Edition illustrée d'environ 550 gravures dans le texte.
3 vol. grand in-8 jésus. . . . . 24 fr.

1815 — LIGNY — WATERLOO

Par A. DE VAULABELLE. 1 volume grand in-8 jésus, illustré de 40 belles gravures. . . . . 1 fr. 50

CAMPAGNE DE RUSSIE (1812).

Par ALFRED ASSOLLANT. Illust. de 40 grav., par J. WORMS. 1 v. gr. in-8 j. 1 fr. 60

HISTOIRE DE PARIS

Par TH. LAVALLÉE. 207 vues par CHAMPIN. 1 vol gr. in-8 jésus. . . . 12 fr.

HISTOIRE DE L'EMPIRE OTTOMAN

DEPUIS LES TEMPS LES PLUS ANCIENS JUSQU'A NOS JOURS
Par THÉOPHILE LAVALLÉE. 1 magnifique volume grand in-8, accompagné de 18
belles gravures anglaises, 15 fr.; net. . . . . 12 fr,

LA NORMANDIE HISTORIQUE

Pittoresque et monumentale, par JULES JANIN, illustrée par MM. H. BELLANGÉ,
GIGOUX, MOREL-FATIO, DAUBIGNY. 1 vol. grand in-8.. . . . . 15 fr.

LA BRETAGNE HISTORIQUE

Pittoresque et monumentale, par JULES JANIN, illustrée par H. BELLANGÉ, RAFFET, GUDIN et DAUBIGNY. 1 vol. gr. in-8 jésus velin. . . . . . . 15 fr.

BIBLIOTHÈQUE DE POCHE

12 volumes petit in-12, à 2 francs

Curiosités littéraires, par Ludovic LALANNE 1 vol.
Curiosités bibliographiques, par Ludovic LALANNE 1 vol.
Curiosités biographiques. 1 vol.
Curiosités philologiques, géographiques et ethnologiques. 1 vol.
Curiosités de l'économie politique, par LOUVET. 1 vol.
Curiosités théâtrales, par V. FOURNEL. 1 vol.
Curiosités de l'histoire des croyances populaires du moyen âge, par P. L. JACOB. 1 vol.
Curiosités de l'histoire du vieux Paris, par P. L. JACOB. 1 vol.
Curiosités de l'histoire des arts, par P. L. JACOB 1 vol.
Curiosités de l'histoire de France, par P. L. JACOB. Première série. 1 vol.
Curiosités de l'histoire de France. par P. L. JACOB. Deuxième série. 1 vol.
Curiosités dramatiques et littéraires, par HIPPOLYTE LUCAS. 1 vol.

LORD MACAULAY

Histoire d'Angleterre sous le règne de Jacques II, traduit de l'anglais par le comte Jules de Peyronnet. Deuxième édition. 3 vol. in-8 à.. 5 fr.
Histoire du règne de Guillaume III pour faire suite à l'Histoire du règne de Jacques II, traduit de l'anglais par Amédée Pichot. 4 vol in-8 à 5 fr.

HISTOIRE D'ITALIE

Depuis les premiers temps jusqu'à nos jours, par le docteur Henri Léo et Botta, traduite de l'allemand par M. Dochez. 5 v. gr. in-8. . . . 18 fr.

ROME AU SIÈCLE D'AUGUSTE

Ou voyage d'un Gaulois a Rome à l'époque du règne d'Auguste et pendant une partie du règne de Tibère, accompagné d'une description de Rome, par Ch. Dezobry. 3ᵉ édit., revue et augmentée, ornée de divers plans et de vues de Rome. 4 v. in-8. . . . . 32 fr.

HISTOIRE DE LA RÉVOLUTION FRANÇAISE

Par M. Louis Blanc. 12 vol in-8, imprimés sur beau papier satiné. . 60 fr.

HISTOIRE DE FRANCE PAR ANQUETIL

Avec continuation jusqu'à nos jours, par Baude. 8 demi-vol. gr. in-8, illust. de nombreuses gravures. 50 fr.

HISTOIRE DE FRANCE D'ANQUETIL

Continuée depuis la Révolution de 1789, par Léonard Gallois. Édition ornée de 50 gravures. 5 forts vol. grand in-8 jésus. . . . . 30 fr.

LE PLUTARQUE FRANÇAIS

Vies des hommes et des femmes de la France. édition revue, corrigée et considérablement augmentée, publiée sous la direction de M. T. Hadot. Cent quatre-vingts biographies. *Cent quatre-vingts* portraits en pied gravés sur acier, d'après les dessins de MM. Gros, Ingres, Horace Vernet, Ary Schæffer, Tony Johannot, Isabey, Meissonnier, etc. 6 vol. grand in-8. Chaque vol. se vend séparément. . . . . 16 fr.

GÉOGRAPHIE UNIVERSELLE

Par Malte-Brun. 6ᵉ édit. 6 beaux v. gr. in-8, ornés de 41 gr. sur acier 60 fr. Atlas entièrement établi à neuf. 1 vol in-folio, composé de 72 magnifiques cartes coloriées, dont 14 doubles. L'Atlas se vend séparément. . . 20 fr.

LAMARTINE

Histoire de la Révolution de 1848. 12 gravures sur acier d'après Andrieux, Sandoz. Nouvelle edition, 2 vol. in-8. . . . . 15 fr.
Raphaël. Pages de la vingtième année. 2ᵉ édition. 6 dessins exécutés au burin sur acier, par Johannot. 1 vol. in-8. . . . . 7 fr. 50
Histoire de la Russie. Paris Perrotin, 1856. 2 vol. in-8. . . . . 10 fr.

COLLECTION DE GRAVURES POUR LES ŒUVRES DE LAMARTINE

Histoire de la révolution de 1848, 12 gravures sur acier, d'après Andrieux, Sandoz. . . . . 4 fr. 50
Raphaël. 6 dessins exécutés au burin sur acier, par Johannot. . . . 5 fr.

GALERIES HISTORIQUES DE VERSAILLES
(ÉDITION UNIQUE)

Ce grand et important ouvrage a été entrepris aux frais de la liste civile du roi Louis-Philippe, et rédigé d'après ses instructions. Il renferme la description de 1,210 tableaux : des notices historiques sur plus de 676 écussons armoriés de la salle des Croisades. 10 vol. in-8, imprimés en caractères neufs sur beau papier ; accompagné d'un album de 100 gravures in-folio. . . . . 100 fr.
Album seul en portefeuille (formant un tout complet) de 100 gravures avec notice chronologique. Relié demi-chagrin, doré sur tranche. . . 80 fr.

L'ITALIE CONFÉDÉRÉE

Histoire politique, militaire et pittoresque de la campagne de 1859, par Amédée de Cesena. 4 beaux vol. grand in-8. . . . . 24 fr.

CAMPAGNE DE PIÉMONT ET DE LOMBARDIE
Par Amédée de Cesena. 1 vol grand in-8 jésus. . . . . 20 fr.

HISTOIRE DES VILLES DE FRANCE
Avec une Introduction et un Résumé général pour chaque province, par M. Aristide Guibert, ornée de 88 magnifiques grav. sur acier par Rouargue, de 133 armoiries coloriées des villes, et d'une carte de France. 6 v. gr. in-8 jésus à. . . . . 15 fr.

ROBERTSON
Œuvres complètes, avec notice, par Buchon. 2 vol. grand in-8 jésus. 20 fr.

MACHIAVEL
Œuvres complètes, avec notice, par Buchon. 2 vol. grand in-8 jésus. 20 fr.

MARCO DE SAINT-HILAIRE (ÉMILE)
Histoire populaire de Napoléon Ier et de ses armées françaises. Campagnes de 1792 à 1814. 1 vol. grand in-8, illustré de 300 dessins. 10 fr, net 5 fr.

SOUVENIRS INTIMES DU TEMPS DE L'EMPIRE
Par Émile Marco de Saint-Hilaire. Nouvelle édition, illust. de 57 grav., représentant des épisodes des batailles, des scenes intimes du règne de Napoléon Ier. 3 vol. divisés en six parties. grand in-8 jésus. . . . . 40 fr

LES FRANÇAIS SOUS LA RÉVOLUTION
Par Augustin Challamel et Wilhem Tenint. 1 vol. gr. in-8 jésus, illustré de 40. gravures. 12 fr., net. . . . . 5 fr

NOBILIAIRE DE NORMANDIE
Publié par une société de généalogistes, avec le concours des principales familles nobles de la Province, sous la direction de E. de Magny. 2 vol. grand in-8. . . . . 40 fr

NOUVEAU TRAITÉ DE BLASON
Ou Science des armoiries mise à la portée des gens du monde et des artistes, d'après le P. Ménestrier, d'Hozier, Palliot, H. de Bara, Favin, par Victor Bouton, peintre héraldique. 1 volume in-8 de 500 pages, 460 blasons, 800 noms de familles. . . . . 10 fr.

ABRÉGÉ MÉTHODIQUE DE LA SCIENCE DES ARMOIRIES
Suivi d'un glossaire des attributs héraldiques, d'un traité élémentaire des ordres modernes de chevalerie, et des notions sur l'origine des noms de famille et des classes nobles, les preuves de noblesse, les usurpations, etc., par M. Maigne. 1 vol. gr. in-18 jés. orné d'environ 300 vign. . . . . 6 fr.

LE HÉRAUT D'ARMES
Revue illustrée de la noblesse. — Directeur : le comte Alfred de Bizemont, — 1 vol. gr. in-8. 25 fr., net. . . . . 4 fr,

CHEFS-D'OEUVRE DU ROMAN FRANÇAIS
12 beaux volumes in-8 cavalier, papier des Vosges, illustrés de charmantes gravures sur acier

GRAVÉES PAR LES PREMIERS ARTISTES D'APRÈS LES DESSINS DE STAAL

Chaque volume sans lomaison se vend séparément 7 fr. 50

Œuvres de madame de la Fayette, 1 vol.

Œuvres de mesdames de Fontaines et de Tencin. 1 vol.

Histoire de Gil Blas de Santillane par Le Sage. 2 vol.

Le Diable boiteux, suivi de Estévanille Gonzalès, par Le Sage. 1 vol.

Histoire de Guzman d'Alfarache, par Le Sage. 1 vol.

La Vie de Marianne, suivie du *Paysan parvenu*, par Marivaux. 2 vol

Œuvres de Mme Riccoboni. 1 vol.

Œuvres de Mme Élie de Beaumont, de Mme de Genlis, de Fiévée et de Mme de Duras 1 vol.

Œuvres de Mme de Souza. 1 vol.

Corinne, ou l'Italie, par Mme de Staël. 1 vol.

ŒUVRES DE WALTER SCOTT

Traduction de M. Defauconpret, édition de luxe entièrement terminée, revue et corrigée avec le plus grand soin, illustr. de 59 magnifiq. vignet. et portr. sur acier d'après Raffet. 30 v. in-8, caval., papier glacé et satiné. 135 fr.
Prix de chaque volume. . . . . 4 fr. 50

1. Waverley.
2. Guy Mannering.
3. L'Antiquaire.
4. Rob-Roy
5. { Le Nain noir. / Les Puritains d'Écosse
6. La Prison d'Édimbourg
7. { La Fiancée de Lammermoor / L'Officier de fortune.
8. Ivanhoë
9. Le Monastère.
10. L'Abbé
11. Kenilworth.
12. Le Pirate.
13. Les Aventures de Nigel.
14. Peveril du Pic.
15. Quentin Durward.
16. Eaux de Saint Ronan.
17. Redgauntlet
18. Connetable de Chester
19. Richard en Palestine.
20. Woodstock.
21. Chronique de la Canongate
22. La Jolie fille de Perth,
23. Charles le Téméraire.
24. Robert de Paris.
25. { Le Château périlleux. / La Démonologie.
26. }
27. } Histoire d'Écosse.
28. }
29. } Romans poétiques.
30. }

LE MÊME OUVRAGE, nouvelle édition, publiée en 50 vol. in-8 carré avec grav. sur acier. Chaque vol. contient au moins un roman complet et se vend. 3 fr.

ŒUVRES DE J. FENIMORE COOPER

Traduction de M. Defauconpret, ornées de 90 vignettes d'après les dessins de MM. Alfred et Tony Johannot. 30 vol. in-8. . . . . 120 fr.
On vend séparément chaque volume. . . . . 4 fr

1. Précaution.
2. L'Espion.
3. Le Pilote
4. Lionel Lincoln.
5. Les Mohicans.
6. Les Pionniers.
7. La Prairie
8. Le Corsaire rouge.
9. Les Puritains.
10. L'Écumeur de mer.
11. Le Bravo.
12. L'Heidenmauer.
13. Le Bourreau de Berne
14. Les Monikins.
15. Le Paquebot.
16. Eve Effingham.
17. Le Lac Ontario
18. Mercedes de Castille.
19. Le Tueur de daims
20. Les Deux amiraux.
21. Le Feu follet.
22. A bord et à terre.
23. Lucie Hardinge.
24. Wyandotté.
25. Satanstoë
26. Le Porte-Chaîne
27. Ravensnest.
28. Les Lions de mer.
29. Le Cratère.
30. Les Mœurs du jour

LE MÊME OUVRAGE, nouvelle édit. publiée en 30 vol. in-8 carré avec grav. sur acier. Chaque vol. contient au moins un roman complet et se vend. 3 fr.

ŒUVRES COMPLÈTES DE BUFFON

Avec la nomenclature linnéenne et la classification de Cuvier; édition nouvelle, revue sur l'édition in-4 de l'Imprimerie nationale, annotée par M. Flourens, membre de l'Académie française Les OEuvres complètes de Buffon forment 12 vol. grand in-8 jésus illustrés de 165 planches, 800 sujets coloriés, d'après les dessins originaux de M. Victor Adam. . . . . 120 fr.

ŒUVRES COMPLÈTES DE CHATEAUBRIAND

Nouvelle édition, précédée d'une Etude littéraire sur Chateaubriand, par M Sainte-Beuve. 12 très-forts vol in-8, sur papier cavalier vélin, ornés d'un beau portrait de Chateaubriand et de 42 grav., le vol. à . . . . 6 fr.
Les notes manuscrites de Chateaubriand recueillies par M Sainte-Beuve sur les marges d'un exemplaire de la 1re édition de l'*Essai sur les revolutions*, donnent a notre édition de cet ouvrage une valeur exceptionnelle On sait que l'exemplair qui portait ces notes confidentielles a été acheté un prix considérable à la vente des livres du célèbre critique Quelle que soit la destinee de cet exemplaire les notes si importantes qu'il contient ne seront point perdues pour le public, puisque elles se trouvent relevées avec le plus grand soin dans notre texte. Elles sont là, en effet, et ne sont que là Avis aux curieux.

ON VEND SÉPARÉMENT AVEC UN TITRE SPÉCIAL

Le Génie du christianisme. 1 vol.
Les Martyrs 1 vol.
Itinéraire de Paris à Jérusalem 1 v.
Atala. René, le dernier Abencerage, les Natchez, Poésies 1 vol

Voyages en Amérique, en Italie et en Suisse 1 vol.
Le Paradis perdu 1 vol.
Histoire de France. 1 vol.
Études historiques. 1 vol

Le prix de chaque volume, avec 3, 4 ou 5 gravures · 6 fr.— Sans gravures : 5 fr.

CHATEAUBRIAND ET SON GROUPE LITTÉRAIRE

Sous l'empire, par M. Sainte-Beuve, de l'Académie française. 2 vol. in-8. 12 fr.

ŒUVRES COMPLÈTES DE BÉRANGER

9 volumes in-8, format cavalier, magnifiquement imprimés, papier vélin satiné, contenant :

Les Œuvres anciennes, illustrées de 53 gravures sur acier d'après CHARLET, JOHANNOT, RAFFET, etc 2 vol . . 28 fr.

Les Œuvres posthumes Dernières chansons (1854 à 1851), illustrées de 14 gravures sur acier, de A. DE LEMUD. 1 vol . . . . 12 fr.

Ma Biographie, avec un appendice et des notes, illustrée de 9 gravures et d'une photographie. 1 vol. . 12 fr.

Musique des chansons, airs notés anciens et modernes. Nouvelle édition revue par F. BÉRAT, illust. de 80 grav. sur bois, d'après GRANDVILLE et RAFFET. 1 vol . . . . : 10 fr.

Même ouvrage, sans gravures. . 6 fr.

Correspondance de Béranger. Édition ornée d'un magnifique portrait grav sur acier. 4 forts vol contenant 1,201 lettres et un catalogue analytique de 150 autres. . . . . 24 fr

Outre le portrait inédit qui orne cette édition, les éditeurs offrent aux Souscripteurs qui prendront l'ouvrage entier un exemplaire du **GRAND PORTRAIT DE BÉRANGER**, gravé sur acier par Levy, et haut de 56 cent. sur 28 cent. de large Ce portrait se vend séparement.

GRAND PORTRAIT DE BÉRANGER
DE 0ᵐ,56 DE HAUT SUR 0ᵐ,28 DE LARGE

Dessiné d'après nature par SANDOZ et gravé au burin par G. LÉVY.

Papier blanc, chaque épreuve. . 10 fr. | Papier de Chine, epreuves avant la lettre,
Papier de Chine. . . . . 15 fr. | tirées a 120 exemplaires. . . 50 fr

COLLECTIONS DE GRAVURES POUR LES ŒUVRES DE BÉRANGER

Anciennes chansons, 55 grav. . 18 fr. | Œuvres posthumes, 25 gravures. 12 fr.

NOTA. — On vient de publier 24 photographies sur les dessins de l'in-8 pour compléter l'edition parue en 1844 des anciennes chansons, 2 vol. in-18 illustrés de 44 gravures. Prix des photographies. . . . . 24 fr.

CHANSONS DE BÉRANGER
(ANCIENNES ET POSTHUMES)

Nouvelle édition populaire illustrée de 161 dessins inédits de MM ANDRIEUX, BAYARD, DARJOU, GODEFROY DURAND, PAUQUET, etc., vignettes par M. GIACOMELLI, avec un beau portrait de l'auteur 1 vol. grand in-8 jésus. . 8 fr. 50

ALBUM BÉRANGER

Par GRANDVILLE. 80 dessins gravés sur bois, imprimés sur très-beau papier et formant un volume grand in-8 cavalier. . . . . 10 fr.

Ces bois ne font pas double emploi avec les aciers.

ALBUM BÉRANGER

Par GRANDVILLE et RAFFET 120 dessins gravés sur bois (premières épreuves), imprimés sur papier de Chine, form ut 1 vol. gr. in-8 cavalier. . 20 fr.

CHANTS ET CHANSONS POPULAIRES DE LA FRANCE

Nouvelle édition *avec musique*, illustrée de 359 belles gravures sur acier, d'après DAUBIGNY, E. GIRAUD, MEISSONNIER, STAAL, TRIMOLHET, gravées par les meilleurs artistes, notice par A. DE LAMARTINE. 3 vol. gr. in-8. . . 48 fr.

CHANTS ET CHANSONS POPULAIRES DES PROVINCES DE FRANCE

Notice par CHAMPFLEURY. Accompagnement de piano par J. B. WEKERLIN. Illust. par BIDA, COURBET, JACQUE, etc. 1 vol. gr. in-8. . . . . 12 fr.

CHANSONS NATIONALES ET POPULAIRES DE LA FRANCE

Accompagnées de notes historiques et littéraires par DUMERSAN et NOËL SÉGUR, avec des vignettes, grav. sur acier, tirées à part. 2 vol. gr. in-8. . 20 fr.

DE LA LIBRAIRIE GARNIER FRÈRES.

60,000 VOLUMES COMPLETS DE L'ILLUSTRATION
DIVISÉS EN 4 CATÉGORIES DE PRIX

1° Volumes isolés : 2, 13, 22, 25, 28, 29, 30, 31, 32, 33, 34, 35, 38, 39, 40, 41, 42, 43 à 47 au lieu de 18 fr. . . . . 6 fr.
2° Série de 30 volumes, 27 à 55 inclusivement, contenant les *guerres de Crimée, des Indes, de la Chine, d'Italie, du Mexique*, etc., au lieu de 18 fr. le vol. . . . . 16 fr.
3° Les collections complètes dont il ne nous reste plus qu'un petit nombre d'exempl. restent fixées au même prix que précédemment, 60 vol. a 18 fr.
4° Volumes 55, 56, 57, 58, 59, 60. Prix de chaque tome . . . . . . 18 fr.
Reliure en percaline, fers et tranches dorées . . . . 6 fr.

VOYAGE ILLUSTRÉ DANS LES CINQ PARTIES DU MONDE
Par Adolphe Joanne. 1 vol. in-folio, illustré d'environ 700 gravures. 15 fr.

VOYAGE ILLUSTRÉ DANS LES DEUX MONDES
D'après les relations authentiques les plus nouvelles, par MM. F. Mornand et J. Vildort, contenant 775 gravures 1 vol gr. in-folio . . . . 15 fr.

TABLEAU DE PARIS
Par Edmond Texier ; ouvrage illustré de 1,500 gravures, dessins Cham, Gavarni, etc 2 vol. in-folio . . . . 20 fr.
Riche reliure en toile, tranches dorées, 2 vol. en 1. . . . 5 fr.

L'ESPACE CÉLESTE ET LA NATURE TROPICALE
Description physique de l'univers, d'après des observations faites dans les deux hémisphères, par E. Liais, astronome de l'Observatoire de Paris, avec une préface de M. Babinet, de l'Institut. Illustré de nombreuses gravures, dessins de Yan' Dargent. 1 magnifiq. vol. gr. in-8 jésus. . . . . . 20 fr.

GALERIE DES FEMMES CÉLÈBRES
Tirée des *Causeries du lundi*, par M. Sainte-Beuve, de l'Académie française. 1 beau vol grand in-8 jésus, orné de 12 magnifiques portraits dessinés par Staal et gravés sur acier par Gouttière, Geoffroy, etc. . . . . 20 fr.

NOUVELLE GALERIE DES FEMMES CÉLÈBRES
Tirée des *Causeries du lundi*, des *Portraits littéraires*, des *Portraits de Femmes*, par M Sainte-Beuve 1 vol. grand in-8 jésus, semblable au volume précédent, et illustré de portraits inédits. . . . . 20 fr.

LETTRES CHOISIES DE MADAME DE SÉVIGNÉ
Avec une magnifique galerie de portraits sur acier, représentant les personnages principaux qui figurent dans sa correspondance. 1 très-beau vol. grand in-8 jésus. . . . . 20 fr.

LETTRES CHOISIES DE VOLTAIRE
Précédées d'une notice et accompagnées de notes explicatives, par M. L. Moland, ornées d'une galerie de portraits historiques. Dessins de Philippoteaux et Staal, gravés sur acier. 1 fort et magnifique vol grand in-8 jésus. 20 fr.

* La correspondance de Voltaire est un chef-d'œuvre. Nous avons voulu en former un recueil qui peut être mis entre les mains de tout le monde, qui ne contient rien de choquant pour personne, et qui offre cependant un spécimen très-etendu et très-piquant de cette correspondance inimitable.

HISTOIRE DE FRANCE
Depuis la fondation de la monarchie, par Menechet, illustrée de 20 gravures sur acier, d'après les grands maîtres. 1 vol. gr. in-8 jésus. . . . 20 fr.

LA FRANCE GUERRIÈRE
Récits historiques d'après les chroniques et les mémoires de chaque siècle, par Charles d'Héricault et Louis Moland. Ouvrage illustré de belles gravures sur acier. 1 vol. grand in-8 jésus. . . . . 20 fr.

LES FEMMES D'APRÈS LES AUTEURS FRANÇAIS
Par E. Muller. Ouvrage illustré de portraits des femmes les plus illustres, gravés au burin, d'après les dessins de Staal. 1 vol. gr. in-8 jésus. 20 fr.

EXTRAIT DU CATALOGUE

LES FLEURS ANIMÉES
Par J.-J. GRANDVILLE. Ouvrage de luxe. Texte par ALPH. KARR, TAXILE DELORD. Nouvelle édition avec planches très-soigneusement retouchées pour la gravure et le coloris. 2 vol gr. in-8 jésus. . . . . 25 fr.

FABLES DE LA FONTAINE
Illustrations de GRANDVILLE. 1 splendide vol. grand in-8 jésus, sur papier glacé, avec encadrement des pages et un sujet pour chaque fable. 18 fr.

GRANDVILLE
ALBUM de 120 sujets tirés des Fables de la Fontaine. 1 vol. gr. in-8. 6 fr.

LES MÉTAMORPHOSES DU JOUR
Par GRANDVILLE. 70 gravures coloriées, accompagnées d'un texte par MM ALBÉRIC SECOND, TAXILE DELORD, LOUIS HUART, precédées d'une Notice sur GRANDVILLE, par CHARLES BLANC. Nouvelle edition augmentée d'un beau frontispice colorié. 1 magnifique volume grand in-8 jésus. . . . . 18 fr.

LES PETITES MISÈRES DE LA VIE HUMAINE
Illustrées par GRANDVILLE, de nombreuses vignettes dans le texte et de 50 grands bois tires a part. Texte par OLD-NICK. 1 fort vol. gr. in-8 jesus. . . 15 fr.

CENT PROVERBES
Illustrés par GRANDVILLE. Nouvelle édition augmentée d'un texte explicatif ; charmantes gravures à part de GRANDVILLE. 50 sujets pour la première fois elegamment rehaussés de couleurs. 1 magnifique vol. gr. in-8 jésus. 15 fr.

CORINNE
Par madame la baronne DE STAËL. Nouvelle édition illustrée de 250 vignettes, de 8 grandes gravures par KARL GIRARDET, BARRIAS, STAAL. 1 vol. gr. in-8 jésus vélin, glacé. . . . . 10 fr

ŒUVRES CHOISIES DE GAVARNI
Classées par l'auteur, notices par MM. DE BALZAC, TH. GAUTIER, etc. 2 vol. gr. in-8 renfermant chacun 80 gravures. Prix de chaque vol . . . . 10 fr.
Le Carnaval à Paris — Paris le matin — Les Étudiants. 1 vol.
La Vie de jeune homme. — Les Débardeurs. . . . . . 1 vol.

LES CONTES DROLATIQUES
Colligez es abbayes de Touraine et mis en lumiere par le sieur DE BALZAC, pour l'esbastement des pantagruelistes et non aultres. Edition illustrée de 425 dessins par GUSTAVE DORÉ. 1 magnifique vol. in-8, papier velin. 12 fr.

LES CONTES DE BOCCACE
(LE DÉCAMÉRON). Édition illustrée par MM. H BARON, T. JOHANNOT. H. ÉMY, CÉLESTIN NANTEUIL, GRANDVILLE, CH PINOT, K GIRARDET, L. LEPOITEVIN, PAUQUET, HOIFELD, etc., de 32 grandes gravures tirées a part, et d'un grand nombre de dessins intercales dans le texte. 1 vol. grand in-8 jésus. . . . 15 fr.

PERLES ET PARURES
Première partie. Les Joyaux Fantaisie. — *Deuxième partie.* Les Parures. Fantaisie. Dessins par GAVARNI, texte par MÉRY, illustré de 50 gravures sur acier par CH GEOFFROY; les 2 vol. brochés . . . . 20 fr.

HISTOIRE PITTORESQUE DES RELIGIONS
Doctrines, Céremonies et Coutumes religieuses de tous les peuples du monde, par F. T. B. CLAVEL; ill. de 29 gr. sur acier. 2 v. gr. in-8. 15 fr.

ENCYCLOPEDIANA
Recueil d'anecdotes anciennes, modernes et contemporaines, etc., édition illustrée de 120 vignettes. 1 vol in-8 de 840 pages. . . . . 4 fr. 50

ROMANS DE VOLTAIRE
Illustrés du portrait de Voltaire et de 110 grav. sur bois dessinées et gravées par les meilleurs artistes. 1 vol. grand in-8 jesus. . . . . 6 fr.

DE LA LIBRAIRIE GARNIER FRÈRES 17

COLLECTION D'OUVRAGES ILLUSTRÉS POUR LES ENFANTS
40 jolis volumes gr. in-18 anglais à 3 fr.
« Reliés en toile rouge, dorés sur tranche, 4 fr. »

Le premier livre des enfants, alphabet illustré. 1 vol. orné de 250 gravures
Lectures de l'enfance. 1 vol. orné de 200 gravures
La tirelire aux histoires, par madame Louise Sw. Belloc 2 vol
Contes familiers, par Maria Edgeworth, trad. de madame L Sw Belloc, seul traducteur autorisé 1 vol
Mélodies du printemps, par Montgolfier. 2ᵉ édition, accompagnée de musique, etc. 1 vol
Abrégé de l'Ami des enfants et des adolescents, par Berquin 1 vol.
Sandford et Merton, par Berquin. dessins par Staal 1 vol
Le petit Grandisson, etc, etc., par Berquin Dessins par Staal 1 vol.
Théâtre choisi de Berquin. Illustré de vignettes 1 vol.
Contes des fées, de Perrault, madame d'Aulnoy, etc 1 vol.
Contes de Schmid, illustrés de grav dans le texte 4 vol
Se vendent séparément.
Les Veillées du château, ou Cours de morale à l'usage des enfants, par madame de Genlis. illustré 2 vol
Paul et Virginie, suivi de la Chaumière indienne, par Bernardin de St-Pierre. illustrés 1 vol.
Aventures de Télémaque, par Fénelon, et les Aventures d'Aristonoüs. 8 grav 1 vol.
Fables de la Fontaine, avec des notes, par Lemaistre, 8 grav 1 vol.
Fables de Florian, avec vignettes par J Grandville, suivies de Tobie 1 vol.
Mes Prisons, suivi des Devoirs des hommes, par Silvio Pellico 1 vol.
Le Langage des fleurs. Édition de luxe, ornée de gravures coloriées, par Charlotte de la Tour 1 vol.
Contes et scènes de la vie de famille, dédiés aux enfants par madame Desbordes-Valmore, illustrés. 2 vol
Le Magasin des enfants, par madame Le Prince de Beaumont. 2 vol.
Choix de nouvelles, de madame de Genlis et de Berquin 1 vol. orné.
Robinson suisse, traduit de l'allemand par Mᵐᵉ Élise Voïart. 2 vol.
Aventures de Robinson Crusoé. Édition illustrée de Grandville 1 vol.
Voyages de Gulliver, par Swift. Illustrations de Grandville 1 vol.
Les Poésies de l'enfance, par madame Desbordes-Valmore. 1 vol
Lettres choisies de madame de Sévigné, accompagnées de notes 1 vol.
Œuvres complètes du comte Xavier de Maistre. 1 vol illustré.
Contes choisis de Charles Nodier, dessins de Staal 1 vol.
Fabiola, ou l'Église des catacombes, par le cardinal Wiseman, traduction de Mᵐᵉ Nettement, 1 vol
Les Mille et une nuits des familles, illustrées de gravures. 2 vol.
Le petit Buffon illustré. Histoire et description des animaux. 1 vol.

ŒUVRES DE TOPFFER
PREMIERS VOYAGES EN ZIGZAG
OU EXCURSIONS D'UN PENSIONNAT EN VACANCES DANS LES CANTONS SUISSES ET SUR LE REVERS ITALIEN DES ALPES

Par R. Topffer. Magnifiquement illustrés, d'après les dessins de l'auteur, de 55 grands dessins par Calame et 050 gravures dans le texte. 1 vol. grand in-8. . . . . 12 fr.

NOUVEAUX VOYAGES EN ZIGZAG
À LA GRANDE-CHARTREUSE, AU MONT-BLANC, DANS LES VALLÉES D'HÉRENZ, DE ZERMATT, AU GRIMSEL ET DANS LES ÉTATS SARDES

Par M. Topffer. Splendidement illustrés de 48 gravures tirées à part et de 320 sujets dans le texte, d'après les dessins originaux de Topffer. 1 vol. gr in-8 jésus. . . . . 12 fr.

LES NOUVELLES GENEVOISES
Illustrées, d'après les dessins de l'auteur, d'un grand nombre de bois dans le texte et de 40 hors texte 1 vol grand in-8 jésus. . . . 12 fr.
Albums formant chacun un gr vol. jésus oblong. . . . . . . 7 fr. 50
Monsieur Jabot. . . . . . 1 vol. | Monsieur Pencil. . . . . . 1 vol.
Monsieur Vieux-Bois. . . . 1 vol | Le docteur Festus. . . . . 1 vol.
Monsieur Crépin. . . . . . 1 vol. | Albert. . . . . 1 vol.
Histoire de M Cryptogame. . . 1 vol.
RELIÉ, DORÉ SUR TRANCHE. . . . . 10 FR. 50

EXTRAIT DU CATALOGUE

COLLECTION DE 34 BEAUX VOLUMES ILLUSTRÉS
GRAND IN-8 RAISIN, à 10 fr.

Cette charmante collection se distingue, non-seulement par l'excellent choix des auteurs et l'élégance du style, mais encore par un grand nombre de gravures dans le texte et hors texte exécutées par les premiers artistes. Jamais livres édités à ce prix n'ont offert autant de belles illustrations.

PRIX DE LA RELIURE DES TRENTE-QUATRE VOLUMES CI-DESSUS :
Demi-reliure, maroquin, plats toile, doré sur tranche, le vol. 4 fr.

La Cassette des sept amis, par S. Henry Berthoud. 1 v. illus. par Van'Dargent.

Les Hôtes du logis, par S. Henry Berthoud. illustrés de plus de 150 vignettes. 1 vol.

Soirées du docteur Sam, par S. Henry Berthoud. Nombreuses illustrations de Van'Dargent. 1 vol.

Les Féeries de la science, par S. Henry Berthoud, illustrées de plus de 150 vignettes. 1 vol.

Le Monde des insectes, par S. Henry Berthoud, illus d'un gr nombre 1 v de vignettes, dessins de Van' Dargent.

L'Homme depuis cinq mille ans, par S. Henry Berthoud, illustré d'un grand nombre de vignettes, dessins de Van' Dargent, 1 vol.

Contes du docteur Sam, par S. Henry Berthoud, illustrés de gravures par Staal. 1 vol.

Contes de tous pays, par Émile Chasles, illustrés d'un grand nombre de vignettes, dessins de Staal. 1 vol.

Nouveaux Contes de tous pays, par Émile Chasles, illustrés de vignettes, dessins de Staal. 1 vol.

Mes Prisons, suivi des devoirs des hommes, par Silvio Pellico, traduction par le cte H. de Mussey, illustrée. 1 vol.

Contes de Schmid Traduction de l'abbé M cker, la seule approuvée. 2 beaux vol. avec de nombreuses vignettes, dessins de G Staal. Chaque volume se vend séparément.

La Tirelire aux histoires. Lectures choisies par Mme Louise Sw. Belloc, vignettes de G Staal. 1 vol.

Le Magasin des enfants, par Mme Le Prince de Beaumont, nouvelle édition revue par Mme S. L Belloc, illustrée, dessins de Staal. 1 vol.

Histoire de la bûche, récits sur la vie des plantes, par M. Fabre, illust de 200 vignettes, de Van Dargent, etc. 1 vol.

Le Buffon des familles. Histoire des animaux, extrait des Œuvres de Buffon et de Lacepède, par Auguste Dubois Illustré de plus de 450. 1 vol.

L'Ami des enfants, de Berquin. Edition, illust. de dessins par Staal. 1 v.

Œuvres de Berquin. — Sandford et Merton. — Le Petit Grandisson. — Les Sœurs de lait. — Les Joueurs. — Le Page. — Edition illustrée 1 vol.

Aventures de Robinson Crusoé, par D. de Foe, illustrées par Grandville. 1 beau vol.

Les Veillées du château, par Mme la comtesse de Genlis édition, illustrée de dessins par Staal. 1 vol

Voyages illustrés de Gulliver 400 dessins par Grandville. 1 beau vol

Le Don Quichotte de la jeunesse, par Florian, illustré de vignettes, dessins de Staal. 1 vol.

Fables de Florian 1 vol., illustré par Grandville de 80 grandes gravures et 25 vignettes.

Les Animaux historiques, par Ontaine Fournier et de Particularité curieuses extraites de Buffon. 1 vol illustré.

Robinson suisse, par Mme Élise Voïart; Notice de Charles Nodier. 1 vol. illustré de 200 vignettes.

Contes des fées, par Perrault, Mme d'Aulnoy, Mme Le Prince de Beaumont et Hamilton, illustrés par Staal. 1 vol.

Découverte de l'Amérique, par J. H. Campe. Essai sur la vie de l'auteur par Ch. Saint-Maurice. 1 vol illustré.

Les Mille et une nuits des familles Contes arabes, traduits par Galland, choisis et revisés avec la plus scrupuleuse attention. Illustrés par MM. Français, H Baron, etc. 1 vol.

Œuvres complètes du comte Xavier de Maistre Nouvelle édition. Voyage autour de ma chambre, etc., illustrées par Staal. 1 vol

Le Génie bonhomme, par Charles Nodier, dessins de Staal. 1 vol.

Fabiola ou l'Église des catacombes Traduction nouvelle par Mlle Netrement vignettes 1 vol.

La Chine ouverte Texte par Old-Nick illustrations par Borget. 1 vol.

Lima. Esquisses historiques, par Manuel A Fuentes. 1 vol. illustré de 57 gravures à plusieurs teintes et 200 vignettes

Aventures de Robert-Robert, et de son fidèle compagnon Toussaint Lavenette, par L. Desnoyers. Edition illustrée. 1 vol. . . . . 8 fr.

Fables de la Fontaine, 2 vol. in-8, sur papier des Vosges, avec grav., 7 fr. 50 . . . . 4 fr.

Album des rébus. 1 vol. petit in-4 illus. relié en toile, tranc. dorée 5 fr.

Paul et Virginie (édition V Lecou), suivi de la Chaumière indienne par Bernardin de Saint-Pierre. Edition illustrée 1 vol. grand in 8. . 7 fr. 50

VOYAGES DANS L'INDE

Par le prince A. Soltykoff; illustrés de magnifiques lithographies à deux teintes par Deroudne, etc, d'après les dessins originaux de l'auteur. 1 beau vol grand in-8 jésus, 20 fr.; net. . . . . 15 fr.

VOYAGE EN PERSE

Par le prince Soltykoff; illustré, d'après les dessins de l'auteur. 1 vol. grand in-8 jésus. 10 fr.; net. 7 fr. 50

HISTOIRE NATURELLE DES MAMMIFÈRES

Par Paul Gervais; illustrations par MM. Werner, Freemann. 1 vol. grand in-8 jésus, 25 fr ; net . . . . 15 fr.

DON QUICHOTTE DE LA MANCHE

Par Cervantes, traduction nouvelle, précédée d'une Notice sur l'auteur, par Louis Viardot, orné de 800 dess, par Tony Johannot 1 v. gr. in-8 jés. 20 fr.

LES MILLE ET UNE NUITS

Contes arabes, traduits par Galland Edition illustrée, revue et corrigée sur l'edition *princeps* de 1704, augmentée d'une dissertation sur les *Mille et une nuits*, par M. le baron Sylvestre de Sacy. 1 vol. gr. in-8 jésus 15 fr.

L'ESPAGNE PITTORESQUE, ARTISTIQUE ET MONUMENTALE

Mœurs, usages et costumes. Par MM. Manuel de Cuendias et V de Féréal. 1 vol. grand in-8, orné de 50 planches à part, dont 25 costumes coloriés et 25 vues et monuments à deux teintes; 450 vign. 20 fr.; net. . . 15 fr.

Manuel universel et complet à l'usage de la Fabrique et du Commerce

DES TISSUS, DE COTON, LIN, CHANVRE, LAINE, SOIE, POILS, ETC

La correspondance des monnaies, poids et mesures de tous les pays, un Extrait des tarifs de douanes des Etats avec lesquels il n'y a pas de traités. Quatrieme édition, refondue. 1 vol. in-16. . . . . 2 fr. 50

VIGNOLE — TRAITÉ ÉLÉMENTAIRE PRATIQUE D'ARCHITECTURE

Ou etude des cinq ordres d'après Jacques Birozzio de Vignole. Ouvrage divisé en 72 planches, comprenant les cinq ordres, avec l'indication des ombres necessaires au lavis, le tracé des frontons etc., et des exemples relatifs aux ordres ; composé, dessiné, par J. A. Leveil, architecte, ancien pensionnaire du roi à Rome, et gravé sur acier par Hibon 1 vol. in-4 . . 10 fr.

ARCHITECTURE RURALE THÉORIQUE ET PRATIQUE

A l'usage des Propriétaires et des ouvriers de la campagne, par J.-M. de Saint-Félix. Troisième édit., revue, augmentée, avec 56 planches. 1 vol. in-4. Cartonné dos en toile, 25 fr.; net. . . . . 20 fr

TRAITÉ HISTORIQUE ET DESCRIPTIF, CRITIQUE ET RAISONNÉ DES ORDRES D'ARCHITECTURE

Avec un nouveau système simplifié, accessible a toute nature de matériaux, et suivi de leurs divers accessoires; ouvrage servant d introduction à l'architecture rurale, une biographie des architectes et d'un vocabulaire, avec 32 planches, par le même. 1 vol in-4 cartonné, dos toile angl. . 10 fr.

ŒUVRES DE ED. MENNECHET

Matinées litteraires. Cours complet de littérature moderne 5e edit. 4 vol. in-18 jesus . . . . 14 fr
Nouveau Cours de litterature grecque, revu par M. Champagnac. 1 vol. in 18 jesus. . . . 5 fr 50
Nouveau Cours de litterature romaine, revu par M. Champagnac.

1 vol. in-18 jesus. . . . . . 3 fr. 50
Histoire de France, depuis la fondation de la monarchie 2 volumes in-18 jesus Ouvrage couronné par l'Academie française. . . . . 7 fr
Cours de lecture à haute voix. 1 vol in-18 broché. . . . . . 3 fr.

ŒUVRES COMPLÈTES DE BÉRANGER (4 volumes).

Chansons anciennes 2 v. gr in-18, papier vélin . . . . 7 fr
Œuvres posthumes. Dernières chansons (1854 a 1851). 1 vol. gr.

. in 18 . . . . 5 fr. 50
Ma biographie. Ouvrages posthumes de Béranger. Suivis d'un appendice. 1 vol. gr. in-18. . 3 fr. 50

BIBLIOTHEQUE CHOISIE

Collection des meilleurs ouvrages français et étrangers, anciens et modernes, format grand in-18 (dit anglais), papier jésus vélin, divisée par séries. La première et la deuxième série contiennent des volumes de 400 a 500 pages, de 3 fr 50 c. le volume. La troisième série composée de volumes a 2 fr. dont beaucoup sont ornés de vignettes ou portraits.

PREMIÈRE SERIE

VOLUMES GRAND IN-18 JÉSUS A 3 FR. 50.

Chaque volume se vend séparément.

OUVRAGES DE M. SAINTE-BEUVE
De l'Académie française

Causeries du lundi 15 vol
Ce charmant recueil contient une foule d'articles non moins variés qu'intéressants
Portraits littéraires et derniers portraits, suivis des **Portraits de femmes** Nouvelle édition. 4 vol
Chateaubriand et son groupe littéraire sous l'Empire. Cours professé a Liége, 1868-1869. 2 vol

ŒUVRES DE FLOURENS
Secrétaire perpétuel de l'Académie des sciences Membre de l'Académie française, etc

De l'Unité de composition et du débat entre Cuvier et Saint-Hilaire 1 vol.
Examen du livre de M. Darwin sur l'origine des espèces 1 vol
Ontologie naturelle, 3ᵉ éd. revue 1 v.
Psychologie comparée. 1 vol.
De la Phrénologie et des études vraies sur le cerveau. 1 vol
De la Vie et de l'intelligence. 1 vol
Circulation du sang (histoire de sa découverte). 1 vol.
De la Longévité humaine et de la quantité de vie sur le globe 1 vol
De l'Instinct et de l'intelligence des animaux 4ᵉ édition. 1 vol.
Histoire des travaux et des idées de Buffon 1 vol
Cuvier. Histoire de ses travaux 1 vol.
Des Manuscrits de Buffon, avec des fac simile de Buffon. 1 vol
Éloges historiques, lus dans les séances de l'Académie des sciences. 3 vol
Éloge historique de François Magendie. 1 vol. . . . . 2 fr

---

Gérusez Essais de littérature française. 2 vol
S. H Berthoud. Les Petites chroniques de la science, 1861-1872 11 vol
— Légendes et traditions surnaturelles des Flandres 1 vol.
— Les Femmes des Pays-Bas et des Flandres 1 vol
— Fantaisies scientifiques de Sam. 4 v.
Diodore de Sicile. Traduction nouvelle, avec une préface. 4 vol.

Bossuet. Méditations sur l'Évangile. 1 vol.
— Élevations à Dieu sur les mystères de la religion 1 vol
— Oraisons funèbres 1 vol
Sermons (Édition complete) 4 vol.
Lamennais L'Imitation de Jés-Christ Belle édition, frontispice en couleurs, grav. sur acier. 1 vol
Lamartine Histoire de la Révolution de 1848 4ᵉ édition 2 vol.
Reboul (Œuvres de J) (de Nîmes). Poesies 1 vol. avec portrait.
Dupont (Pierre). Chansons et poesies. 4ᵉ édition, augmentée 1 vol
Muse juvenile Etudes littéraires, vers et prose 1 vol.
Un amateur Le Whist rendu facile, suivi des traités du whist de Gand, du boston de Fontainebleau. 1 vol.
Deschapelles. Traité du whist 1 vol.
Jacquemont (Correspondance de) avec sa famille 2 vol.
Horace (Odes d'). Trad. par Vissenos 1 vol.
Lavater et Gall — Physiognomonie et phrénologie, par A Ysabeau 150 figures dans le texte 1 vol
Éducation progressive, ou Étude du cours de la vie, par madame Necker de Saussure. 2 vol
Éducation des mères de famille, par Aimé Martin, ouvrage couronné par l'Académie française. 1 vol.
Genèse selon la science, par Paul de Iouvencel. 3 vol avec fig.
I Les Commencements du monde 1 v.
II La Vie (sa nature, son origine) 2ᵉ édition revue 1 vol.
III. Les Déluges (developpements du globe et de l'organisation) 1 vol
Histoire macaronique de Merlin Coccaie, prototype de Rabelais 1 vol
J-B Bellot Journal d'un voyage aux mers polaires, exécuté a la recherche de sir John Franklin, avec son portrait et 1 carte 1 vol.
Scudo. La Musique ancienne et moderne 1 vol
De Parcieu (M. le comte Ch.) Excursion en Orient, 1 vol.
Ricard (Adolphe). L'Amour, les Femmes, le Mariage. 4ᵉ édition. 1 vol.

DE LA LIBRAIRIE GARNIER FRÈRES. 21

2ᵉ Série. — Volumes à 3 fr.

Corneille. *Théâtre* Nouvelle édit 1 vol
Molière (*OEuvres complètes*). Avec des remarques nouvelles. La Vie de Molière par Voltaire. 3 vol.
Boileau (*OEuvres*). Avec notice de M. SAINTE-BEUVE 1 vol
Racine. *Théâtre complet*, un choix de notes par LEMAISTRE. 1 vol.
Bossuet. *Discours sur l'histoire universelle.* A Mgr LE DAUPHIN 1 vol.
— *Sermons choisis* Fdition revue 1 vol.
Sévigné (Mme de). *Lettres choisies.* Accompagnées de notes explicatives et précédées d'observations littéraires par M. SAINTE-BEUVE. 1 vol.
Fénelon *OEuvres choisies* De l'existence de Dieu — *Lettres sur la religion*, etc 1 vol.
— *Dialogues sur l'éloquence* De l'éducation des filles, recueil de fables, dialogues des morts 1 vol
— *Aventures de Télémaque*, avec des notes géographiques. 8 grav. 1 vol
Chateaubriand. *Génie du christianisme*, suivi de la *Défense* 2 vol.
— *Les Martyrs ou le Triomphe de la religion chrétienne.* 1 vol
Itinéraire de Paris a Jérusalem 1 v
Atala — *René.* — *Le dernier Abencerage.* 1 vol
Voyages en Amérique, en Italie, au Mont-Blanc 1 vol.
Paradis perdu. Littérature anglaise. 1 vol.
Le Livre des affligés Douleurs et consolations, par le vicomte ALBAN DE VILLENEUVE-BARGEMONT 2 vol
Lamennais *Essai sur l'indifférence en matière de religion* 4 vol
— *Paroles d'un croyant* — *Une voix de prison.* — *Le Livre du peuple Du Passé et de l'avenir*, etc. 1 vol.
— *Affaires de Rome.* 1 vol.
— *Les Évangiles*, avec des réflexions. 1 vol.
— *De l'Art et du beau*, tiré de l'*Esquisse d'une philosophie* 1 vol
— *De la Société première et de ses lois, ou la religion* 1 vol.
Massillon. *OEuvres choisies. Petit Carême*, suivi de Sermons divers. 1 vol.
Essais de Michel de Montaigne avec les notes de tous les commentateurs. 2 vol.
Saint-Evremond. *OEuvres choisies*, une Étude sur la vie et les ouvrages de l'auteur, par A. CH. GIDEL 1 vol
Montesquieu *L Esprit des lois*, avec notes de Voltaire, de La Harpe. 1 v
— *Lettres persanes*, suivies de *Arsace et Isménie* et de *Pensées* 1 vol.
— *Considérations sur les causes de la grandeur des Romains et de leur décadence*, suivies de l'*Essai sur le goût, du Temple de Gnide* etc 1 vol
Beaumarchais. *Mémoires* 1 vol
Théâtre 1 vol.

Descartes. *OEuvres choisies* Discours de la méthode, Méditations métaphysiques, etc. 1 vol.
Chansons populaires du comte Eugène de Lonlay. 1 vol.
Quitard *Proverbes sur les femmes.* — *L'Amitié* — *L'Amour.* Le mariage. 1 vol.
— *L'Anthologie de l'amour*, choix de pièces erotiques, tirées des meilleurs poëtes français 1 vol
Trumelet capitaine *Les Français dans le désert* 1 vol.
Courier (P -L). *OEuvres* Précédées d'un Essai sur la vie et les écrits de l'auteur, par ARMAND CARREL. 1 vol.
Plutarque. *Les Vies des hommes illustres*, traduites, par RICARD 4 vol
J -J Rousseau *Les Confessions.* 1 v.
— *Emile.* Nouv edition revue 1 fort vol.
— *La Nouvelle Héloïse.* 1 fort vol
— *Contrat social*, suivi des *Discours sur les sciences, sur l'Inégalité des conditions, la Lettre sur les spectacles*, etc , etc 1 vol.
Créqui (La marquise de). *Souvenirs* (1718 1803). 10 tomes brochés en 5 vol avec grav.
Homère. *Iliade* Trad DACIER. Nouvelle édition, revue par CROUSLE 1 vol.
Odyssée Trad par LE MÊME, 1 vol.
Galland *Les Mille et une nuits*, contes arabes traduits 1 édit. revue 5 vol.
Lord Byron (*OEuvres complètes de*). Traduction de M Amédée PICHOT 4 v.
Millevoye *OEuvres.* Précédées d'une notice par M Sainte Beuve 1 vol.
Lettres à Émilie sur la mythologie, par C-A Demoustier Edit revue. 1 v.
De Stael (Mme). *Corinne, ou l'Italie.* Précédée de quelques Observations par Mme NECKER DE SAUSSURE. 1 vol
— *De l'Allemagne* Édition revue. 1 vol.
— *Delphine* Édition revue. 1 vol
Pellico (Slyvio). *Mes prisons*, suivies *des Devoirs des hommes*, trad. par le comte T DE MESSEY 6 grav 1 vol
La Bruyère. *Les Caractères de Théophraste, et avec les Caractères ou les Moeurs de ce siècle.* 1 vol.
La Rochefoucauld (De) *Réflexions, sentences et maximes morales*, suivies des *OEuvres choisies de Vauvenargues.* 1 vol.
Gresset *OEuvres choisies.* 1 vol.
Némésis, par BARTHELEMY Nouv. édit. collationnée sur les éditions de 1835 et 1858 1 vol
Gilbert (*OEuvres de*) Précédées d'une notice historique, 1 vol
Voltaire *Théâtre*, contenant tous les chefs-d'oeuvre dramatiques. 1 vol.
— *Le siecle de Louis XIV*. Nouvelle édition revue 1 vol.
— *Romans* Suivis de ses contes en vers. 1 vol
— *Histoire de Charles XII.* 1 vol.

EXTRAIT DU CATALOGUE GARNIER FRÈRES.

Pascal (Blaise). *Lettres écrites à un provincial,* précédées d'un *Essai sur les Provinciales* 1 vol.
— *'Pensées* 1 vol.
Tasse. *Jerusalem délivrée.* Traduction en prose. 1 vol.
Rémusat (Mme de) *De l'éducation des femmes,* avec une préface par M. Ch. de Rémusat 1 vol.
Maximilien et le Mexique. Histoire des derniers mois de l'empire mexicain, par Charles d'Héricault. 1 vol.
Tunis L'Orient africain, Arabes, Maures, Noces, Serail, Harems, par L. Michell. 1 vol.
Paris et la province, par Henry Monnier. 1 vol.
Abrégé des voyages de Mlle Bremer dans l'ancien et le nouveau monde. Palestine et Turquie. 1 vol.
De Marcellus (Le comte). *Souvenirs de l'Orient* 3ᵉ édition. 1 vol.
Chasles (Philarète). *Etudes sur le seizième siècle en France,* précédées d'une histoire de la littérature de 1570 à 1610. 1 vol.
— *Etudes sur l'Espagne et sur les influences de la littérature espagnole en France et en Italie* 1 vol
— *Études sur la révolution d'Angleterre au XVIIᵉ siècle* — Olivier Cromwell sa vie privée et sa correspondance, précédée d'un examen historique d'Olivier Cromwell. 1 vol.
— *Études sur les mœurs et la littérature d'Angleterre au XIXᵉ siècle* 1 vol.
— *Études sur la littérature et les mœurs des Anglo-Américains au XIXᵉ siècle* 1 vol
— *Études sur Shakespeare, Marie Stuart et l'Aretin.* 1 vol
— *Études sur l'Allemagne ancienne et moderne.* 1 vol
Études sur l'Allemagne au XIXᵉ siècle. 1 vol.
— *Voyages, Philosophie et Beaux-Arts.* 1 vol.
— *Portraits contemporains* 1 vol.
— *Encore sur les contemporains.* 1 vol
Œuvres de V. Cousin, de l'Académie française. *Blaise Pascal* 1 vol.
— *Jacqueline Pascal.* 1 vol
— *Mélanges littéraires* Fournier, Domat, Mᵐᵉ de Longueville, Kant, Santa, Rosa. 1 vol.
— *Instruction publique en France (1830-1848)* Instruction primaire et secondaire. 2 vol.
— *Enseignement de la médecine.* 1 vol.
Le Sage *Histoire de Gil Blas de Santillane* 1 vol.
Brillat-Savarin. *Physiologie du goût,* suivie de *la Gastronomie* 1 vol
Volney. *Les Ruines.* — *La Loi naturelle.* — *L'Histoire de Samuel* 1 vol.
Boccace. *Contes,* traduits par Sabatier de Castres. 1 vol.
L'Heptaméron. Contes de la reine de Navarre. Nouvelle édition. 1 vol.

Les Cent Nouvelles nouvelles, texte revu avec beaucoup de soin. 1 vol.
Scarron. *Le Roman comique.* 1 vol.
Rabelais. *Œuvres.* Nouv. édit. revue, éclaircie quant à l'orthographe, accompagnée d'un glossaire par Louis Barré 1 vol.
La Fontaine. *Fables,* avec des notes par M. Félix Lemaistre, et illustrées de 8 grav. 1 vol.
— *Contes et nouvelles* Edit. revue. 1 v.
Brantôme *Vies des Dames illustres françoises et étrangères* Avec une introduction par Louis Moland 1 vol.
Héloïse et Abélard. *Lettres,* traduites en français par M. Gréard. 1 vol.
Lettres de Ninon de Lenclos, précédées de Mémoires sur sa vie. Par A. Bret Nouvelle édition. 1 vol
Parny. *Œuvres.* Elégies et poésies modernes Préface de Sainte-Beuve 1 vol.
Piron *Œuvres choisies,* avec analyse de son théâtre et des notes, par M. Jules Troubat, notice de M. Sainte-Beuve. 1 vol.
Blanchecotte (Mme). *Nouvelles poesies.* 1 vol. in-18.
Hamilton *Mémoires de Gramont.* Préface par M. Sainte-Beuve 1 vol.
Dassoucy. *Ses Aventures burlesques.* préface, par Emile Colombey 1 vol
Bergerac (Cyrano de) *Œuvres comiques, galantes et littéraires* 1 vol.
Bonaventure des Périers. *Le Cymbalum mundi,* précédé de Nouvelles récréations et Joyeux devis. 1 vol.
Bussy-Rabutin *Histoire amoureuse des Gaules,* suivie de la France galante, 2 forts vol.
Vallet (de Viriville) *Chronique de la Pucelle,* ou Chronique de Cousinot, 1 fort vol. Le même. 1 vol in-16.
Desportes (Philippe). *Œuvres poétiques* Revue 1 fort vol figures. Le même ouvrage. 1 vol in-16.
Lélut (membre de l'Institut) *La Phrénologie,* son histoire. 1 vol.
Leroux de Lincy. *Le Livre des proverbes français.* 1 vol
Le même ouvrage 2 vol. in-16
Merlin Coccaie. *Histoire macaronique de Coccaie* 1 vol.
Bachaumont. *Mémoires secrets,* 1 vol.
Cla, de Le Petit, Berthod, François Collotet, Scarron, Boileau, etc *Paris ridicule et burlesque* 1 vol.
Régnier (M). *Œuvres complètes* 1 v.
Sorel *Histoire comique de Francion,* par Charles Sorel 1 vol
Vaux-de-Vire, notice par Charles Nodier 1 vol. Le même ouvrage 1 vol. in-16.
Œuvres d Augustin Thierry. Edition définitive, revue par l'auteur. 8 vol
— *Histoire de la conquête de l'Angleterre.* 4 vol.
— *Lettres sur l'Histoire de France.* 1 v.
— *Dix ans d'études historiques.* 1 vol
— *Récits des temps mérovingiens.* 2 vol.
— *Essai sur l'histoire du tiers état.* 1 v.

PARIS — IMP. SIMON RAÇON ET COMP., RUE D'ERFURTH, 1.

EN VENTE A LA MÊME LIBRAIRIE

GÉOGRAPHIE PHYSIQUE, POLITIQUE ET ÉCONOMIQUE DU MONDE, par L. Grégoire, professeur de géographie au lycée Condorcet. — 1re partie : France. — 2e partie : Europe. — 3e partie : Asie, Afrique, Amérique et Océanie. Les trois parties réunies en un fort vol. in-18.
Chaque partie en un volume séparé.

DICTIONNAIRE ENCYCLOPÉDIQUE D'HISTOIRE, DE BIOGRAPHIE, DE MYTHOLOGIE ET DE GÉOGRAPHIE, comprenant : 1° *Histoire* : l'histoire des peuples, la chronologie des dynasties, l'archéologie, l'étude des institutions politiques, religieuses et judiciaires. — 2° *Biographie* : l'abrégé des hommes célèbres, avec notices bibliographiques sur leurs ouvrages. — 3° *Mythologie* : la biographie des dieux et personnages fabuleux, l'exposition des cultes et mystères. — 4° *Géographie* : la géographie physique, politique, industrielle et commerciale, la géographie ancienne et moderne comparées, par M. Gregoire, docteur ès lettres, professeur d'histoire et de géographie au collège Chaptal. Nouvelle édition mise au courant des découvertes anciennes et des événements politiques. Ce dictionnaire forme un fort volume in-8 jésus à deux colonnes de plus de 900 pages en caractères très lisibles tenant le matière d'environ 50 volumes in-8. Broché.
Relié demi-chagrin, plats toile.

M. le Ministre de l'instruction publique a souscrit pour les bibliothèques à cette excellente publication.

ATLAS DE LA GÉOGRAPHIE UNIVERSELLE, ou description de toutes les parties du monde sur un plan nouveau d'après les grandes divisions établies par Malte-Brun. Nouvelle édition revue, corrigée, augmentée, mise dans un ordre et enrichie de toutes les nouvelles découvertes par M. L. D. N. Thiers, aidé de plusieurs sociétés savantes nationales et étrangères. 1 vol. in-folio composé de 72 magnifiques cartes coloriées, dont 14 doubles, bien cartonné.

ATLAS DE GÉOGRAPHIE ANCIENNE ET MODERNE, à l'usage des collèges et de toutes les maisons d'éducation, dressé par MM. Maure et Thiers. Recueil grand in-4 composé de 16 cartes partiellement gravées et coloriées.

ATLAS CLASSIQUE DE GÉOGRAPHIE MODERNE (extrait du précédent) à l'usage des jeunes élèves des deux sexes, composé de 20 cartes.

ATLAS DE GÉOGRAPHIE ÉLÉMENTAIRE destiné aux commençants (extrait du précédent), composé de 8 cartes doubles : la mappemonde, les cinq parties du monde et la France.

PLANISPHÈRE TERRESTRE, indiquant les nouvelles découvertes, les lignes européennes et les parcours maritimes des bâtiments à vapeur qui desservent les principaux ports de commerce, dressé par M. Vuillemin, géographe de la grand monde colorié avec soin.

CARTES MURALES sur papier, gravées, coloriées. **Carte de France** départements, 1 feuille grand monde.

Carte d'Europe, 1 feuille grand monde.
La même collée sur toile, vernie et montée sur gorge et rouleau.

Mappemonde en deux hémisphères, hauteur 80 cent., largeur 1 m. 10 centimètres.
La même collée sur toile, vernie et montée sur gorge et rouleau.

PARIS. — IMP. SIMON RAÇON ET COMP., RUE D'ERFURTH, 1.

www.ingramcontent.com/pod-product-compliance
Lightning Source LLC
Chambersburg PA
CBHW060542230426
43670CB00011B/1660